U0922296

1951-2013

广西价格调查资料汇编

GUANGXI JIAGE DIAOCHA ZILIAO HUIBIAN

公开版

（第二册）

国家统计局广西调查总队 编

广西人民出版社

《广西价格调查资料汇编（公开版）（1951—2013）》

编辑委员会及编委人员名单

编辑委员会

主　　任：邹伟忠 杨京凯

副 主 任：何永东 梁开光 李建茂 杨锡虹 程兴华

主　　编：梁开光

副 主 编：彭金娥 苏小玲

编　　委：彭金娥　苏小玲　苏然荣　黄岚兰　蒋志华　陆俊全
　　　　　金庆全　刘　剑　陈　钧　肖静月　杨宁琳　李　辉
　　　　　骆　洁

编辑工作人员

责任编辑：彭金娥　苏小玲

执行编辑：蒋志华　陈　钧

编辑人员：黄岚兰　蒋志华　陈　钧　肖静月　杨宁琳　司丽锋　李　辉
　　　　　骆　洁

图书在版编目（CIP）数据

广西价格调查资料汇编：1951-2013/ 国家统计局广西调查总队编 .—南宁：广西人民出版社，2014.12

ISBN 978-7-219-09288-0

Ⅰ . ①广… Ⅱ . ①国… Ⅲ . ①价格 – 统计资料 – 汇编 – 广西 –1951~2013 Ⅳ . ① F726.762

中国版本图书馆 CIP 数据核字 (2014) 第 312690 号

策　　划　李　洁
责任编辑　韦洁琳
责任校对　兰　震

出版发行　广西人民出版社
社　　址　广西南宁市桂春路 6 号
邮　　编　530028
印　　刷　广西发展改革委机关服务中心印刷厂
开　　本　889mm × 1194mm　1/16
印　　张　116.25
字　　数　1600 千字
版　　次　2014 年 12 月　第 1 版
印　　次　2014 年 12 月　第 1 次印刷

ISBN　978-7-219-09288-0/F · 1154
总定价：800 元（全三册）

编 者 说 明

一、《广西价格调查资料汇编（公开版）（1951—2013）》是国家统计局广西调查总队编辑出版的大型价格指数历史资料年鉴，收录了1951—2013年广西流通消费价格、工业生产者价格、固定资产投资价格等指数资料。

二、全书内容分为两篇和附录即：第一篇广西价格调查；第二篇价格指数；附录1：1985—2013年全国及各省居民消费价格和商品零售价格指数；附录2：1985—2013年全国工业生产者价格指数；附录3：1991—2013年部分国家居民消费价格指数；附录4：广西CPI波动规律及对策研究。

三、由于各年价格调查方法制度均有不同程度的修改或变动，一些价格指数的分类资料存在前后不衔接、不连贯的情况，编辑时尽量保持历史原貌。本套资料保持当时的价格指数分类，并收录了大、中、小、部分基本分类等价格指数资料。

四、考虑到一些市（县）已自行编制本地区的价格指数年鉴，所以本套资料只收录南宁市、柳州市、鹿寨县、桂林市、全州县、梧州市、北海市、合浦县、防城港市、钦州市、贵港市、玉林市、博白县、百色市、田阳县、贺州市、河池市、宜州市、来宾市、崇左市、扶绥县等21个广西主要市县的居民消费价格总指数和大类指数。

五、本套资料为公开版，分一、二、三册。

目 录

第二篇 价格指数

2007年广西全区商品零售价格各月同比指数

以上年同月价格为100

类　别	1月	2月	3月	4月	5月
商品零售价格总指数	**102.1**	**102.3**	**102.7**	**103.1**	**103.3**
一、食　品	**106.8**	**107.0**	**108.3**	**109.5**	**109.9**
1. 粮　食	105.3	105.1	105.4	105.3	105.8
大　米	104.6	104.0	103.9	104.0	104.8
2. 淀　粉	101.6	105.3	105.1	101.0	99.6
3. 干豆类及豆制品	102.8	103.4	104.8	106.1	107.0
4. 油　脂	111.9	113.4	112.7	117.6	118.9
食用植物油	113.4	115.4	113.8	118.8	117.6
5. 肉禽及其制品	113.7	114.9	115.8	119.8	128.4
(1) 食用畜肉及副产品	112.6	116.4	116.1	120.2	125.9
猪　肉	116.0	121.4	119.9	124.9	134.6
牛　肉	102.9	103.5	104.7	103.8	100.6
羊　肉	120.9	114.7	106.9	115.0	110.9
(2) 禽	119.2	114.6	117.9	124.0	138.9
鸡	120.0	115.7	120.9	128.1	138.2
鸭	119.2	113.4	112.6	117.2	142.4
(3) 肉禽加工制品	107.4	108.3	108.9	110.3	116.6
6. 蛋	114.1	116.7	120.5	123.8	129.5
鲜　蛋	114.9	117.6	121.6	125.2	131.2
7. 水 产 品	99.7	101.9	106.4	104.4	104.8
(1) 鱼	96.3	98.0	101.6	102.4	106.0
淡 水 鱼	98.3	97.5	100.7	101.8	105.5
海 水 鱼	91.7	99.4	103.9	104.3	107.3
(2) 其他水产品	106.6	108.5	115.0	108.3	101.9
虾 蟹 类	105.9	107.7	114.8	108.0	101.3
8. 菜	99.2	93.0	107.9	122.3	99.8
鲜　菜	98.2	90.3	107.6	124.7	98.2
9. 调 味 品	108.4	109.8	109.7	107.6	108.1
盐	128.3	128.4	128.4	128.4	128.4
酱　油	102.6	103.9	103.9	100.4	102.0
10. 糖	105.1	102.7	99.3	94.8	95.1
食　糖	112.5	101.8	94.1	88.3	89.7
11. 干鲜瓜果	104.8	104.5	99.4	87.9	87.3
鲜 瓜 果	103.4	103.3	97.6	84.5	83.7
12. 糕点饼干面包	101.2	103.6	103.0	101.8	102.0
13. 液体乳及乳制品	103.3	102.8	103.4	100.6	102.0
14. 在外用膳食品	103.5	103.6	103.3	104.2	103.7

6 月	7 月	8 月	9 月	10 月	11 月	12 月
103.7	**106.3**	**106.5**	**106.7**	**106.7**	**106.9**	**106.9**
111.2	**118.0**	**119.8**	**120.4**	**119.7**	**119.1**	**119.4**
105.4	105.3	106.0	106.6	107.1	108.7	107.6
104.5	103.6	103.9	103.8	104.6	107.0	106.1
98.2	97.8	95.8	105.6	112.8	116.8	126.3
107.1	108.7	110.5	113.9	115.4	121.3	127.3
123.2	124.1	126.4	126.2	130.6	133.9	124.9
120.4	121.1	123.3	125.0	132.1	136.0	134.2
132.7	152.7	153.3	144.0	137.9	138.1	140.7
132.7	161.4	166.6	153.4	144.1	146.3	152.6
143.0	181.7	188.2	167.7	155.1	157.1	164.0
108.5	113.7	112.6	114.8	112.2	114.3	129.1
117.7	121.8	122.4	129.0	131.0	130.2	115.7
139.6	147.4	137.9	131.7	129.2	125.8	121.7
139.7	153.2	144.1	136.8	135.3	127.6	121.0
141.4	138.0	126.7	121.6	117.6	122.6	123.5
118.3	129.2	133.0	131.0	131.0	130.9	132.0
136.1	141.9	133.1	126.3	121.4	116.2	109.6
137.6	143.3	133.3	125.9	120.2	115.1	108.0
105.1	105.4	106.8	109.4	108.8	105.8	105.8
103.7	106.9	110.1	114.4	112.9	109.9	111.6
105.6	110.9	114.0	118.6	115.8	111.3	111.4
99.3	97.2	100.3	104.2	105.7	106.4	112.0
106.7	100.3	97.3	96.8	99.2	96.2	94.3
105.4	99.2	96.3	96.9	99.3	96.3	94.3
97.4	98.0	98.1	115.4	124.1	113.8	101.1
95.7	96.3	96.0	115.0	125.2	111.8	97.3
108.5	107.7	106.9	102.3	102.0	103.2	104.7
128.4	126.0	119.5	102.7	101.0	101.0	100.6
102.2	100.4	102.2	102.1	102.2	105.5	105.2
94.9	96.9	100.3	100.8	99.4	101.2	103.7
88.0	91.5	96.9	97.1	94.0	95.5	95.7
83.6	88.5	102.5	108.6	111.1	109.9	108.2
79.1	84.9	101.8	109.5	112.2	109.5	106.9
102.8	102.6	104.0	105.6	106.0	106.1	111.7
101.3	100.2	102.2	102.7	102.3	105.4	107.7
103.9	105.9	105.8	106.5	106.4	107.2	109.1

2007年广西全区商品零售价格各月同比指数（续表1）

以上年同月价格为100

类别	1月	2月	3月	4月	5月
15. 其他食品	103.2	104.2	104.8	105.3	104.7
二、饮料、烟酒	**100.3**	**101.0**	**100.7**	**100.4**	**101.5**
1. 茶及饮料	102.4	104.9	103.2	102.4	102.6
(1) 茶叶	102.1	107.0	105.5	103.6	101.0
(2) 饮料	102.6	104.2	102.3	102.0	103.3
2. 烟草	98.5	98.2	98.6	98.3	99.9
3. 酒	100.9	101.2	101.1	101.2	102.5
三、服装、鞋帽	**101.4**	**103.0**	**102.9**	**104.1**	**104.0**
1. 服装	101.5	103.3	103.2	102.8	102.5
(1) 男式服装	99.8	101.3	101.8	101.0	100.1
(2) 女式服装	103.6	107.0	105.9	106.0	106.4
(3) 儿童服装	98.4	100.0	98.0	97.3	99.2
2. 鞋袜帽	102.4	103.7	105.4	108.9	109.2
(1) 鞋	101.8	103.5	105.0	109.6	109.9
(2) 袜子	106.5	103.4	107.5	104.7	104.9
(3) 帽子	103.9	101.9	101.9	102.6	101.2
3. 其他	98.3	96.1	94.0	95.5	97.2
四、纺织品	**96.5**	**97.2**	**100.0**	**96.5**	**97.7**
1. 衣着材料	99.2	98.0	100.9	100.3	101.0
2. 床上用品	97.8	98.6	99.4	94.4	95.9
五、家用电器及音像器材	**98.0**	**97.2**	**97.1**	**96.8**	**96.9**
1. 家庭设备	102.3	102.0	102.1	102.3	101.7
2. 文娱用耐用消费品	92.6	91.1	90.8	90.0	90.8
3. 音像器材	100.0	100.0	98.6	98.6	98.6
六、文化办公用品	**97.2**	**97.7**	**98.1**	**98.5**	**98.3**
七、日用品	**102.3**	**103.0**	**102.5**	**101.1**	**101.8**
1. 日用百货	101.2	102.3	101.0	99.8	99.9
2. 日用杂品	100.2	102.2	104.6	102.5	104.3
3. 洗涤用品	104.8	105.5	104.1	102.2	103.6
4. 其他日用品	101.2	99.8	100.0	100.2	99.8
八、体育娱乐用品	**98.2**	**98.9**	**98.7**	**99.8**	**99.7**
1. 体育用品	97.2	97.6	97.3	100.0	100.0
2. 娱乐用品	99.1	100.1	100.1	99.6	99.3
九、交通、通信用品	**92.8**	**92.5**	**92.5**	**92.3**	**91.3**
1. 交通运输机械	97.3	97.4	97.4	97.3	97.0
2. 通信器材	83.5	82.6	82.6	82.2	80.1
十、家具	**100.5**	**100.7**	**100.9**	**100.7**	**100.3**

6 月	7 月	8 月	9 月	10 月	11 月	12 月
104.8	105.2	107.6	106.8	103.1	103.8	102.8
101.6	**101.8**	**101.5**	**101.8**	**101.5**	**101.7**	**102.3**
103.1	104.0	103.9	104.2	104.2	104.1	104.4
99.7	102.8	102.8	103.2	103.2	103.1	103.2
104.4	104.4	104.3	104.6	104.6	104.5	104.9
99.9	99.3	98.7	98.6	98.6	98.6	98.6
102.3	103.0	102.8	103.5	102.6	103.2	104.9
104.5	**105.3**	**103.1**	**101.8**	**101.3**	**100.8**	**100.0**
102.7	103.4	101.3	100.9	99.7	99.4	99.6
99.3	100.8	99.8	98.8	99.7	98.9	98.5
106.3	106.0	104.1	102.5	99.7	99.5	97.5
103.0	104.0	98.0	103.2	99.8	102.0	110.0
110.3	111.7	108.6	104.5	105.7	104.1	100.8
111.0	112.5	109.2	104.5	105.6	104.1	100.9
106.3	106.9	105.6	105.6	106.9	103.7	100.5
101.2	101.2	99.8	101.4	101.4	101.4	97.9
98.0	97.7	98.1	98.8	99.1	102.8	100.6
99.0	**98.2**	**97.1**	**98.7**	**98.5**	**98.1**	**95.1**
100.9	99.3	98.4	100.2	101.5	100.1	98.7
97.9	97.6	96.3	97.8	96.8	96.9	93.0
96.8	**97.7**	**97.5**	**97.0**	**95.8**	**95.3**	**94.5**
101.4	102.0	102.2	101.5	101.3	100.7	100.4
91.1	92.2	91.6	91.2	88.9	88.4	86.8
98.6	98.6	98.6	98.6	98.6	98.6	98.6
98.2	**97.6**	**97.3**	**97.7**	**98.0**	**97.3**	**96.4**
101.8	**101.7**	**101.3**	**101.6**	**102.4**	**101.6**	**101.8**
100.4	99.8	98.7	99.7	101.1	101.3	100.8
102.5	102.5	102.2	102.1	104.1	100.8	101.7
103.6	104.0	103.6	104.2	104.3	103.3	104.3
100.8	100.9	101.3	100.3	100.2	100.3	100.0
100.1	**100.5**	**100.6**	**100.5**	**100.4**	**99.4**	**98.7**
101.0	101.0	101.0	100.8	101.1	100.4	99.2
99.2	100.0	100.1	100.1	99.7	98.3	98.3
91.5	**91.4**	**91.7**	**91.2**	**90.1**	**90.1**	**90.5**
97.3	97.2	97.0	96.4	95.3	95.4	95.5
80.0	80.0	81.0	80.8	79.7	79.5	80.6
101.6	**101.1**	**101.2**	**100.5**	**101.0**	**100.6**	**100.7**

2007 年广西全区商品零售价格各月同比指数（续表 2）

以上年同月价格为 100

类　别	1 月	2 月	3 月	4 月	5 月
十一、化 妆 品	**100.9**	**101.2**	**100.6**	**101.1**	**100.9**
十二、金银珠宝	**112.5**	**110.3**	**108.8**	**107.6**	**101.0**
十三、中西药品及医疗保健用品	**101.2**	**100.7**	**99.5**	**102.0**	**103.8**
1. 医疗器具及用品	101.0	100.9	99.2	99.3	99.0
2. 中药材及中成药	105.7	104.3	103.0	110.1	117.4
3. 西　　药	98.4	98.0	97.1	97.2	96.0
4. 保健品及器具	100.2	101.0	98.9	99.2	98.7
十四、书报杂志及电子出版物	**99.9**	**99.2**	**99.0**	**98.9**	**99.1**
1. 教材及参考书	98.3	96.6	95.9	95.7	95.9
2. 书报杂志	100.4	100.4	100.6	100.6	100.5
3. 电子音像制品	101.5	101.7	101.7	101.5	102.1
十五、燃　　料	**102.6**	**101.4**	**102.5**	**102.7**	**102.0**
1. 煤炭及制品	99.1	100.1	99.8	103.2	103.3
2. 石油及制品	103.1	101.7	103.0	102.7	101.9
液化石油气	92.9	90.8	94.5	97.6	101.0
管道燃气	100.3	99.5	100.5	100.5	100.5
汽　　油	111.3	109.4	108.0	104.6	101.0
柴　　油	112.6	112.7	111.7	110.0	105.9
十六、建筑材料及五金电料	**102.8**	**104.5**	**105.2**	**105.1**	**105.3**
1. 建筑装潢材料	102.9	104.9	105.9	105.9	106.6
2. 五金电料	102.4	103.0	102.7	102.1	100.9

6 月	7 月	8 月	9 月	10 月	11 月	12 月
100.9	**101.0**	**101.1**	**102.1**	**101.1**	**99.6**	**99.5**
102.4	**101.5**	**101.4**	**106.4**	**109.1**	**112.4**	**111.1**
104.3	**106.9**	**105.1**	**105.2**	**105.7**	**105.3**	**104.9**
99.1	100.2	100.2	100.2	99.4	99.5	99.5
118.2	124.7	118.1	116.3	116.6	115.9	114.1
96.0	96.7	97.5	99.1	99.7	99.2	99.8
99.4	99.7	99.9	99.9	100.4	101.5	100.8
98.9	**98.7**	**98.6**	**97.5**	**97.5**	**97.5**	**97.2**
95.5	95.5	95.3	92.3	92.3	92.2	92.2
100.5	100.5	100.5	100.5	100.5	100.5	100.5
102.1	100.8	100.8	100.8	100.8	100.8	99.8
101.1	**102.5**	**101.7**	**101.0**	**104.9**	**115.4**	**113.6**
104.3	105.8	106.1	106.1	109.2	111.8	114.4
100.7	102.2	101.2	100.4	104.4	115.8	113.5
106.3	110.4	107.5	105.1	116.0	133.8	125.5
101.4	101.8	101.4	101.2	101.2	101.7	101.9
95.9	95.9	95.9	95.9	96.1	104.4	104.8
99.8	99.8	99.8	99.8	100.0	109.0	109.7
104.3	**105.8**	**106.9**	**108.8**	**110.3**	**110.7**	**113.2**
105.5	107.3	108.8	111.1	112.9	113.4	116.4
100.1	100.4	100.4	100.7	101.2	101.1	101.5

2008年广西全区商品零售价格各月同比指数

以上年同月价格为100

类　别	1月	2月	3月	4月	5月
商品零售价格总指数	**108.0**	**111.4**	**110.2**	**110.4**	**110.0**
一、食　　品	**123.5**	**133.3**	**127.2**	**129.6**	**127.4**
1. 粮　　食	105.9	107.0	107.7	109.7	116.8
大　　米	104.4	105.8	106.8	109.3	118.1
2. 淀　　粉	129.2	132.8	132.1	137.0	135.8
3. 干豆类及豆制品	133.7	152.3	151.8	151.0	148.5
4. 油　　脂	135.0	137.6	140.5	133.6	131.3
食用植物油	135.6	138.0	142.6	136.1	135.3
5. 肉禽及其制品	141.1	143.5	144.4	148.5	137.5
(1) 食用畜肉及副产品	152.0	154.2	158.0	163.5	153.1
猪　　肉	158.4	153.5	160.2	166.2	150.8
牛　　肉	141.0	163.2	159.6	163.9	164.2
羊　　肉	116.7	137.3	131.1	129.8	135.1
(2) 禽	123.0	126.5	122.5	126.6	113.5
鸡	121.3	127.6	117.7	122.7	112.3
鸭	127.4	124.7	133.9	135.9	118.7
(3) 肉禽加工制品	134.0	134.3	135.5	135.1	127.5
6. 蛋	110.3	112.9	109.8	106.8	108.6
鲜　　蛋	109.1	112.1	108.7	105.5	102.6
7. 水 产 品	109.3	116.6	120.7	122.2	120.3
(1) 鱼	113.3	121.4	126.2	135.0	136.4
淡 水 鱼	115.1	128.0	136.6	144.8	147.0
海 水 鱼	109.7	108.8	107.4	117.8	117.0
(2) 其他水产品	100.2	105.4	108.7	99.3	92.6
虾 蟹 类	100.2	105.4	108.6	99.3	92.6
8. 菜	128.3	208.8	132.4	131.2	137.7
鲜　　菜	129.5	226.2	133.0	130.7	138.2
9. 调 味 品	103.6	103.6	105.7	107.1	107.9
盐	100.0	100.1	100.1	100.1	100.1
酱　　油	104.2	104.2	108.2	110.7	112.2
10. 糖	105.1	107.4	107.7	107.5	106.1
食　　糖	95.9	99.1	99.8	99.3	97.9
11. 干鲜瓜果	109.6	114.3	107.5	119.0	118.5
鲜 瓜 果	108.5	113.2	104.8	118.7	119.1
12. 糕点饼干面包	114.1	113.7	114.3	114.5	112.4
13. 液体乳及乳制品	115.8	118.5	118.8	117.9	119.2
14. 在外用膳食品	111.5	112.8	113.7	114.9	118.0

6 月	7 月	8 月	9 月	10 月	11 月	12 月
109.5	**108.0**	**106.7**	**106.4**	**105.9**	**104.1**	**101.9**
125.3	**119.1**	**114.6**	**114.1**	**114.6**	**112.8**	**108.0**
117.1	116.3	115.4	113.6	112.6	111.8	111.4
118.0	117.7	117.0	115.5	114.4	113.3	113.5
134.2	132.6	130.7	119.7	117.2	110.8	100.1
147.0	145.2	140.4	136.0	133.4	124.9	116.7
124.8	123.3	119.4	116.8	112.6	103.2	90.4
126.6	124.8	120.7	117.1	112.0	103.7	93.1
130.1	112.0	108.6	110.1	108.7	104.4	98.7
143.3	117.2	111.8	113.0	110.3	103.2	95.2
139.4	108.1	101.4	102.3	98.3	90.2	83.5
158.4	150.8	152.3	151.1	153.0	148.7	131.6
128.5	127.4	127.9	123.7	115.7	108.1	109.4
108.8	100.4	100.6	103.0	103.7	104.3	102.7
107.5	99.1	98.1	98.8	99.3	102.2	101.6
111.6	103.4	106.6	113.2	114.3	108.7	105.1
124.2	114.1	110.7	111.7	110.1	108.3	105.9
99.7	96.4	95.0	97.0	98.6	100.4	100.5
98.8	95.7	94.6	97.0	98.6	100.6	100.8
117.3	118.2	118.3	116.8	115.9	113.3	111.4
133.6	128.3	122.9	119.3	117.5	115.1	111.1
143.0	133.3	127.9	125.8	122.9	120.9	114.5
117.0	120.9	116.0	108.9	109.1	104.9	105.2
88.4	99.2	110.1	113.2	113.7	110.4	111.9
88.4	99.2	110.1	113.2	113.7	110.4	111.9
140.2	151.5	129.0	121.1	135.2	140.8	137.9
140.7	153.6	128.0	120.1	137.9	145.4	143.0
108.5	109.1	109.6	109.3	109.5	107.8	106.9
100.1	100.1	100.1	100.0	100.0	100.0	100.0
112.8	113.8	112.0	112.1	112.1	107.9	109.3
107.6	107.9	106.9	106.4	107.9	107.3	104.8
98.3	97.8	95.6	94.6	96.8	97.4	96.9
118.9	112.6	104.7	106.6	103.5	104.4	102.1
119.2	111.2	101.1	103.8	101.2	103.4	101.0
114.0	114.6	112.8	111.5	111.7	111.5	106.6
125.8	127.0	123.7	121.3	119.7	119.7	117.2
121.0	119.1	118.2	117.4	117.4	116.2	113.5

2008年广西全区商品零售价格各月同比指数（续表1）

以上年同月价格为100

类　别	1月	2月	3月	4月	5月
15. 其他食品	105.7	106.5	105.6	106.2	106.6
二、饮料、烟酒	**102.8**	**103.0**	**103.5**	**103.3**	**103.2**
1. 茶及饮料	105.3	104.3	104.8	104.7	104.5
(1) 茶　叶	103.0	100.9	100.5	101.2	100.8
(2) 饮　料	106.2	105.7	106.5	106.1	105.6
2. 烟　草	98.2	98.3	98.1	98.2	98.3
3. 酒	106.0	107.3	108.8	108.2	107.9
三、服装、鞋帽	**99.9**	**98.3**	**99.1**	**95.8**	**97.4**
1. 服　装	98.4	97.4	98.4	95.1	97.9
(1) 男式服装	99.2	96.4	100.2	98.7	98.7
(2) 女式服装	95.5	96.5	95.1	90.5	95.4
(3) 儿童服装	106.7	103.1	105.0	101.6	103.9
2. 鞋 袜 帽	103.7	100.1	100.8	97.7	96.4
(1) 鞋	104.1	100.2	101.2	97.6	96.2
(2) 袜　子	102.1	99.7	97.6	97.5	97.2
(3) 帽　子	98.0	98.0	100.1	99.5	100.2
3. 其　他	100.6	102.7	101.2	99.7	100.1
四、纺 织 品	**97.0**	**95.7**	**98.5**	**98.6**	**99.9**
1. 衣着材料	97.7	99.9	98.4	99.7	100.6
2. 床上用品	96.4	93.4	98.5	98.0	116.3
五、家用电器及音像器材	**94.2**	**95.8**	**95.8**	**96.9**	**95.6**
1. 家庭设备	100.5	102.2	102.9	103.3	102.4
2. 文娱用耐用消费品	86.0	87.6	86.8	88.9	86.8
3. 音像器材	98.6	98.6	100.0	100.0	100.0
六、文化办公用品	**95.9**	**95.9**	**96.1**	**95.9**	**95.4**
七、日 用 品	**103.0**	**104.1**	**104.3**	**103.9**	**104.4**
1. 日用百货	100.8	100.9	101.7	101.5	101.5
2. 日用杂品	103.8	103.5	102.5	103.4	104.5
3. 洗涤用品	106.2	108.5	108.7	108.4	109.2
4. 其他日用品	100.8	103.3	103.8	101.9	102.8
八、体育娱乐用品	**97.9**	**97.1**	**97.6**	**98.0**	**98.7**
1. 体育用品	99.2	97.8	98.8	99.4	100.0
2. 娱乐用品	96.6	96.4	96.3	96.5	97.3
九、交通、通信用品	**89.8**	**90.3**	**90.4**	**91.0**	**91.9**
1. 交通运输机械	95.5	95.6	95.6	96.4	97.0
2. 通信器材	78.5	79.8	80.0	80.1	81.7
十、家　具	**100.2**	**99.9**	**99.6**	**99.5**	**100.6**

6 月	7 月	8 月	9 月	10 月	11 月	12 月
106.0	103.9	101.7	102.1	104.0	106.1	107.0
103.3	**103.6**	**104.1**	**104.2**	**104.2**	**104.2**	**103.3**
102.4	102.3	103.0	102.7	102.3	102.8	102.3
100.8	101.6	101.6	101.3	101.3	101.8	101.8
103.1	102.6	103.5	103.3	102.8	103.2	102.5
98.3	99.0	99.6	99.7	99.6	99.6	99.6
109.9	110.1	110.3	110.6	111.0	110.8	108.3
99.3	**99.1**	**99.0**	**98.2**	**97.1**	**96.0**	**95.1**
99.6	99.9	100.7	98.4	97.2	96.6	94.9
100.6	101.1	101.1	99.0	97.6	96.7	97.1
96.6	96.5	97.1	96.9	94.8	95.6	93.6
107.4	108.7	112.8	101.9	104.5	99.3	93.5
99.0	97.5	95.1	97.7	96.3	94.8	95.8
99.1	97.5	94.7	97.7	96.1	94.3	95.2
97.4	97.1	97.5	97.5	97.1	97.1	99.6
100.2	100.2	100.4	100.4	101.5	103.1	102.5
99.9	100.4	102.6	102.0	102.7	97.0	95.4
99.0	**104.1**	**103.8**	**102.1**	**102.2**	**102.0**	**104.4**
100.6	103.7	104.4	103.9	103.9	102.0	101.5
98.0	103.9	103.2	100.9	101.0	101.7	105.7
94.8	**94.5**	**94.8**	**94.7**	**95.4**	**94.7**	**94.6**
101.7	101.1	100.9	100.8	100.7	100.2	99.7
85.9	85.8	86.7	86.8	88.3	87.6	88.2
100.0	100.0	100.0	100.0	100.0	97.1	97.1
95.5	**96.0**	**96.0**	**95.8**	**95.7**	**96.0**	**96.6**
104.4	**104.9**	**105.8**	**105.9**	**106.3**	**106.5**	**105.9**
101.7	102.4	104.3	103.4	102.9	103.2	103.0
104.3	104.4	105.8	105.6	106.4	106.4	104.5
109.3	109.2	109.2	110.5	111.9	113.0	112.4
101.7	103.2	103.2	103.2	103.3	102.3	102.5
98.7	**98.5**	**97.7**	**97.8**	**97.8**	**98.4**	**98.7**
100.1	100.1	99.9	100.2	100.1	100.2	100.9
97.2	96.8	95.5	95.3	95.4	96.4	96.3
92.5	**93.8**	**94.3**	**94.5**	**95.5**	**95.6**	**95.7**
97.1	98.1	99.0	99.5	100.7	100.7	100.7
83.1	85.1	84.6	84.1	84.6	85.2	85.5
100.4	**100.1**	**100.0**	**99.5**	**98.8**	**98.6**	**98.5**

2008 年广西全区商品零售价格各月同比指数（续表 2）

以上年同月价格为 100

类　别	1 月	2 月	3 月	4 月	5 月
十一、化 妆 品	**98.8**	**99.6**	**99.3**	**99.2**	**100.1**
十二、金银珠宝	**114.3**	**121.6**	**124.2**	**118.9**	**115.8**
十三、中西药品及医疗保健用品	**105.6**	**106.7**	**106.9**	**104.6**	**102.8**
1. 医疗器具及用品	100.0	99.5	99.3	99.6	100.2
2. 中药材及中成药	114.5	116.7	116.6	110.5	104.3
3. 西　　药	100.9	101.7	102.2	101.6	102.4
4. 保健品及器具	100.9	101.0	101.2	101.2	101.8
十四、书报杂志及电子出版物	**97.4**	**97.5**	**99.6**	**99.6**	**99.4**
1. 教材及参考书	92.3	92.4	98.6	98.5	98.3
2. 书报杂志	100.7	100.7	100.8	100.7	100.7
3. 电子音像制品	100.0	100.0	100.0	99.9	99.8
十五、燃　　料	**113.7**	**117.7**	**119.8**	**118.5**	**117.8**
1. 煤炭及制品	115.5	119.7	122.4	121.0	121.4
2. 石油及制品	113.5	117.4	119.4	118.2	117.3
液化石油气	122.9	132.2	138.5	134.2	130.6
管道燃气	101.9	102.4	101.9	101.9	101.9
汽　　油	107.3	109.1	109.2	109.6	109.6
柴　　油	109.7	109.7	109.7	109.7	109.7
十六、建筑材料及五金电料	**111.5**	**112.1**	**113.3**	**113.8**	**114.0**
1. 建筑装潢材料	114.2	115.1	116.1	116.5	116.9
2. 五金电料	101.6	101.3	103.0	103.7	103.5

6 月	7 月	8 月	9 月	10 月	11 月	12 月
100.1	**100.6**	**99.4**	**99.9**	**100.0**	**100.2**	**100.7**
115.5	**118.7**	**112.0**	**107.6**	**100.7**	**92.3**	**96.6**
101.8	**99.6**	**102.5**	**102.7**	**102.5**	**102.6**	**102.9**
100.0	100.0	100.0	100.0	99.6	99.6	99.5
101.0	96.0	101.6	102.6	101.9	101.9	102.3
102.5	101.3	101.4	101.1	100.6	100.8	101.1
103.8	107.3	113.7	113.4	116.5	116.3	116.4
99.6	**99.5**	**100.2**	**101.0**	**100.9**	**100.8**	**100.9**
98.6	98.6	99.3	100.6	100.6	100.7	100.7
100.7	100.7	101.8	102.1	102.4	102.4	102.4
99.6	99.5	99.4	99.3	98.7	98.2	98.3
122.4	**126.3**	**125.4**	**127.2**	**120.9**	**106.4**	**99.5**
122.7	122.8	127.1	148.1	145.6	140.2	133.6
122.4	126.7	125.1	124.4	117.7	102.3	95.4
132.2	130.5	126.3	124.5	107.6	83.7	79.4
101.2	101.2	101.2	101.2	101.2	100.8	100.0
118.1	127.0	127.0	126.9	126.7	116.6	107.0
119.4	129.1	129.1	129.1	129.1	117.8	107.0
115.0	**114.9**	**113.0**	**110.5**	**106.1**	**103.3**	**100.7**
118.2	118.1	115.7	112.5	107.0	103.5	100.6
103.4	103.2	103.5	103.1	102.5	102.2	101.3

2009年广西全区商品零售价格各月同比指数

以上年同月价格为100

类别	1月	2月	3月	4月	5月
商品零售价格总指数	**100.4**	**97.0**	**98.1**	**97.2**	**97.1**
一、食　品	**105.1**	**95.9**	**100.2**	**97.6**	**97.9**
1. 粮食	111.7	111.5	112.5	110.3	103.6
大　米	112.7	112.6	114.1	111.2	102.6
2. 淀　粉	99.8	97.2	95.2	94.7	95.6
3. 干豆类及豆制品	112.6	95.9	94.6	93.4	93.1
4. 油　脂	85.4	82.0	78.9	77.8	77.2
食用植物油	85.8	81.3	77.1	76.3	76.5
5. 肉禽及其制品	100.3	92.9	92.2	89.7	86.9
(1) 食用畜肉及副产品	96.4	88.3	86.3	83.8	79.3
猪　肉	88.0	81.7	78.1	74.5	69.2
牛　肉	120.6	104.4	105.4	105.3	101.5
羊　肉	104.4	89.9	95.5	96.9	95.8
(2) 禽	106.2	98.2	100.7	97.1	96.2
鸡	108.5	96.5	102.7	99.8	97.7
鸭	101.3	101.9	96.7	91.6	93.0
(3) 肉禽加工制品	105.4	103.0	100.2	99.0	98.7
6. 蛋	99.9	97.0	99.2	100.2	100.9
鲜　蛋	99.7	96.7	99.5	100.4	101.1
7. 水产品	114.9	104.3	97.6	96.7	98.6
(1) 鱼	109.8	101.4	98.3	91.9	91.4
淡水鱼	107.3	97.0	92.6	85.8	83.5
海水鱼	113.7	109.6	109.8	104.0	106.8
(2) 其他水产品	123.3	108.5	96.2	105.5	113.6
虾蟹类	123.3	108.5	96.2	105.5	113.6
8. 菜	114.8	75.7	114.0	100.1	112.1
鲜　菜	115.2	71.9	115.9	99.9	114.0
9. 调味品	105.1	104.5	103.8	102.2	101.9
盐	100.0	99.8	99.8	100.0	100.0
酱　油	105.9	105.1	102.9	99.9	98.8
10. 糖	106.5	105.3	105.4	106.1	107.9
食　糖	101.3	101.6	101.8	104.2	106.2
11. 干鲜瓜果	97.9	91.6	99.7	99.1	108.4
鲜瓜果	96.8	89.9	99.8	98.7	109.5
12. 糕点饼干面包	103.1	101.4	101.1	101.1	102.5
13. 液体乳及乳制品	108.3	108.9	109.2	107.8	106.3
14. 在外用膳食品	109.5	108.2	107.4	106.7	102.1

6 月	7 月	8 月	9 月	10 月	11 月	12 月
96.7	**96.4**	**97.2**	**97.6**	**97.8**	**99.4**	**100.9**
97.4	**97.4**	**99.5**	**99.7**	**99.4**	**100.8**	**103.2**
103.6	103.6	103.5	103.2	103.1	103.2	103.9
102.5	102.5	102.2	101.9	103.0	103.2	103.9
95.8	95.2	96.1	98.6	97.5	98.7	101.1
92.8	92.3	93.5	94.9	98.0	100.6	104.2
78.5	79.0	78.6	78.1	79.3	83.3	90.6
77.1	77.2	77.0	76.0	77.4	82.3	90.2
86.0	86.7	89.9	92.3	94.5	97.2	97.1
78.1	78.4	82.3	85.7	89.7	93.7	94.0
67.7	67.9	73.7	79.1	85.0	89.9	89.8
100.7	100.5	100.1	98.1	98.9	100.1	99.7
95.2	95.7	95.7	94.9	93.4	95.5	99.5
96.0	98.3	100.9	102.0	101.3	102.3	101.5
97.0	99.2	101.4	101.7	100.4	102.5	100.5
93.6	96.2	99.6	102.3	103.3	101.9	103.7
97.3	96.8	97.9	98.3	97.3	98.2	98.6
99.8	99.2	100.6	102.7	103.4	104.0	104.7
99.9	99.1	100.6	102.6	103.3	103.9	104.7
98.8	99.8	96.6	94.7	97.3	101.7	105.0
91.4	92.7	91.5	91.3	92.8	97.4	99.9
83.2	84.6	83.9	83.6	86.9	92.1	94.9
106.7	107.1	106.1	106.6	103.2	106.3	107.7
115.8	115.7	107.4	101.8	106.2	109.6	113.6
115.8	115.7	107.4	101.8	106.2	109.6	113.6
109.4	101.4	111.5	109.9	102.0	106.6	117.8
110.8	101.8	114.0	112.2	102.6	107.9	120.3
100.7	100.5	99.7	100.2	100.1	100.8	100.7
99.9	98.7	99.0	99.3	99.1	99.8	99.5
98.1	98.4	98.6	99.0	99.3	100.4	99.4
107.1	108.4	108.5	108.9	107.7	105.6	106.3
106.4	112.3	115.3	116.9	117.2	112.2	114.7
113.0	120.1	121.7	115.1	111.3	107.2	110.7
115.1	124.1	126.6	118.2	113.3	107.7	111.1
100.8	100.5	100.6	100.5	100.4	100.2	99.4
101.6	101.4	101.2	103.6	104.7	100.8	101.3
101.2	101.0	102.1	102.7	102.6	102.5	103.4

2009 年广西全区商品零售价格各月同比指数（续表 1）

以上年同月价格为 100

类　别	1 月	2 月	3 月	4 月	5 月
15. 其他食品	105.7	102.6	103.0	102.4	103.0
二、饮料、烟酒	**100.9**	**100.9**	**101.1**	**100.8**	**100.7**
1. 茶及饮料	99.8	100.1	99.5	99.5	99.8
(1) 茶　　叶	98.4	101.4	101.2	100.3	100.6
(2) 饮　　料	100.3	99.6	98.8	99.2	99.5
2. 烟　　草	98.7	98.4	99.2	99.2	99.1
3. 酒	104.2	104.4	104.5	103.5	103.2
三、服装、鞋帽	**92.7**	**94.6**	**96.3**	**97.8**	**97.2**
1. 服　　装	93.2	95.2	98.9	100.6	99.7
(1) 男式服装	94.6	98.4	99.2	100.0	101.1
(2) 女式服装	93.1	93.9	99.6	102.5	99.9
(3) 儿童服装	89.3	91.4	95.6	95.4	94.9
2. 鞋 袜 帽	91.1	92.9	89.7	91.8	91.7
(1) 鞋	89.8	91.7	88.1	90.5	90.3
(2) 袜　　子	99.3	100.7	100.9	100.7	101.1
(3) 帽　　子	101.8	101.5	100.4	100.1	101.6
3. 其　　他	94.3	94.5	95.8	91.8	91.6
四、纺 织 品	**101.6**	**103.0**	**102.2**	**103.0**	**100.1**
1. 衣着材料	102.1	101.9	102.9	104.0	103.7
2. 床上用品	101.3	103.4	101.9	102.3	98.3
五、家用电器及音像器材	**94.7**	**93.5**	**92.8**	**91.8**	**91.4**
1. 家庭设备	99.4	97.5	96.9	95.6	94.7
2. 文娱用耐用消费品	88.7	87.9	87.1	86.4	86.6
3. 音像器材	97.6	97.7	97.6	97.6	97.6
六、文化办公用品	**96.1**	**96.1**	**96.6**	**95.9**	**96.1**
七、日 用 品	**105.4**	**103.8**	**103.5**	**102.7**	**102.4**
1. 日用百货	103.0	102.5	103.1	101.9	101.8
2. 日用杂品	103.6	103.1	102.5	99.9	101.0
3. 洗涤用品	111.3	107.8	107.4	106.6	104.7
4. 其他日用品	101.9	100.6	99.1	100.5	101.0
八、体育娱乐用品	**98.4**	**98.2**	**98.0**	**97.6**	**97.3**
1. 体育用品	99.9	100.3	99.9	99.3	99.3
2. 娱乐用品	96.7	95.9	96.1	95.8	95.2
九、交通、通信用品	**96.8**	**96.3**	**96.3**	**96.2**	**96.0**
1. 交通运输机械	100.6	100.4	100.3	100.2	99.9
2. 通信器材	88.7	87.9	87.8	87.9	87.8
十、家　　具	**97.2**	**97.6**	**97.3**	**96.8**	**97.0**

6 月	7 月	8 月	9 月	10 月	11 月	12 月
102.9	104.1	105.6	104.2	104.6	100.8	101.1
100.6	**100.4**	**100.5**	**100.6**	**100.6**	**100.6**	**100.8**
99.6	99.8	99.7	99.3	99.0	99.0	99.2
100.6	99.2	99.4	99.4	99.2	99.1	99.8
99.2	100.0	99.8	99.2	98.9	99.0	98.9
99.3	99.4	99.6	99.6	99.8	100.0	100.1
102.8	102.0	102.2	102.5	102.7	102.4	102.7
96.1	**95.6**	**97.7**	**98.7**	**98.1**	**99.9**	**100.0**
98.2	97.7	99.4	100.7	99.7	101.4	101.1
99.4	98.7	99.7	101.1	99.6	101.6	101.6
98.3	98.4	100.1	101.0	100.6	101.1	100.8
94.2	92.3	96.2	98.4	96.7	101.7	100.9
91.2	90.7	93.8	94.5	94.7	96.9	97.9
89.7	89.3	92.8	93.6	93.9	96.4	97.5
101.5	100.0	99.6	99.7	100.0	100.2	100.4
101.6	101.6	101.5	101.3	101.0	99.8	100.4
92.6	92.3	92.7	92.6	92.6	94.2	94.7
101.1	**98.8**	**100.0**	**99.6**	**99.6**	**99.4**	**99.7**
105.2	104.2	104.4	103.4	102.8	102.8	103.1
99.0	96.1	97.7	97.6	97.9	97.7	98.0
92.2	**92.3**	**91.5**	**91.8**	**92.7**	**93.2**	**93.9**
94.8	94.5	93.5	93.8	94.7	94.6	95.1
88.1	88.7	88.2	88.5	89.3	90.5	91.5
97.6	97.6	97.6	97.6	97.8	100.1	100.1
96.1	**96.0**	**96.3**	**96.3**	**96.7**	**97.6**	**98.1**
101.7	**100.7**	**99.6**	**99.3**	**98.9**	**98.8**	**98.7**
101.5	100.5	99.2	98.8	98.9	99.3	99.3
100.8	100.1	99.4	99.2	98.9	98.7	99.0
103.2	102.3	100.5	100.3	99.5	98.4	98.0
100.5	99.0	98.7	98.7	98.2	98.8	98.3
97.0	**96.9**	**97.6**	**97.3**	**97.0**	**98.0**	**98.4**
98.5	98.2	98.7	98.7	98.6	99.3	99.4
95.5	95.4	96.4	95.8	95.3	96.5	97.3
95.6	**95.1**	**95.4**	**95.8**	**96.2**	**96.3**	**96.6**
99.3	98.6	98.3	98.6	98.6	98.6	98.6
88.1	88.0	89.5	90.2	91.4	91.8	92.8
96.9	**96.3**	**96.7**	**96.8**	**97.3**	**97.6**	**97.9**

2009年广西全区商品零售价格各月同比指数（续表2）

以上年同月价格为100

类　别	1月	2月	3月	4月	5月
十一、化 妆 品	**102.5**	**102.8**	**102.9**	**102.6**	**101.7**
十二、金银珠宝	**94.1**	**93.4**	**89.7**	**89.8**	**93.8**
十三、中西药品及医疗保健用品	**102.7**	**101.7**	**101.5**	**101.6**	**101.6**
1. 医疗器具及用品	101.8	102.6	102.4	102.4	102.8
2. 中药材及中成药	102.9	100.1	99.7	99.5	99.4
3. 西　　药	100.5	100.4	100.3	100.7	100.7
4. 保健品及器具	113.9	113.1	113.2	112.9	112.9
十四、书报杂志及电子出版物	**104.8**	**105.3**	**104.9**	**104.9**	**104.5**
1. 教材及参考书	102.1	102.0	102.5	102.6	102.2
2. 书报杂志	110.5	112.0	110.6	110.6	110.5
3. 电子音像制品	98.5	98.4	97.9	97.6	96.6
十五、燃　　料	**92.7**	**89.1**	**88.4**	**88.7**	**87.5**
1. 煤炭及制品	121.6	111.0	105.8	104.1	100.0
2. 石油及制品	89.2	86.3	86.0	86.5	85.6
液化石油气	77.4	72.7	67.7	66.8	64.4
管道燃气	107.3	107.3	107.3	107.3	107.3
汽　　油	95.5	93.8	97.2	99.0	98.9
柴　　油	93.9	91.3	93.8	95.0	95.1
十六、建筑材料及五金电料	**101.3**	**99.8**	**97.1**	**96.6**	**95.4**
1. 建筑装潢材料	101.2	99.2	96.1	95.4	93.7
2. 五金电料	101.6	101.6	100.6	100.9	101.2

6 月	7 月	8 月	9 月	10 月	11 月	12 月
101.1	**100.0**	**101.4**	**100.6**	**100.8**	**101.1**	**100.7**
96.3	**93.6**	**98.4**	**100.7**	**107.1**	**115.8**	**114.7**
101.6	**101.3**	**100.5**	**100.8**	**99.7**	**99.2**	**99.3**
102.9	102.9	102.8	103.6	102.7	103.5	103.7
100.0	99.6	99.2	99.5	97.8	97.6	97.9
100.8	101.0	100.9	101.1	100.6	99.8	99.7
110.8	107.4	101.8	101.7	99.6	98.9	98.9
104.7	**105.0**	**104.5**	**104.6**	**103.7**	**103.8**	**103.6**
102.2	102.2	102.0	101.6	101.6	101.6	101.6
110.5	111.2	110.3	111.1	108.4	108.4	108.3
97.4	97.5	97.6	97.5	98.1	98.5	98.1
86.2	**87.2**	**87.7**	**90.6**	**91.5**	**100.9**	**110.0**
98.5	97.2	94.4	84.4	83.4	85.5	88.1
84.2	85.4	86.3	90.8	92.1	102.4	112.4
62.2	61.1	68.0	74.3	81.0	99.9	112.7
107.3	107.3	107.3	107.2	107.2	107.2	111.3
97.3	99.2	96.1	99.9	97.5	103.7	112.8
93.8	96.4	93.3	97.4	94.8	101.4	111.8
95.4	**95.1**	**96.3**	**96.7**	**98.8**	**100.6**	**101.0**
93.8	93.1	94.5	95.1	97.8	99.9	100.4
101.2	102.2	102.6	102.2	102.4	103.0	103.2

2010 年广西全区商品零售价格各月同比指数

以上年同月价格为 100

类　别	1 月	2 月	3 月	4 月	5 月
商品零售价格总指数	**101.5**	**103.0**	**102.1**	**102.8**	**103.3**
一、食　　品	**103.0**	**107.9**	**104.7**	**105.6**	**106.5**
1. 粮　　食	104.8	104.7	104.1	105.7	106.5
大　　米	104.8	104.6	103.9	106.1	107.3
2. 淀　　粉	100.6	103.5	102.1	103.1	103.7
3. 干豆类及豆制品	103.3	107.7	106.7	109.0	113.8
4. 油　　脂	95.6	98.3	100.6	102.1	103.0
食用植物油	96.8	100.5	103.2	104.7	105.4
5. 肉禽及其制品	94.7	98.9	97.0	97.4	99.1
(1) 食用畜肉及副产品	91.4	95.9	93.8	94.5	97.4
猪　　肉	86.2	92.0	89.9	91.1	95.4
牛　　肉	98.5	101.4	100.5	100.2	100.2
羊　　肉	100.2	103.5	105.9	105.7	107.1
(2) 禽	98.7	103.4	101.4	101.6	102.3
鸡	96.7	101.9	100.9	99.7	99.9
鸭	103.3	106.3	102.4	105.4	107.2
(3) 肉禽加工制品	97.9	99.9	99.2	99.6	99.9
6. 蛋	105.1	106.1	104.6	102.6	101.7
鲜　　蛋	105.0	106.2	104.5	102.4	101.4
7. 水 产 品	101.5	109.9	109.1	108.2	105.3
(1) 鱼	98.8	104.4	102.9	105.2	104.2
淡 水 鱼	96.0	101.9	99.3	102.4	102.9
海 水 鱼	103.1	107.9	108.2	109.4	106.0
(2) 其他水产品	106.0	119.1	119.9	113.1	106.8
虾 蟹 类	106.0	119.1	119.9	113.1	106.8
8. 菜	121.6	145.1	116.0	124.2	130.9
鲜　　菜	124.2	152.1	116.3	125.6	133.3
9. 调 味 品	101.5	102.3	102.2	102.7	103.2
盐	100.0	100.0	100.8	100.5	100.2
酱　　油	100.2	101.6	101.7	102.9	104.1
10. 糖	109.4	110.6	110.4	110.2	109.8
食　　糖	123.4	125.7	125.6	125.5	124.9
11. 干鲜瓜果	112.1	121.1	119.0	118.1	116.8
鲜 瓜 果	111.8	122.1	120.0	119.6	118.5
12. 糕点饼干面包	100.1	100.0	99.9	100.0	100.0
13. 液体乳及乳制品	100.8	100.2	99.7	101.1	101.2
14. 在外用膳食品	103.7	104.4	104.4	103.8	103.8

6月	7月	8月	9月	10月	11月	12月
102.8	**102.9**	**102.8**	**102.5**	**103.8**	**104.2**	**104.3**
105.9	**107.1**	**107.2**	**107.1**	**109.8**	**110.6**	**110.5**
106.2	105.9	105.8	106.3	106.6	109.8	113.6
106.7	106.4	106.3	106.7	107.1	110.7	114.6
106.1	106.7	106.6	106.9	107.7	110.4	116.1
113.2	113.0	112.5	110.2	108.3	108.6	107.5
101.5	100.9	102.9	106.4	107.5	112.1	112.2
105.0	104.7	106.5	110.9	112.9	115.5	114.1
100.7	104.7	107.7	106.0	108.5	111.6	112.3
98.0	102.9	106.6	104.8	108.9	112.9	112.6
96.8	104.8	109.8	107.1	112.0	118.0	117.2
99.0	99.2	98.4	98.5	99.5	99.4	99.0
107.7	107.0	106.4	106.8	109.4	111.4	114.7
105.6	109.1	111.2	109.1	109.9	111.8	114.1
102.7	105.7	108.4	109.1	110.4	110.8	112.4
111.7	116.2	117.0	109.0	108.8	113.7	117.6
101.6	103.4	105.3	104.2	104.7	106.7	107.9
102.1	104.0	109.1	108.0	107.5	111.3	113.3
101.9	104.0	109.6	108.5	108.0	111.9	114.1
108.1	108.7	111.5	113.5	114.0	113.6	112.8
106.4	109.5	110.9	111.0	111.3	112.1	112.7
105.8	109.0	110.8	111.2	112.0	111.6	112.2
107.5	110.4	111.0	110.3	109.7	112.7	113.6
110.4	106.1	111.0	117.0	118.3	115.8	112.8
110.4	106.1	111.0	117.0	118.3	115.8	112.8
124.0	129.5	120.6	119.8	134.2	117.2	103.2
125.4	131.9	121.1	119.9	136.5	116.5	100.4
103.3	103.3	103.3	103.1	102.8	103.3	103.5
100.3	101.2	101.5	101.4	101.5	100.8	101.1
104.2	103.5	103.5	103.2	102.8	103.3	103.7
109.5	108.0	107.9	107.8	108.9	113.7	114.6
124.7	119.0	117.5	117.8	119.6	129.5	129.2
111.6	105.1	103.2	106.5	110.1	119.5	127.2
112.5	104.9	102.6	106.5	110.7	122.0	131.8
100.1	100.4	101.9	102.2	102.5	103.4	104.1
101.1	101.7	102.9	101.7	101.9	103.6	103.4
103.5	104.0	102.9	102.3	102.4	103.5	104.3

2010 年广西全区商品零售价格各月同比指数（续表 1）

以上年同月价格为 100

类别	1 月	2 月	3 月	4 月	5 月
15. 其他食品	101.0	102.4	100.6	101.2	100.4
二、饮料、烟酒	**101.3**	**101.1**	**101.1**	**101.3**	**101.6**
1. 茶及饮料	100.2	99.8	100.2	100.7	101.3
(1) 茶　叶	101.7	100.4	100.7	100.7	100.7
(2) 饮　料	99.6	99.5	99.9	100.7	101.5
2. 烟　草	100.4	100.5	100.3	100.4	100.5
3. 酒	103.2	102.7	102.7	102.8	103.2
三、服装、鞋帽	**101.5**	**98.6**	**98.4**	**97.9**	**97.7**
1. 服　装	103.1	99.8	99.1	98.7	97.5
(1) 男式服装	103.0	98.3	96.7	96.6	96.0
(2) 女式服装	102.8	100.6	100.6	99.3	97.7
(3) 儿童服装	104.7	101.5	100.5	103.1	101.0
2. 鞋 袜 帽	98.3	96.1	97.4	96.0	98.3
(1) 鞋	98.0	95.6	97.0	95.2	98.1
(2) 袜　子	100.2	100.0	99.8	100.6	100.2
(3) 帽　子	100.7	99.0	100.2	101.5	100.0
3. 其　他	96.5	93.8	93.2	97.0	96.9
四、纺 织 品	**100.8**	**99.8**	**98.8**	**99.0**	**99.8**
1. 衣着材料	103.3	103.5	103.4	102.3	102.2
2. 床上用品	99.5	97.9	96.3	97.3	98.5
五、家用电器及音像器材	**94.5**	**94.5**	**95.3**	**96.0**	**97.1**
1. 家庭设备	95.1	95.2	95.6	96.4	97.4
2. 文娱用耐用消费品	93.1	93.0	94.3	95.1	96.2
3. 音像器材	100.0	100.0	100.2	100.2	100.2
六、文化办公用品	**98.4**	**98.5**	**98.2**	**98.9**	**99.0**
七、日 用 品	**98.9**	**99.1**	**99.0**	**99.8**	**99.5**
1. 日用百货	99.4	99.3	99.5	99.8	99.8
2. 日用杂品	99.4	98.9	99.3	101.1	99.1
3. 洗涤用品	98.2	99.3	98.3	99.2	99.8
4. 其他日用品	98.6	98.8	99.3	99.6	99.0
八、体育娱乐用品	**98.7**	**99.0**	**99.6**	**99.4**	**98.9**
1. 体育用品	99.6	99.7	100.3	100.7	99.8
2. 娱乐用品	97.6	98.2	98.8	98.0	97.9
九、交通、通信用品	**96.8**	**96.8**	**97.0**	**97.1**	**97.5**
1. 交通运输机械	98.9	99.0	99.0	99.0	99.1
2. 通信器材	92.8	92.8	93.3	93.6	94.7
十、家　具	**98.2**	**98.8**	**99.0**	**98.5**	**97.1**

6月	7月	8月	9月	10月	11月	12月
101.1	101.0	100.0	101.5	102.7	102.8	103.6
101.6	**101.7**	**101.7**	**101.6**	**101.5**	**101.7**	**102.0**
101.6	101.7	101.8	102.1	102.3	102.5	102.8
101.0	101.0	100.5	100.4	100.5	100.9	101.1
101.9	102.0	102.4	102.9	103.1	103.2	103.5
100.2	100.2	100.0	99.8	99.8	99.8	99.8
103.0	103.3	103.4	103.1	102.8	103.2	103.9
98.0	**99.6**	**98.5**	**97.8**	**99.1**	**100.1**	**101.9**
98.2	99.9	98.6	97.7	99.6	101.3	103.4
97.3	98.8	97.4	96.9	99.2	101.2	102.2
98.5	100.0	98.6	98.0	99.7	101.1	104.1
99.6	102.3	101.9	99.2	100.7	102.2	104.1
97.5	98.8	98.0	97.2	97.3	96.7	98.1
97.1	98.7	97.5	96.5	96.7	96.0	97.6
100.0	100.1	101.7	101.7	102.0	101.7	101.7
100.0	100.1	100.1	100.2	100.0	99.5	99.6
97.1	98.8	99.5	101.0	101.7	101.3	101.6
99.0	**99.3**	**99.3**	**99.6**	**100.8**	**102.7**	**103.3**
101.8	102.0	101.9	102.5	104.2	106.5	107.0
97.6	97.9	98.0	98.1	99.1	100.7	101.4
97.0	**97.0**	**97.6**	**97.0**	**96.6**	**96.4**	**96.1**
97.5	97.5	98.6	97.7	96.8	96.9	96.6
95.9	96.0	96.0	95.8	95.9	95.5	95.0
100.2	100.1	99.8	99.4	99.4	99.4	99.4
99.1	**99.2**	**99.8**	**99.3**	**98.9**	**98.9**	**98.7**
99.9	**100.3**	**100.2**	**100.2**	**100.3**	**100.4**	**100.7**
99.8	100.2	100.1	100.4	100.4	100.5	100.5
99.5	100.4	100.1	100.4	100.7	100.6	100.5
100.4	100.5	100.8	100.3	100.2	100.1	101.0
99.5	100.0	99.6	99.4	99.8	100.4	100.8
99.0	**99.0**	**98.7**	**98.5**	**98.6**	**99.1**	**98.8**
100.2	100.4	100.0	99.9	100.1	101.1	100.5
97.7	97.5	97.2	97.1	97.0	97.0	97.0
98.0	**98.1**	**97.8**	**97.3**	**97.0**	**97.1**	**97.2**
99.7	99.7	99.5	99.2	99.0	99.3	99.4
95.0	95.0	94.6	93.9	93.2	92.9	92.9
97.1	**98.1**	**98.0**	**98.0**	**98.5**	**98.6**	**99.4**

2010年广西全区商品零售价格各月同比指数（续表2）

以上年同月价格为100

类 别	1月	2月	3月	4月	5月
十一、化 妆 品	**101.3**	**100.4**	**101.1**	**100.6**	**100.1**
十二、金银珠宝	**117.2**	**111.2**	**110.9**	**114.1**	**115.1**
十三、中西药品及医疗保健用品	**99.4**	**100.4**	**100.4**	**100.8**	**101.1**
1. 医疗器具及用品	105.2	106.2	106.6	106.6	106.3
2. 中药材及中成药	97.8	100.6	100.4	101.2	101.4
3. 西 药	99.8	99.7	99.7	99.8	100.2
4. 保健品及器具	98.8	99.3	99.2	99.8	100.1
十四、书报杂志及电子出版物	**99.9**	**99.7**	**98.8**	**98.9**	**99.3**
1. 教材及参考书	100.9	100.4	97.1	97.1	97.5
2. 书报杂志	99.9	100.0	100.4	100.5	100.6
3. 电子音像制品	98.1	98.1	98.5	98.6	99.8
十五、燃 料	**118.0**	**121.8**	**122.0**	**124.6**	**126.0**
1. 煤炭及制品	91.9	98.2	102.1	102.2	105.9
2. 石油及制品	121.1	124.5	124.3	127.1	128.2
液化石油气	119.7	125.4	133.0	138.2	142.2
管道燃气	103.7	103.7	103.7	103.7	103.7
汽 油	125.3	127.6	123.1	125.2	125.4
柴 油	125.5	129.0	125.6	128.8	129.1
十六、建筑材料及五金电料	**101.3**	**102.1**	**103.9**	**105.6**	**106.2**
1. 建筑装潢材料	100.8	101.6	103.7	106.2	107.0
2. 五金电料	103.2	103.5	104.6	103.6	103.6

6 月	7 月	8 月	9 月	10 月	11 月	12 月
100.6	**100.5**	**100.5**	**100.6**	**100.6**	**100.7**	**100.9**
113.9	**113.9**	**114.7**	**115.3**	**114.9**	**113.3**	**113.1**
101.2	**101.3**	**101.8**	**102.0**	**102.9**	**104.9**	**104.8**
106.0	105.7	106.6	105.6	105.4	103.9	103.5
102.0	102.1	102.7	103.6	105.5	109.7	110.6
100.1	100.1	100.4	100.4	100.9	102.0	101.3
100.1	100.6	101.5	101.6	101.8	102.7	102.3
99.3	**99.2**	**99.1**	**100.1**	**100.0**	**100.0**	**100.0**
97.5	97.5	97.3	100.4	100.1	100.1	100.1
100.6	100.4	100.4	100.3	100.3	100.3	100.3
99.7	99.7	99.4	99.4	99.2	99.2	99.2
119.4	**112.3**	**110.6**	**106.6**	**110.2**	**108.5**	**108.1**
106.9	105.9	105.4	106.2	107.3	109.5	112.4
120.7	113.0	111.2	106.7	110.5	108.4	107.8
140.3	136.5	120.8	113.0	113.9	116.2	109.0
103.7	103.7	103.7	103.7	103.7	103.7	100.5
114.9	105.5	108.8	105.0	110.5	104.3	107.8
115.7	105.6	109.4	105.4	111.5	104.9	108.4
105.0	**104.1**	**103.7**	**105.9**	**106.5**	**106.8**	**106.8**
105.4	104.7	104.3	107.2	107.9	108.2	108.2
103.7	102.1	101.6	101.6	101.7	102.1	102.1

2011年广西全区商品零售价格各月同比指数

以上年同月价格为100

类　别	1月	2月	3月	4月	5月
商品零售价格总指数	**105.1**	**105.8**	**106.3**	**107.1**	**107.2**
一、食　　品	**113.9**	**114.4**	**115.8**	**116.9**	**116.4**
1. 粮　　食	115.8	116.7	119.3	119.8	119.7
大　　米	117.4	118.3	121.8	122.0	121.5
2. 淀粉及制品	114.2	114.4	115.2	113.9	113.7
3. 干豆类及豆制品	108.7	109.3	110.4	110.0	105.7
4. 油　　脂	111.6	111.2	110.8	112.4	113.4
食用植物油	114.0	113.8	113.4	114.7	116.1
5. 肉禽及其制品	114.5	116.3	120.0	123.1	126.9
(1) 食用畜肉及副产品	114.6	118.7	124.1	128.1	133.5
猪　　肉	118.5	123.2	131.1	136.7	144.5
牛　　肉	99.8	100.8	99.7	100.2	101.0
羊　　肉	116.5	121.6	120.2	118.8	117.6
(2) 禽	116.6	115.0	116.9	119.1	121.3
鸡	116.2	117.0	117.2	118.2	120.9
鸭	117.7	110.8	116.7	121.5	122.6
(3) 加工肉禽	109.1	108.3	109.5	111.5	112.9
6. 蛋	114.9	115.9	114.4	114.0	116.0
鲜　　蛋	115.4	116.4	114.8	114.4	116.4
7. 水 产 品	115.9	118.8	121.4	122.2	121.7
(1) 鱼	115.5	115.3	118.1	120.9	122.0
淡 水 鱼	115.0	115.5	120.3	123.7	125.4
海 水 鱼	116.3	115.1	114.2	115.7	115.8
(2) 其他水产品	116.9	125.5	127.7	124.9	121.0
虾 蟹 类	117.5	126.4	129.1	126.0	121.7
8. 菜	120.0	114.1	113.5	111.2	101.4
鲜　　菜	120.7	113.9	113.4	111.1	100.1
9. 调 味 品	102.7	102.9	102.7	102.8	103.4
食 用 盐	101.1	100.9	99.7	99.6	100.3
酱　　油	103.1	104.4	104.2	104.6	105.7
10. 糖	112.6	111.9	112.6	113.5	114.0
食　　糖	124.8	122.8	122.8	123.6	123.8
11. 干鲜瓜果	135.6	133.4	129.4	128.6	120.3
鲜 瓜 果	143.4	139.9	134.3	132.2	121.5
12. 糕点饼干面包	104.0	105.1	105.0	107.2	108.4
13. 液体乳及乳制品	102.8	104.3	104.4	105.1	104.5
14. 在外用膳食品	104.5	105.5	106.9	109.0	110.2

6 月	7 月	8 月	9 月	10 月	11 月	12 月
107.4	**107.5**	**106.8**	**106.4**	**105.5**	**103.9**	**102.9**
117.3	**117.2**	**114.7**	**113.9**	**112.3**	**109.7**	**108.4**
120.1	120.7	119.4	117.3	116.1	112.5	108.1
122.1	122.9	121.2	118.6	117.1	112.9	108.3
112.1	111.9	111.8	112.1	111.6	108.2	103.3
105.8	105.5	104.4	104.6	105.4	103.8	102.6
115.3	117.6	117.8	113.6	112.4	105.3	101.6
118.5	122.1	122.1	115.8	113.6	106.9	102.7
132.3	133.3	124.9	120.9	117.2	110.5	107.0
143.3	146.7	134.1	127.6	120.9	110.3	106.0
157.8	160.8	141.6	133.1	123.8	109.5	102.8
102.6	104.7	107.1	107.6	108.7	109.5	113.0
118.8	120.2	120.6	121.9	125.4	126.8	126.1
120.9	116.4	111.5	110.4	109.9	108.7	105.5
121.5	118.1	113.0	111.1	109.4	108.3	105.6
119.9	113.0	108.4	109.0	111.1	109.7	105.5
115.0	118.0	116.7	116.8	117.2	115.6	114.4
119.0	119.7	113.8	112.2	113.3	108.0	104.6
119.6	120.3	113.6	111.8	112.9	107.5	103.9
119.6	116.8	116.2	116.8	114.4	114.0	112.7
119.7	117.0	117.0	118.3	117.5	115.4	112.9
122.7	119.5	117.4	117.9	116.3	114.3	111.6
114.2	112.5	116.3	119.0	119.7	117.4	115.2
119.6	116.4	114.0	113.5	107.7	110.9	112.3
120.2	116.7	114.2	113.6	107.6	111.1	112.6
101.1	101.4	101.9	106.0	100.9	103.5	116.9
99.9	100.4	101.0	106.0	100.4	103.8	120.2
103.9	104.2	104.0	104.0	104.1	103.5	103.2
100.3	100.6	99.9	99.9	99.9	99.9	99.9
106.8	107.7	107.7	107.6	107.5	106.9	106.3
114.9	115.4	116.3	117.4	116.3	110.7	109.5
125.1	126.3	128.4	129.3	125.3	113.5	112.3
110.8	104.4	101.8	103.0	107.3	109.3	103.0
109.1	100.7	97.9	99.9	105.4	108.7	101.7
108.7	108.6	108.5	108.7	108.7	108.1	107.2
105.9	105.6	104.4	104.3	105.2	104.4	104.2
110.8	112.0	113.0	114.0	114.0	113.0	112.3

2011年广西全区商品零售价格各月同比指数（续表1）

以上年同月价格为100

类　别	1月	2月	3月	4月	5月
15. 其他食品	104.1	105.0	108.2	107.5	107.8
二、饮料、烟酒	**101.9**	**102.4**	**102.4**	**102.7**	**103.1**
1. 茶及饮料	102.2	103.1	103.2	103.7	103.9
(1) 茶　叶	101.6	101.4	101.4	101.4	101.1
(2) 饮　料	102.5	103.7	103.8	104.6	105.0
2. 烟　草	100.3	100.2	100.1	100.2	100.3
3. 酒	103.7	104.6	104.6	105.0	105.7
三、服装、鞋帽	**99.7**	**101.1**	**101.0**	**102.2**	**102.9**
1. 服　装	101.4	103.4	102.8	103.8	104.6
(1) 男式服装	100.8	102.9	102.7	103.9	104.4
(2) 女式服装	102.2	104.2	103.2	104.3	105.2
(3) 儿童服装	100.3	101.9	101.5	101.7	103.2
2. 鞋 袜 帽	95.9	96.0	97.3	98.9	99.5
(1) 鞋	95.2	95.2	96.8	98.7	99.3
(2) 袜　子	101.1	101.2	101.2	100.6	100.6
(3) 帽　子	100.3	101.2	100.1	100.2	100.2
3. 其　他	98.5	98.2	97.9	98.1	98.2
四、纺 织 品	**104.7**	**106.1**	**107.9**	**108.7**	**108.7**
1. 衣着材料	109.0	109.1	110.3	112.2	112.9
2. 床上用品	102.6	104.5	106.6	106.9	106.5
五、家用电器及音像器材	**96.2**	**96.4**	**96.6**	**96.8**	**96.8**
1. 家庭设备	97.0	97.2	97.4	97.5	98.0
2. 文娱用耐用消费品	95.0	95.1	95.4	95.6	95.1
3. 专业音像器材	99.6	99.5	99.4	99.4	99.4
六、文化办公用品	**99.0**	**99.1**	**99.2**	**99.0**	**99.1**
七、日 用 品	**100.9**	**101.3**	**101.6**	**101.7**	**102.2**
1. 日用百货	100.8	101.4	101.8	101.5	102.1
2. 日用杂品	100.8	101.3	101.1	101.0	101.7
3. 洗涤用品	101.0	101.6	101.9	102.5	103.2
4. 其他日用品	101.1	100.8	101.2	101.5	101.4
八、体育娱乐用品	**99.7**	**100.2**	**100.4**	**100.4**	**100.8**
1. 体育用品	100.5	100.7	100.7	100.5	100.7
2. 娱乐用品	98.8	99.6	100.0	100.4	100.8
九、交通、通信用品	**97.8**	**97.9**	**97.7**	**98.0**	**97.9**
1. 交通运输机械	99.6	99.7	99.4	99.8	99.8
2. 通信器材	94.7	94.8	94.8	94.7	94.5
十、家　具	**101.4**	**101.4**	**101.7**	**102.6**	**103.3**

6 月	7 月	8 月	9 月	10 月	11 月	12 月
109.4	108.9	108.7	106.9	106.9	107.0	105.7
103.3	**103.7**	**103.5**	**103.7**	**104.3**	**104.4**	**104.1**
104.0	104.7	104.3	104.3	104.0	104.0	104.0
100.4	101.2	101.7	102.1	101.1	101.2	101.1
105.4	106.1	105.3	105.2	105.1	105.2	105.1
100.2	100.2	100.4	100.3	100.3	100.3	100.2
106.3	107.0	106.7	107.3	109.1	109.4	108.7
102.3	**101.6**	**100.5**	**99.9**	**100.9**	**99.3**	**97.8**
103.6	102.5	101.3	101.0	102.4	99.7	97.9
103.2	102.3	102.1	101.1	102.2	99.4	98.3
104.6	103.2	101.7	101.5	103.7	101.1	98.8
100.9	100.7	97.6	99.4	98.7	95.7	93.6
99.9	100.1	99.2	98.0	98.0	99.0	97.9
99.8	100.0	99.2	97.9	98.0	99.0	97.8
101.0	100.7	99.3	99.2	98.5	98.6	98.7
100.3	100.0	98.1	98.2	98.6	98.6	98.6
97.5	96.6	96.0	94.9	94.7	94.8	95.6
109.1	**108.7**	**108.7**	**109.3**	**108.5**	**106.0**	**103.9**
113.3	113.5	113.9	113.9	114.1	111.0	109.7
106.9	106.1	106.0	106.8	105.4	103.4	100.8
97.0	**96.9**	**96.7**	**96.6**	**96.7**	**96.4**	**96.3**
98.5	98.8	98.4	98.8	99.2	98.7	98.5
94.8	94.3	94.2	93.4	93.3	93.1	93.2
99.8	99.9	100.1	100.5	100.7	100.5	100.5
99.0	**99.2**	**98.4**	**98.4**	**98.6**	**98.5**	**98.7**
102.3	**102.5**	**103.0**	**103.1**	**103.2**	**102.9**	**102.8**
102.4	102.7	103.7	103.8	104.2	103.8	103.7
101.9	102.0	102.0	101.9	101.7	101.6	101.7
103.1	103.4	104.1	104.2	104.4	104.3	103.8
101.2	101.3	101.3	101.5	101.5	100.8	100.6
101.2	**101.3**	**101.0**	**100.9**	**101.1**	**100.7**	**100.7**
101.3	101.4	101.6	101.1	101.0	100.2	100.5
101.2	101.2	100.4	100.7	101.2	101.2	100.8
98.0	**97.7**	**97.8**	**97.6**	**97.6**	**97.1**	**97.1**
100.0	99.8	99.9	99.4	99.6	99.1	99.6
94.5	94.0	94.2	94.4	94.1	93.4	92.5
104.0	**104.3**	**104.7**	**105.1**	**104.7**	**103.9**	**102.4**

2011年广西全区商品零售价格各月同比指数（续表2）

以上年同月价格为100

类　别	1月	2月	3月	4月	5月
十一、化 妆 品	**101.4**	**101.5**	**101.2**	**101.2**	**101.2**
十二、金银珠宝	**110.9**	**113.3**	**114.3**	**115.0**	**115.1**
十三、中西药品及医疗保健用品	**104.5**	**104.1**	**104.7**	**104.7**	**105.6**
1. 医疗器具及用品	100.9	100.4	100.2	100.1	100.4
2. 中药材及中成药	112.3	111.7	113.5	113.9	116.5
3. 西　　药	100.2	99.8	100.0	99.6	99.5
4. 保健器具及用品	101.9	102.0	101.4	101.6	101.5
十四、书报杂志及电子出版物	**100.2**	**100.8**	**100.1**	**100.3**	**100.3**
1. 教材及参考书	100.4	101.9	99.8	99.9	100.1
2. 书报杂志	100.5	100.4	100.4	100.4	100.4
3. 电子音像制品	99.2	99.8	99.9	100.7	100.4
十五、燃　　料	**107.9**	**109.7**	**110.3**	**113.1**	**113.8**
1. 煤炭及制品	106.1	105.3	107.3	107.3	110.3
2. 石油及制品	108.1	110.1	110.6	113.7	114.2
液化石油气	109.7	109.1	110.4	115.5	117.3
管道燃气	100.2	100.2	100.2	100.3	100.4
汽　　油	107.5	111.9	111.9	114.2	113.8
柴　　油	108.8	113.0	112.9	114.1	113.9
十六、建筑材料及五金电料	**106.5**	**107.4**	**106.8**	**106.5**	**107.0**
1. 建筑装潢材料	108.0	109.1	108.5	107.8	108.2
2. 五金电料	101.1	101.6	101.0	102.2	102.9

6 月	7 月	8 月	9 月	10 月	11 月	12 月
101.1	**101.0**	**101.3**	**101.4**	**101.7**	**102.0**	**101.6**
114.1	**115.2**	**120.9**	**119.0**	**111.7**	**112.3**	**108.5**
105.9	**106.4**	**106.4**	**106.3**	**105.8**	**104.4**	**104.0**
101.6	102.3	102.1	102.5	102.8	102.7	102.9
117.3	118.7	119.0	118.4	117.1	113.1	110.8
99.4	99.5	99.4	99.4	99.3	99.1	99.9
101.7	101.3	100.9	100.7	100.6	99.9	100.0
100.2	**100.2**	**100.3**	**100.5**	**100.4**	**100.5**	**100.5**
100.1	100.1	100.3	100.9	100.6	100.6	100.6
100.4	100.4	100.4	100.4	100.4	100.4	100.4
100.2	100.2	100.1	100.2	100.2	100.4	100.2
112.7	**113.4**	**113.7**	**113.5**	**108.4**	**102.6**	**98.9**
111.6	111.2	108.1	108.0	107.3	105.8	104.4
112.8	113.6	114.3	114.1	108.5	102.2	98.3
109.3	111.2	113.4	113.2	107.8	92.8	87.6
98.6	98.4	98.1	98.1	98.1	98.1	97.7
116.9	117.1	116.9	116.8	110.4	109.9	106.4
117.9	117.7	117.4	116.8	110.1	109.3	105.9
107.5	**108.2**	**108.2**	**106.1**	**104.5**	**103.2**	**102.4**
108.7	109.5	109.4	106.7	104.8	103.3	102.4
103.6	103.8	103.9	103.6	103.6	102.9	102.5

2012年广西全区商品零售价格各月同比指数

以上年同月价格为100

类　别	1月	2月	3月	4月	5月
商品零售价格总指数	**103.7**	**102.6**	**103.5**	**102.6**	**102.2**
一、食　　品	**110.1**	**105.8**	**106.9**	**105.3**	**105.3**
1. 粮　　食	107.8	106.9	104.1	102.4	101.6
大　　米	108.5	107.6	103.9	102.2	101.3
2. 淀粉及制品	102.7	102.0	101.8	102.0	102.1
3. 干豆类及豆制品	104.5	98.6	99.2	98.7	99.5
4. 油　　脂	104.5	105.1	105.1	106.3	108.0
食用植物油	104.9	105.7	105.7	107.5	109.8
5. 肉禽及其制品	114.0	109.3	109.5	106.3	103.7
(1) 食用畜肉及副产品	117.7	111.8	110.5	105.6	102.8
猪　　肉	113.9	106.5	104.1	97.8	93.7
牛　　肉	129.8	131.5	134.7	136.5	139.1
羊　　肉	131.7	126.6	127.8	127.8	130.3
(2) 禽	106.7	102.9	105.9	105.4	102.5
鸡	107.1	102.8	105.8	105.3	103.0
鸭	105.7	103.3	106.0	105.5	101.4
(3) 加工肉禽	114.6	112.4	113.5	111.9	110.2
6. 蛋	101.5	95.3	96.5	97.0	94.4
鲜　　蛋	100.8	94.2	95.5	96.1	93.3
7. 水 产 品	117.2	105.4	106.9	103.8	103.5
(1) 鱼	113.0	106.2	106.8	103.3	101.7
淡 水 鱼	112.6	103.9	104.6	101.3	99.2
海 水 鱼	113.7	110.7	111.2	107.2	106.6
(2) 其他水产品	125.5	103.9	107.2	104.9	107.6
虾 蟹 类	126.4	104.0	107.3	105.0	107.8
8. 菜	112.1	102.6	115.6	117.9	128.1
鲜　　菜	113.9	103.1	118.4	120.9	132.9
9. 调 味 品	102.5	101.8	101.6	101.6	101.5
食 用 盐	99.6	99.6	99.5	99.8	99.8
酱　　油	105.0	103.2	103.4	102.9	102.2
10. 糖	108.3	107.3	106.9	105.6	105.1
食　　糖	110.2	108.6	108.8	106.6	105.4
11. 干鲜瓜果	98.1	92.2	93.6	92.0	92.2
鲜 瓜 果	96.1	89.5	90.9	89.7	90.2
12. 糕点饼干面包	106.5	106.5	106.5	105.0	104.0
13. 液体乳及乳制品	104.2	104.5	102.7	102.6	103.8
14. 在外用膳食品	113.0	112.4	111.0	109.1	108.8

6 月	7 月	8 月	9 月	10 月	11 月	12 月
101.8	**101.0**	**101.7**	**102.2**	**101.7**	**102.2**	**102.5**
104.7	**102.7**	**104.4**	**104.9**	**103.2**	**105.3**	**106.5**
101.3	100.9	102.1	103.3	103.5	104.1	103.8
100.9	100.4	102.0	103.5	103.8	104.5	104.2
102.4	103.3	103.3	102.7	102.6	102.7	102.9
99.9	100.7	102.5	103.9	103.8	104.1	104.6
106.7	105.5	107.5	111.0	112.2	113.5	114.0
107.8	106.1	108.9	113.6	115.8	117.3	117.8
99.9	96.0	97.2	100.5	101.4	104.9	108.2
98.1	92.5	94.2	99.1	101.0	106.4	111.3
88.0	81.6	83.5	89.0	90.9	97.4	104.6
142.0	141.1	140.2	140.4	141.9	141.9	139.9
129.8	129.0	128.7	126.7	123.0	120.2	116.3
100.3	100.3	101.4	102.7	102.3	103.7	105.6
100.4	99.7	100.8	101.7	101.8	103.6	105.6
99.9	101.4	102.7	105.1	103.2	103.8	105.7
107.6	103.7	102.7	102.1	101.0	100.9	100.9
96.1	93.6	94.6	98.7	97.6	100.3	103.9
95.4	92.8	94.1	98.7	97.5	100.3	104.2
102.4	102.2	103.5	104.4	103.5	104.4	105.1
101.6	101.3	101.4	101.7	101.3	102.6	104.0
99.9	99.5	99.8	99.5	99.7	101.6	103.4
105.0	104.8	104.5	105.8	104.1	104.4	105.1
104.1	104.5	108.7	110.9	108.9	108.5	107.5
104.3	104.7	109.0	111.4	109.2	108.8	107.8
125.7	117.3	128.7	118.1	101.2	113.9	116.7
130.1	119.8	133.3	120.6	100.8	115.6	118.8
101.6	101.2	101.2	101.3	101.3	101.7	101.6
99.8	99.8	99.8	99.8	99.8	99.8	99.8
102.3	101.4	101.3	101.7	102.4	103.0	102.9
104.2	103.4	101.8	100.4	99.9	99.9	99.7
103.7	102.4	99.5	96.8	95.8	96.3	96.2
103.1	105.1	106.4	106.7	103.6	99.5	97.7
104.0	107.2	108.8	108.7	104.7	99.2	96.9
103.7	103.7	103.2	102.8	102.7	102.6	102.7
103.0	102.8	103.1	103.4	102.7	102.5	102.8
109.1	108.6	107.8	107.1	106.7	106.1	105.4

2012年广西全区商品零售价格各月同比指数（续表1）

以上年同月价格为100

类　别	1月	2月	3月	4月	5月
15. 其他食品	105.6	105.7	104.1	105.0	105.9
二、饮料、烟酒	**103.9**	**103.7**	**103.7**	**103.3**	**103.0**
1. 茶及饮料	103.9	103.3	103.4	103.2	103.2
(1) 茶　叶	101.2	101.4	101.8	102.2	102.1
(2) 饮　料	105.0	104.1	104.0	103.5	103.6
2. 烟　草	100.2	100.2	100.4	100.3	100.2
3. 酒	108.1	108.1	107.6	106.8	106.0
三、服装、鞋帽	**99.0**	**100.3**	**102.9**	**103.0**	**103.2**
1. 服　装	99.4	100.8	103.8	104.5	104.8
(1) 男式服装	99.4	101.2	104.6	105.4	105.5
(2) 女式服装	100.3	101.2	104.3	105.2	105.5
(3) 儿童服装	96.6	98.3	99.7	99.8	100.5
2. 鞋 袜 帽	98.0	99.3	100.8	99.5	99.6
(1) 鞋	97.9	99.3	101.1	99.6	99.5
(2) 袜　子	99.1	99.3	98.8	99.7	100.3
(3) 帽　子	98.3	98.9	99.2	98.5	99.5
3. 其　他	97.1	99.6	101.7	100.2	100.5
四、纺 织 品	**103.6**	**103.8**	**103.8**	**102.4**	**101.9**
1. 衣着材料	109.4	110.2	109.2	107.6	107.0
2. 床上用品	100.5	100.4	100.8	99.5	99.1
五、家用电器及音像器材	**96.2**	**96.5**	**96.3**	**96.5**	**96.7**
1. 家庭设备	98.3	98.6	98.4	98.6	98.7
2. 文娱用耐用消费品	93.4	93.6	93.4	93.6	94.0
3. 专业音像器材	99.9	99.9	99.9	100.2	100.2
六、文化办公用品	**98.6**	**99.0**	**98.9**	**98.9**	**98.9**
七、日 用 品	**102.7**	**102.5**	**102.1**	**102.0**	**101.5**
1. 日用百货	103.1	103.0	102.3	102.3	101.6
2. 日用杂品	101.9	101.6	101.8	102.0	101.3
3. 洗涤用品	104.0	103.3	103.1	102.5	101.9
4. 其他日用品	100.7	101.1	100.7	100.6	100.6
八、体育娱乐用品	**100.5**	**100.3**	**100.3**	**100.6**	**100.5**
1. 体育用品	100.4	100.4	100.6	100.9	100.7
2. 娱乐用品	100.7	100.2	100.0	100.4	100.3
九、交通、通信用品	**96.9**	**97.0**	**97.0**	**97.1**	**97.2**
1. 交通运输机械	99.5	99.4	99.4	99.2	99.4
2. 通信器材	92.1	92.5	92.8	93.2	93.1
十、家　具	**101.9**	**102.1**	**102.2**	**102.9**	**102.8**

6 月	7 月	8 月	9 月	10 月	11 月	12 月
103.9	104.0	105.0	105.3	103.6	104.2	104.2
103.0	**102.8**	**103.0**	**102.5**	**101.9**	**101.7**	**101.4**
103.6	103.3	103.5	103.4	103.7	103.8	103.3
102.5	101.9	101.8	101.2	102.0	101.6	101.6
104.0	103.8	104.1	104.2	104.4	104.6	104.0
100.2	100.2	100.1	100.1	100.1	100.1	100.1
105.6	105.3	105.8	104.5	102.5	101.9	101.3
103.7	**104.0**	**105.6**	**106.5**	**103.3**	**101.8**	**100.8**
105.3	105.8	107.9	108.8	105.3	103.7	102.4
106.0	106.0	107.1	108.5	105.6	104.2	102.1
105.7	106.4	108.8	109.5	105.5	103.6	102.5
102.2	103.5	106.7	107.3	103.9	102.6	102.9
100.1	100.0	100.7	101.6	98.7	97.4	96.8
100.1	99.9	100.7	101.7	98.3	96.9	96.2
100.4	100.6	101.1	101.2	101.9	101.5	101.2
99.4	98.9	100.1	99.9	99.3	98.5	98.4
100.2	99.8	100.3	99.9	99.7	99.2	99.0
101.1	**101.0**	**101.0**	**100.2**	**99.5**	**98.9**	**99.8**
106.2	105.6	105.4	104.7	102.6	101.9	101.9
98.3	98.5	98.5	97.6	97.6	97.2	98.6
96.9	**97.3**	**97.3**	**97.8**	**97.4**	**97.6**	**97.1**
98.9	99.6	99.6	99.9	99.4	99.7	99.4
94.0	94.1	94.2	94.8	94.4	94.4	93.7
100.1	100.2	100.2	100.1	100.7	101.0	101.0
99.1	**99.0**	**99.3**	**99.5**	**99.4**	**99.1**	**98.6**
101.4	**101.1**	**100.9**	**100.8**	**100.6**	**100.7**	**100.5**
101.6	101.1	100.4	100.4	100.0	100.2	99.7
100.9	100.6	100.5	100.8	100.9	100.9	101.0
102.2	101.9	101.6	101.5	101.3	101.4	101.2
100.3	100.4	100.8	100.4	100.4	100.2	100.3
99.8	**99.9**	**100.0**	**100.0**	**99.7**	**99.7**	**99.4**
99.8	99.9	99.6	99.9	99.9	100.0	99.6
99.8	99.9	100.5	100.0	99.5	99.4	99.3
97.3	**97.7**	**98.0**	**97.9**	**98.0**	**97.9**	**97.5**
99.3	99.6	99.8	99.8	99.6	99.4	99.3
93.5	94.2	94.4	94.2	94.9	94.8	93.9
102.5	**102.4**	**102.1**	**102.0**	**101.9**	**102.1**	**101.8**

2012年广西全区商品零售价格各月同比指数（续表2）

以上年同月价格为100

类　别	1月	2月	3月	4月	5月
十一、化 妆 品	**101.6**	**101.7**	**101.6**	**101.8**	**101.9**
十二、金银珠宝	**106.7**	**109.8**	**107.1**	**105.1**	**101.4**
十三、中西药品及医疗保健用品	**104.0**	**103.9**	**103.3**	**103.1**	**102.2**
1. 医疗器具及用品	101.9	101.6	101.7	103.3	102.8
2. 中药材及中成药	110.8	110.1	108.4	106.8	104.5
3. 西　　药	100.0	100.2	100.2	100.6	100.6
4. 保健器具及用品	99.9	99.9	100.7	100.4	100.4
十四、书报杂志及电子出版物	**100.3**	**100.3**	**100.5**	**100.4**	**100.4**
1. 教材及参考书	100.6	100.5	100.8	100.8	100.6
2. 书报杂志	100.1	100.2	100.2	100.1	100.1
3. 电子音像制品	99.9	99.9	100.2	100.2	100.3
十五、燃　　料	**101.6**	**103.7**	**109.6**	**105.3**	**102.2**
1. 煤炭及制品	103.3	102.8	101.2	101.4	98.7
2. 石油及制品	101.5	103.8	110.5	105.6	102.6
液化石油气	95.3	102.6	110.7	105.3	101.9
管道燃气	100.1	100.1	100.1	100.1	100.2
汽　　油	106.3	105.4	111.6	106.3	103.1
柴　　油	105.8	104.7	111.6	106.9	103.6
十六、建筑材料及五金电料	**102.0**	**101.4**	**101.7**	**100.8**	**99.8**
1. 建筑装潢材料	101.7	101.1	101.4	100.6	99.6
2. 五金电料	103.1	102.6	102.7	101.6	100.7

6 月	7 月	8 月	9 月	10 月	11 月	12 月
102.3	**102.5**	**102.4**	**102.2**	**102.0**	**101.8**	**101.7**
99.9	**99.8**	**95.6**	**99.5**	**104.6**	**100.4**	**102.0**
101.8	**101.5**	**101.0**	**100.6**	**100.2**	**100.2**	**100.2**
102.2	102.1	101.5	101.6	101.9	102.0	101.9
102.9	101.8	100.7	99.6	98.4	98.2	98.5
101.1	101.4	101.5	101.4	101.5	101.5	101.3
100.2	100.3	100.1	100.2	100.5	100.5	100.6
100.4	**100.3**	**100.3**	**100.2**	**100.3**	**100.3**	**100.3**
100.6	100.6	100.5	100.4	100.7	100.7	100.7
100.1	100.1	100.1	100.2	100.2	100.2	100.2
100.7	100.2	100.2	100.0	100.0	100.0	100.0
99.9	**97.5**	**100.8**	**104.8**	**107.2**	**106.6**	**107.7**
96.6	97.5	100.4	99.6	99.5	99.5	99.5
100.3	97.5	100.8	105.3	108.1	107.4	108.6
103.9	102.8	106.7	110.0	111.2	114.5	118.7
104.5	104.9	105.2	105.2	105.2	105.2	105.2
97.4	93.3	96.6	102.3	106.1	103.0	102.7
97.6	93.2	96.9	103.0	107.0	103.7	103.4
99.7	**99.0**	**97.9**	**97.2**	**99.1**	**99.7**	**100.2**
99.5	98.8	97.4	96.5	98.9	99.6	100.1
100.1	99.7	99.6	99.8	99.9	100.2	100.3

2013 年广西全区商品零售价格各月同比指数

以上年同月价格为 100

类　别	1 月	2 月	3 月	4 月	5 月
商品零售价格总指数	**101.3**	**101.6**	**100.3**	**100.1**	**100.0**
一、食　　品	**103.1**	**105.0**	**102.4**	**102.7**	**101.8**
1. 粮　　食	102.0	101.8	101.7	101.3	101.6
大　　米	101.6	101.0	100.6	100.0	100.2
2. 淀粉及制品	102.8	102.9	102.3	103.0	102.4
3. 干豆类及豆制品	102.2	106.9	106.1	105.5	105.2
4. 油　　脂	110.2	109.2	109.2	107.3	103.7
食用植物油	114.3	113.2	113.2	110.3	106.0
5. 肉禽及其制品	103.0	106.0	102.3	99.8	99.1
(1) 食用畜肉及副产品	103.4	105.4	101.2	101.6	102.5
猪　　肉	98.4	100.3	95.0	95.4	96.4
牛　　肉	124.3	126.8	122.8	121.5	120.8
羊　　肉	110.0	110.5	108.0	109.9	110.0
(2) 禽	103.7	109.1	105.3	95.9	92.2
鸡	103.5	107.1	104.1	96.2	92.3
鸭	104.2	113.9	107.9	95.4	91.9
(3) 加工肉禽	100.0	102.2	101.2	100.1	99.5
6. 蛋	106.8	111.8	110.7	110.9	112.3
鲜　　蛋	107.4	112.9	111.6	111.7	113.1
7. 水 产 品	98.5	105.2	97.7	99.9	102.7
(1) 鱼	101.6	105.2	101.0	101.1	101.7
淡 水 鱼	100.2	105.4	100.1	100.0	100.6
海 水 鱼	104.0	104.9	102.5	103.2	103.6
(2) 其他水产品	93.0	105.3	91.6	97.5	104.9
虾 蟹 类	92.8	105.4	91.3	97.3	105.0
8. 菜	107.2	103.7	94.2	106.6	99.7
鲜　　菜	107.8	103.6	92.6	106.6	98.9
9. 调 味 品	102.2	102.5	102.4	102.1	101.8
食 用 盐	100.0	100.0	100.0	99.7	100.0
酱　　油	103.6	104.1	104.0	103.8	103.7
10. 糖	99.9	99.3	99.5	98.7	98.2
食　　糖	96.5	96.2	95.8	95.3	95.4
11. 干鲜瓜果	97.7	105.4	108.3	104.4	104.0
鲜 瓜 果	97.0	106.3	110.1	105.5	104.9
12. 糕点饼干面包	102.5	101.9	102.0	101.4	101.6
13. 液体乳及乳制品	101.6	101.7	102.9	103.0	103.2
14. 在外用膳食品	104.3	104.7	104.6	104.3	104.2

6 月	7 月	8 月	9 月	10 月	11 月	12 月
100.8	**101.1**	**101.5**	**102.0**	**102.0**	**101.8**	**102.0**
102.7	**102.8**	**104.1**	**106.2**	**106.3**	**105.2**	**104.5**
101.6	101.5	101.2	101.1	101.4	101.6	101.8
100.2	100.1	99.6	99.4	99.8	100.0	100.2
101.9	101.3	101.2	101.1	101.1	101.2	100.8
105.5	105.3	105.3	104.7	104.9	105.4	105.2
102.5	101.2	98.0	95.2	93.9	93.5	92.7
104.3	102.8	98.6	95.2	93.6	93.0	91.5
100.6	101.5	104.2	104.0	104.4	104.6	103.6
102.5	102.7	106.2	106.3	106.4	107.0	105.7
96.7	97.4	102.5	102.2	103.1	104.2	102.7
119.3	118.2	118.2	119.2	116.8	115.9	114.8
110.2	110.0	110.6	112.3	112.1	111.4	110.6
96.9	99.4	101.8	100.7	101.7	101.5	100.5
96.5	98.5	100.5	99.3	100.1	100.3	99.7
98.0	101.6	104.8	103.8	105.3	104.3	102.4
100.3	100.5	100.7	100.8	100.9	101.1	100.9
107.4	108.0	107.0	104.7	105.3	104.8	102.8
107.6	108.1	107.1	104.5	105.1	104.6	102.4
105.0	105.6	106.3	107.5	109.0	109.2	108.8
101.4	101.1	101.3	101.8	102.9	103.0	103.3
99.5	99.8	100.4	101.4	102.2	102.6	103.4
104.7	103.5	102.9	102.6	104.2	103.6	103.1
113.4	116.2	117.8	120.2	122.8	122.6	120.1
113.8	116.8	118.5	120.7	123.4	123.3	120.5
103.6	101.3	105.8	124.9	125.2	111.3	105.6
103.3	100.8	106.0	127.9	128.5	112.2	105.5
101.5	101.7	101.4	102.1	102.4	102.1	102.0
100.0	100.0	99.8	100.0	100.0	100.0	100.0
102.9	103.1	102.7	104.0	104.3	103.9	103.7
98.0	98.2	98.2	97.9	97.5	97.8	98.1
94.9	94.9	95.4	95.4	96.0	95.9	95.9
105.4	107.3	108.9	112.8	111.6	110.4	113.8
106.8	109.4	111.3	116.2	114.6	113.2	117.3
101.5	101.6	101.8	102.5	102.5	102.5	102.5
104.1	104.8	105.1	106.6	107.0	107.8	108.4
103.5	102.9	103.0	102.7	103.5	104.1	104.5

2013年广西全区商品零售价格各月同比指数（续表1）

以上年同月价格为100

类　别	1月	2月	3月	4月	5月
15. 其他食品	104.3	104.0	105.0	103.6	103.3
二、饮料、烟酒	**101.3**	**101.1**	**101.2**	**101.1**	**100.8**
1. 茶及饮料	103.0	103.2	103.3	102.8	102.1
(1) 茶　　叶	101.4	101.7	101.3	101.3	101.8
(2) 饮　　料	103.6	103.8	104.0	103.3	102.2
2. 烟　　草	100.1	100.2	100.0	100.0	99.9
3. 酒	101.3	100.6	100.9	101.1	100.7
三、服装、鞋帽	**100.5**	**100.3**	**99.1**	**98.9**	**99.7**
1. 服　　装	101.6	101.5	100.3	99.3	100.4
(1) 男式服装	101.8	101.8	100.1	98.9	100.2
(2) 女式服装	101.8	101.4	100.4	99.0	99.8
(3) 儿童服装	100.8	100.6	100.4	101.6	103.2
2. 鞋 袜 帽	97.6	97.0	96.0	97.7	97.9
(1) 鞋	97.1	96.5	95.4	97.4	97.6
(2) 袜　　子	100.8	100.5	100.5	100.4	99.7
(3) 帽　　子	98.4	98.1	97.8	98.1	98.8
3. 其　　他	100.3	101.2	98.3	100.1	100.2
四、纺 织 品	**100.3**	**100.8**	**100.9**	**101.8**	**102.0**
1. 衣着材料	101.9	101.1	101.8	101.5	101.2
2. 床上用品	99.3	100.6	100.3	102.0	102.5
五、家用电器及音像器材	**97.3**	**97.2**	**97.5**	**97.4**	**97.8**
1. 家庭设备	99.8	99.8	100.0	99.9	100.0
2. 文娱用耐用消费品	93.7	93.6	94.0	93.8	94.6
3. 专业音像器材	100.5	100.7	100.8	100.7	100.6
六、文化办公用品	**98.7**	**98.3**	**98.3**	**98.3**	**98.4**
七、日 用 品	**100.5**	**100.7**	**100.6**	**100.7**	**100.7**
1. 日用百货	100.0	99.9	99.9	100.1	100.0
2. 日用杂品	100.8	101.0	100.8	100.6	101.0
3. 洗涤用品	101.1	101.6	101.3	101.4	101.5
4. 其他日用品	100.3	100.3	100.5	100.6	100.6
八、体育娱乐用品	**99.5**	**99.4**	**99.2**	**99.2**	**99.4**
1. 体育用品	99.9	99.6	99.3	99.4	99.8
2. 娱乐用品	99.1	99.2	99.1	99.0	99.0
九、交通、通信用品	**97.7**	**97.8**	**97.9**	**98.0**	**98.4**
1. 交通运输机械	99.6	99.7	99.8	100.0	100.1
2. 通信器材	93.9	94.1	94.2	94.1	95.0
十、家　　具	**101.5**	**101.4**	**101.5**	**100.1**	**99.9**

6 月	7 月	8 月	9 月	10 月	11 月	12 月
103.8	103.2	102.1	102.6	103.6	103.4	104.0
100.4	**100.4**	**100.1**	**99.9**	**99.7**	**99.8**	**100.0**
101.6	101.4	101.4	101.4	101.3	100.8	101.2
101.7	101.5	101.6	101.7	101.6	101.3	101.4
101.5	101.4	101.4	101.3	101.2	100.6	101.1
99.9	99.8	99.8	99.8	99.8	99.8	99.8
100.2	100.0	99.3	98.9	98.5	99.0	99.3
101.3	**102.0**	**102.4**	**102.8**	**103.4**	**104.5**	**105.3**
102.2	102.8	102.9	103.1	103.2	104.4	105.4
101.8	102.6	102.8	102.6	102.2	103.3	104.5
101.7	101.9	102.2	102.6	102.9	104.4	105.6
105.1	106.2	105.9	106.0	106.8	107.6	107.2
98.9	100.2	101.2	102.5	104.4	105.1	105.7
98.8	100.2	101.3	102.9	105.0	105.8	106.4
99.5	99.7	99.6	99.7	99.8	100.3	100.5
101.7	102.7	103.5	103.6	103.7	104.3	104.5
100.9	101.2	100.7	101.0	101.8	102.4	102.0
101.9	**101.8**	**101.7**	**102.1**	**102.1**	**102.3**	**102.4**
101.0	100.9	100.7	100.7	100.7	100.6	100.5
102.4	102.3	102.4	102.9	102.9	103.4	103.6
98.8	**98.7**	**99.0**	**98.6**	**99.3**	**99.2**	**99.8**
101.0	100.7	101.2	100.7	101.4	101.1	101.7
95.6	95.8	95.9	95.6	96.4	96.5	97.2
100.7	100.6	100.6	100.7	100.0	99.4	99.4
98.4	**98.5**	**98.6**	**98.6**	**98.8**	**99.1**	**99.6**
100.8	**100.8**	**100.7**	**100.6**	**100.5**	**100.4**	**100.5**
99.9	100.1	100.4	100.4	100.3	100.4	100.8
101.0	101.1	101.2	100.8	100.8	100.8	100.7
101.6	101.4	101.0	100.8	100.5	100.0	99.9
100.7	100.6	100.1	100.3	100.4	100.7	100.6
99.9	**99.8**	**100.4**	**100.6**	**100.7**	**100.8**	**101.2**
100.4	100.2	101.0	101.1	101.1	101.2	101.7
99.3	99.4	99.8	100.1	100.3	100.4	100.6
98.7	**98.8**	**98.7**	**98.6**	**98.6**	**99.0**	**99.6**
99.9	99.9	99.8	99.5	99.5	99.8	100.0
96.3	96.6	96.7	96.8	96.8	97.4	99.0
99.8	**99.6**	**99.7**	**99.4**	**99.9**	**99.2**	**100.1**

2013 年广西全区商品零售价格各月同比指数（续表 2）

以上年同月价格为 100

类　别	1 月	2 月	3 月	4 月	5 月
十一、化 妆 品	**101.5**	**101.6**	**101.8**	**101.6**	**101.4**
十二、金银珠宝	**103.7**	**98.3**	**98.1**	**94.9**	**93.9**
十三、中西药品及医疗保健用品	**99.9**	**99.9**	**99.8**	**100.2**	**100.4**
1. 医疗器具及用品	102.2	102.2	102.1	100.6	100.6
2. 中药材及中成药	97.7	97.7	97.8	99.2	99.7
3. 西　　药	101.3	101.2	101.0	100.9	101.0
4. 保健器具及用品	100.6	100.7	100.9	100.9	100.7
十四、书报杂志及电子出版物	**100.4**	**99.9**	**99.6**	**99.7**	**99.6**
1. 教材及参考书	100.7	99.6	99.3	99.4	99.4
2. 书报杂志	100.2	100.1	99.8	100.0	100.0
3. 电子音像制品	100.0	100.0	99.6	99.4	99.3
十五、燃　　料	**105.2**	**101.8**	**97.4**	**94.7**	**95.5**
1. 煤炭及制品	99.5	99.6	99.6	99.4	99.5
2. 石油及制品	105.8	102.0	97.2	94.3	95.1
液化石油气	110.9	104.4	97.2	95.2	96.8
管道燃气	102.8	102.8	102.9	102.9	102.8
汽　　油	102.7	100.1	96.7	92.7	93.2
柴　　油	103.4	100.6	96.6	92.6	92.8
十六、建筑材料及五金电料	**100.6**	**100.8**	**100.6**	**100.3**	**100.2**
1. 建筑装潢材料	100.6	100.9	100.6	100.3	100.2
2. 五金电料	100.6	100.5	100.4	100.2	100.3

6 月	7 月	8 月	9 月	10 月	11 月	12 月
101.0	**100.7**	**100.5**	**100.7**	**100.3**	**100.4**	**100.4**
92.3	**87.9**	**88.0**	**85.0**	**82.7**	**82.9**	**80.7**
100.4	**100.5**	**100.7**	**101.1**	**101.4**	**101.5**	**101.6**
100.6	100.6	100.7	100.5	100.2	100.2	100.5
100.3	100.9	101.3	102.4	103.7	104.1	104.5
100.4	100.1	100.1	100.2	99.9	99.8	99.7
100.7	100.5	100.6	100.6	100.4	100.7	100.5
99.7	**99.8**	**99.8**	**100.1**	**100.1**	**100.1**	**100.1**
99.6	99.6	99.6	100.3	100.2	100.3	100.3
100.0	100.0	100.0	100.0	100.0	100.0	100.0
99.2	99.6	99.7	99.9	99.9	99.9	99.8
99.5	**103.2**	**101.4**	**99.2**	**98.0**	**99.3**	**101.8**
99.5	99.5	99.6	99.8	99.8	99.8	99.8
99.5	103.7	101.6	99.1	97.8	99.3	102.0
101.8	104.5	101.4	99.6	99.2	100.9	105.1
95.0	94.8	94.8	94.8	94.8	94.8	94.8
98.4	104.1	102.5	99.2	97.3	98.8	101.0
98.2	104.3	102.4	99.0	96.8	98.2	99.6
100.2	**100.7**	**101.6**	**102.1**	**101.1**	**101.2**	**100.9**
100.2	100.7	101.9	102.9	101.7	101.9	101.6
100.3	100.5	100.5	99.2	98.9	98.6	98.5

1995年广西城市商品零售价格各月同比指数

以上年同月价格为100

类　别	1月	2月	3月	4月	5月
零售价格总指数	**124.2**	**121.5**	**120.2**	**119.4**	**119.0**
一、食品类	**145.1**	**138.2**	**136.8**	**135.6**	**135.2**
1. 粮　食	144.3	146.5	146.4	144.9	143.5
(1) 细　粮	147.1	149.3	148.8	147.1	145.5
(2) 粗　粮	105.9	109.4	113.8	115.1	115.9
2. 油脂类	139.1	131.2	125.6	120.1	114.8
3. 肉禽蛋	150.1	139.5	140.0	138.7	136.3
4. 水产品	121.0	113.8	113.8	119.3	123.0
5. 鲜　菜	186.5	165.6	152.8	151.9	148.1
6. 干　菜	116.9	120.4	124.3	122.1	121.8
7. 鲜　果	134.8	124.2	114.5	116.0	140.9
8. 干　果	134.7	133.5	134.6	143.1	133.1
9. 其他食品类	134.1	134.5	136.9	133.0	128.6
(1) 调味品	126.2	129.8	133.1	133.8	133.4
(2) 食　糖	151.7	150.3	143.2	137.7	137.9
(3) 糖　果	125.9	125.1	129.6	127.7	118.9
(4) 糕　点	138.8	140.6	140.8	136.5	133.0
(5) 奶及奶制品	128.2	128.2	137.8	130.4	124.0
(6) 罐　头	133.1	128.6	125.6	131.2	121.8
10. 饮食业	132.5	133.7	134.2	130.0	129.1
(1) 主　食	124.8	132.8	133.1	130.6	130.2
(2) 炒　菜	134.1	132.1	132.9	128.3	125.7
(3) 地方小吃	139.1	141.6	141.6	136.4	141.1
二、饮料、烟酒类	**122.3**	**122.7**	**121.6**	**118.5**	**112.5**
1. 饮　料	121.8	122.8	131.3	128.1	120.5
2. 烟　酒	122.5	122.7	118.6	115.5	110.1
三、服装、鞋帽类	**123.8**	**124.0**	**121.9**	**121.0**	**122.4**
1. 服　装	122.4	121.7	119.8	119.6	120.3
2. 鞋	121.8	122.5	120.9	121.3	125.0
3. 其他衣着	132.5	134.6	131.3	125.4	125.6
四、纺织品类	**119.2**	**120.7**	**117.9**	**116.1**	**117.0**
1. 棉　布	146.7	151.3	145.1	143.4	142.6
2. 棉花化纤混纺布	142.2	138.5	135.0	135.2	141.1
3. 化纤布	105.4	107.8	106.0	101.5	102.0
4. 呢　绒	104.6	107.2	106.8	106.8	104.8
5. 绸　缎	120.3	121.1	119.0	119.7	113.5
6. 其他纺织品	116.5	117.1	114.1	116.3	119.0

6月	7月	8月	9月	10月	11月	12月
114.6	**113.0**	**113.3**	**112.5**	**108.3**	**107.8**	**105.9**
124.4	**120.9**	**121.6**	**121.1**	**111.6**	**111.9**	**107.9**
130.3	127.8	126.5	123.3	116.2	112.2	108.8
131.5	128.6	127.2	124.0	116.2	112.2	108.5
114.7	117.5	117.1	114.0	116.0	112.9	113.4
113.3	112.4	111.9	107.4	101.6	95.3	87.4
126.3	127.5	130.6	124.3	107.1	102.5	100.8
116.5	113.6	114.1	113.2	106.9	107.3	103.3
87.8	78.4	83.8	108.5	120.3	164.5	145.9
122.5	115.4	119.5	117.2	116.8	113.3	108.9
155.1	119.0	113.6	131.6	107.3	107.1	97.8
132.9	126.3	118.3	118.4	117.1	117.6	119.1
126.7	126.1	125.0	122.2	121.3	116.1	114.1
133.2	133.2	128.4	123.6	122.5	118.7	115.8
136.9	132.7	124.4	120.8	114.9	101.3	102.4
118.7	117.8	118.2	115.8	114.8	111.3	107.3
132.6	133.8	141.0	129.6	129.1	120.7	117.4
118.0	117.9	113.0	119.5	121.7	122.4	122.1
120.5	118.4	122.8	123.0	120.7	121.9	114.5
126.6	127.6	123.8	121.5	116.3	114.1	115.8
122.2	120.2	122.4	120.9	118.7	116.9	116.9
125.0	127.9	121.5	118.3	111.6	110.9	113.7
141.1	139.2	136.0	135.7	132.0	122.8	122.8
113.4	**112.8**	**112.3**	**112.1**	**112.2**	**109.0**	**105.7**
118.9	117.8	117.1	117.5	119.4	114.1	112.4
111.7	111.3	110.8	110.4	110.0	107.4	103.6
122.1	**120.9**	**120.0**	**116.4**	**113.0**	**110.4**	**109.7**
120.1	119.5	119.5	115.8	111.5	108.2	107.5
123.5	123.3	121.5	118.6	114.0	114.2	114.1
127.0	122.1	119.6	115.0	116.5	112.1	110.6
116.2	**115.9**	**115.9**	**113.0**	**112.6**	**111.6**	**109.8**
139.7	138.2	143.3	128.3	127.7	124.4	118.7
139.3	134.2	134.2	125.6	125.9	123.1	117.5
102.0	103.7	102.2	105.0	105.0	104.9	105.0
103.8	103.1	103.0	103.6	104.1	102.6	101.7
113.5	114.4	113.5	113.2	106.1	105.5	106.0
118.6	118.9	118.3	113.7	113.4	113.8	113.6

1995年广西城市商品零售价格各月同比指数（续表）

以上年同月价格为100

类　别	1月	2月	3月	4月	5月
五、中、西药品类	**115.8**	**116.1**	**115.0**	**112.7**	**111.7**
1. 中　　药	101.5	102.2	105.0	103.2	102.0
2. 西　　药	125.0	124.7	120.5	118.3	117.9
3. 医疗用品	124.8	127.5	126.9	122.7	118.7
六、化妆品类	**113.7**	**112.6**	**113.2**	**112.3**	**110.3**
七、书报、杂志类	**115.2**	**116.1**	**115.4**	**115.4**	**114.8**
八、文化体育用品类	**106.1**	**106.2**	**106.6**	**107.0**	**105.7**
1. 文化用品	105.2	104.0	105.4	105.2	104.6
2. 体育用品	107.5	109.5	108.5	109.8	107.4
九、日用品类	**111.6**	**111.1**	**111.1**	**110.9**	**111.6**
1. 一般日用品	111.6	110.7	111.0	111.2	109.9
2. 家 具 类	109.7	109.6	109.5	109.4	110.9
3. 日用杂品	114.4	114.5	114.0	112.2	117.3
十、家用电器类	**102.5**	**102.1**	**100.1**	**100.3**	**99.2**
十一、首 饰 类	**100.7**	**101.2**	**100.7**	**102.9**	**102.5**
十二、燃 料 类	**102.7**	**102.2**	**101.5**	**102.0**	**102.7**
十三、建筑装潢材料类	**97.4**	**96.4**	**94.3**	**95.5**	**96.8**
十四、机电产品类	**97.3**	**96.1**	**96.2**	**95.5**	**95.5**

6月	7月	8月	9月	10月	11月	12月
109.6	**111.0**	**113.9**	**115.6**	**118.1**	**116.7**	**114.9**
102.6	106.8	114.4	117.8	124.5	121.8	123.0
113.9	114.0	114.0	115.0	114.8	114.2	110.1
115.3	112.5	110.6	109.1	108.5	108.5	106.7
109.7	**108.5**	**108.9**	**106.4**	**101.4**	**101.8**	**101.9**
114.8	**114.8**	**114.7**	**113.1**	**113.9**	**113.9**	**113.9**
105.7	**105.9**	**106.1**	**105.9**	**104.6**	**104.1**	**105.1**
105.0	105.2	105.4	105.9	103.8	103.5	104.9
106.8	106.9	107.2	105.8	105.9	104.9	105.5
111.5	**110.0**	**109.1**	**108.7**	**107.7**	**107.1**	**106.8**
109.8	110.4	110.8	110.7	109.4	108.3	107.9
111.0	105.2	103.5	103.6	103.2	103.2	102.8
116.8	115.8	112.5	110.4	109.5	109.6	109.6
98.9	**98.7**	**98.6**	**98.2**	**97.2**	**97.1**	**97.1**
102.5	**102.8**	**103.0**	**102.2**	**101.8**	**101.1**	**100.7**
102.0	**103.3**	**103.3**	**103.1**	**102.9**	**102.5**	**102.1**
98.0	**97.8**	**97.5**	**98.2**	**98.3**	**98.5**	**99.4**
94.6	**95.3**	**95.7**	**96.2**	**95.5**	**95.4**	**95.3**

1996 年广西城市商品零售价格各月同比指数

以上年同月价格为 100

类 别	1 月	2 月	3 月	4 月	5 月
商品零售价格总指数	**104.2**	**103.8**	**103.4**	**103.9**	**103.5**
一、食 品	**102.5**	**102.8**	**102.7**	**104.5**	**105.0**
1. 粮 食	104.1	104.2	98.3	97.0	97.7
(1) 细 粮	102.7	102.5	95.8	94.1	94.9
大 米	94.6	96.3	92.0	91.8	93.1
(2) 粗 粮	117.2	120.6	122.7	124.5	124.8
2. 油 脂 类	87.4	88.8	86.7	89.5	91.3
3. 肉 禽 蛋	100.2	104.2	104.7	104.2	105.1
猪 肉	97.3	96.4	95.2	97.4	101.4
牛 肉	113.5	119.3	116.5	112.3	110.2
羊 肉	108.2	104.1	98.3	108.3	110.4
鸡	95.0	110.5	111.1	108.4	107.1
鸭	110.3	113.8	122.4	118.7	109.7
鲜 蛋	107.1	118.8	124.9	121.0	120.2
4. 水产品类	100.2	103.5	106.1	106.0	106.4
5. 鲜 菜	102.1	95.1	97.9	118.8	121.8
6. 干 菜	104.2	101.3	101.6	102.9	103.9
7. 鲜 果	98.1	91.9	96.2	105.5	98.9
8. 干 果	126.8	120.2	116.3	112.4	113.7
9. 其他食品类	111.4	108.6	104.5	104.5	104.8
(1) 调 味 品	112.7	110.6	107.1	106.5	109.1
盐	113.7	117.0	116.6	116.6	118.9
酱 油	112.1	112.1	106.7	106.7	110.6
(2) 食 糖	99.3	98.7	95.3	96.4	95.9
(3) 糖 果	104.0	106.3	101.5	101.5	103.8
(4) 糕 点	116.2	111.3	111.1	110.5	107.9
(5) 奶及奶制品	120.7	113.6	104.2	104.6	106.0
(6) 罐 头	103.3	105.2	104.4	102.6	102.7
10. 饮 食 业	110.2	108.0	110.6	108.6	108.9
(1) 主 食	116.6	105.4	105.2	106.0	103.5
(2) 炒 菜	108.3	109.3	111.9	108.4	110.5
(3) 地方小吃	106.9	106.8	114.8	114.8	112.1
二、饮料、烟酒类	**103.9**	**102.7**	**102.3**	**103.2**	**103.0**
1. 饮 料	110.9	109.0	101.9	102.8	102.3
2. 烟 酒	101.7	100.7	102.4	103.3	103.2
三、服装、鞋帽类	**110.3**	**108.6**	**106.5**	**106.1**	**102.4**
1. 服 装	108.1	106.8	103.9	103.8	100.8

6月	7月	8月	9月	10月	11月	12月
104.0	104.2	104.6	104.0	104.3	104.4	104.9
106.1	106.9	106.8	104.9	105.2	105.1	105.8
100.8	102.7	102.4	102.4	102.6	105.6	104.9
97.8	99.8	99.2	99.1	99.4	103.0	102.3
96.4		98.2	98.1	98.4	103.2	102.3
129.6	131.0	133.2	133.9	133.5	130.3	130.0
90.9	92.8	92.8	94.7	94.4	98.0	102.6
106.5	107.5	105.9	106.3	105.3	106.9	106.1
104.7		103.5	106.5	106.0	108.0	107.6
110.7		107.2	108.9	107.0	104.1	100.2
116.3		119.0	82.2	99.9	94.8	93.1
104.4		105.7	104.4	104.3	110.5	108.3
110.5		119.2	116.5	108.2	105.0	111.3
122.7		112.7	109.4	105.0	103.9	100.2
107.7	103.1	100.4	101.3	100.9	101.7	101.1
124.1	140.4	127.5	105.3	101.4	83.7	98.4
104.1	108.3	106.5	107.3	106.7	107.7	110.5
96.8	83.9	111.3	105.2	117.5	120.6	117.6
110.5	111.6	116.3	114.8	115.9	113.8	108.5
105.6	105.6	105.1	104.9	105.4	105.1	105.6
108.5	109.0	109.1	106.2	106.0	107.1	108.4
119.1		122.4	112.2	112.2	112.2	112.2
109.4		106.4	105.2	103.6	105.6	105.6
90.9	91.0	92.7	94.7	98.7	101.5	101.5
112.1	111.7	111.1	110.9	110.9	113.2	113.2
108.5	108.6	106.5	106.7	102.9	102.8	102.6
105.8	105.5	105.5	104.6	108.4	103.0	104.4
102.7	102.7	100.1	100.1	100.2	100.7	100.8
109.6	107.7	107.6	107.6	109.3	108.2	107.9
105.8	106.8	106.3	106.1	108.0	107.6	106.1
110.5	107.7	107.7	107.7	109.4	107.9	108.1
112.5	109.7	109.7	109.7	111.4	110.8	110.8
101.6	101.7	103.2	104.5	105.5	106.1	106.7
102.1	102.3	103.4	103.9	102.8	104.1	103.2
101.4	101.5	103.2	104.7	106.4	106.8	107.8
102.8	103.3	103.6	102.7	105.1	106.0	105.9
101.8	101.9	102.6	101.9	104.9	106.2	106.0

1996年广西城市商品零售价格各月同比指数（续表）

以上年同月价格为100

类　别	1月	2月	3月	4月	5月
2. 鞋	114.1	111.5	110.3	109.1	104.3
3. 其他衣着	112.3	110.8	110.3	109.9	105.6
四、纺织品类	**111.9**	**108.9**	**108.6**	**108.0**	**104.1**
1. 棉　　布	117.0	117.9	117.4	116.2	113.8
2. 棉花化纤混纺布	119.1	114.2	111.4	109.8	103.0
3. 化 纤 布	107.3	103.1	103.8	103.8	101.3
4. 呢　　绒	104.0	105.3	105.3	105.3	105.9
5. 绸　　缎	107.6	108.7	110.6	110.6	98.1
6. 其他纺织品	117.0	111.4	110.7	109.8	104.3
五、中、西药品类	**109.8**	**108.1**	**108.6**	**108.5**	**108.7**
1. 中　　药	113.6	112.1	113.6	113.9	114.2
2. 西　　药	104.2	103.9	103.2	103.0	103.6
3. 医疗用品	108.9	106.3	106.5	104.7	102.7
六、化妆品类	**104.0**	**103.7**	**103.6**	**103.6**	**104.3**
七、书报、杂志类	**131.3**	**130.5**	**137.6**	**139.0**	**139.0**
八、文化体育用品类	**105.4**	**104.7**	**104.4**	**103.1**	**102.8**
1. 文化用品	104.9	105.1	104.5	103.8	103.3
2. 体育用品	106.1	104.2	104.2	102.2	102.0
九、日用品类	**105.5**	**105.4**	**104.0**	**103.6**	**102.9**
1. 一般日用品	106.9	106.4	104.2	103.8	103.8
2. 家 具 类	101.7	102.1	101.9	101.9	101.0
3. 日用杂品	107.3	107.4	106.5	105.7	103.3
十、家用电器类	**100.0**	**98.9**	**97.9**	**97.7**	**97.2**
十一、首 饰 类	**99.5**	**99.6**	**99.5**	**97.9**	**97.8**
十二、燃 料 类	**103.8**	**102.7**	**104.3**	**102.2**	**102.5**
汽　　油	101.7	101.4	103.5	104.1	103.1
液化石油气	106.3	103.4	101.6	97.8	96.6
十三、建筑装潢材料类	**99.0**	**99.3**	**99.3**	**98.3**	**99.2**
十四、机电产品类	**94.7**	**95.2**	**94.4**	**93.7**	**94.4**

6月	7月	8月	9月	10月	11月	12月
103.9	104.5	104.5	102.9	104.7	104.7	105.3
105.2	106.7	106.2	105.9	106.7	107.8	106.8
105.0	**104.2**	**103.5**	**101.8**	**102.1**	**103.1**	**103.0**
114.0	113.8	110.9	107.6	109.2	113.7	113.7
103.0	101.5	101.5	102.4	103.1	102.9	102.9
102.7	101.1	101.1	99.2	99.2	99.2	99.0
107.2	107.7	104.5	102.8	103.2	104.5	104.3
98.9	98.2	98.2	97.5	97.9	100.3	99.9
105.5	105.8	105.8	103.0	102.7	103.7	103.5
109.9	**108.6**	**111.7**	**114.6**	**113.4**	**111.3**	**112.6**
113.9	111.8	116.3	121.6	119.7	117.1	115.8
106.4	105.5	107.1	107.8	107.3	105.7	110.0
103.4	105.7	108.1	108.3	107.1	105.3	105.9
106.4	**104.4**	**104.2**	**104.3**	**103.5**	**103.5**	**101.1**
139.2	**139.6**	**139.6**	**144.0**	**143.8**	**143.8**	**143.7**
103.8	**103.9**	**106.6**	**104.8**	**104.8**	**105.1**	**103.9**
105.0	105.2	109.1	106.9	106.9	106.8	105.9
102.2	102.1	102.9	101.8	101.8	102.6	101.0
102.7	**102.5**	**103.2**	**103.5**	**103.3**	**103.8**	**103.5**
103.6	103.0	103.5	103.8	103.8	104.3	103.8
100.9	101.9	102.7	102.7	102.5	102.7	102.7
102.7	102.2	103.3	103.6	103.1	103.8	103.8
96.3	**97.0**	**97.1**	**97.3**	**98.4**	**98.4**	**98.2**
97.8	**97.7**	**97.9**	**97.9**	**98.8**	**99.3**	**99.8**
102.5	**101.0**	**105.5**	**105.5**	**105.1**	**105.7**	**111.7**
103.1		102.6	102.6	100.7	102.0	102.0
96.8		99.1	97.1	101.7	101.9	117.9
98.8	**99.4**	**100.3**	**99.4**	**99.4**	**99.6**	**99.2**
94.5	**94.3**	**93.1**	**92.2**	**90.8**	**91.3**	**92.7**

1997年广西城市商品零售价格各月同比指数

以上年同月价格为100

类　别	1月	2月	3月	4月	5月
商品零售价格总指数	**104.2**	**104.1**	**102.3**	**101.7**	**101.1**
一、食　品	**104.5**	**104.3**	**100.5**	**99.0**	**99.4**
1. 粮　食	104.0	102.2	101.7	101.0	98.9
(1) 细　粮	101.7	99.9	100.2	100.1	97.7
大　米	101.2	98.8	99.0	99.0	95.9
(2) 粗　粮	124.6	122.8	115.4	109.3	109.3
2. 油脂类	101.4	100.2	102.1	102.8	104.4
3. 肉禽蛋	103.8	99.7	96.8	98.4	99.7
猪　肉	109.7	109.7	106.8	109.1	109.7
牛　肉	100.1	93.9	93.1	91.2	91.9
羊　肉	92.3	98.5	99.7	97.1	85.1
鸡	95.8	86.0	83.3	84.2	89.2
鸭	104.7	91.2	89.0	91.1	93.3
鲜　蛋	95.2	85.1	75.8	78.6	76.2
4. 水产品类	99.3	98.1	93.3	92.4	95.1
5. 鲜　菜	102.0	117.6	102.5	85.9	89.6
6. 干　菜	109.6	107.4	106.9	105.1	105.0
7. 鲜　果	103.4	112.7	102.1	94.6	97.7
8. 干　果	109.5	108.0	105.7	106.3	107.9
9. 其他食品类	107.1	107.5	107.1	105.6	105.2
(1) 调味品	107.8	106.6	105.5	106.2	105.3
盐	109.1	104.1	104.5	105.3	102.6
酱　油	107.8	107.8	107.8	105.4	105.3
(2) 食　糖	102.5	103.5	104.4	103.2	103.1
(3) 糖　果	110.0	109.2	108.3	108.3	105.7
(4) 糕　点	101.8	104.6	103.8	103.4	105.0
(5) 奶及奶制品	114.6	113.5	113.6	107.8	106.7
(6) 罐　头	101.9	101.2	101.9	101.7	102.9
10. 饮食业	111.4	109.5	106.7	108.1	102.6
(1) 主　食	108.2	105.7	105.4	101.8	105.6
(2) 炒　菜	112.0	110.0	107.4	109.6	101.3
(3) 地方小吃	114.1	113.5	105.4	105.9	104.3
二、饮料、烟酒类	**106.6**	**105.8**	**105.8**	**106.3**	**104.5**
1. 饮　料	103.7	101.9	101.8	101.9	101.5
2. 烟　酒	107.4	106.9	106.9	107.5	105.3
三、服装、鞋帽类	**105.6**	**104.3**	**103.4**	**103.7**	**100.8**
1. 服　装	106.4	104.4	102.8	103.9	99.8

6月	7月	8月	9月	10月	11月	12月
101.0	**100.1**	**97.6**	**97.6**	**96.7**	**96.4**	**95.9**
100.2	**98.9**	**95.5**	**96.2**	**94.0**	**93.9**	**92.6**
96.1	93.5	92.4	92.1	90.6	90.4	91.2
95.1	92.4	91.5	91.1	89.3	89.2	90.5
93.1	89.8	88.4	88.1	85.8	85.7	87.8
105.0	103.5	100.9	101.3	102.3	101.1	97.5
106.3	104.8	104.5	103.0	103.0	101.7	100.3
100.2	92.6	88.7	90.0	90.0	88.8	87.7
106.4	97.7	97.2	94.9	92.6	91.2	91.4
91.1	87.1	84.9	84.0	81.5	81.4	81.7
97.7	89.2	80.0	115.9	82.7	79.3	78.2
97.4	88.2	77.4	85.1	91.0	87.5	84.1
102.6	87.5	72.5	79.1	84.6	89.9	78.8
73.5	70.9	70.3	71.5	72.0	70.1	73.1
97.0	95.1	91.6	90.8	87.1	86.4	87.3
98.8	99.0	98.9	101.8	98.3	113.5	100.4
104.2	102.0	102.7	102.7	101.4	99.4	99.6
95.9	128.3	108.7	110.2	92.9	85.4	87.0
106.3	104.1	99.3	101.3	97.9	91.6	90.5
105.1	104.9	103.9	103.3	102.6	101.3	100.8
104.9	103.5	101.1	101.1	102.2	101.5	99.8
102.2	102.2	101.5	101.5	103.6	103.6	103.6
104.6	99.9	99.9	99.9	101.7	101.7	99.8
108.5	108.5	105.2	104.2	101.4	98.0	94.7
101.9	101.8	102.3	102.3	102.3	100.2	98.0
104.2	104.1	103.1	101.6	102.1	102.1	102.1
106.6	106.8	106.8	106.6	104.6	103.6	106.6
102.8	103.2	103.5	103.7	103.7	101.6	101.7
103.9	103.7	102.9	103.1	102.1	101.8	101.8
104.9	104.1	103.1	103.8	103.9	103.1	102.5
103.5	103.5	102.6	102.6	101.6	101.6	101.7
104.3	104.3	104.3	104.3	101.7	100.7	100.7
103.8	**103.8**	**100.9**	**99.6**	**98.8**	**99.1**	**99.4**
102.0	101.4	99.6	99.6	99.4	99.4	100.3
104.3	104.5	101.2	99.6	98.7	99.0	99.1
99.9	**98.0**	**95.5**	**96.5**	**97.4**	**97.0**	**97.5**
98.4	97.0	94.4	96.0	98.3	97.6	98.2

1997 年广西城市商品零售价格各月同比指数（续表）

以上年同月价格为 100

类 别	1 月	2 月	3 月	4 月	5 月
2. 鞋	102.3	102.6	102.4	102.6	102.0
3. 其他衣着	109.0	107.5	108.0	105.4	102.6
四、纺织品类	**103.0**	**102.9**	**102.4**	**102.0**	**102.6**
1. 棉　　布	108.1	106.7	106.7	108.1	107.2
2. 棉花化纤混纺布	102.1	101.1	101.1	101.8	99.9
3. 化 纤 布	100.8	102.3	102.3	102.3	104.3
4. 呢　　绒	105.9	104.7	104.7	101.1	101.1
5. 绸　　缎	100.1	99.4	99.2	99.2	104.5
6. 其他纺织品	102.3	102.6	100.5	100.5	100.4
五、中、西药品类	**118.5**	**118.7**	**118.5**	**118.3**	**115.1**
1. 中　　药	128.1	128.3	127.1	128.1	124.1
2. 西　　药	109.3	109.5	109.8	108.4	105.6
3. 医疗用品	104.6	104.9	108.3	106.9	106.5
六、化妆品类	**97.6**	**98.5**	**98.1**	**99.0**	**97.7**
七、书报、杂志类	**129.0**	**130.7**	**119.9**	**120.8**	**120.8**
八、文化体育用品类	**102.6**	**102.8**	**103.1**	**103.0**	**102.9**
1. 文化用品	102.8	102.9	103.5	103.2	103.4
2. 体育用品	102.3	102.5	102.3	102.6	101.9
九、日用品类	**103.9**	**103.8**	**103.6**	**103.4**	**103.2**
1. 一般日用品	104.4	104.4	103.9	103.5	103.5
2. 家 具 类	102.5	102.0	102.2	102.3	102.2
3. 日用杂品	104.4	104.4	104.7	104.6	103.7
十、家用电器类	**97.7**	**98.8**	**98.4**	**98.0**	**97.8**
十一、首 饰 类	**100.9**	**99.9**	**99.9**	**99.8**	**99.8**
十二、燃 料 类	**113.2**	**112.4**	**112.6**	**110.9**	**108.3**
汽　　油	101.6	102.2	101.8	101.8	101.7
液化石油气	121.6	119.3	115.9	108.0	102.4
十三、建筑装潢材料类	**98.6**	**99.0**	**98.9**	**100.3**	**99.2**
十四、机电产品类	**92.9**	**92.9**	**92.9**	**93.3**	**91.6**

6月	7月	8月	9月	10月	11月	12月
102.2	101.4	97.9	97.0	95.2	95.4	95.4
101.8	95.5	95.4	98.7	98.0	97.8	98.2
101.8	**101.7**	**101.7**	**101.3**	**100.1**	**100.3**	**100.0**
107.3	107.3	107.3	105.9	103.3	100.3	100.3
99.9	99.9	99.9	99.2	98.4	97.9	97.9
102.0	102.0	102.2	99.4	99.4	105.5	105.5
101.1	100.9	100.9	100.3	99.0	96.9	96.9
104.5	104.5	104.5	104.1	103.6	99.5	99.4
99.6	99.3	99.3	101.9	99.7	98.4	97.2
115.3	**115.1**	**108.1**	**103.6**	**101.2**	**101.2**	**101.2**
124.9	124.6	112.2	109.5	104.1	104.9	105.0
105.3	105.3	104.0	96.9	97.7	96.6	96.4
106.5	105.7	103.7	101.6	101.1	101.7	102.5
97.6	**99.1**	**98.4**	**98.4**	**98.2**	**98.2**	**100.9**
121.0	**121.0**	**121.0**	**115.6**	**115.7**	**115.7**	**115.7**
101.2	**100.0**	**97.7**	**98.2**	**97.8**	**97.6**	**97.8**
100.9	98.9	96.3	96.8	96.6	96.4	96.5
101.8	101.9	100.3	100.7	99.9	99.7	100.2
102.8	**102.6**	**101.8**	**101.4**	**101.3**	**100.9**	**101.2**
102.6	102.6	101.8	101.2	101.3	100.8	101.3
102.2	101.3	100.7	100.4	100.4	100.8	100.8
104.2	104.4	103.1	103.1	102.5	101.2	101.2
95.9	**94.7**	**92.8**	**93.0**	**93.3**	**93.2**	**93.1**
99.7	**99.4**	**99.6**	**99.3**	**98.8**	**94.4**	**93.8**
106.9	**106.3**	**101.4**	**100.6**	**100.3**	**99.6**	**94.8**
101.9	101.7	101.4	101.6	101.1	99.8	99.8
98.4	98.5	95.2	97.8	94.3	94.3	81.2
99.2	**98.5**	**97.3**	**97.3**	**97.6**	**97.6**	**97.6**
91.7	**91.4**	**92.0**	**92.6**	**93.6**	**93.0**	**92.7**

1998年广西城市商品零售价格各月同比指数

以上年同月价格为100

类 别	1月	2月	3月	4月	5月
商品零售价格总指数	**96.0**	**96.1**	**97.0**	**96.6**	**96.1**
一、食　　品	**93.1**	**93.1**	**95.5**	**94.7**	**93.0**
1. 粮　　食	90.4	89.8	89.8	89.1	90.6
(1) 细　　粮	89.7	89.0	89.2	88.4	90.1
大　　米	87.0	85.9	86.5	85.2	87.2
(2) 粗　　粮	97.3	97.4	95.6	96.2	95.7
2. 油 脂 类	99.3	99.5	99.1	98.0	97.9
3. 肉 禽 蛋	86.5	89.4	92.4	91.4	91.0
猪　　肉	89.4	88.1	90.3	88.7	86.1
牛　　肉	81.9	81.5	81.3	82.6	85.7
羊　　肉	77.9	76.4	79.1	76.1	76.9
鸡	79.7	92.0	98.2	98.4	99.7
鸭	81.5	93.4	101.6	90.8	93.1
鲜　　蛋	76.7	81.4	85.1	89.8	93.7
4. 水产品类	89.2	90.1	87.9	85.8	88.4
5. 鲜　　菜	105.4	98.4	109.0	98.6	82.4
6. 干　　菜	99.0	96.5	97.1	96.0	95.5
7. 鲜　　果	92.8	87.3	95.3	108.2	101.8
8. 干　　果	90.5	91.0	88.4	86.0	84.0
9. 其他食品类	100.7	100.7	101.2	101.3	100.2
(1) 调 味 品	99.1	98.8	98.8	98.3	98.3
盐	101.3	101.5	101.5	101.5	101.5
酱　　油	100.5	99.8	99.8	99.8	99.8
(2) 食　　糖	93.1	93.5	93.4	94.1	91.7
(3) 糖　　果	102.8	103.7	103.8	101.3	101.9
(4) 糕　　点	102.8	102.3	104.1	103.2	100.3
(5) 奶及奶制品	102.6	102.6	102.6	105.9	105.8
(6) 罐　　头	101.0	101.0	101.0	101.6	100.7
10. 饮 食 业	101.2	101.2	101.6	101.6	101.7
(1) 主　　食	101.1	101.1	101.1	101.5	101.3
(2) 炒　　菜	101.5	101.5	102.1	102.1	102.3
(3) 地方小吃	99.9	99.9	99.9	99.1	99.7
二、饮料、烟酒类	**99.0**	**99.8**	**99.7**	**98.6**	**100.2**
1. 饮　　料	99.2	104.1	103.6	104.0	102.0
2. 烟　　酒	99.0	98.5	98.5	97.0	99.7
三、服装、鞋帽类	**97.5**	**98.3**	**99.7**	**100.2**	**100.5**
1. 服　　装	96.9	96.8	99.1	99.3	100.1

6月	7月	8月	9月	10月	11月	12月
96.1	**97.4**	**97.0**	**96.2**	**96.9**	**97.0**	**97.9**
92.9	**96.0**	**93.0**	**92.6**	**94.3**	**94.4**	**96.2**
91.7	94.6	96.0	96.9	100.6	99.8	97.2
91.3	95.0	96.4	97.8	101.7	100.9	98.5
88.9	93.8	95.6	97.3	102.7	101.8	98.5
95.8	91.1	92.4	88.4	89.6	88.7	83.8
96.4	97.7	97.1	98.6	100.0	99.4	96.7
89.3	88.7	91.3	92.0	93.0	90.7	94.3
87.0	85.2	83.2	85.3	87.3	86.0	87.9
82.8	82.6	81.5	80.7	82.8	84.6	89.7
90.1	94.0	94.0	92.3	87.9	90.3	95.6
90.3	89.5	100.1	99.7	99.5	95.7	102.4
86.0	89.8	104.7	104.1	105.1	87.7	98.8
99.1	101.4	106.5	106.5	107.0	105.7	107.4
88.1	91.4	88.8	88.4	92.3	91.2	91.8
93.7	109.6	87.2	76.7	78.5	78.7	84.1
96.3	97.4	96.3	95.5	95.7	95.7	96.6
96.9	115.4	87.7	91.1	97.5	113.0	117.2
83.9	83.0	83.1	81.7	83.6	86.3	85.1
99.5	99.5	99.4	98.4	98.0	98.0	98.4
98.3	98.1	97.8	97.9	97.0	97.0	98.2
101.5	101.5	101.5	101.5	100.4	100.4	100.4
99.8	99.8	99.8	99.8	97.9	97.9	99.2
90.9	89.9	90.5	85.4	84.5	83.0	85.0
99.4	99.4	98.8	98.8	98.8	100.1	102.5
99.9	99.9	99.9	99.9	99.5	99.5	99.5
105.8	106.5	106.1	105.4	105.4	105.4	103.4
100.9	100.8	100.7	99.5	99.5	99.5	100.2
100.6	100.8	100.8	100.8	100.7	101.0	101.2
101.3	101.3	101.3	101.2	100.9	101.5	101.5
100.5	100.9	100.9	100.9	100.9	100.9	101.2
99.7	99.7	99.7	99.7	99.7	100.6	100.6
100.4	**100.3**	**100.5**	**100.5**	**101.0**	**100.8**	**101.6**
102.2	102.6	104.2	103.1	103.6	103.6	103.6
99.9	99.6	99.4	99.7	100.2	100.0	101.0
100.8	**102.3**	**110.6**	**103.0**	**101.9**	**102.2**	**102.0**
100.8	102.5	107.3	101.1	99.4	100.3	100.0

1998 年广西城市商品零售价格各月同比指数（续表）

以上年同月价格为 100

类　别	1 月	2 月	3 月	4 月	5 月
2. 鞋	97.1	100.1	100.2	100.1	99.0
3. 其他衣着	101.3	102.1	101.7	105.0	105.8
四、纺织品类	**99.6**	**99.8**	**100.2**	**100.0**	**99.8**
1. 棉　　布	99.5	99.5	99.5	99.5	99.8
2. 棉花化纤混纺布	97.1	97.7	97.7	97.1	97.8
3. 化 纤 布	102.9	102.9	102.9	102.9	102.9
4. 呢　　绒	99.2	99.2	99.2	98.8	96.9
5. 绸　　缎	99.6	99.8	99.8	99.6	99.8
6. 其他纺织品	96.5	97.0	98.7	98.7	98.6
五、中、西药品类	**102.0**	**103.6**	**103.8**	**104.9**	**105.2**
1. 中　　药	105.6	110.2	110.5	112.1	113.2
2. 西　　药	97.5	95.9	96.4	96.8	96.2
3. 医疗用品	103.1	101.7	99.9	100.8	101.9
六、化妆品类	**102.4**	**101.4**	**100.7**	**99.9**	**103.3**
七、书报、杂志类	**104.0**	**104.8**	**104.4**	**104.4**	**104.4**
八、文化体育用品类	**99.2**	**99.6**	**99.1**	**98.8**	**99.1**
1. 文化用品	98.4	99.0	99.0	98.6	98.9
2. 体育用品	100.7	100.7	99.2	99.2	99.4
九、日用品类	**100.7**	**100.2**	**100.2**	**100.0**	**99.8**
1. 一般日用品	100.6	99.8	100.0	99.8	99.6
2. 家 具 类	101.2	101.1	101.0	100.9	101.0
3. 日用杂品	100.1	100.1	99.6	99.3	98.9
十、家用电器类	**94.2**	**94.0**	**94.2**	**94.2**	**94.3**
十一、首 饰 类	**93.7**	**94.2**	**93.9**	**92.8**	**90.6**
十二、燃 料 类	**93.0**	**92.9**	**92.3**	**92.0**	**90.2**
汽　　油	100.3	99.4	99.4	97.2	98.0
液化石油气	78.4	78.2	79.2	81.4	78.8
十三、建筑装潢材料类	**99.1**	**99.1**	**98.6**	**98.7**	**99.2**
十四、机电产品类	**92.5**	**92.4**	**91.3**	**90.2**	**91.6**

6月	7月	8月	9月	10月	11月	12月
99.1	99.1	118.7	106.9	106.5	105.9	105.9
104.5	108.7	108.7	103.8	103.8	103.4	103.1
99.8	**99.8**	**99.4**	**98.2**	**98.5**	**98.3**	**98.3**
99.7	99.7	99.7	100.0	100.2	100.2	100.2
97.8	97.8	97.8	97.8	97.7	100.0	100.0
102.9	102.9	102.5	98.9	98.6	96.4	96.4
96.9	96.9	96.9	99.9	99.9	100.9	101.0
99.8	99.8	99.8	99.8	99.8	99.8	99.8
98.6	98.7	97.6	95.0	96.4	96.9	96.9
103.0	**103.6**	**104.5**	**106.0**	**105.8**	**105.7**	**107.2**
110.1	110.9	112.5	112.2	111.4	110.8	112.0
95.0	95.4	95.5	99.4	99.9	100.2	102.1
100.2	100.6	100.4	100.9	101.1	101.8	102.8
103.6	**103.6**	**103.3**	**104.0**	**104.1**	**104.1**	**104.1**
104.4	**104.4**	**104.4**	**103.2**	**103.1**	**103.1**	**103.1**
99.5	**99.5**	**99.4**	**99.8**	**100.4**	**98.8**	**99.1**
99.5	99.6	99.5	99.8	99.7	98.8	99.2
99.4	99.3	99.1	99.9	101.8	98.7	99.0
100.4	**100.3**	**100.1**	**100.6**	**100.2**	**100.1**	**100.0**
100.1	99.7	99.2	100.2	99.8	100.0	100.0
101.0	100.7	100.3	100.8	100.7	99.8	99.8
100.3	101.6	102.5	101.7	100.5	100.6	100.5
94.9	**95.9**	**96.4**	**96.3**	**95.7**	**95.7**	**95.9**
87.4	**87.6**	**87.3**	**87.1**	**87.5**	**91.1**	**91.8**
87.6	**88.0**	**87.5**	**87.3**	**93.3**	**95.1**	**95.4**
96.1	96.2	96.2	95.6	97.2	97.2	97.2
76.6	77.0	76.0	75.3	88.1	92.8	92.3
98.8	**98.8**	**99.0**	**98.3**	**97.4**	**97.4**	**97.4**
92.5	**91.1**	**90.3**	**89.9**	**89.4**	**90.4**	**91.1**

1999年广西城市商品零售价格各月同比指数

以上年同月价格为100

类　别	1月	2月	3月	4月	5月
商品零售价格总指数	**98.4**	**97.4**	**97.4**	**96.6**	**95.8**
一、食　　品	**97.7**	**95.9**	**96.0**	**94.6**	**93.5**
1.粮　　食	97.4	97.1	96.5	99.4	99.6
(1) 细　　粮	99.4	99.4	98.8	101.9	101.5
大　　米	99.3	99.4	99.0	103.5	103.3
(2) 粗　　粮	79.5	76.6	75.5	76.6	82.1
2. 油 脂 类	94.5	95.8	92.9	92.4	90.3
3. 肉 禽 蛋	99.3	94.2	91.8	90.3	89.4
猪　　肉	89.2	87.2	88.0	87.1	85.6
牛　　肉	94.6	95.6	95.7	94.5	90.8
羊　　肉	90.9	85.9	83.9	85.5	85.8
鸡	120.3	104.1	92.8	88.0	90.3
鸭	103.7	94.8	86.7	93.7	90.4
鲜　　蛋	110.6	106.7	106.2	98.7	94.8
4. 水产品类	94.5	94.2	97.5	93.5	95.7
5. 鲜　　菜	84.8	78.7	91.0	95.1	97.7
6. 干　　菜	98.1	97.6	97.0	98.1	98.8
7. 鲜　　果	110.6	118.0	114.9	99.4	83.4
8. 干　　果	79.4	80.3	83.1	84.7	86.4
9. 其他食品类	98.5	98.5	97.9	97.3	97.6
(1) 调 味 品	99.2	99.7	99.4	99.5	99.5
盐	100.5	100.5	100.5	100.5	100.5
酱　　油	99.1	100.4	100.4	98.8	98.8
(2) 食　　糖	83.4	83.1	83.4	83.5	84.2
(3) 糖　　果	100.5	100.4	99.7	99.7	98.9
(4) 糕　　点	100.0	99.8	98.0	99.1	100.3
(5) 奶及奶制品	104.3	104.3	104.3	100.8	100.6
(6) 罐　　头	100.2	100.8	100.8	99.7	101.0
10. 饮 食 业	100.9	100.9	100.9	100.7	100.3
(1) 主　　食	101.9	101.9	101.9	100.5	100.0
(2) 炒　　菜	100.7	100.7	100.7	100.7	100.5
(3) 地方小吃	100.8	100.8	100.8	100.8	100.0
二、饮料、烟酒类	**101.0**	**99.8**	**100.0**	**98.8**	**97.3**
1. 饮　　料	104.8	99.8	100.2	99.7	98.9
2. 烟　　酒	99.9	99.8	99.9	98.5	96.9
三、服装、鞋帽类	**101.7**	**99.7**	**97.5**	**96.0**	**96.7**
1. 服　　装	102.2	98.9	95.3	94.5	94.7

6月	7月	8月	9月	10月	11月	12月
95.9	**94.7**	**95.9**	**97.3**	**97.3**	**97.8**	**97.5**
93.6	**90.9**	**93.1**	**96.1**	**96.6**	**98.0**	**96.7**
97.8	94.6	94.4	94.2	93.4	94.2	95.6
100.0	96.6	96.5	96.1	95.4	96.3	97.1
101.2	96.3	96.4	95.8	94.9	95.9	97.1
77.8	76.8	75.4	76.9	75.1	74.8	81.7
91.0	90.7	89.8	89.8	89.5	91.1	91.3
90.7	91.0	91.2	92.7	93.4	94.9	93.8
86.0	87.1	88.9	93.0	94.4	95.6	95.0
94.4	96.9	97.5	99.9	100.1	99.6	96.7
79.9	73.1	79.8	78.1	82.3	87.0	95.1
97.1	96.5	96.1	93.3	93.0	94.8	93.6
94.6	93.8	86.3	86.3	85.9	93.3	93.2
88.4	87.9	84.6	83.2	83.5	85.4	82.0
98.7	93.9	94.8	93.5	96.5	98.5	97.9
89.4	74.3	86.6	109.6	112.3	121.2	116.5
97.4	95.8	96.4	95.5	95.6	96.3	95.6
87.8	79.9	93.6	100.2	100.5	97.0	88.5
87.0	89.0	88.2	91.0	90.1	90.2	89.6
97.9	97.8	97.6	98.6	97.0	97.3	97.3
99.5	99.0	99.1	99.6	99.1	99.4	99.7
100.5	100.5	102.1	104.4	102.3	104.7	106.2
98.8	98.8	98.8	98.8	98.8	98.8	98.8
86.1	86.0	85.4	90.7	83.0	85.2	85.6
98.9	99.4	99.6	99.6	99.6	99.5	99.5
100.8	100.8	100.8	100.8	99.8	99.8	99.8
100.2	99.7	99.4	100.0	99.4	99.4	98.8
101.0	100.4	99.5	99.5	99.1	96.9	96.7
100.1	99.2	99.2	99.2	98.5	98.3	98.4
100.0	100.0	100.0	100.0	99.4	99.4	99.4
100.1	99.0	99.0	99.0	98.4	98.1	98.2
100.0	98.8	98.8	98.8	98.1	98.1	98.1
97.4	**97.4**	**97.7**	**98.0**	**98.2**	**96.3**	**95.9**
98.9	98.3	98.7	99.9	99.8	97.1	97.1
97.0	97.1	97.4	97.4	97.7	96.1	95.6
96.5	**96.4**	**96.1**	**96.6**	**97.3**	**98.6**	**99.3**
93.6	93.5	92.7	93.5	95.5	97.9	98.9

1999年广西城市商品零售价格各月同比指数（续表）

以上年同月价格为100

类 别	1月	2月	3月	4月	5月
2. 鞋	99.1	99.0	98.8	97.2	98.4
3. 其他衣着	105.3	105.9	106.7	101.6	103.8
四、纺织品类	**98.5**	**98.3**	**98.5**	**98.4**	**98.6**
1. 棉 布	103.1	105.2	105.2	105.1	105.1
2. 棉花化纤混纺布	100.0	102.9	102.9	102.9	102.9
3. 化 纤 布	96.4	96.4	96.4	96.4	96.4
4. 呢 绒	98.0	98.0	98.1	98.1	99.1
5. 绸 缎	100.1	100.4	100.7	100.6	100.8
6. 其他纺织品	98.4	95.9	96.6	96.1	96.0
五、中、西药品类	**107.5**	**105.5**	**105.9**	**104.4**	**101.7**
1. 中 药	113.2	108.1	108.4	105.5	101.4
2. 西 药	101.2	102.9	103.6	103.6	102.2
3. 医疗用品	101.3	101.2	100.8	101.1	101.6
六、化妆品类	**103.3**	**103.1**	**103.9**	**103.9**	**100.7**
七、书报、杂志类	**105.9**	**105.5**	**105.7**	**105.7**	**105.7**
八、文化体育用品类	**99.4**	**99.5**	**100.3**	**100.6**	**100.3**
1. 文化用品	100.1	100.2	100.7	101.2	100.5
2. 体育用品	98.0	98.1	99.6	99.5	99.9
九、日用品类	**99.5**	**99.8**	**100.1**	**99.9**	**99.8**
1. 一般日用品	99.0	99.6	99.6	99.2	99.2
2. 家 具 类	99.2	99.1	99.9	100.2	100.1
3. 日用杂品	101.6	101.6	101.8	101.7	101.2
十、家用电器类	**95.7**	**95.7**	**96.6**	**96.1**	**94.3**
十一、首 饰 类	**92.4**	**92.4**	**92.9**	**93.9**	**96.9**
十二、燃 料 类	**97.1**	**96.5**	**94.7**	**94.8**	**97.1**
汽 油	100.4	100.4	100.4	103.7	102.8
液化石油气	93.9	92.8	86.5	84.2	89.5
十三、建筑装潢材料类	**95.8**	**96.3**	**96.3**	**96.0**	**96.8**
十四、机电产品类	**90.4**	**90.7**	**90.7**	**90.6**	**89.3**

6月	7月	8月	9月	10月	11月	12月
99.6	99.5	100.2	100.5	98.7	98.1	98.5
105.7	105.5	104.9	104.7	104.1	103.9	103.5
98.5	**99.7**	**99.8**	**99.4**	**99.2**	**99.0**	**98.9**
105.1	103.9	103.9	103.9	103.6	103.7	102.5
102.1	102.1	102.1	102.1	100.8	100.8	100.8
96.4	100.1	100.1	100.0	100.0	100.1	100.1
99.1	99.9	99.9	96.9	95.7	95.4	95.4
100.8	100.8	100.8	100.3	100.3	100.3	100.3
96.0	96.4	96.7	97.3	97.9	97.1	97.1
102.0	**99.3**	**98.0**	**98.0**	**96.2**	**95.8**	**95.7**
101.2	97.9	97.4	97.2	95.6	95.1	95.6
103.0	101.0	98.4	98.6	96.4	96.1	95.2
101.3	100.1	99.8	100.0	99.9	99.9	99.1
101.3	**102.9**	**102.9**	**102.2**	**102.1**	**102.1**	**102.1**
105.7	**105.4**	**105.2**	**104.4**	**104.4**	**104.4**	**104.4**
100.4	**100.5**	**100.9**	**100.9**	**100.9**	**101.0**	**100.3**
100.5	100.5	101.0	101.0	100.8	100.8	100.6
100.1	100.6	100.7	100.7	101.2	101.3	99.7
99.4	**99.6**	**99.4**	**99.3**	**99.1**	**98.9**	**99.0**
98.9	99.2	99.3	99.3	98.2	98.0	98.1
100.1	100.3	100.5	100.4	100.2	100.2	100.2
99.9	99.6	97.9	97.9	99.8	99.8	99.6
94.7	**93.0**	**93.0**	**93.1**	**94.9**	**94.5**	**94.2**
98.8	**98.5**	**92.0**	**92.2**	**95.7**	**99.0**	**99.7**
98.1	**99.0**	**111.7**	**119.4**	**109.9**	**108.6**	**113.8**
100.3	100.3	102.7	105.4	107.6	111.0	111.3
96.5	107.1	132.6	141.9	115.8	106.5	119.6
95.3	**94.4**	**93.7**	**94.5**	**95.3**	**95.3**	**95.4**
88.4	**90.4**	**91.4**	**90.6**	**90.9**	**90.8**	**90.8**

2000年广西城市商品零售价格各月同比指数

以上年同月价格为100

类　别	1月	2月	3月	4月	5月
商品零售价格总指数	**97.1**	**98.5**	**97.5**	**97.2**	**99.0**
一、食　　品	**94.9**	**98.1**	**95.2**	**94.3**	**97.8**
1. 粮　　食	94.1	95.7	96.7	93.2	93.4
(1) 细　　粮	94.6	95.8	96.8	93.3	93.4
大　　米	93.7	95.3	96.4	91.8	91.6
(2) 粗　　粮	90.3	94.6	95.6	92.0	93.4
2. 油 脂 类	96.0	95.3	99.6	99.1	99.3
3. 肉 禽 蛋	91.4	92.2	92.1	93.7	98.1
猪　　肉	94.7	96.1	93.6	98.3	106.1
牛　　肉	97.1	97.5	97.4	97.3	96.5
羊　　肉	97.0	106.1	106.1	106.8	107.6
鸡	87.7	86.6	93.7	91.6	92.9
鸭	79.4	78.7	81.0	75.1	85.2
鲜　　蛋	78.5	79.3	76.9	79.7	83.9
4. 水产品类	102.6	104.4	96.2	96.2	95.9
5. 鲜　　菜	101.9	137.1	116.6	99.1	97.9
6. 干　　菜	95.0	95.1	94.1	93.5	93.2
7. 鲜　　果	87.7	80.6	70.5	74.5	100.7
8. 干　　果	93.9	92.3	89.7	95.3	97.5
9. 其他食品类	97.4	97.5	98.2	99.1	100.6
(1) 调 味 品	101.5	101.1	101.6	102.1	102.1
盐	113.4	113.4	113.4	113.4	113.4
酱　　油	98.9	98.5	98.5	100.0	100.0
(2) 食　　糖	86.6	86.6	88.6	93.2	101.2
(3) 糖　　果	100.0	99.8	99.9	99.9	99.9
(4) 糕　　点	98.2	98.2	98.2	98.2	99.4
(5) 奶及奶制品	98.5	99.4	100.4	101.0	101.5
(6) 罐　　头	97.8	97.7	97.9	98.7	95.8
10. 饮 食 业	97.9	98.2	98.2	98.2	98.4
(1) 主　　食	97.8	99.1	99.1	99.1	99.1
(2) 炒　　菜	97.9	97.9	97.9	97.9	98.2
(3) 地方小吃	98.2	98.2	98.2	98.2	98.2
二、饮料、烟酒类	**98.7**	**98.9**	**99.7**	**99.8**	**100.8**
1. 饮　　料	96.6	97.1	97.0	97.7	98.4
2. 烟　　酒	99.3	99.4	100.4	100.4	101.5
三、服装、鞋帽类	**99.7**	**103.4**	**102.8**	**102.3**	**102.9**
1. 服　　装	98.3	103.6	103.6	102.1	103.3

6月	7月	8月	9月	10月	11月	12月
99.2	**99.0**	**98.7**	**98.2**	**98.8**	**98.9**	**98.5**
97.7	**97.0**	**97.5**	**95.0**	**96.1**	**98.7**	**97.9**
93.6	94.4	92.3	91.7	90.7	90.2	90.1
92.7	92.9	90.5	90.7	88.7	88.2	88.7
90.9	91.0	88.5	88.9	86.3	85.9	86.4
101.2	107.3	107.7	100.4	107.4	106.9	101.9
97.3	94.6	96.2	96.0	95.5	94.0	91.6
97.2	95.6	96.8	94.1	94.3	95.7	96.4
104.3	100.7	101.7	96.7	97.6	96.8	97.1
98.0	95.7	97.5	98.3	100.9	98.3	97.9
108.8	108.2	98.2	104.2	109.7	112.5	101.1
89.7	93.1	91.7	90.4	88.4	93.8	96.9
84.9	74.1	78.9	74.8	73.7	88.6	89.9
86.1	86.1	94.9	93.4	94.7	93.4	93.4
94.0	98.4	97.9	98.7	96.8	95.1	99.8
99.0	96.1	96.0	82.1	93.4	99.8	90.3
93.3	93.3	94.7	96.3	95.8	95.6	96.2
105.6	101.6	102.0	98.6	99.5	125.0	116.4
96.5	97.0	100.7	98.7	93.9	93.0	95.4
100.6	100.9	102.9	102.9	104.9	105.0	105.0
102.1	102.5	102.0	101.3	101.3	101.5	101.1
113.4	113.4	111.1	108.1	108.1	107.7	105.7
100.0	100.0	100.0	100.0	100.0	100.0	100.0
99.7	101.5	115.4	116.1	127.4	127.9	125.6
99.9	99.9	99.9	99.9	100.1	100.1	100.4
99.9	99.9	99.9	99.9	101.4	101.4	101.4
101.7	101.7	102.1	101.8	101.6	101.6	102.8
98.7	98.7	97.3	100.6	99.8	102.2	102.7
98.6	99.1	99.0	98.7	99.5	99.5	99.9
99.1	99.1	98.9	100.5	99.8	99.8	99.8
98.5	99.0	99.0	97.9	98.8	98.8	99.4
98.2	99.3	99.3	100.7	102.7	102.7	102.7
100.6	**100.6**	**100.0**	**100.0**	**99.8**	**100.1**	**100.6**
98.4	98.4	98.0	98.0	98.2	98.3	98.3
101.2	101.2	100.5	100.6	100.3	100.6	101.2
103.5	**103.2**	**102.2**	**101.8**	**104.7**	**98.6**	**98.8**
105.1	104.8	103.9	103.7	108.5	98.5	98.8

2000年广西城市商品零售价格各月同比指数（续表）

以上年同月价格为100

类　别	1月	2月	3月	4月	5月
2. 鞋	102.1	103.2	100.7	102.0	102.2
3. 其他衣着	103.2	102.9	103.9	104.5	101.9
四、纺织品类	**98.6**	**99.5**	**100.4**	**100.3**	**99.4**
1. 棉　　布	97.1	95.6	99.0	97.6	97.6
2. 棉花化纤混纺布	98.1	96.5	100.0	97.6	97.6
3. 化 纤 布	100.0	100.0	101.7	101.7	101.7
4. 呢　　绒	98.9	100.7	101.9	102.0	96.4
5. 绸　　缎	99.7	99.5	99.6	99.6	99.6
6. 其他纺织品	97.4	100.6	99.2	99.9	99.9
五、中、西药品类	**96.4**	**93.6**	**92.3**	**91.4**	**90.5**
1. 中　　药	95.2	93.2	92.0	91.1	89.4
2. 西　　药	97.7	93.5	92.0	91.2	91.3
3. 医疗用品	98.4	97.6	96.6	96.1	94.9
六、化妆品类	**101.9**	**101.7**	**101.5**	**101.7**	**102.0**
七、书报、杂志类	**99.8**	**100.0**	**99.8**	**99.8**	**99.8**
八、文化体育用品类	**101.5**	**101.1**	**100.4**	**100.5**	**100.6**
1. 文化用品	101.2	101.0	100.3	100.4	100.5
2. 体育用品	102.0	101.3	100.6	100.7	100.7
九、日用品类	**99.2**	**99.1**	**99.5**	**99.7**	**99.9**
1. 一般日用品	99.2	99.5	100.0	100.3	100.3
2. 家 具 类	99.4	99.5	100.0	99.8	100.4
3. 日用杂品	99.1	97.2	97.4	97.8	97.8
十、家用电器类	**93.4**	**93.4**	**92.6**	**93.0**	**94.3**
十一、首 饰 类	**100.1**	**99.4**	**99.4**	**99.4**	**99.3**
十二、燃 料 类	**115.3**	**116.3**	**121.0**	**121.7**	**131.3**
汽　　油	110.9	110.9	111.3	110.5	120.5
液化石油气	124.5	129.2	138.3	148.4	157.4
十三、建筑装潢材料类	**95.7**	**95.7**	**96.2**	**96.4**	**96.3**
十四、机电产品类	**91.9**	**92.0**	**91.9**	**93.1**	**91.7**

6月	7月	8月	9月	10月	11月	12月
100.3	100.3	98.6	98.9	97.9	99.1	99.1
101.9	100.8	100.4	96.3	97.3	97.4	97.9
99.5	**100.1**	**99.7**	**99.8**	**99.6**	**99.7**	**99.8**
97.8	98.1	98.1	98.6	98.7	98.7	99.9
100.0	100.5	100.0	100.0	98.2	98.2	98.2
100.8	100.8	100.8	100.8	100.8	100.8	100.8
96.4	96.4	95.6	95.0	93.7	93.8	93.6
99.5	99.4	99.3	99.9	99.9	99.9	99.9
100.6	102.4	101.8	102.2	102.6	102.9	102.9
92.0	**94.0**	**92.6**	**93.3**	**95.0**	**93.2**	**92.8**
92.0	93.9	89.9	92.3	94.5	89.6	88.9
91.5	94.0	95.5	94.2	95.5	97.3	97.0
95.2	94.9	95.5	94.8	95.4	95.5	96.0
101.1	**99.3**	**99.3**	**99.3**	**98.7**	**98.7**	**98.7**
99.8	**99.8**	**99.9**	**114.2**	**110.4**	**104.4**	**105.4**
99.8	**99.8**	**100.0**	**99.9**	**99.5**	**99.5**	**99.5**
99.9	99.8	99.8	99.7	99.5	99.5	99.4
99.6	99.9	100.3	100.3	99.6	99.6	99.6
100.2	**100.0**	**100.3**	**99.8**	**100.3**	**100.1**	**100.0**
100.2	99.7	99.8	99.0	100.1	99.8	99.8
100.4	100.4	100.4	100.5	100.4	100.3	100.3
100.1	100.4	101.5	101.1	100.7	100.6	100.3
94.6	**95.0**	**94.5**	**94.5**	**94.2**	**93.9**	**94.9**
98.3	**98.5**	**99.6**	**97.5**	**92.6**	**89.5**	**89.0**
134.3	**133.7**	**125.5**	**124.9**	**126.4**	**125.1**	**119.4**
127.7	132.7	141.8	142.6	138.7	130.3	129.4
151.4	136.2	110.9	110.0	118.6	126.8	112.2
97.5	**97.7**	**99.0**	**99.5**	**99.8**	**99.9**	**100.5**
91.6	**91.3**	**91.9**	**93.5**	**94.0**	**94.5**	**94.4**

2001 年广西城市商品零售价格各月同比指数

以上年同月价格为 100

类　别	1 月	2 月	3 月	4 月	5 月
商品零售价格总指数	**98.7**	**96.8**	**97.7**	**98.4**	**97.9**
一、食 品 类	**98.7**	**95.0**	**97.7**	**100.2**	**100.0**
1. 粮　　食	92.3	92.3	92.5	92.7	91.2
(1) 细　　粮	91.4	91.4	91.0	91.5	90.5
大　　米	90.0	91.1	90.4	90.9	
(2) 粗　　粮	100.8	100.8	105.7	103.5	97.1
2. 油　　脂	90.3	91.8	86.3	90.2	88.2
3. 肉 禽 蛋	99.7	96.5	98.0	99.3	99.5
猪　　肉	101.0	97.0	95.5	96.3	
牛　　肉	103.6	103.0	99.6	98.8	
羊　　肉	113.1	106.1	101.6	101.6	
鸡	98.8	95.2	103.7	105.8	
鸭	95.3	89.0	97.1	107.8	
鲜　　蛋	94.5	93.1	95.8	99.1	
4. 水 产 品	104.4	99.3	98.4	98.1	97.2
5. 鲜　　菜	91.6	80.3	93.1	106.5	112.1
6. 干　　菜	95.5	95.3	94.7	94.5	95.0
7. 鲜　　果	100.8	86.3	104.1	112.6	107.7
8. 干　　果	95.2	94.3	92.5	91.2	92.3
9. 其他食品类	104.7	104.4	103.9	104.5	103.7
(1) 调 味 品	105.2	105.4	105.5	105.5	105.2
盐	128.2	128.2	127.2	127.2	
酱　　油	100.0	100.0	100.0	100.0	
(2) 食　　糖	123.0	123.4	122.0	125.7	121.5
(3) 糖　　果	101.3	99.2	100.0	101.2	101.3
(4) 糕　　点	100.8	101.3	101.3	101.3	101.3
(5) 奶及奶制品	101.3	100.8	99.3	98.7	97.9
(6) 罐　　头	98.0	98.0	97.9	97.9	97.9
10. 饮 食 业	100.8	100.3	100.5	100.3	100.1
(1) 主　　食	102.2	100.1	100.1	100.1	100.1
(2) 炒　　菜	99.8	99.8	100.0	99.8	98.9
(3) 地方小吃	103.6	103.6	103.6	103.6	98.5
二、饮料、烟酒类	**99.4**	**99.4**	**98.5**	**98.5**	**99.6**
1. 饮　　料	98.8	98.8	99.0	98.8	100.8
2. 烟　　酒	99.5	99.6	98.4	98.4	99.4
三、服装、鞋帽类	**100.0**	**94.5**	**98.6**	**98.7**	**98.8**
1. 服　　装	100.7	96.7	98.1	98.2	98.2

6月	7月	8月	9月	10月	11月	12月
97.9	**98.1**	**96.8**	**96.5**	**96.8**	**96.2**	**96.5**
100.4	**101.7**	**98.9**	**99.1**	**98.2**	**96.5**	**97.7**
91.9	90.6	91.4	91.2	91.3	92.4	92.7
91.6	90.2	90.9	89.8	90.8	91.9	92.2
91.5						
94.4	94.1	95.6	103.6	96.2	96.7	97.6
88.6	88.3	88.1	87.1	87.3	88.2	91.6
99.3	102.5	98.1	100.6	100.4	99.0	97.3
95.7						
102.3						
103.4						
104.8						
95.7						
104.3						
93.6	92.1	95.4	91.7	92.6	92.9	90.5
124.9	132.2	121.7	116.9	102.2	94.7	119.0
96.5	97.6	98.0	98.0	97.5	96.0	95.6
102.2	99.8	96.2	98.5	100.7	93.4	90.4
89.4	87.9	87.2	86.1	89.5	94.7	92.1
103.8	103.5	101.7	101.7	101.8	101.4	101.2
104.8	104.6	105.5	105.5	105.3	105.3	105.7
125.8						
100.0						
122.3	120.7	105.3	104.1	104.5	105.7	106.8
101.3	101.3	102.7	102.7	102.7	102.5	100.0
101.3	101.3	100.6	100.6	100.6	98.7	98.7
97.9	97.9	98.6	99.0	99.3	99.3	99.3
97.9	97.9	97.9	99.0	99.6	99.4	99.4
100.1	100.1	99.1	98.5	99.3	98.3	98.3
100.1	100.1	100.1	100.1	100.1	100.1	100.1
99.5	99.5	98.0	97.5	99.0	97.5	97.5
103.6	103.6	103.6	101.5	100.0	100.0	100.0
98.0	**98.0**	**98.5**	**98.8**	**100.2**	**100.2**	**100.2**
98.2	98.2	98.6	98.6	96.2	96.2	95.9
97.9	97.9	98.5	98.9	101.2	101.2	101.3
95.9	**96.3**	**96.4**	**94.8**	**98.2**	**98.0**	**99.5**
94.0	94.7	94.9	93.4	97.9	97.7	99.1

2001 年广西城市商品零售价格各月同比指数（续表）

以上年同月价格为 100

类　别	1 月	2 月	3 月	4 月	5 月
2. 鞋	98.8	88.3	100.4	100.6	99.9
3. 其它衣着	97.8	97.8	96.6	96.3	99.4
四、纺织品类	**101.9**	**101.5**	**100.8**	**100.7**	**100.1**
1. 棉　布	101.8	98.8	98.6	98.6	100.2
2. 棉花化纤混纺布	100.0	98.6	98.6	98.6	98.8
3. 化 纤 布	103.9	104.7	103.9	103.9	100.9
4. 呢　绒	95.8	96.6	96.4	96.6	100.0
5. 绸　缎	101.1	101.1	96.9	96.9	99.2
6. 其他纺织品	104.0	102.7	102.6	102.1	98.2
五、中、西药品类	**91.9**	**93.5**	**93.3**	**94.1**	**99.3**
1. 中　药	88.9	91.5	91.0	92.4	102.3
2. 西　药	94.7	95.3	95.6	95.6	96.8
3. 医疗用品	96.9	97.1	97.2	97.6	97.9
六、化妆品类	**96.5**	**96.5**	**96.5**	**96.5**	**96.4**
七、书报、杂志类	**105.6**	**107.9**	**107.9**	**107.9**	**107.9**
八、体育娱乐用品	**99.2**	**99.4**	**100.0**	**99.4**	**98.6**
1. 文化用品	99.1	99.1	99.5	99.1	98.9
2. 体育用品	99.3	99.9	99.9	99.9	98.2
九、日 用 品	**98.8**	**98.8**	**98.3**	**97.8**	**97.4**
1. 一般日用品	98.2	98.3	98.1	97.1	96.3
2. 家 具 类	99.9	99.9	98.6	98.7	98.0
3. 日用杂品	98.9	98.6	98.6	98.5	99.4
十、家用电器	**94.9**	**94.9**	**94.1**	**94.7**	**94.7**
十一、首 饰 类	**89.8**	**88.6**	**85.8**	**85.8**	**84.7**
十二、燃 料 类	**117.3**	**114.1**	**111.5**	**104.3**	**101.2**
汽油	125.1	120.0	123.9	118.3	
液化石油气	112.7	110.5	101.8	91.8	
十三、建筑装潢材料类	**98.9**	**98.8**	**98.5**	**98.5**	**98.4**
十四、机电产品类	**96.1**	**94.5**	**93.6**	**92.9**	**94.8**

6月	7月	8月	9月	10月	11月	12月
99.8	99.3	99.9	96.0	97.7	97.7	99.9
98.9	98.9	97.5	101.8	102.0	102.0	101.6
99.5	**99.2**	**99.4**	**99.2**	**98.9**	**98.8**	**99.4**
98.6	98.6	98.6	98.8	98.6	99.0	99.0
98.8	98.3	98.8	98.8	99.6	99.6	99.6
100.0	100.0	99.0	99.0	99.0	99.0	99.0
98.7	98.7	100.1	99.2	97.9	97.9	98.2
96.8	97.0	97.6	97.6	97.4	97.4	98.5
100.7	97.7	100.5	100.2	99.6	99.2	100.8
92.8	**92.7**	**93.8**	**91.8**	**95.8**	**95.5**	**94.0**
90.7	91.2	92.6	89.2	94.9	95.0	92.4
94.6	93.8	94.5	94.3	96.9	96.2	95.9
97.8	98.4	98.4	96.6	95.1	95.1	94.7
96.4	**96.4**	**97.1**	**97.1**	**91.9**	**97.5**	**97.5**
107.9	**107.9**	**107.4**	**101.8**	**102.6**	**102.6**	**102.6**
99.1	**99.1**	**99.2**	**99.5**	**99.3**	**99.3**	**99.0**
98.8	98.9	99.0	99.3	99.1	99.1	98.5
99.7	99.5	99.5	99.7	99.7	99.7	99.7
97.4	**97.7**	**97.7**	**97.7**	**97.9**	**97.7**	**98.0**
96.4	97.2	97.2	97.1	97.6	97.1	97.6
98.0	97.9	97.9	97.9	97.9	97.9	97.9
99.3	98.8	99.0	99.1	98.9	98.9	99.1
93.6	**92.7**	**92.2**	**92.3**	**92.8**	**94.0**	**94.1**
85.9	**84.2**	**88.1**	**89.7**	**91.1**	**91.3**	**91.9**
101.7	**96.9**	**90.9**	**88.9**	**89.4**	**88.0**	**83.6**
111.1						
92.9						
98.1	**98.1**	**98.1**	**98.0**	**98.5**	**98.8**	**98.6**
93.7	**93.4**	**92.2**	**92.8**	**92.4**	**90.8**	**90.4**

2002 年广西城市商品零售价格各月同比指数

以上年同月价格为 100

类别	1 月	2 月	3 月	4 月	5 月
商品零售价格总指数	**100.5**	**99.8**	**100.2**	**100.2**	**99.8**
一、食品类	**103.6**	**100.4**	**100.8**	**102.0**	**101.6**
1. 粮　　食	104.6	104.2	105.7	106.8	107.3
大　　米	106.2	105.1	107.5	109.1	109.9
2. 淀粉及薯类	104.6	95.5	100.7	105.0	103.6
3. 干豆类及豆制品	100.4	99.4	101.5	101.3	104.2
4. 油　　脂	108.0	108.6	109.2	113.1	110.6
5. 肉禽及其制品	100.2	98.3	97.8	98.1	96.8
(1) 食用畜肉及副产品	102.0	98.5	98.4	99.1	99.1
猪　　肉	101.1	98.8	98.9	98.8	97.7
牛　　肉	118.1	107.0	104.5	108.3	111.5
羊　　肉	95.9	93.1	94.2	94.0	96.9
(2) 禽	96.8	97.0	95.8	95.5	91.5
鸡	96.2	94.3	93.0	93.8	90.8
鸭	100.1	107.4	102.9	99.5	92.4
(3) 肉禽加工制品	99.9	100.4	99.4	99.5	98.4
6. 蛋	98.3	94.5	95.9	96.8	94.0
鲜　　蛋	98.0	93.9	95.5	96.5	93.4
7. 水产品	99.3	96.7	98.4	99.2	96.7
(1) 鱼	100.3	97.7	99.3	100.3	98.3
淡水鱼	97.5	96.1	99.2	100.4	100.6
海水鱼	108.0	101.8	99.5	99.8	92.4
(2) 其它水产品	96.7	94.1	96.0	96.4	92.4
8. 菜	126.8	109.7	119.8	121.0	113.6
鲜　　菜	132.0	112.4	123.7	124.6	116.4
9. 调味品	100.0	100.3	100.0	100.0	99.7
盐	100.9	100.9	100.5	100.5	100.7
酱　　油	99.7	99.5	98.2	98.2	98.1
10. 糖	96.3	96.8	97.2	97.8	98.3
食　　糖	86.1	87.2	90.1	91.8	91.8
11. 干鲜瓜果	112.4	101.9	91.1	96.3	109.2
鲜　　果	112.6	100.2	87.8	93.9	109.0
12. 糕点饼干面包	97.5	98.3	98.4	98.3	99.2
13. 奶及奶制品	96.3	96.7	96.1	97.0	96.6
14. 在外用膳食品	99.7	99.2	99.5	99.5	99.5
15. 其它食品	99.3	99.3	101.6	101.5	101.9

6月	7月	8月	9月	10月	11月	12月
99.7	**99.7**	**99.7**	**100.0**	**100.0**	**101.0**	**101.7**
101.3	**101.9**	**102.7**	**103.7**	**104.2**	**106.5**	**108.0**
107.3	106.8	106.2	106.0	107.8	111.7	110.8
110.1	109.3	108.3	108.0	110.3	113.2	111.4
101.3	98.2	98.7	100.5	101.3	103.9	103.7
103.4	103.3	104.8	104.1	106.3	113.7	118.5
106.9	106.5	106.1	105.4	111.6	121.0	125.3
98.4	101.3	103.5	106.2	106.8	109.3	109.6
100.2	102.0	103.5	106.3	109.2	112.4	111.0
99.4	102.5	104.3	108.0	112.0	116.7	115.6
110.3	110.7	111.0	112.2	111.2	111.8	111.6
95.8	95.5	94.8	91.1	94.4	95.5	95.2
95.0	100.2	103.9	107.4	103.7	105.2	109.9
92.8	96.2	99.6	104.2	104.0	105.0	107.3
98.6	109.0	116.2	116.8	102.9	106.1	116.0
98.6	100.7	102.0	102.9	102.9	104.4	102.7
92.9	94.7	97.2	102.2	100.8	108.8	111.6
92.3	94.3	97.0	102.3	100.6	109.2	111.7
96.7	96.7	96.2	98.8	97.3	100.5	99.5
98.5	98.3	99.4	101.8	99.2	101.7	101.2
98.7	99.2	99.9	100.1	99.1	101.3	99.9
97.8	95.8	97.9	106.7	99.6	102.7	104.6
92.0	92.4	88.3	91.2	92.2	97.4	95.3
102.4	96.1	97.9	106.4	105.3	106.8	115.8
102.9	95.4	98.1	108.2	106.6	108.1	118.2
99.8	99.9	100.2	100.6	100.4	101.4	101.0
100.7	100.7	100.7	100.7	100.7	100.2	100.2
98.1	99.0	98.8	99.6	99.4	99.7	98.6
98.1	98.0	98.7	98.2	98.6	101.1	102.0
91.2	91.5	93.1	93.1	94.4	98.9	103.0
116.5	124.2	125.7	107.3	106.8	102.6	105.8
119.0	129.7	131.9	108.4	107.4	101.1	105.1
99.7	99.9	100.8	101.1	101.2	101.5	101.2
96.7	96.8	96.3	96.7	95.7	96.6	96.4
99.5	99.6	99.7	99.7	99.9	100.3	100.5
100.3	98.5	98.1	99.6	100.4	99.6	101.2

2002 年广西城市商品零售价格各月同比指数（续表 1）

以上年同月价格为 100

类　别	1 月	2 月	3 月	4 月	5 月
二、饮料、烟酒	**100.2**	**100.0**	**100.2**	**100.1**	**99.5**
1. 茶及饮料	98.1	98.1	98.1	97.7	98.0
(1) 茶　　叶	100.9	100.9	101.0	101.0	101.4
(2) 饮　　料	96.9	96.9	96.8	96.3	96.5
2. 烟　　草	100.3	100.0	99.9	99.6	98.4
3. 酒	101.4	101.4	101.9	102.4	101.8
三、服装、鞋帽类	**96.8**	**97.5**	**100.6**	**101.3**	**101.0**
1. 服　　装	96.5	96.5	99.4	100.7	100.8
(1) 男式服装	95.5	96.9	98.7	99.4	99.1
(2) 女式服装	96.4	95.0	98.9	100.8	101.4
(3) 儿童服装	99.6	100.7	103.5	103.6	103.2
2. 鞋 袜 帽	97.3	100.0	103.7	103.3	102.0
(1) 鞋	96.2	99.2	103.8	103.4	101.9
(2) 袜　　子	103.5	103.7	101.7	101.7	101.7
(3) 帽　　子	108.0	108.0	108.0	108.8	105.5
3. 其　　它	98.9	99.0	98.8	98.6	98.6
四、纺织品类	**98.7**	**96.7**	**99.0**	**98.6**	**99.3**
1. 衣着材料	97.4	97.9	98.6	97.9	97.5
2. 床上用品	99.5	95.8	99.2	99.1	100.5
五、家用电器及音像器材	**92.1**	**92.4**	**92.6**	**91.9**	**91.7**
1. 家庭设备	93.7	93.9	94.5	94.0	93.7
2. 文娱用耐用消费品	89.1	89.6	89.4	88.3	88.1
3. 音像器材类	98.8	98.8	98.8	99.4	99.4
六、文化办公用品	**92.7**	**93.0**	**92.4**	**92.4**	**92.4**
七、日 用 品	**98.1**	**98.3**	**97.9**	**98.0**	**98.0**
1. 日用百货	97.5	97.2	97.2	97.3	97.1
2. 日用杂品	99.3	99.5	99.4	100.6	100.2
3. 洗涤用品	97.6	98.4	97.0	96.8	97.4
4. 其它日用品	99.0	99.1	98.9	98.3	98.2
八、体育娱乐用品	**99.5**	**99.6**	**99.5**	**99.8**	**99.4**
1. 体育用品	100.0	100.0	99.9	99.7	99.3
2. 娱乐用品	99.1	99.3	99.2	99.9	99.4
九、交通、通信用品	**89.7**	**89.5**	**90.2**	**89.3**	**89.6**
1. 交通运输机械	94.2	94.4	94.7	94.2	94.7
2. 通讯器材类	82.6	81.8	82.8	81.4	81.2
十、家　　具	**97.3**	**97.3**	**97.3**	**97.1**	**98.8**

6月	7月	8月	9月	10月	11月	12月
99.2	**98.3**	**99.5**	**99.6**	**99.5**	**99.4**	**99.6**
97.8	97.7	97.8	97.7	97.5	97.6	97.2
101.4	100.6	100.6	100.6	100.6	100.6	99.7
96.2	96.5	96.5	96.4	96.1	96.2	96.1
98.1	98.0	98.7	98.7	98.7	98.4	98.8
101.5	98.9	101.5	101.8	101.9	101.8	102.2
100.9	**102.5**	**100.1**	**99.9**	**99.6**	**97.7**	**98.3**
100.1	100.4	99.9	99.5	98.5	96.3	96.4
97.4	98.5	98.6	97.4	99.2	96.7	96.8
101.3	101.6	100.8	100.5	98.4	96.1	96.0
103.2	101.3	100.6	102.0	96.9	95.8	96.8
103.5	108.1	102.2	102.4	103.0	102.4	103.0
103.6	109.2	102.1	102.3	103.3	102.9	103.7
101.7	101.7	101.7	101.7	100.9	99.2	99.3
105.5	105.5	105.5	105.4	100.3	100.3	100.3
97.4	100.2	91.6	92.8	96.1	92.8	99.8
99.4	**98.6**	**98.7**	**99.1**	**99.5**	**99.0**	**100.1**
97.7	96.3	96.6	97.5	99.1	98.4	98.2
100.7	100.2	100.1	100.2	99.7	99.4	101.4
91.5	**91.1**	**90.9**	**90.5**	**91.9**	**93.0**	**92.0**
93.2	92.7	92.6	92.4	94.4	95.3	95.0
88.3	87.9	87.4	86.7	87.6	89.2	87.2
99.4	99.3	99.3	99.3	98.7	98.7	98.7
92.8	**93.8**	**94.1**	**93.9**	**94.2**	**94.6**	**94.1**
97.4	**97.9**	**98.0**	**98.0**	**98.2**	**98.7**	**98.3**
96.5	96.9	96.8	97.2	97.6	98.0	98.2
100.3	100.8	100.3	99.8	99.7	100.3	99.0
95.9	96.6	97.4	97.3	98.0	98.2	98.1
98.4	98.7	98.6	98.7	98.2	99.0	98.1
99.4	**99.2**	**99.1**	**98.5**	**98.2**	**98.3**	**96.8**
99.3	98.9	98.9	98.4	98.3	98.6	96.4
99.5	99.6	99.3	98.5	98.1	98.0	97.2
90.2	**89.2**	**88.0**	**88.4**	**87.5**	**87.8**	**87.5**
95.8	94.7	93.6	94.3	93.3	92.7	92.5
81.1	80.2	78.7	78.7	77.7	79.3	78.9
99.2	**98.8**	**100.4**	**101.5**	**102.1**	**100.1**	**99.6**

2002年广西城市商品零售价格各月同比指数（续表2）

以上年同月价格为100

类　别	1月	2月	3月	4月	5月
十一、化妆品类	**97.8**	**98.0**	**98.0**	**98.0**	**98.5**
十二、金银珠宝类	**104.2**	**105.4**	**105.8**	**104.5**	**104.5**
十三、中西药品及医疗保健用品类	**97.0**	**98.5**	**97.8**	**101.1**	**104.4**
1. 医疗器具及用品	99.0	98.5	98.3	98.9	100.2
2. 中药材及中成药	95.0	98.5	97.3	105.6	113.4
3. 西　　药	98.1	98.1	97.9	97.9	98.3
4. 保健器具及用品	98.6	100.7	99.4	99.4	100.3
十四、书报杂志及电子出版物类	**98.0**	**98.6**	**98.6**	**98.6**	**98.6**
1. 教材及参考书	94.4	95.4	95.4	95.4	95.4
2. 书报杂志	103.0	103.2	103.2	103.2	103.2
3. 电子音像制品	96.7	97.3	97.3	97.4	97.4
十五、燃 料 类	**125.3**	**128.1**	**128.1**	**119.0**	**110.9**
1. 煤炭及制品类	102.9	102.0	102.0	101.6	103.2
2. 石油及制品类	128.7	132.2	132.2	121.7	112.1
液化石油气	134.3	136.6	141.3	127.8	121.5
管道燃气	100.0	100.0	109.0	109.0	109.0
汽　　油	127.0	132.6	128.2	118.4	105.0
柴　　油	128.5	132.8	128.7	119.4	106.7
十六、建筑材料及五金电料类	**97.0**	**97.2**	**97.6**	**97.9**	**99.4**
1. 建筑装潢材料	96.6	96.8	97.3	97.6	99.5
2. 五金电料类	98.7	98.8	98.8	98.8	99.1

6月	7月	8月	9月	10月	11月	12月
97.7	**98.8**	**98.9**	**98.9**	**99.4**	**101.4**	**101.7**
104.2	**103.9**	**104.7**	**105.5**	**106.6**	**108.0**	**111.6**
105.0	**102.1**	**101.8**	**102.3**	**101.6**	**102.4**	**103.8**
100.7	103.5	105.3	105.1	105.7	105.6	109.0
114.2	108.7	107.3	108.4	107.3	108.8	109.8
98.7	97.3	97.7	98.0	97.3	97.5	99.2
100.5	97.6	97.6	97.7	97.4	98.6	98.9
99.4	**99.4**	**99.5**	**101.2**	**101.0**	**101.0**	**101.5**
95.4	95.4	96.6	100.5	99.5	99.8	99.8
103.4	103.2	103.0	103.3	103.5	103.3	103.3
100.7	100.7	99.1	99.1	99.6	99.6	101.7
111.2	**110.2**	**108.2**	**106.5**	**101.1**	**102.4**	**104.7**
102.7	102.7	104.0	104.0	104.0	103.6	103.6
112.4	111.3	108.9	106.8	100.7	102.2	104.9
126.7	119.7	113.3	107.9	99.8	103.6	103.9
109.0	109.0	109.0	109.0	109.0	109.0	109.0
102.1	104.8	104.8	104.8	100.3	100.2	106.2
103.4	105.8	106.4	106.8	100.2	100.0	103.3
99.5	**99.6**	**99.5**	**99.5**	**103.9**	**105.5**	**104.7**
99.5	99.6	99.3	99.4	104.8	106.5	106.0
99.4	99.4	100.3	100.3	100.3	101.4	99.9

2003年广西城市商品零售价格各月同比指数

以上年同月价格为100

类　别	1月	2月	3月	4月	5月
商品零售价格总指数	**100.4**	**99.5**	**100.1**	**99.7**	**99.1**
一、食 品 类	**103.9**	**99.4**	**100.0**	**100.8**	**100.1**
1. 粮　　食	102.1	101.0	101.0	103.0	104.1
大　　米	102.1	100.0	100.6	103.2	104.8
2. 淀粉及薯类	105.9	96.7	98.3	99.2	97.5
3. 干豆类及豆制品	95.8	94.3	102.3	103.7	106.3
4. 油　　脂	99.7	100.6	104.0	105.6	105.8
5. 肉禽及其制品	100.2	98.4	97.7	98.0	95.3
(1) 食用畜肉及副产品	101.1	98.6	98.7	100.3	99.6
猪　　肉	100.2	97.1	98.3	98.9	97.1
牛　　肉	117.7	113.6	107.2	111.3	110.5
羊　　肉	92.1	94.7	95.2	99.1	102.5
(2) 禽	98.9	97.6	95.3	93.4	86.8
鸡	99.1	94.3	92.4	92.4	86.3
鸭	103.0	112.3	101.7	94.0	84.3
(3) 肉禽加工制品	99.0	99.6	99.0	99.4	97.8
6. 蛋	99.4	95.4	95.6	96.4	95.0
鲜　　蛋	99.1	94.7	95.0	95.8	94.5
7. 水 产 品	100.5	96.2	97.7	98.8	94.5
(1) 鱼	103.6	98.7	99.6	100.9	95.1
淡 水 鱼	98.9	96.5	100.7	101.9	98.8
海 水 鱼	112.0	102.5	97.8	99.3	89.1
(2) 其它水产品	95.6	91.9	94.3	94.9	93.5
8. 菜	131.9	109.9	118.6	121.3	109.7
鲜　　菜	136.8	112.1	121.6	124.8	111.8
9. 调 味 品	100.8	101.2	101.2	101.0	101.1
盐	104.5	104.5	102.4	102.4	103.3
酱　　油	99.1	99.1	98.2	98.2	98.0
10. 糖	95.1	96.0	95.3	96.7	99.9
食　　糖	79.1	81.9	82.8	88.1	92.9
11. 干鲜瓜果	115.9	98.2	91.6	92.3	110.2
鲜　　果	116.6	95.6	88.4	89.5	110.5
12. 糕点饼干面包	98.0	98.2	98.5	98.5	98.8
13. 奶及奶制品	94.9	94.8	93.7	94.3	94.3
14. 在外用膳食品	98.9	99.0	98.9	98.9	98.9
15. 其它食品	98.6	98.5	99.3	99.2	99.4

6月	7月	8月	9月	10月	11月	12月
99.0	**99.0**	**99.1**	**99.7**	**99.2**	**99.9**	**100.7**
99.4	**100.3**	**101.4**	**103.3**	**103.0**	**104.6**	**107.0**
104.9	104.5	104.6	103.2	104.8	109.9	111.4
106.5	105.8	105.8	103.7	105.3	110.1	111.5
96.3	91.1	91.6	96.3	99.6	98.7	102.8
107.3	107.0	106.6	105.7	105.9	114.3	117.9
107.0	107.3	106.4	106.5	110.5	120.6	122.1
98.8	102.3	104.0	107.1	107.0	108.5	109.6
101.4	104.1	105.7	109.2	109.8	110.9	111.2
100.1	103.5	105.7	110.9	112.2	113.3	114.2
108.7	111.6	109.0	111.8	110.5	109.7	107.8
101.5	104.2	103.9	96.8	97.2	96.2	99.3
94.2	99.4	101.6	104.5	103.0	105.0	107.4
92.2	96.4	97.9	101.3	102.6	103.4	104.0
100.1	111.0	115.6	117.1	104.9	110.9	118.8
98.3	101.0	101.7	103.4	103.1	105.6	106.9
93.6	94.0	98.7	104.2	101.5	111.0	112.2
93.0	93.5	98.5	104.6	101.5	112.1	113.2
95.4	94.8	94.1	99.0	96.7	101.0	102.7
96.8	95.6	98.2	104.2	99.8	102.3	104.2
97.0	97.1	99.5	100.7	100.5	101.8	101.9
96.6	93.2	96.1	110.9	98.7	103.2	108.2
92.7	93.3	86.9	90.2	91.3	98.8	99.9
98.7	88.8	94.1	107.9	104.1	102.1	116.8
98.6	87.8	94.2	109.4	105.2	102.5	119.3
101.3	101.7	102.1	102.9	103.0	102.6	103.7
103.3	103.3	103.3	103.3	103.3	100.9	100.9
98.0	100.4	100.0	102.3	101.7	102.5	102.4
99.3	98.9	101.4	99.6	99.8	101.3	101.8
91.3	92.6	99.6	98.3	99.1	101.6	102.0
99.9	118.9	118.7	101.6	101.8	98.9	98.7
98.6	123.5	124.0	102.3	101.8	96.2	96.1
100.2	100.5	100.3	100.4	100.6	100.6	101.0
94.1	94.1	94.4	94.3	94.1	94.1	93.8
98.9	98.9	99.0	99.0	99.4	99.6	99.9
99.0	98.7	97.7	98.1	99.4	96.4	98.8

2003年广西城市商品零售价格各月同比指数（续表1）

以上年同月价格为100

类 别	1月	2月	3月	4月	5月
二、饮料、烟酒	**99.1**	**98.9**	**99.0**	**98.6**	**98.2**
1. 茶及饮料	95.3	95.5	95.3	95.1	95.6
(1) 茶　叶	101.6	101.6	101.6	101.6	102.4
(2) 饮　料	92.1	92.2	92.0	91.8	92.1
2. 烟　草	100.6	100.3	100.5	98.9	98.0
3. 酒	101.3	100.6	101.0	102.9	102.6
三、服装、鞋帽类	**95.7**	**98.9**	**102.0**	**102.3**	**101.6**
1. 服　装	95.9	98.7	101.8	101.4	101.1
(1) 男式服装	95.5	100.6	103.6	102.6	102.1
(2) 女式服装	95.4	96.3	100.1	100.6	100.3
(3) 儿童服装	99.6	102.2	102.9	100.7	100.7
2. 鞋 袜 帽	95.0	99.5	103.4	105.4	103.8
(1) 鞋	94.0	99.4	103.9	106.4	104.5
(2) 袜　子	100.0	100.0	100.0	100.0	100.0
(3) 帽　子	102.4	102.4	102.4	100.0	100.0
3. 其　它	97.4	97.5	96.9	96.6	96.6
四、纺织品类	**97.1**	**93.9**	**98.6**	**97.5**	**97.6**
1. 衣着材料	94.3	96.0	98.6	95.1	94.2
2. 床上用品	98.3	93.0	98.6	98.5	99.1
五、家用电器及音像器材	**91.1**	**91.4**	**91.7**	**90.8**	**90.5**
1. 家庭设备	93.0	93.3	94.0	92.9	92.4
2. 文娱用耐用消费品	87.4	87.7	87.8	86.5	86.4
3. 音像器材类	98.7	98.7	98.7	99.5	99.5
六、文化办公用品	**91.3**	**91.2**	**90.7**	**92.3**	**93.0**
七、日 用 品	**98.2**	**98.5**	**98.1**	**98.2**	**98.5**
1. 日用百货	98.7	98.0	98.0	98.3	97.9
2. 日用杂品	99.3	99.9	99.6	99.5	99.5
3. 洗涤用品	95.9	97.0	96.0	96.0	97.1
4. 其它日用品	99.5	99.8	99.5	99.7	100.1
八、体育娱乐用品	**99.7**	**99.9**	**99.8**	**100.4**	**99.9**
1. 体育用品	99.9	99.9	99.9	99.9	99.6
2. 娱乐用品	99.6	99.8	99.6	100.8	100.2
九、交通、通信用品	**89.8**	**90.2**	**91.4**	**90.3**	**90.6**
1. 交通运输机械	94.1	94.5	95.9	94.3	94.0
2. 通讯器材类	82.0	82.3	83.1	82.9	84.1
十、家　具	**93.9**	**94.1**	**94.1**	**93.8**	**95.3**

6月	7月	8月	9月	10月	11月	12月
97.7	**97.2**	**97.3**	**97.2**	**97.2**	**96.5**	**98.0**
96.0	95.4	95.5	95.3	95.4	95.7	95.4
102.4	100.9	100.9	100.9	100.9	100.9	100.9
92.7	92.5	92.6	92.2	92.4	92.9	92.5
97.2	97.0	97.1	97.3	97.3	96.5	97.4
101.3	100.3	100.1	100.0	99.5	97.6	103.2
101.6	**104.3**	**103.4**	**102.9**	**102.4**	**100.2**	**99.0**
100.1	101.0	101.7	100.6	100.6	97.7	95.5
98.7	100.5	102.1	99.8	100.8	97.0	95.1
101.2	102.3	101.9	100.8	99.6	97.4	94.7
100.4	98.1	99.6	102.8	104.3	101.5	100.3
107.0	113.5	108.9	109.2	107.0	106.4	107.8
108.5	116.3	110.7	111.0	108.3	107.6	109.2
100.0	100.0	100.0	100.0	100.0	100.0	100.0
100.0	100.0	100.0	100.0	100.0	100.0	100.0
93.4	100.3	96.3	99.5	99.5	99.4	99.4
97.8	**97.8**	**97.9**	**98.6**	**99.7**	**98.7**	**99.7**
94.5	95.3	96.0	98.2	100.9	98.4	99.0
99.3	98.9	98.8	98.7	99.2	98.8	99.9
90.3	**89.4**	**90.0**	**90.2**	**92.0**	**93.0**	**92.0**
91.8	90.5	91.3	91.5	94.2	95.7	95.2
86.5	85.9	86.3	86.5	88.0	88.6	86.7
99.5	99.4	99.4	99.4	98.7	98.7	98.7
94.0	**95.1**	**95.0**	**95.5**	**94.5**	**94.5**	**93.7**
97.4	**97.9**	**97.5**	**98.0**	**97.9**	**98.3**	**97.4**
96.7	96.9	96.8	96.7	96.7	97.6	97.4
99.6	99.9	99.8	100.0	100.4	101.5	98.7
94.5	95.1	94.9	96.7	96.3	95.4	95.4
100.2	100.9	99.8	99.7	99.4	100.3	98.9
99.9	**100.1**	**100.0**	**99.2**	**98.4**	**98.5**	**96.0**
99.6	99.6	99.6	99.3	99.1	99.1	95.4
100.2	100.5	100.3	99.0	97.6	97.9	96.6
90.8	**90.6**	**90.7**	**91.1**	**90.1**	**90.4**	**90.5**
95.7	95.4	95.5	96.0	94.5	93.3	93.7
81.6	81.5	81.5	81.5	81.4	84.5	83.9
96.0	**96.4**	**99.2**	**99.1**	**98.2**	**97.3**	**98.8**

2003 年广西城市商品零售价格各月同比指数（续表 2）

以上年同月价格为 100

类　别	1 月	2 月	3 月	4 月	5 月
十一、化妆品类	**96.9**	**97.1**	**97.1**	**96.9**	**97.3**
十二、金银珠宝类	**104.3**	**106.6**	**107.1**	**105.0**	**104.7**
十三、中西药品及医疗保健用品类	**99.6**	**100.4**	**100.0**	**103.2**	**104.4**
1. 医疗器具及用品	98.3	97.3	97.3	97.3	98.1
2. 中药材及中成药	98.9	100.3	100.7	109.3	113.0
3. 西　　药	100.5	100.4	99.7	99.4	98.4
4. 保健器具及用品	99.3	102.6	99.6	99.4	100.6
十四、书报杂志及电子出版物类	**99.1**	**99.2**	**99.2**	**99.2**	**99.2**
1. 教材及参考书	98.6	98.9	99.0	99.0	99.0
2. 书报杂志	102.8	102.8	102.8	102.8	102.8
3. 电子音像制品	94.2	94.2	94.2	94.2	94.2
十五、燃 料 类	**126.8**	**128.5**	**128.0**	**118.6**	**110.8**
1. 煤炭及制品类	99.7	99.7	99.7	99.1	102.0
2. 石油及制品类	131.0	133.1	132.6	121.6	112.1
液化石油气	136.5	136.4	141.1	127.3	124.0
管道燃气	100.0	100.0	109.0	109.0	109.0
汽　　油	132.4	137.8	130.7	119.4	104.0
柴　　油	135.3	139.5	133.4	122.3	105.7
十六、建筑材料及五金电料类	**97.2**	**97.2**	**97.8**	**97.6**	**99.1**
1. 建筑装潢材料	96.2	96.3	97.0	96.9	98.8
2. 五金电料类	100.0	100.0	100.0	100.0	100.0

6月	7月	8月	9月	10月	11月	12月
95.9	**98.1**	**98.1**	**98.0**	**98.8**	**102.4**	**102.7**
104.5	**104.1**	**105.4**	**106.6**	**108.2**	**110.0**	**111.1**
105.2	**99.2**	**98.5**	**98.3**	**97.9**	**98.8**	**98.9**
101.2	101.9	106.0	105.3	106.0	106.0	105.8
114.7	104.7	102.4	102.0	101.1	101.9	101.7
98.4	94.9	95.0	95.0	94.9	95.8	96.1
100.9	95.5	95.5	95.4	95.0	96.9	97.0
100.8	**100.8**	**100.8**	**100.1**	**99.8**	**99.6**	**100.5**
99.0	99.0	99.0	96.3	94.3	94.4	94.4
103.1	103.1	103.1	103.5	104.0	103.5	103.5
100.0	100.0	100.0	100.0	101.0	101.0	104.7
111.8	**111.1**	**108.6**	**107.1**	**100.4**	**101.6**	**103.7**
102.0	102.0	102.0	102.0	102.0	100.3	100.3
113.2	112.4	109.5	107.8	100.2	101.8	104.2
128.2	122.3	114.7	110.2	99.0	102.6	101.1
109.0	109.0	109.0	109.0	109.0	109.0	109.0
102.8	105.9	105.6	105.6	100.4	100.7	107.8
104.9	107.1	107.1	106.8	98.6	98.7	103.6
99.3	**99.6**	**99.5**	**99.6**	**102.5**	**104.3**	**104.6**
99.1	99.5	99.3	99.5	103.3	105.7	106.1
99.9	100.0	100.0	100.0	100.0	100.0	100.0

2004年广西城市商品零售价格各月同比指数

以上年同月价格为100

类 别	1月	2月	3月	4月	5月
商品零售价格总指数	**99.6**	**100.4**	**101.5**	**102.9**	**104.2**
一、食 品 类	**104.6**	**106.2**	**109.2**	**111.3**	**114.2**
1. 粮 食	112.3	114.8	132.0	136.3	133.8
大 米	112.4	116.3	138.5	143.0	138.8
2. 淀粉及薯类	101.1	107.7	114.6	119.7	131.7
3. 干豆类及豆制品	125.2	125.9	128.5	131.6	130.8
4. 油 脂	120.8	120.5	120.1	118.6	116.5
5. 肉禽及其制品	111.3	106.8	113.1	114.2	120.1
(1) 食用畜肉及副产品	113.8	115.1	118.9	119.3	122.4
猪 肉	116.8	115.6	120.5	122.4	126.4
牛 肉	114.6	116.2	118.7	118.4	117.4
羊 肉	104.8	118.8	116.3	109.5	109.0
(2) 禽	107.5	92.2	103.5	106.2	118.0
鸡	105.8	95.7	99.6	102.6	111.6
鸭	110.4	74.3	115.1	115.1	141.4
(3) 肉禽加工制品	108.5	104.2	108.9	109.4	113.4
6. 蛋	113.2	112.1	113.6	116.6	117.8
鲜 蛋	114.1	112.9	113.9	117.2	118.5
7. 水 产 品	103.4	104.6	108.6	111.3	117.0
(1) 鱼	102.8	103.5	108.2	111.6	117.2
淡 水 鱼	104.8	105.1	110.6	112.4	117.9
海 水 鱼	99.6	100.7	103.9	109.9	115.6
(2) 其它水产品	104.3	106.5	109.4	111.0	117.0
8. 菜	86.9	107.8	97.1	101.5	109.9
鲜 菜	85.4	108.7	96.4	101.6	110.9
9. 调 味 品	101.3	100.9	101.4	102.0	102.0
盐	100.9	100.9	100.9	100.9	100.0
酱 油	98.4	98.4	98.5	98.7	98.4
10. 糖	100.5	100.4	101.6	102.0	101.7
食 糖	99.6	99.2	98.4	100.8	99.4
11. 干鲜瓜果	99.0	98.6	105.9	111.0	110.8
鲜 果	95.4	95.8	104.3	110.2	109.9
12. 糕点饼干面包	101.5	101.5	101.6	102.1	101.9
13. 奶及奶制品	100.8	101.6	101.4	102.5	101.1
14. 在外用膳食品	100.7	100.7	101.6	102.5	102.5
15. 其它食品	97.2	97.1	97.3	97.3	98.0

6月	7月	8月	9月	10月	11月	12月
104.4	**105.9**	**105.9**	**105.2**	**104.8**	**103.8**	**102.8**
114.5	**117.3**	**115.3**	**113.3**	**111.8**	**109.3**	**107.7**
131.1	129.6	129.3	129.9	129.7	123.5	120.4
135.2	133.6	133.3	134.4	135.0	128.6	125.1
123.4	127.7	115.3	116.6	113.1	112.8	111.3
131.7	131.3	131.5	132.4	132.1	123.9	118.8
114.5	113.3	113.3	111.9	108.0	99.8	98.3
124.6	127.7	125.9	121.9	120.0	116.5	115.4
129.8	133.7	132.5	127.7	124.6	119.9	117.7
135.3	140.3	139.7	133.9	129.9	124.2	120.6
120.5	120.8	118.7	115.0	115.7	114.0	115.3
111.6	112.2	110.9	111.3	111.9	112.2	112.2
117.3	119.4	116.1	111.9	111.5	110.3	110.9
112.1	115.3	115.3	113.2	112.1	109.4	110.2
134.8	133.6	118.8	107.7	106.4	110.4	112.2
117.0	119.7	119.2	119.0	118.8	115.7	116.3
125.3	130.4	126.2	122.7	120.2	110.9	112.0
126.8	132.1	126.6	121.8	119.3	109.4	110.7
119.6	118.2	115.2	114.1	116.8	115.0	114.7
122.5	122.8	118.3	115.7	115.2	113.7	112.5
123.6	124.1	121.1	119.0	117.9	116.8	116.4
120.3	120.6	113.3	109.6	110.3	108.4	105.9
114.4	109.8	109.7	111.3	119.7	117.2	118.6
109.9	130.1	117.1	107.4	100.7	99.8	94.8
111.3	134.3	118.9	107.9	100.0	99.5	94.1
101.9	101.9	101.6	102.3	102.7	102.5	101.1
100.0	100.0	100.0	100.0	100.0	100.0	100.0
98.6	98.6	98.6	98.3	98.8	98.1	96.7
101.1	101.0	101.2	101.4	101.6	101.0	102.1
97.6	97.4	97.5	98.1	97.1	96.8	96.4
96.2	94.6	97.5	103.0	101.9	101.2	98.9
91.3	89.6	93.6	99.4	98.4	99.9	97.4
101.7	101.5	101.4	101.4	101.4	101.4	101.2
100.5	101.1	101.3	101.3	101.1	100.9	101.2
102.5	102.6	102.6	102.7	102.8	102.5	102.2
99.2	99.2	101.1	98.5	99.1	101.7	99.2

2004年广西城市商品零售价格各月同比指数（续表1）

以上年同月价格为100

类　别	1月	2月	3月	4月	5月
二、饮料、烟酒	**99.0**	**98.9**	**99.1**	**99.1**	**99.1**
1. 茶及饮料	97.9	97.5	98.5	99.2	99.0
(1) 茶　叶	99.5	99.5	99.5	99.5	99.9
(2) 饮　料	97.0	96.4	98.0	99.0	98.5
2. 烟　草	97.5	97.6	97.5	98.4	98.7
3. 酒	103.8	104.0	103.7	100.5	100.0
三、服装、鞋帽类	**98.7**	**101.7**	**101.0**	**101.7**	**103.1**
1. 服　装	94.7	98.5	98.7	99.4	100.4
(1) 男式服装	94.4	99.0	95.7	97.8	97.0
(2) 女式服装	94.0	98.3	101.4	100.5	102.4
(3) 儿童服装	98.9	97.8	97.8	100.2	104.2
2. 鞋袜帽	109.0	110.2	106.9	107.9	110.5
(1) 鞋	110.6	112.1	108.1	109.4	112.5
(2) 袜　子	100.0	100.0	100.0	100.0	100.0
(3) 帽　子	100.6	100.6	100.6	100.6	100.6
3. 其　它	99.4	98.8	98.8	98.8	98.8
四、纺织品类	**100.9**	**104.1**	**100.2**	**100.3**	**100.5**
1. 衣着材料	103.5	103.0	102.7	102.6	103.3
2. 床上用品	99.8	104.6	99.1	99.3	99.3
五、家用电器及音像器材	**91.5**	**91.3**	**91.6**	**93.3**	**92.6**
1. 家庭设备	94.9	94.5	95.6	97.7	97.0
2. 文娱用耐用消费品	85.8	85.7	85.5	87.1	86.1
3. 音像器材类	99.2	99.2	99.2	99.2	99.2
六、文化办公用品	**95.8**	**95.4**	**95.6**	**95.5**	**95.0**
七、日用品	**98.1**	**99.1**	**99.0**	**98.7**	**98.0**
1. 日用百货	97.1	97.7	97.5	97.0	95.1
2. 日用杂品	98.7	100.5	99.5	99.7	99.9
3. 洗涤用品	97.8	97.9	98.3	97.0	96.2
4. 其它日用品	99.1	101.1	101.4	102.1	102.6
八、体育娱乐用品	**95.8**	**95.8**	**95.9**	**95.8**	**96.2**
1. 体育用品	95.7	95.4	95.7	95.6	95.7
2. 娱乐用品	95.9	96.1	96.1	96.0	96.6
九、交通、通信用品	**91.2**	**91.7**	**92.2**	**93.6**	**94.5**
1. 交通运输机械	94.6	94.6	94.6	96.3	97.6
2. 通讯器材类	84.3	85.7	87.1	87.9	88.1
十、家　具	**98.5**	**98.5**	**98.7**	**99.3**	**99.1**

6月	7月	8月	9月	10月	11月	12月
99.5	**100.0**	**100.0**	**99.8**	**99.5**	**99.8**	**99.2**
99.5	100.1	100.5	99.6	98.8	99.1	101.0
99.9	99.9	99.9	99.9	99.9	99.9	99.9
99.2	100.2	100.8	99.4	98.2	98.6	101.5
99.5	99.5	99.7	99.9	99.7	99.4	99.4
99.6	101.0	100.0	99.6	99.6	101.5	96.6
103.1	**101.3**	**100.2**	**97.9**	**96.2**	**95.9**	**96.3**
100.5	100.8	99.0	98.4	95.9	96.3	96.8
97.9	97.4	98.2	98.5	95.2	97.4	97.5
101.7	102.5	99.6	98.4	96.5	95.4	96.2
104.3	105.6	99.4	98.1	96.1	95.9	97.2
110.1	102.8	103.5	97.3	97.0	94.6	95.1
111.9	103.1	104.1	96.7	96.5	93.7	94.3
100.0	101.1	100.1	99.6	99.6	99.6	99.1
100.6	100.3	100.3	100.3	100.3	100.3	100.3
101.7	98.0	98.0	94.8	94.5	98.2	96.6
100.1	**100.1**	**100.0**	**99.9**	**98.6**	**99.2**	**98.8**
102.9	102.2	102.8	102.4	99.3	100.1	100.4
98.9	99.3	98.8	98.9	98.3	98.8	98.1
92.5	**94.2**	**94.9**	**95.3**	**94.5**	**94.6**	**95.8**
95.9	99.2	99.3	99.5	97.5	97.3	98.5
87.1	87.5	89.0	89.7	89.8	90.1	92.1
99.2	99.3	99.3	99.3	100.0	100.0	99.0
95.3	**95.5**	**95.5**	**95.7**	**96.6**	**95.6**	**96.4**
99.7	**98.9**	**99.2**	**99.1**	**99.7**	**99.7**	**99.9**
99.0	98.9	98.3	98.8	98.9	98.0	98.1
99.9	99.8	99.9	99.9	97.7	99.4	101.0
98.0	96.3	96.8	96.8	99.3	99.0	99.0
102.7	101.4	102.7	101.7	103.3	103.2	102.8
96.3	**96.3**	**96.5**	**97.4**	**98.3**	**98.3**	**100.2**
95.8	95.7	96.4	96.9	97.4	97.4	101.3
96.8	96.8	96.5	97.8	99.2	99.1	99.1
95.2	**95.5**	**95.5**	**94.7**	**93.2**	**93.2**	**90.9**
97.0	97.1	96.8	95.8	95.4	95.5	93.5
91.4	92.2	92.8	92.5	88.8	88.4	85.6
99.2	**99.7**	**99.3**	**99.4**	**100.3**	**101.2**	**99.6**

2004 年广西城市商品零售价格各月同比指数（续表 2）

以上年同月价格为 100

类 别	1 月	2 月	3 月	4 月	5 月
十一、化妆品类	**102.0**	**102.2**	**102.2**	**101.7**	**101.3**
十二、金银珠宝类	**111.2**	**108.9**	**108.7**	**109.4**	**109.9**
十三、中西药品及医疗保健用品类	**99.5**	**98.6**	**99.6**	**96.3**	**95.5**
1. 医疗器具及用品	107.3	107.4	107.4	107.7	107.5
2. 中药材及中成药	102.8	100.1	103.0	94.6	92.0
3. 西　　药	96.5	96.7	96.1	96.4	97.5
4. 保健器具及用品	96.5	96.7	98.3	98.0	97.4
十四、书报杂志及电子出版物类	**100.6**	**103.2**	**103.2**	**103.2**	**103.2**
1. 教材及参考书	94.4	101.0	101.2	101.2	101.2
2. 书报杂志	103.1	103.5	103.4	103.4	103.4
3. 电子音像制品	105.8	105.6	105.4	105.4	105.4
十五、燃 料 类	**97.3**	**97.0**	**98.8**	**105.9**	**112.1**
1. 煤炭及制品类	97.7	97.7	97.7	98.4	97.9
2. 石油及制品类	97.3	97.0	99.0	106.9	114.0
液化石油气	89.0	92.9	98.4	111.1	119.4
管道燃气	109.0	109.0	100.0	100.0	100.0
汽　　油	106.0	100.3	100.3	107.8	114.1
柴　　油	101.7	97.0	96.9	97.0	108.6
十六、建筑材料及五金电料类	**105.4**	**105.7**	**106.1**	**106.2**	**106.0**
1. 建筑装潢材料	107.1	107.4	108.2	108.4	108.1
2. 五金电料类	100.4	100.9	99.8	99.8	99.6

6月	7月	8月	9月	10月	11月	12月
102.5	**101.7**	**101.3**	**101.6**	**101.7**	**98.6**	**97.9**
108.4	**108.6**	**107.6**	**104.6**	**103.1**	**100.9**	**104.1**
94.4	**101.0**	**101.8**	**102.7**	**103.3**	**102.7**	**101.1**
107.0	106.2	104.0	104.0	103.8	102.6	98.0
90.3	101.0	103.5	105.6	107.5	106.7	103.2
96.6	100.0	99.8	100.3	100.1	100.0	100.0
97.3	104.2	103.3	101.4	101.5	99.4	99.1
102.8	**102.8**	**102.9**	**102.5**	**102.1**	**102.1**	**101.2**
101.2	101.2	101.4	100.8	101.0	101.0	101.0
103.1	103.1	103.1	102.7	102.2	102.2	102.2
104.4	104.4	104.4	104.6	103.5	103.5	99.9
112.6	**113.8**	**120.1**	**119.8**	**125.0**	**123.9**	**118.5**
104.8	110.9	111.3	111.4	111.8	113.7	122.7
113.6	114.1	121.2	120.9	126.8	125.2	117.9
115.3	119.2	133.7	125.1	139.6	135.2	125.7
100.0	100.0	110.2	110.2	110.3	112.8	115.3
115.7	113.1	114.6	120.9	120.9	120.5	112.6
113.9	111.9	112.7	118.6	118.3	118.2	112.8
106.6	**107.3**	**107.9**	**107.9**	**105.8**	**104.0**	**104.0**
108.9	109.7	110.5	110.6	107.6	105.2	105.3
99.6	100.0	100.2	100.2	100.2	100.0	100.0

2005年广西城市商品零售价格各月同比指数

以上年同月价格为100

类 别	1月	2月	3月	4月	5月
商品零售价格总指数	**103.5**	**104.1**	**102.1**	**101.3**	**101.1**
一、食 品 类	**108.9**	**112.2**	**106.4**	**104.7**	**103.5**
1. 粮　　食	117.7	115.4	101.3	97.0	98.3
大　　米	122.8	119.3	100.7	96.2	98.1
2. 淀粉及薯类	113.4	112.2	101.1	94.6	85.2
3. 干豆类及豆制品	108.1	110.7	106.9	103.2	102.4
4. 油　　脂	99.2	99.6	97.3	96.8	97.4
5. 肉禽及其制品	112.2	119.2	114.4	113.8	110.4
(1) 食用畜肉及副产品	114.3	113.8	110.1	107.1	104.9
猪　　肉	114.3	114.4	109.8	106.8	104.3
牛　　肉	111.7	111.4	113.3	110.3	111.1
羊　　肉	111.0	107.7	107.4	105.5	102.8
(2) 禽	107.8	131.5	123.0	126.2	119.6
鸡	110.7	131.6	126.8	126.8	122.0
鸭	100.0	144.3	116.3	132.0	117.2
(3) 肉禽加工制品	113.8	119.0	114.5	115.7	112.7
6. 蛋	114.4	117.2	111.2	106.0	109.2
鲜　　蛋	113.5	116.6	110.5	104.9	108.3
7. 水 产 品	112.9	116.4	116.9	115.2	108.2
(1) 鱼	113.5	117.7	116.5	114.1	107.8
淡 水 鱼	116.5	120.6	116.4	114.1	108.4
海 水 鱼	108.5	112.8	116.5	114.0	106.7
(2) 其它水产品	112.0	114.3	117.7	117.3	109.1
8. 菜	111.7	111.5	97.6	97.9	104.5
鲜　　菜	113.7	113.0	97.1	97.6	105.3
9. 调 味 品	100.0	100.0	99.6	99.3	99.1
盐	100.0	100.0	100.0	100.0	100.0
酱　　油	97.7	97.7	97.9	97.8	97.9
10. 糖	101.6	102.4	103.0	101.8	102.3
食　　糖	98.3	99.7	101.5	102.7	101.0
11. 干鲜瓜果	104.1	117.4	104.2	96.8	88.7
鲜　　果	105.3	121.0	104.5	95.5	86.1
12. 糕点饼干面包	100.0	99.9	100.2	99.6	99.9
13. 奶及奶制品	99.7	99.5	101.0	99.7	101.0
14. 在外用膳食品	103.0	103.2	102.0	101.5	101.5
15. 其它食品	100.9	100.5	100.3	103.4	101.2

6月	7月	8月	9月	10月	11月	12月
101.3	**100.5**	**99.5**	**99.8**	**100.6**	**100.6**	**101.1**
103.7	**101.7**	**99.4**	**99.6**	**102.4**	**102.1**	**102.1**
100.1	100.8	100.7	100.3	99.6	99.3	99.9
100.2	100.9	100.6	99.9	99.1	98.8	99.5
94.5	92.8	103.4	99.2	102.5	103.6	106.0
101.0	101.0	101.6	101.1	101.5	99.1	100.6
98.0	98.5	97.5	97.2	96.7	97.2	97.5
101.1	95.1	94.3	92.6	92.7	90.4	88.5
96.6	92.0	91.2	90.3	91.1	90.8	92.7
93.6	87.6	86.0	84.8	84.9	83.4	84.8
109.2	106.6	108.6	110.8	112.6	113.3	115.4
102.0	103.3	103.7	105.7	107.3	110.0	116.7
107.2	98.5	97.7	95.0	94.1	87.1	78.4
113.7	104.1	99.9	98.2	94.9	84.5	78.3
89.0	79.9	87.2	79.0	85.6	87.6	67.0
107.7	102.9	101.9	99.5	98.7	98.4	95.2
108.1	102.8	100.5	97.8	98.5	97.7	93.6
107.0	101.6	99.9	97.6	98.6	97.6	93.3
104.1	105.1	108.2	108.1	108.3	107.6	107.0
101.5	102.4	105.4	106.9	106.8	108.9	109.7
102.2	100.4	101.0	102.2	101.0	102.8	104.9
100.4	105.7	112.9	115.5	117.4	119.3	117.9
109.4	110.8	113.7	110.5	111.0	105.5	102.7
125.6	113.0	96.4	97.9	115.1	120.0	125.4
129.3	114.3	95.6	97.3	116.9	122.3	128.3
99.0	99.2	99.2	98.7	99.6	98.5	99.9
100.0	100.3	100.3	100.3	100.3	100.3	100.3
97.8	97.8	97.8	98.4	99.9	96.2	99.6
104.1	104.8	105.8	108.2	111.6	111.2	111.3
102.6	104.6	108.7	115.0	127.4	126.8	129.2
98.0	109.8	106.4	114.8	123.6	124.1	124.5
98.2	112.0	106.8	116.9	127.9	127.9	127.1
99.4	99.4	100.3	100.6	100.6	99.9	105.2
101.3	101.4	102.4	101.2	100.6	101.6	101.1
101.5	101.4	101.3	101.2	101.1	101.4	101.4
100.3	100.8	99.4	102.1	100.7	101.8	102.3

2005年广西城市商品零售价格各月同比指数（续表1）

以上年同月价格为100

类　别	1月	2月	3月	4月	5月
二、饮料、烟酒	**99.8**	**99.7**	**100.0**	**100.2**	**100.5**
1. 茶及饮料	101.5	101.7	101.3	100.8	100.8
(1) 茶　　叶	99.9	99.9	99.9	100.3	100.4
(2) 饮　　料	102.3	102.7	102.1	101.1	101.1
2. 烟　　草	100.6	100.7	101.3	101.3	101.3
3. 酒	96.0	94.7	95.2	96.7	98.0
三、服装、鞋帽类	**99.6**	**96.2**	**93.4**	**92.9**	**93.9**
1. 服　　装	100.3	96.0	92.1	89.8	92.7
(1) 男式服装	100.7	96.6	94.9	89.7	91.3
(2) 女式服装	99.9	94.2	88.8	89.4	93.3
(3) 儿童服装	100.4	101.1	96.6	92.2	94.5
2. 鞋 袜 帽	98.4	96.9	96.4	100.4	96.9
(1) 鞋	98.3	96.5	95.9	100.7	96.5
(2) 袜　　子	99.1	99.1	99.1	99.1	99.1
(3) 帽　　子	97.9	97.9	97.9	97.9	97.9
3. 其　　它	97.0	97.7	97.6	97.6	97.6
四、纺织品类	**101.4**	**101.7**	**101.4**	**101.4**	**101.1**
1. 衣着材料	101.2	102.1	102.2	102.2	101.9
2. 床上用品	101.5	101.5	101.1	101.0	100.8
五、家用电器及音像器材	**96.6**	**96.3**	**96.7**	**96.1**	**98.5**
1. 家庭设备	99.4	99.4	100.1	99.4	104.4
2. 文娱用耐用消费品	92.8	92.2	92.4	91.9	92.3
3. 音像器材类	99.0	99.0	99.0	98.2	98.2
六、文化办公用品	**96.4**	**96.6**	**96.7**	**96.5**	**96.8**
七、日 用 品	**99.4**	**98.9**	**99.5**	**100.6**	**101.7**
1. 日用百货	97.2	96.8	98.5	99.6	102.0
2. 日用杂品	99.4	97.6	98.6	98.2	98.0
3. 洗涤用品	98.2	97.9	97.6	99.4	101.1
4. 其它日用品	104.1	104.5	104.1	105.6	105.4
八、体育娱乐用品	**100.7**	**100.8**	**101.0**	**101.0**	**101.2**
1. 体育用品	101.4	101.7	102.0	102.1	102.4
2. 娱乐用品	100.0	100.0	100.0	100.0	100.1
九、交通、通信用品	91.2	90.8	89.9	88.4	87.1
1. 交通运输机械	93.3	93.1	93.0	92.3	92.5
2. 通讯器材类	87.1	86.2	83.9	80.6	76.5
十、家　　具	**99.6**	**99.6**	**99.3**	**99.1**	**98.8**

6月	7月	8月	9月	10月	11月	12月
101.0	**100.6**	**101.0**	**101.4**	**101.2**	**101.3**	**100.8**
102.7	102.0	102.1	103.6	103.5	102.9	101.6
104.8	104.8	104.8	104.8	104.8	104.8	104.8
101.6	100.6	100.7	103.0	102.8	102.0	99.9
101.2	101.1	101.0	100.8	100.9	101.2	101.4
98.4	97.7	99.5	99.9	98.9	99.3	98.5
94.5	**94.1**	**94.4**	**95.7**	**96.6**	**99.1**	**101.4**
92.6	91.8	92.4	93.9	95.9	99.0	99.9
90.4	89.6	88.5	90.3	93.9	95.0	95.4
94.1	93.3	94.6	95.2	96.4	101.3	103.0
94.2	93.5	96.9	100.9	100.9	103.2	102.9
99.1	99.2	98.8	99.7	98.0	100.1	106.1
98.9	98.7	98.1	99.0	97.1	99.6	106.8
100.5	101.9	102.8	103.3	103.3	103.3	102.7
101.1	101.4	101.4	101.4	101.4	101.4	101.4
98.0	101.8	101.8	100.4	100.4	95.4	97.0
102.0	**102.2**	**102.3**	**102.1**	**102.4**	**102.3**	**102.3**
103.5	103.6	103.5	103.4	103.0	103.1	102.7
101.4	101.6	101.8	101.6	102.1	102.0	102.2
98.8	**97.1**	**96.2**	**95.7**	**95.3**	**95.5**	**95.2**
106.4	102.9	101.4	101.1	101.3	101.7	101.4
90.8	90.6	90.0	89.3	88.1	88.1	87.6
98.2	98.2	98.2	98.2	98.2	98.2	99.2
96.5	**95.9**	**95.6**	**96.0**	**96.5**	**97.1**	**97.3**
101.6	**101.9**	**101.9**	**102.3**	**101.9**	**102.3**	**102.2**
99.1	98.8	99.5	99.6	99.3	100.5	99.9
99.1	99.3	98.3	98.3	100.6	99.1	99.1
103.0	103.8	104.0	104.2	102.6	103.4	103.4
105.5	106.3	106.0	107.2	105.7	106.2	106.7
101.0	**101.1**	**100.6**	**100.6**	**100.5**	**100.2**	**99.9**
102.2	102.3	101.7	101.7	101.4	101.4	101.4
99.9	99.9	99.6	99.6	99.6	99.0	98.4
86.9	86.8	86.1	86.5	87.9	88.0	90.5
93.3	93.9	94.0	94.6	95.2	95.8	97.8
74.5	73.0	70.7	71.0	73.4	72.5	75.9
99.0	**98.5**	**99.2**	**99.3**	**100.2**	**100.2**	**100.3**

2005 年广西城市商品零售价格各月同比指数（续表 2）

以上年同月价格为 100

类 别	1 月	2 月	3 月	4 月	5 月
十一、化妆品类	**99.6**	**98.2**	**98.3**	**99.0**	**99.4**
十二、金银珠宝类	**103.2**	**102.2**	**102.5**	**102.8**	**102.5**
十三、中西药品及医疗保健用品类	**100.5**	**100.4**	**99.6**	**99.5**	**100.4**
1. 医疗器具及用品	97.1	97.0	97.4	96.2	100.8
2. 中药材及中成药	104.6	104.7	101.9	99.7	99.4
3. 西　药	97.7	97.5	98.4	100.1	101.2
4. 保健器具及用品	99.3	99.1	97.6	97.5	101.2
十四、书报杂志及电子出版物类	**101.0**	**100.5**	**100.6**	**100.5**	**100.6**
1. 教材及参考书	101.3	100.2	100.0	100.1	100.1
2. 书报杂志	101.5	101.1	101.2	101.2	101.2
3. 电子音像制品	99.9	100.0	100.3	100.0	100.4
十五、燃 料 类	**119.3**	**119.3**	**119.1**	**116.2**	**113.9**
1. 煤炭及制品类	127.0	127.1	127.1	129.3	130.0
2. 石油及制品类	118.2	118.2	117.9	114.5	111.8
液化石油气	124.1	124.2	120.3	116.0	111.0
管道燃气	115.3	115.3	115.4	115.3	115.4
汽　油	114.5	114.4	118.1	113.4	112.5
柴　油	114.5	114.5	114.6	114.5	111.8
十六、建筑材料及五金电料类	**103.0**	**102.7**	**102.4**	**103.0**	**102.9**
1. 建筑装潢材料	104.2	103.8	103.1	103.9	103.7
2. 五金电料类	99.6	99.1	100.2	100.3	100.5

6月	7月	8月	9月	10月	11月	12月
99.6	**98.7**	**99.0**	**99.4**	**99.3**	**99.0**	**99.4**
103.5	**103.5**	**103.6**	**105.2**	**106.8**	**108.1**	**105.8**
101.0	**100.2**	**99.6**	**98.7**	**97.2**	**96.4**	**97.9**
100.8	99.5	97.8	97.8	97.8	99.0	103.7
100.3	98.2	96.8	94.6	93.5	93.5	97.0
101.5	101.8	102.0	101.5	99.9	97.8	97.6
102.0	100.9	101.7	103.7	100.2	100.3	100.6
100.6	**100.5**	**100.5**	**100.3**	**100.5**	**99.9**	**99.5**
100.1	100.1	100.1	99.6	100.1	100.1	100.1
101.2	101.2	101.2	101.2	101.2	101.2	101.2
100.4	100.0	99.9	99.8	99.8	97.5	95.9
113.7	**116.6**	**114.1**	**115.9**	**114.7**	**113.3**	**114.6**
121.4	114.9	114.4	114.3	113.9	113.9	105.5
112.6	116.9	114.0	116.1	114.9	113.2	116.0
112.7	116.4	107.9	119.5	114.0	110.8	117.3
115.3	115.4	108.4	108.3	119.4	116.7	114.2
112.5	118.1	121.0	115.1	115.8	115.8	115.8
112.6	118.7	121.7	115.9	116.7	116.7	116.7
102.3	**101.6**	**101.5**	**102.0**	**101.9**	**102.0**	**102.4**
102.9	102.0	102.0	102.7	102.6	102.6	103.1
100.5	100.1	100.0	100.0	99.9	100.1	100.3

2006年广西城市商品零售价格各月同比指数

以上年同月价格为100

类　别	1月	2月	3月	4月	5月
商品零售价格总指数	**99.6**	**99.7**	**99.8**	**99.9**	**100.6**
一、食　品	**101.1**	**101.3**	**101.9**	**100.8**	**101.7**
1. 粮　食	100.2	100.3	99.8	99.3	99.3
大　米	100.2	100.5	100.2	99.5	99.4
2. 淀　粉	100.5	111.7	109.9	113.5	117.2
3. 干豆类及豆制品	99.4	102.1	103.1	100.9	102.0
4. 油　脂	97.0	96.8	98.8	98.3	98.5
食用植物油	96.5	96.3	99.4	99.1	99.1
5. 肉禽及其制品	91.7	93.3	90.7	87.8	88.9
(1) 食用畜肉及副产品	93.2	93.6	93.5	92.0	92.2
猪　肉	86.6	88.3	87.2	85.1	84.7
牛　肉	109.1	99.8	104.2	102.6	101.6
羊　肉	111.4	112.4	114.6	114.0	120.4
(2) 禽	85.3	89.9	82.5	78.0	80.6
鸡	83.0	87.4	81.4	79.5	84.8
鸭	91.0	96.1	84.8	75.1	72.1
(3) 肉禽加工制品	100.1	100.5	99.4	96.1	96.4
6. 蛋	95.8	93.7	96.3	99.2	96.2
鲜　蛋	96.1	93.8	96.8	100.1	96.9
7. 水产品	105.4	106.0	97.9	99.1	103.1
(1) 鱼	105.8	101.3	95.0	94.6	93.8
淡水鱼	101.0	97.7	93.7	94.1	93.4
海水鱼	113.6	107.6	97.1	95.4	94.5
(2) 其他水产品	104.8	113.1	102.3	106.0	118.5
虾蟹类	104.8	113.1	102.3	106.0	118.5
8. 菜	112.7	107.7	115.9	109.2	111.0
鲜　菜	113.1	107.9	118.2	109.8	111.5
9. 调味品	103.6	103.6	103.5	103.7	103.9
盐	100.3	100.3	100.3	100.3	100.3
酱　油	103.8	103.8	103.7	104.5	104.5
10. 糖	111.8	116.1	117.5	120.1	119.1
食　糖	135.4	151.7	159.2	161.4	162.2

6 月	7 月	8 月	9 月	10 月	11 月	12 月
100.6	**99.9**	**101.0**	**101.1**	**100.8**	**101.2**	**102.3**
102.6	**100.8**	**103.3**	**103.5**	**102.3**	**103.7**	**106.8**
99.6	100.5	100.2	101.9	102.5	103.5	106.0
99.9	101.1	101.0	102.9	103.5	104.4	106.9
116.2	124.0	119.5	118.9	114.9	115.9	110.2
102.7	103.1	103.2	103.3	102.5	103.4	103.9
98.6	98.7	99.8	101.3	101.0	102.3	108.3
98.9	99.9	101.0	101.8	101.0	102.4	108.8
91.7	93.4	97.2	100.2	104.6	107.9	117.0
92.9	93.6	95.9	98.8	102.8	104.4	110.8
86.3	87.1	90.2	94.8	101.1	104.0	114.4
99.7	101.9	103.3	100.4	100.2	101.3	98.3
120.7	119.1	117.7	118.1	115.8	116.5	116.2
87.1	90.5	98.4	102.2	108.8	117.2	136.1
86.9	87.6	96.7	97.8	101.7	116.7	134.2
87.5	97.0	102.0	113.2	127.2	118.4	140.7
98.4	99.4	100.0	101.5	103.0	103.4	107.0
92.3	93.9	101.3	104.3	105.9	109.8	116.8
92.8	94.2	102.7	105.8	107.4	111.6	118.7
106.7	102.6	100.4	99.9	98.4	101.4	99.6
99.5	96.4	95.5	94.4	95.2	97.0	94.7
93.9	95.3	96.5	95.6	98.1	100.4	98.9
108.5	98.1	94.0	92.8	91.1	92.3	88.6
119.4	113.8	109.3	109.7	104.0	108.9	107.5
119.4	113.8	109.3	109.7	104.0	108.9	107.5
102.7	94.6	121.8	115.6	97.5	99.0	101.9
102.3	93.2	124.9	117.8	96.8	98.3	101.2
103.9	104.0	103.9	107.3	106.8	108.2	105.5
100.3	100.0	100.0	115.2	121.4	121.4	122.9
104.8	104.1	104.1	103.5	101.6	104.3	100.9
118.6	117.7	113.6	111.6	108.2	108.7	107.0
165.5	161.9	148.2	140.0	126.0	125.9	121.9

2006年广西城市商品零售价格各月同比指数（续表1）

以上年同月价格为100

类　别	1月	2月	3月	4月	5月
11. 干鲜瓜果	121.9	119.6	133.4	134.5	135.5
鲜 瓜 果	124.9	121.8	138.7	139.7	141.0
12. 糕点饼干面包	104.2	105.1	105.4	105.2	105.3
13. 液体乳及乳制品	98.7	99.2	99.7	100.8	100.8
14. 在外用膳食品	101.5	101.5	101.6	101.5	101.6
15. 其他食品	100.8	101.0	100.7	96.5	98.6
二、饮料、烟酒	**99.5**	**100.3**	**100.4**	**100.5**	**100.4**
1. 茶及饮料	100.5	100.8	101.1	101.8	101.9
(1) 茶　叶	103.7	103.7	103.7	104.6	104.6
(2) 饮　料	99.2	99.6	100.1	100.7	100.8
2. 烟　草	100.3	100.3	99.9	99.9	99.8
3. 酒	97.1	99.9	100.3	99.9	99.6
三、服装、鞋帽	**98.2**	**95.9**	**96.2**	**99.3**	**98.5**
1. 服　装	97.1	93.4	94.5	100.2	97.8
(1) 男式服装	91.9	92.4	93.6	99.3	99.2
(2) 女式服装	102.1	95.6	97.0	102.2	98.8
(3) 儿童服装	93.2	87.5	87.8	94.7	89.6
2. 鞋 袜 帽	100.6	102.1	99.8	97.0	99.8
(1) 鞋	100.2	101.7	99.2	95.9	98.9
(2) 袜　子	103.2	103.8	103.8	106.1	106.1
(3) 帽　子	105.1	109.5	104.8	104.8	106.8
3. 其　他	101.8	99.0	99.1	100.3	100.3
四、纺 织 品	**97.7**	**97.9**	**97.6**	**99.4**	**100.7**
1. 衣着材料	100.6	101.6	100.6	100.6	100.6
2. 床上用品	96.3	96.2	96.2	98.9	100.8
五、家用电器及音像器材	**93.1**	**93.6**	**93.1**	**92.9**	**92.4**
1. 家庭设备	99.4	99.8	98.9	99.0	96.3
2. 文娱用耐用消费品	85.9	86.4	86.2	85.5	87.0
3. 音像器材	99.2	99.2	99.2	100.0	100.0
六、文化办公用品	**97.0**	**97.0**	**96.6**	**97.1**	**97.1**
七、日 用 品	**101.6**	**101.5**	**101.6**	**101.2**	**101.0**
1. 日用百货	101.2	100.7	100.8	100.7	100.9
2. 日用杂品	101.4	101.4	101.5	101.9	101.9

6 月	7 月	8 月	9 月	10 月	11 月	12 月
147.0	128.7	112.0	107.4	103.1	101.5	101.2
155.7	132.7	112.1	106.0	99.9	98.4	99.3
105.8	106.0	105.1	104.5	104.7	105.5	100.9
101.1	100.6	99.3	100.6	100.4	100.1	100.8
101.7	101.6	101.6	101.7	101.7	101.8	102.5
97.5	101.1	100.6	99.6	100.1	100.0	100.1
99.9	**100.0**	**100.1**	**100.0**	**100.7**	**100.6**	**100.9**
100.4	100.1	100.7	100.5	101.3	101.3	101.3
101.6	101.6	101.6	101.6	101.6	101.6	101.6
99.9	99.5	100.3	100.1	101.2	101.2	101.2
99.8	99.8	99.7	99.8	99.8	99.8	99.8
99.6	100.2	100.1	99.8	101.3	101.0	102.3
96.7	**96.4**	**98.4**	**100.2**	**102.6**	**100.5**	**98.6**
97.4	97.4	97.7	98.8	102.6	99.5	99.3
100.0	99.3	99.8	98.5	100.3	98.8	96.7
98.1	98.1	98.2	100.5	106.3	100.8	102.6
86.8	89.2	89.1	93.4	94.4	96.1	93.1
94.5	93.4	101.0	104.5	103.8	103.7	96.7
93.2	92.1	100.3	104.3	103.6	103.6	95.2
104.6	102.3	106.9	106.9	105.1	105.1	106.9
102.5	102.5	102.3	102.3	102.3	102.3	108.7
100.3	99.6	92.3	93.8	95.1	96.6	99.9
99.5	**97.8**	**101.1**	**101.6**	**100.6**	**99.6**	**100.4**
99.6	100.9	100.9	102.0	101.1	99.3	99.4
99.5	96.2	101.2	101.3	100.4	99.7	100.8
92.8	**93.8**	**94.6**	**95.3**	**96.1**	**96.6**	**96.8**
97.5	99.5	100.5	101.5	102.2	102.6	102.8
86.5	86.5	87.2	87.6	88.5	89.1	89.1
100.0	100.0	100.0	100.0	100.0	100.0	100.0
97.0	**97.9**	**98.0**	**97.6**	**97.6**	**97.5**	**97.4**
100.2	**100.6**	**100.3**	**100.4**	**100.4**	**101.1**	**101.7**
101.2	101.1	101.5	101.3	101.1	100.7	102.9
101.1	101.0	102.1	102.3	102.3	105.1	105.1

2006 年广西城市商品零售价格各月同比指数（续表 2）

以上年同月价格为 100

类　别	1 月	2 月	3 月	4 月	5 月
3. 洗涤用品	101.0	101.9	102.1	101.1	100.0
4. 其他日用品	103.4	102.2	102.3	101.6	101.6
八、体育娱乐用品	**100.4**	**100.0**	**99.7**	**99.7**	**99.5**
1. 体育用品	101.0	100.3	99.8	99.7	99.4
2. 娱乐用品	99.8	99.8	99.7	99.7	99.6
九、交通、通信用品	**87.4**	**87.7**	**88.5**	**89.8**	**91.2**
1. 交通运输机械	96.1	96.2	96.6	96.9	96.8
2. 通信器材	73.0	73.4	74.4	77.1	80.6
十、家　　具	**100.9**	**100.9**	**100.9**	**101.1**	**101.2**
十一、化 妆 品	**104.1**	**103.7**	**104.3**	**103.7**	**103.7**
十二、金银珠宝	**108.9**	**111.5**	**112.5**	**117.2**	**127.3**
十三、中西药品及医疗保健用品	**98.6**	**99.4**	**100.1**	**99.9**	**99.2**
1. 医疗器具及用品	103.2	103.2	106.6	107.4	102.4
2. 中药材及中成药	97.4	100.0	100.9	100.6	100.5
3. 西　　药	97.8	97.9	98.4	98.1	97.9
4. 保健品及器具	103.2	101.8	101.6	101.4	99.4
十四、书报杂志及电子出版物	**99.2**	**98.2**	**98.1**	**98.3**	**97.9**
1. 教材及参考书	99.9	96.8	96.7	96.7	96.7
2. 书报杂志	100.2	100.2	100.2	100.2	100.2
3. 电子音像制品	96.5	96.5	96.4	96.9	95.6
十五、燃　　料	**117.2**	**116.8**	**114.8**	**113.9**	**117.7**
1. 煤炭及制品	105.5	105.6	106.2	104.3	104.1
2. 石油及制品	118.8	118.2	115.9	115.2	119.5
液化石油气	125.5	124.0	119.4	118.2	121.2
管道燃气	109.9	110.2	109.9	109.9	109.7
汽　　油	116.0	116.0	114.3	113.1	120.4
柴　　油	115.1	115.1	116.1	117.9	121.6
十六、建筑材料及五金电料	**99.2**	**98.6**	**98.7**	**99.7**	**101.6**
1. 建筑装潢材料	98.9	98.1	98.2	99.4	101.5
2. 五金电料	100.3	100.2	100.1	100.5	102.0

6 月	7 月	8 月	9 月	10 月	11 月	12 月
98.7	99.1	98.2	97.5	97.3	98.4	98.2
100.1	101.5	99.8	101.4	101.9	101.5	101.8
100.0	**99.4**	**99.4**	**99.5**	**99.8**	**99.9**	**100.2**
100.4	100.4	100.4	100.7	100.7	100.7	101.6
99.5	98.3	98.3	98.3	98.9	99.1	98.8
90.8	**90.6**	**90.8**	**91.6**	**91.8**	**92.2**	**91.9**
96.0	95.5	95.5	96.1	96.1	96.8	96.9
80.5	80.6	80.7	82.0	82.6	82.1	81.0
100.4	**100.4**	**100.4**	**100.6**	**99.8**	**100.2**	**100.2**
103.1	**101.9**	**102.7**	**101.1**	**102.9**	**104.2**	**104.5**
121.4	**122.6**	**123.2**	**119.2**	**116.5**	**116.0**	**114.0**
99.2	**99.6**	**99.8**	**99.3**	**100.6**	**102.2**	**102.1**
102.2	103.0	103.0	103.0	105.1	105.1	105.1
101.6	101.6	102.3	103.2	103.5	105.1	105.5
97.5	98.1	98.1	96.4	98.1	100.4	99.9
97.5	97.9	97.6	97.6	99.8	99.1	99.0
97.9	**98.0**	**97.8**	**97.8**	**97.6**	**98.0**	**98.8**
96.7	96.7	96.2	95.9	95.6	95.6	95.6
100.2	100.2	100.2	100.2	100.0	100.0	100.0
95.6	95.9	95.9	95.9	95.9	97.7	100.9
118.0	**113.6**	**113.4**	**111.8**	**107.2**	**105.5**	**107.4**
104.5	104.5	104.3	104.3	101.6	101.6	101.3
119.8	114.8	114.6	112.7	107.9	106.0	108.1
115.9	111.2	117.0	112.4	102.5	98.0	103.7
109.4	108.9	107.1	107.2	100.7	100.3	100.5
125.8	119.1	115.1	114.6	114.1	114.0	113.8
122.6	116.6	113.3	112.8	112.3	112.2	112.1
102.1	**101.2**	**100.8**	**101.1**	**102.6**	**102.9**	**103.8**
102.1	100.8	100.3	100.7	102.6	103.0	104.0
101.9	102.5	102.5	102.5	102.5	102.5	103.4

2007年广西城市商品零售价格各月同比指数

以上年同月价格为100

类别	1月	2月	3月	4月	5月
商品零售价格总指数	**102.3**	**101.8**	**102.3**	**102.5**	**102.3**
一、食　　品	**107.3**	**106.0**	**107.5**	**108.8**	**108.7**
1. 粮　　食	107.9	106.8	107.2	107.1	107.0
大　　米	108.2	106.7	106.5	106.5	106.4
2. 淀　　粉	100.4	100.3	104.9	102.7	99.3
3. 干豆类及豆制品	103.2	98.9	100.4	103.5	101.3
4. 油　　脂	110.7	111.0	110.5	114.2	115.5
食用植物油	109.8	110.6	109.7	111.4	114.1
5. 肉禽及其制品	116.6	115.4	117.3	119.2	126.8
(1) 食用畜肉及副产品	113.2	115.2	115.6	116.7	126.2
猪　　肉	120.5	125.0	123.6	123.2	138.0
牛　　肉	97.3	98.7	98.9	101.5	100.7
羊　　肉	107.9	102.8	104.5	114.2	114.7
(2) 禽	128.2	119.6	125.7	128.0	133.1
鸡	130.1	122.1	131.5	130.8	128.2
鸭	124.3	114.1	113.8	121.9	145.0
(3) 肉禽加工制品	107.4	107.0	106.7	109.9	115.3
6. 蛋	114.3	116.2	118.8	120.6	126.9
鲜　　蛋	115.4	117.2	120.0	121.9	128.4
7. 水 产 品	98.5	101.1	106.9	104.1	104.5
(1) 鱼	95.0	98.3	102.1	102.8	106.3
淡 水 鱼	97.2	96.3	99.4	101.7	105.4
海 水 鱼	91.7	101.4	106.5	104.6	107.8
(2) 其他水产品	104.0	105.5	114.4	106.1	102.2
虾 蟹 类	104.0	105.5	114.4	106.1	102.2
8. 菜	102.6	91.5	107.2	125.0	101.7
鲜　　菜	102.6	88.8	107.2	127.9	100.8
9. 调 味 品	108.1	107.4	107.3	107.3	107.3
盐	125.1	125.2	125.2	125.2	125.2
酱　　油	103.4	103.3	103.2	102.4	102.5
10. 糖	105.9	100.7	97.6	96.3	97.4
食　　糖	117.3	100.6	93.3	90.1	92.2

6 月	7 月	8 月	9 月	10 月	11 月	12 月
102.6	**104.8**	**105.3**	**106.1**	**106.6**	**107.3**	**106.9**
108.5	**114.6**	**117.6**	**119.4**	**119.1**	**118.4**	**117.4**
106.9	108.0	109.3	108.2	109.1	109.1	107.6
106.9	106.9	108.1	106.0	107.3	107.5	105.6
96.3	95.3	96.7	105.2	115.6	119.4	127.2
102.3	105.3	106.9	110.3	112.6	118.0	123.2
118.7	121.4	123.9	125.7	127.6	132.4	135.7
117.3	119.0	120.9	124.9	127.4	132.7	134.0
130.4	146.6	148.1	144.2	136.4	136.7	138.4
133.7	156.4	164.0	158.6	146.9	149.3	152.6
148.0	181.8	191.6	180.5	162.7	164.2	165.1
104.1	103.9	104.1	107.3	105.3	109.0	125.5
116.2	119.7	123.6	131.1	134.1	131.9	120.7
131.1	140.3	130.8	127.2	122.1	118.5	117.3
127.5	140.2	129.3	126.0	123.6	115.1	112.7
139.4	140.8	134.0	130.2	119.2	126.1	127.9
116.3	123.4	126.6	126.4	126.5	127.4	128.4
132.8	138.3	132.0	126.2	119.8	117.6	112.4
134.3	139.8	132.1	125.6	118.5	116.3	110.6
103.0	102.7	103.6	106.8	108.5	106.8	107.1
102.3	104.7	108.2	112.1	113.5	111.5	114.7
106.7	111.5	115.0	117.7	118.4	114.4	115.9
96.3	95.0	98.3	103.8	106.2	107.2	112.8
103.8	98.7	94.8	96.8	99.2	98.3	95.4
103.8	98.7	94.8	96.8	99.2	98.3	95.4
97.7	100.7	99.5	114.6	120.6	114.7	98.0
96.3	99.5	98.1	114.0	120.4	114.2	94.6
107.6	106.0	106.2	102.8	102.2	103.1	103.4
125.2	125.2	125.2	108.6	103.1	103.1	101.9
102.5	101.0	101.0	100.8	101.6	104.5	103.9
97.4	97.6	102.7	104.0	104.0	103.7	104.3
92.3	91.9	100.1	100.8	100.1	98.1	99.1

2007年广西城市商品零售价格各月同比指数（续表1）

以上年同月价格为100

类　别	1月	2月	3月	4月	5月
11. 干鲜瓜果	105.4	105.8	97.9	89.5	88.9
鲜 瓜 果	104.3	105.1	96.0	86.3	85.0
12. 糕点饼干面包	101.5	101.1	100.5	100.8	100.7
13. 液体乳及乳制品	101.2	100.0	99.4	100.5	100.9
14. 在外用膳食品	102.5	102.7	102.3	103.2	103.0
15. 其他食品	100.1	100.5	101.6	104.2	103.6
二、饮料、烟酒	**102.5**	**102.0**	**102.2**	**101.7**	**102.1**
1. 茶及饮料	102.5	103.0	102.8	101.3	103.0
(1) 茶　叶	103.4	103.9	104.5	103.1	103.4
(2) 饮　料	102.2	102.6	102.2	100.6	102.8
2. 烟　草	100.4	99.7	100.2	100.0	99.8
3. 酒	105.3	104.1	104.3	104.4	104.1
三、服装、鞋帽	**99.9**	**102.6**	**102.6**	**99.8**	**100.2**
1. 服　装	100.4	104.0	102.1	97.9	98.4
(1) 男式服装	97.7	99.0	98.7	97.2	96.9
(2) 女式服装	102.5	108.7	104.8	96.8	97.8
(3) 儿童服装	99.4	100.1	100.9	104.5	104.5
2. 鞋 袜 帽	99.4	100.7	105.6	105.0	105.6
(1) 鞋	98.2	99.9	105.4	105.0	105.7
(2) 袜　子	106.9	106.2	105.5	103.2	103.7
(3) 帽　子	109.3	104.9	109.6	110.9	107.3
3. 其　他	95.9	93.6	92.1	95.9	96.4
四、纺 织 品	**100.3**	**99.1**	**100.7**	**100.7**	**98.3**
1. 衣着材料	101.8	100.7	101.6	102.5	102.2
2. 床上用品	99.6	98.3	100.4	100.0	96.6
五、家用电器及音像器材	**98.4**	**98.1**	**98.3**	**98.6**	**98.8**
1. 家庭设备	104.7	104.6	104.8	104.9	105.1
2. 文娱用耐用消费品	90.5	90.0	90.4	91.1	91.3
3. 音像器材	100.0	100.0	98.0	98.0	98.0
六、文化办公用品	**98.2**	**99.1**	**98.9**	**98.4**	**98.1**
七、日 用 品	**102.1**	**102.1**	**101.5**	**101.7**	**101.9**
1. 日用百货	102.3	103.1	101.8	101.8	101.6

6 月	7 月	8 月	9 月	10 月	11 月	12 月
79.2	87.4	104.2	110.2	118.4	115.7	113.0
73.3	82.6	102.5	110.2	121.6	116.6	112.0
100.6	100.1	103.1	106.1	106.5	106.5	107.1
100.8	100.9	104.1	104.3	104.0	105.6	108.8
102.9	103.8	105.4	105.5	105.6	105.9	105.3
103.8	103.2	106.4	106.8	102.9	104.2	104.0
102.8	**103.2**	**101.9**	**102.4**	**102.1**	**102.5**	**102.2**
105.7	106.5	105.3	105.9	105.9	105.8	105.8
103.4	104.2	104.2	104.2	104.2	104.1	104.1
106.7	107.4	105.8	106.6	106.6	106.5	106.5
99.8	100.1	98.5	98.3	98.3	98.3	98.3
103.7	103.7	102.5	103.6	102.7	104.1	103.0
100.7	**101.8**	**99.8**	**98.4**	**101.8**	**104.4**	**104.6**
98.6	98.7	98.6	97.3	100.5	103.4	104.5
96.2	98.4	98.6	97.2	101.9	102.0	103.4
98.8	98.1	98.3	96.3	98.2	104.5	103.8
105.1	101.6	99.4	101.8	105.6	102.5	110.5
107.1	110.9	102.7	100.5	105.9	107.3	105.8
107.4	111.3	102.4	100.0	105.9	107.5	106.2
103.7	108.2	103.6	103.6	105.3	105.3	103.6
107.3	107.3	107.6	107.6	107.6	107.6	100.5
96.4	96.0	103.0	104.8	103.4	103.4	100.0
101.3	**101.4**	**96.7**	**98.6**	**99.7**	**101.9**	**100.7**
102.2	103.1	103.1	102.8	103.0	103.0	102.9
100.9	100.8	93.9	96.8	99.7	101.5	99.7
98.5	**98.6**	**98.4**	**98.0**	**98.1**	**97.0**	**96.8**
103.7	103.3	103.7	102.7	102.7	101.4	101.4
92.2	92.8	92.0	92.2	92.1	91.5	91.0
98.0	98.0	98.0	98.0	98.0	98.0	98.0
98.4	**98.1**	**98.0**	**97.7**	**97.7**	**98.1**	**97.5**
102.4	**102.5**	**102.9**	**103.1**	**103.5**	**102.7**	**102.5**
101.1	101.9	100.6	101.8	102.7	103.5	101.4

2007年广西城市商品零售价格各月同比指数（续表2）

以上年同月价格为100

类　别	1月	2月	3月	4月	5月
2. 日用杂品	104.0	104.1	104.0	104.0	103.9
3. 洗涤用品	100.5	100.5	100.1	100.8	101.6
4. 其他日用品	102.1	101.1	100.3	100.2	100.9
八、体育娱乐用品	**100.2**	**100.8**	**100.7**	**100.6**	**100.3**
1. 体育用品	101.0	102.0	102.0	102.0	102.0
2. 娱乐用品	99.4	99.5	99.4	99.2	98.5
九、交通、通信用品	**91.8**	**91.3**	**91.1**	**90.9**	**90.0**
1. 交通运输机械	96.8	97.2	96.9	96.2	95.9
2. 通信器材	80.8	78.7	78.7	79.4	77.2
十、家　　具	**100.0**	**99.6**	**99.9**	**99.8**	**99.5**
十一、化 妆 品	**99.9**	**100.6**	**99.0**	**100.7**	**100.3**
十二、金银珠宝	**111.4**	**109.7**	**109.4**	**107.1**	**98.5**
十三、中西药品及医疗保健用品	**101.1**	**100.1**	**99.2**	**99.7**	**101.3**
1. 医疗器具及用品	104.2	104.2	100.5	100.0	99.4
2. 中药材及中成药	105.5	102.8	101.8	104.9	110.9
3. 西　　药	98.3	97.9	97.0	96.1	95.8
4. 保健品及器具	97.7	99.1	99.4	99.6	98.5
十四、书报杂志及电子出版物	**98.9**	**98.4**	**98.0**	**98.0**	**98.2**
1. 教材及参考书	95.6	94.1	92.9	92.9	92.9
2. 书报杂志	100.5	100.5	100.5	100.5	100.5
3. 电子音像制品	100.5	100.5	100.5	100.5	101.6
十五、燃　　料	**103.4**	**101.0**	**101.5**	**101.6**	**100.5**
1. 煤炭及制品	100.1	99.8	99.3	99.5	99.7
2. 石油及制品	103.8	101.1	101.7	101.8	100.6
液化石油气	95.2	90.4	92.5	96.3	99.8
管道燃气	100.3	99.5	100.5	100.5	100.5
汽　　油	111.4	109.4	107.8	104.5	99.6
柴　　油	112.2	112.2	111.1	109.5	104.4
十六、建筑材料及五金电料	**105.1**	**106.4**	**107.8**	**107.1**	**107.2**
1. 建筑装潢材料	105.7	107.3	109.3	108.5	108.8
2. 五金电料	103.4	103.4	103.0	102.9	101.9

6 月	7 月	8 月	9 月	10 月	11 月	12 月
103.0	103.5	103.5	103.1	103.3	100.4	100.5
102.6	102.3	104.3	105.1	105.3	103.6	105.2
103.4	102.6	104.1	102.2	102.6	102.7	102.1
99.8	**100.4**	**100.6**	**100.4**	**100.4**	**100.4**	**99.7**
101.0	101.0	101.0	100.7	101.1	101.1	99.7
98.6	99.7	100.1	100.1	99.6	99.8	99.7
90.8	**90.9**	**91.0**	**91.0**	**91.0**	**91.4**	**91.6**
96.5	96.4	96.0	96.0	95.8	95.8	96.0
78.5	79.1	80.0	80.1	80.5	81.7	82.1
100.1	**101.1**	**101.2**	**100.9**	**100.9**	**100.5**	**100.9**
101.0	**102.3**	**101.5**	**103.3**	**101.9**	**100.7**	**100.7**
102.5	**101.2**	**100.7**	**106.4**	**110.9**	**114.7**	**112.8**
102.3	**102.2**	**102.4**	**103.9**	**103.9**	**103.6**	**103.5**
99.6	100.1	100.1	100.2	98.7	98.7	98.8
112.9	113.2	112.6	114.5	114.3	113.8	113.3
96.1	95.8	96.5	98.3	98.6	98.3	98.5
99.9	99.2	99.5	99.5	99.1	99.9	99.7
98.2	**98.2**	**98.3**	**98.4**	**98.4**	**98.3**	**97.8**
92.9	92.9	93.1	92.7	92.5	92.5	92.5
100.5	100.5	100.5	100.8	100.5	100.5	100.5
101.6	101.6	101.6	101.6	101.6	101.6	99.6
100.5	**102.1**	**100.3**	**99.4**	**103.0**	**113.8**	**112.0**
99.7	99.7	102.3	102.3	104.2	108.7	113.5
100.6	102.4	100.1	99.1	102.8	114.4	111.9
106.1	111.2	104.3	101.8	111.6	131.4	123.2
101.4	101.8	101.4	101.2	101.2	101.7	101.9
95.7	95.7	95.7	95.5	96.2	104.9	105.0
99.7	99.7	99.9	100.0	99.9	109.1	109.2
107.1	**109.2**	**110.1**	**112.0**	**113.2**	**115.8**	**116.0**
108.5	111.4	112.6	114.9	116.4	119.8	120.5
102.7	102.2	102.2	102.7	102.7	102.9	101.3

2008年广西城市商品零售价格各月同比指数

以上年同月价格为100

类别	1月	2月	3月	4月	5月
商品零售价格总指数	**107.7**	**111.3**	**110.1**	**110.4**	**109.9**
一、食　品	**121.0**	**130.9**	**125.3**	**128.0**	**125.8**
1. 粮　食	105.7	107.3	107.9	110.2	118.1
大　米	103.7	105.5	106.5	109.4	119.0
2. 淀　粉	133.7	139.7	137.0	140.5	142.6
3. 干豆类及豆制品	130.6	151.7	150.8	150.8	151.4
4. 油　脂	133.2	135.4	138.8	133.0	130.7
食用植物油	132.4	134.2	139.4	136.0	131.7
5. 肉禽及其制品	138.8	141.6	143.6	148.0	137.5
(1) 食用畜肉及副产品	153.3	157.2	161.7	167.6	154.4
猪　肉	159.2	154.7	163.0	172.4	153.7
牛　肉	139.5	162.2	160.6	162.5	163.6
羊　肉	127.7	149.6	138.2	130.4	126.4
(2) 禽	117.1	118.9	116.5	121.6	114.1
鸡	112.9	116.6	108.3	114.4	110.8
鸭	126.9	124.3	136.3	138.5	121.3
(3) 肉禽加工制品	128.9	130.1	133.4	132.5	125.3
6. 蛋	111.0	111.3	109.0	106.5	103.9
鲜　蛋	109.5	110.1	107.5	104.8	102.5
7. 水产品	109.3	114.0	118.4	120.6	118.2
(1) 鱼	113.9	117.9	124.7	134.2	135.7
淡水鱼	117.3	126.9	139.1	146.4	148.2
海水鱼	108.6	104.7	104.0	115.9	116.8
(2) 其他水产品	102.1	107.9	109.1	100.7	92.4
虾蟹类	102.1	107.9	109.1	100.7	92.4
8. 菜	122.9	207.6	132.1	132.8	133.0
鲜　菜	123.8	224.4	133.2	133.4	133.7
9. 调味品	101.0	101.7	103.8	104.8	105.7
盐	100.1	100.0	100.0	100.0	100.0
酱　油	100.8	100.9	104.6	107.4	109.0
10. 糖	105.6	107.8	108.7	108.4	106.1
食　糖	99.1	102.5	104.6	104.2	101.0

6月	7月	8月	9月	10月	11月	12月
109.4	**109.0**	**106.7**	**106.4**	**105.7**	**103.6**	**101.8**
125.5	**120.0**	**114.9**	**113.2**	**113.9**	**112.2**	**108.1**
118.1	116.3	115.6	115.1	113.4	112.8	112.0
118.0	117.7	117.0	117.2	115.2	114.5	114.4
140.6	137.2	134.9	121.7	117.4	110.8	101.6
149.2	143.8	139.7	134.4	131.3	124.9	117.1
124.2	123.3	119.4	116.8	112.6	103.2	90.4
126.4	124.8	120.7	117.1	112.0	103.7	93.5
131.3	115.4	109.8	109.4	108.7	104.7	98.9
145.7	123.0	113.8	111.3	109.2	103.2	95.4
142.1	113.3	102.6	99.5	96.3	88.5	83.1
163.0	161.6	160.7	159.2	159.0	151.8	131.6
124.7	127.4	121.8	115.8	108.7	105.8	108.1
109.7	100.9	100.6	103.8	106.1	107.0	103.1
107.6	99.1	98.6	100.1	101.5	105.4	101.9
114.2	105.1	106.6	111.9	116.3	110.4	105.7
122.8	114.1	110.7	111.7	110.1	108.3	105.4
98.8	96.4	94.6	95.3	98.5	99.0	98.5
98.6	95.7	93.9	95.1	98.5	99.0	98.5
116.9	118.2	118.3	116.8	115.7	112.0	111.0
134.4	130.8	122.9	119.3	117.0	113.7	110.3
147.1	138.0	132.2	128.8	123.4	120.9	113.8
115.5	119.4	116.0	107.3	106.9	102.7	104.8
89.5	99.4	111.9	114.0	113.3	108.9	112.3
89.5	99.4	111.9	114.0	113.3	108.9	112.3
140.5	151.5	129.0	117.5	132.9	137.6	136.4
141.0	153.6	128.0	117.1	136.1	141.4	141.3
106.2	109.1	109.6	109.3	109.5	107.8	107.8
100.0	100.0	100.0	100.0	100.0	100.0	100.0
109.5	111.7	112.6	112.8	112.4	108.4	110.1
107.1	107.0	106.9	103.7	104.3	104.9	104.4
99.8	99.3	96.0	94.6	96.8	98.7	97.4

2008年广西城市商品零售价格各月同比指数（续表1）

以上年同月价格为100

类　别	1月	2月	3月	4月	5月
11. 干鲜瓜果	112.3	115.6	110.6	120.9	115.9
鲜 瓜 果	111.0	113.7	107.4	119.9	114.8
12. 糕点饼干面包	109.7	109.6	110.5	110.5	108.5
13. 液体乳及乳制品	115.5	118.5	119.2	117.4	118.8
14. 在外用膳食品	107.9	108.9	109.9	111.3	117.8
15. 其他食品	107.0	106.7	105.9	105.9	106.3
二、饮料、烟酒	**102.5**	**102.7**	**102.7**	**103.3**	**102.8**
1. 茶及饮料	105.9	105.2	105.1	105.7	103.6
(1) 茶　叶	102.2	101.8	101.2	101.0	100.7
(2) 饮　料	107.3	106.6	106.7	107.7	104.7
2. 烟　草	97.6	98.1	97.5	97.7	97.9
3. 酒	104.6	105.5	106.3	107.2	107.6
三、服装、鞋帽	**103.7**	**102.9**	**103.3**	**101.4**	**102.1**
1. 服　装	102.7	102.7	103.8	102.5	104.0
(1) 男式服装	104.0	101.1	107.4	105.0	103.6
(2) 女式服装	101.0	103.3	100.8	101.7	105.6
(3) 儿童服装	105.9	105.0	104.7	97.7	98.7
2. 鞋 袜 帽	107.1	103.4	102.3	99.3	98.1
(1) 鞋	107.7	103.8	102.4	99.0	97.7
(2) 袜　子	103.6	101.4	102.1	102.1	101.6
(3) 帽　子	99.1	99.1	99.1	97.9	99.2
3. 其　他	99.1	105.2	105.4	100.7	100.9
四、纺 织 品	**99.6**	**98.0**	**99.4**	**95.8**	**99.5**
1. 衣着材料	100.6	100.8	99.1	98.3	99.5
2. 床上用品	99.2	96.8	99.6	94.7	99.5
五、家用电器及音像器材	**96.7**	**98.1**	**98.1**	**98.4**	**97.5**
1. 家庭设备	101.4	103.4	103.9	104.4	103.3
2. 文娱用耐用消费品	91.0	91.8	91.0	91.0	90.1
3. 音像器材	98.0	98.0	100.0	100.0	100.0
六、文化办公用品	**96.8**	**96.5**	**97.0**	**97.1**	**96.8**
七、日 用 品	**102.7**	**103.7**	**104.4**	**104.0**	**104.3**
1. 日用百货	101.1	101.4	101.6	101.8	102.1

6 月	7 月	8 月	9 月	10 月	11 月	12 月
118.9	112.6	104.7	106.6	103.3	103.6	100.4
118.2	111.2	101.1	103.8	100.9	102.6	99.1
111.3	112.0	108.9	106.3	106.5	106.5	106.9
126.0	127.5	122.6	121.3	119.9	121.3	118.2
118.0	119.1	118.2	117.4	117.4	116.2	114.5
105.5	101.9	101.0	100.3	104.0	103.1	103.2
102.4	**102.2**	**103.3**	**103.3**	**103.4**	**103.3**	**103.1**
101.5	100.7	102.0	101.6	101.3	101.9	101.9
100.7	99.9	99.9	99.9	99.9	100.6	100.6
101.8	101.0	102.9	102.2	101.8	102.4	102.4
97.9	98.1	99.6	99.8	99.7	99.7	99.7
108.8	108.4	109.0	109.0	109.8	108.8	108.3
104.6	**104.5**	**104.6**	**103.8**	**97.1**	**95.8**	**95.0**
106.2	106.4	100.7	105.2	97.2	96.4	94.9
106.0	106.1	106.5	105.6	99.2	96.7	98.1
106.6	106.5	97.1	96.9	94.8	95.6	93.2
105.1	106.7	107.7	99.4	98.9	95.7	92.3
101.5	100.5	99.3	101.1	96.3	93.9	95.3
101.5	100.8	99.4	101.5	96.1	93.2	94.7
101.6	97.1	97.5	97.5	98.4	98.4	99.8
99.2	99.2	99.2	99.2	99.2	101.1	101.2
99.9	101.1	102.6	102.0	102.7	97.5	95.7
97.2	**103.9**	**103.8**	**102.1**	**101.6**	**100.6**	**101.1**
99.5	100.3	99.8	101.7	103.3	103.3	103.3
96.3	103.9	103.2	100.9	100.9	99.5	100.2
96.5	**96.1**	**96.4**	**96.5**	**96.1**	**95.8**	**95.4**
102.2	101.6	101.3	101.4	101.2	101.2	100.5
89.3	89.1	90.1	90.2	89.6	89.2	89.1
100.0	100.0	100.0	100.0	100.0	96.9	96.9
96.6	**96.0**	**96.8**	**96.9**	**96.8**	**96.2**	**96.6**
104.2	**104.5**	**105.6**	**105.3**	**105.4**	**105.5**	**105.3**
101.2	102.1	104.2	103.2	102.2	101.7	102.1

2008年广西城市商品零售价格各月同比指数（续表2）

以上年同月价格为100

类　别	1月	2月	3月	4月	5月
2. 日用杂品	100.0	100.6	100.8	102.2	103.6
3. 洗涤用品	106.4	108.1	108.9	108.3	108.4
4. 其他日用品	102.7	104.1	106.0	103.2	102.5
八、体育娱乐用品	**99.2**	**98.9**	**98.9**	**99.2**	**100.0**
1. 体育用品	100.0	99.7	99.6	100.1	100.6
2. 娱乐用品	98.3	98.0	98.1	98.3	99.3
九、交通、通信用品	**90.8**	**91.8**	**92.3**	**92.4**	**93.6**
1. 交通运输机械	96.2	96.2	96.4	97.5	98.1
2. 通信器材	79.5	82.3	83.3	81.7	84.0
十、家　　具	**100.4**	**100.7**	**100.3**	**99.9**	**100.1**
十一、化 妆 品	**99.7**	**100.4**	**100.6**	**100.0**	**101.1**
十二、金银珠宝	**115.5**	**122.3**	**125.0**	**118.6**	**115.7**
十三、中西药品及医疗保健用品	**104.5**	**105.8**	**106.0**	**105.2**	**103.7**
1. 医疗器具及用品	99.7	99.1	99.1	99.5	100.2
2. 中药材及中成药	113.6	116.2	116.9	114.0	108.4
3. 西　　药	100.1	101.2	101.3	101.2	101.6
4. 保健品及器具	99.9	99.9	99.6	99.8	100.8
十四、书报杂志及电子出版物	**98.1**	**98.1**	**100.2**	**100.2**	**100.2**
1. 教材及参考书	92.6	92.6	99.2	99.2	99.2
2. 书报杂志	100.8	100.8	100.8	100.8	100.8
3. 电子音像制品	100.0	100.0	100.0	99.8	99.8
十五、燃　　料	**112.2**	**116.7**	**118.7**	**117.7**	**117.0**
1. 煤炭及制品	114.2	119.8	122.8	125.0	125.3
2. 石油及制品	111.9	116.4	118.2	116.7	116.0
液化石油气	121.0	131.8	138.3	132.6	130.0
管道燃气	101.9	102.4	101.9	101.9	101.9
汽　　油	107.3	109.3	109.3	110.0	110.0
柴　　油	109.2	109.1	109.3	109.3	109.3
十六、建筑材料及五金电料	**114.1**	**113.9**	**114.3**	**114.8**	**114.8**
1. 建筑装潢材料	118.0	118.0	117.9	118.3	118.4
2. 五金电料	101.3	100.3	102.2	102.9	102.3

6 月	7 月	8 月	9 月	10 月	11 月	12 月
103.6	103.5	104.9	104.4	105.4	105.4	104.5
108.1	108.6	109.0	109.2	110.5	112.0	111.2
101.1	103.2	103.2	103.2	103.1	102.0	102.3
99.9	99.7	98.8	98.7	98.6	98.6	99.0
100.6	100.6	100.5	100.2	100.1	100.2	100.8
99.2	98.7	97.1	96.8	96.8	96.6	96.9
94.0	95.2	94.3	94.5	95.3	95.2	95.3
98.2	99.3	99.0	99.5	100.4	100.4	100.4
85.1	86.3	84.6	84.1	84.4	84.0	84.6
100.0	98.6	98.5	98.6	98.6	98.5	98.2
101.1	101.3	99.4	100.4	100.5	100.4	100.8
115.1	118.7	112.0	107.6	99.9	91.3	95.7
101.6	102.7	102.5	102.2	102.5	102.3	102.5
100.0	100.0	100.2	100.2	99.5	99.5	99.4
104.3	104.0	104.7	102.3	101.9	101.8	102.0
101.8	101.2	100.8	100.5	100.2	100.4	100.8
102.4	107.3	111.7	111.4	115.0	114.3	114.6
100.2	100.1	100.8	101.1	101.0	101.0	101.0
99.2	99.2	99.3	100.4	100.4	100.4	100.4
100.8	100.8	102.0	102.3	102.3	102.3	102.3
99.8	99.6	99.6	99.6	99.2	99.2	99.2
120.9	125.0	125.4	127.2	120.9	106.4	99.6
126.3	128.8	131.0	155.3	154.5	144.3	133.2
120.2	124.6	125.1	122.6	116.3	101.4	95.4
128.9	130.5	126.3	124.5	106.2	82.7	79.9
101.2	101.2	101.2	101.2	101.2	100.8	100.0
118.2	127.2	127.2	127.1	126.7	116.1	106.7
119.0	128.6	128.5	128.5	128.5	117.0	106.4
115.2	114.9	113.0	110.6	105.5	101.4	100.6
119.4	119.0	116.6	113.4	107.0	101.5	100.5
101.2	101.1	101.3	100.8	100.9	100.7	101.2

2009年广西城市商品零售价格各月同比指数

类别	1月	2月	3月	4月	5月
商品零售价格总指数	**100.4**	**97.1**	**98.4**	**97.4**	**97.3**
一、食　　品	**105.4**	**96.3**	**100.9**	**97.9**	**98.5**
1. 粮　　食	111.9	112.0	113.3	110.8	103.8
大　　米	113.1	113.3	115.1	111.9	102.8
2. 淀　　粉	101.5	96.8	94.5	92.8	91.3
3. 干豆类及豆制品	111.5	95.0	95.3	94.0	93.5
4. 油　　脂	86.8	83.6	80.7	79.6	78.6
食用植物油	88.2	83.7	79.8	78.7	78.3
5. 肉禽及其制品	100.8	93.1	92.4	89.9	87.5
(1) 食用畜肉及副产品	96.8	88.5	86.5	84.0	79.8
猪　　肉	87.9	81.4	77.6	73.9	69.0
牛　　肉	120.5	104.6	105.3	105.0	101.3
羊　　肉	104.6	89.5	95.1	96.0	95.5
(2) 禽	107.2	98.4	101.2	97.3	96.7
鸡	109.9	96.5	103.5	100.2	98.4
鸭	101.7	102.4	96.6	91.5	92.9
(3) 肉禽加工制品	105.1	102.7	99.4	99.0	99.4
6. 蛋	98.7	97.4	99.5	100.0	100.5
鲜　　蛋	98.3	97.1	99.9	100.3	100.7
7. 水 产 品	115.3	105.2	98.5	97.5	99.8
(1) 鱼	109.5	102.4	99.3	92.2	92.0
淡 水 鱼	106.0	97.6	93.4	85.7	83.6
海 水 鱼	114.2	110.2	109.7	103.7	106.7
(2) 其他水产品	124.5	109.2	97.2	106.6	114.8
虾 蟹 类	124.5	109.2	97.2	106.6	114.8
8. 菜	113.6	74.9	115.4	98.9	112.6
鲜　　菜	113.8	71.3	117.6	98.7	114.6
9. 调 味 品	105.2	104.4	103.9	102.5	101.9
盐	100.0	100.0	100.0	100.2	100.3
酱　　油	106.5	105.7	103.8	100.4	98.9
10. 糖	107.1	105.9	106.0	106.9	107.9
食　　糖	103.7	104.3	104.1	105.8	107.1
11. 干鲜瓜果	97.4	92.5	100.2	99.1	109.3

6 月	7 月	8 月	9 月	10 月	11 月	12 月
96.9	**96.6**	**97.5**	**97.8**	**97.9**	**99.5**	**101.0**
97.7	**97.7**	**99.8**	**99.9**	**99.6**	**101.1**	**103.5**
103.8	103.9	103.8	103.4	103.2	103.4	103.9
102.7	102.8	102.6	101.9	103.2	103.3	103.8
91.6	91.2	92.3	95.3	94.1	95.6	98.0
93.0	92.8	94.2	95.6	98.8	101.4	104.6
79.7	80.2	79.4	78.6	79.4	83.0	90.2
78.9	78.7	78.3	77.0	78.0	82.1	89.4
86.3	87.1	90.2	92.7	94.8	97.5	97.5
78.4	78.7	82.7	86.2	90.2	94.0	94.6
67.2	67.4	73.2	79.1	85.0	89.8	89.9
100.5	100.8	100.5	98.5	99.5	100.4	100.0
94.8	94.1	94.0	93.1	92.3	95.0	99.3
96.0	98.4	100.8	101.9	101.3	102.6	101.7
97.3	99.7	101.5	101.6	100.1	102.6	100.5
93.1	95.6	99.3	102.2	103.6	102.4	104.2
97.8	97.2	98.3	98.6	97.4	98.5	98.8
99.7	99.0	100.5	102.6	103.8	104.4	104.9
99.7	99.0	100.5	102.5	103.8	104.3	104.9
99.5	100.7	97.4	95.4	98.1	102.5	105.7
91.9	93.5	92.5	92.1	93.6	98.2	100.7
83.0	85.0	84.5	83.8	87.4	92.3	95.5
106.7	107.3	106.0	106.8	103.3	107.0	108.1
115.9	115.4	107.5	101.9	106.3	110.0	113.7
115.9	115.4	107.5	101.9	106.3	110.0	113.7
108.9	100.7	110.6	109.3	100.8	106.2	118.5
110.3	101.2	113.0	111.7	101.4	107.5	121.2
100.8	100.5	99.5	99.6	99.7	100.5	100.1
100.1	98.5	98.9	99.1	98.9	99.9	99.4
98.3	98.7	98.4	98.7	99.3	100.5	99.2
107.2	109.0	109.3	109.6	108.5	106.1	106.4
106.7	113.6	117.2	119.2	119.0	112.6	114.2
114.0	120.6	122.5	115.5	112.2	108.2	112.0

2009 年广西城市商品零售价格各月同比指数（续表 1）

类 别	1 月	2 月	3 月	4 月	5 月
鲜 瓜 果	96.0	90.9	100.4	98.5	110.3
12. 糕点饼干面包	103.2	102.1	102.2	102.1	103.5
13. 液体乳及乳制品	109.1	109.6	109.6	108.1	107.1
14. 在外用膳食品	109.9	108.5	107.9	107.1	101.9
15. 其他食品	103.9	101.3	101.6	101.4	101.9
二、饮料、烟酒	**100.5**	**100.2**	**100.7**	**100.7**	**100.7**
1. 茶及饮料	99.4	99.5	98.7	99.2	99.7
(1) 茶　叶	98.0	99.6	99.1	99.1	99.4
(2) 饮　料	100.0	99.5	98.5	99.3	99.8
2. 烟　草	98.8	98.4	99.6	99.6	99.5
3. 酒	103.4	102.8	103.6	103.1	102.8
三、服装、鞋帽	**92.2**	**95.0**	**97.2**	**99.2**	**98.2**
1. 服　装	93.0	96.0	100.5	102.4	101.3
(1) 男式服装	95.0	99.9	100.7	101.5	102.7
(2) 女式服装	92.5	93.8	101.1	104.3	101.0
(3) 儿童服装	89.2	93.1	98.0	98.0	98.2
2. 鞋 袜 帽	89.6	92.5	88.8	92.2	91.2
(1) 鞋	88.2	91.3	87.1	91.0	89.8
(2) 袜　子	99.1	100.7	101.0	101.0	101.1
(3) 帽　子	102.2	101.7	100.7	100.0	101.7
3. 其　他	94.8	94.8	96.2	91.3	91.3
四、纺 织 品	**100.1**	**101.7**	**101.3**	**103.0**	**100.7**
1. 衣着材料	103.2	103.0	104.8	106.5	105.7
2. 床上用品	98.7	101.0	99.6	101.2	98.2
五、家用电器及音像器材	**95.2**	**93.7**	**92.9**	**91.9**	**91.3**
1. 家庭设备	100.2	97.9	97.3	95.7	94.9
2. 文娱用耐用消费品	89.0	88.2	87.0	86.3	86.1
3. 音像器材	97.3	97.4	97.3	97.3	97.3
六、文化办公用品	**96.2**	**96.1**	**96.7**	**96.2**	**96.4**
七、日 用 品	**105.1**	**103.7**	**103.2**	**102.4**	**102.1**
1. 日用百货	102.3	101.9	102.3	101.2	101.1
2. 日用杂品	103.2	102.7	102.0	99.2	100.6

6 月	7 月	8 月	9 月	10 月	11 月	12 月
116.0	124.4	127.5	118.6	114.3	108.9	112.7
101.3	100.9	100.9	100.8	100.7	100.6	99.6
101.8	101.9	101.6	104.0	104.7	101.0	101.2
101.0	100.8	102.1	102.8	102.7	102.6	103.5
101.8	103.4	104.3	103.3	103.5	100.7	101.1
100.7	**100.6**	**100.8**	**100.8**	**100.6**	**100.5**	**100.8**
99.4	100.0	99.9	99.6	99.1	98.9	99.2
99.3	99.2	99.5	99.6	99.4	99.1	100.0
99.4	100.3	100.1	99.6	99.0	98.9	98.9
99.8	99.6	99.9	99.9	100.0	100.1	100.1
102.7	102.1	102.4	102.6	102.3	102.1	102.6
96.9	**96.5**	**99.1**	**100.4**	**99.1**	**100.7**	**100.2**
99.6	99.3	101.7	102.9	101.0	102.5	101.4
100.8	100.2	101.5	103.1	100.8	102.7	101.9
99.3	99.8	102.5	103.2	101.8	102.0	100.9
97.4	94.5	98.6	100.9	98.2	103.5	102.2
90.5	90.0	93.8	95.1	95.3	97.0	98.0
88.9	88.4	92.7	94.2	94.5	96.5	97.7
101.6	100.7	100.2	100.1	100.2	100.2	100.1
101.7	101.7	101.7	101.7	101.7	100.1	100.4
92.4	91.9	91.4	91.4	91.9	93.8	94.7
102.3	**99.4**	**100.2**	**100.1**	**99.6**	**99.1**	**99.2**
107.4	106.8	107.2	105.8	104.8	103.5	103.4
99.8	96.0	96.8	97.3	97.1	96.9	97.1
92.0	**92.1**	**91.4**	**91.7**	**92.4**	**92.9**	**93.6**
94.9	94.5	93.4	93.7	94.5	94.4	94.9
87.5	88.2	88.0	88.3	89.0	90.0	91.0
97.3	97.2	97.2	97.2	97.4	100.1	100.1
96.4	**96.4**	**96.5**	**96.4**	**96.8**	**97.7**	**98.3**
101.5	**100.5**	**99.4**	**99.5**	**99.1**	**99.1**	**98.9**
101.0	100.3	99.1	98.7	99.1	99.5	99.4
100.4	99.6	99.0	99.0	98.7	98.4	98.8

2009年广西城市商品零售价格各月同比指数（续表2）

类　别	1月	2月	3月	4月	5月
3. 洗涤用品	111.6	108.2	107.7	106.7	104.5
4. 其他日用品	101.6	100.7	98.8	100.6	101.2
八、体育娱乐用品	**98.3**	**98.0**	**98.0**	**97.7**	**97.4**
1. 体育用品	99.7	99.7	99.3	98.9	98.9
2. 娱乐用品	96.7	96.2	96.5	96.3	95.7
九、交通、通信用品	**96.8**	**96.2**	**95.9**	**95.8**	**95.7**
1. 交通运输机械	100.5	100.2	100.2	100.1	99.9
2. 通信器材	88.7	87.5	86.9	86.9	86.8
十、家　　具	**97.2**	**97.6**	**97.4**	**97.0**	**97.4**
十一、化 妆 品	**102.7**	**103.0**	**103.1**	**102.7**	**101.8**
十二、金银珠宝	**94.7**	**94.3**	**90.7**	**91.2**	**95.2**
十三、中西药品及医疗保健用品	**102.6**	**101.3**	**101.1**	**101.4**	**101.5**
1. 医疗器具及用品	101.7	102.7	102.5	102.5	102.9
2. 中药材及中成药	102.9	99.3	98.8	98.9	99.1
3. 西　　药	100.6	100.4	100.5	100.9	101.0
4. 保健品及器具	112.0	111.2	111.1	110.8	110.8
十四、书报杂志及电子出版物	**104.8**	**105.4**	**105.3**	**105.3**	**104.8**
1. 教材及参考书	101.4	101.3	102.3	102.3	101.8
2. 书报杂志	110.7	112.3	111.3	111.3	111.2
3. 电子音像制品	98.8	98.7	98.2	97.8	96.6
十五、燃　　料	**93.3**	**90.2**	**89.3**	**89.4**	**88.1**
1. 煤炭及制品	122.5	114.3	109.2	107.9	103.7
2. 石油及制品	89.7	87.1	86.6	86.9	85.9
液化石油气	78.3	74.4	68.6	67.1	64.4
管道燃气	107.3	107.3	107.3	107.3	107.3
汽　　油	95.1	93.4	97.0	98.7	98.7
柴　　油	93.4	90.6	93.5	94.5	94.6
十六、建筑材料及五金电料	**101.3**	**100.1**	**97.6**	**96.9**	**95.5**
1. 建筑装潢材料	101.3	99.5	96.4	95.4	93.6
2. 五金电料	101.6	102.4	101.7	102.1	102.2

6 月	7 月	8 月	9 月	10 月	11 月	12 月
103.3	102.4	100.5	101.1	99.9	99.1	98.7
100.6	98.8	98.5	98.6	98.1	98.9	98.4
97.2	**97.0**	**97.9**	**97.8**	**97.4**	**98.3**	**98.7**
98.2	97.9	98.5	98.8	98.6	99.3	99.4
96.1	96.1	97.2	96.7	96.1	97.1	97.8
95.4	**94.9**	**95.5**	**96.0**	**96.4**	**96.6**	**96.9**
99.3	98.6	98.5	98.7	98.7	98.7	98.8
87.3	87.3	89.3	90.3	91.7	92.3	93.1
97.4	**96.8**	**97.2**	**97.2**	**97.8**	**97.9**	**98.2**
101.1	**99.9**	**101.5**	**100.5**	**100.6**	**100.9**	**100.6**
97.6	**94.7**	**99.7**	**101.7**	**108.5**	**117.3**	**115.6**
101.6	**101.1**	**100.4**	**100.8**	**99.4**	**99.0**	**99.0**
103.1	103.1	103.0	104.1	103.1	103.9	103.9
99.9	99.4	98.8	99.3	97.0	96.8	97.0
100.9	101.1	100.9	101.2	100.6	99.8	99.7
109.0	105.1	101.3	101.1	98.7	98.6	98.7
104.9	**105.3**	**104.9**	**104.9**	**103.9**	**103.9**	**103.8**
101.8	101.8	101.9	101.6	101.6	101.6	101.6
111.2	112.0	110.9	111.6	108.9	108.9	108.9
97.4	97.5	97.5	97.4	97.8	97.8	97.4
86.9	**87.8**	**88.0**	**90.8**	**91.9**	**101.3**	**110.3**
102.7	100.7	97.5	86.3	85.3	88.0	91.6
84.6	85.7	86.3	90.9	92.4	102.6	112.4
62.2	60.9	67.3	74.0	81.1	99.8	112.5
107.3	107.3	107.3	107.2	107.2	107.2	111.3
97.2	99.2	96.0	99.8	97.4	103.9	112.9
93.4	96.2	93.1	97.2	94.6	101.6	111.9
95.6	**95.5**	**96.7**	**96.9**	**99.1**	**100.9**	**101.4**
93.7	93.3	94.6	95.0	97.8	100.1	100.6
102.3	103.4	104.0	103.6	103.6	103.7	103.9

2010年广西城市商品零售价格各月同比指数

以上年同月价格为100

类　　别	1月	2月	3月	4月	5月
商品零售价格总指数	**101.6**	**103.0**	**102.1**	**102.9**	**103.3**
一、食　　品	**103.3**	**108.2**	**105.0**	**105.8**	**106.7**
1. 粮　　食	104.8	104.4	103.9	105.6	106.4
大　　米	104.7	104.2	103.5	105.9	107.2
2. 淀　　粉	99.3	100.0	100.6	101.4	102.8
3. 干豆类及豆制品	103.5	108.0	106.6	109.1	113.5
4. 油　　脂	94.5	97.1	99.0	100.5	101.8
食用植物油	94.9	98.6	100.8	102.5	103.7
5. 肉禽及其制品	94.9	99.4	97.5	97.8	99.5
(1) 食用畜肉及副产品	91.8	96.5	94.4	95.0	98.0
猪　　肉	85.9	92.1	90.3	91.4	95.9
牛　　肉	98.5	101.5	100.7	100.3	100.4
羊　　肉	100.2	103.3	106.1	105.8	107.5
(2) 禽	98.7	103.8	101.9	101.7	102.4
鸡	96.4	102.6	101.7	100.0	100.1
鸭	103.5	106.3	102.4	105.1	107.0
(3) 肉禽加工制品	98.2	100.3	99.5	99.7	99.9
6. 蛋	105.1	105.9	104.5	102.4	101.7
鲜　　蛋	105.1	105.9	104.3	102.2	101.4
7. 水 产 品	101.9	110.6	110.0	108.7	105.4
(1) 鱼	99.8	104.9	103.4	105.8	104.5
淡 水 鱼	97.3	102.3	99.5	102.8	103.1
海 水 鱼	103.1	108.1	108.7	109.9	106.2
(2) 其他水产品	105.4	119.7	120.7	113.2	106.5
虾 蟹 类	105.4	119.7	120.7	113.2	106.5
8. 菜	122.5	146.0	116.3	124.9	131.3
鲜　　菜	125.4	153.1	116.6	126.5	133.9
9. 调 味 品	101.0	102.0	101.7	102.4	103.2
盐	99.5	99.5	99.5	99.2	99.2
酱　　油	100.2	102.0	102.0	103.5	104.8
10. 糖	109.7	110.4	109.9	109.3	110.0
食　　糖	123.9	125.5	125.2	126.2	126.1

6 月	7 月	8 月	9 月	10 月	11 月	12 月
102.8	**102.9**	**102.8**	**102.5**	**103.7**	**104.0**	**104.2**
106.2	**107.2**	**107.2**	**107.1**	**109.8**	**110.5**	**110.3**
106.0	105.8	105.7	106.3	106.6	109.8	113.5
106.6	106.3	106.2	106.7	107.0	110.8	114.5
105.3	105.8	105.9	106.3	107.1	109.4	116.1
112.9	112.3	111.8	109.7	107.7	108.1	107.1
100.5	99.9	101.9	105.4	106.7	111.8	112.0
103.3	103.3	104.8	109.3	111.7	115.2	113.5
101.2	104.5	107.5	105.7	108.3	111.2	111.9
98.7	102.8	106.4	104.6	108.6	112.4	112.0
97.5	104.5	109.7	106.8	111.9	117.9	116.9
99.1	99.2	98.3	98.3	99.3	99.3	98.9
108.2	107.5	106.9	107.4	110.1	112.1	115.4
105.6	108.5	110.8	108.8	109.6	111.4	113.6
102.7	105.0	107.9	108.7	109.9	110.3	111.8
111.4	115.4	116.4	108.7	108.8	113.6	117.1
101.9	103.5	105.4	104.3	104.8	106.8	108.0
102.0	103.9	108.8	107.8	107.3	111.2	113.3
101.8	103.9	109.3	108.3	107.8	111.9	114.2
108.4	108.5	111.1	113.4	113.8	113.3	112.5
106.6	109.4	110.8	110.8	111.0	112.0	112.9
105.8	108.3	110.1	110.7	111.6	111.3	112.0
107.9	111.1	111.6	110.6	109.7	112.7	114.1
110.4	105.8	110.4	116.6	117.9	115.0	111.9
110.4	105.8	110.4	116.6	117.9	115.0	111.9
124.1	129.2	120.9	120.0	134.6	117.2	103.1
125.7	131.6	121.6	120.2	137.0	116.5	100.3
103.3	103.3	103.3	103.1	102.8	103.3	103.6
99.4	100.5	100.6	100.4	100.6	99.6	100.0
104.8	104.1	104.1	103.8	103.2	103.8	104.1
109.5	107.6	107.2	107.1	107.9	111.8	113.1
125.8	118.5	116.9	116.7	117.4	126.0	126.7

2010 年广西城市商品零售价格各月同比指数（续表 1）

以上年同月价格为 100

类　　别	1 月	2 月	3 月	4 月	5 月
11. 干鲜瓜果	113.1	121.0	119.3	118.0	117.5
鲜 瓜 果	113.2	122.2	120.6	119.6	119.3
12. 糕点饼干面包	100.2	100.0	99.7	99.7	100.0
13. 液体乳及乳制品	100.3	99.7	99.4	101.1	101.2
14. 在外用膳食品	104.0	104.9	104.9	104.1	104.1
15. 其他食品	101.0	102.7	100.4	101.3	100.8
二、饮料、烟酒	**101.4**	**101.1**	**101.0**	**101.3**	**101.6**
1. 茶及饮料	100.5	99.9	100.2	100.9	101.5
(1) 茶　　叶	102.2	100.4	100.7	100.8	100.7
(2) 饮　　料	99.8	99.6	100.0	101.0	101.8
2. 烟　　草	100.5	100.6	100.4	100.5	100.6
3. 酒	102.9	102.4	102.4	102.5	102.9
三、服装、鞋帽	**101.9**	**98.4**	**98.3**	**97.7**	**97.6**
1. 服　　装	103.5	99.8	98.8	98.4	97.0
(1) 男式服装	103.4	98.1	96.1	95.8	95.4
(2) 女式服装	102.9	100.6	100.6	99.2	97.3
(3) 儿童服装	106.1	101.6	100.0	103.4	100.9
2. 鞋 袜 帽	98.7	95.5	97.8	96.0	99.2
(1) 鞋	98.5	94.9	97.6	95.3	99.2
(2) 袜　　子	100.1	99.7	99.4	100.0	99.9
(3) 帽　　子	100.1	98.7	100.0	101.8	100.1
3. 其　　他	95.8	92.6	92.2	96.7	96.4
四、纺 织 品	**100.1**	**99.3**	**98.2**	**98.7**	**99.5**
1. 衣着材料	103.4	103.5	103.2	101.9	101.9
2. 床上用品	98.5	97.2	95.7	97.1	98.4
五、家用电器及音像器材	**94.2**	**94.3**	**95.2**	**96.1**	**97.2**
1. 家庭设备	94.7	95.0	95.4	96.4	97.5
2. 文娱用耐用消费品	92.7	92.7	94.4	95.1	96.4
3. 音像器材	100.1	100.1	100.2	100.3	100.3
六、文化办公用品	**98.6**	**98.7**	**98.2**	**98.9**	**99.0**
七、日 用 品	**98.9**	**99.0**	**99.0**	**99.9**	**99.5**
1. 日用百货	99.4	99.3	99.4	99.8	99.8

6 月	7 月	8 月	9 月	10 月	11月	12 月
112.9	106.7	104.6	107.4	110.9	120.2	127.5
114.1	106.9	104.5	107.8	111.9	123.0	132.2
100.2	100.4	102.2	102.4	102.6	103.6	104.2
101.2	101.6	102.9	101.6	102.0	103.4	103.4
103.8	104.3	102.9	102.3	102.4	103.6	104.4
101.4	101.2	100.0	101.7	103.1	103.1	104.0
101.5	**101.6**	**101.6**	**101.5**	**101.5**	**101.7**	**102.1**
101.8	101.8	102.1	102.3	102.4	102.6	102.9
100.7	100.8	100.2	100.1	99.8	100.3	100.4
102.3	102.3	102.9	103.2	103.5	103.6	104.0
100.3	100.2	100.0	99.8	99.8	99.8	99.8
102.7	102.9	103.1	102.7	102.8	103.3	104.0
97.7	**99.4**	**98.3**	**97.6**	**99.3**	**100.2**	**102.3**
97.5	99.2	97.7	97.1	99.5	101.0	103.4
96.7	98.1	96.5	96.0	98.8	101.1	102.3
97.8	99.3	97.4	97.1	99.7	100.9	104.4
98.7	102.8	102.9	100.4	100.6	101.1	103.1
98.3	99.9	99.5	98.2	98.0	97.6	99.3
98.2	100.0	99.3	97.8	97.5	97.0	99.0
99.7	99.9	101.9	101.9	102.1	101.9	101.9
100.0	100.1	100.1	100.1	100.2	99.9	99.9
96.9	98.9	99.8	101.6	102.3	102.0	102.4
98.7	**98.8**	**98.7**	**99.3**	**100.4**	**101.8**	**102.2**
101.4	101.4	101.4	101.4	102.9	104.4	104.7
97.4	97.5	97.4	98.2	99.1	100.5	100.9
97.1	**97.2**	**97.7**	**97.1**	**96.5**	**96.3**	**95.9**
97.7	97.7	98.8	97.8	96.7	96.7	96.4
95.9	96.0	96.0	95.8	95.9	95.3	94.8
100.2	100.1	99.9	99.5	99.5	99.5	99.5
99.0	**99.1**	**99.7**	**99.2**	**98.7**	**98.8**	**98.5**
99.9	**100.4**	**100.2**	**100.1**	**100.2**	**100.3**	**100.7**
99.9	100.4	100.1	100.4	100.3	100.5	100.5

2010年广西城市商品零售价格各月同比指数（续表2）

以上年同月价格为100

类　　别	1月	2月	3月	4月	5月
2. 日用杂品	99.3	98.7	99.2	101.0	99.0
3. 洗涤用品	98.5	99.5	98.3	99.5	100.0
4. 其他日用品	98.4	98.4	99.2	99.5	98.9
八、体育娱乐用品	**98.9**	**99.2**	**99.7**	**99.5**	**99.1**
1. 体育用品	99.7	99.9	100.5	100.9	100.0
2. 娱乐用品	98.0	98.4	98.8	98.0	98.0
九、交通、通信用品	**97.0**	**97.1**	**97.2**	**97.3**	**97.7**
1. 交通运输机械	99.0	99.1	99.0	99.0	99.0
2. 通信器材	93.0	93.2	93.6	94.2	95.2
十、家　　具	**98.4**	**99.0**	**99.1**	**98.4**	**96.6**
十一、化 妆 品	**101.3**	**100.3**	**101.1**	**100.6**	**99.9**
十二、金银珠宝	**117.5**	**111.3**	**111.1**	**114.2**	**115.0**
十三、中西药品及医疗保健用品	**99.0**	**100.1**	**100.1**	**100.6**	**100.9**
1. 医疗器具及用品	105.4	106.4	106.8	106.8	106.3
2. 中药材及中成药	96.8	99.9	99.5	100.4	100.7
3. 西　　药	99.7	99.5	99.6	99.8	100.2
4. 保健品及器具	98.7	99.2	99.1	99.9	100.2
十四、书报杂志及电子出版物	**99.9**	**99.8**	**98.6**	**98.8**	**99.3**
1. 教材及参考书	100.9	100.4	96.6	96.6	97.1
2. 书报杂志	100.3	100.4	100.4	100.6	100.7
3. 电子音像制品	97.7	97.7	98.1	98.6	100.0
十五、燃　　料	**117.9**	**120.8**	**121.4**	**124.3**	**125.6**
1. 煤炭及制品	94.6	98.2	102.1	102.2	106.0
2. 石油及制品	120.7	123.4	123.6	126.8	127.8
液化石油气	119.1	123.2	132.3	138.2	142.4
管道燃气	103.7	103.7	103.7	103.7	103.7
汽　　油	125.4	127.8	123.0	125.5	125.4
柴　　油	125.8	129.4	125.4	129.3	129.6
十六、建筑材料及五金电料	**101.4**	**102.0**	**103.6**	**105.5**	**106.2**
1. 建筑装潢材料	100.7	101.5	103.2	106.0	106.9
2. 五金电料	103.7	103.6	104.9	103.9	104.0

6 月	7 月	8 月	9 月	10 月	11 月	12 月
99.4	100.5	100.2	100.4	100.6	100.6	100.4
100.5	100.6	100.9	100.2	100.2	100.0	101.0
99.4	99.9	99.4	99.3	99.8	100.4	100.9
99.0	**99.1**	**98.7**	**98.6**	**98.8**	**99.3**	**99.0**
100.3	100.6	100.2	100.0	100.4	101.4	100.8
97.7	97.4	97.1	97.1	97.0	97.0	96.9
98.2	**98.2**	**97.8**	**97.3**	**96.8**	**96.9**	**97.0**
99.7	99.7	99.3	98.9	98.7	99.0	99.1
95.4	95.4	95.0	94.3	93.4	93.0	93.1
96.7	**97.8**	**97.9**	**97.9**	**98.3**	**98.4**	**99.2**
100.5	**100.3**	**100.3**	**100.4**	**100.6**	**100.7**	**100.8**
113.7	**113.6**	**114.5**	**115.2**	**114.8**	**113.1**	**113.0**
101.0	**101.1**	**101.7**	**101.6**	**102.6**	**104.5**	**104.5**
106.1	106.1	107.0	105.8	105.6	104.0	104.0
101.2	101.3	101.8	102.1	104.1	108.2	109.3
100.2	100.3	100.6	100.4	101.1	102.2	101.4
100.2	100.8	102.0	102.0	102.2	103.3	102.7
99.3	**99.2**	**99.1**	**100.2**	**100.1**	**100.1**	**100.1**
97.1	97.1	97.0	100.4	100.2	100.2	100.2
100.7	100.5	100.5	100.3	100.3	100.3	100.3
100.0	100.0	99.6	99.6	99.6	99.6	99.6
118.9	**112.2**	**110.6**	**106.8**	**110.5**	**108.4**	**108.2**
106.4	105.2	104.6	105.6	106.9	109.3	112.6
120.3	112.9	111.2	107.0	110.9	108.3	107.9
140.7	137.6	121.7	114.2	115.1	116.8	109.3
103.7	103.7	103.7	103.7	103.7	103.7	100.5
114.7	105.5	108.8	105.0	110.7	104.1	107.9
115.4	105.3	109.1	105.3	111.7	104.6	108.6
105.1	**104.1**	**103.7**	**105.8**	**106.4**	**106.4**	**106.5**
105.5	104.8	104.4	107.0	107.8	107.8	107.9
103.9	102.0	101.6	101.6	101.6	101.7	101.7

2011年广西城市商品零售价格各月同比指数

以上年同月价格为100

类 别	1月	2月	3月	4月	5月
商品零售价格总指数	**104.9**	**105.5**	**105.9**	**106.6**	**106.6**
一、食 品	**113.3**	**113.3**	**114.6**	**115.8**	**114.9**
1. 粮 食	115.4	116.5	119.0	119.5	119.2
大 米	117.0	118.3	121.7	121.6	121.1
2. 淀粉及制品	114.9	115.7	116.6	115.7	115.2
3. 干豆类及豆制品	107.8	107.1	108.8	107.5	104.1
4. 油 脂	111.5	111.0	110.6	112.2	112.6
食用植物油	114.2	113.8	113.8	114.7	114.9
5. 肉禽及其制品	113.9	114.6	118.1	121.2	124.7
(1) 食用畜肉及副产品	114.2	116.4	121.1	125.3	130.4
猪 肉	118.9	120.9	128.2	134.5	142.3
牛 肉	99.2	100.4	99.3	100.0	100.5
羊 肉	117.2	121.7	119.8	118.7	117.2
(2) 禽	115.4	114.3	116.5	118.3	120.4
鸡	115.3	116.4	116.7	117.5	120.3
鸭	116.0	110.0	116.5	120.3	120.9
(3) 加工肉禽	109.2	107.9	109.3	111.1	112.7
6. 蛋	114.9	116.4	114.6	114.2	116.4
鲜 蛋	115.7	117.1	115.2	114.8	117.1
7. 水 产 品	116.1	119.1	120.2	120.9	120.0
(1) 鱼	114.9	114.2	115.6	118.4	118.8
淡 水 鱼	113.3	113.5	117.8	121.5	122.9
海 水 鱼	117.1	115.2	112.5	114.1	113.0
(2) 其他水产品	118.1	127.1	128.0	125.4	122.4
虾 蟹 类	118.9	128.3	129.6	126.8	123.3
8. 菜	118.5	111.8	111.4	109.6	99.3
鲜 菜	118.7	111.2	111.1	109.4	97.8
9. 调 味 品	103.1	102.9	103.2	103.0	103.5
食 用 盐	100.0	100.0	100.0	99.6	99.6
酱 油	103.6	104.0	104.0	103.7	105.3
10. 糖	109.2	108.6	109.5	111.4	111.2
食 糖	117.7	115.7	116.2	118.0	117.0

6 月	7 月	8 月	9 月	10 月	11 月	12 月
106.9	**107.0**	**106.4**	**106.2**	**105.3**	**104.0**	**103.0**
115.8	**115.8**	**113.5**	**113.4**	**111.9**	**109.9**	**108.8**
119.7	120.4	119.4	117.3	116.8	113.4	109.2
121.9	122.8	121.5	119.1	118.5	114.6	110.0
113.4	113.4	112.5	112.6	112.0	109.6	103.8
104.1	104.3	103.9	104.7	105.4	103.4	102.3
114.5	116.3	117.3	113.9	112.6	105.5	101.9
117.2	120.5	121.7	116.5	113.8	107.4	103.3
129.6	131.2	122.9	120.4	117.1	111.6	108.5
139.3	143.6	131.1	127.2	121.3	112.3	108.7
155.3	159.9	139.4	133.2	124.3	110.7	104.5
101.7	103.3	104.9	105.7	106.5	108.1	112.4
118.9	120.7	121.3	122.7	126.3	127.4	126.5
120.3	116.6	111.8	110.5	110.0	109.1	106.2
121.2	118.4	113.6	111.9	110.5	109.3	107.0
118.9	113.2	108.5	107.8	108.9	108.7	104.6
114.5	117.2	115.6	115.7	116.2	114.7	113.1
118.6	119.5	114.4	112.6	114.0	109.0	106.1
119.4	120.3	114.5	112.3	113.8	108.5	105.5
117.9	115.1	114.7	116.0	112.5	112.3	111.0
117.2	114.1	114.6	116.7	115.3	113.1	110.1
122.0	119.0	117.2	118.2	115.9	114.0	110.6
110.6	107.6	111.0	114.6	114.4	111.8	109.5
119.5	117.2	114.7	114.6	107.2	110.9	112.6
120.2	117.6	114.8	114.8	107.1	111.0	112.9
100.8	102.3	103.2	107.0	101.0	104.6	117.6
99.6	101.5	102.5	107.2	100.7	105.2	120.9
103.9	104.5	104.2	104.3	104.6	103.8	103.4
99.6	100.0	99.6	99.6	99.6	99.6	99.6
106.8	108.0	107.7	107.6	108.0	106.8	106.4
112.3	113.3	114.2	115.8	114.9	111.2	109.9
119.0	121.8	123.5	125.0	123.7	114.5	112.9

2011 年广西城市商品零售价格各月同比指数（续表 1）

以上年同月价格为 100

类　别	1 月	2 月	3 月	4 月	5 月
11. 干鲜瓜果	135.2	131.8	129.3	128.3	119.1
鲜 瓜 果	143.0	138.2	134.3	132.0	120.1
12. 糕点饼干面包	104.2	105.4	105.1	107.8	109.8
13. 液体乳及乳制品	103.0	104.6	104.6	105.2	104.6
14. 在外用膳食品	104.3	104.4	105.7	107.8	108.7
15. 其他食品	104.4	105.6	109.7	108.6	108.6
二、饮料、烟酒	**102.0**	**102.4**	**102.6**	**103.1**	**103.5**
1. 茶及饮料	102.1	102.4	102.8	103.8	104.1
(1) 茶　　叶	99.8	99.7	99.8	99.8	99.7
(2) 饮　　料	103.1	103.6	104.1	105.5	106.0
2. 烟　　草	100.2	100.2	100.0	100.0	100.2
3. 酒	104.0	105.1	105.4	106.1	106.8
三、服装、鞋帽	**100.9**	**102.8**	**102.6**	**104.2**	**105.1**
1. 服　　装	102.1	104.4	104.0	105.6	106.8
(1) 男式服装	101.0	103.9	104.3	106.8	107.6
(2) 女式服装	103.5	105.7	104.5	105.9	107.2
(3) 儿童服装	99.9	100.8	100.7	100.9	102.8
2. 鞋 袜 帽	98.2	99.4	99.7	101.5	101.9
(1) 鞋	97.8	99.1	99.5	101.5	102.1
(2) 袜　　子	101.1	101.2	101.6	101.1	101.1
(3) 帽　　子	100.9	102.2	100.3	100.4	100.4
3. 其　　他	98.9	99.7	99.8	99.7	99.6
四、纺 织 品	**103.7**	**105.4**	**106.8**	**107.3**	**107.0**
1. 衣着材料	105.7	105.7	107.3	109.6	109.8
2. 床上用品	102.8	105.2	106.6	106.3	105.6
五、家用电器及音像器材	**95.9**	**95.9**	**96.3**	**96.3**	**96.3**
1. 家庭设备	96.6	96.6	97.1	97.2	97.8
2. 文娱用耐用消费品	94.7	94.6	94.9	94.7	94.1
3. 专业音像器材	99.8	99.7	99.6	99.6	99.5
六、文化办公用品	**98.4**	**98.5**	**98.7**	**98.4**	**98.3**
七、日 用 品	**101.0**	**101.3**	**101.5**	**101.3**	**101.9**
1. 日用百货	100.8	101.3	101.3	100.8	101.3

6 月	7 月	8 月	9 月	10 月	11 月	12 月
110.9	103.8	102.5	105.2	109.8	112.2	105.4
109.4	99.9	98.5	102.1	107.9	111.8	104.1
109.9	109.7	109.6	109.8	109.8	108.9	108.1
106.1	105.4	104.4	104.3	105.2	104.2	104.4
108.9	109.9	110.4	111.3	111.4	110.5	110.0
110.2	109.5	109.5	106.9	106.7	106.9	105.9
103.7	**104.2**	**103.8**	**104.2**	**104.6**	**104.7**	**104.2**
104.2	104.8	104.3	104.3	104.2	104.4	104.2
99.2	100.1	100.7	100.7	100.4	100.3	100.4
106.3	106.7	105.8	105.8	105.8	106.1	105.8
100.2	100.2	100.3	100.3	100.2	100.2	100.2
107.2	108.2	107.5	108.6	110.1	110.0	108.8
104.8	**103.6**	**102.2**	**101.4**	**102.5**	**100.8**	**98.9**
106.1	104.7	103.5	103.0	104.7	102.0	99.7
106.4	105.3	105.2	104.6	105.1	101.4	100.1
107.1	105.7	104.3	104.0	106.1	103.6	100.7
101.8	99.5	95.6	94.6	98.2	97.1	94.8
102.4	101.8	99.9	98.4	98.3	98.7	97.4
102.5	101.9	100.1	98.4	98.4	98.9	97.4
101.3	100.7	98.5	98.4	97.4	97.6	97.8
100.7	100.2	98.4	98.6	98.6	98.5	98.8
98.5	97.1	96.7	95.1	93.8	94.2	95.7
107.4	**106.9**	**106.8**	**106.8**	**106.4**	**105.4**	**103.9**
109.3	109.6	109.7	110.3	110.2	109.9	109.4
106.4	105.6	105.4	105.1	104.6	103.3	101.3
96.4	**96.3**	**96.2**	**96.0**	**96.2**	**95.9**	**95.8**
98.3	98.7	98.1	98.7	99.3	98.7	98.4
93.6	93.1	93.2	92.2	92.1	92.0	92.0
99.9	99.9	100.1	100.4	100.4	100.5	100.6
98.4	**98.6**	**97.8**	**97.7**	**98.1**	**97.9**	**98.2**
101.8	**102.0**	**102.7**	**102.9**	**103.1**	**102.8**	**102.7**
101.1	101.4	102.5	102.8	103.2	102.8	103.2

2011 年广西城市商品零售价格各月同比指数（续表 2）

以上年同月价格为 100

类　　别	1 月	2 月	3 月	4 月	5 月
2. 日用杂品	100.9	101.4	101.2	101.1	101.8
3. 洗涤用品	100.7	101.4	101.8	102.0	103.0
4. 其他日用品	101.7	101.2	101.5	101.3	101.2
八、体育娱乐用品	**100.0**	**100.0**	**100.3**	**100.1**	**100.6**
1. 体育用品	100.8	100.7	100.8	100.5	100.8
2. 娱乐用品	99.2	99.3	99.7	99.8	100.3
九、交通、通信用品	**97.6**	**97.7**	**97.7**	**97.8**	**97.6**
1. 交通运输机械	98.7	98.7	98.4	98.8	98.7
2. 通信器材	95.7	96.0	96.3	96.1	95.6
十、家　　具	**101.4**	**101.5**	**101.8**	**102.7**	**103.5**
十一、化 妆 品	**101.4**	**101.2**	**100.8**	**101.0**	**101.3**
十二、金银珠宝	**110.1**	**112.7**	**113.6**	**114.3**	**113.6**
十三、中西药品及医疗保健用品	**104.1**	**103.7**	**104.4**	**104.2**	**104.9**
1. 医疗器具及用品	102.6	101.9	101.7	101.8	102.5
2. 中药材及中成药	110.3	109.9	112.2	111.7	114.2
3. 西　　药	100.4	100.0	100.1	99.8	99.6
4. 保健器具及用品	103.0	103.1	102.3	102.3	102.1
十四、书报杂志及电子出版物	**100.2**	**100.8**	**100.2**	**100.3**	**100.1**
1. 教材及参考书	100.2	101.5	100.0	100.0	100.0
2. 书报杂志	100.4	100.3	100.3	100.3	100.3
3. 电子音像制品	99.7	100.6	100.6	100.7	100.2
十五、燃　　料	**108.1**	**110.0**	**110.3**	**112.9**	**114.0**
1. 煤炭及制品	106.5	106.5	107.2	106.9	111.2
2. 石油及制品	108.2	110.4	110.6	113.4	114.2
液化石油气	110.4	110.1	110.6	116.0	118.2
管道燃气	100.2	100.2	100.2	100.3	100.4
汽　　油	107.9	112.3	112.3	114.1	114.2
柴　　油	108.9	113.4	113.4	114.1	113.8
十六、建筑材料及五金电料	**105.7**	**107.0**	**106.5**	**106.1**	**106.6**
1. 建筑装潢材料	107.3	108.7	108.5	107.6	107.9
2. 五金电料	100.4	101.4	99.9	101.0	102.1

6 月	7 月	8 月	9 月	10 月	11 月	12 月
102.1	101.9	101.9	102.0	102.1	102.0	102.2
102.9	103.4	104.3	104.7	105.0	104.9	104.0
101.0	101.0	101.1	101.2	101.2	100.3	100.2
100.9	**101.0**	**100.7**	**100.7**	**100.8**	**100.3**	**100.4**
101.0	101.1	101.3	100.8	100.5	99.4	99.9
100.8	100.9	100.2	100.5	101.2	101.3	100.9
97.8	**97.5**	**97.8**	**97.7**	**97.8**	**97.2**	**97.4**
98.9	98.8	99.0	98.9	99.1	98.4	99.3
95.9	95.3	95.5	95.6	95.3	94.9	93.7
104.4	**104.9**	**104.8**	**105.1**	**104.7**	**104.0**	**102.6**
101.1	**101.3**	**101.6**	**101.8**	**101.9**	**102.1**	**102.0**
112.7	**114.2**	**119.5**	**117.3**	**110.0**	**111.0**	**107.4**
105.3	**105.5**	**105.7**	**105.8**	**105.4**	**104.0**	**103.8**
103.7	103.8	103.3	103.4	103.4	103.6	103.5
115.1	115.9	117.1	117.2	116.2	112.5	110.0
99.5	99.5	99.3	99.4	99.3	99.0	100.2
102.3	101.6	101.0	100.8	100.6	99.7	99.8
100.1	**100.2**	**100.2**	**100.3**	**100.4**	**100.4**	**100.4**
100.0	100.1	100.1	100.5	100.6	100.6	100.6
100.3	100.3	100.3	100.3	100.3	100.3	100.3
100.0	100.2	100.0	100.1	100.2	100.4	100.3
113.5	**113.8**	**114.4**	**113.8**	**108.1**	**103.3**	**99.2**
114.3	113.8	115.4	114.9	113.8	111.9	110.1
113.4	113.7	114.3	113.7	107.6	102.4	98.1
111.0	111.8	113.8	112.7	106.2	93.2	87.2
98.7	98.5	98.2	98.2	98.2	98.2	97.8
117.4	117.6	117.4	117.2	110.3	110.2	106.3
119.0	118.9	118.6	117.6	110.1	109.9	105.8
107.2	**108.0**	**107.8**	**105.7**	**104.8**	**103.8**	**102.8**
108.5	109.4	109.2	106.6	105.5	104.2	103.0
103.1	103.5	103.1	102.7	102.7	102.5	102.1

2012年广西城市商品零售价格各月同比指数

以上年同月价格为100

类　　别	1月	2月	3月	4月	5月
商品零售价格总指数	**103.6**	**102.6**	**103.4**	**102.6**	**102.3**
一、食　　品	**109.9**	**105.7**	**106.8**	**105.4**	**105.8**
1. 粮　　食	108.2	107.4	104.6	102.4	102.0
大　　米	109.3	108.4	104.6	102.4	101.6
2. 淀粉及制品	102.9	102.1	101.4	101.1	101.5
3. 干豆类及豆制品	103.1	99.0	99.6	99.7	100.1
4. 油　　脂	104.9	105.3	105.3	106.6	108.5
食用植物油	105.5	106.3	106.5	108.7	111.2
5. 肉禽及其制品	113.7	109.0	109.6	106.9	104.4
(1) 食用畜肉及副产品	117.9	111.7	111.2	106.6	104.0
猪　　肉	113.1	105.3	103.7	97.3	93.2
牛　　肉	129.3	130.3	133.5	135.4	138.7
羊　　肉	132.3	126.4	127.3	127.6	130.4
(2) 禽	106.4	102.9	105.4	105.9	103.0
鸡	106.7	102.7	105.0	105.4	102.9
鸭	105.9	103.4	106.2	106.8	103.3
(3) 加工肉禽	112.9	110.7	112.0	110.8	108.9
6. 蛋	102.7	95.0	96.1	97.0	93.9
鲜　　蛋	101.9	93.8	94.9	96.0	92.7
7. 水 产 品	115.9	103.7	106.2	103.2	103.6
(1) 鱼	110.5	104.3	105.4	101.8	101.5
淡 水 鱼	112.0	103.7	103.7	100.2	99.4
海 水 鱼	108.5	105.3	107.8	104.1	104.7
(2) 其他水产品	125.0	102.7	107.5	105.7	107.5
虾 蟹 类	125.9	102.8	107.7	105.8	107.7
8. 菜	111.8	103.3	116.1	119.6	131.3
鲜　　菜	113.6	103.8	118.9	122.7	136.7
9. 调 味 品	102.7	102.1	101.6	102.1	101.7
食 用 盐	99.2	99.2	99.2	99.7	99.7
酱　　油	105.2	103.8	103.6	103.9	102.8
10. 糖	109.4	109.3	109.3	107.8	107.5
食　　糖	112.3	112.3	113.6	110.6	109.9

6 月	7 月	8 月	9 月	10 月	11 月	12 月
101.8	**101.1**	**101.8**	**102.1**	**101.5**	**101.8**	**102.3**
105.2	**103.1**	**104.9**	**104.9**	**103.0**	**104.7**	**106.2**
101.5	100.9	101.9	102.9	102.6	102.9	102.9
101.0	100.3	101.6	103.0	102.5	102.7	102.8
101.9	101.8	102.1	101.7	101.6	101.6	101.8
100.4	101.4	102.0	102.8	102.9	103.6	104.0
107.7	107.4	108.7	111.7	113.2	113.9	114.5
109.9	109.1	110.9	115.1	118.0	118.4	119.3
100.7	97.2	99.0	101.3	101.8	104.7	107.9
99.3	94.4	97.0	100.6	101.8	106.2	110.8
86.9	81.1	84.2	89.0	90.3	96.3	103.4
142.3	142.6	143.1	142.8	143.5	143.3	140.3
129.9	128.8	128.8	126.6	123.0	120.0	116.6
100.9	100.5	101.6	102.6	102.3	103.8	105.8
100.8	99.6	100.9	101.1	101.6	103.9	105.4
101.1	102.1	103.0	105.9	104.1	103.7	106.6
106.3	103.0	102.4	101.7	101.0	100.6	100.9
96.3	93.6	94.4	98.7	97.5	99.9	103.1
95.5	92.7	93.7	98.4	97.1	99.8	103.3
102.9	103.0	104.1	104.3	104.2	104.8	106.0
101.8	102.1	101.9	101.3	101.7	102.8	104.7
100.0	99.8	99.4	97.7	99.2	100.9	103.7
104.3	105.6	105.5	106.5	105.3	105.5	106.1
105.3	104.8	108.7	110.6	109.3	108.8	108.2
105.6	105.0	109.1	111.1	109.8	109.1	108.6
127.0	115.7	127.0	116.7	99.8	112.2	117.5
131.6	118.0	131.3	119.0	99.4	113.8	120.0
101.5	101.2	101.3	101.3	101.4	102.0	102.0
99.7	99.7	99.7	99.7	99.7	99.7	99.7
102.2	101.2	101.3	101.6	102.1	103.4	103.2
106.5	105.7	104.1	102.4	101.8	101.6	101.5
107.8	105.5	103.2	101.2	99.4	99.2	99.0

2012年广西城市商品零售价格各月同比指数（续表1）

以上年同月价格为100

类　别	1月	2月	3月	4月	5月
11. 干鲜瓜果	100.1	94.8	94.3	92.6	93.8
鲜瓜果	98.2	92.4	91.5	90.2	91.9
12. 糕点饼干面包	107.6	107.8	108.0	106.0	104.6
13. 液体乳及乳制品	104.3	104.8	102.6	102.3	103.8
14. 在外用膳食品	111.0	110.7	109.6	107.4	107.2
15. 其他食品	106.4	106.0	103.6	102.9	104.4
二、饮料、烟酒	**104.3**	**104.3**	**104.2**	**103.9**	**103.6**
1. 茶及饮料	104.3	104.5	104.6	104.0	104.3
(1) 茶　叶	100.9	101.1	101.8	102.2	102.2
(2) 饮　料	105.8	105.9	105.7	104.8	105.1
2. 烟　草	100.2	100.2	100.5	100.5	100.3
3. 酒	109.0	108.9	108.2	107.5	106.8
三、服装、鞋帽	**99.7**	**100.4**	**103.0**	**102.3**	**102.3**
1. 服　装	100.2	100.7	104.0	103.5	103.8
(1) 男式服装	100.4	101.0	104.1	103.8	103.9
(2) 女式服装	101.3	101.4	105.1	104.6	105.0
(3) 儿童服装	95.8	97.2	99.2	98.6	98.9
2. 鞋袜帽	98.6	99.6	100.8	99.1	98.7
(1) 鞋	98.6	99.6	101.1	99.0	98.5
(2) 袜　子	98.9	99.2	98.7	99.8	100.5
(3) 帽　子	98.7	98.6	99.3	98.5	98.7
3. 其　他	97.7	100.5	100.7	101.1	101.1
四、纺织品	**103.8**	**103.6**	**103.4**	**101.9**	**101.7**
1. 衣着材料	108.9	109.1	107.5	105.3	105.4
2. 床上用品	101.3	100.9	101.4	100.2	99.9
五、家用电器及音像器材	**96.0**	**96.5**	**96.1**	**96.3**	**96.5**
1. 家庭设备	98.2	98.6	98.2	98.3	98.4
2. 文娱用耐用消费品	92.8	93.3	93.1	93.3	93.5
3. 专业音像器材	100.0	100.0	99.9	100.4	100.4
六、文化办公用品	**98.2**	**98.7**	**98.7**	**98.7**	**98.8**
七、日用品	**102.5**	**102.4**	**102.2**	**102.3**	**101.7**
1. 日用百货	102.5	102.6	102.2	102.5	101.8

6 月	7 月	8 月	9 月	10 月	11月	12 月
103.7	107.1	107.0	105.7	103.1	97.8	98.0
104.5	109.5	109.5	107.6	104.2	97.4	97.6
104.5	104.6	103.9	103.6	103.4	103.5	103.7
102.9	102.5	103.6	103.9	102.6	102.5	102.3
108.0	106.8	106.4	105.8	105.5	104.8	104.0
102.4	102.5	104.1	104.5	102.8	102.3	102.2
103.7	**103.5**	**103.6**	**103.1**	**102.6**	**102.4**	**102.0**
105.0	104.8	105.0	105.1	105.6	105.3	104.9
102.6	101.8	101.5	101.3	102.1	101.7	101.6
105.9	105.9	106.3	106.6	107.0	106.7	106.2
100.3	100.3	100.3	100.3	100.3	100.3	100.3
106.5	105.8	106.1	104.5	102.5	102.2	101.4
102.4	**102.8**	**104.3**	**105.4**	**102.0**	**100.8**	**99.8**
104.0	104.4	106.5	107.6	103.4	102.0	100.9
104.4	103.9	105.2	106.5	103.0	102.6	100.4
105.0	105.4	107.9	108.8	104.2	102.3	101.4
99.2	101.5	104.7	105.8	101.1	99.4	100.3
98.4	98.8	99.1	100.4	98.4	97.2	96.7
98.1	98.6	98.7	100.2	97.8	96.5	96.0
100.7	101.0	101.9	102.1	103.1	102.6	102.0
98.5	98.5	100.0	100.1	99.8	98.8	98.3
101.4	101.4	101.5	101.5	101.4	101.9	101.5
100.9	**100.9**	**101.0**	**100.3**	**99.5**	**98.4**	**99.1**
105.0	104.6	104.6	104.1	102.5	101.2	101.3
98.9	99.1	99.2	98.4	98.0	97.1	98.0
96.7	**97.3**	**97.4**	**97.8**	**97.6**	**97.7**	**97.4**
98.9	99.6	99.9	100.3	99.9	100.1	99.7
93.5	94.0	93.9	94.2	94.1	94.2	93.8
100.3	100.3	100.4	100.2	100.8	101.2	101.2
98.9	**98.8**	**98.9**	**99.2**	**99.3**	**98.9**	**98.2**
101.5	**101.1**	**100.7**	**100.7**	**100.4**	**100.3**	**100.1**
102.0	101.4	100.5	100.9	100.4	100.5	99.6

2012年广西城市商品零售价格各月同比指数（续表2）

以上年同月价格为100

类　别	1月	2月	3月	4月	5月
2. 日用杂品	102.4	102.4	102.5	102.9	102.0
3. 洗涤用品	104.0	103.1	103.2	102.9	102.1
4. 其他日用品	100.2	100.8	100.4	100.4	100.6
八、体育娱乐用品	**100.2**	**100.4**	**100.4**	**100.8**	**100.6**
1. 体育用品	99.8	100.1	100.3	100.6	100.4
2. 娱乐用品	100.7	100.7	100.5	101.0	100.9
九、交通、通信用品	**97.3**	**97.2**	**97.2**	**97.1**	**97.4**
1. 交通运输机械	99.2	99.2	99.2	99.0	99.2
2. 通信器材	93.6	93.5	93.4	93.7	94.0
十、家　具	**102.1**	**102.3**	**102.2**	**103.3**	**102.8**
十一、化 妆 品	**101.9**	**102.0**	**101.9**	**102.0**	**102.1**
十二、金银珠宝	**105.5**	**108.8**	**106.2**	**103.8**	**101.1**
十三、中西药品及医疗保健用品	**103.7**	**103.6**	**103.0**	**102.8**	**101.9**
1. 医疗器具及用品	102.7	102.3	102.4	104.4	103.7
2. 中药材及中成药	110.0	109.8	107.8	106.7	104.1
3. 西　药	100.1	100.0	100.1	100.2	100.3
4. 保健器具及用品	99.5	99.6	100.4	100.3	100.6
十四、书报杂志及电子出版物	**100.3**	**100.4**	**100.5**	**100.4**	**100.5**
1. 教材及参考书	100.6	100.9	101.0	101.0	101.0
2. 书报杂志	100.1	100.3	100.3	100.2	100.2
3. 电子音像制品	100.0	100.0	100.0	99.9	100.1
十五、燃　料	**101.8**	**103.9**	**109.4**	**105.3**	**102.4**
1. 煤炭及制品	109.3	108.7	107.4	107.9	103.8
2. 石油及制品	101.1	103.4	109.6	105.1	102.3
液化石油气	94.5	101.8	109.6	104.3	101.3
管道燃气	100.1	100.1	100.1	100.1	100.2
汽　油	106.3	105.3	111.4	106.3	103.2
柴　油	105.8	104.6	111.2	106.8	103.7
十六、建筑材料及五金电料	**102.6**	**101.9**	**102.1**	**101.3**	**100.2**
1. 建筑装潢材料	102.4	101.7	101.8	101.1	100.0
2. 五金电料	103.3	102.4	103.3	102.0	100.5

6 月	7 月	8 月	9 月	10 月	11 月	12 月
101.4	101.1	101.0	100.9	100.7	100.9	100.9
101.8	101.5	101.1	100.7	100.5	100.2	100.2
100.0	100.2	100.3	99.9	99.9	99.5	99.7
100.0	**100.2**	**100.2**	**100.0**	**99.8**	**99.8**	**99.5**
99.8	99.9	99.5	99.9	99.9	100.1	99.4
100.2	100.4	101.0	100.2	99.7	99.5	99.7
97.4	**97.8**	**97.9**	**97.8**	**97.7**	**97.4**	**96.9**
99.1	99.6	99.8	99.7	99.3	99.3	99.2
94.0	94.5	94.2	94.3	94.5	93.7	92.3
102.4	**102.2**	**102.0**	**101.9**	**101.8**	**102.0**	**102.0**
102.7	**102.6**	**102.7**	**102.3**	**102.2**	**101.9**	**101.6**
99.7	**99.6**	**95.5**	**99.9**	**105.4**	**100.4**	**101.9**
101.5	**101.6**	**100.9**	**100.5**	**100.3**	**100.2**	**100.4**
102.7	102.5	102.4	102.6	103.0	102.8	102.7
102.8	102.5	100.6	99.6	98.7	98.4	98.8
100.5	100.9	101.0	100.8	101.2	101.3	101.3
100.2	100.4	100.1	100.3	100.6	100.3	100.3
100.5	**100.4**	**100.4**	**100.1**	**100.1**	**100.1**	**100.1**
101.0	100.9	100.8	100.3	100.3	100.2	100.2
100.2	100.2	100.2	100.1	100.1	100.1	100.1
100.5	100.2	100.1	99.8	99.8	99.8	99.9
100.2	**98.1**	**100.7**	**104.2**	**106.7**	**105.8**	**107.0**
100.4	101.8	100.6	99.3	99.3	99.3	99.3
100.2	97.7	100.7	104.8	107.5	106.5	107.9
103.3	102.7	106.4	108.7	110.1	112.0	117.1
104.4	104.9	105.2	105.2	105.2	105.2	105.2
97.5	93.5	96.4	102.1	106.1	103.1	102.7
97.8	93.5	96.8	102.8	107.0	103.8	103.4
99.9	**99.3**	**98.4**	**97.8**	**99.1**	**99.7**	**100.6**
99.9	99.2	98.0	97.2	98.9	99.5	100.6
99.9	99.5	99.9	100.1	100.2	100.6	100.7

2013年广西城市商品零售价格各月同比指数

以上年同月价格为100

类　别	1月	2月	3月	4月	5月
商品零售价格总指数	**101.2**	**101.6**	**100.2**	**100.1**	**99.9**
一、食　品	**103.1**	**105.4**	**102.7**	**103.0**	**102.2**
1. 粮　食	101.6	101.3	101.2	101.1	101.1
大　米	101.0	100.4	100.1	99.8	99.7
2. 淀粉及制品	101.7	101.9	102.8	103.5	102.7
3. 干豆类及豆制品	101.9	106.7	106.5	105.9	105.8
4. 油　脂	110.4	109.5	109.5	107.5	104.3
食用植物油	115.3	113.9	113.8	110.5	106.5
5. 肉禽及其制品	103.6	107.9	103.6	100.5	99.9
(1) 食用畜肉及副产品	104.1	107.5	102.8	103.1	104.0
猪　肉	98.0	101.9	95.8	96.2	97.7
牛　肉	125.4	127.9	123.6	122.5	121.3
羊　肉	110.5	110.6	108.2	109.2	109.1
(2) 禽	104.0	111.1	106.2	95.9	92.5
鸡	103.9	108.3	104.9	96.4	93.4
鸭	104.5	117.2	108.8	94.8	90.6
(3) 加工肉禽	100.5	102.8	101.5	99.9	99.2
6. 蛋	106.4	112.2	111.3	111.7	113.3
鲜　蛋	107.0	113.2	112.2	112.5	114.2
7. 水产品	98.7	106.8	98.1	100.4	103.5
(1) 鱼	102.6	107.2	102.6	103.0	102.8
淡水鱼	100.8	107.3	101.8	102.0	101.3
海水鱼	105.2	107.2	103.7	104.4	104.8
(2) 其他水产品	93.0	106.3	91.4	96.3	104.7
虾蟹类	92.7	106.5	91.1	96.1	104.9
8. 菜	109.3	103.9	93.9	106.4	99.4
鲜　菜	110.3	104.0	92.3	106.5	98.5
9. 调味品	102.3	102.2	102.3	101.7	101.9
食用盐	100.0	100.0	100.0	99.4	100.0
酱　油	103.5	103.3	103.4	103.0	103.4
10. 糖	101.3	100.9	100.1	98.8	98.3
食　糖	98.8	98.8	97.2	96.4	96.7

6 月	7 月	8 月	9 月	10 月	11 月	12 月
100.7	**101.0**	**101.3**	**102.0**	**102.0**	**101.9**	**101.9**
103.1	**103.2**	**104.2**	**106.5**	**106.7**	**105.5**	**104.6**
101.1	101.0	101.0	101.0	101.6	101.7	101.9
99.7	99.5	99.4	99.4	100.2	100.2	100.3
102.1	102.0	101.8	101.7	101.7	101.8	101.0
106.0	105.6	105.6	105.6	105.7	105.9	105.8
102.9	101.4	97.9	94.6	93.3	93.6	92.6
104.5	102.9	98.4	94.6	92.7	92.9	91.2
101.7	102.3	104.6	104.3	104.7	104.8	103.5
104.3	104.1	106.8	106.8	106.9	107.5	106.1
98.4	98.7	102.7	101.9	102.7	103.9	102.3
119.7	118.3	118.3	119.7	117.9	116.7	115.8
109.4	109.3	109.7	111.7	111.0	110.8	109.8
97.5	99.8	101.9	101.0	102.0	101.1	99.8
97.7	99.4	100.7	99.7	100.5	99.8	99.2
97.2	100.6	104.5	103.8	105.3	104.0	101.2
100.0	100.4	100.8	101.0	100.8	101.0	100.7
108.4	109.0	108.0	105.6	106.1	105.5	103.2
108.6	109.2	108.0	105.4	106.0	105.3	102.8
106.3	107.1	107.8	109.7	111.1	111.3	110.5
102.4	102.1	102.1	103.5	104.1	104.3	104.4
100.2	100.6	101.3	103.7	103.5	104.0	104.6
105.6	104.0	103.2	103.1	104.8	104.5	104.1
113.6	117.1	119.0	121.4	124.6	124.3	121.2
114.1	117.9	119.8	122.0	125.3	125.0	121.7
104.0	102.5	106.1	124.5	125.8	110.4	102.7
103.7	101.9	106.1	127.1	129.0	111.0	102.1
101.7	101.8	101.7	102.5	102.8	102.4	102.3
100.0	100.0	99.7	100.0	100.0	100.0	100.0
102.8	103.1	103.4	104.6	105.2	104.8	104.7
98.0	98.1	98.2	98.2	98.7	99.2	99.0
96.1	96.2	96.5	96.3	98.2	99.1	98.9

2013 年广西城市商品零售价格各月同比指数（续表 1）

以上年同月价格为 100

类　　别	1 月	2 月	3 月	4 月	5 月
11. 干鲜瓜果	98.0	106.0	110.1	107.8	107.1
鲜 瓜 果	97.6	107.2	112.5	109.6	108.7
12. 糕点饼干面包	103.4	102.8	102.7	102.0	102.2
13. 液体乳及乳制品	101.6	101.6	103.1	102.9	102.3
14. 在外用膳食品	102.7	102.7	102.8	102.8	102.8
15. 其他食品	102.3	102.5	102.5	102.9	102.2
二、饮料、烟酒	**101.7**	**101.5**	**101.5**	**101.1**	**100.6**
1. 茶及饮料	104.5	104.6	104.5	103.7	102.7
(1) 茶　　叶	101.3	101.6	100.9	100.5	100.6
(2) 饮　　料	105.8	105.8	106.0	105.0	103.5
2. 烟　　草	100.3	100.3	100.0	100.0	100.0
3. 酒	101.0	100.3	100.5	100.2	99.5
三、服装、鞋帽	**100.4**	**100.4**	**98.6**	**98.5**	**99.7**
1. 服　　装	101.4	101.7	99.6	98.9	100.5
(1) 男式服装	100.9	101.4	99.2	98.2	99.9
(2) 女式服装	102.1	102.2	99.8	98.7	100.1
(3) 儿童服装	100.2	100.6	99.9	102.1	104.2
2. 鞋 袜 帽	97.1	96.5	95.5	96.6	97.2
(1) 鞋	96.5	95.9	94.7	96.1	96.8
(2) 袜　　子	101.3	100.9	101.4	100.6	99.6
(3) 帽　　子	98.5	98.7	98.5	98.8	100.4
3. 其　　他	103.2	104.0	101.2	101.5	101.5
四、纺 织 品	**99.3**	**99.7**	**99.9**	**101.0**	**101.1**
1. 衣着材料	101.1	101.1	101.0	100.1	99.7
2. 床上用品	98.3	99.1	99.4	101.4	101.9
五、家用电器及音像器材	**97.4**	**97.2**	**97.4**	**97.5**	**97.8**
1. 家庭设备	100.2	100.2	100.1	100.2	100.0
2. 文娱用耐用消费品	93.4	92.9	93.4	93.5	94.4
3. 专业音像器材	100.5	100.7	101.1	100.9	100.8
六、文化办公用品	**98.3**	**97.7**	**97.8**	**97.8**	**97.9**
七、日 用 品	**100.2**	**100.5**	**100.4**	**100.4**	**100.4**
1. 日用百货	100.1	100.1	100.0	100.1	100.0

6 月	7 月	8 月	9 月	10 月	11 月	12 月
106.8	107.6	109.3	113.4	111.7	112.1	114.8
108.5	109.7	111.6	116.7	114.5	115.0	118.2
102.2	102.3	102.7	102.9	102.9	102.9	103.0
103.2	104.0	103.5	105.1	106.0	107.0	108.1
102.0	102.0	102.1	101.9	102.9	103.8	104.4
102.9	102.0	100.5	101.3	102.0	102.8	103.3
100.3	**100.2**	**100.0**	**99.7**	**99.6**	**99.6**	**100.0**
101.9	101.7	101.2	101.0	100.7	100.4	100.9
100.8	100.9	101.0	101.1	101.0	100.9	101.0
102.4	102.0	101.3	100.9	100.5	100.2	100.8
100.0	99.9	99.9	99.9	99.9	99.9	99.9
99.2	99.3	99.0	98.3	98.3	98.6	99.3
101.4	**102.0**	**102.4**	**102.7**	**103.5**	**104.9**	**105.7**
102.4	103.1	103.2	103.1	103.6	104.9	105.7
101.7	103.0	103.1	102.8	102.9	103.9	105.0
102.0	102.2	102.3	102.2	102.8	104.4	105.5
106.3	106.9	107.3	107.8	108.9	109.8	108.9
98.4	99.0	100.2	101.9	103.6	105.6	106.1
98.1	98.7	100.1	102.1	104.0	106.2	106.8
99.3	99.5	99.3	99.5	99.6	100.2	100.5
103.4	103.8	104.1	103.8	104.0	104.8	105.0
101.9	101.9	101.6	101.6	102.8	102.4	101.9
100.9	**100.9**	**100.9**	**101.2**	**101.2**	**101.5**	**101.6**
99.5	99.4	99.0	99.1	99.1	98.9	98.8
101.7	101.7	101.9	102.3	102.3	102.9	103.0
98.6	**98.5**	**98.9**	**98.9**	**99.3**	**99.2**	**99.7**
100.6	100.5	101.0	100.6	101.1	101.0	101.6
95.6	95.4	95.8	96.2	96.7	96.6	97.3
101.0	101.0	101.0	101.0	100.2	99.7	99.7
98.1	**98.2**	**98.4**	**98.5**	**98.6**	**99.1**	**99.8**
100.6	**100.6**	**100.6**	**100.5**	**100.4**	**100.5**	**100.7**
99.9	100.1	100.7	100.4	100.5	100.6	101.3

2013年广西城市商品零售价格各月同比指数（续表2）

以上年同月价格为100

类　　别	1月	2月	3月	4月	5月
2. 日用杂品	100.6	100.6	100.6	100.2	100.2
3. 洗涤用品	100.4	101.1	100.6	100.8	101.0
4. 其他日用品	99.8	100.0	100.4	100.4	100.4
八、体育娱乐用品	**99.4**	**99.2**	**99.0**	**99.0**	**99.3**
1. 体育用品	99.4	99.0	98.6	98.8	99.3
2. 娱乐用品	99.3	99.4	99.4	99.2	99.3
九、交通、通信用品	**97.2**	**97.3**	**97.3**	**97.5**	**97.7**
1. 交通运输机械	99.6	99.6	99.7	99.9	100.0
2. 通信器材	92.3	92.5	92.5	92.6	93.1
十、家　　具	**101.8**	**101.6**	**101.5**	**99.5**	**99.5**
十一、化 妆 品	**101.4**	**101.6**	**101.7**	**101.4**	**101.2**
十二、金银珠宝	**103.5**	**97.7**	**97.3**	**95.0**	**94.2**
十三、中西药品及医疗保健用品	**99.9**	**99.7**	**99.8**	**100.0**	**99.9**
1. 医疗器具及用品	102.8	102.8	102.8	100.7	100.7
2. 中药材及中成药	97.4	97.0	97.4	98.3	98.3
3. 西　　药	101.3	101.3	101.2	101.2	101.0
4. 保健器具及用品	100.3	100.4	100.3	100.4	100.1
十四、书报杂志及电子出版物	**100.2**	**99.7**	**99.5**	**99.6**	**99.6**
1. 教材及参考书	100.3	99.2	99.1	99.2	99.2
2. 书报杂志	100.2	100.0	99.6	99.9	99.9
3. 电子音像制品	99.9	99.9	99.9	99.6	99.4
十五、燃　　料	**104.8**	**101.3**	**97.3**	**94.6**	**95.3**
1. 煤炭及制品	99.3	99.4	99.4	99.2	99.2
2. 石油及制品	105.4	101.5	97.1	94.2	94.9
液化石油气	110.0	103.1	96.1	94.4	95.9
管道燃气	102.8	102.8	103.0	103.0	102.9
汽　　油	102.7	100.2	96.9	92.7	93.1
柴　　油	103.4	100.7	96.9	92.7	92.6
十六、建筑材料及五金电料	**100.9**	**101.1**	**101.0**	**100.5**	**100.9**
1. 建筑装潢材料	100.8	101.2	101.1	100.5	100.9
2. 五金电料	100.9	100.9	100.7	100.6	100.7

6 月	7 月	8 月	9 月	10 月	11 月	12 月
100.6	100.6	100.8	100.7	100.7	100.6	100.4
101.5	101.4	100.8	100.6	100.1	100.1	100.1
100.4	100.4	100.1	100.4	100.4	101.0	100.7
99.9	99.7	100.6	100.9	100.9	101.1	101.4
100.0	99.8	100.9	101.1	101.1	101.3	102.0
99.7	99.6	100.2	100.7	100.7	100.8	100.7
97.7	97.7	97.8	97.7	97.8	98.3	99.2
99.8	99.7	99.5	99.5	99.4	99.6	99.9
93.5	93.7	94.1	93.9	94.4	95.6	97.8
99.4	99.2	99.3	99.3	99.7	98.8	99.4
100.6	100.5	100.3	100.6	100.2	100.4	100.3
92.0	87.7	88.1	84.8	82.7	83.2	80.7
100.1	99.9	100.2	100.7	100.9	101.0	101.1
100.6	100.6	100.5	100.4	99.9	100.0	100.3
99.0	99.1	99.8	101.1	102.3	102.4	102.9
100.8	100.5	100.4	100.5	100.2	100.0	99.9
100.3	100.1	100.3	100.4	100.3	100.8	100.7
99.6	99.6	99.7	100.0	100.0	100.0	100.0
99.4	99.4	99.4	100.1	100.1	100.1	100.1
100.0	100.0	100.0	100.0	99.9	99.9	99.9
99.3	99.5	99.6	99.9	99.9	99.9	99.8
99.0	103.0	101.2	99.4	98.5	99.6	101.5
99.3	99.2	99.4	99.8	99.8	99.7	99.6
99.0	103.4	101.4	99.4	98.4	99.5	101.7
100.8	104.9	101.1	100.7	100.8	102.2	105.3
95.2	95.0	95.0	95.0	95.0	95.0	95.0
98.3	103.9	102.7	99.3	97.3	98.5	100.6
98.0	103.9	102.5	99.0	96.8	98.0	99.6
100.9	101.3	102.1	102.6	101.6	101.7	100.7
101.0	101.4	102.4	103.7	102.6	102.8	101.6
100.6	100.8	100.8	98.7	98.3	97.7	97.6

1994年广西农村商品零售价格各月同比指数

以上年同月价格为100

类　别	1月	2月	3月	4月	5月
总指数	**120.1**	**123.4**	**120.9**	**120.8**	**120.5**
零售价格总指数				**120.8**	**120.5**
一、食品类	**126.6**	**131.6**	**126.7**	**126.4**	**127.1**
1. 粮　食	161.9	164.3	145.1	145.8	152.0
(1) 细　粮	170.3	171.7	149.8	149.6	159.6
(2) 粗　粮	109.1	117.6	115.2	121.7	104.3
2. 油脂类	138.6	144.5	140.6	134.0	137.4
3. 肉禽蛋	117.8	125.7	122.4	118.3	117.9
4. 水产品	115.5	124.5	118.5	111.1	110.0
5. 鲜　菜	99.3	94.2	106.4	127.5	131.1
6. 干　菜	117.1	113.2	112.1	109.0	111.0
7. 鲜　果	106.3	127.1	132.8	128.7	120.2
8. 干　果	126.4	133.1	128.3	118.5	116.8
9. 其他食品类	119.0	120.3	119.6	121.5	119.6
(1) 调味品	107.6	109.3	105.9	106.5	106.8
(2) 食　糖	142.7	143.7	144.0	151.8	141.3
(3) 糖　果	118.6	122.0	120.2	120.2	119.8
(4) 糕　点	109.3	110.4	110.5	113.7	113.6
(5) 奶及奶制品	112.6	113.3	114.0	109.6	113.6
(6) 罐　头	117.4	117.3	118.2	116.4	116.9
10. 饮食业	122.5	121.8	121.6	128.8	126.9
(1) 主　食	120.5	126.4	122.4	116.7	116.6
(2) 炒　菜	126.9	122.9	123.8	135.4	131.3
(3) 地方小吃	108.9	110.2	112.0	122.6	126.3
二、饮料、烟酒类	**110.5**	**112.8**	**113.9**	**114.1**	**112.2**
1. 饮　料	108.1	109.2	110.8	111.1	110.5
2. 烟　酒	110.8	113.3	114.3	114.5	112.4
三、服装、鞋帽类	**114.2**	**114.7**	**115.4**	**117.9**	**115.4**
1. 服　装	113.5	114.1	114.9	117.0	113.7
2. 鞋	115.4	116.7	117.3	119.9	116.7
3. 其他衣着	115.2	113.9	114.4	118.9	121.9
四、纺织品类	**108.2**	**108.3**	**109.6**	**114.2**	**114.7**
1. 棉　布	108.3	108.7	113.0	123.6	125.9
2. 棉花化纤混纺布	112.3	113.4	113.7	119.4	119.3

6月	7月	8月	9月	10月	11月	12月
121.5	**121.2**	**124.7**	**126.4**	**130.8**	**132.9**	**131.3**
122.9	**122.2**	**126.0**	**127.4**	**132.4**	**134.3**	**132.4**
131.2	**130.7**	**137.4**	**139.3**	**147.1**	**150.7**	**146.6**
161.0	163.2	170.2	170.3	171.8	171.8	155.5
170.5	172.7	180.8	181.4	182.6	181.4	161.4
101.5	103.5	103.2	100.3	103.8	111.3	118.3
139.7	137.6	145.5	151.6	165.5	172.5	169.6
118.1	117.0	122.7	127.1	144.2	149.6	150.5
107.7	111.5	115.7	119.6	127.7	131.0	127.6
173.6	143.0	185.5	163.4	160.8	145.8	130.8
110.1	113.7	116.9	119.4	117.5	122.4	120.9
111.3	117.4	110.7	114.8	112.3	134.4	143.4
115.8	111.3	119.2	121.0	124.0	123.1	126.5
118.3	120.6	120.2	126.5	131.9	137.9	136.7
107.5	114.1	108.9	120.5	123.0	124.3	123.9
137.3	131.1	132.4	140.2	146.9	163.1	160.7
118.0	118.0	117.9	121.9	132.0	137.8	135.1
112.1	113.1	111.4	113.6	114.0	118.0	117.2
113.8	129.8	138.5	141.0	148.7	148.6	149.7
114.5	114.0	111.1	112.5	121.2	127.2	125.5
129.6	135.4	141.8	145.6	148.8	150.2	149.7
124.9	131.4	134.5	136.1	141.4	146.2	148.0
132.0	137.6	146.0	148.7	150.7	150.9	151.2
127.7	133.5	137.0	148.6	153.4	153.8	146.8
111.7	**109.2**	**108.9**	**111.1**	**114.1**	**117.8**	**118.2**
111.2	110.1	110.0	109.5	109.6	109.6	109.9
111.8	109.1	108.8	111.3	114.7	118.9	119.3
113.1	**114.5**	**114.9**	**115.8**	**120.0**	**121.0**	**122.6**
109.4	110.5	110.7	110.4	114.0	115.8	116.7
117.0	121.3	121.5	125.4	130.9	129.8	131.1
125.3	122.6	124.6	125.3	130.0	131.3	137.4
115.5	**116.9**	**117.3**	**120.2**	**122.5**	**123.8**	**125.5**
127.1	129.5	131.6	141.7	147.6	148.3	152.1
118.2	119.0	118.4	123.2	124.0	124.9	127.5

1994年广西农村商品零售价格各月同比指数（续表）

以上年同月价格为100

类　别	1月	2月	3月	4月	5月
3. 化纤布	104.8	104.0	104.0	104.8	104.8
4. 呢　绒	107.3	107.0	107.8	107.8	107.0
5. 绸　缎	106.9	107.3	107.7	108.3	107.7
6. 其他纺织品	111.1	111.7	111.8	113.3	113.4
五、中、西药品类	**108.5**	**113.0**	**115.7**	**110.7**	**111.4**
1. 中　药	106.2	117.7	118.4	106.7	106.2
2. 西　药	111.2	110.6	115.3	114.1	115.1
3. 医疗用品	103.2	104.9	104.7	109.2	113.8
六、化妆品类	**107.2**	**116.8**	**111.5**	**113.4**	**114.7**
七、书报、杂志类	**136.6**	**140.9**	**141.0**	**139.3**	**139.3**
八、文化体育用品类	**106.5**	**107.2**	**108.3**	**109.4**	**110.2**
1. 文化用品	107.0	107.6	108.8	110.1	110.9
2. 体育用品	104.9	106.0	106.7	107.4	108.3
九、日用品类	**115.7**	**115.2**	**115.2**	**115.3**	**113.1**
1. 一般日用品	117.6	116.1	116.6	117.2	113.7
2. 家具类	112.5	112.6	111.6	111.1	111.1
3. 日用杂品	117.3	119.0	119.9	119.4	116.9
十、家用电器类	**113.9**	**114.6**	**114.8**	**113.7**	**112.1**
十一、首饰类	**115.5**	**113.5**	**111.9**	**113.0**	**111.9**
十二、燃料类	**124.2**	**122.2**	**123.6**	**125.1**	**125.0**
十三、建筑装潢材料类	**131.2**	**120.1**	**122.4**	**119.4**	**117.7**
十四、机电产品类	**105.2**	**106.5**	**106.2**	**104.5**	**104.6**
十五、农业生产资料类	**114.7**	**120.0**	**116.5**	**116.8**	**115.9**
1. 小农具	127.8	134.5	135.7	137.5	131.8
2. 饲　料	125.4	122.6	132.4	132.0	130.6
3. 幼禽家畜	112.0	114.1	106.4	104.2	105.2
4. 大牲畜	108.9	115.5	121.5	122.1	122.8
5. 半机械化农具	122.8	121.5	122.0	121.4	117.9
6. 机械化农具	121.9	123.3	118.4	112.4	114.0
7. 化学肥料	116.3	127.4	123.0	124.6	121.8
8. 农药及农药械	100.9	102.3	101.9	102.5	102.8
(1) 化学农药	100.3	101.9	101.3	102.3	102.9
(2) 农药械	104.9	104.8	105.8	103.6	102.1
9. 农用机油	118.1	114.4	106.8	110.2	110.5
10. 其　他	106.7	108.2	110.6	110.2	111.5

6月	7月	8月	9月	10月	11月	12月
106.7	106.7	106.7	104.8	105.0	105.3	105.4
106.5	106.8	106.3	107.2	108.3	105.9	106.6
108.5	106.3	106.7	107.9	111.2	111.7	112.0
114.5	123.5	122.8	117.0	118.7	130.1	130.9
109.5	**109.5**	**112.8**	**115.6**	**116.4**	**117.3**	**118.0**
107.0	104.0	106.0	108.8	110.8	112.0	112.7
110.9	113.4	118.2	121.0	120.8	121.5	122.3
113.0	112.7	113.4	115.7	117.3	117.9	118.2
115.1	**136.6**	**135.6**	**116.6**	**121.3**	**148.0**	**148.1**
139.3	**137.6**	**137.1**	**139.4**	**139.6**	**139.8**	**139.8**
110.2	**109.1**	**109.3**	**111.0**	**112.1**	**112.1**	**112.0**
110.6	109.3	109.0	110.8	111.5	111.1	111.0
109.2	108.5	110.3	111.7	113.9	114.9	114.9
112.3	**111.4**	**111.6**	**112.1**	**112.8**	**112.1**	**111.8**
112.8	111.4	111.9	113.4	114.1	113.0	112.6
110.5	110.2	109.5	109.4	109.7	108.9	108.5
115.5	115.2	116.6	114.9	116.8	117.9	118.2
111.8	**110.4**	**110.2**	**111.1**	**111.2**	**108.5**	**110.1**
108.7	**105.8**	**107.0**	**107.3**	**106.4**	**104.6**	**104.6**
120.9	**116.1**	**114.6**	**116.7**	**118.1**	**113.0**	**113.2**
113.9	**108.6**	**109.3**	**111.2**	**114.0**	**107.2**	**107.1**
104.5	**104.1**	**107.9**	**103.8**	**102.5**	**104.3**	**104.4**
112.8	**114.9**	**116.9**	**119.7**	**121.2**	**124.1**	**124.9**
127.9	128.0	122.5	122.2	128.8	136.2	134.8
128.1	124.9	132.6	131.9	134.6	131.3	136.3
105.7	102.7	106.1	118.6	120.3	133.5	143.9
121.6	119.6	118.6	120.8	125.3	129.8	130.1
114.9	115.0	115.6	112.7	112.6	114.3	112.5
116.5	114.0	114.4	112.9	115.8	118.6	119.8
114.9	121.2	124.6	127.0	127.6	128.4	126.5
103.9	104.3	104.0	103.9	103.9	103.7	103.7
104.0	104.5	104.2	104.2	104.1	103.7	103.8
103.1	102.6	102.6	102.6	102.6	104.0	102.9
106.7	105.6	104.4	106.9	109.9	111.6	113.4
115.6	124.8	128.9	129.0	129.0	131.8	131.0

1995 年广西农村商品零售价格各月同比指数

以上年同月价格为 100

类　　别	1 月	2 月	3 月	4 月	5 月
零售价格总指数	**128.5**	**126.0**	**123.1**	**122.1**	**120.0**
一、食 品 类	**152.5**	**146.8**	**141.4**	**139.3**	**140.6**
1. 粮　　食	158.0	158.8	156.5	150.2	145.8
(1) 细　　粮	106.4	166.3	162.7	155.9	151.3
(2) 粗　　粮	116.1	111.3	117.1	114.2	110.8
2. 油 脂 类	159.5	148.3	141.0	135.8	129.0
3. 肉 禽 蛋	150.7	142.5	139.2	139.2	138.9
4. 水 产 品	133.9	123.9	122.2	126.3	122.8
5. 鲜　　菜	201.6	196.5	156.3	156.4	150.6
6. 干　　菜	126.6	130.6	129.2	129.3	125.4
7. 鲜　　果	153.6	122.6	113.5	109.4	156.2
8. 干　　果	134.6	129.2	129.8	134.0	132.5
9. 其他食品类	136.0	134.5	134.3	133.2	136.0
(1) 调 味 品	122.6	123.4	123.5	123.6	124.6
(2) 食　　糖	149.9	145.8	142.7	137.2	139.3
(3) 糖　　果	140.2	133.5	135.7	134.9	146.0
(4) 糕　　点	123.1	126.2	122.5	123.9	125.4
(5) 奶及奶制品	155.7	156.2	161.6	162.7	159.8
(6) 罐　　头	120.4	119.8	119.9	120.5	119.8
10. 饮 食 业	142.0	146.6	148.7	142.0	143.1
(1) 主　　食	138.9	142.5	146.8	145.8	142.7
(2) 炒　　菜	140.5	149.2	150.8	142.6	143.9
(3) 地方小吃	154.7	142.7	142.9	132.6	139.9
二、饮料、烟酒类	**115.0**	**112.5**	**112.1**	**111.9**	**110.6**
1. 饮　　料	109.2	109.5	107.4	109.8	111.1
2. 烟　　酒	116.0	113.0	112.9	112.3	110.5
三、服装、鞋帽类	**123.6**	**122.2**	**121.3**	**121.5**	**121.6**
1. 服　　装	118.0	116.6	115.6	116.7	115.5
2. 鞋	128.7	125.2	125.3	124.9	129.9
3. 其他衣着	142.9	145.9	143.6	139.8	136.4
四、纺织品类	**125.6**	**123.2**	**121.9**	**117.9**	**119.1**
1. 棉　　布	158.6	151.2	144.2	133.7	134.7

6月	7月	8月	9月	10月	11月	12月
117.1	**117.1**	**114.1**	**113.0**	**109.7**	**108.9**	**107.2**
135.8	**128.9**	**122.2**	**119.7**	**113.3**	**111.6**	**108.2**
140.5	134.9	125.1	122.4	117.7	106.8	104.7
143.9	137.5	126.1	123.9	118.3	106.2	104.1
118.8	118.6	118.9	112.6	114.1	110.6	108.2
122.7	120.3	114.8	111.0	100.8	93.7	90.2
136.9	133.7	128.5	121.1	106.7	101.6	100.0
126.2	125.3	122.5	117.0	115.0	110.3	105.3
106.6	97.8	86.4	104.4	112.4	174.8	158.1
121.9	121.0	118.7	113.5	114.8	113.9	110.3
158.0	119.9	107.0	119.4	111.1	101.5	94.7
133.3	133.4	128.3	120.5	118.6	120.8	117.9
135.2	130.9	128.8	121.6	119.4	113.6	112.2
124.8	122.8	123.1	110.7	108.2	107.4	106.3
138.2	136.4	130.6	123.1	117.3	104.8	105.6
146.0	139.6	137.6	134.1	132.4	125.6	121.3
125.3	127.1	128.8	123.7	129.3	122.3	120.3
153.8	132.9	126.1	121.3	116.3	115.6	115.0
119.8	119.4	119.4	117.1	109.8	105.7	104.3
147.2	134.3	128.1	126.5	127.0	120.3	119.0
143.7	135.9	133.6	134.7	130.2	123.0	121.4
148.1	132.4	126.5	122.3	126.6	119.2	116.8
149.5	140.2	125.1	130.2	123.1	120.6	124.8
100.0	**109.7**	**109.2**	**108.5**	**106.2**	**105.8**	**104.6**
111.4	112.1	111.6	111.3	110.7	111.1	109.8
109.8	109.3	108.8	108.0	105.4	104.9	103.7
122.4	**120.9**	**119.8**	**119.4**	**115.5**	**114.8**	**113.3**
117.4	116.7	115.7	116.4	112.5	112.0	110.3
128.3	126.3	125.9	124.5	119.4	118.8	117.8
136.7	131.7	128.2	124.1	122.9	120.9	120.0
118.4	**121.3**	**120.7**	**118.1**	**116.5**	**117.6**	**114.3**
132.1	133.5	132.1	127.4	123.6	126.7	118.8

1995 年广西农村商品零售价格各月同比指数（续表）

以上年同月价格为 100

类　别	1 月	2 月	3 月	4 月	5 月
2. 棉花化纤混纺布	118.4	115.3	116.0	113.3	117.3
3. 化 纤 布	103.5	108.6	110.3	109.4	109.0
4. 呢　　绒	105.7	104.5	104.7	104.1	104.1
5. 绸　　缎	118.9	111.0	112.6	111.6	114.4
6. 其他纺织品	119.3	118.7	118.2	117.3	116.5
五、中、西药品类	**116.8**	**116.5**	**114.7**	**115.5**	**114.6**
1. 中　　药	111.5	110.8	111.7	111.4	111.8
2. 西　　药	120.5	119.2	116.2	118.7	117.5
3. 医疗用品	120.0	125.7	119.0	116.5	112.6
六、化妆品类	**121.8**	**118.9**	**117.4**	**119.7**	**115.3**
七、书报、杂志类	**111.1**	**113.4**	**113.9**	**113.9**	**113.9**
八、文化体育用品类	**113.2**	**113.9**	**111.1**	**112.4**	**111.9**
1. 文化用品	113.6	113.3	111.1	111.8	110.1
2. 体育用品	112.3	115.3	111.1	113.6	115.5
九、日用品类	**109.0**	**111.4**	**109.0**	**108.8**	**107.6**
1. 一般日用品	111.8	116.2	112.0	111.3	110.0
2. 家 具 类	101.4	101.3	102.3	103.0	102.6
3. 日用杂品	116.7	117.1	113.6	113.0	110.4
十、家用电器类	**102.6**	**101.0**	**100.4**	**100.4**	**100.0**
十一、首 饰 类	**91.6**	**101.1**	**99.4**	**99.1**	**99.7**
十二、燃 料 类	**103.1**	**107.1**	**106.9**	**109.0**	**107.0**
十三、建筑装潢材料类	**111.0**	**110.2**	**107.3**	**105.6**	**103.0**
十四、机电产品类	**99.5**	**98.8**	**98.9**	**98.9**	**98.3**

6月	7月	8月	9月	10月	11月	12月
117.9	125.1	124.9	121.6	121.1	122.6	117.7
108.5	112.6	112.6	112.7	112.4	112.4	112.4
104.1	103.2	102.9	102.2	101.9	104.1	103.4
114.4	113.9	112.8	112.5	109.6	110.2	109.9
116.5	117.2	116.7	112.5	111.5	109.3	109.6
114.5	**114.3**	**112.1**	**111.2**	**110.5**	**111.5**	**111.7**
112.3	112.4	112.1	111.4	110.9	111.4	111.1
116.6	116.1	111.7	110.9	109.7	111.5	112.2
113.6	113.2	113.5	111.7	112.2	112.3	111.6
114.4	**115.2**	**113.8**	**112.3**	**108.2**	**107.3**	**107.0**
113.9	**113.9**	**111.0**	**113.3**	**112.6**	**112.2**	**112.2**
112.4	**113.1**	**112.3**	**112.3**	**113.0**	**112.0**	**112.0**
110.9	111.8	110.8	110.5	111.2	110.7	110.6
115.4	115.7	115.5	116.1	116.6	114.8	114.8
107.6	**106.9**	**107.4**	**107.7**	**107.3**	**107.3**	**106.8**
109.8	108.7	109.2	109.8	109.9	108.7	108.5
102.2	101.9	102.6	102.7	103.4	104.4	103.4
112.1	112.1	112.3	111.8	109.1	108.6	108.7
99.5	**99.3**	**99.8**	**99.9**	**99.8**	**100.1**	**100.3**
99.9	**100.5**	**100.3**	**100.8**	**101.4**	**101.0**	**100.9**
105.2	**104.1**	**105.8**	**106.8**	**105.5**	**105.1**	**105.5**
103.0	**103.5**	**101.1**	**104.1**	**99.7**	**99.3**	**99.8**
99.1	**99.1**	**97.0**	**97.2**	**99.9**	**99.1**	**99.3**

1996年广西农村商品零售价格各月同比指数

以上年同月价格为100

类　　别	1月	2月	3月	4月	5月
商品零售价格总指数	**105.9**	**104.7**	**105.2**	**105.0**	**105.1**
一、食　　品	**104.9**	**103.9**	**104.1**	**105.5**	**106.6**
1. 粮　　食	103.6	100.2	97.8	98.6	99.1
(1)细　　粮	102.8	98.5	96.5	95.8	96.2
大　　米	95.9	92.9	93.4	93.7	94.4
(2)粗　　粮	109.9	113.6	107.7	120.5	121.8
2. 油 脂 类	85.9	88.9	86.5	86.7	87.5
3. 肉 禽 蛋	100.3	102.0	105.0	105.5	105.0
猪　　肉	93.9	95.6	97.3	100.3	100.7
牛　　肉	104.9	101.9	108.8	106.6	105.8
羊　　肉	102.8	101.7	107.7	109.1	110.1
鸡	95.2	103.3	110.5	108.2	95.5
鸭	120.5	114.9	120.9	119.1	130.0
鲜　　蛋	117.8	119.7	122.0	121.7	124.8
4. 水产品类	110.3	105.1	106.3	110.7	108.0
5. 鲜　　菜	118.7	107.9	108.9	119.0	135.3
6. 干　　菜	110.2	108.6	106.9	113.5	113.7
7. 鲜　　果	96.2	93.1	99.1	101.4	113.1
8. 干　　果	113.8	119.1	113.5	113.6	115.8
9. 其他食品类	111.2	110.7	108.7	107.6	105.4
(1) 调 味 品	107.4	107.7	107.8	108.1	107.6
盐	105.8	107.2	108.4	108.2	109.8
酱　　油	108.4	108.4	107.6	109.5	105.8
(2) 食　　糖	101.6	101.3	100.3	98.7	94.8
白　　糖	101.1	100.8	99.8	98.4	94.1
(3) 糖　　果	115.7	117.5	114.5	112.6	107.6
(4) 糕　　点	121.9	120.3	114.8	112.2	110.9
(5) 奶及奶制品	122.8	116.0	112.6	112.1	112.5
(6) 罐　　头	106.6	106.4	106.1	106.0	107.8
10. 饮 食 业	115.8	115.3	111.4	112.0	111.0
(1) 主　　食	120.3	113.9	110.9	111.7	110.0
(2) 炒　　菜	114.6	116.0	111.3	111.6	109.7
(3) 地方小吃	113.1	114.9	113.3	114.7	119.3

6月	7月	8月	9月	10月	11月	12月
104.3	**104.9**	**105.4**	**104.9**	**104.9**	**104.2**	**104.5**
105.0	**107.3**	**109.2**	**107.7**	**108.1**	**106.7**	**106.3**
99.3	102.9	105.9	106.6	104.5	104.9	104.6
96.0	99.5	102.7	103.6	101.8	101.8	100.6
94.0		101.9	101.4	98.4	99.1	97.7
125.1	129.2	130.5	130.1	125.9	129.2	135.4
90.2	98.6	103.7	102.9	103.0	101.5	101.8
105.6	107.2	104.9	105.7	107.2	107.8	106.7
100.4		102.6	105.9	108.5	109.4	109.6
108.5		102.5	103.5	105.1	104.4	104.0
107.7		107.7	100.0	88.9	87.1	95.9
98.3		100.3	95.8	96.6	100.6	96.6
125.7		111.6	114.6	110.9	110.0	109.4
126.0		120.2	113.6	111.9	110.3	105.1
106.1	105.2	107.2	105.7	103.5	99.9	98.3
128.3	138.5	147.0	126.8	118.8	96.2	102.2
110.9	112.8	116.4	118.5	114.4	114.1	116.8
89.5	91.9	117.0	108.3	121.1	122.6	117.7
122.5	118.8	116.7	119.4	119.9	115.8	116.6
104.4	104.3	104.1	104.2	104.5	104.4	104.6
108.4	108.3	107.6	108.0	109.7	109.4	109.4
112.6		112.8	112.8	117.7	117.7	117.7
105.8		103.6	104.5	104.5	102.3	102.3
91.5	90.4	91.3	94.2	96.4	98.9	97.8
91.0		90.8	94.9	97.4	100.2	98.0
105.8	107.9	107.9	106.0	104.3	102.7	102.4
110.5	109.7	109.2	105.8	105.5	104.6	104.6
112.4	111.4	109.7	110.7	106.8	104.4	111.3
107.9	108.4	108.8	111.2	110.6	110.8	110.8
109.0	109.5	109.3	107.5	109.0	109.1	108.8
109.4	109.4	109.5	106.0	105.2	105.3	106.3
107.1	107.0	107.0	105.4	108.1	107.9	107.9
117.9	122.0	120.4	121.2	121.2	122.7	118.2

1996 年广西农村商品零售价格各月同比指数（续表）

以上年同月价格为 100

类　别	1 月	2 月	3 月	4 月	5 月
二、饮料、烟酒类	**106.9**	**107.4**	**107.3**	**106.7**	**106.3**
1. 饮　料	110.0	109.8	110.0	107.5	104.9
2. 烟　酒	106.4	107.0	106.9	106.6	106.5
三、服装、鞋帽类	**113.0**	**112.3**	**111.9**	**108.2**	**107.0**
1. 服　装	110.9	110.3	110.0	106.5	106.0
2. 鞋	116.8	116.0	116.1	110.3	106.8
3. 其他衣着	115.4	114.4	112.4	112.3	112.1
四、纺织品类	**112.5**	**110.5**	**109.3**	**109.3**	**108.0**
1. 棉　布	113.3	111.3	109.5	109.4	108.0
2. 棉花化纤混纺布	120.3	118.3	116.0	116.0	112.4
3. 化 纤 布	110.0	104.9	103.8	103.8	105.6
4. 呢　绒	102.8	102.3	101.4	102.1	102.1
5. 绸　缎	109.8	109.8	107.3	107.7	104.4
6. 其他纺织品	108.8	109.6	111.9	111.2	110.0
五、中、西药品类	**110.5**	**109.5**	**108.7**	**108.8**	**108.1**
1. 中　药	110.6	110.0	109.5	110.3	108.8
2. 西　药	110.0	108.7	107.4	107.3	107.6
六、化妆品类	**102.8**	**102.2**	**102.1**	**101.5**	**101.4**
七、书报、杂志类	**122.7**	**119.6**	**141.5**	**141.4**	**141.4**
八、文化体育用品类	**110.8**	**110.0**	**110.9**	**108.8**	**107.0**
1. 文化用品	109.4	108.0	108.9	107.4	106.2
2. 体育用品	113.6	114.0	114.9	111.6	108.6
九、日用品类	**106.2**	**105.0**	**105.6**	**103.5**	**103.3**
1. 一般日用品	107.6	106.4	105.4	104.2	104.2
2. 家 具 类	102.4	102.0	106.8	101.4	100.8
3. 日用杂品	107.1	104.1	104.7	104.1	103.9
十、家用电器类	**100.1**	**99.7**	**98.8**	**98.0**	**97.5**
十一、首 饰 类	**101.1**	**100.5**	**100.4**	**99.7**	**98.9**
十二、燃 料 类	**105.5**	**103.1**	**101.0**	**99.3**	**98.8**
汽　油	101.4	99.6	99.3	98.5	99.5
液化石油气	109.5	106.0	100.7	98.3	96.1
十三、建筑装潢材料类	**100.5**	**95.3**	**100.4**	**100.0**	**101.0**
十四、机电产品类	**98.0**	**96.2**	**96.5**	**96.9**	**98.1**

6月	7月	8月	9月	10月	11月	12月
106.4	**107.2**	**107.0**	**107.4**	**107.6**	**108.1**	**108.2**
104.2	103.5	104.0	104.0	104.1	103.3	103.3
106.7	107.8	107.5	107.9	108.1	108.8	108.9
106.3	**106.1**	**105.7**	**106.4**	**105.5**	**104.8**	**106.2**
104.9	104.6	104.4	104.9	104.9	104.8	107.4
107.6	107.7	106.9	108.4	106.1	103.7	103.1
110.6	110.1	109.3	109.3	106.8	107.2	106.5
107.7	**105.4**	**105.2**	**109.9**	**109.1**	**108.4**	**108.3**
108.5	107.9	107.0	119.6	118.8	117.0	117.1
110.8	105.1	105.6	109.9	109.0	108.8	107.8
105.2	101.8	101.8	101.8	101.6	101.6	102.7
102.1	102.0	102.0	105.5	104.1	102.8	103.4
103.5	103.0	102.7	102.7	100.8	99.8	99.8
109.9	109.2	109.1	108.8	108.3	108.3	107.5
107.4	**107.8**	**108.1**	**106.0**	**106.0**	**105.2**	**104.9**
108.9	110.1	108.7	107.3	108.0	106.8	106.7
106.2	105.9	108.1	105.1	104.9	104.5	103.9
100.9	**100.8**	**100.8**	**101.4**	**101.7**	**102.5**	**103.7**
141.4	**141.4**	**143.5**	**150.0**	**149.2**	**149.9**	**149.9**
106.7	**106.2**	**106.1**	**104.7**	**103.0**	**103.1**	**103.7**
100.0	105.9	105.8	104.9	103.4	103.4	104.2
108.1	106.8	106.8	104.3	102.2	102.5	102.8
102.9	**102.9**	**102.1**	**101.7**	**101.2**	**101.2**	**101.4**
104.0	103.9	103.0	102.6	101.6	101.9	102.2
99.9	99.9	99.6	99.3	99.6	99.2	99.3
103.4	103.9	102.5	102.3	102.0	101.7	101.8
97.5	**97.4**	**96.3**	**96.4**	**95.2**	**94.4**	**94.4**
99.2	**99.1**	**99.1**	**98.7**	**98.9**	**99.2**	**99.4**
98.1	**96.8**	**96.0**	**93.7**	**97.4**	**97.8**	**107.8**
98.1		98.9	97.0	98.3	99.0	105.5
96.3		91.1	87.5	95.5	95.7	113.3
99.8	**98.4**	**98.4**	**96.7**	**97.9**	**97.8**	**95.8**
97.2	**97.2**	**97.7**	**97.0**	**96.1**	**95.8**	**95.8**

1997 年广西农村商品零售价格各月同比指数

以上年同月价格为 100

类　　别	1 月	2 月	3 月	4 月	5 月
商品零售价格总指数	**103.8**	**102.8**	**102.0**	**100.8**	**100.0**
一、食　　品	**104.1**	**103.1**	**102.2**	**99.5**	**99.2**
1. 粮　　食	101.8	100.3	98.9	97.9	96.3
(1) 细　　粮	98.8	97.2	95.2	94.7	93.6
大　　米	96.0	93.7	90.9	90.5	89.2
(2) 粗　　粮	127.8	126.6	130.9	124.9	119.3
2. 油 脂 类	104.8	101.8	108.3	110.6	110.4
3. 肉 禽 蛋	105.0	103.7	100.9	100.5	102.1
猪　　肉	111.9	111.1	110.4	109.6	110.0
牛　　肉	103.5	102.3	97.1	97.3	95.1
羊　　肉	91.8	99.1	86.6	92.6	98.5
鸡	91.0	89.9	85.9	84.9	98.3
鸭	102.9	103.6	96.0	92.8	95.0
鲜　　蛋	97.4	91.0	84.2	85.6	77.4
4. 水产品类	99.6	98.3	95.6	90.3	88.9
5. 鲜　　菜	101.8	104.3	112.7	92.5	84.3
6. 干　　菜	115.2	113.2	109.2	102.6	100.9
7. 鲜　　果	100.3	99.2	92.6	82.3	85.6
8. 干　　果	108.1	102.1	109.6	110.2	106.4
9. 其他食品类	103.6	103.7	103.2	103.0	102.3
(1) 调 味 品	107.9	107.9	106.9	105.6	105.1
盐	111.8	111.8	110.3	110.0	108.5
酱　　油	103.1	104.1	104.1	102.0	104.9
(2) 食　　糖	99.5	98.3	97.5	99.1	99.2
白　　糖	101.2	100.7	100.1	101.3	100.8
(3) 糖　　果	98.7	101.8	101.8	102.6	102.1
(4) 糕　　点	104.2	103.6	104.2	102.3	102.3
(5) 奶及奶制品	109.4	109.1	108.8	107.6	102.9
(6) 罐　　头	103.5	100.2	100.6	100.2	100.1
10. 饮食业	107.7	107.5	107.6	106.7	106.9
(1) 主　　食	107.9	109.1	108.5	106.1	106.1
(2) 炒菜	105.5	105.3	106.2	106.2	107.2

6月	7月	8月	9月	10月	11月	12月
99.7	**98.8**	**97.8**	**97.2**	**96.7**	**97.3**	**95.8**
98.1	**96.2**	**94.1**	**93.8**	**92.8**	**94.2**	**92.5**
90.3	88.2	87.7	85.5	87.1	87.7	87.7
87.2	85.3	85.6	83.1	84.6	85.3	85.9
81.2	79.3	80.0	77.7	79.5	79.9	81.1
116.3	112.5	105.5	105.6	108.3	108.2	102.8
108.1	99.2	94.9	91.3	91.3	94.6	94.0
98.9	94.6	92.7	92.5	90.9	91.5	90.9
105.1	99.0	97.8	95.1	92.4	91.8	90.0
90.8	93.4	95.2	92.3	89.3	88.3	86.1
106.9	97.0	96.4	103.3	93.9	88.0	84.8
97.6	91.5	85.6	92.7	94.8	98.0	98.1
94.9	90.8	83.7	85.5	85.4	94.0	94.5
74.8	73.0	74.2	74.4	75.8	75.9	79.7
89.9	90.0	87.6	86.0	86.5	90.7	91.8
98.3	94.1	96.4	98.2	100.3	112.7	94.7
103.5	98.5	96.2	95.7	97.7	98.8	96.6
93.2	112.0	90.1	97.6	83.6	79.0	78.1
101.7	98.8	99.8	95.1	94.9	96.2	92.3
102.2	102.8	102.5	102.4	101.7	101.2	100.0
103.5	103.5	103.6	103.4	101.8	101.4	101.4
105.8	105.6	105.6	105.6	101.1	101.1	101.1
103.0	103.3	103.3	103.3	103.3	103.3	103.3
101.5	104.2	103.1	102.0	101.1	98.6	96.6
103.0	105.7	104.1	101.8	100.7	97.8	96.7
101.2	102.5	102.5	102.6	102.3	102.3	102.1
102.2	101.1	99.9	100.5	100.0	100.1	99.4
101.9	101.5	102.0	104.0	105.1	107.5	101.7
100.6	100.4	100.2	99.6	99.6	99.6	99.7
106.4	105.6	105.3	105.1	103.5	105.0	104.8
105.2	104.2	104.2	104.2	104.2	104.5	103.6
106.6	106.6	106.1	106.5	103.8	105.5	105.5

1997 年广西农村商品零售价格各月同比指数（续表）

以上年同月价格为 100

类　　别	1 月	2 月	3 月	4 月	5 月
(3) 地方小吃	118.5	114.9	112.9	110.2	106.8
二、饮料、烟酒类	**106.0**	**104.0**	**102.8**	**101.5**	**100.9**
1. 饮　料	101.8	101.2	101.3	99.4	99.5
2. 烟　酒	106.7	104.4	103.1	101.8	101.1
三、服装、鞋帽类	**104.8**	**101.0**	**100.6**	**101.0**	**99.9**
1. 服　装	105.8	100.6	100.1	100.2	99.0
2. 鞋	102.4	101.1	100.8	102.5	101.6
3. 其他衣着	105.1	103.0	103.0	101.8	100.5
四、纺织品类	**108.2**	**107.4**	**107.4**	**105.9**	**105.8**
1. 棉　布	116.9	115.6	116.1	112.0	112.7
2. 棉花化纤混纺布	106.9	107.1	106.8	105.5	105.0
3. 化 纤 布	107.0	105.8	105.2	105.2	103.9
4. 呢　绒	101.5	101.5	101.5	101.5	101.5
5. 绸　缎	100.0	99.7	99.6	98.9	98.9
6. 其他纺织品	104.1	103.2	103.2	103.0	103.3
五、中、西药品类	**104.7**	**105.7**	**106.4**	**106.2**	**105.4**
1. 中　药	104.3	105.8	106.3	104.6	106.0
2. 西　药	105.6	106.1	107.0	108.3	105.6
六、化妆品类	**102.4**	**101.9**	**101.8**	**102.5**	**102.1**
七、书报、杂志类	**141.9**	**140.8**	**123.6**	**123.6**	**123.6**
八、文化体育用品类	**103.0**	**104.0**	**104.9**	**102.8**	**102.8**
1. 文化用品	103.4	104.7	106.4	103.1	102.9
2. 体育用品	102.4	103.0	102.4	102.2	102.6
九、日用品类	**102.1**	**102.0**	**102.2**	**101.6**	**100.8**
1. 一般日用品	102.7	102.4	102.6	102.0	101.0
2. 家 具 类	99.9	100.1	100.3	99.6	99.3
3. 日用杂品	103.1	103.7	104.0	103.4	102.7
十、家用电器类	**95.4**	**94.8**	**94.9**	**95.4**	**94.8**
十一、首 饰 类	**99.7**	**99.6**	**99.8**	**99.4**	**99.2**
十二、燃 料 类	**111.7**	**111.0**	**108.1**	**104.2**	**100.9**
汽　油	106.7	107.6	106.9	107.8	106.7
液化石油气	119.1	116.8	110.7	99.8	94.0
十三、建筑装潢材料类	**94.4**	**92.5**	**93.2**	**96.1**	**92.5**
十四、机电产品类	**94.7**	**94.6**	**94.7**	**95.1**	**95.5**

6月	7月	8月	9月	10月	11月	12月
107.7	103.6	103.6	100.3	100.3	103.6	104.0
100.4	**99.4**	**99.3**	**99.1**	**98.5**	**98.3**	**97.7**
99.1	98.6	98.3	98.3	98.4	98.4	98.0
100.6	99.5	99.5	99.2	98.5	98.3	97.6
100.0	**99.2**	**99.3**	**98.0**	**98.1**	**98.1**	**96.2**
99.1	97.9	97.8	96.3	96.3	96.6	94.2
101.9	101.3	102.0	99.9	99.9	99.7	98.8
100.1	100.7	100.3	101.7	102.6	101.5	100.4
105.7	**104.8**	**104.4**	**101.4**	**100.5**	**99.8**	**100.1**
114.9	112.8	110.1	101.9	100.9	100.1	99.7
101.6	100.5	101.4	98.2	98.2	98.7	98.7
103.5	103.5	103.5	103.5	101.0	99.4	101.2
101.5	101.5	101.5	101.8	101.3	100.9	100.9
98.9	97.7	98.1	99.7	98.6	97.8	97.7
103.7	103.6	104.0	102.5	102.6	101.6	101.6
108.0	**107.1**	**105.9**	**106.1**	**106.6**	**105.6**	**105.6**
109.1	108.1	108.3	108.3	108.0	107.0	106.6
108.1	107.4	104.8	105.3	106.1	105.0	104.7
101.9	**102.1**	**100.1**	**98.9**	**100.7**	**99.8**	**100.3**
123.6	**123.6**	**120.9**	**113.3**	**113.3**	**113.3**	**111.9**
102.7	**104.8**	**104.0**	**103.8**	**101.7**	**102.9**	**101.2**
102.8	105.5	105.4	105.1	102.6	104.6	102.0
102.5	103.7	101.7	101.7	100.3	100.1	100.0
101.2	**101.2**	**100.3**	**99.5**	**99.6**	**100.1**	**99.6**
101.6	101.9	100.4	99.3	99.4	100.2	99.4
99.7	99.4	99.4	99.1	99.7	99.6	99.5
102.3	101.2	101.7	101.2	100.1	100.5	100.7
94.5	**94.3**	**94.2**	**93.2**	**93.9**	**94.2**	**93.2**
98.9	**98.9**	**99.2**	**99.2**	**98.9**	**98.9**	**99.8**
99.4	**99.8**	**99.8**	**102.2**	**99.9**	**99.2**	**89.1**
107.8	107.6	106.6	106.7	106.8	105.1	97.1
89.2	90.1	91.2	96.9	91.2	91.5	76.4
92.7	**92.0**	**94.0**	**95.1**	**94.9**	**95.7**	**96.0**
95.2	**96.9**	**95.5**	**94.9**	**95.0**	**95.0**	**93.9**

1998年广西农村商品零售价格各月同比指数

以上年同月价格为100

类别	1月	2月	3月	4月	5月
商品零售价格总指数	**94.8**	**95.4**	**95.4**	**95.1**	**95.0**
一、食品	**92.3**	**93.4**	**93.8**	**93.4**	**92.4**
1. 粮食	89.8	90.1	91.1	88.5	89.1
(1) 细粮	88.3	89.1	90.3	88.1	88.5
大米	84.3	85.9	87.5	84.9	85.8
(2) 粗粮	102.0	97.8	97.8	91.6	94.1
2. 油脂类	95.1	95.1	92.6	90.4	89.1
3. 肉禽蛋	88.8	89.4	90.6	89.6	89.3
猪肉	89.3	88.3	88.1	85.6	84.3
牛肉	86.6	86.2	83.0	84.1	85.4
羊肉	85.1	83.3	86.1	84.9	82.7
鸡	89.5	93.8	97.6	97.6	97.7
鸭	86.4	88.7	94.7	94.4	93.1
鲜蛋	84.6	87.9	93.3	95.0	97.6
4. 水产品类	86.4	87.7	86.3	88.1	87.1
5. 鲜菜	111.0	120.4	108.2	95.4	87.5
6. 干菜	97.6	96.8	96.1	96.6	97.2
7. 鲜果	71.9	75.7	92.8	117.0	111.6
8. 干果	91.0	91.3	87.8	85.7	84.3
9. 其他食品类	99.3	98.8	99.3	99.0	99.3
(1) 调味品	100.0	98.9	101.3	101.6	101.4
盐	101.1	100.0	102.0	102.0	100.0
酱油	99.4	100.0	104.8	104.8	107.6
(2) 食糖	96.6	96.9	94.3	94.6	96.3
白糖	96.1	95.7	92.9	93.5	95.8
(3) 糖果	102.3	101.9	102.8	101.6	101.4
(4) 糕点	97.3	98.9	98.9	98.6	98.6
(5) 奶及奶制品	100.6	97.3	98.8	97.3	97.3
(6) 罐头	102.0	101.2	101.3	101.8	101.8
10. 饮食业	102.9	101.4	101.5	101.5	101.3
(1) 主食	100.4	100.0	100.4	100.7	100.7
(2) 炒菜	103.7	101.2	101.2	101.2	100.8

6月	7月	8月	9月	10月	11月	12月
96.0	**97.0**	**95.4**	**95.5**	**96.5**	**96.7**	**98.1**
94.9	**97.7**	**93.3**	**93.7**	**95.4**	**95.5**	**98.3**
99.0	101.6	96.2	103.0	104.4	101.7	99.5
100.1	103.2	96.8	104.2	105.6	103.1	100.9
101.2	105.2	97.0	106.9	109.0	105.5	102.6
89.9	88.5	91.6	93.2	94.7	90.7	88.0
89.3	91.5	89.4	95.1	98.3	98.2	97.6
90.1	91.0	91.8	91.5	93.4	92.5	94.4
86.5	87.2	83.9	84.3	86.5	87.9	90.0
84.4	83.5	82.6	84.1	84.6	88.5	89.7
83.4	88.8	86.3	81.3	80.4	90.0	91.8
92.2	96.3	104.9	103.0	105.2	96.8	99.3
89.6	94.6	102.7	105.5	106.9	96.4	98.5
108.0	104.7	109.1	106.6	108.6	108.2	111.2
89.7	86.2	82.6	86.5	85.7	86.5	90.2
99.9	117.5	91.1	80.7	79.5	81.9	91.5
98.4	101.5	100.9	99.0	98.6	97.0	98.3
101.7	118.8	92.5	85.7	98.8	113.1	140.0
82.1	82.6	82.8	88.0	86.5	85.8	90.9
98.8	97.1	96.8	96.3	96.5	97.2	97.2
101.8	101.5	99.1	98.7	98.4	99.5	99.5
100.0	100.0	100.0	100.0	100.0	100.0	100.0
109.2	109.2	101.6	100.0	100.0	100.0	100.0
93.7	88.4	89.4	88.6	88.5	88.8	88.5
92.3	87.0	88.8	87.7	87.4	88.2	88.1
100.7	98.5	98.9	99.4	100.2	101.8	102.4
98.7	99.1	99.4	98.1	99.0	99.0	98.7
98.2	98.4	98.3	98.0	98.0	98.2	98.0
101.0	102.5	102.5	102.5	102.5	102.3	102.9
101.3	101.1	101.1	100.9	100.9	99.5	99.4
100.7	100.7	100.7	100.7	100.7	100.7	100.7
100.8	100.4	100.4	100.2	100.2	98.6	98.6

1998年广西农村商品零售价格各月同比指数（续表）

以上年同月价格为100

类　　别	1月	2月	3月	4月	5月
(3) 地方小吃	104.1	104.9	104.9	104.9	104.9
二、饮料、烟酒类	**98.1**	**98.2**	**98.3**	**99.0**	**99.2**
1. 饮　　料	99.1	99.3	98.4	100.2	99.3
2. 烟　　酒	97.9	98.0	98.3	98.8	99.2
三、服装、鞋帽类	**96.0**	**96.7**	**96.2**	**96.9**	**98.4**
1. 服　　装	93.5	94.8	93.5	94.8	96.6
2. 鞋	99.4	98.7	98.0	98.0	98.9
3. 其他衣着	100.8	101.9	105.3	105.3	106.7
四、纺织品类	**99.8**	**99.7**	**99.9**	**100.2**	**99.9**
1. 棉　　布	101.4	101.2	101.1	102.7	100.9
2. 棉花化纤混纺布	98.0	98.2	98.8	97.5	101.6
3. 化 纤 布	99.9	99.9	100.9	100.9	98.9
4. 呢　　绒	100.3	100.2	100.2	100.2	100.2
5. 绸　　缎	98.9	98.7	98.7	98.7	98.0
6. 其他纺织品	99.7	98.9	98.5	98.9	98.9
五、中、西药品类	**102.6**	**103.6**	**102.2**	**103.8**	**104.1**
1. 中　　药	105.9	108.8	107.6	110.1	111.4
2. 西　　药	99.1	98.7	97.2	98.0	97.5
六、化妆品类	**99.7**	**99.9**	**99.1**	**97.9**	**98.6**
七、书报、杂志类	**102.1**	**106.9**	**105.8**	**105.8**	**105.8**
八、文化体育用品类	**100.1**	**99.7**	**99.7**	**99.6**	**100.3**
1. 文化用品	101.5	101.3	101.3	101.2	101.5
2. 体育用品	97.7	96.9	96.9	96.9	98.2
九、日用品类	**98.3**	**97.3**	**97.6**	**97.7**	**98.0**
1. 一般日用品	98.1	97.2	97.6	97.4	97.6
2. 家 具 类	97.7	97.5	97.4	97.9	98.5
3. 日用杂品	100.1	97.4	97.7	98.8	99.1
十、家用电器类	**92.3**	**92.1**	**91.6**	**91.7**	**91.2**
十一、首 饰 类	**97.4**	**94.2**	**92.6**	**91.9**	**92.3**
十二、燃 料 类	**85.5**	**86.2**	**87.6**	**80.9**	**86.4**
汽　　油	95.0	97.4	97.4	80.9	93.6
液化石油气	72.7	71.9	74.9	77.8	76.2
十三、建筑装潢材料类	**95.6**	**97.0**	**97.5**	**96.9**	**94.0**
十四、机电产品类	**94.5**	**93.5**	**91.6**	**91.6**	**92.0**

6月	7月	8月	9月	10月	11月	12月
104.9	104.9	104.9	104.9	104.8	101.5	100.8
99.9	**100.3**	**99.8**	**99.1**	**99.0**	**99.0**	**99.6**
99.6	99.8	99.0	98.7	98.7	98.7	99.8
99.9	100.4	99.9	99.2	99.1	99.1	99.6
98.3	**98.4**	**98.4**	**98.7**	**99.5**	**99.1**	**100.8**
96.7	97.2	97.4	97.4	99.1	98.1	100.5
98.7	98.6	98.0	99.0	98.8	99.2	99.8
105.2	104.1	104.8	104.4	103.5	104.1	104.4
99.4	**99.1**	**100.2**	**100.4**	**100.4**	**100.9**	**100.2**
98.8	100.1	102.4	100.2	100.0	101.4	101.4
105.9	102.2	105.1	104.8	104.8	102.0	101.8
95.7	95.7	95.7	100.0	100.0	102.6	100.0
100.2	100.2	100.2	99.4	99.6	100.0	99.9
98.0	99.2	99.2	98.6	99.1	99.3	99.3
98.6	98.6	98.0	97.7	97.8	98.0	97.7
103.8	**104.4**	**104.7**	**104.6**	**104.4**	**104.3**	**104.3**
109.4	109.3	110.1	110.7	110.7	110.2	109.8
98.6	100.1	100.1	99.4	98.7	99.1	99.7
98.4	**97.7**	**99.6**	**98.4**	**96.9**	**97.0**	**96.4**
105.8	**105.8**	**106.0**	**100.2**	**100.3**	**100.3**	**100.3**
100.4	**100.3**	**100.7**	**100.8**	**101.3**	**101.8**	**101.1**
101.5	101.1	101.3	101.4	101.4	102.1	100.9
98.6	98.9	99.8	99.8	101.1	101.4	101.5
97.6	**97.9**	**98.2**	**98.2**	**98.4**	**97.7**	**97.6**
97.1	97.3	97.8	97.7	98.1	97.0	97.3
98.1	98.4	98.6	98.6	98.1	98.1	97.8
99.0	99.9	99.4	99.6	100.1	99.8	98.9
91.1	**90.9**	**91.3**	**92.1**	**92.2**	**92.8**	**94.9**
90.8	**89.6**	**89.5**	**89.5**	**89.7**	**89.9**	**90.6**
87.3	**87.0**	**87.4**	**86.8**	**93.6**	**96.4**	**95.7**
96.4	96.1	98.1	98.0	98.7	99.6	99.0
75.2	75.4	74.4	73.0	87.5	93.0	91.7
96.2	**95.1**	**94.1**	**93.9**	**94.5**	**94.4**	**94.7**
92.6	**92.2**	**91.6**	**92.5**	**92.9**	**91.8**	**93.1**

1999年广西农村商品零售价格各月同比指数

以上年同月价格为100

类　别	1月	2月	3月	4月	5月
商品零售价格总指数	**98.9**	**98.4**	**98.4**	**97.7**	**97.0**
一、食　品	**99.5**	**97.9**	**97.7**	**96.5**	**95.2**
1. 粮　食	97.0	98.9	99.6	102.3	102.9
(1) 细　粮	98.1	99.8	101.2	103.4	104.5
大　米	98.9	100.7	102.4	105.3	106.5
(2) 粗　粮	88.1	92.1	86.5	93.5	89.9
2. 油脂类	95.0	94.9	95.8	95.5	99.0
3. 肉禽蛋	99.4	97.0	95.4	93.0	90.0
猪　肉	92.2	90.4	91.2	89.9	85.8
牛　肉	94.5	96.3	99.6	98.2	93.0
羊　肉	94.5	98.8	100.1	93.1	92.9
鸡	115.4	106.9	100.5	96.7	94.8
鸭	107.6	100.5	95.6	91.7	88.0
鲜　蛋	108.6	110.2	101.0	96.3	97.9
4. 水产品类	94.4	97.5	96.9	94.9	96.0
5. 鲜　菜	92.2	85.6	93.9	102.7	103.8
6. 干　菜	98.3	98.5	98.8	100.5	99.2
7. 鲜　果	134.1	123.1	117.2	93.9	84.0
8. 干　果	90.8	90.8	91.4	91.4	91.7
9. 其他食品类	96.0	95.1	94.7	95.1	94.7
(1) 调味品	99.8	99.9	98.4	99.0	98.9
盐	100.0	100.0	98.2	100.0	100.0
酱　油	101.0	101.0	101.0	102.1	99.7
(2) 食　糖	87.3	85.4	85.8	85.1	83.2
白　糖	85.8	84.4	84.5	83.6	81.8
(3) 糖　果	99.0	95.7	95.1	95.7	95.9
(4) 糕　点	98.5	98.2	98.5	98.8	98.8
(5) 奶及奶制品	95.0	96.8	96.8	99.0	99.8
(6) 罐　头	99.5	101.2	101.3	101.3	100.2
10. 饮食业	99.6	99.9	100.1	99.9	100.3
(1) 主　食	100.7	100.7	100.7	100.0	100.0
(2) 炒　菜	98.8	99.5	99.8	99.8	100.5

6月	7月	8月	9月	10月	11月	12月
97.0	**96.4**	**97.3**	**98.5**	**97.1**	**96.7**	**97.2**
95.9	**93.1**	**94.9**	**97.7**	**96.0**	**95.1**	**95.6**
97.6	93.9	96.2	94.7	91.5	93.0	95.3
98.5	94.8	97.3	95.4	92.3	94.0	96.8
98.4	93.9	96.9	94.1	90.2	92.5	96.3
90.7	86.6	87.4	88.7	84.8	85.1	83.5
101.5	101.2	103.9	99.5	96.0	94.0	95.9
93.9	92.3	92.5	95.4	93.6	93.0	93.1
89.9	87.0	90.1	95.1	93.8	93.9	93.5
96.4	95.3	94.0	101.2	102.5	97.0	103.6
91.9	91.3	94.4	97.8	103.6	103.8	99.0
104.3	102.4	99.2	99.3	93.4	91.4	93.5
95.4	97.1	93.9	87.0	83.2	85.2	85.6
89.6	90.9	86.7	87.2	86.2	86.3	80.0
97.5	97.1	98.5	97.9	95.0	95.2	92.8
93.8	75.0	87.3	111.2	113.7	114.4	111.7
98.0	97.0	95.8	98.4	99.2	99.9	99.9
94.8	89.0	92.6	100.1	95.5	80.8	87.1
93.6	93.8	96.0	95.3	92.4	93.0	93.7
94.8	95.7	95.9	95.8	95.3	93.9	94.0
98.5	98.8	98.8	99.3	100.3	99.6	100.0
100.0	100.0	100.0	100.0	100.0	102.0	103.1
99.7	99.7	99.7	101.5	103.9	103.9	103.9
83.8	85.1	86.3	86.6	82.5	79.5	79.8
83.3	85.3	86.8	86.8	82.5	78.5	79.2
96.6	97.7	97.2	95.2	96.9	95.3	94.7
98.4	99.0	98.8	99.3	98.8	98.4	98.8
99.1	101.4	101.4	101.4	100.5	100.2	99.6
101.0	101.0	101.0	101.0	100.6	97.9	97.2
100.5	101.7	101.7	101.7	101.7	101.7	101.7
100.0	100.3	100.3	100.3	100.3	100.3	100.3
100.5	101.8	101.8	101.8	101.8	101.8	101.8

1999 年广西农村商品零售价格各月同比指数（续表）

以上年同月价格为 100

类　　别	1 月	2 月	3 月	4 月	5 月
(3) 地方小吃	100.8	100.0	100.0	100.0	100.0
二、饮料、烟酒类	**99.6**	**99.7**	**99.6**	**99.2**	**98.8**
1. 饮　　料	100.0	99.6	100.6	99.3	100.0
2. 烟　　酒	99.5	99.7	99.4	99.2	98.6
三、服装、鞋帽类	**100.2**	**101.2**	**103.6**	**102.8**	**100.0**
1. 服　　装	99.8	101.8	106.1	105.5	102.3
2. 鞋	99.6	98.8	99.3	97.6	94.6
3. 其他衣着	104.0	103.8	101.4	101.5	101.2
四、纺织品类	**100.8**	**100.8**	**99.9**	**99.7**	**98.0**
1. 棉　　布	101.5	101.9	101.1	99.8	99.4
2. 棉花化纤混纺布	104.2	102.9	98.5	100.1	94.0
3. 化 纤 布	100.0	100.0	100.0	100.0	98.9
4. 呢　　绒	99.2	99.2	99.2	99.2	97.1
5. 绸　　缎	99.4	99.4	100.3	100.3	99.6
6. 其他纺织品	98.1	99.0	99.5	98.7	98.7
五、中、西药品类	**104.6**	**102.6**	**102.6**	**101.5**	**100.4**
1. 中　　药	109.2	105.4	104.4	102.4	100.5
2. 西　　药	100.9	100.2	100.8	100.3	99.8
六、化妆品类	**95.7**	**95.7**	**96.7**	**97.9**	**97.0**
七、书报、杂志类	**101.1**	**99.6**	**103.2**	**103.7**	**104.2**
八、文化体育用品类	**100.2**	**100.9**	**100.6**	**100.6**	**100.3**
1. 文化用品	100.0	101.9	101.5	101.6	101.4
2. 体育用品	100.5	99.2	99.0	99.0	98.4
九、日用品类	**98.0**	**98.4**	**98.6**	**98.7**	**98.6**
1. 一般日用品	98.0	98.4	98.7	99.0	98.7
2. 家 具 类	97.6	98.0	98.1	97.7	97.8
3. 日用杂品	98.7	98.9	98.7	99.4	99.3
十、家用电器类	**95.7**	**95.9**	**96.2**	**95.4**	**95.2**
十一、首 饰 类	**92.1**	**93.7**	**94.9**	**95.7**	**94.6**
十二、燃 料 类	**98.7**	**97.9**	**94.3**	**93.9**	**96.7**
汽　　油	103.1	102.4	102.7	103.9	105.2
液化石油气	93.9	92.7	84.1	81.9	86.7
十三、建筑装潢材料类	**96.8**	**98.4**	**96.4**	**95.7**	**97.6**
十四、机电产品类	**93.7**	**93.1**	**92.1**	**92.8**	**90.1**

6月	7月	8月	9月	10月	11月	12月
101.7	104.3	104.3	104.3	104.3	104.3	104.3
98.4	**98.5**	**98.9**	**98.9**	**99.0**	**99.0**	**98.7**
99.9	99.9	100.3	100.6	100.5	100.5	99.0
98.1	98.3	98.7	98.6	98.7	98.7	98.6
100.0	**100.3**	**100.5**	**100.0**	**98.0**	**98.6**	**97.5**
102.4	102.3	102.7	102.6	99.0	100.3	98.6
94.4	95.4	95.4	94.7	95.2	94.5	94.4
101.8	102.0	101.5	100.1	100.1	99.7	99.7
97.7	**97.2**	**97.3**	**97.4**	**97.4**	**96.9**	**97.1**
99.3	99.3	99.3	98.9	99.4	98.2	98.7
94.3	94.3	94.5	95.0	94.3	94.3	94.5
97.8	95.4	95.4	95.4	95.4	95.4	95.4
97.1	97.1	97.3	97.3	97.3	97.3	97.9
99.6	99.5	99.4	99.5	99.2	99.2	99.2
98.4	98.5	98.8	99.6	99.9	98.7	98.5
99.9	**98.9**	**97.9**	**97.2**	**97.6**	**97.8**	**97.8**
100.1	100.5	98.7	98.2	99.2	100.3	99.9
99.0	96.4	95.9	95.0	95.2	94.9	95.2
97.0	**97.3**	**97.4**	**98.5**	**99.7**	**98.6**	**98.1**
103.1	**103.1**	**103.7**	**104.4**	**104.4**	**104.4**	**104.6**
100.5	**100.0**	**99.7**	**99.7**	**99.9**	**99.4**	**99.4**
101.7	101.8	101.4	101.4	101.5	100.4	100.4
98.6	97.0	96.9	96.9	97.3	97.7	97.7
98.1	**97.9**	**97.7**	**98.0**	**97.5**	**97.8**	**98.1**
98.4	98.0	97.7	98.5	97.8	98.2	98.3
96.8	96.8	96.8	95.9	95.6	95.7	96.3
99.3	99.6	99.4	99.4	99.7	99.8	100.0
94.5	**95.0**	**93.9**	**94.3**	**94.1**	**94.6**	**94.5**
96.6	**98.1**	**91.7**	**90.8**	**94.4**	**97.4**	**98.2**
99.2	**107.1**	**118.2**	**121.6**	**107.9**	**104.3**	**113.3**
101.6	100.9	99.8	102.2	101.8	105.7	109.7
96.1	114.7	140.6	145.9	115.1	102.5	118.3
94.8	**95.4**	**96.7**	**95.6**	**94.6**	**94.3**	**94.5**
89.8	**89.7**	**90.4**	**89.9**	**89.8**	**88.8**	**88.2**

2000 年广西农村商品零售价格各月同比指数

以上年同月价格为 100

类　别	1 月	2 月	3 月	4 月	5 月
商品零售价格总指数	**97.1**	**97.8**	**97.1**	**98.1**	**99.3**
一、食　品	**94.0**	**95.9**	**93.9**	**95.1**	**96.5**
1. 粮　食	94.1	92.3	90.5	90.7	88.4
(1) 细　粮	94.6	92.7	90.5	90.6	88.0
大　米	93.3	90.8	87.9	87.9	84.4
(2) 粗　粮	90.1	88.7	90.3	91.1	91.7
2. 油 脂 类	97.5	97.5	97.2	98.2	97.8
3. 肉 禽 蛋	91.0	92.5	91.7	94.1	96.6
猪　肉	91.4	94.0	91.8	96.3	101.8
牛　肉	100.1	100.5	103.1	99.6	102.8
羊　肉	103.9	108.3	105.9	108.5	104.2
鸡	91.4	92.9	92.4	93.8	91.2
鸭	84.5	85.8	82.7	86.1	90.6
鲜　蛋	78.5	75.9	79.9	79.2	76.4
4. 水产品类	90.0	88.7	90.8	91.2	92.9
5. 鲜　菜	96.2	116.8	105.4	100.3	98.7
6. 干　菜	96.5	96.1	95.7	97.1	96.9
7. 鲜　果	93.3	95.5	79.1	87.1	102.8
8. 干　果	96.6	98.6	96.1	96.8	97.6
9. 其他食品类	96.7	97.0	100.5	101.9	102.5
(1) 调 味 品	102.4	103.5	104.1	104.1	103.3
盐	110.7	110.7	110.7	110.7	110.7
酱　油	102.1	105.5	105.5	105.5	105.5
(2) 食　糖	82.7	82.5	96.3	101.9	104.9
白　糖	82.7	81.7	98.4	105.0	107.9
(3) 糖　果	99.2	98.0	100.0	100.0	100.8
(4) 糕　点	100.4	100.4	100.0	100.4	100.4
(5) 奶及奶制品	101.0	102.8	101.3	101.3	101.3
(6) 罐　头	100.8	100.8	98.9	98.9	98.3
10. 饮 食 业	101.1	101.1	100.7	100.7	100.4
(1) 主　食	100.3	100.3	100.3	100.3	100.3
(2) 炒　菜	100.7	100.7	100.0	100.0	100.0

6月	7月	8月	9月	10月	11月	12月
99.0	**99.1**	**99.4**	**98.8**	**99.8**	**100.9**	**99.4**
95.6	**96.1**	**97.9**	**94.3**	**96.9**	**100.7**	**97.8**
90.1	90.5	90.3	90.0	90.2	92.0	92.6
89.4	88.5	89.0	88.6	89.1	90.5	89.4
86.3	85.0	85.7	85.5	86.7	88.7	86.9
95.8	106.7	100.9	101.5	99.4	104.1	118.5
96.7	94.6	95.1	94.4	92.9	92.5	91.1
93.7	94.5	97.9	91.6	93.9	96.2	96.9
96.0	99.2	101.9	96.2	96.3	97.1	98.7
101.6	100.4	104.8	97.3	99.0	103.0	99.4
107.2	110.6	110.5	112.6	108.2	103.3	105.8
91.4	90.0	94.2	79.7	91.5	97.4	96.5
87.8	82.2	82.1	84.4	84.7	91.1	91.5
78.8	79.0	88.3	84.1	84.1	85.7	87.4
92.4	91.2	89.8	88.6	92.9	93.5	94.8
100.3	94.5	96.1	80.5	97.0	107.7	90.6
94.9	96.2	97.3	96.4	95.3	96.6	93.1
97.4	104.5	108.1	109.8	117.5	146.4	118.7
98.0	100.3	98.0	96.8	99.0	99.7	98.5
104.6	107.8	110.5	110.8	110.2	111.5	108.5
103.8	103.8	103.9	103.9	103.1	102.8	102.4
110.7	110.7	110.7	110.7	111.7	109.7	108.6
105.5	105.5	105.5	105.5	103.1	103.1	103.1
112.6	127.5	138.5	138.5	138.1	142.6	130.4
116.7	132.4	143.0	143.0	141.7	146.8	132.1
101.6	101.6	101.9	103.4	101.3	102.9	102.5
100.7	100.3	100.8	100.8	100.8	100.8	100.8
101.3	99.1	99.1	99.5	100.3	100.3	101.0
96.7	98.8	98.8	98.8	99.0	99.5	99.5
100.2	99.4	99.4	99.6	99.6	99.6	99.2
100.3	100.0	100.0	100.0	100.0	100.0	100.0
100.0	100.0	100.0	100.0	100.0	100.0	99.4

2000年广西农村商品零售价格各月同比指数（续表）

以上年同月价格为100

类　　别	1月	2月	3月	4月	5月
(3) 地方小吃	104.3	104.3	104.3	104.3	102.4
二、饮料、烟酒类	**99.8**	**99.3**	**99.3**	**99.2**	**99.3**
1. 饮　　料	99.1	99.8	100.0	99.3	98.1
2. 烟　　酒	99.9	99.2	99.2	99.2	99.5
三、服装、鞋帽类	**97.1**	**96.6**	**95.8**	**96.6**	**97.4**
1. 服　　装	97.9	96.6	95.6	96.1	97.3
2. 鞋	94.4	95.7	95.5	97.2	98.0
3. 其他衣着	99.2	98.7	97.3	97.5	96.9
四、纺织品类	**97.3**	**97.1**	**96.9**	**97.0**	**98.1**
1. 棉　　布	98.6	98.0	98.0	98.5	100.1
2. 棉花化纤混纺布	97.9	97.9	98.2	98.2	99.9
3. 化 纤 布	95.4	95.4	95.4	95.4	96.1
4. 呢　　绒	97.9	97.9	97.9	97.9	100.0
5. 绸　　缎	99.2	99.2	98.2	98.2	99.9
6. 其他纺织品	96.3	95.8	95.0	94.8	94.7
五、中、西药品类	**99.6**	**99.2**	**99.1**	**99.5**	**99.6**
1. 中　　药	101.9	103.1	101.5	101.0	101.4
2. 西　　药	97.1	95.8	97.1	98.3	98.2
六、化妆品类	**95.6**	**96.6**	**96.1**	**96.6**	**96.6**
七、书报、杂志类	**101.5**	**103.8**	**100.7**	**100.7**	**100.7**
八、文化体育用品类	**99.9**	**99.4**	**100.0**	**100.4**	**100.2**
1. 文化用品	100.0	99.4	100.3	100.7	100.5
2. 体育用品	99.6	99.4	99.5	99.9	99.7
九、日用品类	**98.0**	**97.8**	**98.0**	**98.2**	**98.1**
1. 一般日用品	97.8	97.8	98.2	98.4	98.2
2. 家 具 类	97.6	97.5	97.5	98.4	98.5
3. 日用杂品	99.7	98.5	98.0	97.1	97.2
十、家用电器类	**96.0**	**95.4**	**95.0**	**95.4**	**96.8**
十一、首 饰 类	**98.8**	**99.5**	**100.3**	**99.5**	**100.4**
十二、燃 料 类	**117.0**	**119.5**	**121.8**	**129.2**	**137.6**
汽　　油	111.5	110.5	107.9	107.6	117.7
液化石油气	124.5	131.4	139.9	156.9	164.7
十三、建筑装潢材料类	**93.7**	**94.5**	**96.1**	**97.1**	**98.1**
十四、机电产品类	**89.8**	**89.5**	**90.6**	**88.1**	**90.7**

6月	7月	8月	9月	10月	11月	12月
100.8	95.8	95.8	96.7	96.7	96.7	96.7
99.2	**99.3**	**99.7**	**100.1**	**100.2**	**99.8**	**99.9**
97.4	97.2	97.5	97.3	97.4	97.8	98.0
99.5	99.7	100.1	100.6	100.7	100.2	100.3
97.4	**97.7**	**97.8**	**98.6**	**99.3**	**99.6**	**100.4**
97.2	97.8	97.8	99.1	100.1	100.1	101.5
98.0	98.0	98.1	97.7	97.9	98.7	98.5
96.7	96.9	97.3	97.9	98.2	99.1	99.5
98.3	**98.8**	**98.3**	**98.5**	**99.0**	**98.9**	**98.9**
101.2	101.1	99.6	99.0	100.4	99.5	99.2
99.0	99.0	98.3	98.9	99.7	99.7	99.7
96.1	98.3	98.3	99.2	99.2	99.2	99.2
100.0	100.0	100.0	100.0	100.0	100.0	100.0
99.9	99.6	99.7	99.6	99.6	99.6	99.6
95.1	95.3	95.6	95.6	95.5	96.6	96.8
99.3	**98.8**	**100.5**	**101.0**	**99.3**	**99.7**	**99.5**
102.1	101.5	105.9	106.1	102.3	102.6	102.8
97.1	96.8	96.2	97.2	97.0	97.6	97.1
95.0	**95.3**	**94.6**	**94.5**	**93.3**	**95.6**	**95.5**
100.7	**101.1**	**101.1**	**125.6**	**125.6**	**117.6**	**117.6**
99.7	**99.9**	**100.1**	**99.1**	**99.5**	**99.8**	**100.2**
100.0	99.8	100.1	99.4	99.9	99.9	100.2
99.1	100.0	100.2	98.6	98.7	99.7	100.1
98.2	**98.9**	**99.0**	**99.2**	**99.3**	**99.2**	**99.0**
98.1	99.3	99.6	99.4	99.5	99.3	99.3
99.3	99.2	99.1	100.0	100.3	100.3	99.8
96.7	96.4	96.4	96.7	96.7	96.9	96.4
96.7	**97.2**	**94.9**	**93.8**	**93.7**	**93.9**	**93.7**
100.4	**101.0**	**104.8**	**106.2**	**99.9**	**92.9**	**91.9**
138.9	**132.8**	**125.5**	**126.8**	**129.8**	**129.8**	**120.0**
129.9	137.5	143.0	145.3	141.9	132.1	127.7
153.9	131.3	108.0	108.0	118.5	129.2	112.2
99.2	**99.7**	**100.0**	**100.3**	**99.9**	**99.5**	**99.6**
90.2	**89.7**	**90.7**	**89.9**	**90.7**	**89.3**	**88.9**

2001 年广西农村商品零售价格各月同比指数

以上年同月价格为 100

类　　别	1 月	2 月	3 月	4 月	5 月
商品零售价格总指数	**99.1**	**98.9**	**99.8**	**100.4**	**100.5**
一、食 品 类	**98.4**	**97.4**	**99.9**	**102.5**	**103.8**
1. 粮　　食	93.8	94.3	96.0	96.8	98.9
(1) 细　　粮	93.4	93.9	95.7	97.1	99.2
大　　米	92.5	92.9	95.5	97.2	
(2) 粗　　粮	97.2	97.7	98.4	93.9	95.9
2. 油　　脂	90.8	92.5	92.4	91.9	92.8
3. 肉 禽 蛋	99.4	98.8	99.9	102.3	105.0
猪　　肉	101.8	99.9	100.6	101.1	
牛　　肉	102.6	99.2	97.2	99.5	
羊　　肉	106.4	102.3	99.2	101.1	
鸡	99.5	104.2	102.3	108.5	
鸭	92.6	89.1	103.9	108.4	
鲜　　蛋	88.7	89.0	92.6	97.4	
4. 水 产 品	102.7	96.0	98.5	101.4	97.2
5. 鲜　　菜	94.1	89.1	99.2	111.4	121.3
6. 干　　菜	96.0	95.6	97.8	96.1	97.8
7. 鲜　　果	96.9	89.5	106.0	112.5	99.5
8. 干　　果	96.8	93.6	92.0	90.4	87.5
9. 其他食品类	107.5	110.2	110.3	112.2	113.3
(1) 调 味 品	104.1	105.0	106.6	108.7	109.9
盐	113.0	118.4	121.9	126.7	
酱　　油	103.1	100.0	100.0	100.0	
(2) 食　　糖	125.8	133.9	131.7	137.8	141.1
白　　糖	124.8	134.2	131.7	137.1	
(3) 糖　　果	101.4	103.8	104.0	102.6	102.6
(4) 糕　　点	98.5	99.7	101.4	101.5	101.8
(5) 奶及奶制品	101.9	99.8	98.6	98.6	98.5
(6) 罐　　头	99.1	99.1	100.4	100.4	100.0
10. 饮 食 业	99.5	99.5	99.4	99.4	99.2
(1) 主　　食	100.1	100.1	100.1	100.1	100.1
(2) 炒　　菜	99.4	99.4	99.2	99.2	98.9

6月	7月	8月	9月	10月	11月	12月
100.4	**99.9**	**98.8**	**98.4**	**98.4**	**97.3**	**97.7**
103.9	**103.9**	**101.1**	**102.4**	**102.1**	**99.0**	**100.7**
99.6	101.1	103.3	102.6	102.3	101.0	102.6
100.1	101.9	104.0	103.3	102.8	101.5	103.2
101.1						
95.1	93.9	97.0	97.0	98.1	96.9	97.9
89.3	89.3	87.9	87.8	86.2	87.7	86.6
102.0	102.8	99.4	101.9	103.5	99.9	99.9
100.8						
101.8						
97.5						
107.3						
98.2						
103.9						
96.9	96.7	97.2	98.3	97.1	94.2	93.6
131.6	130.4	118.9	117.7	103.4	97.8	112.5
99.4	98.2	99.6	99.0	100.0	98.9	100.9
110.2	106.7	92.3	101.0	105.6	90.2	96.0
87.5	86.8	88.3	89.2	90.9	89.6	91.2
112.2	109.6	107.6	107.5	107.8	106.7	106.8
109.6	109.5	109.5	109.5	109.0	108.7	108.6
128.7						
99.5						
136.4	125.5	116.1	116.1	117.0	112.7	112.7
133.9						
102.6	102.6	104.0	104.0	105.1	105.0	104.3
101.8	102.0	101.9	101.7	101.7	101.7	101.7
99.4	98.7	98.8	98.4	98.5	98.8	101.5
100.0	100.0	100.0	100.0	99.7	99.5	99.5
99.2	99.5	99.7	99.6	99.4	99.4	99.8
100.1	100.1	100.1	100.1	100.1	100.1	100.1
98.9	98.9	99.2	99.2	98.9	98.9	99.6

2001 年广西农村商品零售价格各月同比指数（续表）

以上年同月价格为 100

类　　别	1 月	2 月	3 月	4 月	5 月
(3) 地方小吃	98.5	98.5	98.5	98.5	98.5
二、饮料、烟酒类	**99.6**	**99.5**	**99.3**	**99.7**	**99.6**
1. 饮　　料	100.8	99.0	99.1	100.1	100.8
2. 烟　　酒	99.4	99.6	99.3	99.6	99.4
三、服装、鞋帽类	**97.7**	**98.4**	**100.1**	**99.8**	**98.8**
1. 服　　装	96.9	98.4	101.5	100.5	98.2
2. 鞋	98.8	98.1	97.6	98.8	99.9
3. 其它衣着	99.2	98.9	98.7	98.7	99.4
四、纺织品类	**99.3**	**99.3**	**98.9**	**98.9**	**99.6**
1. 棉　　布	100.0	100.6	100.0	100.0	100.2
2. 棉花化纤混纺布	98.6	98.3	98.0	98.0	98.8
3. 化 纤 布	99.2	99.2	99.2	99.2	100.9
4. 呢　　绒	100.0	100.0	100.0	100.0	100.0
5. 绸　　缎	99.6	99.2	99.2	99.2	99.2
6. 其他纺织品	98.8	98.4	97.5	97.8	98.2
五、中、西药品类	**99.8**	**100.1**	**100.9**	**100.4**	**99.3**
1. 中　　药	103.3	103.1	104.2	103.6	102.3
2. 西　　药	97.4	98.0	98.5	98.0	96.8
六、化妆品类	**98.1**	**97.8**	**96.7**	**96.3**	**95.2**
七、书报、杂志类	**114.9**	**123.6**	**122.5**	**122.5**	**122.5**
八、体育娱乐用品	**99.1**	**98.7**	**98.4**	**98.3**	**98.5**
1. 文化用品	98.7	98.1	97.9	97.9	98.2
2. 体育用品	99.7	99.7	99.2	98.9	98.9
九、日 用 品	**98.9**	**99.2**	**98.7**	**98.9**	**98.9**
1. 一般日用品	99.4	99.6	99.1	99.2	99.4
2. 家 具 类	98.8	99.1	98.4	98.4	98.3
3. 日用杂品	97.1	97.9	97.6	98.2	97.6
十、家用电器	**92.3**	**92.5**	**93.0**	**92.4**	**92.3**
十一、首 饰 类	**91.0**	**90.2**	**89.4**	**88.6**	**87.4**
十二、燃 料 类	**117.3**	**113.5**	**113.3**	**107.0**	**102.8**
汽　　油	124.6	119.8	122.3	119.0	
液化石油气	109.6	106.7	103.6	93.1	
十三、建筑装潢材料类	**99.2**	**98.9**	**97.8**	**97.4**	**96.8**
十四、机电产品类	**90.1**	**90.2**	**89.2**	**91.9**	**91.3**

6月	7月	8月	9月	10月	11月	12月
98.5	101.0	100.8	100.0	100.0	100.0	100.0
99.8	**99.6**	**99.2**	**99.4**	**99.3**	**99.7**	**98.8**
100.6	100.7	100.6	100.9	101.0	100.6	100.1
99.6	99.4	99.0	99.1	99.0	99.5	98.6
98.7	**98.5**	**98.0**	**97.5**	**97.1**	**97.7**	**99.3**
98.1	97.8	97.5	96.7	96.2	97.2	100.2
99.6	100.1	98.9	98.8	98.3	98.2	97.6
99.3	98.6	98.6	98.7	98.8	98.7	98.7
99.3	**99.7**	**99.7**	**99.4**	**98.7**	**99.1**	**99.2**
98.9	98.9	99.8	100.3	97.7	98.3	99.5
98.8	99.8	100.5	99.3	99.3	99.3	99.3
100.9	100.9	99.8	98.9	98.9	98.9	98.9
100.0	100.0	100.0	100.0	100.0	100.0	100.0
99.2	99.6	99.6	99.6	99.6	99.6	99.6
98.0	99.1	98.8	98.6	98.4	98.8	99.0
98.6	**97.7**	**96.1**	**96.2**	**96.4**	**96.6**	**96.4**
101.8	99.7	95.7	95.9	96.6	96.1	96.0
95.8	95.6	96.0	96.0	95.9	96.8	96.3
94.9	**94.1**	**95.5**	**95.8**	**97.6**	**96.8**	**97.6**
122.5	**118.8**	**122.0**	**98.8**	**98.8**	**98.7**	**98.7**
98.4	**98.6**	**99.0**	**99.0**	**98.3**	**98.5**	**98.0**
98.0	98.4	99.0	99.0	93.5	98.6	97.9
99.1	99.0	99.1	99.1	98.0	98.2	98.2
98.9	**98.8**	**98.7**	**98.8**	**98.7**	**98.5**	**98.3**
99.1	98.9	98.9	98.9	98.9	98.7	98.3
98.5	98.4	97.6	98.2	97.6	97.8	97.3
99.0	99.4	99.5	99.2	99.5	99.2	99.9
92.6	**93.2**	**94.5**	**94.0**	**94.1**	**93.7**	**93.6**
85.9	**86.4**	**85.5**	**86.5**	**87.8**	**90.6**	**90.6**
100.0	**93.3**	**88.4**	**86.2**	**86.7**	**85.3**	**81.3**
105.8						
92.5						
96.8	**96.0**	**97.1**	**96.3**	**99.1**	**100.6**	**98.7**
91.3	**91.3**	**90.8**	**91.1**	**91.3**	**92.3**	**91.4**

2002年广西农村商品零售价格各月同比指数

以上年同月价格为100

类　　别	1月	2月	3月	4月	5月
商品零售价格总指数	**100.5**	**99.8**	**100.2**	**100.2**	**99.8**
一、食 品 类	**103.6**	**100.4**	**100.8**	**102.0**	**101.6**
1. 粮　　食	104.6	104.2	105.7	106.8	107.3
大　　米	106.2	105.1	107.5	109.1	109.9
2. 淀粉及薯类	104.6	95.5	100.7	105.0	103.6
3. 干豆类及豆制品	100.4	99.4	101.5	101.3	104.2
4. 油　　脂	108.0	108.6	109.2	113.1	110.6
5. 肉禽及其制品	100.2	98.3	97.8	98.1	96.8
(1) 食用畜肉及副产品	102.0	98.5	98.4	99.1	99.1
猪　　肉	101.1	98.8	98.9	98.8	97.7
牛　　肉	118.1	107.0	104.5	108.3	111.5
羊　　肉	95.9	93.1	94.2	94.0	96.9
(2) 禽	96.8	97.0	95.8	95.5	91.5
鸡	96.2	94.3	93.0	93.8	90.8
鸭	100.1	107.4	102.9	99.5	92.4
(3) 肉禽加工制品	99.9	100.4	99.4	99.5	98.4
6. 蛋	98.3	94.5	95.9	96.8	94.0
鲜　　蛋	98.0	93.9	95.5	96.5	93.4
7. 水 产 品	99.3	96.7	98.4	99.2	96.7
(1) 鱼	100.3	97.7	99.3	100.3	98.3
淡 水 鱼	97.5	96.1	99.2	100.4	100.6
海 水 鱼	108.0	101.8	99.5	99.8	92.4
(2) 其它水产品	96.7	94.1	96.0	96.4	92.4
8. 菜	126.8	109.7	119.8	121.0	113.6
鲜　　菜	132.0	112.4	123.7	124.6	116.4
9. 调 味 品	100.0	100.3	100.0	100.0	99.7
盐	100.9	100.9	100.5	100.5	100.7
酱　　油	99.7	99.5	98.2	98.2	98.1
10. 糖	96.3	96.8	97.2	97.8	98.3
食　　糖	86.1	87.2	90.1	91.8	91.8
11. 干鲜瓜果	112.4	101.9	91.1	96.3	109.2
鲜　　果	112.6	100.2	87.8	93.9	109.0

6月	7月	8月	9月	10月	11月	12月
99.7	**99.7**	**99.7**	**100.0**	**100.0**	**101.0**	**101.7**
101.3	**101.9**	**102.7**	**103.7**	**104.2**	**106.5**	**108.0**
107.3	106.8	106.2	106.0	107.8	111.7	110.8
110.1	109.3	108.3	108.0	110.3	113.2	111.4
101.3	98.2	98.7	100.5	101.3	103.9	103.7
103.4	103.3	104.8	104.1	106.3	113.7	118.5
106.9	106.5	106.1	105.4	111.6	121.0	125.3
98.4	101.3	103.5	106.2	106.8	109.3	109.6
100.2	102.0	103.5	106.3	109.2	112.4	111.0
99.4	102.5	104.3	108.0	112.0	116.7	115.6
110.3	110.7	111.0	112.2	111.2	111.8	111.6
95.8	95.5	94.8	91.1	94.4	95.5	95.2
95.0	100.2	103.9	107.4	103.7	105.2	109.9
92.8	96.2	99.6	104.2	104.0	105.0	107.3
98.6	109.0	116.2	116.8	102.9	106.1	116.0
98.6	100.7	102.0	102.9	102.9	104.4	102.7
92.9	94.7	97.2	102.2	100.8	108.8	111.6
92.3	94.3	97.0	102.3	100.6	109.2	111.7
96.7	96.7	96.2	98.8	97.3	100.5	99.5
98.5	98.3	99.4	101.8	99.2	101.7	101.2
98.7	99.2	99.9	100.1	99.1	101.3	99.9
97.8	95.8	97.9	106.7	99.6	102.7	104.6
92.0	92.4	88.3	91.2	92.2	97.4	95.3
102.4	96.1	97.9	106.4	105.3	106.8	115.8
102.9	95.4	98.1	108.2	106.6	108.1	118.2
99.8	99.9	100.2	100.6	100.4	101.4	101.0
100.7	100.7	100.7	100.7	100.7	100.2	100.2
98.1	99.0	98.8	99.6	99.4	99.7	98.6
98.1	98.0	98.7	98.2	98.6	101.1	102.0
91.2	91.5	93.1	93.1	94.4	98.9	103.0
116.5	124.2	125.7	107.3	106.8	102.6	105.8
119.0	129.7	131.9	108.4	107.4	101.1	105.1

2002 年广西农村商品零售价格各月同比指数（续表 1）

以上年同月价格为 100

类　　别	1 月	2 月	3 月	4 月	5 月
12. 糕点饼干面包	97.5	98.3	98.4	98.3	99.2
13. 奶及奶制品	96.3	96.7	96.1	97.0	96.6
14. 在外用膳食品	99.7	99.2	99.5	99.5	99.5
15. 其它食品	99.3	99.3	101.6	101.5	101.9
二、饮料、烟酒	**100.2**	**100.0**	**100.2**	**100.1**	**99.5**
1. 茶及饮料	98.1	98.1	98.1	97.7	98.0
(1) 茶　　叶	100.9	100.9	101.0	101.0	101.4
(2) 饮　　料	96.9	96.9	96.8	96.3	96.5
2. 烟　　草	100.3	100.0	99.9	99.6	98.4
3. 酒	101.4	101.4	101.9	102.4	101.8
三、服装、鞋帽类	**96.8**	**97.5**	**100.6**	**101.3**	**101.0**
1. 服　　装	96.5	96.5	99.4	100.7	100.8
(1) 男式服装	95.5	96.9	98.7	99.4	99.1
(2) 女式服装	96.4	95.0	98.9	100.8	101.4
(3) 儿童服装	99.6	100.7	103.5	103.6	103.2
2. 鞋 袜 帽	97.3	100.0	103.7	103.3	102.0
(1) 鞋	96.2	99.2	103.8	103.4	101.9
(2) 袜　　子	103.5	103.7	101.7	101.7	101.7
(3) 帽　　子	108.0	108.0	108.0	108.8	105.5
3. 其　　它	98.9	99.0	98.8	98.6	98.6
四、纺织品类	**98.7**	**96.7**	**99.0**	**98.6**	**99.3**
1. 衣着材料	97.4	97.9	98.6	97.9	97.5
2. 床上用品	99.5	95.8	99.2	99.1	100.5
五、家用电器及音像器材	**92.1**	**92.4**	**92.6**	**91.9**	**91.7**
1. 家庭设备	93.7	93.9	94.5	94.0	93.7
2. 文娱用耐用消费品	89.1	89.6	89.4	88.3	88.1
3. 音像器材类	98.8	98.8	98.8	99.4	99.4
六、文化办公用品	**92.7**	**93.0**	**92.4**	**92.4**	**92.4**
七、日 用 品	**98.1**	**98.3**	**97.9**	**98.0**	**98.0**
1. 日用百货	97.5	97.2	97.2	97.3	97.1
2. 日用杂品	99.3	99.5	99.4	100.6	100.2
3. 洗涤用品	97.6	98.4	97.0	96.8	97.4

6月	7月	8月	9月	10月	11月	12月
99.7	99.9	100.8	101.1	101.2	101.5	101.2
96.7	96.8	96.3	96.7	95.7	96.6	96.4
99.5	99.6	99.7	99.7	99.9	100.3	100.5
100.3	98.5	98.1	99.6	100.4	99.6	101.2
99.2	**98.3**	**99.5**	**99.6**	**99.5**	**99.4**	**99.6**
97.8	97.7	97.8	97.7	97.5	97.6	97.2
101.4	100.6	100.6	100.6	100.6	100.6	99.7
96.2	96.5	96.5	96.4	96.1	96.2	96.1
98.1	98.0	98.7	98.7	98.7	98.4	98.8
101.5	98.9	101.5	101.8	101.9	101.8	102.2
100.9	**102.5**	**100.1**	**99.9**	**99.6**	**97.7**	**98.3**
100.1	100.4	99.9	99.5	98.5	96.3	96.4
97.4	98.5	98.6	97.4	99.2	96.7	96.8
101.3	101.6	100.8	100.5	98.4	96.1	96.0
103.2	101.3	100.6	102.0	96.9	95.8	96.8
103.5	108.1	102.2	102.4	103.0	102.4	103.0
103.6	109.2	102.1	102.3	103.3	102.9	103.7
101.7	101.7	101.7	101.7	100.9	99.2	99.3
105.5	105.5	105.5	105.4	100.3	100.3	100.3
97.4	100.2	91.6	92.8	96.1	92.8	99.8
99.4	**98.6**	**98.7**	**99.1**	**99.5**	**99.0**	**100.1**
97.7	96.3	96.6	97.5	99.1	98.4	98.2
100.7	100.2	100.1	100.2	99.7	99.4	101.4
91.5	**91.1**	**90.9**	**90.5**	**91.9**	**93.0**	**92.0**
93.2	92.7	92.6	92.4	94.4	95.3	95.0
88.3	87.9	87.4	86.7	87.6	89.2	87.2
99.4	99.3	99.3	99.3	98.7	98.7	98.7
92.8	**93.8**	**94.1**	**93.9**	**94.2**	**94.6**	**94.1**
97.4	**97.9**	**98.0**	**98.0**	**98.2**	**98.7**	**98.3**
96.5	96.9	96.8	97.2	97.6	98.0	98.2
100.3	100.8	100.3	99.8	99.7	100.3	99.0
95.9	96.6	97.4	97.3	98.0	98.2	98.1

2002年广西农村商品零售价格各月同比指数（续表2）

以上年同月价格为100

类　别	1月	2月	3月	4月	5月
4. 其它日用品	99.0	99.1	98.9	98.3	98.2
八、体育娱乐用品	**99.5**	**99.6**	**99.5**	**99.8**	**99.4**
1. 体育用品	100.0	100.0	99.9	99.7	99.3
2. 娱乐用品	99.1	99.3	99.2	99.9	99.4
九、交通、通信用品	**89.7**	**89.5**	**90.2**	**89.3**	**89.6**
1. 交通运输机械	94.2	94.4	94.7	94.2	94.7
2. 通讯器材类	82.6	81.8	82.8	81.4	81.2
十、家　　具	**97.3**	**97.3**	**97.3**	**97.1**	**98.8**
十一、化妆品类	**97.8**	**98.0**	**98.0**	**98.0**	**98.5**
十二、金银珠宝类	**104.2**	**105.4**	**105.8**	**104.5**	**104.5**
十三、中西药品及医疗保健用品类	**97.0**	**98.5**	**97.8**	**101.1**	**104.4**
1. 医疗器具及用品	99.0	98.5	98.3	98.9	100.2
2. 中药材及中成药	95.0	98.5	97.3	105.6	113.4
3. 西　　药	98.1	98.1	97.9	97.9	98.3
4. 保健器具及用品	98.6	100.7	99.4	99.4	100.3
十四、书报杂志及电子出版物类	**98.0**	**98.6**	**98.6**	**98.6**	**98.6**
1. 教材及参考书	94.4	95.4	95.4	95.4	95.4
2. 书报杂志	103.0	103.2	103.2	103.2	103.2
3. 电子音像制品	96.7	97.3	97.3	97.4	97.4
十五、燃 料 类	**125.3**	**128.1**	**128.1**	**119.0**	**110.9**
1. 煤炭及制品类	102.9	102.0	102.0	101.6	103.2
2. 石油及制品类	128.7	132.2	132.2	121.7	112.1
液化石油气	134.3	136.6	141.3	127.8	121.5
管道燃气	100.0	100.0	109.0	109.0	109.0
汽　　油	127.0	132.6	128.2	118.4	105.0
柴　　油	128.5	132.8	128.7	119.4	106.7
十六、建筑材料及五金电料类	**97.0**	**97.2**	**97.6**	**97.9**	**99.4**
1. 建筑装潢材料	96.6	96.8	97.3	97.6	99.5
2. 五金电料类	98.7	98.8	98.8	98.8	99.1

6月	7月	8月	9月	10月	11月	12月
98.4	98.7	98.6	98.7	98.2	99.0	98.1
99.4	**99.2**	**99.1**	**98.5**	**98.2**	**98.3**	**96.8**
99.3	98.9	98.9	98.4	98.3	98.6	96.4
99.5	99.6	99.3	98.5	98.1	98.0	97.2
90.2	**89.2**	**88.0**	**88.4**	**87.5**	**87.8**	**87.5**
95.8	94.7	93.6	94.3	93.3	92.7	92.5
81.1	80.2	78.7	78.7	77.7	79.3	78.9
99.2	**98.8**	**100.4**	**101.5**	**102.1**	**100.1**	**99.6**
97.7	**98.8**	**98.9**	**98.9**	**99.4**	**101.4**	**101.7**
104.2	**103.9**	**104.7**	**105.5**	**106.6**	**108.0**	**111.6**
105.0	**102.1**	**101.8**	**102.3**	**101.6**	**102.4**	**103.8**
100.7	103.5	105.3	105.1	105.7	105.6	109.0
114.2	108.7	107.3	108.4	107.3	108.8	109.8
98.7	97.3	97.7	98.0	97.3	97.5	99.2
100.5	97.6	97.6	97.7	97.4	98.6	98.9
99.4	**99.4**	**99.5**	**101.2**	**101.0**	**101.0**	**101.5**
95.4	95.4	96.6	100.5	99.5	99.8	99.8
103.4	103.2	103.0	103.3	103.5	103.3	103.3
100.7	100.7	99.1	99.1	99.6	99.6	101.7
111.2	**110.2**	**108.2**	**106.5**	**101.1**	**102.4**	**104.7**
102.7	102.7	104.0	104.0	104.0	103.6	103.6
112.4	111.3	108.9	106.8	100.7	102.2	104.9
126.7	119.7	113.3	107.9	99.8	103.6	103.9
109.0	109.0	109.0	109.0	109.0	109.0	109.0
102.1	104.8	104.8	104.8	100.3	100.2	106.2
103.4	105.8	106.4	106.8	100.2	100.0	103.3
99.5	**99.6**	**99.5**	**99.5**	**103.9**	**105.5**	**104.7**
99.5	99.6	99.3	99.4	104.8	106.5	106.0
99.4	99.4	100.3	100.3	100.3	101.4	99.9

2003年广西农村商品零售价格各月同比指数

以上年同月价格为100

类　　别	1月	2月	3月	4月	5月
商品零售价格总指数	**100.5**	**100.1**	**100.3**	**100.6**	**100.5**
一、食 品 类	**103.4**	**101.4**	**101.6**	**103.0**	**102.9**
1. 粮　　食	106.4	106.5	109.2	109.6	109.7
大　　米	109.1	108.8	112.5	113.4	113.6
2. 淀粉及薯类	103.7	94.7	102.4	109.2	108.2
3. 干豆类及豆制品	103.7	103.1	100.9	99.8	102.7
4. 油　　脂	113.9	114.4	112.9	118.5	114.0
5. 肉禽及其制品	100.2	98.2	97.8	98.1	98.0
(1) 食用畜肉及副产品	102.7	98.4	98.1	98.1	98.8
猪　　肉	101.8	100.2	99.4	98.7	98.1
牛　　肉	118.4	101.6	102.2	105.8	112.4
羊　　肉	102.2	91.3	93.2	87.3	89.6
(2) 禽	94.9	96.5	96.2	97.4	95.8
鸡	93.5	94.3	93.5	95.2	95.3
鸭	98.1	104.1	103.6	103.1	97.9
(3) 肉禽加工制品	100.4	100.8	99.6	99.6	98.7
6. 蛋	97.7	93.9	96.1	97.1	93.4
鲜　　蛋	97.5	93.4	95.8	97.0	92.8
7. 水 产 品	97.6	97.2	99.1	99.6	99.3
(1) 鱼	97.3	96.6	98.9	99.6	101.4
淡 水 鱼	96.5	95.8	98.1	99.3	101.9
海 水 鱼	100.9	100.3	102.7	100.8	99.0
(2) 其它水产品	99.3	100.0	100.0	100.0	89.9
8. 菜	120.8	109.3	121.5	120.5	118.3
鲜　　菜	125.9	112.8	126.7	124.1	122.4
9. 调 味 品	99.6	99.9	99.4	99.5	99.1
盐	100.0	100.0	100.0	100.0	100.0
酱　　油	100.0	99.8	98.2	98.2	98.2
10. 糖	96.8	97.3	98.2	98.4	97.5
食　　糖	89.2	89.5	93.4	93.4	91.4
11. 干鲜瓜果	109.0	105.7	90.5	100.6	108.2
鲜　　果	109.0	104.7	87.2	98.6	107.6

6月	7月	8月	9月	10月	11月	12月
100.5	**100.4**	**100.2**	**100.4**	**100.9**	**102.1**	**102.7**
103.0	**103.3**	**103.9**	**104.2**	**105.3**	**108.3**	**108.8**
109.0	108.4	107.3	108.0	109.9	113.0	110.5
112.6	111.8	110.1	111.1	114.0	115.4	111.4
105.0	103.4	103.9	103.5	102.5	107.6	104.4
100.9	100.9	103.6	103.1	106.6	113.3	118.9
106.9	105.9	105.9	104.7	112.3	121.3	127.4
98.2	100.6	103.0	105.4	106.6	109.9	109.6
99.2	100.4	101.8	104.1	108.6	113.6	110.8
98.8	101.7	103.2	105.6	111.9	119.4	116.7
111.7	109.9	112.7	112.5	111.9	113.6	115.1
88.3	84.4	83.3	83.9	90.8	94.7	90.2
95.7	101.0	106.1	110.0	104.4	105.4	112.3
93.5	96.0	101.2	107.0	105.3	106.6	110.5
97.6	107.6	116.5	116.5	101.5	102.9	114.1
98.8	100.5	102.1	102.6	102.7	103.8	100.5
92.5	95.1	96.3	101.0	100.4	107.6	111.1
91.9	94.8	96.2	101.0	100.2	107.6	110.9
98.3	98.9	98.8	98.5	97.9	99.8	95.9
100.0	100.8	100.4	99.6	98.6	101.1	98.4
100.0	100.7	100.1	99.6	98.0	100.9	98.5
100.2	101.3	101.4	99.4	101.2	101.9	98.0
90.6	90.0	91.6	93.5	94.6	93.6	84.3
107.5	106.5	102.8	104.6	106.9	113.2	114.7
109.1	107.2	103.7	106.7	108.6	116.1	116.8
99.1	99.1	99.4	99.5	99.3	100.8	99.8
100.0	100.0	100.0	100.0	100.0	100.0	100.0
98.2	98.2	98.2	98.2	98.2	98.2	96.7
97.5	97.5	97.3	97.5	98.0	101.1	102.0
91.0	91.0	90.5	91.0	92.5	97.9	103.4
135.8	130.0	133.7	113.3	111.9	106.5	112.9
142.8	136.3	140.8	114.6	113.0	106.1	114.0

2003年广西农村商品零售价格各月同比指数（续表1）

以上年同月价格为100

类　　别	1月	2月	3月	4月	5月
12. 糕点饼干面包	97.0	98.5	98.2	98.1	99.7
13. 奶及奶制品	99.4	100.9	101.6	103.1	101.7
14. 在外用膳食品	100.5	99.5	100.2	100.2	100.2
15. 其它食品	99.8	99.9	103.2	103.2	103.8
二、饮料、烟酒	**100.7**	**100.6**	**100.8**	**100.9**	**100.1**
1. 茶及饮料	100.5	100.4	100.5	100.0	100.0
(1) 茶　　叶	100.0	100.0	100.3	100.3	100.3
(2) 饮　　料	100.7	100.6	100.6	99.9	99.9
2. 烟　　草	100.2	99.7	99.6	100.0	98.7
3. 酒	101.4	101.7	102.2	102.3	101.6
三、服装、鞋帽类	**97.9**	**96.3**	**99.2**	**100.4**	**100.5**
1. 服　　装	97.1	94.4	97.2	100.0	100.6
(1) 男式服装	95.6	93.1	93.5	95.9	96.0
(2) 女式服装	97.4	93.7	97.7	101.1	102.6
(3) 儿童服装	99.6	99.7	104.0	105.7	105.0
2. 鞋 袜 帽	99.7	100.4	104.0	101.4	100.2
(1) 鞋	98.3	99.0	103.7	100.6	99.4
(2) 袜　　子	107.7	108.3	103.8	103.8	103.8
(3) 帽　　子	114.1	114.1	114.1	117.2	109.9
3. 其　　它	100.0	100.0	100.0	100.0	100.0
四、纺织品类	**100.6**	**100.1**	**99.4**	**100.1**	**101.5**
1. 衣着材料	99.7	99.3	98.5	100.0	100.0
2. 床上用品	101.6	100.9	100.3	100.3	103.2
五、家用电器及音像器材	**93.6**	**93.8**	**93.8**	**93.6**	**93.5**
1. 家庭设备	94.6	94.6	95.0	95.2	95.2
2. 文娱用耐用消费品	91.8	92.5	91.9	91.1	90.8
3. 音像器材类	100.0	100.0	100.0	98.3	98.3
六、文化办公用品	**93.9**	**94.6**	**93.9**	**92.6**	**91.9**
七、日 用 品	**98.1**	**98.2**	**97.7**	**97.8**	**97.6**
1. 日用百货	96.7	96.7	96.7	96.7	96.6
2. 日用杂品	99.2	99.2	99.2	101.4	100.8
3. 洗涤用品	98.9	99.5	97.8	97.4	97.6

6月	7月	8月	9月	10月	11月	12月
99.2	99.2	101.4	101.9	101.9	102.5	101.4
102.5	102.7	100.6	102.4	99.2	102.4	102.3
100.2	100.4	100.4	100.4	100.6	101.2	101.1
101.2	98.4	98.4	100.7	101.1	101.7	102.9
100.0	**98.8**	**100.6**	**100.8**	**100.8**	**101.0**	**100.5**
99.4	99.8	99.8	99.8	99.3	99.2	98.7
100.3	100.3	100.3	100.3	100.3	100.3	98.5
99.0	99.5	99.5	99.5	98.9	98.8	98.8
98.7	98.8	99.8	99.8	99.7	99.7	99.7
101.6	98.5	101.9	102.3	102.6	102.9	102.0
100.2	**100.7**	**97.1**	**97.1**	**97.0**	**95.4**	**97.7**
100.1	99.7	98.3	98.5	96.5	94.9	97.3
96.0	96.4	94.9	94.9	97.5	96.3	98.5
101.5	100.9	99.8	100.1	97.4	94.9	97.3
105.2	103.7	101.3	101.3	91.9	91.9	94.4
100.2	103.3	96.0	96.0	99.0	98.4	98.5
99.4	103.0	94.5	94.5	98.6	98.4	98.4
103.8	103.8	103.8	103.7	101.9	98.2	98.5
109.9	109.9	109.9	109.8	100.5	100.5	100.5
100.0	100.0	88.7	88.7	94.0	88.7	100.0
101.5	**99.7**	**99.7**	**99.8**	**99.1**	**99.4**	**100.7**
100.0	97.1	97.1	97.1	97.8	98.4	97.7
103.2	102.5	102.5	102.8	100.6	100.5	104.1
93.3	**93.5**	**92.1**	**90.9**	**91.7**	**92.9**	**92.1**
94.7	95.1	94.1	93.4	94.6	94.8	94.8
91.1	91.1	89.1	87.0	87.1	90.1	87.9
98.3	98.3	98.3	98.3	98.3	98.3	98.3
91.8	**92.7**	**93.2**	**92.6**	**94.0**	**94.8**	**94.5**
97.4	**97.9**	**98.3**	**98.0**	**98.5**	**99.0**	**99.0**
96.4	96.8	96.8	97.5	98.1	98.2	98.7
100.8	101.6	100.8	99.7	99.2	99.3	99.3
97.0	97.7	99.3	97.7	99.4	100.4	100.2

2003年广西农村商品零售价格各月同比指数（续表2）

以上年同月价格为100

类　　别	1月	2月	3月	4月	5月
4. 其它日用品	98.5	98.2	98.2	96.8	96.2
八、体育娱乐用品	**99.2**	**99.3**	**99.2**	**98.9**	**98.5**
1. 体育用品	100.0	100.0	100.0	99.4	98.9
2. 娱乐用品	98.4	98.4	98.4	98.4	98.2
九、交通、通信用品	**89.6**	**88.6**	**88.4**	**87.9**	**88.1**
1. 交通运输机械	94.3	94.3	92.9	94.1	95.9
2. 通讯器材类	83.2	81.1	82.4	79.8	78.1
十、家　　具	**101.0**	**100.8**	**100.8**	**100.6**	**102.6**
十一、化妆品类	**99.0**	**99.3**	**99.3**	**99.4**	**100.0**
十二、金银珠宝类	**104.0**	**103.6**	**103.8**	**103.5**	**104.3**
十三、中西药品及医疗保健用品类	**94.0**	**96.4**	**95.3**	**98.6**	**104.5**
1. 医疗器具及用品	99.5	99.5	99.2	100.3	102.0
2. 中药材及中成药	90.2	96.4	93.1	101.1	113.8
3. 西　　药	95.6	95.6	95.9	96.4	98.3
4. 保健器具及用品	97.6	97.7	99.0	99.2	99.8
十四、书报杂志及电子出版物类	**96.9**	**98.0**	**98.0**	**98.0**	**98.0**
1. 教材及参考书	91.3	92.7	92.7	92.7	92.7
2. 书报杂志	103.3	103.7	103.7	103.7	103.7
3. 电子音像制品	100.0	101.4	101.4	101.5	101.5
十五、燃 料 类	**123.5**	**127.6**	**128.1**	**119.5**	**111.1**
1. 煤炭及制品类	107.0	104.8	104.8	104.8	104.8
2. 石油及制品类	126.0	131.2	131.8	121.8	112.0
液化石油气	131.5	136.9	141.5	128.4	118.5
管道燃气					
汽　　油	120.8	126.6	125.2	117.2	106.4
柴　　油	123.3	127.7	125.1	117.1	107.5
十六、建筑材料及五金电料类	**96.9**	**97.1**	**97.6**	**98.0**	**99.6**
1. 建筑装潢材料	96.7	96.9	97.4	98.0	99.8
2. 五金电料类	97.9	98.1	98.1	98.1	98.6

6月	7月	8月	9月	10月	11月	12月
96.5	96.2	97.3	97.5	96.7	97.7	97.2
98.6	**97.9**	**97.8**	**97.5**	**97.9**	**98.0**	**98.0**
98.9	97.9	97.9	97.2	97.2	97.9	97.8
98.4	98.1	97.8	97.8	98.7	98.2	98.2
89.3	**87.3**	**84.3**	**84.8**	**83.9**	**84.1**	**83.5**
95.9	93.7	90.6	91.5	91.4	91.6	90.7
80.4	78.6	75.5	75.6	73.7	73.5	73.3
102.7	**101.3**	**101.6**	**104.0**	**106.2**	**102.9**	**100.3**
100.0	**99.8**	**99.8**	**100.2**	**100.1**	**100.1**	**100.3**
103.6	**103.6**	**103.6**	**103.6**	**104.2**	**104.6**	**112.3**
104.7	**105.5**	**105.8**	**107.1**	**106.1**	**106.6**	**109.7**
100.4	104.8	104.8	104.9	105.5	105.3	111.4
113.7	113.8	113.5	116.8	115.5	118.1	120.6
99.1	100.0	100.8	101.3	100.0	99.4	102.6
99.8	101.1	101.1	101.4	101.4	101.4	102.1
98.0	**97.9**	**98.1**	**102.3**	**102.3**	**102.5**	**102.5**
92.7	92.7	94.8	103.8	103.8	104.1	104.1
103.7	103.4	103.0	103.0	103.0	103.0	103.0
101.5	101.5	97.9	97.9	97.9	97.9	97.9
110.4	**109.0**	**107.8**	**105.7**	**102.0**	**103.3**	**106.0**
103.7	103.7	106.4	106.4	106.4	107.7	107.7
111.4	109.8	108.0	105.6	101.4	102.7	105.7
124.8	116.6	111.6	105.2	100.6	104.9	107.4
101.3	103.4	103.7	103.7	100.1	99.6	104.1
102.2	104.6	105.7	106.7	101.6	101.1	103.1
99.6	**99.6**	**99.5**	**99.5**	**104.5**	**106.0**	**104.8**
99.7	99.7	99.2	99.3	105.4	106.9	105.9
99.1	99.1	100.5	100.5	100.5	102.3	99.8

2004年广西农村商品零售价格各月同比指数

以上年同月价格为100

类　别	1月	2月	3月	4月	5月
商品零售价格总指数	**102.1**	**101.7**	**103.2**	**104.5**	**105.0**
一、食 品 类	**108.2**	**109.3**	**113.3**	**115.3**	**116.3**
1. 粮　　食	109.0	111.2	123.4	126.5	122.0
大　　米	108.3	112.0	126.3	128.7	123.0
2. 淀粉及薯类	101.6	104.6	103.7	110.4	108.4
2. 淀粉及薯类	120.3	121.0	122.4	127.5	130.1
4. 油　　脂	122.5	119.9	127.5	123.7	123.3
5. 肉禽及其制品	112.0	111.0	116.2	116.6	118.7
(1) 食用畜肉及副产品	110.4	115.3	121.7	121.0	119.6
猪　　肉	114.3	116.5	127.4	128.0	125.3
牛　　肉	113.8	121.3	123.6	120.8	116.1
羊　　肉	94.9	96.1	101.7	107.2	103.5
(2) 禽	116.8	102.6	107.7	110.7	120.2
鸡	114.8	103.5	106.0	109.0	117.4
鸭	116.7	94.7	107.0	111.9	126.7
(3) 肉禽加工制品	110.0	108.8	111.2	110.6	112.7
6. 蛋	115.5	117.0	118.9	119.9	121.0
鲜　　蛋	115.1	116.8	119.0	120.0	121.3
7. 水 产 品	103.7	106.0	114.3	117.2	119.1
(1) 鱼	104.6	108.5	115.0	118.5	121.2
淡 水 鱼	106.1	111.2	119.4	123.5	125.9
海 水 鱼	98.4	96.7	95.6	95.5	99.2
(2) 其它水产品	99.1	94.1	110.3	110.9	108.3
8. 菜	93.8	103.2	94.7	103.4	106.1
鲜　　菜	91.2	102.7	92.4	103.5	106.1
9. 调 味 品	99.8	100.2	101.3	100.0	100.2
盐	100.0	100.0	100.0	100.0	100.0
酱　　油	96.3	99.1	103.3	103.3	103.3
10. 糖	102.4	102.8	104.8	102.4	104.4
食　　糖	103.8	105.1	105.9	103.6	108.0
11. 干鲜瓜果	115.4	114.3	119.2	129.0	129.6
鲜　　果	116.8	115.8	121.4	132.5	133.2

6月	7月	8月	9月	10月	11月	12月
104.7	**105.3**	**105.8**	**106.8**	**106.3**	**104.6**	**102.9**
115.0	**116.9**	**116.4**	**118.6**	**116.9**	**112.1**	**109.6**
122.4	122.0	123.8	124.4	123.4	117.8	115.0
123.6	123.3	125.8	126.8	125.4	120.5	116.7
102.7	106.2	107.8	104.7	103.9	104.8	105.8
132.4	134.1	131.3	131.5	127.7	120.9	118.1
123.2	127.2	127.8	129.6	118.7	106.4	100.4
124.0	126.6	124.1	125.8	123.9	117.8	119.0
124.7	129.0	126.6	131.7	126.7	115.3	118.0
132.3	134.6	133.5	143.9	136.5	119.0	122.6
115.0	119.2	113.2	114.0	115.8	114.5	110.9
105.6	110.8	109.1	105.9	111.5	99.0	101.1
127.4	128.4	124.1	119.1	121.8	124.9	121.7
127.4	130.5	128.5	120.9	121.7	127.5	123.9
134.4	130.3	115.6	111.3	118.2	117.3	119.4
115.3	114.9	114.9	115.9	116.4	116.0	117.8
129.0	129.7	127.5	122.6	125.6	114.2	111.8
129.7	130.4	127.8	121.6	125.0	113.4	111.5
121.6	123.3	120.4	119.4	118.2	113.8	118.3
124.9	125.1	121.8	120.6	118.4	113.1	117.4
129.3	129.4	125.9	123.4	120.3	113.9	117.9
105.0	105.8	103.7	108.2	109.8	109.6	114.9
105.8	114.5	113.1	113.0	116.9	116.9	122.9
101.1	113.4	105.3	108.3	98.5	94.3	96.0
99.8	115.7	104.8	108.0	97.6	92.8	96.0
99.1	99.0	98.5	99.6	99.9	98.5	99.3
100.0	100.0	100.0	100.0	100.0	100.0	100.0
98.2	97.9	97.9	101.8	101.8	101.5	105.5
106.7	106.9	109.0	109.6	108.8	106.4	99.3
113.7	113.9	118.8	120.2	119.4	106.2	96.5
89.3	84.7	96.2	105.8	110.5	109.2	92.1
86.8	81.0	95.1	106.5	112.8	111.4	91.3

2004 年广西农村商品零售价格各月同比指数（续表 1）

以上年同月价格为 100

类　　别	1 月	2 月	3 月	4 月	5 月
12. 糕点饼干面包	103.4	109.1	110.5	109.7	109.8
13. 奶及奶制品	102.5	101.6	101.3	100.8	100.4
14. 在外用膳食品	101.0	101.8	105.7	105.7	106.2
15. 其它食品	101.4	101.4	100.1	101.7	103.5
二、饮料、烟酒	**100.5**	**100.3**	**100.3**	**100.2**	**100.7**
1. 茶及饮料	98.5	98.6	98.9	99.4	100.1
(1) 茶　　叶	97.9	97.9	97.6	97.6	97.6
(2) 饮　　料	98.7	98.8	99.3	100.0	101.0
2. 烟　　草	99.7	99.2	99.4	99.1	100.4
3. 酒	102.1	102.1	101.7	101.7	101.1
三、服装、鞋帽类	**97.6**	**92.1**	**91.1**	**92.8**	**94.2**
1. 服　　装	97.2	91.1	91.8	92.4	94.3
(1) 男式服装	98.2	94.9	94.3	95.4	94.4
(2) 女式服装	97.1	89.9	91.6	89.4	92.3
(3) 儿童服装	94.9	86.4	87.2	94.9	100.2
2. 鞋 袜 帽	98.3	92.8	88.5	92.3	92.5
(1) 鞋	98.2	91.9	87.0	91.7	92.0
(2) 袜　　子	98.5	98.0	97.4	97.4	97.4
(3) 帽　　子	100.5	100.5	100.5	91.4	91.4
3. 其　　它	100.0	100.0	95.3	100.0	100.0
四、纺织品类	**99.7**	**94.4**	**95.5**	**95.2**	**95.2**
1. 衣着材料	97.8	93.2	94.0	93.8	93.8
2. 床上用品	101.7	95.7	97.2	96.8	96.7
五、家用电器及音像器材	**92.9**	**92.5**	**92.6**	**93.5**	**93.4**
1. 家庭设备	94.8	95.1	94.6	95.6	96.0
2. 文娱用耐用消费品	89.9	88.4	89.4	90.2	89.4
3. 音像器材类	98.3	98.3	98.3	100.0	100.1
六、文化办公用品	**94.9**	**93.1**	**94.5**	**96.6**	**98.0**
七、日 用 品	**99.1**	**98.8**	**99.7**	**101.1**	**101.8**
1. 日用百货	99.0	98.8	99.0	103.1	103.5
2. 日用杂品	100.1	100.3	100.3	98.7	99.3
3. 洗涤用品	99.3	98.5	101.5	101.9	102.3

6月	7月	8月	9月	10月	11月	12月
110.4	110.2	110.2	113.8	114.8	117.0	113.3
99.3	98.4	100.0	100.1	106.8	102.1	99.1
105.8	105.7	105.8	112.0	112.0	111.3	105.4
106.5	106.2	106.7	105.7	105.2	104.6	99.2
100.8	**101.7**	**99.9**	**100.3**	**100.2**	**100.0**	**98.4**
100.8	99.8	99.6	102.5	102.5	103.0	100.7
97.6	93.2	93.2	93.7	93.7	93.7	93.6
101.8	101.9	101.6	105.2	105.2	105.9	102.8
100.4	100.4	99.4	99.4	99.5	99.5	99.5
101.1	103.6	100.3	100.1	99.8	99.2	96.3
94.7	**93.4**	**94.2**	**94.7**	**97.7**	**99.9**	**97.9**
95.2	93.9	92.2	92.8	98.2	101.4	100.0
93.7	90.9	91.5	92.8	93.1	93.5	93.3
94.4	94.4	91.5	93.2	99.9	105.3	103.8
100.4	98.8	95.9	92.0	104.5	108.0	103.4
92.4	91.9	96.4	96.6	94.3	94.5	93.0
92.0	91.3	96.7	96.8	93.4	93.8	92.8
95.6	97.3	97.2	97.3	100.3	98.4	93.5
91.4	91.4	91.4	91.5	100.0	100.0	100.0
100.0	95.3	106.7	106.7	106.7	106.7	95.1
95.2	**96.6**	**95.6**	**96.0**	**96.9**	**97.6**	**96.3**
93.8	96.6	94.6	94.6	93.1	94.6	96.4
96.7	96.7	96.7	97.4	100.9	101.0	96.2
93.7	**93.8**	**95.5**	**96.0**	**95.9**	**95.1**	**96.0**
96.5	96.1	97.4	97.8	97.6	97.6	97.1
89.3	90.2	92.4	93.1	92.9	91.1	94.1
100.1	100.1	100.1	100.1	100.1	100.1	100.1
96.5	**97.7**	**97.1**	**98.1**	**97.5**	**96.8**	**96.3**
101.4	**100.8**	**100.6**	**101.3**	**100.9**	**101.2**	**99.2**
103.8	102.4	101.3	101.9	101.3	101.7	100.6
99.3	99.1	99.9	101.0	101.5	103.1	99.3
100.5	100.5	100.5	101.6	100.5	99.3	97.0

2004 年广西农村商品零售价格各月同比指数（续表 2）

以上年同月价格为 100

类　　别	1 月	2 月	3 月	4 月	5 月
4. 其它日用品	98.0	97.6	97.4	97.8	99.6
八、体育娱乐用品	**97.7**	**97.6**	**97.7**	**98.1**	**98.5**
1. 体育用品	98.2	98.2	98.3	98.8	99.4
2. 娱乐用品	97.1	97.0	97.0	97.4	97.6
九、交通、通信用品	**82.7**	**83.3**	**83.6**	**85.1**	**84.1**
1. 交通运输机械	90.5	90.9	91.6	92.1	92.2
2. 通讯器材类	71.7	72.4	72.4	75.0	72.4
十、家　　具	**100.1**	**100.2**	**100.3**	**100.1**	**99.1**
十一、化妆品类	**100.3**	**100.1**	**100.1**	**100.5**	**99.5**
十二、金银珠宝类	**113.6**	**113.1**	**113.1**	**113.8**	**111.9**
十三、中西药品及医疗保健用品类	**109.9**	**107.2**	**108.5**	**103.9**	**99.7**
1. 医疗器具及用品	109.9	111.4	111.7	111.1	107.8
2. 中药材及中成药	122.0	113.6	117.5	105.2	95.6
3. 西　　药	102.4	102.6	102.7	102.2	102.0
4. 保健器具及用品	101.9	101.7	100.5	100.4	99.7
十四、书报杂志及电子出版物类	**102.4**	**103.7**	**103.7**	**103.6**	**103.6**
1. 教材及参考书	104.1	107.7	107.7	107.7	107.7
2. 书报杂志	102.7	102.3	102.3	102.3	102.3
3. 电子音像制品	98.0	96.9	96.9	96.8	96.8
十五、燃 料 类	**99.6**	**98.7**	**99.7**	**106.6**	**113.5**
1. 煤炭及制品类	100.7	102.7	102.7	102.7	103.4
2. 石油及制品类	99.4	98.2	99.3	107.1	114.9
液化石油气	93.0	94.8	98.5	110.8	122.4
管道燃气					
汽　　油	105.3	101.1	99.3	106.0	111.1
柴　　油	103.7	99.7	98.3	98.9	106.0
十六、建筑材料及五金电料类	**105.2**	**106.7**	**105.5**	**104.8**	**103.4**
1. 建筑装潢材料	106.3	106.9	105.4	104.5	102.9
2. 五金电料类	100.3	105.8	106.0	106.0	105.5

6月	7月	8月	9月	10月	11月	12月
99.6	99.3	99.8	99.6	100.0	101.0	99.6
98.6	**98.7**	**98.7**	**99.0**	**99.2**	**98.3**	**98.0**
99.4	100.4	100.4	101.1	101.1	100.4	99.9
97.7	96.8	96.9	96.8	97.1	95.9	96.0
83.6	**84.7**	**88.5**	**87.3**	**88.3**	**89.8**	**89.9**
91.3	91.2	93.4	91.5	91.5	91.7	92.5
72.4	75.0	80.8	80.8	83.3	86.7	85.8
98.6	**98.7**	**98.7**	**99.6**	**97.7**	**98.9**	**102.1**
99.5	**99.5**	**99.4**	**99.5**	**99.5**	**100.8**	**96.4**
111.7	**111.5**	**112.8**	**114.2**	**113.5**	**116.0**	**110.4**
99.1	**97.5**	**97.7**	**97.3**	**98.4**	**98.2**	**96.1**
105.8	101.4	101.4	101.0	100.4	100.6	95.1
95.6	93.9	93.8	94.6	95.8	95.8	96.5
101.1	99.4	99.9	98.5	99.9	99.4	96.0
99.6	100.3	100.3	100.1	100.1	100.0	95.8
103.6	**103.6**	**102.4**	**100.4**	**100.3**	**100.1**	**100.1**
107.7	107.7	104.0	99.3	99.3	99.0	99.0
102.3	102.3	101.8	101.8	101.5	101.5	101.5
96.8	96.8	99.7	100.8	100.8	100.5	100.5
115.2	**115.1**	**122.3**	**123.0**	**122.8**	**119.3**	**113.8**
105.8	107.4	112.9	112.9	116.9	120.1	120.1
116.5	116.2	123.6	124.4	123.6	119.1	112.9
117.2	118.8	136.1	129.8	127.7	118.4	110.1
115.9	113.5	114.2	120.5	120.5	120.5	115.3
116.4	117.0	116.8	121.5	121.2	120.3	115.5
105.4	**104.8**	**105.0**	**106.5**	**104.2**	**102.6**	**102.5**
105.3	104.7	105.1	107.0	103.1	101.7	101.4
105.7	105.6	104.2	104.2	109.6	106.7	107.4

2005 年广西农村商品零售价格各月同比指数

以上年同月价格为 100

类　别	1 月	2 月	3 月	4 月	5 月
商品零售价格总指数	**102.9**	**104.0**	**102.4**	**100.9**	**100.6**
一、食 品 类	**108.3**	**109.5**	**105.6**	**102.9**	**103.0**
1. 粮　食	113.8	112.9	100.5	97.3	99.8
大　米	115.3	114.0	99.2	96.4	99.6
2. 淀粉及薯类	108.7	105.9	109.2	97.4	99.5
3. 干豆类及豆制品	111.1	113.8	111.4	107.5	103.7
4. 油　脂	101.0	100.7	98.0	96.3	95.3
5. 肉禽及其制品	117.3	120.4	118.7	116.1	112.6
(1) 食用畜肉及副产品	118.1	117.0	112.3	110.5	108.7
猪　肉	120.2	116.7	109.4	107.2	105.9
牛　肉	114.5	114.1	115.4	114.9	119.6
羊　肉	101.5	114.8	114.1	115.2	113.1
(2) 禽	117.2	131.2	136.4	129.3	120.3
鸡	123.5	138.8	144.2	134.6	124.6
鸭	106.4	119.2	125.3	125.1	114.6
(3) 肉禽加工制品	114.6	116.1	114.1	114.4	112.6
6. 蛋	111.0	111.8	111.7	108.7	107.6
鲜　蛋	111.1	111.9	111.6	108.5	107.4
7. 水 产 品	117.5	121.3	113.9	106.0	106.3
(1) 鱼	116.2	120.7	113.9	104.9	105.4
淡 水 鱼	119.3	124.6	116.2	105.4	106.6
海 水 鱼	103.5	104.6	104.8	105.6	101.8
(2) 其它水产品	123.9	124.5	113.8	111.6	111.3
8. 菜	99.4	102.5	98.0	98.1	100.3
鲜　菜	99.3	102.6	97.2	97.3	100.2
9. 调 味 品	100.9	101.0	100.8	101.3	103.2
盐	98.7	100.0	100.0	100.0	103.0
酱　油	113.4	111.0	109.8	109.8	111.0
10. 糖	101.0	101.0	97.4	99.2	98.5
食　糖	95.0	95.1	95.8	98.8	94.4
11. 干鲜瓜果	78.5	79.8	75.3	71.1	78.7
鲜　果	75.2	76.4	72.1	68.1	76.5

6月	7月	8月	9月	10月	11月	12月
101.6	**101.6**	**100.3**	**99.1**	**99.2**	**99.3**	**100.2**
104.7	**103.6**	**99.4**	**96.5**	**97.4**	**98.1**	**98.9**
99.9	100.1	99.4	98.8	98.1	97.8	99.0
99.5	99.6	98.7	97.8	96.8	96.4	98.3
111.2	106.7	106.0	107.3	109.4	108.3	111.6
104.2	104.6	105.1	105.7	103.3	102.4	101.5
95.8	92.7	91.9	91.4	93.6	95.6	94.4
106.7	101.4	100.2	94.3	93.6	94.0	92.3
103.0	98.8	97.9	90.6	90.8	92.6	94.0
99.8	95.6	95.2	85.5	85.1	89.9	88.5
117.8	113.5	107.6	105.4	102.2	101.7	101.3
112.0	111.9	113.1	113.7	100.5	100.6	106.0
111.0	101.8	99.2	94.4	90.8	88.6	80.2
114.3	105.4	100.7	96.2	91.7	89.2	82.9
102.8	89.0	93.1	88.9	86.8	86.4	71.2
112.2	110.3	110.9	108.7	110.2	109.3	108.7
105.5	102.9	99.2	96.5	93.6	96.9	92.7
104.9	102.2	98.3	96.4	93.4	96.6	92.1
105.4	103.3	103.2	104.3	98.8	100.7	100.4
103.5	101.1	100.7	102.2	96.6	98.9	98.6
105.1	102.5	102.1	104.4	98.1	101.6	100.4
97.8	96.0	95.6	93.5	90.5	87.4	91.3
115.9	115.0	116.3	114.7	109.4	109.0	108.6
119.0	119.9	97.3	88.2	107.1	108.9	118.6
123.7	123.2	96.9	86.2	107.1	108.7	120.3
103.7	104.2	104.7	103.5	103.5	103.6	103.4
103.0	103.0	103.0	103.0	103.0	103.0	103.0
114.1	115.8	115.8	111.3	111.3	111.7	107.7
101.7	101.6	104.0	104.4	105.1	103.9	110.8
94.2	96.3	101.6	102.5	105.9	112.0	123.0
100.2	112.7	84.0	94.1	97.7	99.4	96.1
100.1	115.5	80.5	92.8	97.0	99.1	95.2

2005年广西农村商品零售价格各月同比指数（续表1）

以上年同月价格为100

类　别	1月	2月	3月	4月	5月
12. 糕点饼干面包	116.0	108.2	107.1	106.4	107.3
13. 奶及奶制品	101.6	100.9	104.5	101.4	103.9
14. 在外用膳食品	105.5	105.2	101.1	101.1	100.7
15. 其它食品	105.6	105.0	103.9	96.3	100.4
二、饮料、烟酒	**101.6**	**102.0**	**101.9**	**100.8**	**99.1**
1. 茶及饮料	103.6	103.6	101.5	98.3	99.5
(1) 茶　叶	97.2	97.2	97.2	90.3	92.5
(2) 饮　料	105.5	105.5	102.7	100.6	101.6
2. 烟　草	99.2	100.1	100.5	99.1	97.5
3. 酒	103.2	103.4	103.5	103.7	100.8
三、服装、鞋帽类	**96.6**	**105.7**	**102.3**	**99.9**	**97.4**
1. 服　装	98.7	110.8	106.8	105.7	103.1
(1) 男式服装	95.1	101.8	101.2	99.3	99.0
(2) 女式服装	100.0	116.1	111.9	111.0	107.3
(3) 儿童服装	102.9	115.9	103.8	104.0	100.0
2. 鞋 袜 帽	89.7	94.7	90.6	86.6	83.1
(1) 鞋	88.9	94.7	90.0	85.4	81.4
(2) 袜　子	94.2	94.2	93.3	93.3	93.3
(3) 帽　子	100.0	100.0	100.0	100.0	100.0
3. 其　它	101.8	101.8	106.8	99.2	99.2
四、纺织品类	**97.6**	**102.9**	**100.8**	**100.4**	**99.7**
1. 衣着材料	96.5	100.2	99.6	99.6	99.6
2. 床上用品	98.7	105.8	102.1	101.3	99.7
五、家用电器及音像器材	**95.6**	**96.2**	**97.0**	**97.6**	**96.5**
1. 家庭设备	97.0	96.6	98.1	98.7	99.2
2. 文娱用耐用消费品	93.3	95.4	95.1	95.9	92.3
3. 音像器材类	100.1	100.1	99.2	98.7	97.9
六、文化办公用品	**96.7**	**97.9**	**97.3**	**94.9**	**92.8**
七、日 用 品	**101.5**	**102.2**	**102.3**	**99.1**	**99.4**
1. 日用百货	102.0	102.1	102.0	97.0	97.9
2. 日用杂品	104.7	104.5	104.5	99.7	101.6
3. 洗涤用品	99.8	101.8	101.7	100.4	99.4

6月	7月	8月	9月	10月	11月	12月
107.8	107.9	107.9	104.1	102.4	100.7	102.9
105.1	108.3	108.9	110.2	102.1	105.8	108.6
101.1	101.1	101.5	95.9	94.7	94.5	100.1
104.8	104.6	104.2	102.5	102.9	102.9	108.2
101.0	**101.4**	**101.4**	**100.8**	**100.8**	**100.9**	**102.5**
102.5	103.3	103.7	100.7	101.0	100.6	103.4
97.2	102.8	102.8	102.2	102.2	102.2	104.1
104.0	103.5	103.9	100.4	100.7	100.2	103.2
97.5	97.5	97.5	97.5	97.5	97.5	97.5
104.1	104.7	104.6	104.4	104.4	104.7	107.6
97.9	**98.9**	**101.2**	**103.8**	**97.8**	**94.9**	**94.7**
103.6	105.2	108.6	110.4	101.1	96.7	96.0
101.6	103.8	104.4	107.3	102.4	99.4	98.0
106.3	106.7	112.2	111.3	99.0	93.3	92.1
100.3	103.9	107.4	114.3	105.0	102.0	104.2
85.3	84.0	84.2	89.7	89.1	89.2	90.5
83.7	82.4	82.6	88.9	88.2	88.1	89.1
94.9	93.4	93.4	93.4	93.4	95.1	99.7
100.0	100.0	100.0	100.0	100.0	100.0	101.3
92.8	97.3	98.1	98.1	98.1	98.1	97.6
99.6	**99.9**	**101.8**	**101.3**	**101.2**	**99.6**	**99.5**
98.9	98.9	100.9	100.9	105.6	103.3	102.1
100.4	100.9	102.8	101.6	96.8	95.7	96.7
96.0	**96.1**	**95.6**	**95.5**	**95.9**	**97.0**	**95.9**
99.6	100.3	100.1	99.7	99.5	100.2	99.9
90.6	89.7	88.7	89.0	90.5	92.2	89.7
97.9	99.8	97.5	97.5	97.5	97.5	97.5
94.5	**92.1**	**94.5**	**94.2**	**95.1**	**95.5**	**96.2**
102.5	**103.1**	**103.8**	**103.5**	**103.2**	**102.9**	**105.2**
100.2	101.1	102.7	101.5	101.2	101.3	102.8
104.8	104.9	104.9	104.9	104.9	103.2	107.1
105.2	106.2	106.7	107.3	106.7	106.6	109.4

2005年广西农村商品零售价格各月同比指数（续表2）

以上年同月价格为100

类　别	1月	2月	3月	4月	5月
4. 其它日用品	99.8	100.1	101.8	101.6	100.2
八、体育娱乐用品	**99.0**	**99.4**	**99.4**	**99.9**	**100.7**
1. 体育用品	101.9	101.9	101.9	103.3	104.7
2. 娱乐用品	95.9	96.6	96.6	96.2	96.2
九、交通、通信用品	**90.7**	**90.2**	**89.4**	**90.4**	**91.4**
1. 交通运输机械	92.1	91.8	92.4	92.9	93.4
2. 通讯器材类	88.3	87.6	84.9	86.7	88.8
十、家　具	**103.9**	**103.7**	**103.3**	**102.0**	**103.0**
十一、化妆品类	**99.5**	**99.3**	**99.4**	**94.1**	**94.6**
十二、金银珠宝类	**106.5**	**109.1**	**112.2**	**111.4**	**112.0**
十三、中西药品及医疗保健用品类	**94.9**	**94.5**	**94.0**	**95.2**	**94.4**
1. 医疗器具及用品	94.8	93.5	92.3	92.3	93.5
2. 中药材及中成药	92.9	91.6	91.8	94.7	92.5
3. 西　药	96.2	96.6	95.9	96.2	95.8
4. 保健器具及用品	96.1	96.9	94.3	94.0	95.3
十四、书报杂志及电子出版物类	**99.8**	**100.2**	**100.7**	**100.7**	**100.7**
1. 教材及参考书	99.5	100.0	100.9	100.9	100.9
2. 书报杂志	99.6	100.3	100.3	100.3	100.3
3. 电子音像制品	101.1	100.9	100.9	100.9	100.9
十五、燃 料 类	**115.3**	**114.4**	**113.9**	**112.6**	**112.4**
1. 煤炭及制品类	125.1	126.9	126.9	126.9	127.9
2. 石油及制品类	113.9	112.7	112.1	110.7	110.3
液化石油气	114.0	111.3	108.4	106.7	107.4
管道燃气					
汽　油	114.0	114.0	116.1	114.6	112.7
柴　油	114.5	114.5	115.2	114.5	114.5
十六、建筑材料及五金电料类	**102.9**	**101.8**	**102.1**	**101.9**	**102.8**
1. 建筑装潢材料	101.4	101.5	102.0	101.9	102.8
2. 五金电料类	109.7	102.8	102.6	101.8	102.7

6月	7月	8月	9月	10月	11月	12月
100.6	100.6	100.1	100.2	100.2	99.6	101.5
100.8	**98.6**	**101.8**	**101.8**	**101.7**	**102.5**	**102.8**
104.9	100.6	105.7	105.7	105.7	105.7	106.3
96.2	96.3	97.4	97.5	97.2	99.0	98.8
91.4	**92.0**	**91.6**	**92.3**	**91.8**	**92.2**	**92.7**
93.5	94.7	95.8	98.2	98.1	98.1	98.1
88.4	88.1	85.6	83.7	82.7	83.7	84.8
102.4	**102.6**	**102.6**	**99.4**	**99.3**	**98.5**	**97.8**
99.8	**95.1**	**100.2**	**100.1**	**100.2**	**98.7**	**103.7**
111.9	**111.1**	**109.9**	**108.1**	**108.2**	**106.1**	**104.3**
95.1	**97.1**	**95.3**	**95.5**	**95.0**	**95.6**	**94.8**
96.8	96.8	92.1	91.5	90.6	90.6	90.6
95.2	98.9	96.2	94.3	95.4	95.4	92.7
94.7	96.0	95.1	97.1	95.3	96.5	96.5
95.4	95.5	95.5	95.4	95.4	95.5	98.9
100.6	**100.0**	**101.3**	**100.5**	**100.5**	**100.6**	**100.7**
100.9	99.9	101.7	100.4	100.4	100.4	100.6
100.2	99.7	100.6	100.6	100.9	100.9	100.9
100.7	100.9	101.5	100.4	100.2	100.5	100.5
111.3	**114.7**	**111.8**	**111.2**	**115.1**	**115.6**	**118.5**
126.3	124.4	115.3	115.3	111.4	107.1	109.0
109.3	113.4	111.3	110.6	115.6	116.8	119.9
108.1	110.3	99.7	104.0	115.6	117.7	125.2
110.3	116.1	121.4	116.1	116.1	116.1	116.1
111.6	116.9	121.9	116.9	116.9	116.9	116.9
101.8	**104.3**	**103.7**	**103.5**	**101.8**	**101.5**	**104.8**
101.3	104.3	103.7	103.4	102.5	101.7	104.9
104.0	104.0	104.0	104.0	99.0	100.9	104.2

2006年广西农村商品零售价格各月同比指数

以上年同月价格为100

类　　别	1月	2月	3月	4月	5月
商品零售价格总指数	**99.7**	**98.9**	**99.4**	**99.3**	**99.8**
一、食　　品	**100.2**	**98.9**	**100.4**	**99.5**	**99.9**
1. 粮　　食	99.1	99.2	98.8	98.7	98.8
大　　米	98.9	98.8	98.7	98.1	97.6
2. 淀　　粉	95.2	88.1	95.0	95.0	103.2
3. 干豆类及豆制品	98.5	95.7	98.0	99.1	100.2
4. 油　　脂	97.5	96.7	98.7	98.2	102.4
食用植物油	98.9	97.7	100.1	98.8	105.3
5. 肉禽及其制品	93.3	92.8	91.4	86.7	88.9
(1) 食用畜肉及副产品	94.4	92.5	93.1	87.2	91.9
猪　　肉	92.4	92.5	92.2	85.1	89.8
牛　　肉	94.9	93.4	93.0	97.6	101.0
羊　　肉	108.4	104.4	117.3	101.8	100.4
(2) 禽	89.1	91.2	85.2	80.0	77.9
鸡	85.3	86.1	81.4	74.9	74.5
鸭	96.7	102.1	92.4	88.8	82.6
(3) 肉禽加工制品	97.0	97.8	98.1	99.1	100.7
6. 蛋	95.8	92.7	90.4	90.8	91.5
鲜　　蛋	95.7	92.5	90.1	90.4	91.0
7. 水 产 品	101.0	95.7	94.1	95.3	96.4
(1) 鱼	102.0	94.6	92.8	93.5	89.1
淡 水 鱼	101.2	93.2	91.8	93.3	87.9
海 水 鱼	105.8	101.7	98.5	94.3	95.9
(2) 其他水产品	98.2	98.8	97.7	100.1	119.2
虾 蟹 类	100.1	95.2	92.6	98.6	118.0
8. 菜	112.3	108.4	121.8	112.7	113.3
鲜　　菜	112.3	105.9	123.1	112.8	112.9
9. 调 味 品	99.6	97.3	97.1	100.8	98.4
盐	103.9	102.9	102.9	102.9	100.0
酱　　油	95.9	93.8	92.8	97.9	95.3
10. 糖	113.4	110.5	122.5	127.7	127.7
食　　糖	133.5	130.5	150.3	160.3	158.4

6 月	7 月	8 月	9 月	10 月	11 月	12 月
99.8	**99.1**	**100.2**	**100.5**	**100.4**	**101.0**	**102.5**
100.2	**98.7**	**102.4**	**103.4**	**103.2**	**104.3**	**106.6**
99.2	100.4	101.6	102.2	102.9	101.7	101.8
98.4	100.0	102.0	102.9	103.8	101.5	100.3
97.6	94.5	100.1	94.1	93.8	94.5	100.1
99.2	96.1	97.0	96.1	98.1	98.3	99.5
100.9	102.3	102.7	103.9	102.9	101.9	111.2
106.7	108.1	109.3	109.5	108.4	104.8	114.6
90.9	91.6	92.9	99.9	102.5	104.6	108.9
93.7	92.4	92.4	99.6	101.2	104.3	107.8
91.1	90.4	90.1	99.3	101.7	102.4	108.5
101.2	102.3	107.5	109.0	109.6	110.1	110.3
97.8	95.5	95.1	91.5	101.8	117.5	134.7
80.8	85.7	91.3	100.5	105.7	106.4	115.5
76.2	77.1	82.4	92.9	97.8	99.1	109.4
88.6	104.5	110.5	118.8	125.0	125.7	135.4
101.1	100.5	97.8	100.2	102.1	102.5	102.2
88.9	89.4	98.2	98.4	102.8	105.4	117.0
88.4	88.9	98.2	98.3	103.4	105.7	118.1
96.8	97.5	100.2	97.2	103.4	105.8	106.2
93.0	96.1	98.8	94.8	103.6	104.9	104.1
93.2	95.9	99.0	94.1	104.5	104.9	105.9
92.0	96.9	97.9	98.1	99.4	104.5	96.2
109.4	102.1	104.7	104.8	103.0	108.5	112.5
106.6	109.6	104.8	101.9	104.9	107.3	115.6
108.9	94.6	125.7	115.7	96.9	106.2	100.5
107.6	91.5	127.4	115.1	93.4	105.6	99.1
99.2	98.8	101.3	106.6	106.6	106.6	108.4
100.0	102.8	111.3	130.0	130.0	130.0	130.0
96.3	96.8	96.8	96.8	96.8	96.8	102.4
123.2	118.0	112.8	111.2	111.9	111.2	108.7
159.5	146.5	132.6	128.4	129.3	128.0	119.5

2006年广西农村商品零售价格各月同比指数（续表1）

以上年同月价格为100

类　　别	1月	2月	3月	4月	5月
11. 干鲜瓜果	123.4	122.3	131.4	136.7	125.0
鲜 瓜 果	127.8	126.0	136.2	141.0	126.4
12. 糕点饼干面包	105.6	101.8	103.1	106.6	106.0
13. 液体乳及乳制品	101.2	101.6	98.3	108.6	106.2
14. 在外用膳食品	98.4	98.2	98.8	98.8	99.6
15. 其他食品	106.6	105.1	104.8	110.0	105.7
二、饮料、烟酒	**101.3**	**99.6**	**100.3**	**102.4**	**100.1**
1. 茶及饮料	102.8	98.7	103.1	108.0	107.6
(1) 茶　　叶	107.9	98.9	102.2	111.8	116.0
(2) 饮　　料	100.8	98.7	103.5	106.6	104.3
2. 烟　　草	100.7	100.7	100.3	100.7	97.8
3. 酒	100.9	98.9	98.6	100.9	97.8
三、服装、鞋帽	**97.3**	**98.1**	**98.1**	**98.0**	**98.4**
1. 服　　装	98.3	98.9	95.8	95.9	95.4
(1) 男式服装	95.6	95.4	97.0	97.2	97.5
(2) 女式服装	99.3	98.6	91.0	91.4	91.5
(3) 儿童服装	101.9	108.2	107.6	106.0	101.6
2. 鞋 袜 帽	95.8	96.8	103.5	102.3	105.7
(1) 鞋	95.1	95.6	103.7	101.8	105.8
(2) 袜　　子	100.0	105.5	102.6	105.7	105.7
(3) 帽　　子	101.6	101.6	101.6	101.6	101.0
3. 其　　他	92.6	94.7	97.2	102.0	99.4
四、纺 织 品	**101.1**	**100.5**	**93.5**	**99.2**	**98.5**
1. 衣着材料	100.1	99.0	95.4	94.5	93.0
2. 床上用品	101.8	101.5	92.3	102.3	102.2
五、家用电器及音像器材	**94.6**	**94.9**	**96.1**	**94.8**	**97.4**
1. 家庭设备	99.1	99.3	100.2	99.7	101.4
2. 文娱用耐用消费品	89.9	90.3	91.6	89.2	92.4
3. 音像器材	84.4	84.4	90.1	91.8	96.8
六、文化办公用品	**93.3**	**92.9**	**93.0**	**93.1**	**94.6**
七、日 用 品	**100.3**	**98.6**	**99.1**	**104.2**	**103.0**
1. 日用百货	98.4	97.7	98.4	103.8	104.3

6 月	7 月	8 月	9 月	10 月	11 月	12 月
131.1	124.7	118.7	114.6	113.2	106.1	110.3
134.1	125.1	118.7	113.4	112.2	104.3	110.3
105.7	105.7	106.1	106.1	106.8	106.3	103.6
107.7	108.3	107.6	107.5	109.7	107.5	108.1
99.6	99.6	101.1	101.1	101.4	102.0	104.3
101.8	101.2	102.1	103.9	108.5	108.5	105.9
99.9	**98.9**	**99.1**	**98.5**	**98.8**	**98.8**	**98.4**
106.8	104.9	104.7	104.7	104.5	104.6	102.0
113.6	107.0	107.0	107.0	107.0	107.0	100.0
104.1	104.1	103.8	103.7	103.5	103.7	102.8
97.1	97.1	97.1	97.1	97.1	97.1	97.1
98.5	96.9	97.5	96.1	96.8	96.8	97.4
96.5	**95.3**	**96.1**	**96.5**	**99.0**	**101.6**	**104.0**
94.4	92.0	93.6	95.8	98.2	100.5	102.9
96.4	95.4	96.6	98.9	100.5	101.4	103.3
92.0	90.5	92.5	93.1	96.7	101.3	104.4
96.5	89.0	90.3	96.5	97.5	96.1	97.8
101.7	102.4	101.3	97.3	100.7	104.3	107.1
101.5	102.1	100.9	96.3	100.4	103.9	107.1
102.9	104.9	103.9	103.9	103.0	108.4	108.5
101.0	101.0	103.7	100.6	100.6	100.6	99.9
96.9	102.1	102.1	102.1	100.7	100.7	102.1
98.3	**98.1**	**97.5**	**97.7**	**96.3**	**98.9**	**99.6**
93.7	93.4	93.4	93.4	90.2	93.3	97.0
101.3	101.3	100.2	100.5	100.4	102.8	101.4
97.4	**95.6**	**96.7**	**97.5**	**97.3**	**96.2**	**97.4**
100.3	98.1	98.1	98.5	98.9	99.0	99.7
93.8	93.0	94.6	96.0	95.2	92.5	94.3
96.8	83.6	100.0	100.0	100.0	100.0	100.0
93.5	**95.6**	**96.7**	**95.7**	**95.2**	**95.2**	**95.7**
101.4	**101.5**	**103.1**	**102.7**	**101.7**	**101.9**	**101.7**
100.4	102.3	102.6	102.0	100.6	99.4	99.1

2006 年广西农村商品零售价格各月同比指数（续表 2）

以上年同月价格为 100

类　　别	1 月	2 月	3 月	4 月	5 月
2. 日用杂品	100.0	98.0	95.6	103.4	99.5
3. 洗涤用品	103.5	99.8	102.6	108.6	105.8
4. 其他日用品	99.6	98.9	99.0	98.9	100.0
八、体育娱乐用品	**99.5**	**99.7**	**98.9**	**95.9**	**96.6**
1. 体育用品	99.6	101.8	100.2	94.0	94.9
2. 娱乐用品	99.5	97.5	97.5	97.8	98.2
九、交通、通信用品	**90.3**	**90.8**	**92.2**	**91.5**	**92.4**
1. 交通运输机械	97.8	97.7	98.5	97.8	97.1
2. 通信器材	79.2	80.4	82.4	81.6	84.8
十、家　　具	**99.8**	**100.0**	**100.3**	**99.8**	**99.8**
十一、化 妆 品	**102.3**	**101.8**	**102.4**	**103.1**	**103.4**
十二、金银珠宝	**109.6**	**109.1**	**115.4**	**115.3**	**119.3**
十三、中西药品及医疗保健用品	**94.3**	**94.3**	**96.0**	**94.1**	**95.9**
1. 医疗器具及用品	88.5	88.5	90.3	89.4	89.4
2. 中药材及中成药	92.2	92.2	94.7	90.2	93.5
3. 西　　药	96.2	96.5	97.0	96.6	97.7
4. 保健品及器具	95.5	95.0	99.6	99.6	99.3
十四、书报杂志及电子出版物	**100.0**	**98.3**	**97.9**	**98.2**	**98.2**
1. 教材及参考书	100.1	97.2	96.4	96.8	96.8
2. 书报杂志	100.8	99.5	99.5	99.5	99.5
3. 电子音像制品	98.6	98.6	98.6	98.9	98.9
十五、燃　　料	**121.9**	**120.8**	**117.1**	**114.9**	**114.7**
1. 煤炭及制品	112.8	110.7	110.7	110.7	108.6
2. 石油及制品	123.5	122.6	118.2	115.7	115.8
液化石油气	133.5	131.7	120.8	116.0	112.8
管道燃气					
汽　　油	116.4	116.4	116.1	113.3	116.9
柴　　油	116.9	116.9	117.7	119.7	119.3
十六、建筑材料及五金电料	**101.9**	**99.1**	**99.3**	**99.4**	**100.3**
1. 建筑装潢材料	101.7	98.5	98.7	98.4	99.2
2. 五金电料	102.4	101.3	101.6	103.1	104.4

6月	7月	8月	9月	10月	11月	12月
100.9	101.3	101.8	101.8	98.1	101.4	101.4
103.8	102.4	106.7	106.2	106.7	106.6	105.9
100.2	98.8	99.6	99.6	99.6	99.8	100.4
94.2	**94.2**	**94.5**	**94.4**	**95.0**	**95.2**	**94.5**
90.2	90.2	90.2	90.2	90.9	91.4	91.4
98.2	98.2	98.9	98.6	99.0	99.0	97.7
92.7	**92.8**	**91.8**	**92.5**	**94.5**	**94.4**	**93.8**
96.8	97.8	97.1	97.3	97.9	97.7	97.8
85.9	84.4	82.7	84.2	88.2	88.5	86.4
97.7	**98.7**	**99.1**	**100.9**	**101.3**	**101.8**	**102.1**
101.1	**104.3**	**99.6**	**99.6**	**100.2**	**101.2**	**101.1**
122.8	**122.8**	**122.4**	**122.2**	**122.7**	**122.0**	**119.0**
96.6	**96.5**	**96.4**	**96.5**	**96.4**	**96.7**	**101.5**
89.4	87.8	97.3	97.3	97.3	97.3	97.3
95.3	95.3	95.3	93.7	94.0	94.0	105.9
97.8	97.7	96.4	97.8	97.5	98.1	98.7
100.1	100.9	100.9	101.4	99.9	99.9	103.0
98.4	**99.6**	**99.6**	**100.8**	**100.8**	**100.6**	**100.8**
96.8	98.1	98.1	100.7	100.7	100.7	100.5
100.1	100.5	100.5	100.5	100.5	100.0	100.1
98.9	101.2	101.2	101.2	101.2	101.2	102.6
118.1	**115.2**	**111.4**	**110.0**	**105.5**	**105.1**	**106.6**
106.8	106.8	106.8	106.8	106.8	106.8	100.0
120.2	116.7	112.2	110.5	105.3	104.8	107.7
109.8	110.1	108.4	105.6	93.8	92.8	99.8
127.8	121.5	114.9	113.9	113.7	113.7	113.7
126.0	119.9	114.2	113.3	113.0	113.0	113.0
101.5	**100.9**	**100.2**	**99.1**	**98.9**	**100.4**	**100.5**
101.0	100.3	99.5	98.0	97.9	99.9	100.2
103.7	103.2	103.2	103.2	102.9	102.1	101.7

2007年广西农村商品零售价格各月同比指数

以上年同月价格为100

类　　别	1月	2月	3月	4月	5月
商品零售价格总指数	**102.0**	**102.8**	**103.1**	**103.7**	**104.3**
一、食　　品	**106.3**	**107.7**	**108.9**	**109.9**	**110.9**
1. 粮　　食	103.2	103.8	104.0	103.9	104.8
大　　米	101.5	101.7	101.7	101.8	103.3
2. 淀　　粉	103.1	110.5	105.8	99.4	99.9
3. 干豆类及豆制品	102.5	106.7	108.0	107.8	111.1
4. 油　　脂	112.7	114.8	113.8	119.7	121.1
食用植物油	116.0	118.9	116.6	123.6	120.1
5. 肉禽及其制品	111.2	114.2	114.1	120.1	129.5
(1) 食用畜肉及副产品	112.1	117.3	116.5	122.7	125.7
猪　　肉	112.6	118.7	117.1	125.5	132.0
牛　　肉	112.3	111.1	114.0	106.8	100.3
羊　　肉	143.5	136.0	110.5	117.9	108.0
(2) 禽	111.3	110.0	110.9	120.2	144.6
鸡	110.8	109.7	111.2	125.3	148.0
鸭	114.1	112.5	111.2	112.5	139.8
(3) 肉禽加工制品	107.4	109.4	110.7	110.1	117.5
6. 蛋	113.9	117.1	121.9	126.7	132.4
鲜　　蛋	114.4	118.0	122.9	127.9	133.7
7. 水 产 品	101.5	102.3	104.9	103.9	104.3
(1) 鱼	97.9	97.9	101.0	102.1	105.7
淡 水 鱼	99.3	98.6	101.8	102.0	105.6
海 水 鱼	91.9	94.4	97.5	102.4	106.1
(2) 其他水产品	112.2	114.9	116.2	109.3	101.3
虾 蟹 类	110.6	113.0	116.2	107.9	99.5
8. 菜	95.6	94.0	107.5	118.5	97.1
鲜　　菜	93.6	92.0	107.6	120.2	95.4
9. 调 味 品	108.5	111.3	111.2	107.8	108.7
盐	130.0	130.0	130.0	130.0	130.0
酱　　油	102.0	104.3	104.3	98.8	101.5
10. 糖	104.6	103.2	100.3	94.0	93.8
食　　糖	110.3	102.4	94.5	87.5	88.6

6 月	7 月	8 月	9 月	10 月	11月	12 月
104.9	**107.8**	**107.6**	**107.3**	**106.8**	**106.5**	**106.8**
113.5	**121.1**	**121.7**	**121.3**	**120.3**	**119.7**	**121.2**
104.3	103.1	103.3	105.4	105.6	108.4	107.5
102.4	100.8	100.3	102.0	102.2	106.5	106.6
100.0	100.0	94.7	105.5	109.4	113.7	125.3
110.5	112.4	113.0	116.6	117.5	123.7	130.3
126.1	125.7	127.8	126.6	132.3	135.2	134.6
122.5	122.5	125.0	125.8	134.8	138.3	134.8
134.4	157.6	157.5	143.8	138.8	139.2	142.6
131.9	165.4	168.7	149.8	141.3	143.7	152.6
139.3	181.3	185.5	159.1	148.8	151.7	163.2
114.6	127.5	124.6	125.7	121.6	121.9	134.3
124.0	129.3	124.5	130.1	129.5	129.4	109.2
148.2	154.3	145.2	135.9	136.0	132.7	125.8
152.0	166.4	159.7	146.7	145.9	139.3	128.5
143.3	135.0	118.9	113.0	115.8	119.0	118.8
119.8	133.9	138.1	135.1	134.1	133.5	134.9
139.0	145.1	134.1	126.5	122.7	115.1	107.3
140.3	146.3	134.3	126.3	121.6	114.1	105.9
107.3	108.3	110.3	113.2	108.3	104.4	104.2
105.3	109.4	112.2	117.0	112.1	108.2	108.3
104.8	110.5	113.3	119.3	113.9	109.0	108.0
108.0	103.4	106.0	105.9	103.5	104.5	109.9
112.9	103.9	102.7	100.1	96.0	92.1	92.3
109.4	101.3	100.3	101.9	96.0	92.8	92.3
96.2	94.4	95.7	116.4	126.8	112.0	103.4
94.9	92.8	93.7	117.5	129.5	109.3	99.1
109.0	108.9	107.4	102.1	101.9	103.2	105.7
130.0	126.4	116.8	100.0	100.0	100.0	100.0
101.9	100.0	103.2	103.2	102.6	106.3	106.3
93.4	96.4	98.6	98.6	96.3	99.5	103.2
86.0	91.2	95.2	95.2	91.1	94.1	93.9

2007年广西农村商品零售价格各月同比指数（续表1）

以上年同月价格为100

类　　别	1月	2月	3月	4月	5月
11. 干鲜瓜果	104.4	103.3	101.3	86.6	85.9
鲜 瓜 果	102.6	101.8	99.7	82.7	82.4
12. 糕点饼干面包	100.8	106.7	105.8	103.0	103.4
13. 液体乳及乳制品	106.5	106.7	109.9	100.7	103.4
14. 在外用膳食品	104.6	104.6	104.4	105.3	104.4
15. 其他食品	105.9	107.3	107.3	105.9	105.4
二、饮料、烟酒	**98.9**	**100.3**	**99.7**	**99.6**	**101.2**
1. 茶及饮料	102.3	106.8	103.5	103.5	102.2
(1) 茶　　叶	100.8	109.9	106.3	104.1	98.8
(2) 饮　　料	102.9	105.6	102.4	103.3	103.7
2. 烟　　草	97.1	97.1	97.6	97.2	100.0
3. 酒	98.7	99.6	99.5	99.6	101.7
三、服装、鞋帽	**102.9**	**104.0**	**103.8**	**108.2**	**107.9**
1. 服　　装	102.4	103.7	104.1	107.8	107.0
(1) 男式服装	101.6	103.3	104.5	104.6	102.9
(2) 女式服装	104.7	105.5	106.8	116.2	114.7
(3) 儿童服装	97.8	100.2	96.5	93.5	96.0
2. 鞋 袜 帽	104.7	105.6	104.8	111.6	111.8
(1) 鞋	104.6	106.3	104.6	112.9	113.2
(2) 袜　　子	106.3	101.5	108.8	105.6	105.6
(3) 帽　　子	99.0	99.0	94.9	94.9	95.5
3. 其　　他	100.0	97.8	95.3	95.3	97.8
四、纺 织 品	**96.5**	**97.8**	**101.9**	**93.0**	**97.4**
1. 衣着材料	97.4	96.2	100.7	99.2	100.7
2. 床上用品	95.9	98.9	102.6	89.1	95.4
五、家用电器及音像器材	**97.7**	**96.3**	**95.8**	**94.9**	**94.8**
1. 家庭设备	99.6	99.2	99.2	99.5	98.1
2. 文娱用耐用消费品	95.1	92.4	91.4	88.8	90.3
3. 音像器材	100.0	100.0	100.0	100.0	100.0
六、文化办公用品	**96.2**	**96.4**	**97.2**	**98.5**	**98.5**
七、日 用 品	**102.0**	**103.4**	**103.1**	**100.4**	**101.5**
1. 日用百货	100.3	101.6	99.4	97.6	97.9

6 月	7 月	8 月	9 月	10 月	11 月	12 月
88.7	89.8	100.5	107.1	104.0	104.3	103.9
85.8	87.6	101.0	108.9	103.4	102.7	102.4
105.4	105.4	105.0	105.0	105.4	105.6	117.0
101.9	99.2	99.1	99.9	99.6	104.9	106.0
104.9	108.2	106.2	107.6	107.2	108.7	113.4
105.4	106.1	107.9	106.1	103.3	103.3	101.5
100.7	**100.8**	**101.1**	**101.3**	**101.1**	**101.0**	**102.4**
100.5	101.5	102.5	102.5	102.5	102.4	103.0
96.3	101.4	101.4	102.2	102.2	102.2	102.2
102.3	101.6	102.9	102.6	102.7	102.5	103.3
100.0	98.8	98.8	98.8	98.8	98.8	98.8
101.7	102.6	102.9	103.4	102.6	102.6	106.0
108.3	**108.8**	**106.2**	**104.5**	**100.8**	**98.1**	**96.3**
107.3	108.2	104.2	103.9	99.3	96.5	95.6
102.2	102.8	100.9	100.2	97.9	96.2	94.3
113.5	113.6	109.3	107.0	101.5	95.1	92.1
101.7	105.3	96.9	103.8	96.4	101.5	109.6
112.6	111.9	113.2	107.7	105.3	101.4	97.1
113.7	113.3	114.7	108.2	105.2	101.4	96.9
108.1	106.0	107.1	107.1	108.0	102.6	98.5
95.5	95.5	92.6	95.5	95.5	95.5	95.5
99.1	98.8	95.0	95.0	96.2	102.4	101.1
97.3	**96.5**	**96.1**	**98.7**	**97.4**	**94.8**	**90.6**
100.4	97.1	95.7	98.8	100.9	98.4	96.0
95.4	96.2	96.5	98.8	95.4	92.5	86.9
94.9	**96.5**	**96.2**	**95.8**	**93.2**	**93.2**	**91.6**
98.9	100.6	100.5	100.1	99.7	99.8	99.3
89.6	91.1	90.6	90.1	84.7	84.5	81.5
100.0	100.0	100.0	100.0	100.0	100.0	100.0
98.0	**97.2**	**96.7**	**97.7**	**98.5**	**96.5**	**95.3**
101.1	**100.9**	**99.6**	**100.2**	**101.4**	**100.5**	**101.2**
99.2	97.5	96.6	97.8	99.6	99.3	100.2

2007 年广西农村商品零售价格各月同比指数（续表 2）

以上年同月价格为 100

类　　别	1 月	2 月	3 月	4 月	5 月
2. 日用杂品	96.5	100.5	105.5	101.2	104.9
3. 洗涤用品	109.0	110.6	108.2	103.5	105.6
4. 其他日用品	100.3	98.4	99.6	100.1	98.6
八、体育娱乐用品	**95.8**	**96.7**	**96.2**	**98.9**	**98.9**
1. 体育用品	92.8	92.7	91.8	97.7	97.7
2. 娱乐用品	98.8	100.8	100.8	100.0	100.0
九、交通、通信用品	**93.8**	**93.7**	**94.0**	**93.7**	**92.8**
1. 交通运输机械	97.8	97.7	98.1	98.6	98.4
2. 通信器材	86.4	86.3	86.5	84.9	82.9
十、家　　具	**101.0**	**102.0**	**102.0**	**101.8**	**101.2**
十一、化 妆 品	**101.9**	**102.3**	**102.3**	**101.5**	**101.4**
十二、金银珠宝	**113.9**	**112.4**	**107.8**	**108.6**	**105.1**
十三、中西药品及医疗保健用品	**101.5**	**101.5**	**100.0**	**104.4**	**106.4**
1. 医疗器具及用品	97.3	97.3	97.7	98.4	98.4
2. 中药材及中成药	105.9	105.9	104.2	115.2	123.5
3. 西　　药	98.6	98.6	97.6	98.5	96.5
4. 保健品及器具	103.2	103.2	98.3	98.6	98.9
十四、书报杂志及电子出版物	**100.8**	**100.0**	**99.8**	**99.6**	**99.7**
1. 教材及参考书	100.2	98.4	98.0	97.6	98.0
2. 书报杂志	100.4	100.4	100.4	100.4	100.3
3. 电子音像制品	102.6	102.6	102.6	102.4	102.4
十五、燃　　料	**101.8**	**101.9**	**103.7**	**103.9**	**103.8**
1. 煤炭及制品	98.3	100.7	100.7	108.2	108.2
2. 石油及制品	102.3	102.3	104.5	103.8	103.6
液化石油气	90.4	91.1	96.7	98.7	102.4
管道燃气					
汽　　油	111.2	109.5	108.3	105.2	102.6
柴　　油	113.0	113.0	112.3	110.4	107.2
十六、建筑材料及五金电料	**101.2**	**103.2**	**103.3**	**103.6**	**103.9**
1. 建筑装潢材料	101.1	103.3	103.5	104.2	104.9
2. 五金电料	101.7	102.8	102.5	101.6	100.1

6 月	7 月	8 月	9 月	10 月	11 月	12 月
102.0	101.6	101.1	101.1	105.0	101.3	103.0
104.5	105.6	103.0	103.3	103.3	103.1	103.4
98.0	99.0	98.3	98.3	97.7	97.7	97.6
100.4	**100.6**	**100.6**	**100.6**	**100.5**	**98.1**	**97.6**
101.0	101.0	101.0	101.0	101.2	99.7	98.6
99.8	100.2	100.2	100.2	99.8	96.5	96.6
92.1	**91.9**	**92.5**	**91.4**	**88.9**	**88.5**	**89.1**
98.2	98.2	98.4	97.0	94.7	94.9	94.7
81.3	80.7	82.0	81.5	78.6	77.2	79.1
103.3	**101.1**	**101.2**	**100.1**	**101.1**	**100.8**	**100.5**
100.9	**99.7**	**100.6**	**101.0**	**100.3**	**98.4**	**98.2**
102.1	**102.1**	**102.4**	**106.4**	**106.5**	**109.1**	**108.4**
106.3	**111.7**	**107.9**	**106.6**	**107.5**	**106.8**	**106.3**
98.4	100.2	100.2	100.2	100.2	100.3	100.3
123.3	135.4	123.2	118.1	118.8	117.8	114.8
96.3	97.9	98.8	99.8	100.7	100.1	101.1
98.9	100.4	100.4	100.4	102.0	103.4	102.2
99.4	**98.9**	**98.7**	**96.6**	**96.6**	**96.6**	**96.6**
97.4	97.4	96.8	92.1	92.1	92.0	92.0
100.3	100.3	100.3	100.3	100.3	100.3	100.3
102.4	100.0	100.0	100.0	100.0	100.0	100.0
101.7	**103.0**	**103.4**	**102.9**	**107.2**	**117.2**	**115.4**
110.1	113.4	111.0	111.0	115.6	115.6	115.6
100.9	102.0	102.7	102.1	106.4	117.5	115.4
106.7	109.5	111.3	109.6	120.8	136.6	127.8
96.1	96.1	96.1	96.1	96.3	103.9	104.9
99.8	99.8	99.8	99.8	100.0	109.0	110.0
102.3	**103.4**	**104.7**	**106.6**	**108.4**	**107.2**	**111.2**
103.4	104.6	106.3	108.6	110.5	109.1	113.7
98.2	99.0	99.0	99.1	100.1	99.8	101.7

2008年广西农村商品零售价格各月同比指数

以上年同月价格为100

类　　别	1月	2月	3月	4月	5月
商品零售价格总指数	**108.7**	**111.9**	**111.1**	**111.0**	**110.3**
一、食　　品	**126.0**	**135.3**	**130.3**	**130.9**	**129.1**
1. 粮　　食	106.0	106.9	108.5	109.8	114.3
大　　米	104.9	106.3	108.3	109.9	115.6
2. 淀　　粉	119.9	114.3	122.7	124.3	111.7
3. 干豆类及豆制品	132.7	150.4	154.5	153.1	148.2
4. 油　　脂	144.5	148.5	150.7	142.4	132.9
食用植物油	149.8	153.1	156.8	146.7	137.6
5. 肉禽及其制品	143.4	144.2	143.8	147.3	136.8
(1) 食用畜肉及副产品	151.5	150.8	153.2	158.5	150.4
猪　　肉	157.9	152.6	156.6	160.5	148.1
牛　　肉	141.1	163.2	153.1	156.6	165.6
羊　　肉	107.5	120.2	121.3	125.4	142.6
(2) 禽	128.8	133.4	128.1	128.4	113.1
鸡	128.0	134.9	126.5	127.5	112.5
鸭	130.6	129.3	131.5	130.1	114.5
(3) 肉禽加工制品	138.1	136.8	135.3	138.7	132.8
6. 蛋	115.3	126.2	122.2	117.1	111.8
鲜　　蛋	114.3	126.1	121.8	116.6	111.3
7. 水 产 品	109.0	121.8	127.6	128.6	128.8
(1) 鱼	114.4	132.3	134.1	138.4	139.8
淡 水 鱼	113.6	133.8	137.5	142.5	144.6
海 水 鱼	118.6	124.9	117.2	118.4	117.2
(2) 其他水产品	94.2	97.1	111.3	103.8	99.5
虾 蟹 类	94.2	97.1	111.3	103.8	99.5
8. 菜	130.1	196.3	135.3	123.6	143.1
鲜　　菜	131.2	213.0	136.7	122.2	144.6
9. 调 味 品	103.9	103.5	105.4	108.2	108.3
盐	100.0	100.6	100.6	100.6	100.6
酱　　油	108.5	108.5	113.4	114.3	114.3
10. 糖	104.3	106.7	105.3	105.2	105.1
食　　糖	94.5	98.8	97.5	97.4	96.7

6 月	7 月	8 月	9 月	10 月	11 月	12 月
109.7	**107.5**	**106.9**	**107.2**	**107.1**	**105.5**	**102.8**
124.9	**117.0**	**114.0**	**114.7**	**115.0**	**113.2**	**107.7**
114.7	115.4	114.3	111.0	110.6	109.4	108.5
115.8	116.6	115.8	111.8	111.3	109.5	108.6
111.8	112.0	111.7	106.4	107.7	103.6	93.9
145.4	148.3	143.8	140.1	136.5	124.6	115.2
129.2	128.1	122.3	120.1	112.7	103.6	90.2
132.6	130.7	124.4	121.3	113.9	104.6	91.4
127.8	107.9	107.0	110.6	108.4	103.6	97.9
139.8	111.3	109.7	114.6	111.1	103.1	94.5
136.8	103.6	100.7	106.1	101.5	92.9	85.2
146.5	135.9	142.3	141.7	146.5	146.8	131.7
128.9	125.4	131.6	129.3	130.6	120.7	122.0
104.7	96.5	97.9	100.4	100.1	100.4	100.6
105.0	97.0	95.5	96.0	96.4	98.9	100.4
103.8	95.2	105.1	113.7	110.8	104.3	101.2
128.4	115.9	112.2	112.7	112.1	110.7	108.1
107.0	102.8	103.6	107.1	108.7	111.3	111.9
106.6	102.6	103.8	107.6	109.3	112.2	112.8
121.6	119.3	119.6	120.4	120.7	118.3	114.3
134.2	126.4	123.9	122.5	122.7	120.2	116.8
137.3	127.0	125.5	123.4	122.9	120.8	117.9
119.0	124.3	115.8	118.4	122.0	117.4	111.4
85.9	95.5	104.4	113.1	114.0	112.1	106.3
85.8	95.5	104.4	113.1	114.0	112.1	106.3
137.2	147.7	126.1	121.4	136.8	147.7	146.3
137.2	149.5	125.0	120.2	139.1	154.5	152.6
108.9	109.0	107.3	105.5	107.5	106.1	103.4
100.6	100.6	100.6	100.0	100.0	100.0	100.0
115.0	115.0	108.4	108.4	108.9	105.2	105.2
106.5	107.9	106.8	107.4	111.3	110.4	106.8
96.6	95.7	94.0	94.4	95.1	94.6	95.1

2008年广西农村商品零售价格各月同比指数（续表1）

以上年同月价格为100

类　别	1月	2月	3月	4月	5月
11. 干鲜瓜果	110.1	120.4	109.2	121.0	123.3
鲜瓜果	109.1	121.3	107.4	121.2	123.4
12. 糕点饼干面包	117.0	120.0	121.1	120.7	119.9
13. 液体乳及乳制品	117.8	120.4	119.4	120.7	121.5
14. 在外用膳食品	114.1	115.2	117.8	117.8	118.4
15. 其他食品	103.7	110.2	107.4	111.8	113.1
二、饮料、烟酒	**103.2**	**102.4**	**103.4**	**103.5**	**103.8**
1. 茶及饮料	105.9	103.1	103.5	104.7	105.7
(1) 茶　叶	108.1	97.6	96.7	101.6	101.0
(2) 饮　料	105.0	105.2	106.3	105.9	107.5
2. 烟　草	98.8	98.8	98.8	98.8	98.8
3. 酒	106.4	106.1	108.5	107.8	108.2
三、服装、鞋帽	**95.3**	**95.0**	**98.3**	**95.2**	**96.1**
1. 服　装	93.6	94.6	99.1	94.1	97.0
(1) 男式服装	94.0	93.3	94.3	93.1	94.9
(2) 女式服装	88.8	91.6	99.1	89.8	93.1
(3) 儿童服装	107.4	106.1	110.1	110.5	114.7
2. 鞋袜帽	98.3	95.3	97.5	98.0	94.5
(1) 鞋	97.8	94.4	97.3	98.0	94.1
(2) 袜　子	102.0	100.8	96.8	96.5	95.6
(3) 帽　子	100.6	100.6	104.9	104.9	104.9
3. 其　他	101.1	99.1	94.2	94.2	94.2
四、纺织品	**99.3**	**99.3**	**104.3**	**111.2**	**112.0**
1. 衣着材料	95.6	98.9	98.8	102.1	102.2
2. 床上用品	101.8	99.4	108.1	117.7	118.4
五、家用电器及音像器材	**90.8**	**92.4**	**92.5**	**93.9**	**91.1**
1. 家庭设备	99.4	99.6	100.4	99.2	99.4
2. 文娱用耐用消费品	79.5	82.6	82.0	86.5	79.8
3. 音像器材	100.0	100.0	100.0	100.0	100.0
六、文化办公用品	**94.5**	**94.4**	**94.5**	**94.5**	**93.8**
七、日用品	**105.0**	**106.4**	**105.3**	**105.1**	**105.6**
1. 日用百货	101.4	102.2	101.7	101.3	101.4

6 月	7 月	8 月	9 月	10 月	11 月	12 月
126.6	120.3	114.2	115.9	114.1	115.2	112.2
127.2	119.5	111.9	114.8	112.7	114.8	112.3
117.6	117.6	116.2	116.8	116.9	116.2	103.8
123.9	124.0	124.2	116.7	108.3	107.3	106.3
121.3	114.7	114.5	113.1	113.7	111.5	107.0
113.1	113.7	105.5	112.7	109.5	131.0	133.4
104.6	**105.5**	**105.5**	**105.5**	**105.1**	**105.4**	**103.9**
105.5	107.1	107.0	106.4	105.2	105.2	104.4
101.0	108.2	108.2	107.5	107.5	107.5	107.5
107.3	106.6	106.5	105.9	104.4	104.4	103.2
98.8	99.2	99.2	99.4	99.4	99.4	99.4
110.5	111.3	111.4	111.5	111.3	112.0	108.4
96.3	**96.4**	**97.6**	**97.7**	**99.8**	**99.4**	**95.7**
97.3	98.4	100.8	98.4	100.5	100.6	94.7
95.6	96.6	97.1	95.8	97.4	97.5	90.9
93.3	94.6	97.4	97.1	98.3	100.7	96.3
113.6	114.6	122.0	108.3	113.9	107.4	98.1
94.2	92.0	90.5	96.1	97.9	97.4	98.4
93.7	90.7	88.9	95.4	97.7	97.1	98.0
95.9	98.9	98.9	98.9	97.1	97.1	98.9
104.9	104.9	105.3	105.3	112.4	112.5	109.8
95.3	95.3	97.1	97.3	101.4	95.3	94.0
114.0	**115.7**	**113.0**	**113.9**	**114.8**	**114.1**	**117.9**
102.2	107.4	109.5	106.2	104.7	98.2	96.1
121.7	120.7	115.0	118.6	121.2	124.8	133.9
90.1	**90.3**	**91.5**	**90.8**	**91.1**	**88.8**	**89.0**
99.3	98.9	98.5	97.7	96.9	94.4	94.1
77.7	78.5	81.8	81.3	82.7	80.4	81.3
100.0	100.0	99.4	99.4	99.8	99.8	99.8
94.5	**96.2**	**95.2**	**94.6**	**95.1**	**95.8**	**96.8**
106.7	**107.2**	**108.1**	**110.2**	**110.7**	**111.2**	**110.0**
103.3	105.2	107.6	106.7	107.6	108.8	107.9

2008年广西农村商品零售价格各月同比指数（续表2）

以上年同月价格为100

类　　别	1月	2月	3月	4月	5月
2. 日用杂品	108.6	106.8	104.3	104.0	104.6
3. 洗涤用品	110.7	113.3	112.5	112.5	113.1
4. 其他日用品	98.9	103.3	101.7	101.9	103.0
八、体育娱乐用品	**94.5**	**92.0**	**93.0**	**94.1**	**95.3**
1. 体育用品	97.6	92.5	95.4	96.6	97.8
2. 娱乐用品	91.5	91.5	90.7	91.5	92.8
九、交通、通信用品	**89.4**	**89.2**	**87.8**	**89.0**	**89.8**
1. 交通运输机械	94.5	94.5	94.5	95.1	96.1
2. 通信器材	80.2	79.6	76.0	78.1	78.4
十、家　　具	**101.5**	**100.2**	**100.4**	**101.0**	**101.6**
十一、化 妆 品	**100.0**	**99.9**	**99.4**	**99.4**	**100.1**
十二、金银珠宝	**118.9**	**127.3**	**131.5**	**130.2**	**124.9**
十三、中西药品及医疗保健用品	**107.1**	**107.1**	**107.6**	**104.6**	**102.8**
1. 医疗器具及用品	100.3	100.3	99.9	100.2	100.2
2. 中药材及中成药	115.1	115.1	113.9	106.9	101.4
3. 西　　药	102.6	102.5	104.3	103.5	104.7
4. 保健品及器具	102.2	102.5	102.7	102.1	102.0
十四、书报杂志及电子出版物	**96.9**	**97.0**	**99.8**	**99.6**	**99.2**
1. 教材及参考书	92.3	92.6	98.9	98.3	97.9
2. 书报杂志	100.7	100.7	100.7	100.7	100.4
3. 电子音像制品	100.0	100.0	100.0	100.0	99.6
十五、燃　　料	**116.4**	**119.1**	**120.8**	**119.5**	**118.1**
1. 煤炭及制品	119.8	121.1	121.1	120.3	120.3
2. 石油及制品	116.0	118.9	120.7	119.4	117.9
液化石油气	127.1	133.2	138.7	135.1	131.0
管道燃气					
汽　　油	107.3	109.0	109.0	109.1	109.1
柴　　油	110.0	110.0	110.0	110.0	110.0
十六、建筑材料及五金电料	**109.2**	**111.7**	**112.3**	**112.0**	**112.1**
1. 建筑装潢材料	110.9	113.1	113.5	113.0	113.2
2. 五金电料	102.2	105.9	107.4	107.6	107.7

6 月	7 月	8 月	9 月	10 月	11 月	12 月
104.4	104.4	106.5	107.3	107.0	107.0	104.5
114.9	113.6	112.5	120.4	121.0	121.4	120.0
102.7	104.0	103.6	104.0	104.2	104.1	104.0
95.3	**95.7**	**95.5**	**96.5**	**96.5**	**96.6**	**96.7**
98.6	98.7	98.3	100.3	100.3	100.4	101.4
92.1	92.7	92.7	92.7	92.7	92.7	91.9
90.7	**92.7**	**94.7**	**95.1**	**98.0**	**99.3**	**98.9**
96.6	97.6	99.6	99.9	102.8	102.6	103.0
80.1	83.8	85.8	86.2	89.2	93.2	91.4
102.9	**104.5**	**104.5**	**102.0**	**100.3**	**100.1**	**100.7**
100.0	**100.1**	**100.9**	**99.9**	**99.9**	**99.2**	**100.6**
121.7	**124.4**	**118.2**	**112.7**	**111.5**	**101.9**	**104.2**
102.5	**97.9**	**103.4**	**105.1**	**104.0**	**105.0**	**105.2**
100.2	100.2	100.0	100.0	100.2	100.0	100.0
100.4	91.6	100.2	104.4	102.4	103.4	104.0
104.5	103.1	103.4	103.4	102.8	102.8	102.7
105.4	104.3	125.9	124.9	123.7	132.3	131.9
99.3	**99.3**	**99.8**	**100.3**	**100.8**	**100.0**	**100.2**
98.4	98.4	100.0	101.8	101.8	101.8	102.2
100.4	100.4	100.4	100.4	102.7	102.7	102.7
98.9	98.9	98.2	97.3	96.0	92.0	92.3
124.3	**127.4**	**124.0**	**124.7**	**119.5**	**105.6**	**99.3**
122.1	116.8	119.4	119.4	114.6	124.9	137.1
124.4	128.8	124.6	125.4	120.2	103.4	95.2
133.0	129.6	119.1	121.3	109.3	84.2	76.6
117.9	126.7	126.7	126.7	126.7	117.4	109.4
119.7	129.4	129.4	129.4	129.4	118.7	109.5
114.4	**115.5**	**113.7**	**110.4**	**106.2**	**104.4**	**101.2**
116.0	117.5	115.1	111.0	106.3	104.4	101.0
108.0	107.7	108.3	107.8	105.4	104.2	101.9

2009年广西农村商品零售价格各月同比指数

以上年同月价格为100

类　　别	1月	2月	3月	4月	5月
商品零售价格总指数	**100.3**	**96.0**	**96.5**	**96.0**	**95.7**
一、食　　品	**103.9**	**93.2**	**95.8**	**94.9**	**94.4**
1. 粮　　食	109.7	108.3	107.7	107.1	102.5
大　　米	110.0	108.5	107.8	106.9	101.4
2. 淀　　粉	91.8	96.7	86.9	91.4	104.4
3. 干豆类及豆制品	116.7	97.9	90.7	90.5	91.0
4. 油　　脂	78.9	74.5	70.8	70.2	71.5
食用植物油	76.0	71.8	66.7	67.2	69.5
5. 肉禽及其制品	97.0	91.2	90.5	87.8	83.6
(1) 食用畜肉及副产品	94.0	86.4	84.7	82.3	76.6
猪　　肉	88.1	82.9	80.1	76.8	69.9
牛　　肉	120.9	102.0	105.2	106.4	103.2
羊　　肉	104.3	91.8	97.9	105.7	110.1
(2) 禽	98.9	95.4	96.9	94.0	92.1
鸡	98.9	93.9	97.0	95.0	91.7
鸭	98.7	99.3	96.5	91.7	93.1
(3) 肉禽加工制品	107.0	104.4	103.5	98.9	95.2
6. 蛋	105.7	94.8	98.4	101.8	102.3
鲜　　蛋	106.3	94.4	98.2	101.8	102.5
7. 水 产 品	112.5	98.4	88.6	90.1	89.9
(1) 鱼	112.6	97.1	91.3	89.2	87.0
淡 水 鱼	113.7	95.9	87.8	85.2	82.5
海 水 鱼	108.0	102.7	109.6	109.4	109.1
(2) 其他水产品	109.5	98.4	78.5	90.4	97.5
虾 蟹 类	109.5	98.4	78.5	90.4	97.5
8. 菜	122.5	75.7	104.1	103.3	106.6
鲜　　菜	123.5	70.9	103.8	102.8	106.9
9. 调 味 品	104.6	104.5	103.3	101.1	101.3
盐	99.9	99.3	99.3	99.3	99.3
酱　　油	103.2	103.3	98.6	98.2	98.0
10. 糖	103.4	101.6	101.9	102.0	107.3
食　　糖	93.1	92.5	93.9	98.9	103.5

6 月	7 月	8 月	9 月	10 月	11月	12月
95.8	**95.4**	**96.0**	**96.4**	**97.0**	**98.6**	**100.2**
95.7	**95.5**	**97.6**	**97.7**	**98.1**	**99.0**	**101.0**
102.5	102.2	101.7	102.4	102.4	102.3	104.1
101.7	101.5	100.5	102.1	102.1	102.4	104.5
104.6	103.3	103.2	103.9	102.6	102.6	105.2
92.1	90.5	90.6	92.0	94.5	97.7	102.4
73.5	74.2	74.9	75.8	78.7	84.7	92.7
70.3	71.6	71.8	72.3	75.1	83.7	94.1
84.2	84.2	87.5	89.7	92.5	95.4	95.0
76.7	76.0	80.0	82.6	87.4	92.1	91.4
70.1	70.0	75.3	78.4	84.9	90.6	89.2
101.7	97.0	94.7	94.4	93.7	97.4	97.1
110.7	110.9	110.4	111.0	102.6	98.6	101.1
94.6	96.8	99.9	101.4	100.5	100.5	100.8
93.7	95.3	99.3	101.1	101.0	101.5	100.9
96.8	100.7	101.5	102.1	99.2	98.1	100.4
94.6	94.2	95.1	95.8	96.1	96.5	97.3
100.2	98.9	99.6	101.5	100.7	101.8	103.7
100.2	98.7	99.4	101.4	100.4	101.6	103.5
93.8	93.7	89.6	88.8	91.9	96.4	100.4
88.4	87.4	85.6	86.6	88.5	93.2	95.9
83.8	82.3	80.4	82.4	84.3	90.8	92.7
108.5	107.4	110.4	105.1	106.6	100.6	104.3
116.0	119.5	105.3	96.0	102.1	105.7	112.6
116.0	119.5	105.3	96.0	102.1	105.7	112.6
108.4	100.7	114.0	110.9	105.4	104.5	112.0
109.1	100.0	116.1	112.5	105.8	104.9	113.1
100.5	100.3	100.7	103.0	101.9	102.3	103.1
99.3	99.3	99.3	99.7	99.6	99.6	99.6
97.2	97.3	100.2	101.0	99.6	100.8	100.9
106.8	105.7	105.4	106.1	104.8	104.4	106.2
105.6	107.1	108.5	109.3	110.4	111.1	116.4

2009 年广西农村商品零售价格各月同比指数（续表 1）

以上年同月价格为 100

类　别	1 月	2 月	3 月	4 月	5 月
11. 干鲜瓜果	106.3	89.9	99.6	100.1	105.6
鲜 瓜 果	107.6	88.1	99.7	100.5	106.9
12. 糕点饼干面包	102.5	97.4	94.6	95.5	97.1
13. 液体乳及乳制品	97.4	95.9	98.6	98.7	96.8
14. 在外用膳食品	107.2	106.5	104.2	103.4	103.0
15. 其他食品	117.9	111.3	111.9	109.2	109.9
二、饮料、烟酒	**102.4**	**103.5**	**102.7**	**101.3**	**101.0**
1. 茶及饮料	101.5	103.0	103.3	100.9	100.3
(1) 茶　叶	100.5	110.4	111.5	106.1	106.6
(2) 饮　料	101.9	100.3	100.3	98.9	98.0
2. 烟　草	98.4	98.4	98.0	98.1	98.0
3. 酒	107.1	109.4	107.3	104.8	104.6
三、服装、鞋帽	**95.4**	**93.5**	**92.3**	**91.8**	**92.2**
1. 服　装	95.4	93.3	92.2	93.4	92.3
(1) 男式服装	93.4	92.0	90.9	92.6	94.2
(2) 女式服装	98.5	96.9	94.4	96.2	93.7
(3) 儿童服装	91.8	86.1	88.5	87.8	85.0
2. 鞋 袜 帽	96.5	94.9	92.7	88.0	92.3
(1) 鞋	96.1	94.1	91.6	86.3	91.1
(2) 袜　子	99.0	99.0	99.1	98.0	99.8
(3) 帽　子	99.4	100.4	99.0	100.4	100.6
3. 其　他	89.0	89.6	91.4	91.3	90.3
四、纺 织 品	**106.4**	**107.7**	**105.5**	**102.5**	**97.2**
1. 衣着材料	97.6	96.7	95.2	94.2	95.0
2. 床上用品	112.0	114.9	112.1	107.6	98.5
五、家用电器及音像器材	**90.6**	**90.7**	**90.5**	**90.4**	**91.8**
1. 家庭设备	94.0	94.8	93.6	94.3	93.3
2. 文娱用耐用消费品	85.2	84.6	85.6	84.5	89.5
3. 音像器材	99.8	99.8	97.6	99.1	99.1
六、文化办公用品	**96.4**	**96.4**	**95.4**	**93.7**	**94.3**
七、日 用 品	**106.7**	**103.7**	**104.7**	**104.0**	**103.9**
1. 日用百货	106.0	104.5	106.4	105.1	104.8

6 月	7 月	8 月	9 月	10 月	11 月	12 月
113.8	123.3	122.8	115.3	110.0	103.9	105.1
117.1	128.9	128.4	118.6	112.1	103.4	103.5
97.4	97.5	98.7	98.6	97.9	97.7	98.4
95.5	94.4	95.2	97.8	102.4	97.7	101.4
102.5	102.5	102.5	102.5	102.3	102.4	102.6
109.6	108.1	113.9	109.5	112.2	100.9	101.6
100.6	**99.9**	**99.8**	**99.9**	**100.7**	**100.8**	**100.8**
100.6	99.0	98.9	98.2	98.6	99.6	99.1
106.5	99.3	99.3	98.8	98.3	99.1	98.8
98.4	98.9	98.7	98.0	98.8	99.7	99.3
98.1	98.5	98.5	98.8	99.0	99.5	99.8
103.2	101.7	101.8	102.1	103.9	103.1	103.0
91.5	**91.1**	**91.2**	**91.7**	**94.0**	**96.7**	**98.8**
90.9	89.9	89.1	90.8	94.4	96.7	99.7
92.9	91.5	90.5	91.8	94.3	97.1	100.9
92.2	90.6	88.1	90.4	95.7	97.1	100.1
83.5	85.2	88.8	89.9	90.8	94.4	95.4
92.9	94.1	95.6	93.2	93.1	97.1	97.6
91.6	93.4	95.2	92.3	92.1	96.5	97.0
99.7	96.9	96.9	98.1	99.0	100.4	101.5
100.6	100.6	100.5	98.8	97.4	98.6	99.9
91.6	91.7	96.7	96.0	93.7	94.9	94.7
96.5	**96.2**	**99.0**	**98.1**	**99.6**	**100.9**	**101.7**
95.6	94.9	94.7	95.0	95.5	99.7	101.4
97.0	97.0	101.6	99.9	102.0	101.6	102.0
93.0	**92.9**	**91.4**	**92.3**	**93.5**	**95.1**	**95.7**
93.6	93.8	93.8	94.3	94.8	96.4	96.4
92.1	91.4	87.7	89.0	91.4	93.0	94.7
99.1	99.1	99.6	100.3	99.4	99.4	99.4
94.0	**93.6**	**94.9**	**95.9**	**95.7**	**97.1**	**97.1**
102.6	**101.6**	**100.1**	**97.9**	**97.7**	**98.0**	**98.0**
103.6	101.9	99.8	98.9	97.6	98.4	98.9

2009年广西农村商品零售价格各月同比指数（续表2）

以上年同月价格为100

类　别	1月	2月	3月	4月	5月
2. 日用杂品	105.4	104.7	104.9	103.3	103.6
3. 洗涤用品	110.8	104.6	105.4	105.4	105.0
4. 其他日用品	102.9	99.3	100.0	100.4	100.1
八、体育娱乐用品	**98.9**	**99.6**	**98.5**	**97.4**	**97.1**
1. 体育用品	101.3	104.9	104.0	102.5	102.3
2. 娱乐用品	96.4	94.3	92.9	92.3	91.8
九、交通、通信用品	**97.3**	**98.1**	**99.2**	**99.2**	**98.4**
1. 交通运输机械	102.6	102.9	102.7	101.9	100.8
2. 通信器材	87.2	89.0	92.5	93.8	93.9
十、家　　具	**97.9**	**98.1**	**97.3**	**96.4**	**94.8**
十一、化 妆 品	**101.0**	**101.2**	**102.1**	**102.0**	**101.0**
十二、金银珠宝	**94.2**	**91.6**	**88.0**	**86.4**	**90.5**
十三、中西药品及医疗保健用品	**104.4**	**104.6**	**104.2**	**103.8**	**102.8**
1. 医疗器具及用品	101.5	101.3	101.3	101.5	100.7
2. 中药材及中成药	105.0	105.1	105.5	103.7	101.6
3. 西　　药	100.7	101.1	100.0	100.3	100.0
4. 保健品及器具	129.4	129.1	130.4	130.8	130.7
十四、书报杂志及电子出版物	**104.6**	**104.7**	**102.8**	**103.0**	**103.2**
1. 教材及参考书	104.5	104.8	101.5	102.2	102.3
2. 书报杂志	109.5	109.6	108.7	108.7	108.9
3. 电子音像制品	96.3	96.5	96.1	95.8	96.1
十五、燃　　料	**88.6**	**83.8**	**83.8**	**85.5**	**85.2**
1. 煤炭及制品	113.4	106.1	99.8	94.4	91.2
2. 石油及制品	86.0	81.5	82.0	84.3	84.3
液化石油气	70.9	63.1	62.2	63.9	63.6
管道燃气					
汽　　油	98.4	96.8	98.9	101.7	101.4
柴　　油	96.2	94.5	95.4	97.6	98.0
十六、建筑材料及五金电料	**101.7**	**98.5**	**95.0**	**95.8**	**95.3**
1. 建筑装潢材料	101.7	98.9	94.9	96.0	95.2
2. 五金电料	101.4	96.6	94.8	94.5	95.4

6 月	7 月	8 月	9 月	10 月	11 月	12 月
103.3	103.1	101.5	99.9	99.9	100.4	100.4
102.1	101.5	100.0	95.4	96.3	96.0	95.6
100.4	99.1	99.4	97.9	97.8	97.7	97.5
96.2	**95.8**	**95.8**	**94.7**	**94.9**	**96.1**	**96.4**
100.5	100.7	100.4	98.9	99.2	99.4	99.1
91.7	90.8	91.1	90.4	90.6	92.7	93.7
97.6	**96.5**	**94.6**	**95.1**	**94.8**	**94.7**	**95.2**
100.4	99.2	97.2	97.9	97.6	98.1	97.6
92.6	91.5	90.0	90.0	89.7	88.5	90.8
94.6	**93.3**	**94.0**	**94.3**	**94.2**	**95.3**	**95.8**
101.3	**101.2**	**100.6**	**101.7**	**102.3**	**102.8**	**101.7**
94.5	**91.7**	**96.3**	**101.6**	**105.3**	**113.0**	**115.3**
102.8	**102.7**	**101.0**	**100.9**	**101.5**	**100.4**	**101.0**
100.6	100.6	100.8	99.2	99.1	99.8	102.6
101.2	101.0	100.9	100.7	102.4	101.5	102.6
100.7	100.7	100.5	100.4	100.4	99.7	99.7
126.3	125.9	104.7	105.2	105.5	100.3	100.5
103.4	**103.4**	**102.6**	**103.3**	**103.4**	**103.9**	**103.7**
102.4	102.4	101.0	101.1	101.5	101.6	101.4
108.9	108.9	107.9	109.5	108.1	108.0	107.4
96.7	96.7	97.4	97.7	99.1	101.9	101.8
83.0	**84.4**	**86.9**	**90.4**	**90.6**	**99.9**	**109.6**
85.6	87.4	86.1	86.5	85.7	83.5	80.5
82.5	83.7	86.6	90.4	90.6	101.3	112.9
61.4	61.5	71.6	75.6	79.2	99.9	113.8
99.0	100.4	97.4	101.1	99.1	103.3	112.8
96.1	97.4	94.5	98.5	96.0	100.8	111.7
94.5	**92.7**	**94.2**	**94.9**	**96.3**	**98.9**	**99.2**
94.3	91.9	93.9	94.9	96.4	98.9	99.3
95.2	95.4	95.0	94.7	95.7	98.7	98.8

2010年广西农村商品零售价格各月同比指数

以上年同月价格为100

类　　别	1月	2月	3月	4月	5月
商品零售价格总指数	**101.3**	**103.1**	**102.2**	**102.8**	**103.2**
一、食　　品	**101.4**	**106.1**	**103.1**	**104.4**	**105.0**
1. 粮　　食	105.1	106.3	105.6	106.3	107.2
大　　米	105.7	107.0	106.3	107.2	108.2
2. 淀　　粉	107.0	109.3	109.5	111.2	108.3
3. 干豆类及豆制品	102.5	106.4	107.1	108.9	115.0
4. 油　　脂	101.7	105.1	109.0	110.5	109.3
食用植物油	106.5	110.2	116.2	116.6	114.0
5. 肉禽及其制品	93.6	96.2	94.0	95.5	97.0
(1) 食用畜肉及副产品	89.8	93.3	90.5	92.0	94.2
猪　　肉	87.6	91.2	88.4	89.9	93.2
牛　　肉	98.4	100.0	98.6	99.7	98.7
羊　　肉	100.8	104.9	103.6	104.0	102.6
(2) 禽	99.1	100.7	98.7	100.9	101.6
鸡	97.9	98.5	97.1	98.1	99.0
鸭	102.3	106.5	102.8	108.1	108.4
(3) 肉禽加工制品	96.5	97.9	98.0	98.7	99.5
6. 蛋	105.0	107.6	105.4	103.3	101.8
鲜　　蛋	105.0	107.8	105.4	103.2	101.6
7. 水 产 品	98.7	105.4	104.0	104.7	104.4
(1) 鱼	93.8	102.0	100.5	102.0	102.6
淡 水 鱼	90.5	100.2	98.9	100.7	101.8
海 水 鱼	102.4	105.9	104.3	104.9	104.2
(2) 其他水产品	111.4	113.7	112.9	111.5	108.7
虾 蟹 类	111.4	113.7	112.9	111.5	108.7
8. 菜	116.1	139.5	114.5	120.0	128.6
鲜　　菜	117.2	145.5	114.5	120.3	130.1
9. 调 味 品	103.8	103.8	104.3	104.1	103.3
盐	101.6	101.8	105.2	104.7	103.3
酱　　油	100.4	99.9	100.0	99.8	100.3
10. 糖	108.8	112.1	113.2	114.4	109.6
食　　糖	121.6	126.9	127.4	123.0	120.3

6 月	7 月	8 月	9 月	10 月	11 月	12 月
102.7	**103.0**	**103.0**	**102.9**	**104.0**	**105.0**	**105.1**
104.2	**106.8**	**107.0**	**107.3**	**109.9**	**111.2**	**111.6**
106.9	106.4	106.4	106.0	106.8	109.5	113.9
107.5	106.7	107.0	106.6	107.3	110.2	115.2
110.2	111.4	109.6	109.6	110.3	115.1	116.1
114.6	116.1	115.5	112.4	111.1	110.8	109.3
107.1	106.2	108.0	111.4	111.4	113.3	113.5
113.9	112.1	114.8	118.7	119.0	117.0	116.8
98.3	106.0	108.6	107.1	109.7	113.4	114.7
94.4	103.9	107.4	106.0	110.3	115.1	115.3
93.9	105.9	110.1	108.0	112.6	118.6	118.6
98.5	99.6	99.5	100.2	101.1	100.3	99.9
102.7	102.3	102.1	101.8	103.3	105.4	109.0
105.6	112.6	113.5	111.0	111.4	113.9	116.9
102.6	109.0	110.7	111.0	112.6	113.6	115.5
113.7	121.8	120.8	111.0	108.3	114.7	120.5
100.0	102.5	104.5	104.1	104.5	105.7	107.2
102.5	104.7	110.8	109.1	108.5	111.8	113.5
102.3	104.7	111.2	109.3	108.7	112.0	113.6
106.6	109.7	113.3	114.4	115.3	115.4	114.5
105.2	110.0	111.9	112.1	112.9	112.7	112.2
105.4	112.1	113.8	113.3	113.9	112.6	113.0
104.3	104.5	106.0	107.7	109.4	112.2	109.7
109.6	108.3	116.3	120.2	121.4	122.2	120.3
109.6	108.3	116.3	120.2	121.4	122.2	120.3
123.4	131.5	118.5	118.4	131.3	116.8	103.4
123.7	133.5	118.1	118.1	133.2	116.1	101.0
103.1	103.2	103.6	103.1	102.8	103.1	103.2
103.3	103.3	104.6	104.6	104.6	104.6	104.6
100.6	100.4	100.3	100.3	100.5	100.5	101.2
109.6	110.0	111.2	111.3	113.6	122.4	121.6
120.6	120.9	120.1	122.1	127.8	143.2	138.5

2010年广西农村商品零售价格各月同比指数（续表1）

以上年同月价格为100

类　　别	1月	2月	3月	4月	5月
11. 干鲜瓜果	106.0	121.2	116.5	118.2	112.8
鲜 瓜 果	103.6	121.7	116.5	118.8	112.8
12. 糕点饼干面包	99.5	100.2	101.6	101.4	100.1
13. 液体乳及乳制品	105.7	105.3	102.4	100.7	101.6
14. 在外用膳食品	101.7	101.6	101.5	101.9	102.1
15. 其他食品	100.8	100.9	102.5	100.9	98.1
二、饮料、烟酒	**101.2**	**101.1**	**101.5**	**101.4**	**101.7**
1. 茶及饮料	98.9	99.5	100.0	100.2	100.5
(1) 茶　　叶	99.5	100.5	100.6	100.3	100.7
(2) 饮　　料	98.7	99.1	99.8	100.1	100.5
2. 烟　　草	99.8	99.8	100.3	100.2	100.2
3. 酒	104.4	103.7	104.0	103.6	104.1
三、服装、鞋帽	**99.6**	**100.0**	**99.1**	**99.1**	**98.5**
1. 服　　装	100.9	100.4	100.7	100.5	100.4
(1) 男式服装	100.4	100.1	100.4	101.3	99.7
(2) 女式服装	102.2	100.4	100.3	99.6	100.6
(3) 儿童服装	98.2	101.1	102.4	101.8	101.5
2. 鞋 袜 帽	96.6	99.2	95.4	95.8	93.7
(1) 鞋	95.8	98.9	94.3	94.6	92.3
(2) 袜　　子	100.7	101.1	101.7	103.1	101.7
(3) 帽　　子	103.4	100.3	101.3	100.0	99.9
3. 其　　他	100.0	100.5	98.9	98.7	99.8
四、纺 织 品	**103.6**	**102.0**	**101.0**	**100.4**	**100.8**
1. 衣着材料	102.1	103.0	103.9	103.7	103.4
2. 床上用品	104.5	101.4	99.2	98.3	99.2
五、家用电器及音像器材	**96.7**	**95.8**	**95.6**	**95.9**	**96.3**
1. 家庭设备	97.7	96.1	96.6	96.6	96.9
2. 文娱用耐用消费品	95.3	95.3	94.2	94.8	95.5
3. 音像器材	99.0	98.7	100.8	99.4	99.0
六、文化办公用品	**96.8**	**97.2**	**98.0**	**99.5**	**99.6**
七、日 用 品	**98.2**	**99.7**	**99.5**	**99.5**	**99.6**
1. 日用百货	99.4	99.6	99.8	99.7	99.7

6 月	7 月	8 月	9 月	10 月	11 月	12 月
104.0	95.9	94.8	101.1	105.1	115.0	125.4
102.6	93.0	91.4	98.3	103.3	115.8	129.2
99.9	100.3	100.4	100.7	101.7	102.3	103.6
99.9	101.9	102.5	103.0	101.5	105.9	103.3
102.2	102.3	102.4	102.3	102.5	102.9	103.7
99.4	99.7	100.1	100.3	100.4	100.6	101.5
101.6	**102.1**	**102.0**	**101.9**	**101.4**	**101.6**	**101.8**
100.8	101.4	100.8	101.6	101.9	102.0	102.4
102.0	101.7	101.5	101.7	103.5	103.3	104.1
100.3	101.2	100.5	101.5	101.3	101.4	101.7
100.0	100.3	100.3	99.9	99.8	100.0	99.8
103.9	104.7	104.6	104.4	102.9	103.2	103.6
99.7	**100.2**	**99.5**	**98.7**	**98.3**	**99.4**	**99.6**
102.6	103.5	103.7	101.8	100.3	102.7	103.0
101.5	103.1	103.2	102.4	101.1	101.9	101.7
103.2	104.9	106.1	103.9	99.4	102.1	102.2
103.6	100.1	97.6	94.3	101.1	106.6	108.3
93.1	93.0	90.1	91.6	93.5	91.8	91.6
91.7	91.6	88.2	90.0	92.2	90.4	90.2
101.3	101.1	101.1	101.1	101.7	100.5	100.5
99.9	99.9	100.1	101.1	99.1	97.8	97.8
98.4	98.2	98.3	98.3	98.8	97.2	97.2
100.4	**101.5**	**102.2**	**101.1**	**102.9**	**106.6**	**108.3**
103.5	104.2	104.1	106.9	109.4	114.6	115.7
98.5	99.8	101.0	97.5	99.0	101.6	103.7
96.3	**96.2**	**96.6**	**96.7**	**96.8**	**97.1**	**97.2**
96.7	96.5	97.2	97.3	97.4	97.7	97.7
95.8	95.7	95.9	95.8	96.0	96.4	96.5
98.9	98.4	97.4	97.4	96.6	97.3	97.7
99.9	**99.9**	**99.9**	**100.0**	**100.0**	**99.9**	**100.3**
99.7	**100.0**	**100.3**	**100.6**	**100.7**	**100.6**	**100.9**
99.2	99.5	99.9	100.3	100.7	100.5	100.8

2010年广西农村商品零售价格各月同比指数（续表2）

以上年同月价格为100

类　别	1月	2月	3月	4月	5月
2. 日用杂品	100.2	100.5	100.4	101.5	100.4
3. 洗涤用品	94.7	98.5	98.3	98.0	98.8
4. 其他日用品	99.6	101.1	100.1	99.8	99.8
八、体育娱乐用品	**96.9**	**97.8**	**99.0**	**98.5**	**97.8**
1. 体育用品	98.9	98.7	99.0	99.1	98.3
2. 娱乐用品	94.8	96.7	98.9	97.9	97.4
九、交通、通信用品	**95.7**	**95.2**	**96.2**	**95.9**	**96.4**
1. 交通运输机械	98.2	98.0	98.8	99.5	99.4
2. 通信器材	91.4	90.2	91.5	89.8	91.2
十、家　具	**97.2**	**97.8**	**98.0**	**98.9**	**100.0**
十一、化 妆 品	**101.6**	**101.0**	**100.9**	**100.9**	**101.5**
十二、金银珠宝	**114.9**	**109.7**	**109.4**	**113.5**	**116.2**
十三、中西药品及医疗保健用品	**101.7**	**102.1**	**102.1**	**102.0**	**102.1**
1. 医疗器具及用品	104.1	104.3	104.3	104.4	106.3
2. 中药材及中成药	103.2	104.4	104.7	105.3	104.9
3. 西　药	100.8	100.5	100.4	99.9	100.0
4. 保健品及器具	99.5	99.4	99.3	98.9	99.2
十四、书报杂志及电子出版物	**100.5**	**100.3**	**100.3**	**99.5**	**99.6**
1. 教材及参考书	101.0	100.3	100.0	99.7	99.7
2. 书报杂志	100.0	99.9	99.9	99.9	100.1
3. 电子音像制品	100.5	101.0	101.2	98.7	98.7
十五、燃　料	**120.4**	**127.5**	**125.9**	**126.5**	**128.4**
1. 煤炭及制品	89.4	96.6	100.6	101.4	104.5
2. 石油及制品	124.0	131.2	128.8	129.2	130.9
液化石油气	122.7	138.1	136.5	138.3	141.2
管道燃气					
汽　油	124.6	126.6	124.0	123.5	125.2
柴　油	124.2	127.3	126.2	126.8	127.3
十六、建筑材料及五金电料	**100.9**	**102.4**	**105.9**	**106.5**	**106.2**
1. 建筑装潢材料	101.1	102.4	106.7	107.8	107.6
2. 五金电料	100.4	102.4	102.9	101.9	101.3

6 月	7 月	8 月	9 月	10 月	11 月	12 月
100.2	100.2	100.2	100.9	101.2	100.8	100.8
99.7	100.2	100.5	101.0	100.7	100.9	101.4
99.9	100.5	100.6	100.1	100.3	100.4	100.5
98.7	**98.5**	**98.4**	**98.1**	**97.5**	**97.8**	**97.9**
99.1	98.9	98.9	99.2	98.0	98.1	98.3
98.3	98.3	98.0	97.1	97.1	97.4	97.5
96.9	**97.2**	**97.6**	**97.6**	**98.0**	**98.1**	**98.1**
99.5	100.0	100.9	101.0	101.6	101.6	101.7
92.4	92.2	91.7	91.6	91.8	92.0	91.9
100.1	**100.8**	**98.6**	**98.5**	**99.5**	**99.7**	**101.0**
101.4	**102.1**	**102.0**	**101.5**	**101.1**	**100.9**	**101.3**
115.9	**116.2**	**115.5**	**115.3**	**115.5**	**114.9**	**114.5**
102.2	**102.0**	**102.6**	**104.4**	**104.8**	**106.7**	**106.8**
104.5	102.5	103.7	104.2	103.4	102.7	99.2
106.3	106.4	107.7	111.5	112.6	117.2	117.5
99.5	99.1	99.2	99.9	99.9	100.4	100.7
99.3	99.3	98.9	99.1	99.4	99.2	99.3
99.4	**99.4**	**99.2**	**99.6**	**99.2**	**99.2**	**99.2**
99.7	99.7	99.2	100.2	99.9	99.9	99.9
100.1	100.1	100.1	99.9	99.9	99.9	99.9
97.9	98.0	98.0	98.0	97.0	97.1	97.0
122.0	**112.9**	**110.7**	**105.4**	**108.5**	**109.1**	**107.6**
109.9	109.5	110.0	109.1	110.2	110.8	111.1
123.2	113.2	110.9	105.2	108.4	109.0	107.4
138.6	131.1	116.4	107.6	108.4	113.7	107.8
115.5	105.8	109.0	105.1	109.5	105.7	106.8
117.0	106.9	110.4	105.9	110.5	106.5	107.4
104.6	**104.1**	**103.4**	**106.9**	**107.0**	**108.9**	**108.5**
105.1	104.6	103.8	108.3	108.4	110.1	109.5
102.7	102.3	102.1	102.1	102.2	104.5	104.8

2011年广西农村商品零售价格各月同比指数

以上年同月价格为100

类　　别	1月	2月	3月	4月	5月
商品零售价格总指数	**105.6**	**106.6**	**107.1**	**108.0**	**108.3**
一、食　　品	**114.9**	**116.7**	**118.3**	**119.4**	**119.6**
1. 粮　　食	116.6	117.1	119.9	120.3	120.6
大　　米	118.2	118.4	122.0	122.6	122.2
2. 淀粉及制品	112.7	111.7	112.2	110.2	110.8
3. 干豆类及豆制品	110.1	112.8	113.0	114.1	108.5
4. 油　　脂	111.7	111.4	111.1	112.7	114.9
食用植物油	113.7	113.7	112.8	114.8	117.9
5. 肉禽及其制品	115.6	119.4	123.7	126.7	130.9
(1) 食用畜肉及副产品	115.4	122.9	129.4	132.8	138.9
猪　　肉	117.9	126.7	135.6	140.1	147.8
牛　　肉	101.6	102.0	101.0	100.9	102.4
羊　　肉	114.5	121.2	121.3	119.3	118.7
(2) 禽	119.0	116.5	117.8	120.8	123.2
鸡	118.0	118.2	118.1	119.4	121.9
鸭	121.6	112.4	117.1	124.2	126.3
(3) 加工肉禽	109.0	109.0	110.1	112.3	113.3
6. 蛋	114.7	114.9	113.9	113.7	115.1
鲜　　蛋	114.9	115.0	113.9	113.6	115.2
7. 水 产 品	115.6	118.1	124.2	125.2	125.7
(1) 鱼	116.7	117.7	123.4	126.0	128.6
淡 水 鱼	117.6	118.6	124.2	127.1	129.2
海 水 鱼	113.3	114.7	120.6	121.9	126.5
(2) 其他水产品	112.6	119.2	126.7	122.8	116.1
虾 蟹 类	112.7	119.4	127.2	123.2	116.3
8. 菜	123.2	119.2	118.1	114.6	105.8
鲜　　菜	125.0	119.8	118.5	114.8	104.9
9. 调 味 品	102.1	102.9	101.7	102.6	103.3
食 用 盐	102.8	102.3	99.2	99.7	101.4
酱　　油	102.2	105.0	104.5	106.3	106.3
10. 糖	118.3	117.5	117.7	117.0	118.6
食　　糖	134.8	132.6	131.8	131.4	133.2

6 月	7 月	8 月	9 月	10 月	11 月	12 月
108.4	**108.6**	**107.7**	**107.0**	**105.9**	**103.7**	**102.6**
120.5	**120.1**	**117.1**	**115.0**	**113.2**	**109.2**	**107.5**
120.8	121.2	119.4	117.3	114.9	110.9	106.4
122.5	123.0	120.6	117.8	114.9	110.1	105.4
109.3	108.8	110.4	111.0	110.7	105.3	102.3
108.5	107.4	105.1	104.4	105.6	104.5	103.1
116.8	119.7	118.6	113.1	112.2	104.8	101.1
120.4	124.7	122.6	114.6	113.2	106.0	101.7
137.3	137.0	128.4	121.9	117.2	108.6	104.2
150.3	151.9	139.1	128.4	120.3	107.2	101.7
161.6	162.2	145.0	132.8	123.2	107.8	100.5
105.5	108.9	113.8	113.3	115.6	113.7	114.9
118.7	118.8	118.8	119.6	123.1	125.0	125.1
122.1	116.1	111.0	110.2	109.8	107.9	104.2
122.1	117.6	112.0	109.7	107.4	106.4	102.9
122.2	112.6	108.4	111.5	116.2	112.0	107.5
115.9	119.6	119.0	118.8	119.3	117.4	116.8
119.9	120.2	112.7	111.4	111.9	106.1	101.5
120.2	120.3	112.0	110.7	111.3	105.4	100.9
123.7	120.7	119.7	118.8	119.1	118.0	116.8
124.8	122.7	121.9	121.5	122.0	120.1	118.5
123.7	120.1	117.7	117.5	117.0	114.8	113.1
128.3	132.2	137.7	136.4	140.3	139.4	137.9
119.9	113.7	111.8	109.5	109.6	111.1	111.3
120.2	113.8	111.9	109.5	109.6	111.2	111.4
101.7	99.5	99.1	103.9	100.7	101.1	115.6
100.3	97.9	97.8	103.3	99.8	100.7	118.8
103.8	103.7	103.5	103.5	103.2	103.1	102.9
101.4	101.4	100.3	100.3	100.3	100.3	100.3
106.7	107.2	107.6	107.6	106.6	107.0	106.2
119.5	119.0	119.9	120.2	118.5	110.0	108.8
133.4	132.5	134.9	134.9	127.4	112.3	111.7

2011年广西农村商品零售价格各月同比指数（续表1）

以上年同月价格为100

类　别	1月	2月	3月	4月	5月
11. 干鲜瓜果	136.5	136.7	129.7	129.2	122.8
鲜 瓜 果	144.2	143.6	134.5	132.8	124.5
12. 糕点饼干面包	103.6	104.3	104.8	105.5	105.1
13. 液体乳及乳制品	102.2	103.5	104.1	104.8	104.2
14. 在外用膳食品	105.1	108.0	109.6	111.6	113.7
15. 其他食品	103.5	103.7	105.1	105.1	106.2
二、饮料、烟酒	**101.9**	**102.4**	**102.1**	**102.3**	**102.5**
1. 茶及饮料	102.4	104.1	103.8	103.5	103.5
(1) 茶　叶	105.0	104.3	104.5	104.4	103.7
(2) 饮　料	101.4	104.1	103.5	103.1	103.4
2. 烟　草	100.4	100.3	100.1	100.4	100.4
3. 酒	103.3	103.8	103.4	103.7	104.3
三、服装、鞋帽	**97.5**	**97.8**	**98.0**	**98.3**	**98.8**
1. 服　装	100.0	101.5	100.5	100.3	100.5
(1) 男式服装	100.3	100.9	99.3	98.2	98.2
(2) 女式服装	99.5	101.2	100.6	101.0	101.3
(3) 儿童服装	100.8	103.6	102.6	102.9	103.6
2. 鞋 袜 帽	91.9	90.2	93.1	94.4	95.2
(1) 鞋	90.6	88.7	92.0	93.6	94.4
(2) 袜　子	101.0	101.1	100.5	99.9	99.8
(3) 帽　子	98.9	99.0	99.8	99.8	99.8
3. 其　他	97.7	95.8	94.9	95.5	96.0
四、纺 织 品	**106.6**	**107.5**	**109.9**	**111.3**	**111.8**
1. 衣着材料	113.9	114.3	114.9	116.2	117.7
2. 床上用品	102.2	103.3	106.8	108.3	108.2
五、家用电器及音像器材	**96.9**	**97.4**	**97.4**	**98.0**	**97.9**
1. 家庭设备	97.8	98.3	98.0	98.3	98.5
2. 文娱用耐用消费品	95.7	96.3	96.5	97.6	97.2
3. 专业音像器材	97.1	97.9	97.9	97.7	99.0
六、文化办公用品	**100.4**	**100.3**	**100.4**	**100.4**	**100.8**
七、日 用 品	**100.8**	**101.3**	**101.7**	**102.5**	**102.9**
1. 日用百货	100.8	101.7	102.6	102.8	103.6

6 月	7 月	8 月	9 月	10 月	11 月	12 月
110.4	105.8	100.4	98.2	101.7	102.6	97.9
108.3	102.5	96.6	95.1	99.7	101.8	96.5
106.0	105.8	105.9	106.0	105.8	106.1	105.0
105.5	106.1	104.5	104.2	105.1	104.8	103.8
115.3	116.7	118.9	120.2	119.9	118.6	117.3
107.8	107.7	106.9	106.8	107.2	107.1	105.2
102.7	**103.0**	**103.1**	**103.0**	**103.7**	**103.9**	**103.9**
103.5	104.5	104.2	104.3	103.6	103.4	103.6
102.4	103.2	103.5	104.5	102.5	102.7	102.3
104.0	105.0	104.5	104.2	104.1	103.7	104.0
100.2	100.2	100.4	100.3	100.3	100.3	100.3
105.0	105.4	105.6	105.5	107.7	108.6	108.4
97.7	**97.8**	**97.2**	**97.1**	**97.8**	**96.5**	**95.6**
98.7	98.3	97.2	97.3	98.1	95.4	94.3
97.1	96.4	96.3	94.3	96.7	95.4	94.7
99.7	98.4	96.6	96.5	98.8	95.9	94.9
99.5	102.5	100.8	107.4	99.6	93.7	91.9
95.5	97.0	97.8	97.2	97.5	99.4	98.9
94.7	96.4	97.5	96.7	97.1	99.3	98.7
100.5	100.5	100.5	100.5	100.1	100.1	100.1
99.5	99.5	97.3	97.3	98.5	98.8	98.1
96.0	95.8	95.0	94.6	96.1	95.8	95.5
112.2	**111.8**	**112.2**	**113.9**	**112.1**	**107.1**	**103.8**
119.4	119.6	120.2	119.5	120.1	112.7	110.0
107.9	107.1	107.3	110.3	107.1	103.4	99.7
98.3	**98.1**	**97.9**	**97.9**	**97.8**	**97.4**	**97.4**
99.0	99.1	98.9	99.2	99.1	98.8	98.7
97.5	97.0	96.5	96.2	96.1	95.5	95.9
99.3	99.7	101.0	101.0	103.4	101.3	100.0
100.5	**100.3**	**99.8**	**99.9**	**99.8**	**99.9**	**99.7**
103.1	**103.4**	**103.7**	**103.6**	**103.5**	**103.2**	**103.0**
104.7	105.0	105.7	105.6	106.0	105.6	104.8

2011 年广西农村商品零售价格各月同比指数（续表 2）

以上年同月价格为 100

类　　别	1 月	2 月	3 月	4 月	5 月
2. 日用杂品	100.6	100.9	100.7	100.9	101.4
3. 洗涤用品	101.7	102.0	101.9	103.6	103.6
4. 其他日用品	100.0	100.0	100.7	101.7	102.0
八、体育娱乐用品	**98.9**	**100.6**	**100.7**	**101.2**	**101.2**
1. 体育用品	99.9	100.8	100.5	100.4	100.4
2. 娱乐用品	97.9	100.5	100.9	102.0	102.0
九、交通、通信用品	**98.1**	**98.3**	**97.9**	**98.3**	**98.5**
1. 交通运输机械	101.8	102.0	101.6	102.3	102.4
2. 通信器材	92.6	92.7	92.1	92.2	92.3
十、家　　具	**101.3**	**101.3**	**101.4**	**102.3**	**103.1**
十一、化 妆 品	**101.3**	**102.3**	**101.9**	**101.5**	**101.0**
十二、金银珠宝	**113.2**	**114.7**	**116.1**	**116.7**	**119.2**
十三、中西药品及医疗保健用品	**105.4**	**105.0**	**105.3**	**105.8**	**106.9**
1. 医疗器具及用品	96.6	96.4	96.4	95.6	95.0
2. 中药材及中成药	116.1	115.3	115.9	118.2	120.9
3. 西　　药	99.9	99.5	99.8	99.1	99.4
4. 保健器具及用品	99.2	99.4	99.0	99.7	100.0
十四、书报杂志及电子出版物	**100.1**	**100.9**	**99.7**	**100.4**	**100.5**
1. 教材及参考书	100.6	102.5	99.6	99.9	100.3
2. 书报杂志	100.7	100.6	100.6	100.6	100.6
3. 电子音像制品	98.1	97.9	98.3	100.9	100.9
十五、燃　　料	**107.5**	**108.8**	**110.4**	**113.5**	**113.5**
1. 煤炭及制品	105.4	103.3	107.5	107.9	108.7
2. 石油及制品	107.8	109.5	110.8	114.2	114.0
液化石油气	108.5	107.0	110.1	114.4	115.5
管道燃气	100.0	100.0	100.0	100.0	100.0
汽　　油	106.7	110.9	110.9	114.2	112.8
柴　　油	108.7	112.4	112.2	114.3	113.9
十六、建筑材料及五金电料	**107.7**	**108.1**	**107.3**	**107.2**	**107.7**
1. 建筑装潢材料	109.1	109.8	108.5	108.0	108.7
2. 五金电料	102.3	102.2	102.9	104.1	104.3

6 月	7 月	8 月	9 月	10 月	11月	12月
101.6	102.1	102.0	101.8	100.8	100.7	100.7
103.3	103.3	103.7	103.3	103.3	103.1	103.4
101.5	101.8	101.7	102.1	102.0	101.6	101.4
102.1	**102.0**	**101.7**	**101.5**	**101.8**	**101.6**	**101.5**
102.0	102.1	102.3	101.9	102.4	102.3	102.2
102.1	101.8	101.0	101.2	101.2	101.0	100.8
98.5	**98.0**	**97.9**	**97.3**	**97.2**	**96.8**	**96.4**
102.7	102.2	101.9	100.6	100.6	100.7	100.2
92.0	91.4	91.6	92.0	91.6	90.5	90.1
103.0	**103.0**	**104.5**	**105.1**	**104.5**	**103.6**	**102.0**
101.1	**100.4**	**100.8**	**100.6**	**101.2**	**101.7**	**100.7**
117.9	**118.2**	**124.6**	**123.6**	**116.4**	**115.7**	**111.6**
107.2	**108.4**	**108.0**	**107.3**	**106.7**	**105.1**	**104.6**
96.3	98.0	98.7	100.2	101.2	100.2	101.2
121.6	124.1	122.6	120.5	118.7	114.0	112.3
99.2	99.5	99.6	99.3	99.2	99.3	99.4
100.1	100.5	100.6	100.3	100.5	100.4	100.3
100.5	**100.4**	**100.5**	**101.0**	**100.6**	**100.6**	**100.6**
100.3	100.3	100.5	101.5	100.7	100.6	100.7
100.6	100.6	100.6	100.8	100.8	100.8	100.8
100.5	100.3	100.3	100.3	100.3	100.2	100.2
111.1	**112.6**	**112.1**	**112.7**	**108.9**	**101.0**	**98.3**
106.8	106.8	95.6	95.9	95.8	95.0	94.1
111.6	113.3	114.3	115.0	110.6	101.7	98.8
105.7	109.8	112.5	114.2	111.1	91.9	88.4
95.0	95.0	95.0	95.0	95.0	95.0	95.0
115.7	115.8	115.8	115.8	110.4	109.1	106.5
116.3	116.0	115.6	115.5	110.2	108.4	105.9
108.0	**108.6**	**108.8**	**106.6**	**104.0**	**102.3**	**101.8**
109.0	109.7	109.8	106.9	103.8	102.0	101.4
104.4	104.5	105.2	105.2	105.1	103.6	103.3

2012年广西农村商品零售价格各月同比指数

以上年同月价格为100

类　别	1月	2月	3月	4月	5月
商品零售价格总指数	**103.8**	**102.7**	**103.7**	**102.7**	**102.0**
一、食　品	**110.7**	**106.0**	**107.1**	**105.1**	**104.4**
1. 粮　食	107.2	106.0	103.2	102.4	101.0
大　米	107.1	106.4	102.8	102.0	100.6
2. 淀粉及制品	102.2	101.9	102.6	103.8	103.4
3. 干豆类及豆制品	106.7	98.0	98.7	97.1	98.6
4. 油　脂	103.8	104.8	104.8	105.7	107.2
食用植物油	104.0	104.7	104.6	105.6	107.6
5. 肉禽及其制品	114.6	110.0	109.5	105.2	102.4
(1) 食用畜肉及副产品	117.3	111.9	109.2	103.9	100.8
猪　肉	115.1	108.2	104.6	98.5	94.5
牛　肉	131.3	135.0	138.5	139.8	140.2
羊　肉	130.0	126.9	129.3	128.1	129.8
(2) 禽	107.2	103.0	106.9	104.4	101.5
鸡	107.9	103.0	107.6	105.0	103.3
鸭	105.3	103.1	105.4	102.8	97.5
(3) 加工肉禽	117.9	115.7	116.4	114.3	113.0
6. 蛋	99.3	95.8	97.3	97.1	95.4
鲜　蛋	98.6	94.9	96.5	96.4	94.5
7. 水 产 品	120.4	109.7	108.7	105.3	103.3
(1) 鱼	118.1	110.0	109.7	106.3	102.0
淡 水 鱼	113.5	104.1	105.9	102.9	98.9
海 水 鱼	134.0	131.9	123.4	118.5	113.4
(2) 其他水产品	127.6	108.7	105.8	102.2	107.9
虾 蟹 类	128.2	108.9	106.0	102.2	108.1
8. 菜	112.7	101.2	114.6	114.6	121.7
鲜　菜	114.6	101.7	117.2	117.3	125.3
9. 调 味 品	102.3	101.3	101.6	100.7	101.2
食 用 盐	100.1	100.1	100.0	100.0	100.0
酱　油	104.6	102.0	103.0	101.2	101.0
10. 糖	106.4	104.1	103.1	102.0	101.4
食　糖	107.8	104.1	102.9	101.7	99.8

6 月	7 月	8 月	9 月	10 月	11 月	12 月
101.7	**100.7**	**101.6**	**102.5**	**102.0**	**102.9**	**103.0**
103.8	**101.9**	**103.5**	**105.0**	**103.6**	**106.6**	**107.1**
101.0	100.9	102.6	103.9	105.0	106.2	105.3
100.8	100.6	102.8	104.5	106.0	107.8	106.6
103.6	106.3	105.9	104.6	104.6	105.0	105.0
99.3	99.7	103.2	105.8	105.3	104.8	105.5
104.8	102.4	105.4	109.8	110.5	112.8	113.0
104.6	101.6	105.6	111.3	112.4	115.5	115.3
98.4	93.8	94.2	98.9	100.5	105.1	108.8
96.1	89.4	89.8	96.5	99.8	106.7	112.3
89.4	82.3	82.6	89.2	91.8	99.1	106.3
141.2	136.6	131.9	133.4	137.2	137.9	138.7
129.4	129.5	128.4	126.9	123.0	121.0	115.3
99.1	99.9	101.1	103.0	102.1	103.4	105.4
99.7	99.9	100.8	102.9	102.3	103.2	106.0
97.4	99.8	101.9	103.3	101.4	103.8	103.8
109.9	105.1	103.4	102.7	100.8	101.4	100.7
95.9	93.6	95.0	98.9	97.9	101.1	105.6
95.3	92.9	94.9	99.2	98.1	101.5	106.2
101.0	100.5	102.2	104.5	102.0	103.4	103.1
101.4	99.8	100.5	102.5	100.5	102.2	102.6
99.6	99.1	100.4	102.1	100.5	102.7	102.9
107.3	102.3	101.1	103.6	100.4	100.9	101.9
99.8	103.4	108.5	112.0	107.3	107.4	104.8
99.7	103.4	108.7	112.3	107.4	107.5	104.9
123.0	120.9	132.7	121.3	104.2	117.8	114.8
126.9	123.8	137.8	124.2	104.0	119.8	116.0
101.8	101.3	101.2	101.3	101.3	101.1	100.8
100.0	100.0	100.0	100.0	100.0	100.0	100.0
102.6	101.7	101.5	101.9	102.9	102.3	102.3
100.4	99.7	98.0	97.1	96.9	97.1	96.8
98.7	98.7	95.0	91.4	91.4	92.7	92.7

2012年广西农村商品零售价格各月同比指数（续表1）

以上年同月价格为100

类　　别	1月	2月	3月	4月	5月
11. 干鲜瓜果	93.8	86.8	92.0	90.7	88.7
鲜瓜果	91.5	83.6	89.6	88.6	86.5
12. 糕点饼干面包	103.8	103.4	102.9	102.4	102.6
13. 液体乳及乳制品	104.1	103.5	103.1	103.5	104.0
14. 在外用膳食品	117.6	115.9	114.0	112.9	112.2
15. 其他食品	103.9	105.0	105.1	109.4	109.2
二、饮料、烟酒	**103.4**	**102.9**	**102.9**	**102.4**	**102.1**
1. 茶及饮料	103.2	101.5	101.5	101.7	101.4
(1) 茶　叶	101.8	102.0	101.9	102.3	102.0
(2) 饮　料	103.7	101.3	101.4	101.5	101.2
2. 烟　草	100.4	100.2	100.4	100.0	100.1
3. 酒	107.0	107.0	106.8	105.7	104.9
三、服装、鞋帽	**97.5**	**100.1**	**102.8**	**104.4**	**105.0**
1. 服　装	97.8	100.8	103.5	106.5	106.9
(1) 男式服装	97.3	101.5	105.8	109.0	109.1
(2) 女式服装	98.2	100.6	102.8	106.3	106.5
(3) 儿童服装	97.8	99.9	100.5	101.5	103.1
2. 鞋袜帽	97.0	98.7	101.0	100.4	101.4
(1) 鞋	96.7	98.6	101.3	100.6	101.6
(2) 袜　子	99.4	99.4	99.0	99.6	100.1
(3) 帽　子	97.6	99.7	98.9	98.5	101.3
3. 其　他	96.0	98.0	103.2	98.8	99.6
四、纺织品	**103.4**	**104.3**	**104.4**	**103.2**	**102.4**
1. 衣着材料	110.0	111.6	111.7	110.9	109.3
2. 床上用品	99.1	99.4	99.6	98.1	97.7
五、家用电器及音像器材	**96.8**	**96.7**	**96.8**	**96.9**	**97.3**
1. 家庭设备	98.5	98.7	98.8	99.0	99.1
2. 文娱用耐用消费品	94.7	94.2	94.3	94.3	94.9
3. 专业音像器材	98.7	98.7	98.7	98.7	97.6
六、文化办公用品	**99.6**	**99.6**	**99.4**	**99.4**	**99.0**
七、日用品	**103.0**	**102.6**	**102.0**	**101.4**	**101.0**
1. 日用百货	104.2	103.6	102.5	102.1	101.4

6 月	7 月	8 月	9 月	10 月	11 月	12 月
101.7	100.9	105.1	109.0	104.8	103.8	97.1
102.9	102.2	107.2	111.4	105.8	103.7	95.3
101.7	101.3	101.3	100.7	100.7	100.1	100.2
103.3	103.7	101.6	101.7	102.9	102.4	104.4
111.6	112.4	110.9	109.8	109.1	108.9	108.4
107.0	107.0	107.0	107.0	105.5	108.2	108.5
101.9	**101.9**	**102.1**	**101.7**	**100.9**	**100.8**	**100.5**
101.2	100.8	101.0	100.4	100.4	101.2	100.6
102.3	102.2	102.2	101.0	101.7	101.6	101.6
100.9	100.3	100.5	100.1	99.9	101.0	100.3
100.1	100.1	99.9	99.9	99.9	99.9	99.9
104.3	104.6	105.4	104.6	102.4	101.5	101.1
106.3	**106.4**	**108.2**	**108.6**	**106.0**	**103.9**	**102.7**
108.1	108.8	110.7	111.5	109.3	107.1	105.6
109.6	110.2	111.1	112.7	110.9	107.6	105.7
107.3	108.5	110.7	111.2	108.5	106.5	105.1
106.9	106.7	109.8	109.6	108.2	107.6	107.0
103.5	102.2	103.9	103.9	99.4	97.9	97.0
104.0	102.6	104.6	104.6	99.3	97.7	96.5
100.1	100.0	99.9	99.9	99.9	99.9	99.9
101.6	99.9	100.4	99.5	98.3	98.0	98.6
98.1	97.1	98.3	97.2	96.9	94.7	95.0
101.4	**101.2**	**100.9**	**100.0**	**99.4**	**99.7**	**101.1**
107.9	106.9	106.4	105.5	102.9	102.9	102.9
97.0	97.3	97.2	96.2	97.0	97.4	99.7
97.2	**97.3**	**97.2**	**97.8**	**96.9**	**97.2**	**96.4**
99.0	99.7	99.0	98.9	98.5	99.1	98.6
94.9	94.2	94.8	96.3	94.9	94.8	93.6
97.6	98.9	98.9	98.9	98.9	98.9	98.9
99.5	**99.5**	**100.1**	**100.1**	**99.8**	**99.6**	**99.5**
101.2	**101.0**	**101.0**	**101.0**	**101.1**	**101.4**	**101.3**
100.8	100.5	100.2	99.5	99.2	99.6	99.8

2012年广西农村商品零售价格各月同比指数（续表2）

以上年同月价格为100

类　　别	1月	2月	3月	4月	5月
2. 日用杂品	100.9	100.2	100.4	100.5	99.9
3. 洗涤用品	103.9	103.6	102.9	101.6	101.5
4. 其他日用品	101.6	101.7	101.4	100.8	100.7
八、体育娱乐用品	**101.3**	**100.1**	**100.1**	**100.2**	**100.1**
1. 体育用品	102.0	101.2	101.4	101.5	101.3
2. 娱乐用品	100.7	99.0	98.7	98.9	99.0
九、交通、通信用品	**96.1**	**96.3**	**96.7**	**97.0**	**96.7**
1. 交通运输机械	100.2	99.8	99.8	99.6	99.8
2. 通信器材	89.3	90.5	91.4	92.4	91.4
十、家　　具	**101.6**	**101.5**	**102.2**	**102.0**	**102.7**
十一、化 妆 品	**101.1**	**101.2**	**101.0**	**101.3**	**101.5**
十二、金银珠宝	**109.9**	**112.4**	**109.5**	**108.8**	**102.1**
十三、中西药品及医疗保健用品	**104.7**	**104.5**	**104.0**	**103.5**	**102.7**
1. 医疗器具及用品	99.7	99.7	99.7	100.2	100.0
2. 中药材及中成药	112.3	110.6	109.4	106.9	105.2
3. 西　　药	99.8	100.6	100.4	101.5	101.2
4. 保健器具及用品	100.9	100.7	101.2	100.6	100.1
十四、书报杂志及电子出版物	**100.2**	**99.9**	**100.4**	**100.4**	**100.2**
1. 教材及参考书	100.7	100.0	100.6	100.5	100.1
2. 书报杂志	100.0	100.0	100.0	100.0	100.0
3. 电子音像制品	99.7	99.6	100.5	100.7	100.7
十五、燃　　料	**101.2**	**103.5**	**110.0**	**105.1**	**101.7**
1. 煤炭及制品	92.6	92.3	90.2	90.0	89.4
2. 石油及制品	102.2	104.9	112.4	106.9	103.2
液化石油气	96.9	104.2	112.8	107.3	103.3
管道燃气	100.0	100.0	100.0	100.0	100.0
汽　　油	106.3	105.6	112.3	106.3	102.9
柴　　油	105.8	104.8	112.2	107.1	103.4
十六、建筑材料及五金电料	**100.9**	**100.6**	**101.0**	**100.0**	**99.2**
1. 建筑装潢材料	100.5	100.0	100.8	99.8	98.8
2. 五金电料	102.8	102.8	101.8	101.0	101.1

6 月	7 月	8 月	9 月	10 月	11 月	12 月
99.7	99.6	99.6	100.5	101.2	101.0	101.0
102.9	102.7	102.6	103.1	103.0	103.9	103.3
100.8	100.8	101.8	101.3	101.4	101.5	101.5
99.3	**99.3**	**99.7**	**99.8**	**99.6**	**99.6**	**99.2**
99.7	99.8	99.8	100.0	100.0	100.0	100.0
98.9	98.8	99.6	99.7	99.2	99.2	98.5
97.1	**97.6**	**98.1**	**98.1**	**98.7**	**98.8**	**98.8**
99.7	99.7	99.9	100.2	100.3	99.7	99.7
92.5	93.8	94.8	94.2	95.8	97.2	97.3
102.7	**102.8**	**102.3**	**102.4**	**102.1**	**102.3**	**101.4**
101.5	**102.3**	**101.8**	**102.0**	**101.7**	**101.5**	**101.8**
100.3	**100.3**	**96.1**	**98.2**	**102.6**	**100.5**	**102.3**
102.4	**101.4**	**101.4**	**100.9**	**100.0**	**100.0**	**99.8**
100.7	100.8	98.8	98.8	98.8	99.7	99.7
103.2	100.4	100.7	99.4	97.8	98.0	98.0
102.3	102.5	102.4	102.6	102.1	101.8	101.3
100.5	100.2	100.2	100.0	100.4	100.9	101.2
100.3	**100.1**	**100.0**	**100.4**	**100.8**	**100.8**	**100.8**
100.1	100.1	99.9	100.5	101.3	101.3	101.3
100.0	100.0	100.0	100.3	100.3	100.3	100.3
101.2	100.3	100.3	100.3	100.3	100.3	100.3
99.1	**96.1**	**100.9**	**106.0**	**108.3**	**108.4**	**109.1**
89.6	89.6	100.0	100.0	100.0	100.0	100.0
100.3	96.9	101.0	106.7	109.2	109.3	110.1
105.0	103.0	107.3	112.5	113.4	119.7	122.1
105.3	105.3	105.3	105.3	105.3	105.3	105.3
97.2	92.9	97.0	102.8	106.2	102.7	102.7
97.3	92.8	97.2	103.4	107.0	103.5	103.5
99.2	**98.5**	**96.9**	**96.1**	**99.1**	**99.7**	**99.4**
98.9	98.1	96.4	95.4	99.1	99.7	99.3
100.5	100.1	99.1	99.2	99.4	99.5	99.5

2013年广西农村商品零售价格各月同比指数

以上年同月价格为100

类　别	1月	2月	3月	4月	5月
商品零售价格总指数	**101.4**	**101.5**	**100.5**	**100.3**	**100.1**
一、食　品	**102.9**	**104.1**	**102.0**	**102.1**	**101.2**
1. 粮　食	102.6	102.7	102.5	101.7	102.4
大　米	102.6	101.9	101.5	100.3	101.1
2. 淀粉及制品	105.0	105.0	101.3	101.8	101.6
3. 干豆类及豆制品	102.7	107.1	105.4	104.9	104.3
4. 油　脂	110.0	108.6	108.8	106.9	102.6
食用植物油	112.7	112.0	112.2	109.9	105.1
5. 肉禽及其制品	102.1	102.6	100.1	98.5	97.7
(1) 食用畜肉及副产品	102.3	101.8	98.6	99.2	99.8
猪　肉	98.9	98.0	93.9	94.2	94.5
牛　肉	121.3	123.5	120.5	118.4	119.5
羊　肉	108.6	110.4	107.3	111.9	112.5
(2) 禽	103.0	105.3	103.5	96.1	91.6
鸡	102.8	104.8	102.6	95.8	90.3
鸭	103.5	106.6	105.7	96.7	94.8
(3) 加工肉禽	99.1	101.1	100.5	100.4	100.2
6. 蛋	107.6	111.1	109.6	109.2	110.3
鲜　蛋	108.3	112.2	110.4	110.0	111.1
7. 水产品	97.9	101.5	96.6	98.7	101.0
(1) 鱼	99.5	101.4	97.9	97.7	99.7
淡水鱼	99.3	102.6	97.7	97.1	99.6
海水鱼	100.2	98.0	98.7	99.7	100.0
(2) 其他水产品	93.3	101.5	92.4	101.9	105.5
虾蟹类	93.2	101.5	92.2	101.9	105.6
8. 菜	102.8	103.1	94.8	106.9	100.3
鲜　菜	102.4	102.7	93.2	106.9	99.7
9. 调味品	102.0	103.0	102.6	102.9	101.7
食用盐	100.0	100.0	100.0	100.0	100.0
酱　油	103.8	105.7	105.1	105.3	104.3
10. 糖	97.5	96.6	98.6	98.5	97.9
食　糖	93.6	92.8	93.8	93.9	93.6

6 月	7 月	8 月	9 月	10 月	11 月	12 月
101.0	**101.2**	**101.7**	**102.1**	**102.0**	**101.8**	**102.2**
102.0	**102.0**	**103.8**	**105.7**	**105.6**	**104.5**	**104.5**
102.6	102.3	101.5	101.3	101.0	101.4	101.7
101.2	101.0	100.0	99.6	99.2	99.8	100.1
101.4	100.0	100.0	100.0	100.0	100.0	100.2
104.7	104.7	104.7	103.1	103.7	104.6	104.2
101.7	100.8	98.1	96.2	95.1	93.3	93.0
103.9	102.7	99.0	96.3	95.1	93.0	92.0
98.7	99.9	103.6	103.3	103.8	104.4	103.7
99.5	100.3	105.2	105.4	105.6	106.0	105.0
94.4	95.7	102.3	102.7	103.5	104.6	103.4
118.1	117.8	117.8	117.7	113.5	113.5	112.0
112.3	112.1	113.3	114.0	115.0	113.0	113.0
95.8	98.7	101.6	100.0	101.1	102.2	101.9
94.2	96.6	100.0	98.5	99.4	101.1	100.6
99.7	103.8	105.5	103.9	105.3	105.0	105.2
100.8	100.7	100.7	100.3	101.1	101.2	101.2
105.3	105.8	105.1	102.7	103.4	103.3	101.8
105.5	106.0	105.2	102.5	103.3	103.2	101.5
102.1	102.1	102.8	102.5	104.1	104.2	104.6
99.2	99.3	99.7	98.6	100.6	100.5	101.2
98.4	98.6	99.1	97.9	100.1	100.5	101.7
101.8	101.6	101.8	100.9	102.0	100.5	99.6
112.5	112.6	113.7	115.8	116.4	116.8	115.9
112.7	112.9	114.0	116.2	116.7	117.1	116.3
102.7	98.8	105.4	125.9	123.9	113.2	112.0
102.6	98.4	105.9	129.6	127.3	114.7	113.1
101.3	101.5	100.9	101.4	101.7	101.5	101.4
100.0	100.0	100.0	100.0	100.0	100.0	100.0
102.9	103.2	101.5	102.9	102.6	102.2	102.0
97.9	98.4	98.2	97.6	95.5	95.6	96.5
93.2	93.2	93.8	94.1	93.1	91.6	91.9

2013年广西农村商品零售价格各月同比指数（续表1）

以上年同月价格为100

类　别	1月	2月	3月	4月	5月
11. 干鲜瓜果	97.0	103.9	104.3	97.2	96.9
鲜瓜果	95.5	104.3	105.1	96.6	96.2
12. 糕点饼干面包	100.3	99.5	100.1	100.0	100.1
13. 液体乳及乳制品	101.7	102.1	102.2	103.2	105.8
14. 在外用膳食品	107.8	108.6	108.5	107.4	107.1
15. 其他食品	108.7	107.0	110.2	105.0	105.4
二、饮料、烟酒	**100.6**	**100.6**	**100.9**	**101.1**	**101.0**
1. 茶及饮料	100.3	100.8	101.1	101.1	101.0
(1) 茶　叶	101.6	101.8	102.0	102.8	103.8
(2) 饮　料	99.9	100.5	100.7	100.5	100.0
2. 烟　草	99.8	100.0	100.0	100.0	99.7
3. 酒	101.6	101.0	101.6	102.3	102.4
三、服装、鞋帽	**100.8**	**100.0**	**100.0**	**99.8**	**99.8**
1. 服　装	102.0	101.0	101.6	100.0	100.2
(1) 男式服装	103.5	102.7	101.8	100.2	100.8
(2) 女式服装	101.0	99.9	101.7	99.4	99.2
(3) 儿童服装	101.7	100.7	101.1	100.9	101.8
2. 鞋袜帽	98.5	97.9	97.1	99.7	99.0
(1) 鞋	98.4	97.7	96.9	99.7	99.0
(2) 袜　子	99.9	99.9	99.1	99.9	99.9
(3) 帽　子	98.1	96.9	96.1	96.7	95.5
3. 其　他	95.6	96.4	93.6	97.7	97.8
四、纺织品	**102.0**	**102.6**	**102.5**	**103.3**	**103.6**
1. 衣着材料	103.0	101.1	102.9	103.5	103.5
2. 床上用品	101.3	103.7	102.3	103.2	103.7
五、家用电器及音像器材	**97.0**	**97.3**	**97.8**	**97.2**	**97.7**
1. 家庭设备	99.1	99.0	99.8	99.4	99.8
2. 文娱用耐用消费品	94.3	95.0	95.2	94.4	95.0
3. 专业音像器材	100.2	100.2	98.3	98.3	97.4
六、文化办公用品	**99.5**	**99.4**	**99.5**	**99.4**	**99.6**
七、日用品	**101.1**	**101.1**	**101.0**	**101.2**	**101.3**
1. 日用百货	99.9	99.5	99.7	100.2	100.0

6 月	7 月	8 月	9 月	10 月	11 月	12 月
102.2	106.5	108.0	111.4	111.3	106.6	111.3
103.0	108.7	110.7	115.0	114.9	109.2	115.1
99.6	99.6	99.4	101.4	101.3	101.5	101.1
107.0	107.2	110.2	111.3	110.2	110.5	109.2
106.5	104.9	104.7	104.3	104.6	104.7	104.8
105.7	105.6	105.4	105.1	106.7	104.6	105.5
100.7	**100.5**	**100.2**	**100.3**	**100.0**	**100.0**	**100.1**
100.9	101.0	101.8	102.2	102.5	101.4	101.8
103.2	102.7	102.7	102.7	102.7	102.0	102.0
100.0	100.3	101.4	102.0	102.4	101.2	101.7
99.7	99.7	99.7	99.7	99.7	99.7	99.7
101.6	101.1	99.7	99.8	98.7	99.4	99.3
101.1	**102.2**	**102.4**	**103.1**	**103.2**	**103.7**	**104.6**
101.7	102.2	102.4	103.0	102.4	103.5	104.7
102.0	101.9	102.2	102.3	101.0	102.0	103.3
101.0	101.5	102.1	103.4	103.2	104.4	105.7
103.4	105.1	103.9	103.4	103.8	104.3	104.8
100.0	102.5	103.1	103.8	105.9	104.3	104.9
100.1	102.9	103.6	104.3	106.8	104.9	105.6
99.9	99.9	100.0	100.0	100.0	100.4	100.4
98.1	100.5	102.3	103.2	103.2	103.2	103.4
99.3	100.0	99.2	100.1	100.0	102.5	102.2
103.5	**103.3**	**103.2**	**103.6**	**103.6**	**103.8**	**103.9**
103.1	103.1	103.1	102.9	103.0	103.0	103.0
103.7	103.4	103.3	104.2	104.1	104.3	104.6
99.1	**99.2**	**99.3**	**98.0**	**99.4**	**99.2**	**99.9**
102.0	101.1	101.7	100.7	102.1	101.5	102.1
95.5	96.7	96.2	94.5	96.0	96.4	97.1
97.4	95.9	96.1	97.8	96.8	95.8	95.8
99.1	**99.2**	**99.0**	**98.9**	**99.2**	**99.3**	**99.3**
101.1	**101.0**	**100.8**	**100.7**	**100.6**	**100.2**	**100.2**
100.0	99.9	99.9	100.3	100.0	100.0	99.9

2013 年广西农村商品零售价格各月同比指数（续表 2）

以上年同月价格为 100

类　　别	1 月	2 月	3 月	4 月	5 月
2. 日用杂品	101.2	101.8	101.3	101.5	102.4
3. 洗涤用品	102.6	102.7	102.5	102.6	102.5
4. 其他日用品	101.1	100.8	100.6	100.9	100.9
八、体育娱乐用品	**99.8**	**99.8**	**99.8**	**99.7**	**99.8**
1. 体育用品	101.1	101.1	101.1	101.1	101.3
2. 娱乐用品	98.5	98.5	98.5	98.3	98.3
九、交通、通信用品	**98.9**	**98.9**	**99.2**	**99.0**	**99.7**
1. 交通运输机械	99.7	99.7	100.1	100.1	100.2
2. 通信器材	97.3	97.2	97.6	97.1	98.8
十、家　　具	**100.9**	**100.8**	**101.6**	**101.4**	**100.7**
十一、化 妆 品	**101.7**	**101.8**	**102.0**	**102.0**	**101.8**
十二、金银珠宝	**104.4**	**100.1**	**100.0**	**94.5**	**93.2**
十三、中西药品及医疗保健用品	**99.9**	**100.2**	**99.8**	**100.7**	**101.4**
1. 医疗器具及用品	100.5	100.5	100.3	100.3	100.3
2. 中药材及中成药	98.2	99.0	98.5	100.8	102.0
3. 西　　药	101.2	101.0	100.6	100.4	100.9
4. 保健器具及用品	101.2	101.5	102.2	102.2	102.2
十四、书报杂志及电子出版物	**100.8**	**100.3**	**99.8**	**99.8**	**99.8**
1. 教材及参考书	101.3	100.2	99.8	99.8	99.8
2. 书报杂志	100.3	100.3	100.3	100.3	100.3
3. 电子音像制品	100.3	100.3	98.9	98.9	98.9
十五、燃　　料	**106.2**	**102.7**	**97.7**	**94.9**	**95.9**
1. 煤炭及制品	100.0	100.0	100.0	100.0	100.0
2. 石油及制品	106.9	103.0	97.5	94.4	95.5
液化石油气	112.7	107.2	99.5	96.8	98.5
管道燃气	100.0	100.0	100.0	100.0	100.0
汽　　油	102.7	99.9	96.2	92.7	93.4
柴　　油	103.5	100.5	96.0	92.5	93.0
十六、建筑材料及五金电料	**100.2**	**100.3**	**99.9**	**99.9**	**99.1**
1. 建筑装潢材料	100.2	100.4	100.0	100.0	99.0
2. 五金电料	100.1	99.8	99.8	99.6	99.6

6 月	7 月	8 月	9 月	10 月	11 月	12 月
102.0	102.2	102.2	100.9	100.9	101.2	101.3
101.8	101.6	101.5	101.2	101.2	99.8	99.6
101.3	101.0	99.9	100.3	100.3	100.2	100.2
99.8	**100.0**	**100.0**	**99.8**	**100.2**	**100.2**	**100.6**
101.3	101.2	101.2	101.0	101.0	101.0	101.0
98.3	98.8	98.8	98.6	99.5	99.5	100.2
100.9	**101.0**	**100.8**	**100.7**	**100.3**	**100.6**	**100.5**
100.2	100.2	100.2	99.7	99.7	100.3	100.1
102.1	102.5	101.9	102.7	101.6	101.2	101.3
100.6	**100.6**	**100.7**	**99.5**	**100.3**	**100.2**	**101.8**
101.8	**101.0**	**101.0**	**100.9**	**100.4**	**100.5**	**100.5**
93.3	**88.5**	**87.9**	**85.6**	**82.7**	**81.9**	**80.9**
101.1	**101.6**	**101.7**	**101.9**	**102.3**	**102.6**	**102.7**
100.7	100.7	101.0	101.0	101.0	101.0	101.0
102.7	104.3	104.1	104.6	106.3	107.0	107.3
99.7	99.4	99.6	99.6	99.3	99.2	99.4
101.7	101.7	101.4	101.2	100.7	100.5	99.9
99.9	**100.1**	**100.1**	**100.2**	**100.2**	**100.2**	**100.2**
100.0	100.0	99.9	100.5	100.5	100.5	100.5
100.3	100.3	100.3	100.0	100.0	100.0	100.0
98.9	100.0	100.0	100.0	100.0	100.0	100.0
100.6	**103.7**	**101.8**	**98.6**	**96.8**	**98.8**	**102.3**
100.0	100.0	100.0	100.0	100.0	100.0	100.0
100.7	104.1	102.0	98.4	96.5	98.7	102.5
103.8	103.7	102.2	97.6	95.8	98.3	104.8
86.1	86.1	86.1	86.1	86.1	86.1	86.1
98.8	104.4	101.9	99.1	97.2	99.4	102.0
98.5	104.9	102.2	99.0	96.9	98.4	99.6
99.2	**99.7**	**100.9**	**101.3**	**100.1**	**100.5**	**101.2**
99.0	99.7	101.1	101.6	100.2	100.6	101.5
99.9	100.0	100.1	100.1	100.0	100.1	99.9

1995年广西全区农业生产资料价格各月同比指数

以上年同月价格为100

类　　别	1月	2月	3月	4月	5月
农业生产资料价格指数	**130.3**	**134.5**	**140.3**	**138.4**	**137.6**
1. 小 农 具	118.0	120.2	122.7	120.0	120.9
2. 饲　　料	139.9	145.7	141.0	136.6	135.3
3. 幼禽家畜	153.4	150.3	154.6	151.7	151.6
4. 大 牲 畜	121.5	124.6	125.9	113.1	109.8
5. 半机械化农具	108.2	105.8	106.2	104.6	107.0
6. 机械化农具	123.4	130.0	131.9	124.3	119.8
7. 化学肥料	141.5	143.9	157.6	158.1	159.0
8. 农药及农药械	105.0	109.6	112.3	115.8	119.1
(1) 化学农药	105.1	109.3	111.5	117.2	120.4
(2) 农 药 械	103.0	105.8	110.3	109.6	108.8
9. 农用机油	104.0	109.1	104.0	102.6	101.9
10. 其　　他	143.0	157.7	165.5	166.1	151.4

1996年广西全区农业生产资料价格各月同比指数

以上年同月价格为100

类　　别	1月	2月	3月	4月	5月
农业生产资料价格指数	**112.3**	**107.5**	**102.3**	**102.5**	**101.8**
1. 小 农 具	113.0	107.4	102.6	102.6	102.7
2. 饲　　料	107.3	103.5	102.0	101.1	99.7
3. 幼禽家畜	96.6	94.9	99.1	99.4	104.5
4. 大 牲 畜	116.3	123.9	118.2	136.9	134.2
5. 半机械化农具	100.6	102.2	101.9	100.3	99.5
6. 机械化农具	103.3	98.3	95.5	97.5	97.0
7. 化学肥料	122.5	114.1	100.8	100.9	99.0
8. 农药及农药械	123.5	117.2	120.1	114.7	113.9
(1) 化学农药	125.0	118.2	121.7	115.7	114.6
(2) 农 药 械	110.1	108.5	106.0	106.2	107.5
9. 农用机油	98.8	99.4	100.0	99.7	98.3
10. 其　　他	115.3	109.2	106.1	101.2	100.0

6月	7月	8月	9月	10月	11月	12月
133.0	**131.2**	**127.3**	**125.0**	**123.1**	**121.1**	**119.7**
120.7	122.7	116.9	117.8	112.3	110.4	110.2
133.3	133.4	122.3	124.4	125.4	126.2	114.3
136.3	134.2	129.1	116.1	112.8	100.1	96.5
120.5	134.7	130.4	132.3	123.9	125.3	125.1
102.4	102.4	100.0	99.8	99.2	99.0	100.6
115.7	115.2	114.4	114.7	112.2	110.2	109.9
154.7	151.3	142.8	140.3	138.5	139.1	138.6
115.9	116.7	119.0	120.9	123.2	122.0	120.0
116.7	118.0	120.2	122.7	125.3	124.3	120.9
111.6	111.6	114.0	113.9	113.9	112.3	113.1
98.3	98.2	101.0	101.6	99.7	98.8	97.8
142.8	126.9	121.9	120.6	121.6	118.3	118.9

6月	7月	8月	9月	10月	11月	12月
102.8	**102.9**	**102.4**	**101.1**	**101.5**	**103.0**	**105.0**
102.1	101.5	104.1	102.2	102.5	103.1	103.1
99.6	99.9	106.0	99.8	101.1	98.4	102.3
108.4	111.7	108.0	113.9	116.8	121.4	124.3
117.4	112.7	117.1	115.2	110.2	108.6	109.7
99.6	100.9	100.3	100.3	100.0	101.4	103.1
99.0	97.8	98.5	99.5	99.4	99.2	98.6
99.6	99.3	98.8	95.2	96.4	96.9	97.0
113.9	113.4	111.6	107.8	106.1	107.1	107.1
114.9	114.3	112.5	108.3	106.4	107.4	107.4
105.0	105.0	103.9	103.8	103.8	104.1	104.1
102.5	102.0	101.7	99.8	100.0	107.7	123.8
103.3		104.1	104.2	101.9	101.8	101.4

1997 年广西全区农业生产资料价格各月同比指数

以上年同月价格为 100

类　　别	1 月	2 月	3 月	4 月	5 月
农业生产资料价格指数	**104.0**	**106.0**	**102.6**	**100.9**	**100.5**
1. 小 农 具	101.4	101.2	103.4	103.1	102.1
2. 饲　　料	101.1	100.1	99.4	97.8	100.4
3. 幼禽家畜	128.0	140.4	130.4	135.8	133.1
4. 大 牲 畜	110.8	108.1	97.8	97.7	97.5
5. 半机械化农具	102.2	100.2	99.7	99.9	99.8
6. 机械化农具	98.8	99.3	99.1	98.4	98.6
7. 化学肥料	96.2	96.5	93.3	88.3	88.6
8. 农药及农药械	105.4	102.6	98.2	97.9	96.2
(1) 化学农药	105.3	102.3	97.6	97.4	95.7
(2) 农 药 械	106.0	106.3	104.2	103.4	102.1
9. 农用机油	116.5	120.0	116.7	114.0	113.7
10. 其　　他	98.3	108.3	108.7	108.9	108.0

1998 年广西全区农业生产资料价格各月同比指数

以上年同月价格为 100

类　　别	1 月	2 月	3 月	4 月	5 月
农业生产资料价格指数	**93.1**	**90.2**	**90.7**	**91.5**	**91.5**
1. 小 农 具	97.0	98.1	95.6	95.4	96.3
2. 饲　　料	95.0	92.3	100.3	102.1	99.8
3. 幼禽家畜	95.0	87.4	85.2	74.6	69.5
4. 大 牲 畜	79.8	80.8	83.9	83.5	80.3
5. 半机械化农具	98.2	97.9	97.6	97.9	97.4
6. 机械化农具	99.3	98.8	99.1	99.0	99.4
7. 化学肥料	90.2	86.6	87.6	92.9	94.6
8. 农药及农药械	95.3	95.7	96.0	95.4	94.7
(1) 化学农药	95.0	95.4	95.7	94.9	94.2
(2) 农 药 械	98.2	99.2	99.0	100.3	100.3
9. 农用机油	89.1	87.0	88.2	87.8	88.4
10. 其　　他	100.7	95.5	93.5	93.5	93.8

6月	7月	8月	9月	10月	11月	12月
100.3	**98.1**	**98.8**	**100.3**	**99.3**	**98.5**	**93.8**
101.9	100.7	99.3	98.9	98.9	98.7	98.6
99.2	98.9	98.0	102.8	96.4	96.1	94.6
131.9	122.7	122.7	113.0	110.7	101.8	98.7
97.5	98.0	96.9	90.2	89.0	88.2	83.8
99.0	97.4	97.4	97.2	97.3	97.8	97.8
98.2	99.0	99.0	98.9	98.9	103.1	103.4
89.8	87.1	88.4	96.3	95.6	95.6	88.4
94.3	94.3	94.3	94.3	94.3	94.3	94.4
93.6	93.6	93.7	93.7	93.7	93.7	93.8
102.1	102.1	101.3	101.3	101.3	101.0	101.0
111.4	111.0	111.0	110.2	107.4	103.8	89.8
106.5	104.4	111.5	106.3	106.8	107.7	104.4

6月	7月	8月	9月	10月	11月	12月
91.5	**93.0**	**92.3**	**92.0**	**92.6**	**93.0**	**93.6**
96.4	95.5	94.9	94.9	94.6	94.3	94.7
102.1	102.5	100.8	102.0	101.8	103.9	102.4
70.1	70.0	66.7	67.9	67.9	70.0	74.9
79.9	76.1	80.7	86.7	88.1	88.0	90.4
97.4	97.4	97.1	97.2	97.2	97.1	97.1
99.6	99.5	99.5	99.5	99.4	99.3	99.1
93.3	97.2	96.0	93.9	94.7	94.0	93.7
96.5	97.8	98.3	98.0	98.0	98.0	97.6
96.1	97.6	98.0	97.7	97.7	97.7	97.5
100.3	100.2	101.2	101.4	101.4	101.4	99.2
91.0	90.8	92.9	93.9	97.6	101.7	102.9
94.2	94.4	93.8	94.9	94.7	93.9	94.9

1999年广西全区农业生产资料价格各月同比指数

以上年同月价格为100

类　　别	1月	2月	3月	4月	5月
农业生产资料价格指数	**93.7**	**93.8**	**95.7**	**96.1**	**96.0**
1. 小 农 具	96.5	96.8	98.3	96.2	95.8
2. 饲　　料	100.5	96.5	96.0	96.1	96.9
3. 幼禽家畜	74.3	74.9	78.0	84.1	89.9
4. 大 牲 畜	93.4	94.5	97.2	100.3	98.9
5. 半机械化农具	96.8	98.4	98.6	98.5	98.1
6. 机械化农具	98.5	97.8	97.8	97.9	98.2
7. 化学肥料	92.7	93.7	97.1	94.6	92.1
8. 农药及农药械	97.4	94.5	93.9	93.9	96.1
(1) 化学农药	97.2	94.1	93.5	93.4	95.8
(2) 农 药 械	99.8	98.9	99.0	99.5	98.9
9. 农用机油	107.1	106.0	108.0	114.5	114.3
10. 其　　他	95.6	96.6	97.2	97.5	97.2

2000年广西全区农业生产资料价格各月同比指数

以上年同月价格为100

类　　别	1月	2月	3月	4月	5月
农业生产资料价格指数	**99.5**	**99.2**	**97.2**	**98.9**	**101.1**
1. 小 农 具	93.9	94.0	93.9	96.5	95.5
2. 饲　　料	93.1	93.0	92.7	92.5	91.9
3. 幼禽家畜	115.4	117.6	112.0	129.3	134.0
4. 大 牲 畜	97.9	97.9	97.6	96.0	103.4
5. 半机械化农具	97.9	98.0	97.7	97.9	97.6
6. 机械化农具	99.3	98.7	96.9	97.2	97.3
7. 化学肥料	96.0	94.7	91.2	90.3	93.1
8. 农药及农药械	90.4	91.8	94.1	93.3	93.0
(1) 化学农药	89.6	91.1	93.6	92.9	92.5
(2) 农 药 械	99.0	99.0	99.0	97.5	98.1
9. 农用机油	110.5	109.7	111.3	112.5	116.9
10. 其　　他	95.4	95.5	95.5	95.5	94.3

6月	7月	8月	9月	10月	11月	12月
96.1	**95.2**	**95.9**	**99.0**	**98.4**	**98.1**	**98.3**
95.0	95.0	95.4	95.4	93.5	93.3	93.0
96.6	96.0	97.9	96.2	96.8	94.8	94.6
93.5	91.5	95.1	108.1	107.6	108.6	111.3
100.7	105.1	98.0	99.9	99.7	100.2	100.2
98.0	97.9	97.7	97.7	97.2	97.2	96.9
97.8	98.3	98.3	98.2	98.2	98.5	98.3
93.9	92.3	93.8	97.5	95.5	95.1	94.7
94.0	92.8	92.0	92.0	91.7	92.2	91.9
93.6	92.3	91.6	91.6	91.3	91.8	91.3
98.1	98.2	97.1	97.0	96.7	96.7	98.6
105.4	105.9	105.1	106.3	110.1	105.4	107.7
96.2	94.0	94.1	94.1	94.2	95.4	95.3

6月	7月	8月	9月	10月	11月	12月
101.5	**102.2**	**102.5**	**99.6**	**99.8**	**99.1**	**98.1**
97.0	98.1	98.6	98.0	100.0	100.2	100.1
93.4	94.1	96.5	99.0	96.0	96.4	94.9
127.1	129.6	131.8	108.6	103.5	99.8	96.9
103.2	104.3	102.9	100.9	101.4	99.6	101.0
97.7	97.8	98.4	98.4	98.8	97.9	98.1
97.2	96.8	96.7	96.8	96.8	96.7	96.8
93.2	92.3	91.0	89.5	89.8	89.8	90.8
94.7	95.5	96.4	96.8	96.5	95.8	96.7
94.3	95.2	96.2	96.6	96.2	95.4	96.4
99.0	99.0	99.0	99.0	99.4	100.2	100.2
128.2	134.6	139.4	142.6	151.2	149.9	137.4
93.4	96.3	96.3	96.2	96.2	95.7	96.0

2001 年广西全区农业生产资料价格各月同比指数

以上年同月价格为 100

类　　别	1 月	2 月	3 月	4 月	5 月
农业生产资料价格指数	**97.2**	**97.7**	**98.0**	**97.6**	**98.5**
一、小 农 具	99.9	99.2	99.3	98.1	98.7
二、饲　　料	99.2	98.8	97.8	97.2	99.4
三、产 品 畜	98.0	98.0	100.9	96.2	98.5
四、役　　畜	102.8	102.8	101.0	100.1	107.1
五、半机械化农具	97.9	95.2	95.7	95.7	96.0
六、机械化农具	96.6	97.1	98.5	98.6	97.6
七、化学肥料	90.4	93.5	93.8	95.6	96.2
八、农药及农药械	98.4	98.3	97.2	98.3	97.3
（一）化学农药	98.9	98.9	97.7	98.5	97.4
（二）农药器械	93.0	91.5	91.5	96.2	96.2
九、农用机油	121.4	116.5	113.7	108.2	110.6
十、其他农业生产资料	95.6	93.2	93.4	92.9	94.3
（一）农用种子	95.1	89.2	88.6	86.2	88.0
（二）其　　它					

2002 年广西全区农业生产资料价格各月同比指数

以上年同月价格为 100

类　　别	1 月	2 月	3 月	4 月	5 月
农业生产资料价格指数	**98.4**	**96.3**	**98.3**	**99.6**	**98.0**
一、小 农 具	96.4	96.4	96.2	96.4	96.4
二、饲　　料	102.2	102.1	98.8	99.8	100.1
三、产 品 畜	99.7	96.7	97.5	97.6	93.3
四、役　　畜	104.2	104.2	100.0	100.0	84.7
五、半机械化农具	97.8	98.4	98.4	98.4	98.4
六、机械化农具	96.4	95.6	96.7	94.8	96.5
七、化学肥料	103.9	98.2	102.5	102.8	99.3
八、农药及农药械	96.8	97.1	87.1	86.9	89.2
（一）化学农药	97.4	97.4	86.5	86.3	88.8
（二）农药器械	89.9	94.0	94.0	94.0	94.0
九、农用机油	78.2	82.6	89.0	101.3	104.6
十、其他农业生产资料	98.3	101.5	107.3	106.8	106.3
（一）农用种子	98.1	103.7	117.0	117.0	117.0
（二）其　　它					

6月	7月	8月	9月	10月	11月	12月
97.8	**98.0**	**98.1**	**97.1**	**97.1**	**98.1**	**98.1**
98.0	96.3	96.0	96.4	96.5	96.9	97.7
97.8	96.8	96.8	97.0	99.2	99.5	100.9
95.1	96.3	96.1	95.9	95.5	98.8	99.9
108.1	106.4	108.1	110.0	107.7	106.0	106.0
95.5	96.4	96.2	96.2	96.3	96.2	96.5
97.8	98.2	98.3	98.1	97.8	97.3	96.9
97.1	99.0	100.1	98.7	100.0	102.2	102.3
96.9	97.0	97.1	96.0	96.6	96.9	96.9
97.0	97.3	97.3	96.5	97.1	97.4	97.4
96.2	93.7	95.2	90.8	90.8	90.9	90.9
103.9	95.9	92.8	87.8	82.8	80.5	77.8
95.9	96.5	96.5	95.7	95.4	95.6	95.8
91.1	92.7	92.7	90.7	90.7	90.7	91.7

6月	7月	8月	9月	10月	11月	12月
97.3	**97.0**	**96.2**	**99.0**	**98.0**	**99.0**	**100.9**
96.4	100.0	100.0	100.0	100.0	100.0	100.0
99.7	100.1	100.1	99.9	98.9	98.7	99.0
85.5	85.2	83.8	84.5	84.3	86.2	86.4
85.6	83.4	83.4	82.0	85.3	92.9	92.9
99.4	100.0	100.0	99.3	99.3	99.3	99.3
98.1	98.1	98.1	98.1	90.8	90.6	90.7
99.9	98.8	98.4	105.9	103.3	105.0	104.9
89.1	89.6	89.3	89.6	92.3	92.5	92.5
88.7	88.7	88.7	88.7	91.6	91.9	91.9
94.0	100.0	95.8	100.0	100.0	100.0	100.0
102.8	105.5	101.7	99.6	106.1	106.3	123.5
106.8	101.3	101.3	101.3	101.0	99.6	99.6
117.0	104.2	104.2	104.2	104.2	104.2	104.2

2003 年广西全区农业生产资料价格各月同比指数

以上年同月价格为 100

类　　别	1月	2月	3月	4月	5月
农业生产资料价格指数	**102.1**	**102.9**	**103.0**	**101.9**	**100.9**
一、小 农 具	100.4	100.4	100.4	100.4	100.7
二、饲　　料	100.3	98.1	97.9	98.2	98.2
三、产 品 畜	93.4	98.1	94.8	94.5	103.9
四、役　　畜	104.4	107.9	98.6	78.2	79.2
五、半机械化农具	99.7	99.7	99.9	99.9	100.0
六、机械化农具	101.0	100.9	98.3	98.3	98.3
七、化学肥料	101.7	99.6	102.9	102.8	101.1
八、农药及农药械	99.8	99.7	102.2	110.5	111.2
（一）化学农药	99.8	99.7	100.1	100.1	100.8
（二）农药器械	100.0	99.7	116.1	180.7	180.7
九、农用机油	129.7	135.2	132.4	121.2	107.5
十、其他农业生产资料	92.5	106.6	106.4	106.1	105.8
（一）农用种子	87.1	111.7	111.5	111.5	111.3
（二）其　　它	99.8	99.5	99.3	98.6	98.3

2004 年广西全区农业生产资料价格各月同比指数

以上年同月价格为 100

类　　别	1月	2月	3月	4月	5月
农业生产资料价格指数	**107.8**	**106.7**	**108.5**	**111.2**	**112.7**
一、小 农 具	108.5	115.7	120.8	122.3	122.3
二、饲　　料	106.6	110.8	111.8	113.3	115.4
三、产 品 畜	121.8	95.4	105.5	115.4	117.4
四、役　　畜	132.3	159.5	173.9	210.5	202.6
五、半机械化农具	102.2	103.6	104.1	104.1	103.9
六、机械化农具	96.3	101.1	106.5	109.7	108.6
七、化学肥料	107.2	109.5	107.0	108.5	109.9
八、农药及农药械	113.5	115.5	117.6	109.7	109.2
（一）化学农药	103.4	104.8	109.6	110.7	110.1
（二）农药器械	180.7	187.7	161.2	104.4	104.4
九、农用机油	102.8	98.4	97.6	99.3	105.9
十、其他农业生产资料	107.7	93.4	96.1	97.7	97.6
（一）农用种子	119.3	88.5	94.3	97.0	97.1
（二）其　　它	94.0	100.0	98.6	99.0	98.6

6月	7月	8月	9月	10月	11月	12月
100.0	**100.3**	**100.5**	**101.6**	**103.2**	**106.3**	**106.5**
98.3	99.9	99.9	99.9	100.6	100.6	102.9
98.2	98.3	96.1	96.0	97.3	103.6	103.3
100.5	99.0	99.8	102.0	112.6	119.2	117.8
88.3	102.7	102.7	105.2	125.3	126.1	125.0
100.0	99.6	99.5	99.6	99.9	99.9	99.9
98.4	98.4	98.4	98.4	97.4	96.8	96.3
98.1	96.8	96.5	99.3	100.8	106.5	107.1
113.5	113.5	113.6	113.6	113.5	113.5	113.5
103.4	103.4	103.4	103.4	103.4	103.4	103.4
180.7	180.7	180.7	180.7	180.7	180.7	180.7
102.2	106.4	107.2	107.6	101.6	100.9	102.1
106.0	101.4	109.6	109.6	107.9	108.5	108.5
111.3	103.7	119.3	119.3	119.3	119.3	119.3
98.7	98.1	98.1	98.1	94.5	95.6	95.6

6月	7月	8月	9月	10月	11月	12月
116.4	**117.3**	**120.2**	**122.5**	**121.7**	**119.7**	**118.9**
125.3	122.4	122.4	122.4	123.7	123.7	120.9
116.4	114.5	118.2	118.6	117.9	110.8	111.5
143.4	139.8	137.3	146.1	146.4	152.5	133.9
197.0	190.9	202.0	215.9	187.3	187.3	187.2
103.9	105.7	110.4	110.4	110.4	110.8	110.8
108.6	108.2	108.3	107.6	107.7	109.2	109.2
112.1	115.4	120.8	121.9	121.2	116.8	120.9
107.4	107.4	107.4	107.1	107.1	106.0	107.6
107.8	107.8	107.8	107.8	107.8	106.5	108.0
104.4	104.4	104.4	102.1	102.1	102.1	104.4
112.9	112.1	112.8	117.0	116.4	116.1	112.0
97.5	106.9	108.2	108.4	110.8	110.6	114.2
97.1	113.3	114.9	114.9	114.9	114.9	120.4
98.2	98.8	99.6	100.0	105.6	105.2	106.5

2005年广西全区农业生产资料价格各月同比指数

以上年同月价格为100

类　　别	1月	2月	3月	4月	5月
农业生产资料价格指数	**117.7**	**117.3**	**117.0**	**116.3**	**114.7**
一、小 农 具	115.4	107.2	102.6	105.0	105.0
二、饲　　料	115.7	112.9	112.9	110.8	108.2
三、产 品 畜	127.5	159.1	149.5	146.0	125.1
四、役　　畜	183.4	146.8	136.5	143.8	150.1
五、半机械化农具	108.3	106.8	108.4	108.4	109.5
六、机械化农具	109.4	104.8	103.9	101.0	102.0
七、化学肥料	119.2	114.1	116.1	115.8	117.0
八、农药及农药械	107.4	105.7	106.2	105.2	105.2
（一）化学农药	107.8	106.3	105.8	104.4	104.4
（二）农药器械	104.4	100.9	108.7	110.7	110.7
九、农用机油	111.3	111.3	111.8	113.4	112.7
十、其他农业生产资料	116.3	130.1	127.2	125.1	125.3
（一）农用种子	120.4	151.9	142.6	138.7	138.7
（二）其　　它	110.9	106.6	109.7	109.3	109.7

6月	7月	8月	9月	10月	11月	12月
111.5	**111.7**	**109.0**	**105.9**	**103.9**	**102.3**	**101.9**
105.0	106.7	106.7	106.7	104.9	104.9	104.9
107.4	108.4	106.3	105.6	105.0	107.2	107.6
100.4	100.4	96.1	81.4	72.5	66.2	72.3
133.6	118.9	112.4	105.1	100.0	100.0	100.0
108.9	110.5	105.8	105.8	105.8	105.4	105.4
102.9	104.4	103.9	104.7	104.1	101.9	101.8
117.9	116.6	110.9	109.4	108.9	106.7	101.9
105.9	105.9	105.9	106.1	106.0	107.1	105.4
105.2	105.4	105.4	105.3	105.2	106.4	104.8
110.7	109.7	109.7	112.2	112.2	112.2	109.7
110.5	115.6	119.9	116.2	116.2	116.2	116.2
125.3	122.6	121.2	121.0	120.2	120.3	116.2
138.7	131.7	129.9	129.9	129.9	129.9	123.4
109.7	111.6	110.7	110.2	108.5	108.8	107.5

2006 年广西全区农业生产资料价格各月同比指数

以上年同月价格为 100

类　别	1 月	2 月	3 月	4 月	5 月
农业生产资料价格指数	**102.2**	**102.2**	**99.9**	**97.1**	**98.8**
一、农用手工工具	103.3	103.3	103.9	101.6	101.6
二、饲　料	99.6	99.2	98.9	99.0	99.3
三、产 品 畜	90.9	101.1	95.6	79.0	89.2
四、半机械化农具	109.4	109.4	111.9	112.2	110.3
五、机械化农具	104.3	103.5	103.1	103.0	104.6
六、化学肥料	100.8	99.8	97.8	97.9	97.3
七、农药及农药械	106.5	105.9	99.9	98.9	97.5
1. 化学农药	105.4	104.7	99.5	99.1	97.7
2. 农药器械	113.9	113.9	102.5	97.6	96.4
八、农用机油	116.4	116.4	116.5	115.8	117.3
九、其他农业生产资料	109.8	98.6	97.2	97.2	98.0
1. 农用种子	113.8	94.6	92.6	92.6	92.6
2. 其　他	105.0	104.2	103.6	103.6	105.6
十、农业生产服务	104.1	104.1	104.1	104.1	104.1

2007 年广西全区农业生产资料价格各月同比指数

以上年同月价格为 100

类　别	1 月	2 月	3 月	4 月	5 月
农业生产资料价格指数	**104.9**	**105.2**	**104.6**	**108.5**	**107.5**
一、农用手工工具	101.3	101.3	105.5	105.5	111.2
二、饲　料	100.4	101.4	101.4	99.7	98.3
三、产 品 畜	137.8	128.8	118.6	154.2	146.0
四、半机械化农具	109.8	109.8	103.8	103.5	103.5
五、机械化农具	103.7	103.5	103.5	103.6	102.1
六、化学肥料	97.5	100.6	101.5	102.5	102.7
七、农药及农药械	96.8	97.2	97.5	97.8	99.2
1. 化学农药	96.6	97.1	97.5	97.6	99.1
2. 农药器械	97.6	97.6	97.6	98.8	100.0
八、农用机油	111.9	110.9	110.3	107.5	104.9
九、其他农业生产资料	98.3	97.9	101.3	99.1	98.2
1. 农用种子	91.5	90.8	96.6	92.7	92.7
2. 其　他	107.4	107.3	107.3	107.4	105.3
十、农业生产服务	101.8	101.8	102.6	102.6	106.3

6 月	7 月	8 月	9 月	10 月	11 月	12 月
99.9	**98.4**	**98.7**	**101.4**	**104.1**	**104.7**	**105.1**
102.9	100.7	100.7	103.7	102.4	102.4	102.4
99.2	99.3	99.4	100.8	98.9	100.7	100.3
93.2	91.5	98.1	117.0	141.2	145.8	143.9
114.6	109.5	109.5	109.5	109.5	109.5	109.8
102.9	101.4	102.8	103.2	104.8	104.5	106.6
97.2	96.2	95.1	95.3	94.8	95.4	96.2
96.6	96.5	96.6	96.7	96.7	96.8	96.8
96.6	96.3	96.4	96.5	96.5	96.6	96.6
96.4	97.6	97.6	97.6	97.6	97.6	97.6
125.8	120.3	114.2	113.3	113.0	113.0	113.0
98.2	93.7	94.6	95.0	95.8	95.8	95.5
92.6	86.5	86.5	86.5	86.5	86.5	87.0
106.1	103.9	106.1	107.1	109.2	109.2	107.4
105.9	105.9	101.8	101.8	101.8	101.8	101.8

6 月	7 月	8 月	9 月	10 月	11 月	12 月
108.3	**121.6**	**123.4**	**122.4**	**118.7**	**122.8**	**123.9**
111.7	112.4	112.4	110.7	110.7	110.7	118.7
95.0	96.9	97.1	106.2	105.0	108.7	109.7
156.8	256.1	266.5	239.7	198.3	190.8	179.7
104.7	104.7	101.4	101.4	101.4	101.4	101.1
102.1	102.1	100.6	100.0	100.4	100.4	100.1
103.6	106.2	107.1	107.2	108.5	122.5	128.3
99.9	99.9	99.8	99.7	99.7	99.6	99.6
99.8	99.8	99.8	99.7	99.7	99.6	99.6
100.0	100.0	100.0	100.0	100.0	100.0	100.0
97.9	98.0	98.0	98.0	98.2	106.4	107.5
99.0	100.9	100.1	99.9	99.0	99.0	99.1
94.5	97.9	97.9	97.9	97.9	97.9	97.9
104.7	104.7	102.9	102.3	100.5	100.5	100.7
104.5	104.5	106.1	106.6	106.6	106.6	106.6

2008 年广西全区农业生产资料价格各月同比指数

以上年同月价格为 100

类　　别	1 月	2 月	3 月	4 月	5 月
农业生产资料价格指数	**124.3**	**128.4**	**132.9**	**134.9**	**137.5**
一、农用手工工具	118.7	121.2	123.8	125.2	123.3
二、饲　　料	109.5	108.0	112.5	114.1	117.0
三、产 品 畜	179.3	183.9	206.7	183.0	189.2
四、半机械化农具	101.1	100.5	100.5	100.5	101.7
五、机械化农具	102.3	107.3	114.2	118.1	119.3
六、化学肥料	128.9	135.3	136.0	145.7	149.3
七、农药及农药械	99.6	99.8	102.9	105.2	106.2
1. 化学农药	99.6	99.8	103.3	106.0	106.2
2. 农药器械	100.0	100.0	100.0	100.0	106.4
八、农用机油	108.6	109.5	109.6	109.7	109.7
九、其他农业生产资料	99.3	109.9	112.6	115.5	115.7
1. 农用种子	98.6	111.7	112.8	117.3	115.8
2. 其　　他	100.4	107.4	112.2	113.1	115.5
十、农业生产服务	106.6	112.6	111.7	113.4	110.9

2009 年广西全区农业生产资料价格各月同比指数

以上年同月价格为 100

类　　别	1 月	2 月	3 月	4 月	5 月
农业生产资料价格指数	**107.4**	**104.3**	**99.2**	**94.2**	**91.4**
一、农用手工工具	123.0	120.2	115.0	113.5	106.2
二、饲　　料	98.9	107.0	100.6	101.6	100.6
三、产 品 畜	80.4	79.0	69.6	67.7	66.5
四、半机械化农具	100.7	100.0	99.0	98.6	96.3
五、机械化农具	119.2	113.0	104.4	100.5	98.5
六、化学肥料	112.3	107.8	104.7	95.6	90.3
七、农药及农药械	108.8	108.5	104.6	91.0	89.6
1. 化学农药	107.4	107.2	103.3	88.1	87.8
2. 农药器械	117.2	117.2	113.2	113.2	102.4
八、农用机油	93.2	91.6	92.5	94.8	95.2
九、其他农业生产资料	124.1	117.1	111.5	109.6	106.0
1. 农用种子	130.1	124.9	120.4	118.3	116.4
2. 其　　他	116.0	106.6	99.7	98.1	92.7
十、农业生产服务	108.4	105.3	105.5	103.7	102.3

6 月	7 月	8 月	9 月	10 月	11月	12月
136.8	**122.5**	**120.8**	**118.7**	**118.8**	**112.1**	**108.2**
120.2	120.2	125.5	125.2	123.8	125.9	117.5
121.1	123.1	123.7	108.7	110.1	103.7	101.1
138.9	75.4	71.2	69.1	67.7	64.3	65.3
97.5	97.1	100.2	100.2	100.6	100.6	100.6
120.7	120.7	121.9	122.4	122.8	122.8	121.8
157.9	155.2	156.0	154.8	152.7	129.5	120.4
110.5	110.6	108.0	108.7	109.1	109.1	107.6
111.2	111.2	108.2	109.0	109.5	109.5	107.8
106.4	106.7	106.7	106.7	106.7	106.7	106.7
118.9	128.1	128.1	128.1	128.1	118.1	109.4
119.4	124.5	124.1	125.1	126.0	126.0	125.8
121.6	130.1	129.4	131.1	132.5	132.5	132.5
116.3	116.7	116.8	116.8	116.8	116.8	116.5
110.9	110.9	110.3	109.7	109.7	109.7	109.0

6 月	7 月	8 月	9 月	10 月	11月	12月
89.4	**89.2**	**89.1**	**90.5**	**90.1**	**92.6**	**95.9**
108.2	107.4	103.4	102.2	102.2	98.2	100.0
101.0	101.0	101.3	104.2	99.1	101.9	104.5
78.1	84.9	89.2	96.3	100.5	101.7	103.8
96.7	95.2	95.8	95.8	94.2	95.1	95.9
97.8	97.5	96.6	96.8	96.8	96.8	96.9
79.3	77.2	76.0	75.5	75.4	80.0	85.0
96.5	97.0	98.5	99.0	98.4	97.6	98.7
95.6	96.2	98.1	99.1	98.9	98.0	99.3
102.4	102.6	101.4	98.6	95.5	95.5	95.5
91.9	92.2	89.7	96.6	94.4	99.8	109.8
102.4	97.5	97.4	97.8	97.3	96.1	96.2
109.2	100.9	100.7	102.3	101.4	98.3	98.3
93.2	92.7	92.8	91.6	91.6	93.0	93.3
102.3	102.1	100.4	100.4	100.1	100.5	100.7

2010 年广西全区农业生产资料价格各月同比指数

以上年同月价格为 100

类　　别	1 月	2 月	3 月	4 月	5 月
农业生产资料价格指数	**97.8**	**97.9**	**98.2**	**98.1**	**99.6**
一、农用手工工具	100.5	101.3	101.7	101.3	102.5
二、饲　　料	106.8	107.2	109.3	109.4	109.0
三、产 品 畜	93.7	88.4	89.3	83.8	86.7
四、半机械化农具	95.9	97.3	99.3	100.5	101.2
五、机械化农具	96.6	97.8	99.6	101.3	103.4
六、化学肥料	90.7	91.3	89.8	90.4	92.1
七、农药及农药械	98.9	99.3	99.5	100.8	101.1
1. 化学农药	99.5	100.0	99.6	101.0	101.4
2. 农药器械	95.5	95.5	98.9	98.9	99.3
八、农用机油	120.6	123.2	122.1	121.9	123.5
九、其他农业生产资料	96.1	97.2	101.4	102.7	105.5
1. 农用种子	97.9	96.4	101.6	103.7	106.7
2. 其　　他	93.6	98.4	101.5	101.8	104.2
十、农业生产服务	100.2	99.8	100.0	99.8	99.8

2011 年广西全区农业生产资料价格各月同比指数

以上年同月价格为 100

类　　别	1 月	2 月	3 月	4 月	5 月
农业生产资料价格指数	**106.4**	**107.8**	**109.5**	**112.1**	**114.4**
一、农用手工工具	104.7	104.3	104.5	105.6	105.6
二、饲　　料	103.4	103.1	103.5	102.9	103.3
三、产 品 畜	115.5	125.6	139.3	158.9	175.7
四、半机械化农具	102.8	103.1	103.0	103.8	103.9
五、机械化农具	104.1	104.1	105.3	104.0	104.4
六、化学肥料	106.6	108.4	109.6	113.0	116.3
七、农药及农药器械	101.3	100.9	102.3	103.0	103.7
1. 化学农药	101.5	101.0	102.4	102.6	103.4
2. 农药器械	100.3	100.3	101.8	105.7	105.7
八、农用机油	107.5	109.5	109.8	110.4	109.2
九、其他农业生产资料	110.4	110.5	108.0	107.7	107.5
1. 农用种子	113.3	113.9	109.8	108.9	108.7
2. 其　　他	105.9	105.3	105.1	105.7	105.5
十、农业生产服务	101.8	101.6	103.9	106.9	107.5

6 月	7 月	8 月	9 月	10 月	11 月	12 月
100.9	**102.2**	**103.6**	**104.1**	**107.0**	**107.6**	**106.5**
102.4	103.6	103.2	104.1	105.4	105.7	105.3
107.8	105.1	104.9	104.0	103.2	104.2	104.0
92.0	107.0	111.0	110.4	120.4	120.8	116.5
100.7	102.9	102.4	102.7	103.1	103.3	103.3
103.0	103.2	103.6	103.2	103.2	103.7	104.1
96.0	97.1	98.8	101.6	106.2	108.6	106.2
101.7	101.0	101.5	101.5	101.3	101.4	101.7
102.1	101.4	101.8	101.8	101.5	101.5	101.9
99.3	98.9	100.0	100.0	100.0	100.2	100.3
115.6	107.0	110.2	106.3	110.2	105.8	106.4
105.3	107.8	108.5	108.7	108.9	108.7	109.2
107.1	110.5	111.4	111.1	111.2	111.2	111.6
103.1	104.3	104.7	105.7	105.9	105.5	106.0
99.8	99.9	101.0	101.0	101.3	101.5	101.7

6 月	7 月	8 月	9 月	10 月	11 月	12 月
116.3	**116.1**	**115.6**	**115.5**	**112.6**	**110.4**	**109.4**
106.5	106.2	106.2	106.1	105.1	105.9	104.9
104.6	106.7	108.6	111.5	111.2	115.9	113.3
182.9	165.2	152.2	148.1	131.6	116.1	116.1
103.7	103.8	104.3	104.3	104.1	104.0	104.2
104.9	105.2	105.2	105.7	105.7	105.3	104.8
119.6	121.7	123.3	122.1	117.5	113.5	112.4
103.9	104.0	103.8	103.8	104.1	104.1	103.5
103.6	103.6	103.4	103.4	103.8	103.8	103.3
106.1	106.1	106.1	106.1	106.1	106.0	104.8
111.0	110.9	110.7	110.7	107.5	106.4	104.4
107.7	107.5	107.2	107.3	107.3	107.2	106.5
108.9	108.5	108.6	108.9	108.9	108.9	108.5
105.7	105.7	105.0	104.7	104.7	104.4	103.1
107.5	109.0	108.8	108.8	108.8	108.7	108.1

2012年广西全区农业生产资料价格各月同比指数

以上年同月价格为100

类　别	1月	2月	3月	4月	5月
农业生产资料价格指数	**109.6**	**110.3**	**108.7**	**107.3**	**104.4**
一、农用手工工具	104.9	105.9	104.7	103.5	103.5
二、饲　料	112.9	112.9	113.5	113.8	114.4
三、产 品 畜	124.0	126.6	116.2	103.1	86.2
四、半机械化农具	104.1	103.5	102.7	101.3	100.6
五、机械化农具	104.5	103.9	102.1	102.2	101.1
六、化学肥料	110.3	108.3	108.0	111.3	109.7
七、农药及农药器械	104.4	104.9	104.2	102.8	103.0
1. 化学农药	104.4	104.9	104.4	103.5	103.6
2. 农药器械	104.8	104.8	103.2	99.4	99.4
八、农用机油	104.0	108.4	111.7	108.7	106.8
九、其他农业生产资料	105.1	108.1	105.6	105.7	105.6
1. 农用种子	106.8	112.0	108.5	109.0	108.9
2. 其　他	102.4	101.7	100.8	100.2	100.2
十、农业生产服务	109.0	109.0	108.3	105.8	105.4

2013年广西全区农业生产资料价格各月同比指数

以上年同月价格为100

类　别	1月	2月	3月	4月	5月
农业生产资料价格指数	**101.6**	**100.2**	**100.4**	**99.0**	**99.2**
一、农用手工工具	104.9	103.9	104.5	105.0	104.7
二、饲　料	105.2	106.3	106.0	105.6	104.6
三、产 品 畜	86.5	82.1	81.8	78.4	83.9
四、半机械化农具	100.0	100.0	100.0	100.0	100.0
五、机械化农具	99.3	99.4	99.4	100.0	100.0
六、化学肥料	99.9	100.0	99.8	95.5	93.1
七、农药及农药器械	104.4	104.3	103.1	102.8	102.1
1. 化学农药	104.9	104.8	103.4	103.0	102.2
2. 农药器械	101.7	101.6	101.8	101.8	101.7
八、农用机油	106.6	100.2	97.8	96.2	96.7
九、其他农业生产资料	106.0	103.6	107.5	107.6	108.3
1. 农用种子	107.5	103.6	109.4	109.8	111.0
2. 其　他	103.6	103.6	103.9	103.5	103.5
十、农业生产服务	106.8	106.9	105.3	106.1	106.1

6 月	7 月	8 月	9 月	10 月	11月	12月
102.9	**101.2**	**100.5**	**100.4**	**101.0**	**101.2**	**101.3**
102.6	102.4	102.6	102.9	103.6	103.2	104.4
114.3	113.6	111.9	109.8	111.1	104.1	104.7
80.4	77.0	76.4	77.4	78.7	88.3	88.8
100.8	100.5	100.2	100.2	100.2	100.2	100.0
101.1	101.3	101.0	100.9	100.2	99.5	99.1
107.9	104.4	101.9	100.7	100.0	98.5	98.0
102.8	102.8	103.1	103.7	103.7	103.7	103.8
103.6	103.6	103.6	104.3	104.3	104.3	104.3
98.3	98.3	100.6	100.6	100.6	100.6	101.5
104.4	101.0	103.3	106.5	108.3	106.6	106.6
105.6	105.4	105.0	105.4	105.8	105.8	105.9
108.9	107.9	107.3	107.3	107.3	107.3	107.3
100.1	101.2	101.2	102.3	103.2	103.2	103.6
105.4	104.6	105.8	106.2	106.2	107.7	107.7

6 月	7 月	8 月	9 月	10 月	11月	12月
99.0	**99.7**	**99.7**	**99.6**	**99.9**	**100.0**	**100.5**
104.7	105.2	105.0	104.7	104.0	103.4	102.4
103.9	103.1	102.2	102.4	102.1	102.6	102.2
86.1	94.9	97.7	98.8	102.4	97.7	99.9
100.0	100.0	100.0	99.2	99.2	99.2	99.2
99.4	98.9	99.1	99.3	99.9	100.3	100.7
91.0	89.5	89.1	89.4	88.9	90.8	91.9
102.2	102.2	101.7	101.2	101.7	101.8	101.8
102.2	102.2	102.0	101.4	102.0	102.1	102.2
102.4	102.1	99.8	99.8	99.8	99.8	99.8
98.6	102.5	101.1	99.4	98.5	99.3	99.8
108.3	108.0	108.4	107.9	107.6	107.8	107.8
111.0	111.3	112.0	112.0	112.0	112.0	112.0
103.5	102.0	102.0	100.8	100.0	100.6	100.6
106.1	106.1	105.0	104.6	104.6	104.0	104.0

1996年广西全区居民消费价格各月环比指数

以上月价格为100

类　别	1月	2月	3月	4月	5月
居民消费价格总指数	**101.0**	**101.4**	**100.4**	**101.6**	**99.3**
一、食　品	**99.8**	**102.6**	**99.9**	**103.0**	**98.3**
1. 粮　食	99.9	101.2	99.6	100.3	100.5
(1)细　粮	99.9	101.2	99.6	100.3	100.5
大　米	99.5	101.9	99.5	100.2	
(2) 粗　粮	100.0	100.6	100.0	105.6	101.6
2. 淀粉及薯类	101.8	102.8	99.5	105.7	99.6
3. 干豆类及豆制品	100.8	103.6	102.2	104.9	105.1
4. 油 脂 类	97.4	101.1	96.9	99.6	98.3
5. 肉禽及其制品	99.6	104.2	99.2	100.1	97.4
猪　肉	97.0	102.2	97.6	99.6	
牛　肉	99.4	109.3	99.8	98.5	
羊　肉	102.2	98.6	98.5	98.8	
鸡	104.3	109.1	100.4	101.6	
鸭	107.3	106.2	102.5	103.7	
6. 蛋　类	102.8	106.2	103.0	95.3	101.7
鲜　蛋	103.1	106.6	103.2	94.8	
7. 水产品类	100.8	107.3	104.0	104.7	99.3
8. 菜　类	87.9	92.8	95.3	123.6	84.4
(1) 鲜　菜	85.3	90.0	94.9	127.9	80.7
(2) 干　菜	101.0	104.8	99.7	103.8	100.2
(3) 菜 制 品	97.2	105.9	94.5	105.5	100.7
9. 调 味 品	101.9	101.0	101.3	100.5	102.1
盐	104.9	102.2	100.8	100.2	
酱　油	99.7	100.0	100.0	101.8	
10. 糖　类	99.8	100.8	100.0	99.0	99.5
(1) 食　糖	98.8	99.7	99.9	98.9	98.6
(2) 糖　果	100.9	101.9	100.1	99.2	100.5
11. 烟 草 类	104.9	103.7	101.4	99.7	100.6
12. 酒和饮料	100.4	99.7	100.3	100.4	100.1
13. 干鲜瓜果类	111.5	109.2	104.7	112.7	106.0
(1) 鲜　果	112.6	110.1	105.7	115.0	106.9
(2) 干　果	106.0	104.6	100.0	100.9	101.7
14. 糕 点 类	101.3	99.3	99.4	100.4	100.3
15. 奶及奶制品	99.8	100.6	100.0	102.2	101.1

6月	7月	8月	9月	10月	11月	12月
98.4	**102.0**	**101.3**	**100.9**	**100.0**	**99.4**	**100.3**
96.4	**103.9**	**102.2**	**100.4**	**99.7**	**98.2**	**99.5**
100.9	102.0	99.8	99.7	99.5	99.6	99.0
100.9	102.0	99.8	99.7	99.5	99.6	99.0
100.9		99.7	98.6	99.4	99.7	98.3
93.3	100.8	101.1	105.3	105.4	105.7	101.3
102.0	102.0	100.4	101.4	96.4	98.1	100.6
103.6	102.5	100.2	101.8	96.8	101.5	101.8
100.7	107.0	101.7	101.2	100.2	99.6	100.6
101.0	106.4	101.2	100.8	100.7	99.9	98.6
103.0		100.9	102.1	101.5	100.3	98.5
102.1		100.2	100.1	100.3	97.7	98.1
99.0		99.1	84.9	115.1	99.1	100.4
97.1		101.4	97.9	98.5	101.3	97.7
94.7		104.5	98.3	97.7	95.8	101.3
101.6	102.6	100.7	103.8	96.0	97.3	96.1
101.1		100.5	104.4	95.6	97.2	96.2
96.5	99.3	101.8	98.6	97.2	97.7	96.6
69.9	118.4	111.4	101.1	93.9	83.7	104.3
63.8	121.3	112.4	99.2	92.4	81.3	105.5
100.1	100.6	100.5	100.8	100.9	99.9	100.1
93.4	110.8	113.5	118.5	100.5	88.9	98.4
100.8	100.2	100.7	100.1	101.2	100.4	100.0
102.0		100.3	100.0	103.4	100.0	100.0
100.0		100.0	100.0	100.0	100.0	100.0
99.5	99.7	100.6	100.8	101.2	101.6	100.4
95.7	99.6	101.2	101.5	102.3	102.2	100.8
103.4	99.8	100.0	100.0	100.0	101.0	100.0
100.2	101.0	100.3	100.9	101.7	100.3	100.6
100.3	99.9	101.1	100.9	100.0	100.1	99.7
72.3	96.3	107.7	97.4	102.3	97.3	100.1
66.6	83.5	109.0	97.1	102.8	96.8	100.1
102.1	100.8	100.9	99.3	99.9	99.9	100.0
100.3	100.4	101.0	101.3	100.0	100.0	100.0
100.0	100.4	99.9	100.4	100.8	99.4	102.6

1996 年广西全区居民消费价格各月环比指数（续表 1）

以上月价格为 100

类　别	1 月	2 月	3 月	4 月	5 月
16. 其他食品	101.4	100.1	99.8	100.3	100.3
17. 饮 食 业	101.9	101.6	101.0	99.6	101.5
(1) 主　　食	100.2	100.1	100.5	102.0	100.1
(2) 炒　　菜	102.7	102.1	100.6	98.4	102.0
(3) 地方小吃	101.1	101.7	103.7	101.3	101.9
二、衣 着 类	**101.3**	**99.8**	**99.6**	**99.6**	**100.5**
1. 服　　装	101.3	99.7	99.3	99.6	100.7
2. 衣着材料	100.5	99.4	99.9	100.1	100.2
(1) 棉　　布	102.6	100.3	100.0	101.2	99.8
(2) 棉花化纤混纺布	102.5	99.6	98.8	99.7	100.7
(3) 化 纤 布	100.0	98.6	100.0	100.0	100.4
(4) 呢　　绒	99.9	101.2	100.0	100.3	100.0
(5) 绸　　缎	100.4	100.7	100.0	100.9	99.2
(6) 毛　　线	100.7	100.2	100.0	100.1	100.0
3. 鞋袜帽及其他衣着	101.8	100.2	100.0	99.1	100.0
(1) 鞋　　类	102.1	100.2	100.0	98.9	99.9
(2) 袜　　子	100.0	100.0	100.0	100.0	100.9
(3) 帽　　子	100.0	100.0	100.1	100.0	100.0
(4) 其他衣着	100.6	100.9	100.0	100.6	100.0
三、家庭设备及用品	**100.5**	**99.8**	**100.1**	**100.1**	**100.1**
1. 耐用消费品	100.3	99.6	99.7	99.9	100.1
(1) 家　　具	100.3	99.9	99.9	99.7	99.8
(2) 家庭设备	100.3	99.5	99.6	100.0	100.3
2. 室内装饰品	100.3	100.0	100.3	100.0	100.0
3. 床上用品	100.7	100.8	102.1	99.9	99.3
4. 家庭日用杂品	100.9	99.9	100.2	100.6	100.3
5. 其他日用品	100.4	100.0	100.1	99.9	100.1
四、医疗保健	**100.5**	**99.8**	**100.6**	**100.8**	**100.7**
1. 医疗器具及保健用品	100.4	100.1	100.3	100.1	100.0
2. 中药材及中成药	99.9	100.1	100.8	101.4	100.5

6月	7月	8月	9月	10月	11月	12月
100.1	100.1	99.2	101.7	100.0	100.4	100.4
100.4	100.5	100.7	100.2	101.5	99.9	100.0
101.4	100.9	100.3	100.0	100.3	100.0	100.2
100.1	100.1	101.0	100.0	101.9	99.9	100.0
99.7	101.9	100.0	101.7	101.6	99.7	100.0
100.5	**100.1**	**100.1**	**101.0**	**101.3**	**100.9**	**101.8**
100.7	100.0	100.2	100.5	101.7	101.2	102.8
100.4	100.1	99.9	102.2	99.9	100.5	100.5
99.9	100.6	100.1	109.8	100.6	101.0	100.0
99.7	100.0	100.0	103.9	100.4	100.5	100.0
100.8	100.0	100.0	101.1	99.9	100.0	100.7
100.0	100.1	100.0	102.2	100.6	100.1	100.0
100.0	100.0	100.0	100.0	98.6	100.0	100.1
99.9	100.2	99.4	102.1	99.4	101.9	100.6
100.2	100.4	99.9	101.6	101.2	100.4	100.0
100.1	100.4	99.9	101.9	101.3	100.3	99.9
100.7	100.0	100.0	100.0	100.3	100.7	100.1
100.7	100.0	100.0	100.0	100.0	100.0	100.0
100.5	100.8	100.1	100.5	101.7	100.9	100.9
100.1	**100.0**	**100.4**	**100.2**	**100.2**	**100.2**	**100.2**
100.0	100.0	100.0	100.2	100.1	100.0	99.9
99.9	100.3	99.7	100.6	100.0	100.0	100.0
100.0	99.8	100.1	99.9	100.1	100.0	99.8
100.2	100.0	99.4	100.2	100.0	100.0	100.2
100.1	100.0	100.1	100.0	100.1	100.8	100.1
100.4	100.0	101.1	100.1	100.6	100.4	100.5
100.1	100.3	100.9	100.3	100.2	100.4	100.7
100.4	**100.6**	**102.5**	**100.8**	**100.6**	**100.4**	**99.8**
100.2	100.0	100.5	100.6	100.2	99.8	99.8
100.6	101.3	102.4	101.0	101.7	100.6	99.9

1996 年广西全区居民消费价格各月环比指数（续表 2）

以上月价格为 100

类　别	1 月	2 月	3 月	4 月	5 月
3. 西　药	101.1	99.5	100.5	100.3	101.1
五、交通和通讯工具	**99.3**	**99.7**	**99.3**	**99.9**	**100.2**
1. 交通工具	98.9	99.7	100.0	99.8	100.5
2. 通讯工具	100.8	99.6	96.2	100.2	99.1
六、娱乐教育文化用品	**107.6**	**99.5**	**103.7**	**99.8**	**99.2**
1. 文娱用耐用消费品	99.1	98.9	100.0	99.5	98.6
2. 教材及参考书	108.4	100.0	122.8	100.0	100.0
3. 文化娱乐用品	119.6	100.1	100.1	100.0	99.7
(1) 文娱用品	100.6	100.2	100.1	100.0	99.5
(2) 报纸杂志	143.1	100.0	100.0	100.0	100.0
七、居　住	**100.8**	**100.5**	**100.0**	**103.2**	**99.9**
1. 住　房	100.7	100.0	99.9	102.4	99.1
(1) 建筑材料	100.4	100.0	99.8	100.1	100.3
(2) 房　租	101.4	100.0	100.0	106.7	96.9
2. 水、电、燃料	100.9	101.0	100.0	104.0	100.6
水	101.2	100.0	100.0	100.9	
电	102.3	101.8	100.0	110.4	
液化石油气	99.2	100.8	99.9	99.0	
管道煤气	100.0	100.0	100.0	100.0	
八、服务项目	**100.6**	**103.1**	**101.3**	**99.7**	**101.0**
1. 电 讯 费	100.7	100.0	100.0	100.0	100.5
2. 邮　费	100.0	100.0	100.0	100.0	100.0
3. 交 通 费	100.2	126.4	92.9	93.6	96.6
4. 洗理美容费	103.3	102.5	100.7	103.5	101.6
5. 文 娱 费	102.3	100.6	100.3	101.8	100.5
6. 学杂保育费	99.9	100.1	103.6	100.2	102.3
7. 修理及其他服务费	101.9	100.1	101.0	100.7	100.3
8. 医疗保健服务	100.9	100.0	100.0	100.0	100.0

注：5 月、7 月缺失基本分类数据

6月	7月	8月	9月	10月	11月	12月
100.3	100.1	102.9	100.7	99.6	100.3	99.6
99.9	**99.9**	**100.0**	**99.0**	**99.6**	**100.1**	**99.5**
99.9	99.8	100.0	98.9	99.5	100.1	99.4
99.8	100.3	99.8	99.4	100.0	99.9	100.0
99.7	**100.2**	**99.8**	**101.8**	**99.6**	**99.6**	**100.1**
99.2	100.6	98.8	100.3	99.2	99.0	100.1
100.2	100.0	101.3	110.9	100.0	100.0	100.0
100.3	99.8	100.4	99.8	100.1	100.2	100.1
100.5	99.7	100.7	99.7	100.1	100.3	100.2
100.0	100.0	100.0	100.0	100.0	100.0	100.0
99.6	**101.4**	**100.2**	**100.8**	**100.5**	**101.4**	**103.9**
99.7	102.0	100.1	99.8	99.9	100.2	99.5
99.6	99.6	100.2	99.7	99.9	100.0	99.2
100.0	106.4	100.0	100.0	100.0	100.6	100.0
99.6	100.9	100.2	101.7	101.1	102.6	108.2
107.4		102.3	101.8	100.0	100.0	100.7
96.9		97.4	105.1	98.7	105.9	107.4
99.2		102.7	98.0	105.1	100.6	115.4
100.0		100.0	100.0	100.0	100.0	100.0
100.7	**100.2**	**101.3**	**103.7**	**100.4**	**100.0**	**100.7**
100.0	100.0	100.0	100.0	100.0	100.0	95.8
100.0	100.0	100.0	100.0	100.0	100.0	217.4
100.1	100.2	100.2	100.9	100.7	98.9	100.0
104.9	100.9	99.9	99.3	100.3	102.4	102.7
106.0	100.5	100.9	99.0	100.5	99.6	99.8
100.2	100.1	100.3	106.8	100.0	100.0	100.0
100.5	100.7	100.7	100.0	99.7	100.3	100.0
100.0	100.0	114.3	102.8	105.4	100.0	100.0

1997年广西全区居民消费价格各月环比指数

以上月价格为100

类　别	1月	2月	3月	4月	5月
居民消费价格总指数	**99.8**	**100.6**	**98.9**	**100.2**	**99.1**
一、食　　品	**98.5**	**102.0**	**97.8**	**100.9**	**98.7**
1.粮　　食	98.8	99.8	98.6	100.1	98.2
(1)细　　粮	98.9	99.8	98.6	100.1	98.2
大　　米	98.6	99.7	98.1	100.1	97.7
(2)粗　　粮	81.2	99.8	100.0	100.0	99.9
2.淀粉及薯类	98.3	103.3	96.7	98.0	100.9
3.干豆类及豆制品	100.2	103.7	98.2	100.6	100.4
4.油 脂 类	99.4	99.3	101.6	100.8	98.9
5.肉禽及其制品	98.2	101.7	96.9	100.3	99.1
猪　　肉	98.6	101.8	97.0	99.9	99.2
牛　　肉	96.9	106.5	95.3	97.6	97.6
羊　　肉	97.7	108.1	92.9	98.5	96.2
鸡	95.8	100.8	96.0	101.9	100.0
鸭	100.9	99.2	97.7	102.6	96.9
6.蛋　　类	96.9	98.6	92.0	97.4	94.3
鲜　　蛋	96.4	98.8	91.4	97.4	94.1
7.水产品类	99.7	105.5	98.1	100.4	99.9
8.菜　　类	90.6	104.5	95.8	106.3	89.3
(1)鲜　　菜	87.9	104.9	95.3	108.0	87.0
(2)干　　菜	103.4	100.5	96.0	100.0	97.6
(3)菜 制 品	101.0	105.5	100.3	97.5	101.7
9.调 味 品	100.2	100.7	100.0	99.9	100.4
盐	100.3	100.8	100.0	100.0	100.0
酱　　油	100.0	100.5	100.0	100.0	102.0
10.糖　　类	99.4	99.8	99.6	99.5	98.7
(1)食　　糖	99.2	100.1	99.2	99.3	98.7
(2)糖　　果	99.6	99.5	100.0	99.6	98.7
11.烟 草 类	100.0	99.8	100.1	99.2	99.4
12.酒和饮料	100.0	100.0	100.2	100.0	99.4
13.干鲜瓜果类	102.7	112.4	95.4	104.4	108.7

6月	7月	8月	9月	10月	11月	12月
98.5	**100.5**	**99.8**	**100.3**	**99.6**	**99.8**	**99.0**
96.4	**101.4**	**99.6**	**100.2**	**98.5**	**98.9**	**98.0**
96.0	99.7	99.3	96.9	99.3	100.1	100.2
96.0	99.7	99.3	96.9	99.3	100.1	100.2
94.9	99.5	99.0	96.1	99.0	100.1	100.5
100.1	100.0	100.0	100.0	100.0	100.0	99.8
98.9	103.4	102.6	99.2	95.7	99.6	97.3
99.7	99.0	99.2	98.6	100.7	99.5	100.2
99.7	99.5	99.6	98.4	100.2	100.4	99.4
99.4	99.6	97.4	101.0	99.8	99.6	97.2
98.9	100.4	99.7	99.3	98.8	99.3	97.7
98.1	100.0	100.2	97.9	97.3	97.4	98.2
100.2	95.9	99.3	105.0	96.1	93.8	97.5
100.9	97.8	91.8	106.3	103.2	100.2	94.8
100.4	97.5	89.6	104.1	100.8	104.3	95.1
97.6	99.5	100.7	104.5	96.6	96.4	100.0
97.6	99.6	100.9	104.9	96.4	96.2	100.1
97.8	100.1	98.8	97.0	96.2	97.8	97.4
79.1	113.4	106.3	105.0	93.9	94.7	90.7
74.5	116.6	107.5	105.1	92.7	93.7	89.1
98.9	98.9	100.9	99.9	99.2	100.9	99.1
99.9	99.3	100.8	109.3	98.9	97.0	96.9
99.7	100.1	100.0	100.0	100.3	100.0	99.7
100.0	100.0	100.0	100.0	100.2	100.0	100.0
99.2	100.0	100.0	100.0	100.6	100.0	99.0
100.8	100.8	100.2	100.0	100.4	99.9	98.9
99.3	101.3	100.0	100.0	100.9	99.9	98.8
102.1	100.3	100.3	100.0	99.9	99.9	98.9
99.9	99.0	99.7	100.3	100.3	99.7	99.3
100.1	100.1	100.1	99.9	99.4	100.0	99.9
80.6	108.0	102.6	97.5	90.6	92.9	98.8

1997 年广西全区居民消费价格各月环比指数（续表 1）

以上月价格为 100

类　别	1 月	2 月	3 月	4 月	5 月
(1)鲜　果	103.4	114.8	94.1	104.9	110.2
(2)干　果	99.3	100.7	101.7	101.8	101.2
14. 糕点类	100.6	100.2	99.6	99.5	100.8
15. 奶及奶制品	102.0	100.2	100.1	99.7	99.6
16. 其他食品	100.0	99.5	100.2	99.8	100.7
17. 饮食业	100.8	100.6	99.7	100.1	100.1
(1)主　食	101.0	99.9	100.0	100.3	100.3
(2)炒　菜	100.9	100.9	99.6	100.0	100.0
(3)地方小吃	100.0	100.0	100.0	100.6	100.0
二、衣着类	**100.2**	**97.4**	**99.0**	**100.3**	**99.1**
1. 服　装	100.0	95.9	98.4	100.5	97.9
2. 衣着材料	101.9	99.8	99.7	99.9	99.8
(1)棉　布	100.8	99.8	100.3	99.4	100.0
(2)棉花化纤混纺布	101.4	100.0	100.0	99.2	99.5
(3)化纤布	103.0	100.0	99.7	100.0	99.7
(4)呢　绒	99.4	100.0	100.0	100.0	100.0
(5)绸　缎	99.5	100.0	100.0	100.0	100.2
(6)毛　线	100.8	99.2	98.9	100.0	99.9
3. 鞋袜帽及其他衣着	99.9	99.8	99.9	100.2	101.7
(1)鞋　类	99.9	99.8	99.9	100.1	102.1
(2)袜　子	99.5	100.5	99.5	100.5	98.7
(3)帽　子	99.8	100.0	100.2	100.2	100.2
(4)其他衣着	100.0	99.4	100.4	101.0	100.1
三、家庭设备及用品	**100.3**	**100.0**	**100.0**	**99.7**	**100.0**
1. 耐用消费品	100.1	100.1	99.7	99.6	99.6
(1)家　具	100.4	100.0	99.8	99.0	99.7
(2)家庭设备	100.0	100.1	99.7	99.9	99.6
2. 室内装饰品	100.3	99.9	100.0	100.0	99.8
3. 床上用品	100.0	99.6	100.0	100.0	101.5
4. 家庭日用杂品	100.9	100.1	100.4	99.9	100.4
5. 其他日用品	100.2	99.5	100.1	99.7	99.9
四、医疗保健	**101.1**	**100.3**	**100.4**	**100.2**	**100.4**
1. 医疗器具及保健用品	101.2	100.1	100.0	99.9	100.8

6月	7月	8月	9月	10月	11月	12月
76.8	109.9	103.3	97.3	89.2	92.3	99.4
99.4	98.6	98.7	98.8	97.5	95.7	95.7
100.1	99.8	100.0	100.3	100.1	100.0	101.5
100.0	100.0	100.0	100.9	100.0	100.0	102.1
100.1	100.5	99.7	100.5	100.0	100.0	101.5
100.5	100.0	100.0	100.3	100.0	100.5	100.0
100.0	100.0	100.0	100.2	100.2	99.5	100.0
100.8	100.0	100.0	100.4	100.0	100.7	100.0
100.0	100.0	100.0	100.1	100.0	101.3	100.3
100.0	**99.2**	**99.1**	**100.6**	**102.3**	**100.8**	**99.9**
99.9	98.9	98.9	101.0	103.8	101.3	100.0
100.0	99.9	100.1	100.5	99.8	100.0	100.6
101.8	99.2	98.7	101.7	100.1	99.9	99.7
97.9	99.5	100.7	100.5	100.0	99.9	99.3
100.0	100.0	100.1	100.0	100.0	100.4	101.3
100.0	100.0	100.0	100.5	99.9	97.7	100.0
100.0	98.7	100.0	100.7	99.3	99.8	100.0
100.0	100.0	100.5	101.1	99.0	99.7	100.2
100.4	99.6	99.1	99.8	100.2	100.0	99.2
100.3	99.5	99.1	99.4	100.2	100.0	99.1
101.6	99.5	98.3	102.6	100.5	99.2	99.1
100.0	100.0	100.0	100.5	100.0	100.0	100.0
100.0	100.0	100.0	101.1	100.3	100.4	100.0
99.9	**99.8**	**99.7**	**99.7**	**100.3**	**100.1**	**100.1**
99.8	99.6	99.7	99.8	100.2	99.7	99.9
100.2	99.8	99.7	100.1	100.6	100.0	100.3
99.6	99.5	99.7	99.7	100.0	99.6	99.7
100.0	100.0	99.9	100.0	100.0	100.0	100.0
100.3	99.7	99.8	99.7	100.0	100.2	100.2
99.8	100.0	99.6	99.3	100.6	100.4	100.3
99.8	99.9	99.6	99.9	100.6	100.8	100.2
101.7	**100.1**	**100.3**	**99.9**	**100.5**	**99.9**	**100.0**
99.8	100.0	100.0	99.8	99.5	101.1	100.0

1997年广西全区居民消费价格各月环比指数(续表2)

以上月价格为100

类　别	1月	2月	3月	4月	5月
2.中药材及中成药	100.2	100.6	100.4	99.9	100.6
3.西　　药	102.0	100.1	100.4	100.5	100.2
五、交通和通讯工具	**100.1**	**100.0**	**100.1**	**99.4**	**98.8**
1.交通工具	100.5	100.0	100.1	99.2	99.7
2.通讯工具	99.0	99.9	100.0	99.8	96.2
六、娱乐教育文化用品	**102.1**	**99.1**	**100.3**	**99.8**	**100.5**
1.文娱用耐用消费品	98.2	98.4	99.9	99.6	101.1
2.教材及参考书	104.2	100.2	101.1	100.0	100.0
3.文化娱乐用品	106.6	99.5	100.3	99.9	100.0
(1)文娱用品	99.8	99.1	99.9	99.9	100.0
(2)报纸杂志	114.5	100.0	100.8	100.0	100.0
七、居　　住	**100.7**	**100.4**	**99.4**	**98.7**	**97.7**
1.住　　房	100.2	100.8	99.9	99.6	99.6
(1)建筑材料	100.3	100.0	99.9	99.0	99.3
(2)房　　租	100.1	102.3	100.0	100.6	100.1
2.水、电、燃料	101.3	99.9	98.9	97.8	95.7
水	100.0	100.9	100.6	100.7	100.0
电	100.8	100.3	100.0	100.0	94.9
液化石油气	102.4	99.0	96.5	93.1	93.6
管道煤气	100.0	100.0	100.0	100.0	100.0
八、服务项目	**101.5**	**99.3**	**99.6**	**99.7**	**99.8**
1.电 讯 费	99.6	99.5	100.0	100.0	100.0
2.邮　　费	101.8	99.8	100.0	100.0	100.0
3.交 通 费	111.6	105.1	93.4	95.8	99.4
4.洗理美容费	100.5	104.2	101.1	99.1	100.0
5.文 娱 费	101.0	100.2	101.8	100.0	99.2
6.学杂保育费	100.0	97.1	100.1	100.0	100.0
7.修理及其他服务费	100.5	100.7	100.4	101.8	99.4
8.医疗保健服务	100.4	100.1	100.6	100.0	100.2

6月	7月	8月	9月	10月	11月	12月
102.9	100.2	100.6	100.7	100.1	100.2	100.2
100.8	100.0	100.1	99.1	101.0	99.4	99.8
99.7	**100.3**	**99.3**	**99.3**	**99.5**	**99.4**	**98.6**
100.5	100.5	99.2	99.4	99.9	100.1	98.8
97.3	99.8	99.4	99.0	98.2	97.5	98.2
99.2	**99.6**	**99.3**	**99.6**	**99.8**	**100.0**	**99.4**
98.2	99.0	99.3	98.8	99.8	99.7	98.5
100.0	100.0	99.1	101.1	100.1	100.0	100.0
100.0	100.2	99.6	99.6	99.5	100.3	100.2
100.0	100.3	99.3	99.3	99.1	100.5	100.4
100.0	100.0	100.0	100.0	100.0	100.0	100.0
101.6	**100.0**	**100.0**	**100.7**	**100.3**	**102.5**	**100.2**
104.5	100.2	100.3	100.7	99.4	100.1	99.9
99.8	100.3	99.9	99.7	99.1	99.8	99.8
113.4	100.1	101.1	102.5	100.0	100.8	100.0
98.5	99.8	99.7	100.8	101.3	105.1	100.5
100.0	101.4	101.4	102.4	103.3	101.3	101.1
100.9	101.3	99.4	100.8	100.0	111.6	99.7
94.7	97.2	99.3	100.6	102.3	100.3	101.3
100.0	100.0	100.0	100.0	100.0	100.0	100.0
100.1	**100.1**	**101.6**	**102.2**	**100.4**	**100.1**	**99.9**
100.0	100.0	100.0	100.0	100.0	100.0	100.0
100.0	100.0	100.0	100.0	100.0	100.0	100.0
99.8	100.6	103.8	100.0	100.0	100.0	100.2
100.0	100.9	100.0	100.0	100.2	100.0	100.0
101.8	99.5	101.8	99.4	105.5	100.1	100.3
100.1	100.0	102.1	104.1	100.0	100.2	100.0
100.0	100.0	99.8	100.5	100.6	99.9	99.2
100.0	100.0	100.0	100.0	99.9	100.0	100.0

1998年广西全区居民消费价格各月环比指数

以上月价格为100

类　别	1月	2月	3月	4月	5月
居民消费价格总指数	**99.4**	**101.3**	**99.5**	**99.9**	**98.2**
一、食　品	**98.5**	**102.3**	**99.6**	**99.7**	**97.0**
1.粮　食	99.7	100.0	99.6	98.7	99.2
(1)细　粮	99.7	99.9	99.6	98.7	99.2
大　米	99.9	99.9	99.7	98.1	99.0
(2)粗　粮	107.4	113.5	93.3	92.7	94.8
2.淀粉及薯类	99.2	103.3	99.4	101.6	101.7
3.干豆类及豆制品	98.1	101.9	99.4	99.6	100.2
4.油脂类	100.2	99.0	99.7	99.3	98.2
5.肉禽及其制品	95.6	103.9	98.6	98.9	97.5
猪　肉	96.9	100.8	97.8	97.6	96.2
牛　肉	97.0	106.5	93.3	99.3	98.8
羊　肉	98.1	102.0	96.2	97.5	93.9
鸡	89.4	112.1	100.9	102.4	100.2
鸭	95.3	108.2	104.8	97.6	96.8
6.蛋　类	100.7	100.8	98.8	101.2	97.6
鲜　蛋	100.9	101.0	98.8	101.3	97.4
7.水产品类	97.2	103.7	99.4	99.8	100.8
8.菜　类	99.1	101.4	96.2	92.9	80.4
(1)鲜　菜	97.9	101.4	95.7	91.8	75.4
(2)干　菜	102.2	99.1	98.9	98.9	100.2
(3)菜制品	105.9	104.6	97.3	95.2	98.7
9.调味品	99.6	99.9	101.2	99.7	99.7
盐	100.0	100.0	101.3	100.0	98.8
酱　油	100.0	100.2	102.2	100.0	101.0
10.糖　类	100.8	100.0	101.1	98.9	98.7
(1)食　糖	98.8	99.8	97.7	100.0	98.5
(2)糖　果	102.6	100.2	104.0	98.0	98.9
11.烟草类	100.5	100.2	100.0	100.0	100.0
12.酒和饮料	99.7	100.2	100.7	99.7	100.5
13.干鲜瓜果类	106.0	111.0	109.2	117.7	97.3

6月	7月	8月	9月	10月	11月	12月
99.0	**101.9**	**98.9**	**99.6**	**100.4**	**99.5**	**99.8**
98.1	**104.4**	**97.6**	**99.7**	**99.9**	**98.2**	**99.3**
102.9	103.1	98.0	101.0	101.4	98.9	98.1
102.9	103.1	98.0	101.0	101.4	98.9	98.1
104.0	104.0	97.6	101.5	102.0	98.4	97.6
100.5	99.6	100.0	100.0	100.0	92.1	91.5
101.0	102.8	98.4	99.8	97.8	99.3	97.5
99.9	99.1	98.4	99.1	98.8	99.3	98.4
99.0	101.1	98.6	102.5	102.5	99.5	97.7
98.8	100.4	98.5	101.4	101.3	98.5	100.0
100.8	100.8	96.7	100.5	100.9	100.1	99.7
97.5	99.2	99.3	98.8	99.2	100.4	101.2
102.5	101.4	99.5	99.1	95.3	102.2	101.6
94.1	99.4	101.7	105.4	103.1	94.7	99.4
96.1	103.3	102.5	104.4	102.1	90.3	103.3
105.7	99.9	105.1	103.2	97.2	96.0	102.7
106.3	99.8	105.4	103.5	97.0	95.7	102.8
99.2	101.4	96.2	100.2	98.2	97.5	99.2
90.9	130.4	91.5	93.8	93.2	91.7	95.5
88.0	136.7	89.6	92.1	91.7	90.3	94.3
101.6	99.5	98.7	100.3	100.4	99.6	100.6
102.8	113.9	100.0	100.5	96.9	94.6	99.9
99.9	99.8	100.0	100.0	99.9	100.8	100.0
100.0	100.0	100.0	100.0	100.2	100.0	100.0
100.0	100.0	100.0	100.0	100.0	100.0	100.0
98.4	98.4	100.7	99.3	99.9	100.4	99.7
96.9	97.3	101.5	98.1	99.6	100.1	99.0
99.7	99.3	100.1	100.3	100.2	100.6	100.3
99.9	99.8	99.6	100.1	100.1	99.8	100.6
101.0	100.0	99.5	99.6	99.8	99.9	100.7
79.9	121.2	88.2	90.8	99.3	97.5	100.1

1998 年广西全区居民消费价格各月环比指数（续表 1）

以上月价格为 100

类　　别	1 月	2 月	3 月	4 月	5 月
(1)鲜　　果	107.5	112.7	111.1	121.2	97.1
(2)干　　果	97.8	101.9	99.1	99.2	98.8
14. 糕 点 类	99.9	100.2	101.4	98.6	99.0
15. 奶及奶制品	99.6	100.0	99.7	101.5	100.3
16. 其他食品	100.6	99.5	100.2	100.3	100.2
17. 饮 食 业	100.2	99.8	100.0	100.2	100.1
(1)主　　食	100.0	100.0	100.0	101.0	100.3
(2)炒　　菜	100.3	99.7	100.0	100.0	99.9
(3)地方小吃	100.0	100.4	100.0	100.0	100.6
二、衣 着 类	**99.6**	**99.0**	**99.4**	**101.7**	**100.0**
1. 服　　装	99.3	97.3	97.9	102.7	100.2
2. 衣着材料	100.0	99.7	100.1	100.2	99.6
(1)棉　　布	100.3	99.7	100.7	100.7	98.9
(2)棉花化纤混纺布	100.0	100.7	100.0	99.0	103.4
(3)化 纤 布	100.0	100.0	100.0	100.0	99.3
(4)呢　　绒	99.6	99.4	100.0	100.0	98.8
(5)绸　　缎	100.0	100.0	99.8	100.0	99.0
(6)毛　　线	99.9	98.8	100.0	101.0	99.7
3. 鞋袜帽及其他衣着	100.0	102.7	102.7	100.1	99.8
(1)鞋　　类	99.9	103.2	102.9	100.1	99.8
(2)袜　　子	101.8	100.0	99.5	100.0	100.0
(3)帽　　子	100.0	100.0	96.8	100.0	99.6
(4)其他衣着	99.4	100.1	104.1	100.0	99.6
三、家庭设备及用品	**99.6**	**99.9**	**99.8**	**99.7**	**99.9**
1. 耐用消费品	99.3	99.9	99.5	99.6	99.5
(1)家　　具	99.4	99.9	99.5	99.7	99.9
(2)家庭设备	99.3	99.9	99.5	99.6	99.2
2. 室内装饰品	100.2	99.7	100.3	100.0	100.4
3. 床上用品	99.8	100.1	100.3	100.4	99.9
4. 家庭日用杂品	99.9	100.0	100.3	99.5	100.2
5. 其他日用品	99.9	99.6	99.4	99.8	100.5
四、医疗保健	**100.0**	**101.0**	**102.0**	**100.9**	**100.8**
1. 医疗器具及保健用品	100.3	100.1	100.7	99.2	100.2

6月	7月	8月	9月	10月	11月	12月
76.2	125.4	86.0	89.2	99.6	97.5	100.4
99.3	98.7	99.9	99.4	98.1	97.3	98.3
99.7	99.9	100.1	99.8	100.2	100.0	99.9
100.0	100.3	99.5	98.7	100.0	100.0	100.7
100.0	101.2	99.8	99.5	100.0	99.9	100.5
100.0	100.0	100.0	100.0	100.0	100.0	100.0
100.0	100.0	100.0	100.0	100.0	100.0	100.0
100.0	100.0	100.0	100.0	100.0	100.0	100.0
100.0	100.0	100.0	100.0	100.0	100.0	100.0
100.1	**99.9**	**99.8**	**99.7**	**101.4**	**100.7**	**100.9**
100.4	99.8	99.7	99.7	102.4	101.1	101.4
98.8	100.0	99.9	99.0	100.0	100.1	100.0
100.0	100.1	100.0	100.2	100.0	101.3	100.0
100.3	100.0	99.9	100.0	100.0	100.0	99.8
97.8	100.0	100.0	97.7	100.0	100.0	100.0
100.0	100.0	100.0	103.4	100.0	100.0	100.0
100.0	99.9	100.0	100.0	100.0	100.0	100.0
100.0	100.0	99.6	99.8	100.2	100.0	100.0
100.2	100.1	100.0	100.0	99.8	100.2	100.0
100.2	100.1	100.0	100.0	99.8	100.2	100.0
100.4	100.0	100.0	100.0	100.0	100.0	100.0
99.4	101.8	100.0	100.0	100.0	100.0	100.0
100.0	100.1	100.0	100.0	100.0	100.4	100.0
99.8	**100.0**	**99.9**	**99.6**	**99.7**	**100.1**	**100.1**
99.6	100.1	99.8	99.7	99.5	100.0	100.2
99.7	100.0	99.9	100.0	100.3	100.0	100.0
99.5	100.1	99.7	99.6	99.1	100.0	100.3
99.8	100.0	100.0	99.9	100.0	100.2	100.0
100.0	99.9	100.0	99.3	100.1	100.0	100.0
100.2	100.0	99.8	99.5	99.9	100.2	99.9
99.3	99.9	100.1	99.7	100.0	100.2	100.0
100.6	**100.5**	**100.8**	**100.3**	**99.9**	**100.0**	**100.1**
101.0	99.9	100.0	100.1	101.3	100.3	101.7

1998年广西全区居民消费价格各月环比指数（续表2）

以上月价格为100

类　　别	1月	2月	3月	4月	5月
2.中药材及中成药	100.0	103.2	100.4	102.4	102.0
3.西　　药	99.9	98.9	103.9	99.7	99.6
五、交通和通讯工具	**99.1**	**99.5**	**99.5**	**99.6**	**99.6**
1.交通工具	99.0	99.4	99.6	99.5	99.7
2.通讯工具	99.5	99.7	99.4	99.8	99.4
六、娱乐教育文化用品	**99.8**	**100.6**	**99.3**	**100.1**	**99.8**
1.文娱用耐用消费品	99.1	99.5	98.6	100.5	99.3
2.教材及参考书	100.9	104.0	100.0	100.0	100.0
3.文化娱乐用品	100.2	99.7	99.9	99.7	100.3
(1)文娱用品	100.4	99.5	99.8	99.4	100.6
(2)报纸杂志	100.0	100.0	100.0	100.0	100.0
七、居　　住	**100.0**	**99.4**	**99.6**	**99.3**	**96.3**
1.住　　房	99.9	99.6	100.0	99.6	99.0
(1)建筑材料	99.7	99.4	100.0	99.4	98.4
(2)房　　租	100.2	100.0	100.0	99.9	99.9
2.水、电、燃料	100.1	99.1	99.2	99.0	93.3
水	102.0	100.0	100.5	102.3	102.7
电	100.2	99.1	101.1	100.6	90.9
液化石油气	99.3	98.6	96.3	95.8	91.1
管道煤气	100.0	100.0	100.0	100.0	100.0
八、服务项目	**101.9**	**103.3**	**98.5**	**99.8**	**100.0**
1.电 讯 费	100.0	100.0	100.0	100.0	100.0
2.邮　　费	100.0	100.0	100.0	100.0	100.0
3.交 通 费	117.8	106.5	86.7	99.0	99.1
4.洗理美容费	100.0	100.3	100.0	100.0	100.3
5.文 娱 费	99.1	100.2	101.5	100.0	100.5
6.学杂保育费	99.7	104.8	100.0	100.0	100.0
7.修理及其他服务费	100.1	100.2	100.0	99.7	100.3
8.医疗保健服务	100.0	100.0	100.0	100.0	100.9

6月	7月	8月	9月	10月	11月	12月
100.9	100.0	101.2	100.9	99.3	100.0	99.9
100.3	101.2	100.4	99.8	100.4	99.9	100.1
99.9	**98.8**	**99.0**	**99.2**	**99.6**	**99.3**	**100.1**
100.0	98.9	99.9	98.7	99.4	99.4	100.1
99.6	98.6	97.0	100.4	100.0	99.0	100.0
99.7	**99.8**	**99.9**	**99.2**	**100.0**	**99.9**	**99.7**
99.4	99.6	100.0	100.0	99.9	99.7	99.4
100.0	100.0	99.6	96.3	100.0	100.0	100.0
99.9	99.9	100.1	100.1	100.1	100.1	100.1
99.9	99.9	100.2	100.2	100.1	100.1	100.2
100.0	100.0	100.0	100.0	100.2	100.0	100.0
98.6	**99.6**	**99.8**	**99.9**	**103.2**	**102.7**	**100.6**
99.8	99.8	100.1	99.7	99.8	99.9	100.0
99.6	99.7	100.2	98.9	99.6	99.9	100.0
100.0	100.0	100.0	101.0	100.0	100.0	100.0
97.3	99.3	99.4	100.1	107.0	105.8	101.3
100.0	100.0	99.7	100.0	100.7	100.0	100.2
100.1	100.0	100.1	100.3	100.0	109.3	102.4
92.4	98.4	98.6	99.6	118.8	105.5	100.5
100.0	100.0	100.0	100.0	100.0	100.0	100.0
100.1	**100.3**	**100.4**	**99.5**	**100.1**	**100.5**	**99.7**
100.0	100.0	100.0	100.0	100.0	100.0	100.0
100.0	100.0	100.0	100.0	100.0	100.0	100.0
100.1	100.6	100.2	100.0	101.2	99.8	100.0
100.0	99.5	100.0	100.0	100.0	100.0	100.0
100.8	102.5	101.8	100.1	99.0	108.7	95.3
100.0	100.1	100.4	99.4	100.0	100.0	100.0
99.9	100.1	100.1	98.4	99.8	100.1	100.0
100.0	100.0	100.0	100.0	100.0	100.0	100.0

1999年广西全区居民消费价格各月环比指数

以上月价格为100

类　　别	1月	2月	3月	4月	5月
居民消费价格总指数	**100.5**	**100.8**	**99.4**	**99.3**	**97.5**
一、食　　品	**100.8**	**101.2**	**99.2**	**99.1**	**95.8**
1.粮　　食	100.9	100.5	99.8	101.3	99.6
(1)细　　粮	100.9	100.5	99.8	101.3	99.6
大　　米	101.5	100.5	100.1	101.8	99.6
(2)粗　　粮	106.2	105.6	97.2	101.5	99.2
2.淀粉及薯类	100.0	103.0	100.1	101.7	97.7
3.干豆类及豆制品	98.9	99.3	98.1	100.8	97.8
4.油 脂 类	98.4	100.1	98.5	99.2	99.1
5.肉禽及其制品	101.1	100.8	96.5	96.7	95.2
猪　　肉	99.3	99.8	97.6	95.8	93.0
牛　　肉	102.4	108.7	95.8	97.9	94.4
羊　　肉	98.8	103.1	97.7	94.4	96.4
鸡	105.0	101.0	92.1	96.8	100.8
鸭	104.5	100.0	95.8	100.3	91.4
6.蛋　　类	101.3	101.4	94.4	94.9	97.0
鲜　　蛋	101.3	101.5	94.0	94.7	96.9
7.水产品类	100.5	107.1	98.8	98.3	101.9
8.菜　　类	99.9	93.8	104.4	103.6	83.3
(1)鲜　　菜	99.6	90.8	106.3	104.3	79.0
(2)干　　菜	101.5	105.0	96.3	100.4	100.1
(3)菜 制 品	100.6	104.9	99.0	102.2	97.5
9.调 味 品	100.1	100.0	99.5	99.6	100.1
盐	100.0	100.0	100.0	100.0	100.0
酱　　油	100.0	100.2	100.0	99.1	99.9
10.糖　　类	99.0	98.8	98.7	99.6	98.3
(1)食　　糖	98.1	98.3	98.6	99.2	97.0
(2)糖　　果	99.9	99.2	98.8	100.0	99.4
11.烟 草 类	99.7	100.0	100.1	98.4	99.5
12.酒和饮料	99.5	99.9	100.1	99.6	99.7
13.干鲜瓜果类	106.1	117.3	106.2	101.9	85.5

6月	7月	8月	9月	10月	11月	12月
99.3	**99.9**	**100.2**	**101.0**	**99.8**	**99.9**	**100.0**
98.9	**100.2**	**99.8**	**102.7**	**99.5**	**98.8**	**99.2**
99.4	98.8	98.6	99.5	99.5	99.9	99.4
99.4	98.8	98.6	99.5	99.5	99.9	99.4
99.1	98.4	98.0	99.3	99.5	99.9	99.4
98.4	98.9	96.1	97.3	99.8	97.2	99.5
99.8	99.1	100.4	99.5	98.3	98.1	98.3
98.2	98.5	98.7	99.0	100.0	100.4	101.1
101.4	100.3	99.8	100.1	100.0	99.3	99.1
102.7	100.2	99.3	104.1	100.6	99.0	99.7
104.3	100.4	99.0	105.1	101.0	100.7	99.2
99.4	99.4	98.3	103.9	99.6	99.2	102.2
99.0	99.1	107.6	96.2	102.7	104.2	101.4
101.1	99.3	101.3	103.7	100.5	94.4	99.2
103.4	103.4	96.2	101.3	97.9	94.4	103.1
98.7	100.0	100.3	102.7	97.0	96.8	97.1
98.7	100.0	100.4	102.8	96.9	96.6	97.0
103.0	97.5	98.2	100.1	96.9	99.4	99.7
85.7	105.5	102.6	116.6	98.6	97.7	92.2
81.7	107.3	103.1	119.4	98.1	97.4	90.6
100.2	99.7	100.5	99.6	100.3	100.4	100.2
100.2	98.0	100.7	114.7	100.2	96.4	95.8
99.7	99.4	99.9	100.5	100.3	100.6	100.4
100.0	100.0	100.0	100.8	100.0	102.1	101.1
100.0	100.0	100.0	100.8	101.0	100.0	100.0
99.7	99.4	99.9	99.3	98.5	99.2	99.6
99.4	98.4	99.9	99.1	95.9	98.7	99.2
100.0	100.3	99.9	99.5	100.8	99.7	100.0
100.2	99.7	99.2	100.2	101.6	97.5	99.4
100.0	100.1	100.4	99.7	99.9	100.0	99.9
85.1	99.6	101.9	95.2	96.7	93.1	103.8

1999年广西全区居民消费价格各月环比指数（续表1）

以上月价格为100

类　别	1月	2月	3月	4月	5月
(1)鲜　果	108.0	120.2	107.3	102.2	82.9
(2)干　果	95.9	101.6	100.3	100.4	99.9
14.糕点类	100.3	100.1	100.1	99.9	100.0
15.奶及奶制品	99.7	100.0	100.0	100.0	100.1
16.其他食品	100.0	100.1	100.2	99.5	100.6
17.饮食业	100.3	100.0	100.2	100.0	100.0
(1)主　食	100.0	100.0	100.0	100.0	100.0
(2)炒　菜	100.5	100.0	100.3	100.0	100.0
(3)地方小吃	100.0	100.0	100.0	100.0	100.0
二、衣着类	**100.0**	**98.1**	**98.8**	**101.1**	**98.7**
1.服　装	99.9	97.2	98.0	102.3	98.7
2.衣着材料	99.8	99.8	100.2	99.9	98.8
(1)棉　布	100.3	100.1	100.0	99.7	98.3
(2)棉花化纤混纺布	100.0	100.1	97.6	100.0	98.1
(3)化纤布	100.0	100.0	100.0	100.0	98.5
(4)呢　绒	97.1	100.0	100.1	100.0	98.8
(5)绸　缎	100.0	100.1	101.6	100.0	98.1
(6)毛　线	100.0	98.7	101.5	99.5	100.0
3.鞋袜帽及其他衣着	100.3	99.3	100.0	98.9	98.7
(1)鞋　类	100.3	99.1	100.0	98.7	98.5
(2)袜　子	101.6	100.7	100.0	100.0	100.0
(3)帽　子	100.0	100.0	100.0	96.4	100.0
(4)其他衣着	99.7	100.2	100.2	100.2	99.4
三、家庭设备及用品	**100.0**	**99.7**	**99.9**	**99.7**	**99.9**
1.耐用消费品	100.0	99.5	100.1	99.7	99.8
(1)家　具	99.3	100.0	99.9	99.2	100.2
(2)家庭设备	100.4	99.2	100.2	100.0	99.6
2.室内装饰品	100.0	100.0	99.8	100.0	100.0
3.床上用品	100.2	99.9	99.1	100.0	99.6
4.家庭日用杂品	99.8	99.8	100.0	99.7	100.0
5.其他日用品	100.0	99.9	99.9	99.6	99.9
四、医疗保健	**100.5**	**99.9**	**99.9**	**99.8**	**99.8**
1.医疗器具及保健用品	99.3	100.0	100.4	99.6	100.0

6月	7月	8月	9月	10月	11月	12月
82.3	99.5	102.2	93.8	96.6	92.0	104.8
100.3	100.0	100.2	102.6	97.2	99.0	98.7
99.9	100.1	100.0	100.0	99.1	99.9	100.0
99.8	100.8	99.3	100.0	99.7	100.0	98.6
100.3	100.0	99.5	100.0	99.8	98.4	99.6
100.0	99.8	100.0	100.0	99.5	100.0	100.0
100.0	100.2	100.0	100.0	99.7	100.0	100.0
99.8	99.5	100.0	100.0	99.4	100.0	100.0
100.8	100.4	100.0	100.0	99.5	100.0	100.0
99.9	**99.5**	**99.9**	**99.9**	**100.7**	**102.7**	**100.4**
99.6	99.4	99.9	99.8	101.4	104.7	100.7
100.0	99.2	100.0	100.1	99.9	99.7	100.0
99.9	99.8	100.0	100.0	100.4	100.3	100.0
100.5	100.0	100.0	100.5	98.6	100.0	100.2
100.0	98.5	100.0	100.0	100.0	100.0	100.0
100.0	100.8	100.0	99.7	98.7	99.7	100.0
99.9	99.9	99.9	99.4	100.0	100.0	100.0
100.0	100.0	100.0	100.3	100.2	98.4	100.0
100.5	100.0	100.0	100.1	99.3	99.4	99.9
100.6	100.0	100.1	100.1	99.3	99.3	99.9
99.4	100.0	100.0	100.0	100.0	100.0	100.0
100.0	100.0	102.0	102.4	100.0	100.0	100.0
100.0	100.0	99.3	100.0	98.9	99.9	100.0
99.6	**100.1**	**99.8**	**99.8**	**100.0**	**100.5**	**100.1**
99.3	100.1	100.0	99.7	99.8	99.8	100.2
99.2	100.0	100.0	99.3	99.9	99.9	100.6
99.3	100.1	100.0	99.9	99.7	99.7	100.0
99.8	100.0	100.0	99.3	99.8	100.0	100.0
99.7	99.9	99.6	100.0	99.9	99.2	99.9
100.0	100.1	100.0	100.2	99.9	102.1	100.0
99.9	100.1	98.5	99.8	101.2	101.0	100.0
100.1	**99.3**	**99.8**	**100.0**	**99.4**	**100.4**	**100.2**
100.4	99.7	100.0	100.1	99.9	99.9	100.3

1999年广西全区居民消费价格各月环比指数(续表2)

以上月价格为100

类　　别	1月	2月	3月	4月	5月
2. 中药材及中成药	101.0	99.4	99.8	100.3	99.4
3. 西　　药	100.2	100.5	100.0	99.3	100.1
五、交通和通讯工具	**98.3**	**99.4**	**99.2**	**98.8**	**98.2**
1. 交通工具	97.6	99.9	99.7	99.5	99.2
2. 通讯工具	99.7	98.4	98.3	97.4	96.1
六、娱乐教育文化用品	**100.9**	**100.0**	**100.8**	**99.0**	**98.8**
1. 文娱用耐用消费品	99.7	99.3	99.9	98.0	97.2
2. 教材及参考书	103.6	101.1	103.7	100.0	100.5
3. 文化娱乐用品	100.8	100.4	99.9	99.9	100.0
(1)文娱用品	100.1	100.7	99.9	99.9	100.0
(2)报纸杂志	101.6	100.0	100.0	100.0	100.0
七、居　　住	**100.7**	**99.8**	**98.8**	**98.6**	**97.3**
1. 住　　房	100.8	100.5	100.3	99.6	99.7
(1)建筑材料	99.9	99.7	100.5	99.4	99.5
(2)房　　租	102.2	101.7	100.0	100.0	100.0
2. 水、电、燃料	100.6	99.1	97.1	97.4	94.6
水	101.8	100.0	99.9	100.0	100.0
电	99.7	100.0	99.9	99.4	90.9
液化石油气	101.2	97.3	91.8	93.4	96.1
管道煤气	100.0	100.0	100.0	100.0	100.0
八、服务项目	**100.3**	**105.2**	**99.7**	**99.5**	**100.6**
1. 电 讯 费	100.0	100.0	99.9	100.0	100.0
2. 邮　　费	100.0	100.0	144.6	100.0	100.0
3. 交 通 费	99.5	127.1	89.9	95.5	100.7
4. 洗理美容费	102.4	100.6	100.0	100.6	100.0
5. 文 娱 费	102.9	100.2	101.2	99.3	104.8
6. 学杂保育费	100.0	104.6	100.7	100.0	100.0
7. 修理及其他服务费	100.3	100.1	100.1	100.0	100.0
8. 医疗保健服务	100.0	100.0	100.0	100.0	103.5

6月	7月	8月	9月	10月	11月	12月
100.1	99.9	100.1	100.4	99.4	101.1	100.3
100.0	98.7	99.4	99.6	99.4	99.7	100.0
98.9	**98.6**	**99.4**	**99.0**	**98.8**	**99.5**	**99.9**
100.0	99.1	99.5	99.1	98.0	99.8	100.0
96.7	97.5	99.3	98.7	100.4	99.0	99.7
99.7	**99.0**	**99.4**	**99.4**	**100.6**	**100.0**	**100.1**
99.4	98.1	98.7	100.2	101.1	100.0	100.0
100.0	100.0	99.9	96.6	100.0	100.0	100.3
100.0	99.8	100.1	100.1	100.3	100.1	100.0
100.0	99.6	100.2	100.1	100.5	100.2	100.0
100.1	100.0	100.0	100.0	100.0	100.0	100.0
99.2	**100.5**	**103.4**	**100.9**	**100.0**	**101.8**	**102.9**
99.7	99.3	99.5	99.9	100.3	99.9	100.2
99.5	98.9	99.2	99.8	100.5	99.9	100.2
100.0	100.0	100.0	100.0	100.0	100.0	100.1
98.6	101.8	107.7	102.0	99.6	103.9	105.9
100.3	101.4	100.0	100.0	100.0	100.0	100.0
97.1	98.0	100.0	100.1	100.5	110.5	102.7
99.3	107.1	122.1	105.5	98.3	98.0	113.3
100.0	100.0	100.0	100.0	100.0	100.0	100.0
100.0	**99.9**	**100.0**	**98.9**	**100.1**	**99.9**	**100.3**
100.0	100.0	100.0	100.0	100.0	100.0	100.0
100.0	100.0	100.0	100.0	100.0	100.0	100.0
100.0	99.9	100.2	100.0	100.2	99.3	100.0
100.0	100.3	100.0	100.0	100.0	100.0	100.0
99.4	98.0	98.8	102.1	100.0	100.0	100.5
100.0	100.0	100.2	97.6	100.1	100.0	100.1
100.0	99.6	100.0	100.0	99.9	100.0	100.0
100.0	100.4	100.0	100.0	100.0	100.0	102.7

2000年广西全区居民消费价格各月环比指数

以上月价格为100

类　　别	1月	2月	3月	4月	5月
居民消费价格总指数	**99.7**	**101.6**	**98.8**	**99.6**	**98.6**
一、食　　品	**99.1**	**103.4**	**97.1**	**99.3**	**97.8**
1.粮　　食	98.6	100.5	99.3	99.3	98.3
(1)细　　粮	98.6	100.5	99.3	99.3	98.3
大　　米	98.3	100.6	99.2	99.0	97.6
(2)粗　　粮	97.8	102.1	100.6	99.0	97.2
2.淀粉及薯类	99.9	105.1	101.8	98.1	96.9
3.干豆类及豆制品	103.5	101.9	97.3	103.1	100.5
4.油脂类	100.3	99.6	100.4	99.4	99.2
5.肉禽及其制品	98.4	102.5	96.1	98.9	98.8
猪　　肉	97.6	102.8	95.9	99.6	98.6
牛　　肉	99.1	108.3	96.4	97.0	97.9
羊　　肉	100.4	111.5	95.4	96.5	94.9
鸡	100.2	100.2	96.0	97.5	99.8
鸭	98.0	100.0	95.1	99.1	98.7
6.蛋　　类	100.0	100.0	94.7	96.2	97.7
鲜　　蛋	100.0	100.2	94.3	95.7	97.8
7.水产品类	99.0	111.6	96.6	98.8	99.8
8.菜　　类	91.4	111.1	93.3	93.8	83.4
(1)鲜　　菜	90.0	114.2	91.9	92.2	79.3
(2)干　　菜	99.9	100.4	97.9	98.7	99.7
(3)菜 制 品	92.7	99.6	98.5	101.2	96.7
9.调 味 品	102.4	99.5	100.0	100.0	99.6
盐	106.7	100.0	100.0	100.0	100.0
酱　　油	100.0	101.5	100.0	100.0	99.9
10.糖类	100.6	99.8	101.9	101.6	101.3
(1)食糖	100.4	99.3	104.4	102.8	102.9
(2)糖果	100.7	100.2	99.6	100.6	99.9
11.烟草类	100.3	99.7	100.3	99.4	100.5
12.酒和饮料	101.2	98.8	100.7	99.9	100.3
13.干鲜瓜果类	108.7	110.8	91.1	106.7	98.6

6月	7月	8月	9月	10月	11月	12月
98.8	**100.1**	**100.4**	**103.7**	**100.6**	**100.4**	**99.3**
97.5	**100.4**	**100.9**	**99.8**	**100.1**	**100.0**	**98.4**
99.3	98.9	97.8	99.6	98.8	100.1	99.2
99.2	98.9	97.7	99.6	98.7	100.1	99.3
99.1	98.4	97.0	99.7	98.8	100.6	99.0
102.8	97.8	100.1	98.3	104.1	100.4	93.3
100.3	101.2	101.8	100.0	99.0	98.5	97.0
99.3	100.4	98.8	100.6	99.7	101.4	98.4
99.8	100.3	99.8	99.9	98.9	98.5	97.2
99.7	99.8	101.1	100.5	100.6	100.6	100.4
99.7	100.4	101.6	100.0	101.3	100.8	100.5
99.2	98.0	101.5	99.8	101.7	100.2	99.8
99.0	98.9	96.9	101.8	108.9	102.8	98.5
99.3	100.7	101.5	102.4	98.9	98.4	100.3
101.5	94.5	98.2	99.6	98.1	105.7	101.2
100.4	99.8	110.0	101.1	96.6	97.0	98.8
100.6	100.0	110.8	101.1	96.4	96.8	98.7
100.5	102.5	96.5	101.1	97.3	98.3	103.4
85.6	103.6	104.0	99.1	107.9	102.9	83.3
81.8	104.1	105.0	99.0	109.9	103.5	79.1
97.7	99.6	99.6	99.2	98.7	99.3	100.0
101.5	104.1	101.6	100.7	103.1	102.8	96.4
100.0	99.9	99.8	100.0	100.1	100.1	99.8
100.0	100.0	99.4	100.0	100.7	100.0	99.6
100.0	100.0	100.0	100.0	100.0	100.0	100.0
100.8	103.1	105.7	99.9	99.9	100.8	98.3
101.7	106.5	112.1	99.8	99.5	100.8	96.3
100.0	100.0	100.0	100.0	100.3	100.8	100.1
99.9	100.0	99.5	100.1	100.0	100.0	99.9
99.9	100.1	100.2	100.0	99.9	99.7	100.0
83.1	101.0	105.1	99.3	93.3	95.9	97.7

2000 年广西全区居民消费价格各月环比指数（续表 1）

以上月价格为 100

类　别	1 月	2 月	3 月	4 月	5 月
(1)鲜　果	110.6	112.7	89.4	107.9	98.1
(2)干　果	98.3	100.6	100.4	100.6	101.3
14. 糕 点 类	99.9	100.1	100.0	100.0	100.7
15. 奶及奶制品	100.1	101.7	100.7	100.6	100.6
16. 其他食品	100.8	100.0	99.8	100.0	99.4
17. 饮 食 业	99.7	100.0	100.0	100.0	100.1
(1)主　食	99.3	100.0	100.0	100.0	100.0
(2)炒　菜	99.8	100.0	100.0	100.0	100.2
(3)地方小吃	100.0	100.0	100.0	100.0	99.2
二、衣 着 类	**99.7**	**98.5**	**98.7**	**100.5**	**99.9**
1. 服　装	99.4	97.7	97.6	100.7	100.3
2. 衣着材料	99.8	99.8	100.1	100.1	99.2
(1)棉　布	99.9	99.5	100.1	100.0	99.6
(2)棉花化纤混纺布	100.0	100.6	100.0	100.0	99.3
(3)化 纤 布	100.0	100.0	100.0	100.0	98.9
(4)呢　绒	100.0	99.7	100.5	100.0	98.6
(5)绸　缎	99.9	100.0	102.5	100.0	100.2
(6)毛　线	98.9	99.2	100.0	100.3	99.8
3. 鞋袜帽及其他衣着	100.3	100.0	100.7	100.0	99.3
(1)鞋　类	100.4	100.0	101.0	100.0	99.2
(2)袜　子	99.6	100.0	96.0	100.0	100.0
(3)帽　子	100.0	100.0	100.0	100.0	100.1
(4)其他衣着	100.2	99.8	101.6	99.8	99.7
三、家庭设备及用品	**99.9**	**99.8**	**100.2**	**99.9**	**100.0**
1.耐用消费品	100.1	99.8	99.9	99.8	99.9
(1)家　具	100.1	99.9	100.0	100.0	100.0
(2)家庭设备	100.1	99.7	99.9	99.7	99.8
2. 室内装饰品	100.2	99.8	99.1	100.0	99.6
3. 床上用品	99.0	99.8	102.0	99.5	100.2
4. 家庭日用杂品	99.9	99.6	99.9	100.0	100.1
5. 其他日用品	99.6	99.9	101.1	100.1	100.0
四、医疗保健	**100.1**	**104.5**	**99.9**	**100.0**	**99.4**
1. 医疗器具及保健用品	99.6	99.1	99.9	99.9	99.8

6月	7月	8月	9月	10月	11月	12月
80.0	100.9	105.9	99.1	92.9	95.8	97.5
100.3	101.4	100.6	100.6	95.8	96.7	99.2
100.3	100.0	100.2	100.0	100.0	100.0	100.0
100.0	100.1	99.6	99.8	99.8	100.0	100.0
99.7	100.1	100.0	98.7	99.7	99.6	100.0
100.0	99.9	100.0	97.3	100.1	100.0	99.8
100.0	100.0	99.9	100.0	100.0	100.0	100.0
100.0	100.0	100.0	95.8	100.0	100.0	99.7
100.0	99.0	100.0	101.2	100.7	100.0	100.0
99.9	**100.0**	**99.2**	**100.2**	**102.3**	**100.4**	**100.1**
99.8	100.0	98.9	100.3	103.9	100.4	100.2
100.2	99.9	99.8	100.5	100.1	100.0	100.0
100.9	100.0	98.8	99.7	101.6	99.5	99.8
100.0	100.0	99.5	100.9	99.7	100.0	100.0
100.3	100.0	100.0	100.6	100.0	100.0	100.0
100.0	100.0	98.5	100.0	98.8	100.0	99.9
100.0	99.4	99.4	99.9	100.0	100.0	100.0
100.0	99.8	100.2	100.6	100.2	100.0	100.0
100.0	100.0	99.7	100.0	99.4	100.5	100.0
100.0	100.0	99.7	100.0	99.2	100.3	100.0
100.0	100.0	100.0	100.0	100.4	103.1	100.0
100.0	100.0	100.0	100.0	100.0	100.0	100.0
99.9	100.0	99.9	99.9	100.4	100.6	100.0
99.9	**99.9**	**99.8**	**99.6**	**99.9**	**99.8**	**100.2**
100.0	99.7	99.8	99.3	100.2	99.5	100.6
99.9	99.9	100.0	99.6	100.7	100.0	100.0
100.1	99.6	99.7	99.1	99.9	99.3	101.0
99.8	100.0	100.0	100.0	99.8	100.0	100.0
100.2	100.3	100.1	99.9	99.7	100.0	100.0
99.7	100.0	99.8	99.9	99.8	100.2	99.8
99.6	99.9	99.2	99.6	99.2	99.7	99.8
100.3	**99.5**	**99.8**	**100.4**	**99.1**	**100.4**	**99.9**
100.0	100.0	100.0	99.5	100.1	100.0	99.9

2000年广西全区居民消费价格各月环比指数（续表2）

以上月价格为100

类　　别	1月	2月	3月	4月	5月
2. 中药材及中成药	99.6	99.4	99.5	100.5	98.6
3. 西　　药	100.7	110.6	100.3	99.5	100.1
五、交通和通讯工具	**99.9**	**99.6**	**100.0**	**98.8**	**96.1**
1. 交通工具	99.9	99.6	100.4	99.3	98.8
2. 通讯工具	99.9	99.6	99.3	97.9	91.0
六、娱乐教育文化用品	**99.6**	**99.4**	**100.1**	**99.8**	**100.0**
1. 文娱用耐用消费品	99.1	97.5	99.5	99.5	99.9
2. 教材及参考书	100.0	102.7	101.4	100.0	100.0
3. 文化娱乐用品	100.1	99.8	100.0	100.1	100.0
(1)文娱用品	100.1	99.6	100.0	100.1	100.0
(2)报纸杂志	100.0	100.0	100.0	100.0	100.0
七、居　　住	**101.1**	**100.0**	**100.1**	**99.9**	**98.0**
1. 住　　房	100.4	99.7	100.1	99.9	99.8
(1)建筑材料	100.6	99.2	100.1	99.9	99.7
(2)房　　租	100.0	100.3	100.2	100.0	100.0
2. 水、电、燃料	101.8	100.4	100.0	100.0	96.0
水	100.9	100.7	105.0	100.0	100.0
电	100.0	100.0	99.9	100.8	89.4
液化石油气	104.7	100.9	98.0	99.0	101.6
管道煤气	100.0	100.0	100.0	100.0	100.0
八、服务项目	**100.7**	**101.3**	**101.8**	**100.0**	**100.3**
1. 电 讯 费	100.0	100.0	100.0	100.0	100.0
2. 邮　　费	100.0	100.0	100.0	100.0	100.0
3. 交 通 费	106.1	112.5	89.0	99.8	99.8
4. 洗理美容费	103.0	100.5	99.6	100.2	101.0
5. 文 娱 费	98.6	100.3	100.2	100.0	104.3
6. 学杂保育费	100.0	99.8	105.9	100.0	100.0
7. 修理及其他服务费	100.3	100.0	100.0	99.7	100.0
8. 医疗保健服务	100.0	100.0	100.0	100.0	100.0

6月	7月	8月	9月	10月	11月	12月
101.0	99.5	100.2	101.0	98.0	100.4	99.9
99.7	99.5	99.3	99.9	100.2	100.5	99.9
98.5	**99.8**	**99.7**	**99.8**	**100.2**	**99.4**	**99.9**
99.6	99.7	99.9	99.8	100.3	99.0	99.8
96.4	100.1	99.4	99.7	99.9	100.1	100.0
99.8	**100.2**	**98.4**	**105.2**	**99.9**	**100.3**	**100.0**
99.8	100.2	96.8	99.7	99.7	100.6	99.9
100.0	100.8	100.0	123.5	100.0	100.0	100.0
99.8	99.9	99.9	99.9	100.2	100.0	100.1
99.7	99.9	99.9	99.8	100.3	100.0	100.1
100.0	100.0	100.0	100.0	100.0	100.0	100.0
99.9	**99.5**	**101.1**	**100.5**	**101.3**	**103.6**	**100.2**
101.0	99.9	100.4	99.9	99.8	99.7	100.2
101.4	99.8	100.7	99.9	99.6	99.5	100.3
100.5	100.0	100.0	100.0	100.0	100.0	100.0
98.7	99.1	101.8	101.2	102.9	107.8	100.3
100.0	100.0	100.0	100.0	100.0	101.0	100.0
100.0	100.1	104.1	98.6	102.4	114.0	100.0
96.0	97.3	99.7	105.1	105.4	104.4	100.8
100.0	100.0	100.0	100.0	100.0	100.0	100.0
100.0	**100.0**	**101.6**	**131.9**	**102.7**	**100.1**	**100.0**
100.0	100.0	100.0	100.0	100.0	100.0	100.0
100.0	100.0	100.0	100.0	100.0	100.0	100.0
100.0	100.2	100.0	100.0	100.0	100.2	100.0
100.0	99.8	100.4	100.0	100.0	99.1	100.0
100.3	100.0	100.7	106.9	101.8	99.0	100.5
100.0	100.0	103.1	162.4	105.1	100.4	100.0
99.9	100.2	100.0	100.0	100.0	99.6	100.0
100.5	100.0	100.2	100.0	100.0	100.6	100.0

2001 年广西全区居民消费价格各月环比指数

以上月价格为 100

类　　别	1月	2月	3月	4月	5月
居民消费价格总指数	**100.2**	**99.9**	**99.9**	**100.6**	**99.2**
一、食　　品	**99.8**	**101.0**	**100.7**	**101.8**	**99.4**
1.粮　　食	98.3	100.4	99.3	100.3	98.7
大　　米	97.8	100.6	98.9	100.1	97.7
2.淀粉及薯类	99.2	101.3	102.7	103.7	100.2
3.干豆类及豆制品	102.0	100.4	98.6	98.6	99.6
4.油　　脂	98.7	99.4	97.4	98.6	98.4
5.肉禽及其制品	101.3	100.9	98.9	99.0	99.0
(1)食用畜肉及副产品	102.2	101.9	96.6	97.0	98.8
猪　　肉	101.4	99.4	98.3	98.3	99.3
牛　　肉	106.4	106.3	94.3	96.9	101.0
羊　　肉	94.3	124.9	88.8	94.7	99.7
(2)禽	100.4	99.0	103.1	102.5	99.5
鸡	100.4	98.9	102.0	102.0	102.1
鸭	100.1	96.1	112.1	106.8	92.5
(3)肉禽加工制品	99.6	100.4	100.3	100.1	98.9
6.蛋	98.3	99.6	98.6	100.5	101.7
鲜　　蛋	98.3	100.0	98.6	100.6	101.9
7.水 产 品	101.7	103.5	99.7	98.4	98.2
(1)鱼	100.2	104.0	100.0	99.0	100.2
淡 水 鱼	101.0	104.5	100.8	99.8	100.2
海 水 鱼	98.9	103.0	98.5	97.5	100.1
(2)其它水产品	105.3	102.3	99.0	97.1	93.3
8.菜	91.5	104.2	112.6	113.4	99.4
鲜　　菜	89.7	105.1	116.2	116.7	99.1
9.调味品	106.0	101.8	100.1	99.9	99.8
盐	121.1	105.1	100.0	100.0	99.7
酱　　油	99.9	100.0	100.4	99.5	100.0
10.糖	100.3	101.4	99.0	104.1	99.8
食　　糖	102.1	103.0	99.4	106.8	100.0
11.茶及饮料	101.4	99.8	100.6	99.9	99.8
(1)茶　　叶	102.2	100.0	101.4	100.0	100.0
(2)饮　　料	101.0	99.7	100.2	99.8	99.7
12.干鲜瓜果	102.3	100.8	102.9	112.1	100.2
鲜　　果	103.3	101.0	103.8	114.4	100.1

6月	7月	8月	9月	10月	11月	12月
98.9	**100.0**	**99.7**	**100.5**	**100.5**	**100.3**	**99.6**
96.9	**100.8**	**99.7**	**100.6**	**100.8**	**99.4**	**98.5**
98.9	100.0	99.7	100.3	99.8	99.7	100.8
98.5	100.3	99.4	99.8	99.5	99.8	101.9
98.3	101.0	97.8	101.3	101.4	98.9	100.3
99.6	101.4	98.7	99.0	100.0	99.1	101.0
97.2	99.7	99.1	100.2	99.3	100.6	99.5
98.7	99.7	100.1	101.0	101.1	99.5	100.2
99.2	99.6	99.4	100.6	100.7	100.6	101.2
99.2	99.8	99.3	100.1	99.9	99.9	99.8
99.6	102.0	99.8	99.4	100.5	101.8	104.2
98.4	95.3	98.9	102.3	105.2	108.1	100.3
97.9	100.2	101.3	101.2	101.6	97.6	98.4
99.6	99.6	100.0	100.5	100.8	98.4	98.7
90.9	101.6	107.4	104.8	104.6	94.1	96.3
98.5	99.2	100.1	101.9	101.3	99.4	99.7
100.4	104.9	102.7	106.6	97.6	97.1	98.0
100.3	105.4	102.6	106.8	97.2	96.9	97.9
100.5	98.5	98.2	98.6	99.6	98.8	100.1
100.8	98.1	97.4	98.7	99.2	98.3	99.5
102.1	97.1	95.9	99.0	97.2	97.9	99.2
98.4	99.9	100.3	98.1	102.6	98.8	99.9
99.8	99.5	100.1	98.6	100.7	100.3	101.6
95.6	106.8	99.3	97.5	104.6	100.9	88.2
94.6	108.0	98.6	96.2	105.4	101.6	86.0
100.0	99.4	100.3	100.0	100.3	99.8	100.2
100.0	98.7	100.0	100.0	100.7	100.0	100.0
100.0	100.0	101.2	100.1	100.5	99.9	100.3
101.3	99.3	100.0	100.2	100.2	99.0	98.3
102.9	98.5	99.4	100.8	99.9	97.4	96.3
99.4	100.1	99.9	99.9	100.4	100.0	100.0
98.7	100.0	100.0	100.0	101.0	100.0	100.0
99.8	100.1	99.9	99.9	100.1	100.0	100.0
75.1	102.0	99.1	106.1	102.1	94.9	97.9
71.0	102.3	98.5	107.6	102.9	93.7	98.0

2001 年广西全区居民消费价格各月环比指数（续表 1）

以上月价格为 100

类　　别	1 月	2 月	3 月	4 月	5 月
13. 糕点饼干面包	100.4	99.8	100.0	100.0	100.0
14. 奶及奶制品	100.8	99.9	100.0	99.8	100.0
15. 在外用膳食品	100.3	100.0	100.1	99.8	99.9
16. 其它食品及食品加工服务	99.7	100.0	100.2	99.9	100.0
二、烟酒及用品	**100.2**	**100.0**	**99.8**	**99.6**	**100.1**
1. 烟　　草	99.9	100.3	99.6	99.8	100.1
2. 酒	100.4	99.6	100.2	99.7	100.1
3. 吸烟饮酒用品	100.8	100.0	100.0	98.0	100.0
三、衣　　着	**98.5**	**96.8**	**100.3**	**100.7**	**99.7**
1. 服　　装	98.3	95.5	99.7	100.4	99.1
(1) 男式服装	98.8	95.6	99.7	99.7	98.2
(2) 女式服装	97.8	94.2	100.1	101.2	99.6
(3) 儿童服装	98.6	98.9	98.5	99.5	99.8
2. 衣着材料	100.2	100.1	99.8	100.0	100.0
3. 鞋 袜 帽	98.5	99.1	101.9	101.8	101.0
(1) 鞋	98.1	99.1	102.3	102.1	100.6
(2) 袜　　子	101.0	99.0	100.0	100.3	102.5
(3) 帽　　子	99.6	100.0	100.0	100.0	103.9
4. 衣着加工服务	100.0	97.4	102.0	99.4	100.5
四、家庭设备用品及维修服务	**100.1**	**99.5**	**98.6**	**99.9**	**99.5**
1. 耐用消费品	99.6	99.5	97.5	100.0	99.2
(1) 家　　具	99.6	99.7	97.0	99.8	98.7
(2) 家庭设备	99.6	99.3	98.0	100.1	99.5
2. 室内装饰品	101.6	97.7	99.7	100.0	99.5
3. 床上用品	99.2	100.0	99.9	99.9	99.4
4. 家庭日用杂品	100.8	99.6	99.3	99.7	99.9
5. 家庭服务及加工维修服务	100.0	100.0	100.0	100.0	100.0
五、医疗保健和个人用品	**99.0**	**99.7**	**100.3**	**100.5**	**99.5**
1. 医疗保健	98.3	99.8	100.6	100.9	99.5
(1) 医疗器具及用品	99.5	100.0	99.9	100.0	100.0
(2) 中药材及中成药	98.8	99.6	98.4	100.4	98.9
(3) 西　　药	96.3	99.7	99.7	99.6	99.5
(4) 保健器具及用品	99.0	99.8	99.9	99.6	100.0
(5) 医疗保健服务	101.0	100.0	104.9	104.0	99.8
2. 个人用品及服务	100.5	99.6	99.7	99.9	99.7

6月	7月	8月	9月	10月	11月	12月
100.0	100.0	99.8	99.9	100.0	99.4	100.0
100.0	100.0	100.0	100.0	99.8	100.1	100.0
100.0	100.0	99.9	99.9	99.9	100.0	100.0
99.8	100.1	100.0	100.1	100.1	100.0	100.0
99.9	**99.9**	**99.8**	**100.1**	**99.9**	**99.9**	**99.6**
100.0	100.0	99.8	99.9	99.3	100.0	99.3
99.7	99.9	99.8	100.5	100.6	99.8	100.0
100.0	99.4	100.0	100.0	100.0	100.2	99.7
99.8	**99.5**	**98.9**	**98.3**	**103.1**	**100.6**	**102.3**
99.9	99.6	98.8	98.0	104.9	100.9	103.1
100.2	99.5	99.4	98.2	107.9	100.6	101.3
99.8	99.6	98.3	97.6	104.5	101.5	104.5
99.6	100.0	99.1	98.8	100.2	100.0	103.3
99.8	100.0	99.9	100.0	100.1	99.6	100.6
99.6	99.1	98.7	98.7	99.8	100.1	100.8
99.4	98.9	98.4	98.4	99.4	100.4	101.1
100.0	100.0	100.0	99.7	102.1	98.5	100.0
103.8	100.0	100.0	100.0	100.0	100.0	98.3
100.0	100.0	100.0	100.0	100.0	100.0	99.8
100.3	**99.7**	**99.9**	**99.8**	**99.7**	**100.1**	**99.9**
100.0	99.5	99.8	99.7	99.8	100.1	99.9
99.9	100.0	99.5	100.0	100.0	100.0	100.0
100.1	99.0	100.0	99.4	99.7	100.1	99.9
100.0	100.0	99.9	100.0	100.0	100.0	100.0
100.0	100.0	99.9	100.0	100.0	100.8	99.3
100.1	99.5	99.9	100.0	99.4	99.9	100.0
102.4	100.4	100.0	100.0	100.0	100.0	100.0
99.7	**99.8**	**100.7**	**100.0**	**99.9**	**100.1**	**99.7**
99.5	99.7	101.4	99.9	99.7	100.1	99.1
100.0	99.8	100.0	98.9	99.5	100.0	99.8
99.6	98.8	100.1	100.1	99.1	99.9	97.1
99.2	100.1	99.8	99.7	100.0	100.3	99.6
99.6	100.1	99.7	99.8	99.1	100.1	100.0
100.0	100.0	105.5	100.0	100.0	100.0	100.0
100.0	99.8	99.6	100.3	100.4	100.1	100.9

2001 年广西全区居民消费价格各月环比指数（续表 2）

以上月价格为 100

类　　别	1 月	2 月	3 月	4 月	5 月
(1)化妆美容用品	102.8	99.7	99.4	99.3	99.4
(2)卫生用品	97.5	100.3	99.7	99.6	99.4
(3)个人饰品	99.4	99.5	99.5	100.6	99.8
(4)个人服务	103.4	99.0	100.0	99.7	100.0
六、交通和通讯	**103.6**	**98.0**	**98.6**	**100.7**	**99.9**
1. 交　　通	105.9	97.2	96.7	99.8	100.3
(1)交通工具	99.9	98.5	99.6	99.8	99.1
(2)车用燃料及零配件	98.2	96.3	101.2	97.9	101.5
汽　　油	97.6	95.2	104.2	97.2	101.7
柴　　油	95.0	93.0	97.8	94.7	104.7
(3)车辆使用及维修	100.0	99.5	98.4	100.0	100.0
(4)市区公共交通	103.9	99.9	99.9	100.0	102.4
(5)城市间交通	121.8	93.3	88.8	100.1	100.0
2. 通　　信	100.6	99.1	101.1	101.9	99.4
(1)通信工具	99.0	98.4	98.4	97.7	97.3
(2)通信服务	101.0	99.3	101.8	102.9	99.8
七、娱乐教育文化用品及服务	**99.8**	**100.5**	**99.8**	**100.1**	**99.5**
1. 文娱用耐用消费品及服务	97.8	99.2	98.9	99.1	97.5
2. 教　　育	100.0	101.1	100.0	100.0	100.0
(1)教材及参考书	100.0	102.4	100.2	100.0	100.0
(2)学杂托幼费	100.0	101.0	100.0	100.0	100.0
3. 文化娱乐用品	99.6	100.6	100.2	100.8	100.2
(1)文化娱乐	100.9	99.9	99.8	99.9	99.4
(2)书报杂志	100.0	100.0	100.0	100.1	100.0
(3)文 娱 费	97.8	101.9	100.7	102.3	101.1
4. 旅游及外出	103.5	97.2	99.9	103.0	97.6
八、居　　住	**101.8**	**99.5**	**98.9**	**99.0**	**97.2**
1. 建房及装修材料	99.7	98.6	98.5	98.8	99.5
2. 租　　房	102.2	100.0	100.0	100.0	100.0
3. 自有住房	100.4	100.0	100.0	100.0	100.0
4. 水、电、燃料	104.5	100.1	98.6	98.5	93.3
水	100.5	100.0	100.0	100.0	100.0
电	106.7	100.0	100.0	101.5	86.5
液化石油气	106.2	97.9	92.7	87.5	100.4
管道燃气	102.4	100.0	100.0	100.0	100.0

6月	7月	8月	9月	10月	11月	12月
100.0	100.0	100.0	101.2	100.0	100.4	100.0
100.2	99.8	99.9	100.1	99.6	99.9	100.1
99.9	99.8	99.4	99.8	100.1	100.2	100.1
100.0	99.8	99.1	100.3	101.6	100.0	103.0
99.0	**98.7**	**99.5**	**99.8**	**100.1**	**99.6**	**99.4**
99.9	99.4	99.3	99.9	100.2	99.7	99.2
99.5	99.4	98.9	99.8	99.6	99.0	99.4
102.3	94.2	99.2	99.1	102.5	101.3	93.2
104.2	89.5	96.5	97.1	105.8	103.5	88.5
102.7	94.3	103.9	102.1	101.4	99.3	88.7
100.0	100.0	100.0	100.0	100.0	100.0	100.0
100.0	100.0	100.0	100.0	100.1	100.0	100.0
99.7	100.3	98.7	100.0	100.3	99.7	100.0
97.9	97.9	99.9	99.8	99.9	99.6	99.6
98.0	98.2	99.3	99.2	99.5	97.9	97.5
97.9	97.8	100.0	100.0	100.0	99.9	100.0
99.9	**100.0**	**99.7**	**102.2**	**100.0**	**100.0**	**99.8**
99.3	99.4	98.0	98.2	99.4	100.2	98.8
100.0	100.0	100.0	103.7	100.0	100.0	100.0
100.0	100.1	99.2	97.7	100.1	100.0	100.0
100.0	100.0	100.0	104.1	100.0	100.0	100.0
100.6	101.0	100.3	99.7	100.0	100.0	99.8
99.9	100.0	100.3	100.0	99.8	100.1	99.6
100.0	100.0	100.0	99.8	100.2	100.0	100.0
101.6	102.7	100.4	99.4	100.0	99.9	99.8
99.0	98.8	100.2	99.8	102.4	99.4	99.4
100.8	**99.0**	**99.8**	**100.3**	**100.3**	**103.7**	**100.0**
101.5	99.8	99.7	100.0	99.8	100.5	99.5
105.2	100.0	100.0	102.2	100.0	100.0	100.0
100.0	100.1	100.0	100.0	100.0	100.0	100.0
99.6	97.5	99.7	100.3	101.0	109.6	100.6
100.0	100.0	100.0	100.0	105.4	100.0	100.0
100.0	95.1	100.0	100.0	100.6	121.4	100.0
97.6	98.1	98.2	102.1	100.9	97.2	98.8
100.0	100.0	100.0	100.0	100.0	100.0	100.0

2002年广西全区居民消费价格各月环比指数

以上月价格为100

类　　别	1月	2月	3月	4月	5月
居民消费价格总指数	**99.8**	**100.6**	**99.3**	**99.8**	**98.7**
一、食　　品	**99.7**	**102.9**	**99.9**	**99.9**	**98.1**
1. 粮　　食	99.7	101.4	99.4	99.5	100.0
大　　米	100.1	101.9	99.2	99.4	100.0
2. 淀粉及薯类	97.3	106.1	100.0	99.9	101.4
3. 干豆类及豆制品	99.2	101.9	96.3	100.0	97.8
4. 油　　脂	100.2	99.8	97.1	99.2	102.3
5. 肉禽及其制品	100.4	104.9	96.9	98.9	98.6
(1) 食用畜肉及副产品	100.8	106.1	95.4	98.2	97.8
猪　　肉	100.5	104.3	96.1	99.7	98.9
牛　　肉	102.6	115.0	94.8	96.1	97.0
羊　　肉	102.3	103.5	94.2	98.0	96.4
(2) 禽	100.0	104.8	98.8	99.3	100.1
鸡	100.0	105.2	98.4	99.4	100.1
鸭	99.3	103.2	101.9	98.4	100.2
(3) 肉禽加工制品	100.1	101.7	99.1	100.2	99.2
6. 蛋	104.2	103.6	96.5	98.1	101.3
鲜　　蛋	104.7	104.0	96.2	97.8	101.5
7. 水 产 品	101.6	105.9	96.7	98.7	100.8
(1) 鱼	101.0	105.6	97.8	99.6	100.4
淡 水 鱼	101.0	106.0	97.2	99.3	99.0
海 水 鱼	101.0	104.9	98.8	100.0	102.7
(2) 其它水产品	103.3	106.7	94.1	96.5	102.1
8. 菜	92.0	96.9	108.2	102.3	91.0
鲜　　菜	90.8	95.7	111.3	102.9	89.1
9. 调 味 品	100.0	100.0	100.1	100.0	100.3
盐	100.1	99.9	100.5	100.0	100.0
酱　　油	100.3	100.0	100.2	100.0	100.6
10. 糖	98.6	99.2	99.5	99.2	98.5
食　　糖	95.8	97.0	97.8	98.2	98.0
11. 茶及饮料	100.0	100.0	99.8	100.1	99.4
(1) 茶　　叶	100.5	100.0	100.0	100.0	99.0
(2) 饮　　料	99.8	100.0	99.6	100.1	99.7
12. 干鲜瓜果	103.4	115.4	110.1	102.7	90.3
鲜　　果	103.5	118.7	112.1	103.3	88.3

6月	7月	8月	9月	10月	11月	12月
99.7	**99.7**	**100.3**	**101.4**	**100.3**	**100.3**	**99.9**
99.6	**99.9**	**100.9**	**101.8**	**99.9**	**99.4**	**99.6**
100.1	100.4	100.0	100.6	99.4	100.6	101.6
99.9	100.5	100.2	100.7	99.2	100.8	101.9
102.7	101.1	102.9	95.7	95.2	98.6	100.2
100.1	100.0	100.5	100.2	100.0	99.5	99.7
103.3	100.9	100.4	103.9	98.7	101.1	100.0
99.8	98.9	99.8	100.8	100.4	100.1	100.3
99.9	99.5	100.0	100.9	100.7	100.9	100.3
99.7	99.2	99.9	100.8	99.8	101.0	99.3
101.4	100.2	102.3	100.1	101.2	100.9	103.2
98.7	97.7	103.1	103.9	100.8	101.9	98.6
99.5	97.6	99.2	100.7	99.8	98.8	99.8
99.5	98.2	99.3	100.2	99.6	99.3	99.7
100.2	95.9	98.8	102.9	100.2	95.8	100.0
99.9	99.2	100.0	100.4	100.2	99.5	101.0
100.4	98.7	103.4	102.9	99.4	95.8	98.6
100.5	98.4	103.7	103.3	99.3	95.3	98.5
100.4	99.3	100.9	98.1	100.4	98.3	100.5
99.9	99.7	100.5	98.3	100.6	97.8	99.6
100.8	98.9	100.6	99.6	99.9	98.0	99.7
98.4	100.9	100.3	96.1	101.9	97.6	99.3
101.5	98.4	101.8	97.7	100.0	99.6	102.9
104.2	108.7	107.4	100.8	101.5	94.7	91.6
105.3	110.4	108.4	100.8	102.0	93.8	89.9
100.0	99.6	100.1	99.7	99.9	99.9	100.0
100.0	100.0	100.0	100.0	100.0	100.4	100.0
100.1	98.7	100.7	99.5	100.0	100.0	99.9
99.3	100.0	98.9	100.6	100.1	99.7	101.1
98.1	99.0	97.1	99.4	99.4	99.2	100.0
99.0	100.5	99.8	99.9	100.1	99.9	100.0
100.0	101.2	100.0	100.0	100.0	100.0	100.0
98.4	100.1	99.7	99.9	100.2	99.9	99.9
88.7	90.2	99.6	120.1	97.4	102.1	102.3
85.7	87.6	99.0	126.2	96.9	102.8	102.5

2002年广西全区居民消费价格各月环比指数（续表1）

以上月价格为100

类　　别	1月	2月	3月	4月	5月
13. 糕点饼干面包	99.7	100.0	99.9	100.0	99.5
14. 奶及奶制品	99.7	100.0	99.9	100.0	100.0
15. 在外用膳食品	100.2	100.1	99.9	100.0	100.0
16. 其它食品及食品加工服务	99.8	100.0	99.5	99.9	99.6
二、烟酒及用品	**100.3**	**100.2**	**99.8**	**100.2**	**100.2**
1. 烟　　草	100.1	100.1	99.8	100.4	100.2
2. 酒	100.7	100.4	99.7	99.8	100.2
3. 吸烟饮酒用品	100.0	100.0	100.1	100.0	100.0
三、衣　　着	**99.7**	**95.1**	**97.3**	**99.6**	**100.1**
1. 服　　装	99.7	94.3	95.9	99.6	100.1
(1) 男式服装	98.8	92.5	96.4	98.6	100.5
(2) 女式服装	100.4	94.7	94.8	99.9	99.7
(3) 儿童服装	99.5	97.2	97.9	100.5	100.5
2. 衣着材料	99.8	98.4	99.6	100.3	99.6
3. 鞋袜帽	99.8	95.9	100.1	99.5	100.1
(1) 鞋	99.6	95.2	99.6	99.2	100.0
(2) 袜子	101.5	100.0	103.3	100.0	100.0
(3) 帽子	100.0	100.0	100.0	105.9	104.2
4. 衣着加工服务	100.2	100.0	100.0	100.0	100.0
四、家庭设备用品及维修服务	**99.4**	**99.9**	**99.8**	**99.7**	**99.4**
1. 耐用消费品	99.5	99.5	99.5	99.7	99.3
(1) 家　　具	99.1	99.7	100.1	99.8	98.0
(2) 家庭设备	99.8	99.3	99.1	99.7	100.2
2. 室内装饰品	99.5	99.9	99.8	100.1	99.8
3. 床上用品	98.2	100.4	100.0	100.0	98.6
4. 家庭日用杂品	99.5	99.7	100.1	100.0	99.6
5. 家庭服务及加工维修服务	100.0	101.7	100.0	98.4	100.0
五、医疗保健和个人用品	**99.7**	**100.1**	**99.9**	**99.9**	**99.3**
1. 医疗保健	100.0	99.7	100.2	99.9	99.0
(1) 医疗器具及用品	99.7	99.8	100.0	99.7	99.9
(2) 中药材及中成药	100.4	100.1	99.7	100.0	98.8
(3) 西　　药	99.8	99.6	100.3	99.9	98.4
(4) 保健器具及用品	99.7	97.4	102.4	99.9	99.7
(5) 医疗保健服务	100.0	100.0	100.0	100.0	100.0
2. 个人用品及服务	99.2	100.7	99.4	99.9	99.9
(1) 化妆美容用品	97.1	99.0	101.1	99.6	100.0

6月	7月	8月	9月	10月	11月	12月
99.7	100.0	99.6	100.0	99.9	100.0	100.3
100.1	100.0	99.7	100.0	100.8	100.0	100.0
100.0	100.0	100.0	100.0	99.7	100.0	100.1
100.0	100.5	100.0	100.0	99.6	100.1	100.0
100.2	**99.8**	**100.0**	**100.0**	**100.1**	**100.1**	**100.1**
100.0	99.3	100.0	99.9	100.1	100.3	99.6
100.5	100.5	100.1	100.2	100.2	99.7	100.6
100.0	100.0	100.0	99.8	100.0	100.0	100.5
99.7	**98.7**	**99.5**	**100.7**	**103.0**	**102.4**	**100.6**
100.3	98.7	98.7	100.5	103.2	103.0	101.5
101.6	98.9	98.0	101.2	101.9	103.0	100.2
99.5	98.2	99.3	100.6	104.3	103.5	102.5
100.0	99.9	98.8	98.8	102.9	101.3	101.5
100.0	99.9	99.6	99.3	100.7	100.6	99.8
98.0	98.0	101.2	101.6	103.2	101.5	98.4
97.6	97.6	101.5	101.9	104.0	101.4	98.0
100.0	100.0	100.0	100.0	99.1	102.5	100.0
100.0	100.0	100.0	100.0	100.0	100.0	100.0
100.0	100.0	100.0	100.0	100.0	100.0	100.0
99.5	**99.5**	**99.6**	**99.5**	**99.7**	**99.1**	**100.1**
99.4	99.6	98.8	99.7	99.2	99.1	99.8
98.8	99.1	98.1	100.0	99.8	101.2	100.0
99.8	99.9	99.3	99.4	98.7	97.6	99.7
100.0	98.0	100.0	99.5	100.3	97.9	101.6
100.0	100.3	100.4	100.0	101.2	100.0	99.9
99.2	99.3	100.4	99.0	99.8	98.9	100.4
100.0	100.0	100.0	100.0	100.0	100.0	100.0
99.9	**99.7**	**99.8**	**99.5**	**99.9**	**99.5**	**100.3**
99.9	99.7	100.2	99.6	100.0	99.3	100.0
99.8	100.0	100.0	100.6	99.6	100.0	100.0
99.5	99.4	100.7	98.3	100.0	98.3	100.0
100.1	99.7	99.8	100.0	100.0	99.5	100.0
99.7	99.1	100.0	100.1	100.3	99.9	100.0
100.0	100.0	100.3	100.0	100.0	100.0	100.0
99.9	99.7	99.1	99.4	99.7	99.8	101.0
100.0	99.8	100.0	100.0	99.7	99.8	100.1

2002 年广西全区居民消费价格各月环比指数（续表 2）

以上月价格为 100

类　　别	1 月	2 月	3 月	4 月	5 月
(2) 卫生用品	100.1	99.6	100.2	99.3	99.9
(3) 个人饰品	99.9	100.3	100.2	100.4	99.8
(4) 个人服务	98.9	103.3	96.8	100.0	100.0
六、交通和通讯	**99.4**	**103.2**	**97.3**	**99.6**	**99.3**
1. 交　　通	99.3	105.9	95.6	99.4	99.0
(1) 交通工具	98.4	99.6	99.8	98.9	97.7
(2) 车用燃料及零配件	95.8	99.9	102.8	105.3	103.9
汽　　油	93.3	100.8	105.2	109.2	107.0
柴　　油	92.7	100.7	104.7	109.8	106.2
(3) 车辆使用及维修	99.8	100.0	100.0	99.9	100.0
(4) 市区公共交通	101.4	100.4	99.6	100.0	100.0
(5) 城市间交通	100.1	123.6	84.8	97.5	98.0
2. 通　　信	99.6	99.9	99.6	99.9	99.7
(1) 通信工具	98.1	99.4	98.2	99.3	98.3
(2) 通信服务	100.0	100.0	100.0	100.0	100.0
七、娱乐教育文化用品及服务	**99.8**	**100.1**	**99.8**	**99.7**	**100.1**
1. 文娱用耐用消费品及服务	99.0	99.4	99.5	98.2	99.2
2. 教　　育	100.0	100.0	100.0	100.0	100.0
(1) 教材及参考书	100.1	99.9	100.0	100.0	100.0
(2) 学杂托幼费	100.0	100.0	100.0	100.0	100.0
3. 文化娱乐用品	100.1	100.7	99.8	100.2	100.5
(1) 文化娱乐	99.7	100.0	100.0	100.4	100.0
(2) 书报杂志	100.1	100.0	100.0	100.0	100.0
(3) 文娱费	100.4	101.8	99.4	100.0	101.3
4. 旅游及外出	99.8	102.1	98.5	99.8	102.5
八、居　　住	**100.6**	**99.2**	**98.8**	**100.0**	**96.3**
1. 建房及装修材料	100.0	99.5	99.6	100.0	98.3
2. 租　　房	98.5	100.0	100.0	100.0	100.0
3. 自有住房	101.0	97.6	97.5	100.0	100.0
4. 水、电、燃料	101.3	99.6	98.5	100.1	92.0
水	100.0	100.0	100.0	100.0	100.0
电	100.0	100.0	100.0	100.0	84.6
液化石油气	106.3	96.4	90.7	100.2	97.5
管道燃气	100.0	100.4	100.0	100.0	100.0

6月	7月	8月	9月	10月	11月	12月
99.7	99.3	100.5	97.9	99.9	98.9	100.4
100.1	99.9	100.2	100.1	99.3	100.4	100.6
100.0	100.0	96.2	100.0	100.0	100.0	102.6
99.4	**99.9**	**99.8**	**99.9**	**100.4**	**99.7**	**99.6**
99.3	100.1	99.9	100.1	100.7	100.0	99.4
98.0	99.9	99.9	99.5	100.8	100.0	98.9
100.1	99.7	99.7	100.2	103.8	99.4	100.1
100.6	100.0	100.0	100.0	105.1	100.1	99.9
99.7	98.3	100.0	100.8	108.9	100.6	100.5
99.5	100.5	100.0	100.0	100.0	100.0	100.0
100.0	100.0	100.0	100.0	100.0	100.0	100.0
100.0	100.4	100.0	100.9	100.2	100.1	99.2
99.6	99.5	99.5	99.7	100.0	99.4	99.8
98.0	97.7	97.5	98.2	99.8	98.7	99.1
100.0	100.0	100.0	100.0	100.0	99.6	100.0
99.7	**99.8**	**99.9**	**104.3**	**100.0**	**99.6**	**99.6**
99.2	98.1	98.8	99.1	98.8	98.8	100.0
100.0	100.0	100.0	107.2	100.1	100.0	99.2
100.0	100.0	99.6	91.8	101.4	100.0	100.0
100.0	100.0	100.0	108.4	100.0	100.0	99.2
99.6	101.3	100.7	99.5	99.8	100.0	100.6
99.4	99.9	99.7	99.9	99.4	100.1	100.0
100.0	100.1	100.0	100.0	100.0	100.3	100.0
99.6	103.5	102.0	98.8	100.1	99.7	101.7
97.6	99.7	100.1	99.8	102.7	97.1	99.7
99.8	**99.6**	**100.5**	**100.7**	**100.8**	**103.7**	**100.3**
99.6	99.9	100.2	100.1	99.7	100.1	100.0
100.0	100.0	100.0	100.0	100.0	100.0	100.0
100.0	100.0	100.0	100.0	100.0	100.0	100.0
99.9	99.0	101.3	101.7	102.6	109.9	100.8
100.0	101.4	104.4	102.8	100.0	100.0	100.0
100.0	96.6	100.0	99.5	100.5	122.6	100.0
99.3	102.4	103.5	109.2	112.2	103.9	104.3
100.0	100.0	100.0	100.0	100.0	100.0	100.0

2003年广西全区居民消费价格各月环比指数

以上月价格为100

类　　别	1月	2月	3月	4月	5月
居民消费价格总指数	**101.0**	**99.4**	**99.9**	**100.6**	**98.6**
一、食　　品	**102.5**	**99.2**	**100.5**	**101.0**	**97.4**
1.粮　　食	101.9	99.8	100.5	101.2	100.7
大　　米	102.1	99.3	100.9	101.4	101.0
2.淀粉及薯类	103.2	95.7	103.6	100.3	98.9
3.干豆类及豆制品	106.8	100.3	96.1	100.8	100.8
4.油　　脂	104.7	98.3	98.5	103.1	99.6
5.肉禽及其制品	101.2	102.0	96.4	99.5	97.0
(1)食用畜肉及副产品	102.3	101.5	95.7	99.4	97.7
猪　　肉	100.9	101.8	96.6	99.7	97.7
牛　　肉	106.9	101.2	93.4	100.6	100.7
羊　　肉	100.1	97.4	101.3	96.7	96.8
(2)禽	100.3	102.8	96.9	99.4	94.4
鸡	99.9	100.6	96.9	100.1	94.6
鸭	102.5	110.8	95.7	96.9	93.2
(3)肉禽加工制品	99.2	102.5	97.7	100.0	98.3
6.蛋	100.1	99.6	97.6	98.8	98.9
鲜　　蛋	100.1	99.5	97.3	98.7	98.8
7.水 产 品	99.9	103.5	97.0	99.8	98.5
(1)鱼	100.5	103.6	98.1	100.7	99.1
淡 水 鱼	98.7	104.5	98.0	101.8	99.2
海 水 鱼	103.8	101.9	98.3	98.7	99.0
(2)其它水产品	98.5	103.1	94.0	97.4	96.9
8.菜	117.6	85.3	119.5	103.1	85.0
鲜　　菜	121.5	82.6	124.3	103.4	82.7
9.调 味 品	100.7	100.4	100.0	99.9	100.1
盐	100.0	100.0	100.0	100.0	100.2
酱　　油	100.6	100.0	98.6	100.0	100.0
10.糖	100.3	99.4	98.9	99.3	100.4
食　　糖	99.7	98.2	99.5	98.6	100.9
11.茶及饮料	99.1	100.0	99.7	100.0	99.8
(1)茶　　叶	101.6	100.0	100.0	100.0	99.4
(2)饮　　料	97.5	100.1	99.4	100.0	100.0
12.干鲜瓜果	100.3	102.3	101.7	107.5	100.0
鲜　　果	99.8	102.4	102.3	109.4	99.9

6月	7月	8月	9月	10月	11月	12月
99.5	**99.7**	**100.3**	**101.4**	**100.7**	**101.3**	**100.5**
98.7	**100.8**	**101.6**	**102.9**	**100.4**	**101.6**	**101.2**
100.3	99.8	99.8	100.1	101.0	104.3	101.5
100.4	99.7	99.8	100.0	100.6	103.9	101.6
99.8	96.1	102.7	102.8	99.9	98.2	103.7
99.6	99.8	101.9	99.5	101.8	106.2	104.8
99.9	99.9	100.0	100.9	106.2	109.8	106.0
101.8	101.6	101.9	104.0	100.6	102.6	100.4
101.1	101.1	102.0	105.1	102.3	104.0	99.4
101.5	102.5	101.7	105.4	102.3	104.9	98.9
100.4	99.7	103.0	101.2	100.7	101.2	102.8
99.7	98.3	100.8	101.0	102.2	105.7	97.7
104.9	102.8	102.2	103.6	97.3	100.3	103.5
104.4	101.3	101.6	103.9	100.6	100.1	101.1
106.2	108.1	105.1	103.3	86.9	99.9	110.5
100.3	101.5	101.5	101.4	99.8	101.4	99.8
98.6	99.8	107.6	108.2	98.3	105.0	101.3
98.6	99.8	108.5	108.9	98.0	105.1	100.9
100.0	100.6	100.5	99.2	99.8	100.4	98.9
99.8	100.4	100.8	99.0	99.9	99.6	98.8
99.0	100.1	100.8	99.2	100.0	99.3	99.3
101.2	101.1	100.9	98.5	99.8	100.2	97.9
100.9	101.2	99.8	100.0	99.6	102.6	99.2
93.5	102.5	107.9	111.9	99.5	95.3	101.3
91.7	102.7	110.1	114.5	99.2	94.3	100.8
100.1	100.0	100.1	100.0	99.9	101.0	99.4
100.0	100.0	100.0	100.0	100.0	100.0	100.0
100.0	100.0	100.0	100.1	99.9	100.2	98.9
99.2	100.0	99.3	100.2	100.6	101.4	101.9
97.9	100.1	98.3	100.4	100.7	102.5	103.5
99.7	100.0	99.9	99.7	100.2	100.1	98.9
100.0	100.0	100.0	100.0	100.0	100.0	97.8
99.4	100.0	99.9	99.6	100.4	100.2	99.7
85.5	101.6	100.3	103.6	97.5	99.7	103.0
82.5	102.5	100.2	105.1	96.7	98.0	103.6

2003 年广西全区居民消费价格各月环比指数（续表 1）

以上月价格为 100

类　　别	1 月	2 月	3 月	4 月	5 月
13. 糕点饼干面包	99.4	100.5	100.0	100.0	100.0
14. 奶及奶制品	94.6	100.4	99.0	100.6	99.9
15. 在外用膳食品	99.5	99.9	100.0	100.0	100.0
16. 其它食品及食品加工服务	100.6	100.1	100.3	99.9	99.5
二、烟酒及用品	**99.7**	**100.2**	**99.9**	**100.0**	**99.4**
1. 烟　　草	99.7	100.0	99.9	99.5	99.2
2. 酒	99.5	100.6	100.1	100.6	99.8
3. 吸烟饮酒用品	100.6	100.0	100.0	100.0	97.9
三、衣　　着	**98.8**	**95.2**	**100.5**	**101.3**	**100.0**
1. 服　　装	98.4	93.5	98.8	101.7	100.3
(1) 男式服装	98.5	92.2	99.1	102.1	101.3
(2) 女式服装	97.7	93.0	98.3	102.0	99.7
(3) 儿童服装	100.3	97.6	99.3	100.5	100.1
2. 衣着材料	99.2	99.8	99.5	100.0	99.9
3. 鞋 袜 帽	99.6	98.3	104.8	100.5	99.3
(1) 鞋	99.5	97.9	105.7	100.2	99.2
(2) 袜　　子	100.0	100.4	100.5	100.0	100.0
(3) 帽　　子	100.0	100.0	100.0	109.1	100.0
4. 衣着加工服务	100.0	100.0	100.0	100.0	100.0
四、家庭设备用品及维修服务	**100.4**	**99.6**	**100.1**	**99.9**	**100.0**
1. 耐用消费品	99.6	99.8	99.7	99.1	100.1
(1) 家　　具	100.3	100.0	100.0	99.6	100.4
(2) 家庭设备	99.0	99.7	99.4	98.7	99.8
2. 室内装饰品	99.5	99.8	99.2	100.1	100.1
3. 床上用品	99.3	95.6	104.8	99.9	100.0
4. 家庭日用杂品	100.2	100.1	99.8	100.2	99.9
5. 家庭服务及加工维修服务	105.5	100.0	99.9	102.4	100.0
五、医疗保健和个人用品	**100.6**	**100.8**	**99.9**	**103.4**	**101.4**
1. 医疗保健	100.4	100.6	100.0	104.9	102.2
(1) 医疗器具及用品	100.1	100.0	99.3	100.0	101.8
(2) 中药材及中成药	99.7	102.5	100.0	111.9	105.4
(3) 西　　药	100.0	99.9	99.9	99.7	99.1
(4) 保健器具及用品	99.9	100.0	100.3	99.9	101.4
(5) 医疗保健服务	102.2	100.0	100.5	107.3	103.7
2. 个人用品及服务	101.0	101.0	99.5	100.6	99.8

6月	7月	8月	9月	10月	11月	12月
100.1	100.3	99.9	100.1	100.0	100.2	100.5
100.1	100.1	99.8	99.5	100.5	100.2	99.8
100.0	100.1	100.1	100.0	100.0	100.4	100.4
99.2	99.9	99.6	100.8	100.1	99.4	101.1
99.9	**99.3**	**101.1**	**100.4**	**100.1**	**99.6**	**102.0**
99.5	100.0	100.8	100.0	100.0	100.0	100.0
100.3	98.3	102.0	100.9	100.1	98.9	104.1
100.0	100.0	98.4	100.0	101.4	100.0	103.7
99.8	**99.5**	**98.0**	**100.4**	**103.1**	**100.6**	**100.5**
99.7	98.8	98.6	100.0	102.8	100.6	101.1
99.6	99.7	99.4	100.1	103.2	100.3	99.6
99.7	98.8	98.1	99.8	103.7	101.0	101.3
100.0	97.2	98.3	100.0	99.9	100.3	103.3
100.1	98.4	99.9	100.1	101.3	100.1	100.0
99.9	101.3	96.1	101.3	104.4	100.7	99.5
99.9	101.5	95.3	101.7	105.9	100.8	99.3
100.0	100.0	100.0	99.8	98.1	100.3	100.5
100.0	100.0	100.0	99.6	93.4	100.0	100.0
98.8	100.0	100.0	100.0	100.0	100.0	101.1
99.6	**99.5**	**99.7**	**100.0**	**100.2**	**100.3**	**99.6**
99.6	99.1	99.6	100.1	100.5	99.8	99.6
100.0	99.2	99.8	100.8	99.9	99.0	99.6
99.4	99.0	99.5	99.5	101.1	100.5	99.6
100.0	100.0	100.0	99.9	100.9	99.6	97.3
101.1	98.6	100.1	100.2	100.9	99.6	103.0
99.4	100.2	99.4	99.6	99.5	101.7	99.0
98.6	100.0	100.0	100.0	100.0	100.0	100.0
100.3	**97.4**	**100.4**	**99.9**	**100.4**	**100.2**	**100.8**
100.8	96.0	100.9	99.8	100.5	100.1	100.8
98.4	103.5	100.5	99.7	101.2	99.6	103.5
101.6	91.1	99.4	99.5	99.0	99.4	100.7
100.8	97.3	100.1	100.1	99.4	100.2	101.4
100.1	93.7	100.0	100.0	100.0	102.1	100.7
100.0	100.0	104.0	99.8	103.9	100.3	100.0
99.4	100.2	99.4	100.0	100.0	100.4	100.7

2003 年广西全区居民消费价格各月环比指数（续表 2）

以上月价格为 100

类　　别	1 月	2 月	3 月	4 月	5 月
(1)化妆美容用品	102.5	100.1	100.0	100.0	100.0
(2)卫生用品	99.4	100.5	100.9	99.8	99.7
(3)个人饰品	100.7	100.6	100.0	99.7	100.2
(4)个人服务	102.3	102.5	97.3	102.8	99.5
六、交通和通讯	**100.0**	**102.9**	**96.2**	**99.8**	**99.3**
1. 交　　通	101.1	105.3	93.8	100.0	99.0
(1)交通工具	98.9	100.9	99.2	98.3	98.5
(2)车用燃料及零配件	99.7	103.1	100.9	100.0	95.5
汽　　油	100.0	105.2	100.5	99.9	93.2
柴　　油	100.4	104.3	100.4	100.0	94.2
(3)车辆使用及维修	99.1	99.7	99.2	100.2	100.0
(4)市区公共交通	100.0	100.2	99.9	100.0	100.0
(5)城市间交通	106.5	118.0	79.7	102.3	99.7
2. 通　　信	98.5	99.7	99.7	99.5	99.8
(1)通信工具	97.5	98.7	98.3	97.2	98.7
(2)通信服务	98.8	100.0	100.0	100.0	100.0
七、娱乐教育文化用品及服务	**99.8**	**100.0**	**99.7**	**99.8**	**99.8**
1. 文娱用耐用消费品及服务	98.5	99.7	99.1	98.4	99.1
2. 教育	100.0	100.1	100.0	100.0	100.0
(1)教材及参考书	100.0	100.6	100.1	100.0	100.0
(2)学杂托幼费	100.0	100.1	100.0	100.0	100.0
3. 文化娱乐用品	100.3	99.6	99.4	100.0	99.9
(1)文化娱乐	99.8	100.1	99.9	100.0	99.8
(2)书报杂志	103.0	100.1	100.0	100.0	100.0
(3)文娱费	99.0	98.7	98.4	100.0	99.8
4. 旅游及外出	101.3	100.7	98.1	100.7	99.0
八、居　　住	**101.9**	**99.3**	**99.7**	**99.4**	**96.2**
1. 建房及装修材料	100.2	99.4	99.9	100.0	100.1
2. 租　　房	104.4	100.0	100.0	100.0	100.0
3. 自有住房	100.0	100.0	100.0	100.0	100.0
4. 水、电、燃料	104.0	98.9	99.4	98.4	90.1
水	100.0	100.0	105.0	100.9	100.0
电	100.0	100.0	100.0	100.0	81.7
液化石油气	115.6	95.2	94.0	92.2	92.8
管道燃气	100.1	100.0	106.7	100.0	100.0

6月	7月	8月	9月	10月	11月	12月
99.1	100.8	100.0	100.0	100.0	100.0	100.1
98.2	100.1	99.6	99.3	100.3	100.4	99.9
100.0	100.3	98.5	100.7	99.8	100.8	102.8
100.0	99.7	100.0	100.0	100.0	100.0	99.5
99.3	**99.8**	**99.0**	**99.9**	**99.9**	**99.5**	**99.7**
99.9	99.9	98.5	100.0	100.0	99.2	100.0
100.2	99.1	98.6	99.8	99.9	97.9	99.2
98.5	101.6	99.4	99.9	100.0	100.2	103.1
98.4	102.9	99.5	100.0	100.0	100.6	105.7
97.7	100.5	100.6	100.4	100.2	100.3	104.4
100.0	100.2	100.0	100.0	100.0	100.6	100.0
100.0	100.0	100.0	100.0	100.0	100.0	100.0
99.8	100.0	96.3	100.4	100.0	99.4	100.1
98.5	99.7	99.6	99.8	99.9	100.0	99.4
96.6	98.4	97.9	99.1	99.3	99.8	98.9
98.9	100.0	100.0	100.0	100.0	100.0	99.5
100.0	**99.6**	**99.4**	**100.9**	**100.2**	**100.0**	**99.3**
99.3	98.7	96.6	98.7	99.2	100.6	96.9
100.0	100.0	100.1	101.7	100.0	100.0	100.0
100.0	100.0	100.9	97.1	100.0	100.1	100.0
100.0	100.0	100.0	102.1	100.0	100.0	100.0
100.3	99.7	99.8	100.0	102.0	99.5	99.9
100.3	100.0	99.9	99.8	100.0	100.0	99.9
100.2	100.0	99.9	100.3	100.3	100.0	100.0
100.4	99.0	99.6	100.0	105.5	98.6	99.8
100.9	97.4	99.7	100.7	100.6	98.7	98.2
100.0	**99.3**	**99.9**	**101.2**	**101.9**	**105.1**	**100.3**
99.7	100.0	99.8	100.2	104.5	101.1	100.3
100.0	100.0	100.0	112.3	100.0	100.0	100.3
100.0	100.0	100.0	100.0	100.0	100.0	100.0
100.4	98.2	100.1	100.9	100.4	113.1	100.3
100.0	100.0	100.0	100.0	100.0	100.0	100.0
99.2	97.5	100.0	100.0	100.7	127.9	100.0
103.7	96.3	98.7	104.1	100.5	108.4	101.4
100.0	100.0	99.2	100.0	100.0	100.0	100.0

2004年广西全区居民消费价格各月环比指数

以上月价格为100

类　别	1月	2月	3月	4月	5月
居民消费价格总指数	**100.4**	**99.4**	**101.3**	**101.0**	**99.4**
一、食　品	**100.8**	**100.0**	**103.8**	**102.2**	**99.6**
1. 粮　食	101.4	101.9	116.1	103.7	97.6
大　米	101.2	102.3	118.7	103.7	97.2
2. 淀粉及薯类	101.2	104.0	104.7	106.5	98.5
3. 干豆类及豆制品	110.3	101.1	97.9	102.3	101.3
4. 油　脂	99.3	97.4	102.9	102.4	98.7
5. 肉禽及其制品	102.8	99.2	102.3	99.4	101.2
(1) 食用畜肉及副产品	103.4	104.1	99.4	98.9	99.2
猪　肉	101.7	101.4	102.9	100.3	98.6
牛　肉	108.7	108.2	93.5	98.7	99.1
羊　肉	109.2	106.7	94.7	96.1	97.1
(2) 禽	100.7	88.0	110.2	99.7	105.7
鸡	102.1	92.0	100.1	102.3	103.9
鸭	97.4	79.4	133.8	95.5	110.1
(3) 肉禽加工制品	103.5	98.4	102.8	100.1	101.8
6. 蛋	100.6	99.4	99.2	100.9	100.1
鲜　蛋	100.5	99.2	98.5	100.9	100.0
7. 水产品	103.5	104.2	102.1	102.4	103.2
(1) 鱼	102.4	104.5	102.5	103.4	103.8
淡水鱼	103.6	107.2	104.4	104.1	104.3
海水鱼	100.5	99.9	99.0	102.0	102.9
(2) 其它水产品	107.1	103.0	100.8	99.0	101.0
8. 菜	91.5	99.4	108.0	109.4	91.8
鲜　菜	88.2	99.6	110.9	114.0	88.5
9. 调味品	99.6	100.3	100.5	100.0	100.0
盐	100.0	100.0	100.0	100.0	100.0
酱　油	98.8	101.0	101.0	100.0	99.9
10. 糖	99.1	99.9	101.0	98.8	101.0
食　糖	97.3	99.5	100.0	98.9	101.5
11. 茶及饮料	99.6	99.8	100.4	100.2	100.0
(1) 茶　叶	99.7	100.0	100.0	100.0	100.0
(2) 饮　料	99.5	99.6	100.7	100.3	100.1
12. 干鲜瓜果	102.2	102.6	106.7	113.1	100.7
鲜　果	102.0	103.8	107.8	115.8	100.8

6月	7月	8月	9月	10月	11月	12月
99.8	**100.9**	**100.0**	**101.0**	**99.9**	**100.1**	**99.9**
99.4	**102.7**	**100.5**	**102.4**	**99.0**	**98.8**	**99.7**
99.3	99.6	100.1	100.8	100.3	99.6	99.1
99.3	99.6	100.2	101.0	100.3	99.5	98.8
95.9	102.3	99.4	99.9	97.2	99.8	99.2
101.2	100.2	100.7	100.2	100.2	100.5	99.9
101.4	105.3	101.2	101.2	99.8	98.9	99.1
106.3	104.3	99.5	102.2	99.1	99.1	100.9
106.5	104.7	100.0	103.5	99.6	98.0	99.5
108.5	105.4	101.1	105.1	99.0	97.2	98.6
101.5	102.9	97.5	100.1	101.8	99.6	101.8
100.3	99.5	99.5	98.8	106.0	99.4	100.3
109.1	104.1	96.9	99.3	96.1	101.5	104.6
108.6	103.9	100.7	101.4	99.4	100.0	100.9
111.9	104.6	90.3	94.9	89.4	104.5	112.2
103.5	103.5	100.6	101.9	100.3	99.6	101.0
105.7	102.0	103.7	105.8	98.2	95.7	101.0
106.8	102.1	103.4	104.7	98.1	95.5	101.1
102.4	100.0	98.6	98.9	99.7	98.9	100.0
103.9	99.8	98.6	98.5	97.1	98.1	99.3
104.0	98.5	98.4	97.5	96.5	96.4	99.7
103.6	102.5	99.1	100.6	98.4	101.4	98.6
97.1	100.8	98.6	100.4	109.1	101.3	102.2
90.1	114.4	99.7	106.2	94.4	94.7	98.7
86.2	121.3	98.6	108.6	91.8	93.3	98.8
99.4	100.0	99.9	101.3	100.0	100.0	99.7
100.0	100.0	100.0	100.0	100.0	100.0	100.0
98.1	99.9	100.0	101.0	100.0	99.9	99.4
99.8	100.0	100.6	100.5	100.2	99.2	100.3
99.6	100.1	101.0	101.1	100.0	97.1	98.2
100.0	100.1	100.1	99.2	99.7	100.3	100.7
100.0	98.9	100.0	100.3	100.0	100.0	99.5
100.0	100.8	100.1	98.5	99.5	100.6	101.4
69.2	94.9	112.3	110.8	97.8	98.6	96.1
63.4	93.9	116.3	113.4	97.7	98.3	95.0

2004 年广西全区居民消费价格各月环比指数（续表 1）

以上月价格为 100

类　　别	1 月	2 月	3 月	4 月	5 月
13. 糕点饼干面包	100.4	102.0	100.3	100.0	99.9
14. 奶及奶制品	100.0	102.2	100.4	100.3	99.3
15. 在外用膳食品	99.9	100.1	102.1	100.2	100.4
16. 其它食品及食品加工服务	105.4	95.1	100.1	99.9	100.2
二、烟酒及用品	**99.5**	**100.0**	**99.5**	**99.4**	**99.7**
1. 烟　　草	99.9	99.7	99.7	100.0	100.0
2. 酒	98.9	100.3	99.1	98.5	99.1
3. 吸烟饮酒用品	99.9	100.0	100.0	99.6	100.3
三、衣　　着	**98.6**	**96.2**	**99.6**	**101.5**	**101.7**
1. 服　　装	97.9	94.5	99.5	101.6	102.5
(1) 男式服装	97.0	94.2	96.8	101.9	100.3
(2) 女式服装	97.7	93.7	101.2	100.3	102.4
(3) 儿童服装	99.4	96.4	100.4	103.5	105.3
2. 衣着材料	100.0	98.8	100.2	99.9	100.0
3. 鞋 袜 帽	99.8	98.7	99.3	101.8	100.7
(1) 鞋	99.9	98.4	99.2	102.4	100.8
(2) 袜　　子	100.0	100.0	100.0	100.0	100.0
(3) 帽　　子	98.9	100.0	100.0	100.0	100.0
4. 衣着加工服务	98.3	107.0	103.1	98.3	100.0
四、家庭设备用品及维修服务	**99.9**	**100.7**	**100.0**	**100.0**	**99.8**
1. 耐用消费品	99.8	99.7	100.1	100.2	99.5
(1) 家　　具	99.9	100.0	100.1	99.7	99.8
(2) 家庭设备	99.6	99.4	100.1	100.6	99.2
2. 室内装饰品	99.7	105.8	100.0	100.2	98.9
3. 床上用品	97.5	99.5	100.3	100.0	100.0
4. 家庭日用杂品	100.0	101.7	99.9	99.6	100.1
5. 家庭服务及加工维修服务	102.3	100.0	100.0	100.0	100.0
五、医疗保健和个人用品	**100.4**	**99.4**	**100.2**	**99.6**	**99.9**
1. 医疗保健	100.0	100.1	100.2	99.4	100.0
(1) 医疗器具及用品	101.6	100.2	100.0	100.3	100.0
(2) 中药材及中成药	99.6	100.0	101.2	98.1	100.7
(3) 西　　药	100.0	100.0	99.7	99.5	99.7
(4) 保健器具及用品	99.9	100.0	100.7	99.9	99.8
(5) 医疗保健服务	100.1	100.1	100.1	100.0	100.0
2. 个人用品及服务	101.2	98.5	100.0	100.0	99.8

6月	7月	8月	9月	10月	11月	12月
100.5	99.9	100.0	102.2	100.3	100.4	99.6
98.8	101.7	98.9	100.7	101.5	99.6	99.2
99.9	100.0	100.0	101.8	100.0	100.0	98.9
100.2	99.7	100.4	100.8	100.2	98.8	99.6
100.0	**100.2**	**99.7**	**100.0**	**100.0**	**99.8**	**100.0**
100.0	100.0	100.1	100.1	100.0	100.0	100.0
100.0	100.5	99.2	100.0	100.0	99.4	100.0
99.7	100.0	100.0	100.0	100.0	100.0	99.3
100.2	**98.7**	**97.3**	**99.3**	**102.4**	**101.4**	**100.9**
100.3	99.1	96.5	99.8	103.0	102.2	100.8
101.0	98.8	100.0	100.3	102.1	102.6	99.4
100.1	99.8	95.8	100.1	104.1	102.7	101.7
100.1	98.5	93.6	98.6	102.4	100.9	101.1
100.0	100.0	99.8	100.0	100.1	100.5	100.3
99.8	97.2	98.2	98.0	101.8	99.9	101.2
99.9	96.4	97.8	97.4	102.4	100.0	101.8
99.6	100.4	99.8	99.9	100.0	99.6	98.8
100.0	100.0	100.0	100.0	100.0	100.0	100.0
100.0	100.0	99.4	100.0	99.0	100.0	100.0
99.9	**100.0**	**99.8**	**99.9**	**99.6**	**100.6**	**99.6**
99.7	100.0	99.6	99.8	100.1	99.9	100.2
99.9	99.9	99.7	100.2	100.1	100.1	100.5
99.5	100.1	99.6	99.3	100.1	99.8	99.9
99.8	100.5	99.6	99.8	101.5	100.0	94.5
99.9	99.8	99.9	100.2	101.1	100.0	99.7
100.0	100.0	100.0	100.0	98.2	101.8	99.5
100.0	100.0	100.0	100.0	100.0	100.0	100.8
99.7	**99.2**	**100.2**	**101.2**	**100.5**	**99.7**	**99.8**
99.7	99.3	100.4	101.9	100.3	99.6	99.5
99.0	100.0	101.1	99.9	100.0	98.6	97.3
99.0	98.8	100.6	101.8	101.4	98.8	98.6
99.8	99.4	100.3	99.8	100.0	99.8	99.9
99.9	100.4	100.0	99.1	100.0	99.9	98.7
100.3	99.4	100.2	104.9	100.0	100.0	100.0
99.8	99.1	100.1	100.0	100.7	99.9	100.3

2004年广西全区居民消费价格各月环比指数（续表2）

以上月价格为100

类　　别	1月	2月	3月	4月	5月
(1) 化妆美容用品	99.9	100.1	100.0	100.0	99.9
(2) 卫生用品	97.7	100.3	99.5	100.1	100.1
(3) 个人饰品	101.4	99.2	100.5	100.0	100.0
(4) 个人服务	104.5	95.7	100.0	100.0	99.2
六、交通和通讯	**102.6**	**97.2**	**100.2**	**100.5**	**99.8**
1. 交　　通	104.1	95.9	100.3	100.8	99.9
(1) 交通工具	100.0	99.9	99.9	100.7	99.9
(2) 车用燃料及零配件	99.6	100.0	99.8	102.6	101.0
汽　　油	99.5	100.0	100.0	107.2	99.8
柴　　油	98.9	100.0	99.7	100.3	104.2
(3) 车辆使用及维修	99.2	100.0	99.8	100.2	100.4
(4) 市区公共交通	100.0	100.0	100.0	100.0	100.0
(5) 城市间交通	115.3	86.9	101.5	101.1	99.3
2. 通　　信	99.4	99.9	100.0	99.8	99.8
(1) 通信工具	97.4	99.8	99.9	99.3	98.9
(2) 通信服务	100.0	99.9	100.0	100.0	100.0
七、娱乐教育文化用品及服务	**100.1**	**99.1**	**100.1**	**100.5**	**99.5**
1. 文娱用耐用消费品及服务	99.6	99.1	99.8	99.7	97.8
2. 教　　育	100.0	99.8	100.0	100.0	100.0
(1) 教材及参考书	100.0	105.4	100.1	100.0	100.0
(2) 学杂托幼费	100.0	99.4	100.0	100.0	100.0
3. 文化娱乐用品	100.7	99.9	101.3	100.4	97.7
(1) 文化娱乐	99.5	100.1	100.1	100.2	100.4
(2) 书报杂志	102.0	100.1	100.0	100.0	100.0
(3) 文 娱 费	101.5	99.4	104.4	101.3	91.4
4. 旅游及外出	105.8	78.3	99.5	125.5	103.9
八、居　　住	**100.6**	**99.8**	**100.2**	**100.1**	**96.9**
1. 建房及装修材料	101.1	99.8	100.3	99.7	99.3
2. 租　　房	100.0	100.0	100.0	100.0	100.0
3. 自有住房	100.0	100.0	100.0	100.0	100.0
4. 水、电、燃料	100.3	99.9	100.0	100.7	91.3
水	100.0	100.0	100.0	100.0	105.3
电	100.0	100.0	100.0	100.6	81.1
液化石油气	102.3	98.8	100.0	103.7	100.2
管道燃气	100.0	100.0	99.8	100.2	99.8

6月	7月	8月	9月	10月	11月	12月
100.0	100.0	100.0	100.0	100.0	100.0	99.0
99.7	97.2	100.1	100.3	102.5	99.3	99.3
99.6	99.6	100.1	99.6	100.1	100.2	101.8
100.0	99.9	100.0	100.2	100.0	99.9	100.0
100.0	**99.8**	**99.9**	**99.8**	**99.8**	**99.8**	**99.5**
100.1	99.8	99.8	99.8	100.1	99.7	99.8
99.8	99.2	99.5	99.3	99.9	99.3	99.3
100.8	100.1	100.7	102.9	100.0	100.0	100.1
100.1	100.3	101.4	105.1	100.0	100.0	100.0
103.6	100.0	100.8	105.2	100.0	100.0	100.0
100.0	100.0	100.0	100.0	100.3	100.0	100.0
100.0	100.0	100.0	100.0	100.0	100.0	100.0
100.4	100.3	99.9	99.4	100.4	100.0	100.1
99.9	100.0	99.9	99.9	99.2	100.0	98.9
99.7	100.0	99.5	99.7	96.2	99.8	94.6
100.0	100.0	100.0	100.0	100.0	100.0	100.0
99.7	**100.2**	**99.8**	**100.5**	**99.9**	**99.7**	**100.2**
100.2	99.5	99.4	99.4	99.8	99.4	100.2
100.0	100.0	99.9	100.9	100.0	100.0	100.0
100.0	100.0	98.1	95.2	100.0	100.0	100.0
100.0	100.0	100.0	101.3	100.0	100.0	100.0
101.9	101.4	99.5	100.9	99.1	99.1	101.1
100.0	100.0	100.0	100.0	100.0	99.9	99.5
100.0	100.0	98.8	100.0	99.9	100.0	100.0
107.2	105.1	99.2	103.1	96.9	96.9	104.6
81.0	105.9	102.2	94.7	103.0	95.4	101.4
100.6	**100.5**	**100.8**	**100.1**	**100.8**	**104.0**	**100.2**
101.0	100.4	100.4	100.4	100.8	100.3	100.3
100.0	100.0	100.0	100.0	100.0	100.0	98.4
100.0	100.0	100.0	100.0	100.0	100.8	100.0
100.4	100.8	102.0	99.8	101.1	112.5	100.3
100.0	100.0	100.0	100.0	100.0	100.0	100.0
100.0	99.0	100.0	100.0	100.8	123.7	100.0
99.7	98.7	110.7	98.1	102.3	100.6	95.6
100.2	99.9	110.9	100.2	100.2	102.4	102.3

2005年广西全区居民消费价格各月环比指数

以上月价格为100

类　别	1月	2月	3月	4月	5月
居民消费价格总指数	**101.4**	**100.8**	**99.2**	**100.3**	**99.3**
一、食　品	**100.3**	**102.4**	**99.0**	**100.8**	**98.7**
1.粮　食	99.9	100.1	100.5	100.0	99.3
大　米	99.9	100.1	100.6	100.0	99.3
2.淀粉及薯类	102.9	100.3	102.5	98.4	97.7
3.干豆类及豆制品	102.9	104.0	95.5	99.6	99.7
4.油　脂	97.3	96.5	98.9	98.3	98.0
5.肉禽及其制品	100.5	103.5	98.5	99.4	97.7
(1)食用畜肉及副产品	101.6	103.6	95.6	97.4	97.2
猪　肉	98.1	100.4	96.8	98.7	96.3
牛　肉	107.3	107.7	96.2	96.7	100.4
羊　肉	109.1	109.9	95.5	95.8	95.0
(2)禽	97.8	105.6	104.3	101.9	97.4
鸡	103.0	104.9	100.3	100.2	97.6
鸭	88.6	107.3	112.8	106.2	96.8
(3)肉禽加工制品	100.5	101.8	99.4	101.0	99.1
6.蛋	101.6	100.8	95.5	97.5	101.3
鲜　蛋	102.0	101.0	94.6	97.0	101.6
7.水产品	102.6	107.6	100.2	99.8	98.7
(1)鱼	102.5	108.5	100.2	100.5	99.4
淡水鱼	104.2	110.3	99.3	100.3	100.6
海水鱼	99.9	105.3	102.0	100.9	97.3
(2)其它水产品	102.9	105.0	100.0	97.4	96.2
8.菜	99.8	101.3	100.5	110.5	95.1
鲜　菜	100.3	101.2	100.0	115.6	93.7
9.调味品	99.9	100.2	100.4	100.0	100.7
盐	99.6	100.4	100.0	100.0	101.7
酱　油	100.5	100.3	100.9	100.0	100.2
10.糖	99.0	101.0	101.2	98.6	100.6
食　糖	98.2	101.8	102.5	101.1	98.6
11.茶及饮料	100.6	99.9	99.8	99.4	100.4
(1)茶　叶	100.9	100.0	100.0	98.7	100.5
(2)饮　料	100.4	99.9	99.6	99.8	100.3
12.干鲜瓜果	98.8	109.4	97.9	104.8	101.5
鲜　果	98.1	111.3	97.7	106.2	101.6

6月	7月	8月	9月	10月	11月	12月
99.6	**100.2**	**99.3**	**100.6**	**100.4**	**100.3**	**101.0**
99.1	**100.9**	**98.1**	**101.0**	**100.7**	**98.9**	**100.0**
100.4	99.7	99.8	100.0	99.7	99.5	99.9
100.4	99.7	99.8	100.0	99.7	99.5	99.9
105.3	98.8	103.8	97.2	99.3	99.5	100.8
100.1	100.0	100.7	100.2	99.3	98.5	101.0
98.1	98.8	99.3	101.9	98.7	99.4	99.7
98.2	98.9	99.3	98.7	99.3	97.7	98.7
99.1	100.0	99.5	99.8	100.4	97.5	101.6
99.3	100.0	99.9	99.7	98.9	96.8	99.3
99.6	99.4	98.5	101.0	101.6	100.1	103.2
98.9	100.1	100.1	99.9	103.0	100.8	106.8
95.1	95.9	98.1	95.5	96.0	96.7	91.9
98.8	96.0	97.9	98.5	95.8	93.2	93.6
88.0	93.8	98.7	88.9	95.8	104.1	86.8
99.5	99.7	100.0	99.1	99.8	99.1	98.3
103.8	98.5	101.4	102.0	97.3	96.8	97.3
104.1	98.5	101.6	102.1	97.3	96.3	97.0
99.6	101.0	98.6	99.0	98.3	98.3	100.3
99.4	101.2	97.9	99.2	96.3	99.2	100.5
99.0	98.3	96.9	99.7	94.5	98.6	100.9
100.1	106.3	99.5	98.3	99.3	100.0	99.8
100.1	100.2	101.3	98.6	104.9	95.8	100.0
103.9	110.1	86.0	101.6	109.8	98.2	104.4
105.4	113.1	80.7	102.1	113.3	97.4	106.2
99.9	100.3	100.0	100.3	100.5	99.0	100.5
100.0	100.2	100.0	100.0	100.0	100.0	100.0
99.5	100.3	100.0	100.7	101.2	97.1	100.6
101.9	100.9	101.8	102.4	103.9	99.3	102.3
100.9	102.5	104.5	105.2	109.4	99.4	103.2
101.6	100.2	100.3	100.1	99.8	99.9	100.1
102.7	100.5	100.0	100.0	100.0	100.0	100.0
100.9	99.9	100.4	100.1	99.7	99.8	100.2
85.1	104.0	95.9	121.7	101.5	99.9	96.4
81.5	104.7	94.5	127.7	102.2	99.7	95.0

2005年广西全区居民消费价格各月环比指数(续表1)

以上月价格为100

类别	1月	2月	3月	4月	5月
13.糕点饼干面包	100.2	100.0	100.1	99.8	100.1
14.奶及奶制品	101.3	100.2	101.8	99.7	100.4
15.在外用膳食品	100.4	100.2	99.8	100.2	100.1
16.其它食品及食品加工服务	100.6	107.3	93.0	100.1	100.2
二、烟酒及用品	**100.2**	**100.1**	**100.1**	**99.8**	**99.9**
1.烟　草	100.0	100.1	100.1	99.9	99.7
2.酒	100.4	99.9	100.0	100.1	100.1
3.吸烟饮酒用品	100.5	101.1	100.0	98.2	100.1
三、衣　着	**100.6**	**96.6**	**96.1**	**100.5**	**101.5**
1.服　装	100.6	95.3	94.7	99.7	103.2
(1)男式服装	100.8	93.9	94.2	98.8	100.7
(2)女式服装	99.7	94.1	96.6	100.2	103.7
(3)儿童服装	101.9	99.2	92.2	100.0	105.4
2.衣着材料	100.2	100.0	99.8	99.8	100.0
3.鞋 袜 帽	100.6	98.6	98.1	102.2	98.5
(1)鞋	100.8	98.3	97.6	102.8	98.1
(2)袜　子	100.1	100.0	99.8	100.0	100.0
(3)帽　子	99.3	100.0	100.0	100.0	100.0
4.衣着加工服务	100.0	101.3	99.7	104.1	99.9
四、家庭设备用品及维修服务	**100.2**	**100.6**	**99.8**	**99.3**	**100.2**
1.耐用消费品	100.6	100.2	100.3	98.7	100.6
(1)家　具	100.6	99.9	99.9	98.2	101.4
(2)家庭设备	100.6	100.5	100.6	99.2	99.9
2.室内装饰品	99.6	99.7	99.8	100.0	100.0
3.床上用品	100.7	100.1	98.1	99.8	99.4
4.家庭日用杂品	98.7	100.7	100.0	99.7	99.8
5.家庭服务及加工维修服务	103.5	103.4	99.0	100.0	100.3
五、医疗保健和个人用品	**99.6**	**100.3**	**100.0**	**99.6**	**99.9**
1.医疗保健	98.8	100.0	100.3	99.6	99.6
(1)医疗器具及用品	99.2	100.0	99.8	99.3	102.0
(2)中药材及中成药	97.0	99.8	100.2	97.1	97.2
(3)西　药	98.8	100.1	99.5	100.9	100.2
(4)保健器具及用品	100.0	100.0	99.0	99.7	101.6
(5)医疗保健服务	100.2	100.0	101.5	100.0	100.0
2.个人用品及服务	100.9	100.8	99.6	99.7	100.3

6月	7月	8月	9月	10月	11月	12月
100.1	100.0	100.2	100.4	99.8	99.6	102.5
100.8	100.5	101.5	99.1	98.5	101.2	99.1
100.0	100.0	100.1	100.0	99.7	100.2	100.3
100.4	100.0	101.3	98.6	104.3	100.2	100.2
100.4	**100.0**	**100.3**	**100.0**	**99.7**	**99.9**	**100.4**
100.0	100.0	100.1	100.0	100.0	100.0	100.7
100.9	100.2	100.6	100.1	99.2	99.8	99.9
101.1	99.6	100.0	100.0	100.0	100.0	100.0
100.5	**98.6**	**98.3**	**101.1**	**101.4**	**102.0**	**102.2**
99.9	98.7	98.0	101.5	102.0	102.6	102.7
99.7	98.0	98.7	102.7	103.5	102.2	100.6
100.1	99.0	97.3	100.1	101.8	103.3	104.4
99.9	99.3	98.3	102.2	100.7	101.9	102.3
100.5	100.0	100.0	99.9	101.1	100.0	100.0
101.6	97.8	98.2	100.5	100.0	101.3	102.1
101.9	96.9	97.7	100.7	100.0	101.7	102.8
100.6	101.7	100.0	100.0	100.0	100.0	99.2
101.2	100.0	100.0	100.0	100.0	100.0	100.3
100.0	100.0	100.9	100.8	100.0	100.0	100.0
100.2	**100.0**	**100.0**	**99.9**	**100.1**	**100.1**	**99.9**
99.7	99.8	100.2	99.8	100.0	100.4	99.8
99.4	99.7	100.0	100.0	100.6	100.0	100.0
100.1	99.9	100.3	99.5	99.4	100.7	99.6
100.1	100.0	99.7	99.7	100.0	99.6	100.0
98.5	100.0	100.3	99.3	101.2	99.9	99.9
101.2	100.1	99.8	100.2	100.0	99.8	100.0
100.0	100.1	100.0	100.4	100.0	100.0	100.1
100.0	**100.0**	**99.8**	**100.1**	**99.6**	**99.6**	**108.0**
100.0	100.0	99.8	99.9	99.4	99.4	113.0
100.0	99.5	99.4	99.9	99.9	100.0	100.0
100.4	100.1	99.0	99.2	100.5	99.6	100.1
99.7	100.0	100.0	100.3	98.1	98.5	99.7
100.2	100.0	100.0	100.0	98.7	100.0	100.0
100.0	100.0	100.0	100.0	100.0	100.0	141.3
99.9	99.9	99.9	100.5	100.1	100.0	100.5

2005年广西全区居民消费价格各月环比指数(续表2)

以上月价格为100

类　　别	1月	2月	3月	4月	5月
(1)化妆美容用品	100.8	100.0	100.0	98.2	100.0
(2)卫生用品	101.7	100.1	99.5	99.6	99.9
(3)个人饰品	100.4	99.2	100.8	99.9	100.2
(4)个人服务	100.7	103.3	98.4	100.1	101.0
六、交通和通讯	**100.7**	**102.8**	**97.8**	**100.7**	**99.7**
1.交　　通	101.0	104.1	96.9	101.1	99.9
(1)交通工具	99.4	99.4	101.0	101.0	100.1
(2)车用燃料及零配件	100.1	100.0	101.0	101.2	100.0
汽　　油	100.0	100.0	102.7	103.3	98.5
柴　　油	100.0	100.0	100.0	100.0	102.8
(3)车辆使用及维修	100.6	100.0	100.0	102.1	100.7
(4)市区公共交通	109.1	100.2	99.8	100.0	100.0
(5)城市间交通	100.1	114.7	88.9	101.4	99.1
2.通　　信	100.0	99.9	99.8	99.9	99.2
(1)通信工具	100.0	99.5	99.0	99.7	96.6
(2)通信服务	100.0	100.0	100.0	100.0	100.0
七、娱乐教育文化用品及服务	**106.5**	**100.3**	**100.0**	**100.0**	**100.5**
1.文娱用耐用消费品及服务	99.7	99.1	99.9	99.6	97.6
2.教　　育	109.4	100.3	100.1	100.0	101.1
(1)教材及参考书	100.1	105.9	101.8	100.1	100.0
(2)学杂托幼费	110.1	100.0	100.0	100.0	101.2
3.文化娱乐用品	99.9	100.9	100.5	100.1	100.0
(1)文化娱乐	100.2	100.0	100.1	100.2	100.0
(2)书报杂志	101.1	101.2	100.0	100.0	100.0
(3)文 娱 费	98.4	102.1	101.7	99.9	100.1
4.旅游及外出	97.6	106.2	95.4	100.7	105.4
八、居　　住	**100.8**	**99.9**	**100.1**	**100.2**	**96.7**
1.建房及装修材料	100.1	99.7	99.9	100.1	99.6
2.租　　房	100.0	100.0	100.0	100.0	100.0
3.自有住房	100.7	100.6	101.4	100.4	100.0
4.水、电、燃料	102.0	100.0	99.8	100.2	90.6
水	100.1	100.0	99.9	100.0	100.0
电	100.0	99.4	100.0	100.0	81.7
液化石油气	108.1	96.8	98.2	101.4	99.9
管道燃气	100.0	100.0	100.0	100.0	100.0

6月	7月	8月	9月	10月	11月	12月
100.5	99.5	100.5	100.0	100.0	100.0	100.0
101.2	99.7	100.1	101.3	99.8	100.0	100.6
98.6	100.1	99.6	100.4	100.4	100.0	101.1
100.0	100.0	100.0	100.0	100.0	100.0	100.0
99.8	**100.2**	**100.8**	**101.0**	**100.1**	**100.2**	**100.1**
99.9	100.4	101.2	101.5	100.2	100.2	100.1
99.6	99.7	100.1	99.6	99.9	100.8	99.4
101.4	103.5	102.2	100.2	100.2	100.0	100.0
99.7	105.5	104.1	100.4	100.3	100.0	100.0
103.1	105.5	103.6	100.4	100.3	100.0	100.0
100.0	100.0	100.2	100.0	102.3	100.0	100.0
100.0	100.0	100.0	110.3	100.4	100.8	100.0
99.8	100.8	103.4	100.8	99.6	99.4	101.0
99.5	99.8	99.7	99.9	100.0	100.0	100.0
97.8	98.9	98.8	99.5	99.8	100.0	100.1
100.0	100.0	100.0	100.0	100.0	100.0	100.0
99.9	**99.7**	**99.7**	**100.1**	**99.9**	**99.9**	**99.9**
99.1	99.1	98.0	99.3	99.4	99.6	99.7
100.3	99.9	100.0	100.4	100.0	100.0	100.0
100.0	98.3	100.0	93.6	100.2	100.0	100.0
100.3	100.0	100.0	100.9	100.0	100.0	100.0
99.8	98.8	100.5	100.1	100.3	99.9	100.9
99.9	99.4	100.7	100.1	99.9	100.1	100.0
99.8	99.2	100.0	100.0	100.1	100.0	100.0
99.7	97.3	100.8	100.4	101.1	99.5	103.3
95.7	101.6	97.7	94.9	96.9	96.7	94.2
99.2	**100.4**	**100.5**	**100.8**	**101.1**	**103.9**	**100.9**
99.8	100.8	100.7	101.2	101.1	100.0	101.0
100.0	100.0	100.0	100.0	100.0	100.0	103.1
100.0	100.0	100.0	100.0	100.0	100.0	100.2
97.7	100.0	100.2	100.6	101.7	113.0	100.7
100.0	100.0	100.0	100.6	100.0	103.3	104.0
95.2	100.0	100.0	100.0	100.0	127.0	100.0
100.2	100.3	101.6	106.0	108.6	102.8	102.1
100.0	100.0	102.8	100.0	108.3	100.0	100.0

2006 年广西全区居民消费价格各月环比指数

以上月价格为 100

类　　别	1 月	2 月	3 月	4 月	5 月
居民消费价格总指数	**100.6**	**100.4**	**99.3**	**100.2**	**99.4**
一、食　　品	**101.1**	**103.0**	**99.6**	**99.5**	**99.8**
1. 粮　　食	100.6	100.5	99.9	99.8	99.6
大　　米	100.9	100.6	99.9	99.5	99.4
2. 淀　　粉	107.7	96.8	101.7	100.4	101.4
3. 干豆类及豆制品	100.0	103.5	98.4	98.6	100.3
4. 油　　脂	100.4	99.3	100.9	99.6	102.6
食用植物油	100.5	99.0	101.5	99.4	103.8
5. 肉禽及其制品	102.7	105.3	95.7	95.3	99.7
(1) 食用畜肉及副产品	101.5	103.9	95.5	93.6	99.7
猪　　肉	100.7	103.1	95.8	93.2	99.3
牛　　肉	102.1	101.8	97.6	98.3	100.7
羊　　肉	107.1	107.5	100.7	91.6	98.5
(2) 禽	107.3	110.7	94.6	96.5	99.6
鸡	104.1	110.9	92.6	95.7	102.6
鸭	114.6	110.4	98.7	98.0	93.9
(3) 加工肉禽	99.8	101.7	99.0	99.5	100.0
6. 蛋	104.6	98.9	96.6	99.0	99.5
鲜　　蛋	105.3	98.9	96.4	98.9	99.5
7. 水产品	105.0	107.0	94.8	99.7	99.7
(1) 鱼	103.7	103.5	96.0	98.3	97.5
淡 水 鱼	104.6	105.5	96.5	98.9	97.5
海 水 鱼	101.8	99.3	94.8	97.0	97.7
(2) 其他水产品	108.0	114.3	92.5	102.4	103.9
虾 蟹 类	109.0	114.4	92.1	102.6	104.1
8. 菜	96.2	101.3	106.8	99.4	98.1
鲜　　菜	94.4	101.3	108.5	99.7	97.5
9. 调 味 品	100.1	98.9	100.1	101.7	99.7
盐	100.0	100.0	100.0	100.0	100.0
酱　　油	100.4	99.1	100.0	102.7	98.8
10. 糖	102.0	101.5	103.1	103.7	99.8
食　　糖	104.9	107.4	107.4	104.9	98.4
11. 茶及饮料	99.6	98.5	101.4	101.0	100.4
(1) 茶　　叶	100.0	96.7	101.3	101.4	102.4
(2) 饮　　料	99.4	99.3	101.5	100.8	99.6

6 月	7 月	8 月	9 月	10 月	11 月	12 月
100.1	**99.9**	**100.4**	**100.3**	**100.0**	**101.0**	**101.3**
100.3	**100.0**	**100.8**	**100.2**	**99.2**	**100.4**	**102.6**
100.7	101.0	100.3	101.4	100.2	99.2	100.8
100.9	101.4	100.6	101.6	100.2	98.6	100.3
102.1	102.4	101.9	96.6	97.7	99.3	100.1
100.4	99.7	100.7	99.6	99.9	99.1	101.0
99.5	100.5	100.3	100.1	97.7	102.1	107.1
100.7	101.1	100.3	100.0	97.1	101.4	107.1
101.3	99.8	102.0	103.9	102.3	99.9	105.2
100.6	99.9	101.0	105.5	103.2	99.9	105.9
101.0	100.3	101.9	107.9	103.4	99.4	106.9
98.3	100.9	100.4	99.4	101.0	100.7	100.6
98.1	98.5	99.1	99.1	106.1	105.6	108.0
102.8	99.8	105.3	102.3	101.1	100.1	105.5
101.7	96.2	105.8	103.8	99.7	101.2	107.4
105.1	107.0	104.6	99.6	103.6	98.1	102.0
101.3	99.8	99.8	101.1	101.4	99.8	101.7
99.5	100.1	109.4	103.9	100.4	100.3	104.6
99.6	100.0	110.2	104.0	100.7	99.9	105.0
100.0	99.4	98.2	97.3	99.7	100.5	101.2
105.0	100.9	99.0	96.8	99.0	99.8	98.9
101.4	101.5	99.9	96.5	99.9	99.9	100.1
113.1	99.8	97.2	97.5	97.1	99.7	96.5
91.2	96.3	96.5	98.5	101.4	102.0	105.8
91.6	96.2	96.4	97.7	101.5	101.9	105.9
103.6	102.4	108.0	94.0	88.0	102.8	102.6
104.3	102.9	109.4	93.0	85.6	103.5	102.8
100.0	101.0	100.8	104.9	100.4	100.1	99.9
100.0	101.4	103.0	116.5	102.1	100.0	100.7
100.0	100.4	100.0	100.0	99.6	100.0	100.3
100.2	98.7	97.7	100.0	101.2	99.3	99.7
102.3	97.4	95.9	99.5	101.9	98.7	99.2
100.4	99.2	100.4	100.0	100.2	100.1	100.1
101.0	97.9	100.0	100.0	100.0	100.0	100.0
100.1	99.8	100.6	100.0	100.3	100.2	100.2

2006年广西全区居民消费价格各月环比指数（续表1）

以上月价格为100

类　　别	1月	2月	3月	4月	5月
12. 干鲜瓜果	101.3	110.3	107.5	109.0	98.5
鲜瓜果	101.5	112.5	109.0	110.7	98.1
13. 糕点饼干	100.5	99.1	100.7	100.9	100.2
14. 液体乳及乳制品	100.3	100.0	100.2	103.1	99.4
15. 在外用膳食品	100.3	100.2	99.9	100.0	100.7
16. 其他食品	100.0	98.8	100.2	100.1	100.3
二、烟酒及用品	**99.6**	**99.7**	**100.0**	**100.7**	**98.8**
1. 烟　　草	99.8	100.1	99.9	100.1	98.4
2. 酒	99.0	99.3	100.0	101.4	99.2
3. 吸烟、饮酒用品	100.4	98.7	100.5	101.7	100.0
三、衣　　着	**99.2**	**95.8**	**97.0**	**102.4**	**100.2**
1. 服　　装	99.3	93.8	96.2	103.3	100.4
(1) 男式服装	99.2	95.5	97.1	102.2	100.3
(2) 女式服装	100.1	92.0	95.2	103.5	101.0
(3) 儿童服装	96.8	95.2	97.2	105.3	99.1
2. 衣着材料	100.1	99.1	97.5	99.4	99.4
3. 鞋袜帽	98.9	100.4	98.7	100.4	99.7
(1) 鞋	98.7	100.1	98.6	100.1	99.6
(2) 袜　　子	100.0	102.6	98.8	102.4	100.0
(3) 帽　　子	100.9	101.5	98.4	100.0	100.4
4. 衣着加工服务费	100.0	105.2	100.0	102.9	100.0
四、家庭设备用品及维修服务	**100.3**	**99.5**	**99.2**	**101.2**	**100.0**
1. 耐用消费品	99.7	99.9	100.1	99.8	100.5
(1) 家　　具	100.9	100.0	100.0	99.8	100.0
(2) 家庭设备	99.0	99.9	100.1	99.8	100.8
2. 室内装饰品	98.0	100.0	99.7	100.3	100.3
3. 床上用品	103.6	99.0	93.6	104.5	100.0
4. 家庭日用杂品	100.4	98.8	99.4	103.1	98.5
5. 家庭服务及加工维修服务	101.0	99.7	100.0	100.0	101.8
五、医疗保健和个人用品	**100.5**	**100.4**	**100.7**	**100.1**	**100.5**
1. 医疗保健	100.1	100.4	100.7	99.8	100.2
(1) 医疗器具及用品	100.0	100.0	104.3	99.8	100.0
(2) 中药材及中成药	100.0	101.8	101.3	98.9	100.0
(3) 西　　药	100.2	99.9	100.6	100.2	100.6
(4) 保健器具及用品	100.5	98.7	101.7	99.7	100.3
(5) 医疗保健服务	100.0	100.0	100.0	100.0	100.0
2. 个人用品及服务	101.4	100.5	100.6	100.7	100.9

6 月	7 月	8 月	9 月	10 月	11月	12月
95.3	96.6	90.1	96.2	98.4	100.9	101.6
94.1	95.4	87.8	94.8	98.0	101.4	102.1
100.2	100.1	100.1	99.7	100.2	100.1	100.0
100.4	100.3	99.9	100.3	100.0	99.8	99.7
100.0	100.0	100.7	100.1	100.1	100.4	100.9
99.9	101.3	99.9	101.2	101.9	100.0	100.0
100.0	**99.9**	**100.0**	**99.8**	**100.3**	**99.9**	**100.2**
100.0	99.9	100.1	100.0	100.0	100.0	100.0
100.0	99.7	100.1	99.6	100.9	99.8	100.5
100.4	100.3	100.0	100.1	100.0	100.0	100.0
98.7	**97.5**	**100.0**	**102.1**	**104.5**	**102.6**	**102.2**
99.2	97.4	98.7	102.5	105.4	102.8	102.8
99.9	97.0	99.2	102.0	104.4	102.1	101.5
100.0	97.5	98.5	101.9	106.8	103.6	104.7
95.1	97.8	98.2	105.9	103.7	102.1	99.9
100.1	99.4	100.0	100.1	100.3	101.7	101.3
97.2	97.4	103.5	101.3	102.7	102.0	101.0
96.8	96.6	103.7	101.6	103.5	102.1	101.1
98.9	101.5	102.8	100.0	98.4	102.0	100.2
100.0	100.0	101.1	98.6	100.0	100.0	102.4
100.0	99.7	99.3	100.8	100.0	100.8	100.0
100.4	**99.8**	**100.4**	**100.3**	**99.7**	**101.0**	**100.1**
99.7	99.9	99.8	100.6	100.2	100.4	100.2
98.4	100.4	100.0	100.8	100.2	100.4	100.0
100.4	99.6	99.8	100.5	100.2	100.3	100.2
100.2	99.7	99.2	99.4	100.0	100.0	100.3
99.1	97.8	103.0	99.9	100.7	100.0	100.2
101.6	100.3	100.2	100.1	98.2	102.9	100.1
101.5	100.0	101.3	100.0	100.0	100.0	100.0
100.0	**99.8**	**100.0**	**99.5**	**100.0**	**100.3**	**100.3**
100.2	100.1	100.1	99.5	99.9	100.3	100.1
99.5	98.9	100.0	100.0	102.8	100.0	100.0
101.0	100.1	101.2	100.3	99.9	100.2	101.0
99.9	100.2	99.5	98.2	99.9	100.7	99.4
99.7	100.1	99.7	100.0	99.8	99.6	100.4
100.0	100.0	100.0	100.0	99.7	100.0	100.0
99.5	99.4	99.7	99.7	100.2	100.3	100.7

2006 年广西全区居民消费价格各月环比指数（续表 2）

以上月价格为 100

类　　别	1 月	2 月	3 月	4 月	5 月
(1) 化妆美容用品	102.7	100.0	100.3	100.1	100.0
(2) 清洁化妆用品	99.8	99.8	100.9	100.8	100.5
(3) 个人饰品	102.0	102.4	101.8	101.7	103.3
(4) 个人服务	101.9	99.9	99.2	100.0	100.0
六、交通和通信	**99.3**	**100.5**	**99.2**	**99.9**	**100.0**
1. 交　　通	98.9	101.2	98.7	100.2	100.2
(1) 交通工具	94.7	99.6	100.0	99.3	99.9
(2) 车用燃料及零配件	100.0	100.0	100.9	101.9	101.4
汽　　油	100.0	100.0	101.2	102.9	104.0
柴　　油	100.0	100.0	100.7	101.6	103.6
(3) 车辆使用及维修费	100.1	100.1	100.0	100.0	99.9
(4) 市区公共交通费	100.0	101.2	99.7	100.5	100.0
(5) 城市间交通费	102.2	105.4	93.4	99.8	100.2
2. 通　　信	99.8	99.7	99.7	99.6	99.7
(1) 通信工具	99.3	98.8	98.7	98.3	98.6
(2) 通信服务	100.0	100.0	100.0	100.0	100.0
七、娱乐教育文化用品及服务	**100.0**	**99.5**	**99.8**	**100.4**	**100.5**
1. 文娱用耐用消费品及服务	98.8	99.7	99.9	98.4	99.7
2. 教　　育	100.0	100.3	100.0	100.6	100.1
(1) 教材及参考书	100.1	102.1	100.0	100.1	100.0
(2) 学杂托幼费	100.0	100.1	100.0	100.7	100.2
3. 文化娱乐类	100.5	100.5	99.3	99.9	100.1
(1) 文化娱乐用品	99.3	99.9	99.2	100.5	99.9
(2) 书报杂志	100.0	100.0	100.0	100.0	100.0
(3) 文娱费	101.9	101.5	99.0	99.4	100.3
4. 旅　　游	101.8	94.1	99.7	103.9	104.5
八、居　　住	**101.8**	**98.7**	**98.1**	**100.4**	**95.5**
1. 建房及装修材料	100.0	97.7	99.7	99.9	100.2
2. 租　　房	100.0	100.0	100.0	105.1	100.0
3. 自有住房	100.0	100.0	100.0	100.0	103.2
4. 水、电、燃料	104.1	98.7	96.2	99.6	88.9
水	100.0	100.0	100.0	100.0	100.5
电	100.0	100.0	100.0	100.0	76.2
液化石油气	110.3	96.8	90.6	98.9	98.6
管道燃气	100.6	100.6	98.9	100.0	100.0

6 月	7 月	8 月	9 月	10 月	11 月	12 月
99.6	99.0	100.2	99.2	100.9	101.6	100.0
99.5	98.7	100.1	99.5	99.9	99.6	101.2
98.9	100.2	98.4	100.2	99.9	100.4	101.1
100.0	100.0	100.0	100.0	100.6	100.2	100.3
100.4	**101.0**	**99.7**	**99.9**	**99.9**	**100.4**	**100.0**
101.3	102.4	99.9	99.8	100.0	100.0	99.9
99.6	99.7	99.9	99.8	99.6	99.8	99.8
104.2	101.1	100.0	100.0	100.1	100.0	99.9
105.5	100.0	100.0	100.0	99.9	100.0	99.8
106.3	100.0	100.0	100.0	99.8	100.0	99.9
100.0	109.3	100.0	100.0	100.3	100.0	99.8
103.1	101.7	100.0	98.5	100.0	100.0	100.0
100.6	102.1	99.8	100.5	100.0	100.1	99.9
99.4	99.3	99.4	99.9	99.9	101.0	100.1
96.9	96.7	97.1	99.7	99.6	99.4	97.7
100.0	100.0	100.0	100.0	100.0	101.3	100.6
100.6	**100.1**	**99.9**	**100.5**	**99.8**	**99.2**	**99.9**
99.4	99.1	99.5	99.4	99.1	99.8	99.6
100.0	100.0	99.9	101.0	100.1	100.1	100.0
100.0	99.9	99.4	96.5	100.6	100.0	100.0
100.0	100.0	100.0	101.7	100.0	100.1	100.0
106.1	99.8	99.8	100.4	99.8	99.7	100.3
99.3	99.6	99.5	100.0	99.9	99.9	100.4
100.0	100.0	100.0	100.0	100.0	100.0	100.0
116.9	100.0	99.9	101.0	99.7	99.4	100.5
96.7	102.9	100.4	100.6	99.9	93.2	99.0
99.9	**100.0**	**101.0**	**100.4**	**100.1**	**104.8**	**101.6**
100.7	99.6	100.0	99.8	101.2	100.8	101.0
100.5	100.0	100.0	100.0	100.2	100.2	100.0
100.0	100.0	101.3	100.0	100.0	100.0	100.0
99.0	100.2	102.0	101.2	99.2	110.9	103.0
100.0	100.0	100.0	100.0	100.0	100.0	100.2
100.0	102.2	100.0	100.0	100.0	129.9	100.0
97.6	98.6	104.7	102.9	98.2	98.6	107.7
99.7	99.2	100.8	100.3	100.0	100.0	101.1

2007年广西全区居民消费价格各月环比指数

以上月价格为100

类别	1月	2月	3月	4月	5月
居民消费价格总指数	**100.4**	**101.2**	**100.0**	**100.5**	**99.5**
一、食品	**101.4**	**103.0**	**101.2**	**100.7**	**99.8**
1. 粮食	102.4	100.0	100.3	99.8	99.8
大米	102.4	99.7	99.9	99.7	99.9
2. 淀粉	101.6	99.8	102.8	96.1	99.4
3. 干豆类及豆制品	100.7	102.3	99.7	100.5	100.9
4. 油脂	102.0	100.3	100.1	103.7	103.3
食用植物油	101.5	100.6	100.1	103.5	103.3
5. 肉禽及其制品	103.6	105.8	96.7	98.3	106.7
(1) 食用畜肉及副产品	104.6	106.8	95.3	96.6	105.4
猪肉	105.4	107.3	94.5	96.6	108.3
牛肉	101.8	101.2	99.8	98.0	98.4
羊肉	104.3	103.3	94.8	98.5	96.5
(2) 禽	102.3	105.4	98.1	100.5	109.7
鸡	103.3	105.5	98.0	100.4	108.8
鸭	100.0	105.2	98.4	100.7	111.7
(3) 加工肉禽	102.2	102.3	99.4	100.8	105.3
6. 蛋	101.7	101.0	99.5	101.2	103.9
鲜蛋	101.7	101.0	99.4	101.3	103.9
7. 水产品	102.6	109.7	99.6	97.6	99.4
(1) 鱼	101.9	106.2	100.0	98.9	100.1
淡水鱼	100.9	104.8	100.2	100.2	100.0
海水鱼	104.3	109.6	99.5	95.8	100.4
(2) 其他水产品	104.2	117.5	98.8	95.0	97.9
虾蟹类	104.2	117.5	98.8	95.0	97.9
8. 菜	94.4	94.6	124.0	112.9	80.6
鲜菜	92.7	92.5	130.2	115.7	77.2
9. 调味品	102.2	99.8	99.9	100.1	100.1
盐	101.1	100.1	100.0	100.0	100.0
酱油	102.7	99.9	99.9	100.0	100.1
10. 糖	99.6	98.8	100.0	99.8	100.4
食糖	98.7	95.8	100.0	99.3	100.3
11. 茶及饮料	100.4	100.5	100.4	100.1	101.1
(1) 茶叶	101.4	100.7	100.8	100.2	100.4
(2) 饮料	100.0	100.4	100.2	100.1	101.4

6月	7月	8月	9月	10月	11月	12月
100.4	**102.3**	**100.8**	**100.5**	**100.0**	**101.2**	**101.1**
101.1	**105.9**	**102.7**	**100.6**	**98.7**	**100.0**	**102.7**
100.3	101.1	101.1	101.5	101.0	100.5	99.8
100.8	100.5	101.2	101.0	101.3	100.6	99.3
100.2	101.5	100.2	105.8	104.0	102.3	108.5
100.7	102.3	102.5	102.8	101.3	104.0	105.7
102.9	101.6	102.2	100.3	101.7	104.8	107.7
103.0	101.6	102.2	101.4	102.4	104.4	106.2
104.4	114.9	102.6	98.3	97.6	100.2	107.1
105.8	121.0	104.5	97.9	96.4	101.8	110.1
107.1	126.6	105.5	97.1	94.8	101.0	110.5
104.2	104.4	100.0	101.4	99.5	103.4	114.0
102.9	102.0	101.0	104.1	106.9	104.3	98.9
102.8	106.1	98.5	98.3	98.3	96.9	102.7
102.4	106.2	99.0	99.3	98.6	95.0	102.7
103.8	106.1	97.4	96.2	97.6	101.3	102.8
102.6	108.5	102.7	100.4	101.4	100.0	102.2
104.6	104.9	103.6	99.1	95.9	96.3	99.7
104.7	104.7	103.6	98.6	95.6	96.0	99.6
99.9	99.8	99.8	99.8	99.5	98.1	101.5
102.1	103.6	102.3	100.2	98.8	97.6	100.4
101.8	106.5	102.6	99.6	98.6	96.4	100.6
102.9	97.0	101.4	101.6	99.5	100.6	99.9
95.2	91.0	93.2	98.8	101.7	99.6	104.5
95.2	91.1	93.2	98.8	101.7	99.6	104.5
100.9	103.0	109.2	108.6	93.7	95.7	90.8
101.2	103.6	110.4	109.2	91.9	94.5	88.5
100.2	99.4	100.8	100.1	100.0	101.6	100.8
100.0	100.0	100.0	100.0	100.0	100.0	100.0
100.2	99.2	101.3	99.8	99.8	103.0	100.0
100.3	100.0	102.0	100.7	99.9	100.4	101.9
100.9	99.7	103.6	100.3	99.1	99.1	100.2
101.5	100.2	100.2	100.2	100.3	99.8	100.4
100.0	101.0	100.0	100.1	100.0	99.8	100.0
102.1	99.9	100.3	100.3	100.4	99.7	100.6

2007年广西全区居民消费价格各月环比指数（续表1）

以上月价格为100

类　　别	1月	2月	3月	4月	5月
12. 干鲜瓜果	103.1	109.7	102.4	96.4	97.2
鲜 瓜 果	103.8	112.0	103.2	95.6	96.3
13. 糕点饼干	100.0	100.7	100.2	100.0	100.1
14. 液体乳及乳制品	99.9	99.5	100.4	101.1	100.5
15. 在外用膳食品	100.3	100.4	99.7	101.1	100.4
16. 其他食品	100.0	100.2	100.4	100.1	99.8
二、烟酒及用品	**100.8**	**99.9**	**100.2**	**100.5**	**99.9**
1. 烟　　草	100.3	99.8	100.2	99.9	99.9
2. 酒	101.4	99.8	100.3	101.3	99.9
3. 吸烟、饮酒用品	100.0	100.6	100.0	100.2	100.0
三、衣　　着	**99.5**	**97.4**	**96.9**	**102.5**	**100.0**
1. 服　　装	99.5	96.0	95.3	102.5	100.0
(1) 男式服装	98.8	96.7	96.5	101.3	99.8
(2) 女式服装	99.7	95.2	94.3	103.3	100.1
(3) 儿童服装	100.6	97.2	95.9	102.6	100.2
2. 衣着材料	101.4	98.1	100.2	98.9	99.6
3. 鞋 袜 帽	99.2	101.2	100.6	102.8	100.1
(1) 鞋	99.1	101.3	100.6	103.3	100.1
(2) 袜　　子	99.1	100.3	101.3	100.0	100.3
(3) 帽　　子	100.6	100.0	98.1	100.7	99.4
4. 衣着加工服务费	100.5	100.0	100.5	100.0	100.0
四、家庭设备用品及维修服务	**99.8**	**100.2**	**100.2**	**100.0**	**99.9**
1. 耐用消费品	100.3	99.9	100.2	100.0	100.1
(1) 家　　具	100.4	100.1	100.2	99.6	99.5
(2) 家庭设备	100.3	99.9	100.2	100.2	100.5
2. 室内装饰品	98.4	100.4	100.5	101.1	100.0
3. 床上用品	99.7	99.8	96.0	99.7	100.4
4. 家庭日用杂品	98.2	100.5	101.6	100.2	99.0
5. 家庭服务及加工维修服务	102.4	101.0	100.0	99.6	100.3
五、医疗保健和个人用品	**99.7**	**100.3**	**99.9**	**101.1**	**101.7**
1. 医疗保健	99.5	100.0	100.1	101.6	102.5
(1) 医疗器具及用品	99.3	100.0	100.2	99.7	99.8
(2) 中药材及中成药	100.0	100.2	100.5	105.4	106.4
(3) 西　　药	98.9	99.8	99.9	100.0	99.5
(4) 保健器具及用品	99.9	100.0	99.9	99.9	99.4
(5) 医疗保健服务	100.0	100.0	100.0	100.0	102.8
2. 个人用品及服务	100.2	101.1	99.5	99.9	100.1

6 月	7 月	8 月	9 月	10 月	11 月	12 月
91.1	101.8	104.6	101.6	102.4	99.8	100.8
88.8	101.9	105.7	101.7	102.7	98.8	100.5
100.9	99.8	101.6	101.4	100.5	100.3	104.2
99.8	99.5	101.9	100.6	99.7	102.3	102.2
100.2	101.5	101.1	100.6	100.1	101.1	101.8
100.1	101.5	102.4	100.2	98.1	100.7	98.1
100.0	**100.0**	**99.7**	**100.0**	**100.0**	**100.3**	**100.5**
100.0	99.7	99.4	99.9	100.0	100.0	100.0
99.9	100.2	99.9	100.2	99.9	100.6	101.6
100.0	100.0	100.0	99.8	100.2	100.0	97.2
99.1	**98.5**	**97.5**	**101.0**	**104.5**	**102.3**	**101.9**
99.4	98.2	96.8	102.0	104.9	102.7	103.4
99.1	98.8	98.3	101.2	105.7	101.6	101.7
99.9	97.9	96.7	100.3	105.1	103.2	103.4
98.7	97.9	93.5	109.5	102.5	103.3	107.3
100.0	98.4	99.2	101.6	101.2	100.4	100.0
98.0	99.2	99.1	98.6	104.1	101.6	98.0
97.7	98.5	98.9	98.3	104.8	101.9	98.0
99.9	104.0	100.0	100.0	100.0	100.0	97.5
100.0	100.0	99.9	100.0	100.0	100.0	99.7
99.5	100.0	100.0	100.0	100.0	100.0	100.0
100.1	**99.8**	**100.1**	**100.3**	**100.2**	**99.9**	**100.1**
99.8	99.9	100.1	99.9	100.1	99.9	100.0
99.7	99.7	100.1	100.2	100.4	100.1	100.3
99.8	100.0	100.1	99.7	99.9	99.9	99.9
100.0	98.5	100.1	100.0	100.0	100.0	100.0
102.2	98.0	98.3	102.9	101.2	99.6	96.7
100.1	100.2	100.7	100.2	100.0	99.7	101.6
100.0	100.5	100.2	100.0	100.0	101.1	100.0
100.5	**101.2**	**99.2**	**100.0**	**100.1**	**100.1**	**100.0**
100.7	101.8	98.9	99.9	100.1	99.9	99.9
100.0	100.0	100.0	100.0	100.2	100.1	100.2
102.3	104.4	96.4	99.8	100.0	99.5	99.8
99.9	100.7	100.3	100.0	100.3	100.1	99.9
100.4	100.5	100.0	100.0	99.9	100.7	99.9
100.0	100.0	100.0	100.0	100.0	100.0	100.0
100.0	100.0	99.9	100.3	100.2	100.4	100.4

2007 年广西全区居民消费价格各月环比指数（续表 2）

以上月价格为 100

类　　别	1 月	2 月	3 月	4 月	5 月
(1) 化妆美容用品	99.6	100.1	99.5	100.9	99.8
(2) 清洁化妆用品	100.0	99.9	100.2	100.1	100.4
(3) 个人饰品	100.9	98.4	100.8	101.2	100.6
(4) 个人服务	100.9	106.4	97.5	97.1	99.7
六、交通和通信	**100.1**	**100.8**	**100.0**	**98.6**	**99.3**
1. 交　　通	99.8	101.8	100.0	97.9	99.5
(1) 交通工具	99.8	100.0	99.9	98.9	99.5
(2) 车用燃料及零配件	99.0	99.1	100.0	99.7	100.0
汽　　油	97.8	98.1	100.0	99.9	100.0
柴　　油	100.0	100.0	99.9	100.0	100.0
(3) 车辆使用及维修费	100.0	100.5	99.3	100.9	100.1
(4) 市区公共交通费	100.0	100.5	99.8	99.7	99.4
(5) 城市间交通费	100.2	109.0	100.9	91.9	98.7
2. 通　　信	100.4	99.6	100.0	99.4	99.2
(1) 通信工具	99.2	98.2	98.7	97.5	96.0
(2) 通信服务	100.8	100.0	100.3	100.0	100.0
七、娱乐教育文化用品及服务	**99.7**	**101.3**	**99.1**	**100.1**	**100.8**
1. 文娱用耐用消费品及服务	99.2	98.2	99.5	98.3	100.0
2. 教　　育	100.0	100.0	99.7	100.0	100.6
(1) 教材及参考书	100.0	100.0	98.6	100.0	100.2
(2) 学杂托幼费	100.0	100.0	99.8	100.0	100.7
3. 文化娱乐类	100.4	100.4	100.8	100.4	100.3
(1) 文化娱乐用品	100.3	100.4	99.9	99.9	100.1
(2) 书报杂志	100.5	100.0	100.3	100.0	100.0
(3) 文 娱 费	100.4	100.8	102.1	101.1	100.7
4. 旅　　游	98.1	113.0	93.9	102.6	103.0
八、居　　住	**100.5**	**100.4**	**99.6**	**100.4**	**95.2**
1. 建房及装修材料	101.2	99.6	100.8	100.3	100.5
2. 租　　房	100.6	108.0	100.1	100.3	100.0
3. 自有住房	100.0	100.0	102.2	100.0	101.4
4. 水、电、燃料	100.4	98.4	98.0	100.6	89.5
水	102.4	101.6	100.0	100.0	100.0
电	100.0	100.0	100.0	100.0	76.9
液化石油气	100.3	94.7	94.3	101.8	102.1
管道燃气	100.0	98.7	99.6	100.0	100.0

6 月	7 月	8 月	9 月	10 月	11月	12月
100.1	99.9	99.9	100.1	99.9	99.8	100.2
99.9	100.2	99.9	100.2	100.0	100.3	101.1
100.0	99.6	99.7	101.4	101.6	102.9	99.8
100.0	100.0	100.0	100.0	100.0	100.0	100.0
99.8	**99.7**	**99.7**	**101.1**	**99.7**	**100.6**	**99.9**
100.1	100.0	99.8	99.9	99.7	101.4	100.1
99.8	99.7	99.2	99.5	99.2	99.5	100.0
100.6	100.0	100.4	100.0	100.0	106.6	100.4
100.5	100.0	100.0	100.1	100.1	108.5	100.4
100.0	100.0	100.1	100.0	100.0	108.9	100.6
100.9	100.1	100.0	100.0	100.0	100.0	100.6
100.0	100.0	100.0	100.0	100.0	100.0	100.2
99.7	101.0	100.1	100.1	99.4	101.8	99.7
99.4	99.3	99.6	102.5	99.7	99.7	99.7
97.3	96.8	98.0	99.1	98.4	98.4	98.2
100.0	100.0	100.0	103.4	100.0	100.0	100.0
99.3	**100.7**	**99.9**	**99.8**	**99.8**	**99.3**	**99.4**
99.3	99.3	99.2	99.5	98.5	99.0	98.2
100.0	100.0	100.0	100.1	100.0	100.0	100.0
99.8	100.0	99.6	94.4	100.0	100.0	100.0
100.0	100.0	100.0	100.9	100.0	100.0	100.0
100.1	100.2	99.8	99.9	100.1	100.0	100.3
100.1	100.2	99.6	100.0	100.1	100.0	99.7
100.0	100.0	100.0	100.0	100.0	100.0	100.0
100.2	100.3	99.9	99.9	100.1	100.1	101.0
96.0	106.0	100.7	98.9	100.3	96.1	97.7
101.1	**100.9**	**100.6**	**100.7**	**102.0**	**108.4**	**100.5**
100.7	101.1	100.4	101.9	102.3	101.1	101.6
100.0	100.0	100.5	100.0	100.0	100.0	100.0
100.0	101.5	101.4	101.8	100.0	100.0	100.1
102.2	100.9	100.4	100.1	103.4	117.7	100.3
106.4	100.0	100.0	100.0	100.0	100.0	100.0
100.0	100.0	100.0	100.0	100.0	130.0	100.0
103.2	102.4	101.4	100.3	108.2	114.3	100.6
102.0	100.0	100.0	100.0	100.0	101.3	101.9

2008 年广西全区居民消费价格各月环比指数

以上月价格为 100

类　别	1 月	2 月	3 月	4 月	5 月
居民消费价格总指数	**101.6**	**103.8**	**98.6**	**101.0**	**98.8**
一、食　品	**104.7**	**110.9**	**96.7**	**102.6**	**98.3**
1. 粮　食	100.4	101.3	101.0	101.6	106.1
大　米	100.3	101.3	100.8	101.9	107.6
2. 淀　粉	103.8	102.6	102.5	99.9	98.3
3. 干豆类及豆制品	105.7	117.1	100.1	100.4	99.6
4. 油　脂	103.0	102.3	102.0	98.9	99.2
食用植物油	103.8	102.4	102.9	98.8	98.6
5. 肉禽及其制品	103.8	107.3	97.6	101.0	99.1
(1) 食用畜肉及副产品	104.1	107.9	98.3	99.7	98.5
猪　肉	101.6	103.8	99.3	100.1	98.1
牛　肉	111.5	117.3	97.8	99.9	100.2
羊　肉	105.9	120.4	90.0	96.4	98.6
(2) 禽	103.6	108.2	94.7	104.0	100.0
鸡	103.3	110.6	90.5	104.5	100.8
鸭	104.0	103.2	104.3	103.0	98.4
(3) 加工肉禽	103.2	103.3	99.9	101.2	99.7
6. 蛋	101.3	103.5	96.9	98.4	101.1
鲜　蛋	101.6	103.9	96.6	98.3	101.3
7. 水 产 品	106.2	115.5	102.2	100.6	98.5
(1) 鱼	103.2	112.8	103.2	106.3	102.0
淡 水 鱼	103.7	115.8	106.1	106.2	102.6
海 水 鱼	102.4	107.2	97.5	106.5	100.8
(2) 其他水产品	112.8	121.0	100.2	89.5	90.5
虾 蟹 类	112.8	121.0	100.2	89.5	90.5
8. 菜	117.5	151.6	80.6	111.9	83.7
鲜　菜	121.3	160.3	77.9	113.6	80.8
9. 调 味 品	100.1	100.1	102.4	101.8	100.8
盐	100.0	100.1	100.0	100.0	100.0
酱　油	100.5	100.0	104.0	102.6	101.2
10. 糖	100.4	101.0	100.4	99.7	98.7
食　糖	98.9	99.4	101.0	99.1	97.9
11. 茶及饮料	101.1	99.3	100.3	100.4	99.9
(1) 茶　叶	101.4	97.8	99.6	101.1	100.0
(2) 饮　料	100.9	99.9	100.6	100.1	99.9
12. 干鲜瓜果	102.9	114.5	95.6	106.5	95.2

6 月	7 月	8 月	9 月	10 月	11 月	12 月
100.0	**100.4**	**99.3**	**99.9**	**99.8**	**99.2**	**99.1**
99.6	**100.7**	**98.6**	**100.0**	**99.0**	**98.4**	**98.6**
100.6	100.2	100.3	100.1	99.9	99.8	99.5
100.6	100.3	100.5	99.9	100.0	99.8	99.3
98.9	100.2	99.0	97.3	102.7	98.4	98.3
99.4	99.8	99.4	99.6	99.4	97.8	99.5
100.0	100.1	98.6	97.8	97.6	95.9	94.3
99.9	100.1	98.7	98.3	97.3	96.5	94.9
99.1	98.7	99.1	99.3	96.5	96.2	101.2
99.2	98.9	99.2	98.3	94.4	94.8	101.8
99.1	98.2	98.6	97.2	91.6	92.3	102.6
100.3	100.7	100.8	100.7	100.1	99.9	100.4
99.1	101.0	100.4	101.0	101.2	98.5	99.1
98.2	97.3	98.5	100.6	99.6	98.0	100.7
98.3	97.2	98.3	99.9	99.4	98.3	101.6
98.2	97.7	98.9	102.2	99.9	97.4	98.9
100.3	100.3	99.7	100.9	99.5	98.4	99.9
100.9	100.9	101.2	100.3	98.3	97.9	99.2
101.0	101.0	101.4	100.3	98.1	97.7	99.1
98.4	100.4	98.6	97.5	98.4	95.7	99.8
100.6	99.9	97.7	96.9	96.8	95.2	97.7
99.7	99.2	98.1	97.9	95.8	94.6	95.8
102.4	101.3	96.8	94.7	99.0	96.6	101.8
92.6	102.0	101.2	99.1	102.7	97.0	104.8
92.6	102.0	101.2	99.1	102.7	97.0	104.8
102.3	111.3	93.0	102.8	103.6	99.8	89.7
102.7	113.4	91.6	103.2	104.6	100.0	87.9
101.0	100.1	100.8	99.8	100.0	99.8	100.5
100.0	100.0	100.0	99.9	100.0	100.0	100.0
100.5	100.0	100.1	100.0	99.8	99.8	100.9
101.5	100.3	101.0	99.9	101.3	100.4	99.9
100.9	99.1	100.4	99.3	101.2	100.3	99.1
100.3	99.8	101.0	99.9	99.7	100.5	100.1
100.0	101.5	100.0	100.0	100.0	101.2	100.0
100.4	99.1	101.4	99.9	99.5	100.3	100.1
93.6	96.1	98.3	103.8	99.2	99.8	97.8

2008年广西全区居民消费价格各月环比指数（续表1）

以上月价格为100

类　别	1月	2月	3月	4月	5月
鲜瓜果	103.2	117.1	94.6	108.0	94.2
13. 糕点饼干	101.6	100.8	101.0	100.1	98.6
14. 液体乳及乳制品	106.9	101.7	100.8	100.3	102.4
15. 在外用膳食品	103.1	101.6	100.7	101.7	105.0
16. 其他食品	103.2	102.6	98.9	101.5	100.5
二、烟酒及用品	**101.0**	**100.2**	**100.7**	**100.7**	**100.1**
1. 烟　草	99.5	100.0	100.0	100.0	100.0
2. 酒	102.9	100.5	101.5	101.5	100.2
3. 吸烟、饮酒用品	100.0	100.0	100.0	100.0	99.5
三、衣　着	**99.2**	**96.1**	**98.1**	**99.7**	**101.4**
1. 服　装	98.6	95.3	97.0	99.5	102.3
(1) 男式服装	99.9	94.1	100.7	99.8	99.4
(2) 女式服装	97.4	96.6	94.0	99.0	104.7
(3) 儿童服装	99.3	94.4	97.2	100.3	102.4
2. 衣着材料	100.1	100.1	98.9	100.3	100.6
3. 鞋袜帽	100.9	97.8	101.2	100.2	99.1
(1) 鞋	101.0	97.8	101.4	100.2	98.9
(2) 袜　子	100.2	97.7	100.0	100.0	99.9
(3) 帽　子	100.5	100.0	100.0	100.0	100.0
4. 衣着加工服务费	100.0	100.4	103.3	101.6	100.3
四、家庭设备用品及维修服务	**100.9**	**100.7**	**100.4**	**100.3**	**100.5**
1. 耐用消费品	100.3	101.0	100.3	100.3	99.8
(1) 家　具	100.2	99.8	99.8	99.4	99.9
(2) 家庭设备	100.4	101.6	100.7	100.8	99.7
2. 室内装饰品	100.6	101.3	99.8	100.5	100.1
3. 床上用品	103.3	95.8	101.9	98.5	103.9
4. 家庭日用杂品	100.6	102.1	99.6	101.1	101.0
5. 家庭服务及加工维修服务	102.7	100.3	102.2	100.0	100.2
五、医疗保健和个人用品	**100.3**	**101.3**	**100.3**	**99.8**	**100.3**
1. 医疗保健	100.3	100.9	100.2	99.9	100.3
(1) 医疗器具及用品	100.0	99.9	100.0	100.0	100.0
(2) 中药材及中成药	100.3	102.3	100.3	100.2	100.7
(3) 西　药	100.6	100.7	100.2	99.5	100.2
(4) 保健器具及用品	99.9	100.1	100.1	100.0	100.1
(5) 医疗保健服务	100.0	99.7	100.0	100.0	100.0
2. 个人用品及服务	100.2	102.1	100.4	99.5	100.2

6 月	7 月	8 月	9 月	10 月	11 月	12 月
92.0	94.8	97.3	104.8	99.6	100.0	97.2
102.2	100.4	99.9	100.2	100.6	100.0	100.7
104.9	100.5	99.3	98.5	98.4	102.3	100.0
100.2	100.3	100.2	100.0	100.1	100.2	100.0
99.6	100.4	98.3	102.3	98.9	108.4	100.0
100.4	**100.1**	**100.1**	**100.3**	**100.0**	**100.1**	**99.9**
100.0	99.8	100.0	100.0	99.9	100.0	100.0
100.9	100.4	100.0	100.5	100.1	100.1	99.8
99.3	100.2	100.9	100.7	100.0	100.0	100.0
100.9	**98.7**	**97.8**	**100.1**	**102.5**	**100.9**	**100.0**
101.0	98.9	97.8	99.8	102.9	101.5	100.3
100.9	99.2	98.4	99.7	103.6	100.4	100.5
100.7	98.6	97.8	99.8	102.0	103.5	99.8
101.8	99.0	96.3	100.1	103.8	98.4	101.4
100.0	101.0	99.8	101.4	101.3	98.4	99.4
100.9	98.0	97.5	100.7	101.7	99.4	99.0
101.0	97.3	96.9	100.8	102.1	99.2	98.9
100.0	102.0	100.5	100.0	99.7	100.0	99.6
100.0	100.0	100.0	100.0	101.4	101.2	99.0
102.5	100.2	99.6	100.4	100.2	100.1	100.2
99.6	**100.5**	**100.0**	**100.3**	**100.2**	**99.8**	**99.8**
99.3	99.4	99.8	99.8	99.8	99.5	99.6
100.0	99.5	100.0	99.6	100.0	99.9	100.0
98.9	99.3	99.7	99.9	99.8	99.2	99.3
100.0	99.8	100.0	100.0	100.2	99.5	100.8
99.5	105.3	97.6	100.5	101.3	99.7	100.1
99.9	101.1	101.3	101.1	100.5	100.0	99.7
100.0	100.0	100.0	100.2	100.0	100.9	100.0
99.9	**100.4**	**100.0**	**99.8**	**99.9**	**99.7**	**100.1**
99.7	100.0	100.5	99.4	100.0	99.9	100.1
100.0	100.0	100.0	100.0	100.0	100.0	100.0
99.0	100.2	100.5	99.0	99.7	99.3	100.1
99.9	99.6	100.3	99.4	100.0	100.3	100.2
102.4	104.0	105.6	99.7	102.1	100.8	99.9
99.9	100.0	100.0	100.0	100.0	99.9	100.0
100.3	101.1	99.0	100.4	99.8	99.3	100.1

2008年广西全区居民消费价格各月环比指数（续表2）

以上月价格为100

类　别	1月	2月	3月	4月	5月
(1) 化妆美容用品	98.3	100.9	100.2	100.5	100.4
(2) 清洁化妆用品	101.4	100.8	99.6	99.9	100.3
(3) 个人饰品	101.8	104.3	102.3	96.5	99.7
(4) 个人服务	100.0	105.0	100.7	100.0	100.0
六、交通和通信	**99.1**	**100.5**	**99.0**	**99.8**	**100.1**
1. 交　通	100.0	101.0	98.3	99.9	100.5
(1) 交通工具	99.8	100.1	99.9	100.0	100.5
(2) 车用燃料及零配件	100.0	100.0	100.0	100.0	99.8
汽　油	100.0	100.0	100.0	100.0	100.0
柴　油	100.0	100.0	100.0	100.0	100.0
(3) 车辆使用及维修费	99.8	98.8	96.2	100.0	101.6
(4) 市区公共交通费	100.0	100.0	100.0	100.0	100.0
(5) 城市间交通费	100.7	106.6	94.4	99.4	100.6
2. 通　信	98.1	99.9	99.7	99.7	99.7
(1) 通信工具	96.6	99.3	98.5	98.2	98.2
(2) 通信服务	98.6	100.0	100.0	100.0	100.0
七、娱乐教育文化用品及服务	**100.3**	**100.1**	**99.9**	**100.3**	**99.7**
1. 文娱用耐用消费品及服务	98.9	99.8	99.9	99.5	98.2
2. 教　育	100.5	100.0	100.6	100.0	100.0
(1) 教材及参考书	100.3	100.1	105.0	99.8	100.0
(2) 学杂托幼费	100.6	100.0	100.0	100.0	100.0
3. 文化娱乐类	100.3	100.1	100.1	100.0	100.0
(1) 文化娱乐用品	99.8	100.1	100.3	100.1	99.8
(2) 书报杂志	101.0	100.0	100.0	100.0	99.9
(3) 文娱费	100.3	100.2	99.9	100.0	100.1
4. 旅　游	101.4	100.9	96.9	103.3	100.0
八、居　住	**99.8**	**100.4**	**99.8**	**99.9**	**95.4**
1. 建房及装修材料	99.9	100.0	100.3	100.3	100.5
2. 租　房	100.2	100.0	100.2	100.0	100.2
3. 自有住房	100.0	100.0	100.0	100.1	100.1
4. 水、电、燃料	99.6	100.8	99.5	99.6	89.9
水	100.0	100.0	100.0	100.0	100.0
电	100.0	100.0	100.0	100.0	77.0
液化石油气	98.7	101.7	98.6	98.7	100.2
管道燃气	100.0	100.1	100.0	100.0	100.0

6 月	7 月	8 月	9 月	10 月	11 月	12 月
100.0	100.2	98.6	100.9	99.6	99.7	100.4
100.1	100.6	100.2	100.1	100.9	100.4	99.7
99.6	103.5	96.1	99.0	97.7	96.0	99.9
101.8	101.9	100.2	101.5	100.0	99.3	100.8
100.4	**101.0**	**99.9**	**100.1**	**99.7**	**99.9**	**99.2**
101.0	101.9	100.2	100.3	99.7	99.9	98.6
100.0	100.2	99.7	100.5	99.7	99.9	99.8
105.7	105.6	100.0	100.0	100.4	99.9	94.3
108.1	107.5	100.0	100.0	100.0	100.0	92.4
108.8	108.1	100.0	100.0	100.0	99.8	91.8
100.5	100.0	100.1	100.5	99.9	100.0	100.0
100.0	101.1	100.0	100.0	98.9	100.0	100.0
99.3	103.7	101.8	100.2	99.3	99.6	99.0
99.7	100.0	99.6	99.8	99.8	100.0	99.8
98.2	99.9	97.7	99.0	98.7	100.1	98.9
100.0	100.0	100.0	100.0	100.0	100.0	100.0
99.7	**100.1**	**100.0**	**99.2**	**100.3**	**99.1**	**99.3**
98.8	99.5	99.4	99.0	98.6	98.7	99.0
100.0	100.0	100.0	99.3	100.0	100.0	100.0
100.0	100.0	100.2	95.8	100.0	100.0	100.1
100.0	100.1	100.0	99.8	100.0	100.0	100.0
100.1	100.1	100.1	100.1	100.1	99.8	100.0
100.0	100.2	100.1	99.9	100.0	99.5	100.0
100.0	100.0	101.0	100.4	100.4	100.0	100.0
100.2	100.1	99.4	100.0	99.9	100.0	100.0
99.3	101.0	100.9	98.2	103.7	95.4	96.1
100.9	**100.4**	**99.9**	**100.1**	**99.6**	**99.3**	**98.9**
100.8	101.3	100.2	100.1	100.3	99.8	100.3
100.0	100.0	101.4	100.0	102.4	100.0	99.9
100.1	100.0	100.1	99.0	97.0	82.0	97.5
101.6	100.4	99.3	100.5	99.5	106.7	98.5
101.1	100.0	100.0	105.2	114.2	100.0	100.0
100.0	100.0	100.0	100.0	100.0	129.8	100.0
103.2	101.0	98.0	99.3	94.0	88.9	95.6
100.0	100.0	100.0	100.1	100.0	100.0	100.0

2009年广西全区居民消费价格各月环比指数

以上月价格为100

类　　别	1月	2月	3月	4月	5月
居民消费价格总指数	**100.3**	**99.3**	**100.1**	**100.0**	**98.7**
一、食　　品	**101.3**	**99.2**	**101.3**	**99.7**	**99.0**
1. 粮　　食	99.9	100.6	101.5	100.5	100.1
大　　米	99.8	100.7	101.7	100.5	100.1
2. 淀　　粉	100.0	99.3	100.6	99.5	100.2
3. 干豆类及豆制品	101.6	98.9	98.5	99.8	99.5
4. 油　　脂	96.0	97.8	97.8	97.8	98.9
食用植物油	94.6	96.7	97.1	98.3	99.6
5. 肉禽及其制品	103.6	98.6	97.1	98.0	96.1
(1) 食用畜肉及副产品	104.0	98.1	96.1	96.9	93.3
猪　　肉	105.0	96.6	95.0	96.0	91.2
牛　　肉	101.7	99.5	98.6	99.4	98.7
羊　　肉	102.3	100.3	97.5	99.6	98.2
(2) 禽	104.3	98.7	98.2	99.4	99.2
鸡	105.1	96.7	97.8	100.5	99.1
鸭	102.6	103.3	98.8	97.3	99.4
(3) 加工肉禽	101.0	100.4	98.6	99.3	99.2
6. 蛋	100.3	100.4	100.1	100.8	100.2
鲜　　蛋	100.3	100.4	100.1	100.9	100.2
7. 水 产 品	106.8	102.4	97.0	99.1	100.3
(1) 鱼	102.3	102.0	99.6	98.4	100.8
淡 水 鱼	100.2	102.7	100.0	97.2	99.4
海 水 鱼	105.9	100.8	98.8	100.4	102.9
(2) 其他水产品	118.7	103.3	91.4	100.7	99.2
虾 蟹 类	118.7	103.3	91.4	100.7	99.2
8. 菜	99.8	91.7	121.9	97.4	95.4
鲜　　菜	100.1	90.2	126.6	96.9	94.4
9. 调 味 品	100.4	99.9	100.5	99.8	99.6
盐	99.8	100.0	100.0	100.4	100.3
酱　　油	100.7	99.6	100.3	99.3	99.2
10. 糖	100.0	99.8	100.1	100.5	101.1
食　　糖	100.1	100.3	100.7	100.9	101.6
11. 茶及饮料	99.7	100.2	99.6	100.0	100.1
(1) 茶　　叶	98.5	101.6	99.6	100.0	100.5
(2) 饮　　料	100.1	99.7	99.6	100.0	100.0
12. 干鲜瓜果	97.5	103.8	104.5	105.6	105.6

6 月	7 月	8 月	9 月	10 月	11 月	12 月
99.8	**100.3**	**100.7**	**100.5**	**100.1**	**100.9**	**100.5**
99.6	**100.8**	**101.5**	**100.5**	**99.6**	**99.6**	**100.7**
100.3	100.3	100.1	100.2	100.2	99.9	100.4
100.4	100.4	100.0	100.3	100.1	99.8	100.4
99.6	99.9	100.4	100.1	100.2	100.0	100.3
99.9	99.6	100.4	100.5	101.0	101.6	102.3
101.4	100.6	98.6	97.9	99.8	101.2	102.8
100.6	100.2	98.9	98.0	99.9	102.4	104.4
98.2	99.3	102.8	102.9	99.9	99.4	101.0
97.4	98.5	104.4	103.3	100.2	99.8	101.8
96.6	97.9	106.4	104.5	100.2	99.0	101.9
100.0	99.8	100.2	100.0	100.5	100.8	100.4
97.1	99.4	100.4	100.1	99.2	101.9	103.5
99.0	100.7	101.6	102.8	99.5	98.7	100.2
99.2	100.4	101.3	101.9	99.8	99.5	100.1
98.5	101.1	102.4	104.7	98.9	97.1	100.5
98.9	99.3	100.5	101.6	100.1	99.6	100.1
99.8	100.2	102.3	103.0	99.3	99.0	99.8
99.8	100.1	102.4	103.1	99.2	98.8	99.7
98.6	100.3	97.6	98.2	101.4	99.7	102.2
100.8	100.1	98.4	98.6	99.5	99.3	100.0
99.3	99.6	99.6	98.9	99.2	99.1	99.3
103.2	100.7	96.6	98.0	100.0	99.6	101.0
93.1	101.0	95.5	97.3	106.5	100.7	107.7
93.1	101.0	95.5	97.3	106.5	100.7	107.7
100.6	105.5	105.8	100.4	98.9	101.1	100.7
100.5	106.6	106.8	100.6	98.6	101.2	100.2
99.9	99.7	100.2	100.2	100.0	100.1	100.1
99.9	97.3	100.3	100.1	99.9	100.7	99.7
99.9	100.3	100.2	100.2	100.1	100.0	100.0
100.3	100.3	101.0	100.5	100.2	100.2	100.5
100.8	102.7	101.3	100.4	100.6	100.5	101.6
99.8	99.6	100.7	99.8	99.9	100.1	100.0
100.0	99.8	100.4	100.1	99.8	100.1	99.9
99.7	99.6	100.8	99.7	100.0	100.1	100.1
99.8	103.2	100.2	95.8	96.2	96.5	100.4

2009 年广西全区居民消费价格各月环比指数（续表 1）

以上月价格为 100

类　别	1 月	2 月	3 月	4 月	5 月
鲜 瓜 果	97.4	104.8	105.4	106.3	106.2
13. 糕点饼干	99.6	99.7	100.2	100.0	100.3
14. 液体乳及乳制品	101.0	99.7	101.0	99.3	100.2
15. 在外用膳食品	100.3	99.8	99.7	101.1	100.2
16. 其他食品	100.0	98.4	99.5	100.6	100.9
二、烟酒及用品	**100.0**	**100.1**	**100.0**	**99.9**	**99.9**
1. 烟　　草	99.6	100.0	99.9	100.0	99.9
2. 酒	100.4	100.4	100.1	99.9	99.8
3. 吸烟、饮酒用品	100.0	99.8	99.6	99.3	99.9
三、衣　　着	**97.7**	**99.4**	**99.2**	**101.4**	**100.0**
1. 服　　装	97.5	98.9	99.6	101.1	100.6
(1) 男式服装	98.2	99.5	100.0	100.5	100.7
(2) 女式服装	97.3	98.5	99.3	101.8	100.5
(3) 儿童服装	95.8	98.8	99.4	100.1	100.9
2. 衣着材料	100.1	99.7	100.1	100.7	100.1
3. 鞋 袜 帽	98.2	100.6	97.9	102.5	98.2
(1) 鞋	97.9	100.7	97.5	103.0	97.8
(2) 袜　　子	100.1	100.1	100.0	99.6	100.5
(3) 帽　　子	98.4	101.0	98.8	101.0	100.2
4. 衣着加工服务费	100.2	99.8	100.5	100.0	100.0
四、家庭设备用品及维修服务	**99.6**	**99.5**	**99.8**	**99.3**	**99.8**
1. 耐用消费品	99.7	99.5	99.6	99.1	99.4
(1) 家　　具	99.9	99.6	99.7	99.3	100.4
(2) 家庭设备	99.6	99.4	99.6	99.0	98.9
2. 室内装饰品	100.2	98.0	99.4	99.8	99.6
3. 床上用品	98.3	99.3	99.5	99.8	98.9
4. 家庭日用杂品	99.3	100.0	100.4	99.3	100.8
5. 家庭服务及加工维修服务	101.3	98.9	100.2	100.0	100.0
五、医疗保健和个人用品	**100.2**	**100.0**	**99.9**	**100.1**	**100.2**
1. 医疗保健	100.1	99.7	100.0	100.1	100.1
(1) 医疗器具及用品	100.3	100.3	99.9	100.0	100.4
(2) 中药材及中成药	100.2	98.6	99.9	100.1	100.3
(3) 西　　药	100.0	100.3	100.0	100.2	100.0
(4) 保健器具及用品	100.1	99.4	99.8	99.8	100.1
(5) 医疗保健服务	100.0	100.0	100.0	100.0	100.0
2. 个人用品及服务	100.6	100.5	99.9	100.0	100.3

6 月	7 月	8 月	9 月	10 月	11 月	12 月
99.5	103.6	100.0	95.0	95.5	95.5	99.8
100.2	99.9	100.1	99.9	99.9	100.0	99.8
99.7	100.2	99.4	101.2	100.1	99.1	100.4
100.4	100.0	101.5	100.7	100.0	100.1	100.1
99.7	101.1	101.1	100.0	100.2	100.1	100.1
100.4	**99.8**	**100.2**	**100.4**	**100.2**	**100.1**	**100.1**
100.3	100.0	100.1	100.1	100.0	100.0	100.0
100.5	99.6	100.3	100.7	100.5	100.1	100.3
99.9	100.3	100.2	100.1	100.0	100.2	100.0
99.2	**98.3**	**100.1**	**101.0**	**101.9**	**102.6**	**100.6**
98.9	98.4	100.0	101.1	101.9	103.2	100.8
98.7	98.6	100.0	101.0	101.6	103.4	101.5
98.8	98.7	99.8	100.9	102.2	103.1	100.5
100.3	97.0	100.9	102.1	101.8	103.1	100.2
101.6	100.0	100.0	100.0	100.1	100.1	100.1
99.6	97.8	100.6	101.0	101.9	101.3	100.0
99.6	97.3	100.7	101.2	102.3	101.5	100.0
100.0	100.1	99.8	100.0	99.8	100.4	100.0
100.0	100.0	99.9	99.5	100.6	101.6	100.0
100.1	100.4	100.0	100.2	100.0	100.0	100.0
99.9	**99.7**	**99.8**	**100.2**	**100.0**	**100.2**	**100.1**
99.6	99.2	99.6	100.1	100.0	100.2	100.2
99.8	98.7	100.5	99.9	99.8	100.2	100.2
99.5	99.4	99.1	100.3	100.2	100.2	100.2
100.4	100.5	100.2	99.9	99.9	100.1	100.0
101.5	100.2	99.6	100.5	100.0	100.2	100.6
99.8	100.2	100.1	100.1	99.9	100.2	99.9
100.0	100.9	100.0	100.1	100.0	100.0	100.0
100.2	**99.9**	**100.1**	**100.1**	**99.8**	**99.9**	**100.2**
100.1	99.9	100.0	100.0	99.4	99.7	100.3
100.3	100.0	100.0	100.1	100.0	101.0	100.3
100.0	99.8	100.1	100.1	98.6	99.5	100.9
100.2	99.9	100.0	100.0	99.6	99.6	100.1
100.5	99.8	99.9	100.0	99.8	99.8	100.3
100.0	100.0	100.0	100.0	100.0	100.0	100.0
100.3	99.7	100.2	100.4	100.4	100.3	100.1

2009年广西全区居民消费价格各月环比指数（续表2）

以上月价格为100

类　别	1月	2月	3月	4月	5月
(1) 化妆美容用品	100.0	101.7	100.0	100.1	100.0
(2) 清洁化妆用品	100.4	99.9	99.9	100.4	100.4
(3) 个人饰品	99.3	102.1	99.5	98.8	101.2
(4) 个人服务	104.2	97.4	100.1	99.9	99.8
六、交通和通信	**99.7**	**99.6**	**99.4**	**99.7**	**99.6**
1. 交　通	99.5	99.5	99.1	99.8	99.8
(1) 交通工具	99.6	99.8	99.9	99.9	99.8
(2) 车用燃料及零配件	93.2	98.9	102.2	101.2	100.1
汽　油	90.1	98.4	103.5	101.8	100.0
柴　油	88.8	97.8	102.3	101.6	100.2
(3) 车辆使用及维修费	101.1	99.3	100.0	100.0	100.0
(4) 市区公共交通费	100.0	98.5	98.4	99.0	100.0
(5) 城市间交通费	103.8	100.6	95.1	98.6	99.0
2. 通　信	99.9	99.6	99.7	99.6	99.5
(1) 通信工具	99.6	98.2	98.8	98.1	97.4
(2) 通信服务	100.0	100.0	100.0	100.0	100.0
七、娱乐教育文化用品及服务	**100.6**	**99.8**	**100.0**	**100.7**	**99.6**
1. 文娱用耐用消费品及服务	98.6	98.7	98.9	98.9	99.1
2. 教　育	100.1	100.0	101.1	100.0	99.9
(1) 教材及参考书	100.7	100.2	103.5	100.0	99.6
(2) 学杂托幼费	100.0	100.0	100.7	100.0	100.0
3. 文化娱乐类	102.2	99.9	99.7	99.9	99.9
(1) 文化娱乐用品	99.9	99.8	99.5	99.8	100.0
(2) 书报杂志	107.9	100.0	99.7	100.0	99.9
(3) 文 娱 费	100.1	99.7	100.0	100.0	99.9
4. 旅　游	103.6	100.4	98.4	106.2	98.7
八、居　住	**99.5**	**98.3**	**98.5**	**99.7**	**93.6**
1. 建房及装修材料	99.5	98.9	98.8	99.9	99.4
2. 租　房	100.3	99.5	100.4	100.0	100.0
3. 自有住房	100.0	95.1	96.7	100.1	100.0
4. 水、电、燃料	99.1	98.7	98.3	99.4	87.1
水	101.0	100.8	100.3	100.3	100.0
电	100.0	100.0	100.0	100.0	76.8
液化石油气	95.1	94.8	93.4	97.7	96.3
管道燃气	109.1	100.0	100.0	98.9	100.0

6 月	7 月	8 月	9 月	10 月	11 月	12 月
99.9	99.7	100.2	100.1	100.3	100.0	100.0
100.1	99.8	100.3	100.2	99.9	100.0	99.9
101.3	99.3	100.1	101.4	101.4	101.3	100.2
100.5	100.1	100.0	100.1	100.8	100.1	100.6
100.2	**100.5**	**99.7**	**100.2**	**99.8**	**100.3**	**100.1**
100.6	101.2	99.5	100.4	99.8	100.6	100.1
99.7	99.7	100.0	100.1	99.9	99.9	99.9
104.1	106.0	98.0	102.8	98.3	104.2	100.5
106.2	108.6	97.1	103.9	97.6	106.1	100.3
106.9	109.7	96.9	104.3	97.4	106.2	100.7
100.0	99.9	100.0	100.1	100.0	99.9	100.0
99.9	100.0	100.0	100.0	100.0	100.0	100.9
99.9	100.8	99.5	99.3	100.7	99.0	99.7
99.8	99.9	99.9	100.0	99.9	99.9	100.0
98.3	99.4	99.7	99.9	99.7	99.7	99.9
100.1	100.0	100.0	100.0	100.0	100.0	100.0
99.9	**101.1**	**99.9**	**100.4**	**100.4**	**99.0**	**99.7**
99.8	99.6	99.7	100.0	99.6	100.0	100.0
100.0	100.0	100.0	99.9	100.0	100.0	100.0
100.0	100.0	100.2	97.0	100.1	100.0	100.0
100.0	100.0	99.9	100.4	100.0	100.0	100.0
100.1	100.6	100.7	100.3	100.4	100.2	100.0
100.1	100.0	100.4	100.3	100.1	100.0	99.9
100.0	100.2	100.0	100.2	100.0	100.0	100.0
100.1	101.4	101.5	100.5	101.0	100.5	100.1
99.8	107.2	99.1	102.3	102.4	93.5	97.9
100.0	**99.9**	**101.4**	**101.3**	**100.6**	**107.4**	**101.3**
100.1	99.7	100.8	101.3	100.6	100.7	100.6
100.0	100.0	100.0	100.0	100.0	100.0	100.0
100.1	100.0	100.0	100.4	100.0	99.9	100.0
99.9	99.9	102.8	102.2	101.0	115.8	102.4
100.2	100.8	100.4	100.0	100.0	100.0	100.0
100.0	100.0	100.0	100.0	100.0	129.9	100.0
99.5	99.0	110.1	107.6	103.2	109.5	108.2
100.0	100.0	100.0	100.0	100.0	100.0	100.7

2010年广西全区居民消费价格各月环比指数

以上月价格为100

类别	1月	2月	3月	4月	5月
居民消费价格总指数	**100.4**	**101.3**	**98.6**	**100.5**	**99.1**
一、食　　品	**101.0**	**104.2**	**98.3**	**100.8**	**99.7**
1. 粮　　食	100.7	100.7	100.8	101.8	100.8
大　　米	100.6	100.6	101.0	102.3	101.1
2. 淀　　粉	102.1	100.3	99.8	100.4	101.0
3. 干豆类及豆制品	101.0	103.6	97.3	101.7	103.6
4. 油　　脂	101.7	100.5	100.2	99.2	99.7
食用植物油	101.8	100.3	100.2	99.5	99.9
5. 肉禽及其制品	100.7	103.4	95.2	98.6	98.0
(1) 食用畜肉及副产品	100.6	103.7	93.7	97.7	96.4
猪　　肉	100.6	103.6	92.8	97.2	95.7
牛　　肉	100.5	102.5	97.7	99.1	98.6
羊　　肉	102.8	105.0	99.9	99.1	98.8
(2) 禽	101.0	103.5	96.6	99.7	99.9
鸡	100.6	102.1	97.1	99.5	99.4
鸭	102.0	106.4	95.5	100.2	100.8
(3) 加工肉禽	100.2	102.5	98.2	99.6	99.6
6. 蛋	100.7	101.2	98.7	98.9	99.3
鲜　　蛋	100.7	101.3	98.6	98.8	99.2
7. 水 产 品	104.0	110.2	96.3	99.1	97.9
(1) 鱼	101.4	107.9	98.1	100.8	99.7
淡 水 鱼	101.0	109.2	97.5	100.5	99.6
海 水 鱼	102.2	105.7	99.1	101.4	99.8
(2) 其他水产品	111.0	115.9	92.0	94.8	93.3
虾 蟹 类	111.0	115.9	92.0	94.8	93.3
8. 菜	102.0	109.8	98.1	105.3	99.7
鲜　　菜	101.9	110.8	97.7	105.7	99.3
9. 调 味 品	101.1	100.7	100.4	100.2	100.1
盐	100.4	100.1	100.9	99.9	99.6
酱　　油	101.3	100.7	100.2	100.3	100.0
10. 糖	102.4	101.0	100.1	100.5	100.9
食　　糖	105.6	102.3	100.7	101.0	101.3
11. 茶及饮料	100.6	99.6	99.8	100.5	100.5
(1) 茶　　叶	100.5	99.7	100.0	100.1	100.3
(2) 饮　　料	100.7	99.6	99.8	100.7	100.6
12. 干鲜瓜果	98.9	114.1	102.6	104.7	102.9

6 月	7 月	8 月	9 月	10 月	11 月	12 月
99.6	**100.7**	**100.4**	**100.5**	**101.3**	**101.5**	**100.5**
99.1	**102.0**	**101.6**	**100.4**	**102.3**	**100.2**	**100.7**
100.1	100.0	100.1	100.7	100.6	102.8	104.3
99.9	99.9	100.0	100.7	100.5	103.0	104.5
101.4	100.3	100.3	100.5	100.6	102.4	106.9
99.3	99.2	99.9	98.6	99.4	102.1	101.3
99.8	100.1	100.5	101.4	100.7	105.2	103.1
100.2	99.9	100.6	102.1	101.4	104.5	103.3
99.7	103.6	105.9	101.1	102.4	102.3	101.6
98.1	104.3	108.3	101.4	104.2	103.7	101.3
98.0	106.1	111.6	101.8	104.7	104.2	101.2
98.9	100.1	99.4	100.3	101.5	100.7	100.0
98.9	99.3	99.4	99.9	101.8	103.0	106.3
101.9	103.7	103.5	100.9	100.3	100.2	102.2
101.8	103.3	103.7	102.5	100.9	99.7	101.3
102.2	104.6	103.1	97.8	99.0	101.2	104.1
100.4	101.1	102.4	100.7	100.5	101.2	101.4
100.3	102.0	107.4	102.0	98.9	101.9	101.6
100.3	102.2	108.0	102.1	98.8	102.0	101.6
101.4	101.6	99.7	99.4	101.7	99.8	101.7
103.0	102.8	99.7	98.7	99.8	99.8	100.8
102.1	102.6	101.4	99.5	99.9	98.5	100.2
104.6	103.1	96.7	97.3	99.6	102.3	101.9
96.8	98.1	99.8	101.8	107.8	99.8	104.3
96.8	98.1	99.8	101.8	107.8	99.8	104.3
96.0	109.1	98.4	99.8	110.9	88.0	88.6
95.3	110.8	98.0	99.7	112.5	86.0	86.4
100.0	99.9	100.1	100.0	99.7	100.6	100.4
100.0	99.7	100.6	100.0	100.0	100.0	100.0
100.0	99.8	100.2	100.0	99.5	100.6	100.4
100.0	100.2	100.7	100.5	101.2	104.7	101.3
100.5	100.1	100.3	100.9	102.5	108.9	101.2
100.4	99.9	100.6	100.0	100.1	100.2	100.3
100.1	100.0	99.7	100.0	99.9	100.4	100.1
100.5	99.8	101.0	99.9	100.1	100.1	100.4
95.1	96.6	99.0	99.7	100.2	104.4	107.6

2010年广西全区居民消费价格各月环比指数（续表1）

以上月价格为100

类　别	1月	2月	3月	4月	5月
鲜瓜果	98.2	116.9	103.3	105.8	103.5
13. 糕点饼干	100.2	99.8	100.2	100.0	100.2
14. 液体乳及乳制品	100.5	99.0	100.6	100.4	100.3
15. 在外用膳食品	100.6	100.8	99.7	100.4	100.2
16. 其他食品	99.8	99.6	98.9	100.4	99.7
二、烟酒及用品	**100.3**	**100.0**	**100.0**	**100.1**	**100.2**
1. 烟　草	100.0	100.1	99.9	100.2	100.0
2. 酒	100.7	100.0	100.2	100.0	100.4
3. 吸烟、饮酒用品	100.0	100.0	100.0	99.8	100.1
三、衣　着	**98.9**	**96.5**	**99.0**	**100.8**	**100.0**
1. 服　装	99.1	95.8	99.0	100.8	99.9
(1) 男式服装	98.8	95.3	98.6	100.2	100.3
(2) 女式服装	99.3	96.2	99.3	100.8	99.7
(3) 儿童服装	99.3	96.1	98.8	102.4	99.6
2. 衣着材料	100.1	100.0	99.9	99.9	100.3
3. 鞋袜帽	98.3	98.0	98.8	101.0	100.5
(1) 鞋	98.0	97.7	98.6	101.0	100.5
(2) 袜　子	100.0	99.8	99.8	100.4	100.0
(3) 帽　子	99.5	97.2	101.5	101.1	99.9
4. 衣着加工服务费	100.0	100.7	99.8	100.1	100.0
四、家庭设备用品及维修服务	**100.0**	**99.5**	**99.5**	**99.9**	**99.8**
1. 耐用消费品	100.0	99.6	99.9	99.7	99.7
(1) 家　具	100.5	100.0	99.3	99.1	98.9
(2) 家庭设备	99.7	99.4	100.2	100.1	100.1
2. 室内装饰品	100.6	100.0	100.0	100.0	100.0
3. 床上用品	99.6	97.0	98.5	100.1	99.7
4. 家庭日用杂品	99.8	99.8	99.3	100.3	100.0
5. 家庭服务及加工维修服务	101.4	101.1	99.1	100.0	100.0
五、医疗保健和个人用品	**100.2**	**100.3**	**99.9**	**100.3**	**100.3**
1. 医疗保健	100.2	100.4	99.9	100.4	100.3
(1) 医疗器具及用品	105.8	101.1	100.0	100.0	100.0
(2) 中药材及中成药	100.1	101.2	99.8	100.9	100.4
(3) 西　药	100.2	100.1	99.9	100.3	100.5
(4) 保健器具及用品	99.8	99.9	100.0	100.8	100.5
(5) 医疗保健服务	100.0	100.0	100.0	100.0	100.0
2. 个人用品及服务	100.3	100.0	99.8	100.2	100.3

6 月	7 月	8 月	9 月	10 月	11 月	12 月
94.3	96.1	98.5	99.4	100.1	104.9	108.8
100.2	100.1	101.9	100.2	100.2	101.1	100.5
99.6	100.5	100.5	100.3	100.4	100.9	100.1
100.1	100.5	100.2	100.0	100.1	101.0	101.0
100.4	100.9	100.3	101.2	101.1	100.1	101.1
100.0	**100.0**	**100.2**	**100.1**	**100.1**	**100.2**	**100.3**
100.0	100.0	100.0	99.9	100.0	100.1	99.9
100.1	100.0	100.4	100.5	100.2	100.4	100.8
100.0	100.2	99.9	99.7	100.0	100.0	100.0
99.5	**99.6**	**98.9**	**100.0**	**102.7**	**103.9**	**102.2**
99.7	99.9	98.6	99.9	103.0	105.1	102.5
100.1	99.8	98.5	100.2	103.3	105.4	102.0
99.5	100.2	98.3	100.0	102.5	104.9	102.9
99.3	99.0	100.1	98.9	104.0	105.0	102.1
101.3	100.1	99.9	100.8	102.2	102.6	100.6
98.7	98.9	99.6	100.2	102.2	100.8	101.5
98.5	98.7	99.4	100.2	102.6	100.9	101.8
99.8	100.2	101.4	100.0	100.0	100.0	100.0
99.9	100.1	99.9	100.0	100.5	100.5	100.1
99.8	100.0	100.0	100.0	100.1	100.0	100.1
100.0	**100.0**	**100.0**	**99.8**	**100.1**	**100.5**	**100.3**
99.7	99.7	100.0	99.6	99.7	100.1	100.2
99.9	100.1	100.3	99.9	100.3	100.1	100.7
99.6	99.5	99.9	99.4	99.4	100.1	99.9
100.1	100.0	100.0	100.0	100.0	101.7	100.3
100.3	100.6	100.1	100.1	101.5	102.7	101.3
100.2	100.2	100.0	99.9	100.1	100.2	100.0
100.6	100.2	100.5	100.0	100.4	100.2	100.0
100.2	**100.0**	**100.3**	**100.2**	**100.3**	**101.0**	**100.2**
100.2	100.0	100.4	100.2	100.3	101.3	100.2
100.0	99.8	100.5	99.9	99.9	100.0	99.9
100.5	100.0	100.8	100.8	100.9	103.7	101.2
100.0	99.9	100.2	100.0	100.2	100.4	99.6
100.2	100.1	101.3	100.0	100.0	100.6	99.6
100.0	100.0	100.0	100.0	100.0	100.0	100.1
100.3	100.0	100.2	100.2	100.3	100.5	100.2

2010 年广西全区居民消费价格各月环比指数（续表 2）

以上月价格为 100

类　别	1 月	2 月	3 月	4 月	5 月
(1) 化妆美容用品	100.0	100.0	100.3	100.2	99.9
(2) 清洁化妆用品	100.1	99.2	100.4	99.6	100.0
(3) 个人饰品	101.2	98.7	99.7	101.3	101.7
(4) 个人服务	99.9	103.5	97.8	100.0	100.0
六、交通和通信	**100.0**	**101.2**	**99.1**	**100.0**	**100.0**
1. 交　　通	100.1	102.9	98.3	100.2	100.1
(1) 交通工具	99.9	100.0	100.0	100.0	99.6
(2) 车用燃料及零配件	100.0	99.9	100.0	102.5	100.2
汽　　油	100.0	100.0	100.0	103.5	100.3
柴　　油	99.5	100.5	100.1	103.6	100.4
(3) 车辆使用及维修费	100.2	102.1	99.7	100.0	100.1
(4) 市区公共交通费	100.0	101.0	99.3	99.7	100.0
(5) 城市间交通费	100.9	113.6	92.2	98.9	100.8
2. 通　　信	99.9	99.5	100.0	99.7	99.9
(1) 通信工具	99.4	97.6	99.3	98.5	99.5
(2) 通信服务	100.0	100.0	100.1	100.0	100.0
七、娱乐教育文化用品及服务	**99.9**	**100.3**	**96.6**	**100.5**	**99.9**
1. 文娱用耐用消费品及服务	99.8	99.1	99.6	99.5	99.7
2. 教　　育	100.0	99.9	94.8	100.0	100.0
(1) 教材及参考书	100.0	99.5	102.6	100.0	100.0
(2) 学杂托幼费	100.0	100.0	93.6	100.0	100.0
3. 文化娱乐类	100.1	100.0	100.0	100.1	100.0
(1) 文化娱乐用品	99.9	99.9	100.0	100.0	99.7
(2) 书报杂志	100.0	100.2	100.0	100.2	100.0
(3) 文 娱 费	100.3	99.9	100.1	100.0	100.3
4. 旅　　游	99.8	103.4	94.8	104.3	99.7
八、居　　住	**100.7**	**100.0**	**99.6**	**100.9**	**94.9**
1. 建房及装修材料	100.1	99.6	99.9	100.7	100.9
2. 租　　房	100.2	100.0	100.0	100.0	99.9
3. 自有住房	100.4	100.3	100.1	102.8	100.0
4. 水、电、燃料	101.1	100.0	99.3	100.6	89.6
水	104.9	100.0	100.1	100.0	100.0
电	100.0	100.0	100.0	100.0	76.9
液化石油气	101.2	100.1	98.1	101.5	99.1
管道燃气	100.0	100.0	100.0	99.7	99.7

6 月	7 月	8 月	9 月	10 月	11 月	12 月
100.3	100.0	100.0	100.0	100.1	100.2	100.4
100.1	100.1	100.2	99.7	99.8	100.7	100.0
100.8	99.4	100.5	101.5	101.5	101.2	100.6
100.0	100.2	100.2	99.9	100.1	100.0	100.0
99.7	**100.1**	**99.9**	**100.0**	**100.2**	**100.0**	**100.2**
99.6	100.2	99.9	100.2	100.6	100.1	100.5
100.1	100.1	99.8	100.0	100.0	100.4	100.0
98.0	99.9	100.1	100.3	101.8	100.4	102.6
97.3	99.8	100.1	100.1	102.6	100.3	103.5
96.7	100.1	100.3	100.4	102.5	100.6	103.4
100.0	100.6	100.0	100.0	100.0	100.1	100.3
100.1	100.0	100.0	100.0	100.1	99.9	100.0
99.5	100.7	99.9	100.8	101.2	99.7	99.6
99.8	99.9	99.8	99.8	99.8	99.9	99.9
99.0	99.7	99.2	99.0	99.1	99.6	99.7
100.0	99.9	100.0	100.0	100.0	100.0	100.0
100.1	**100.8**	**99.8**	**101.9**	**99.8**	**99.6**	**99.5**
99.8	99.6	100.2	99.5	99.5	99.8	99.5
100.0	100.0	100.0	103.9	100.0	100.0	100.0
100.0	100.0	100.0	98.6	100.0	100.0	100.0
100.0	100.0	100.0	104.8	100.0	100.0	100.0
100.1	100.1	99.6	100.0	99.9	100.0	100.0
100.4	99.8	99.5	100.1	99.9	100.1	100.1
100.0	100.0	100.0	100.0	100.0	100.0	100.0
99.9	100.5	99.5	100.0	99.8	100.0	100.0
101.1	106.0	98.8	101.1	99.4	97.4	97.6
99.8	**99.2**	**99.6**	**100.6**	**102.3**	**107.4**	**100.8**
100.7	100.0	100.4	102.2	101.2	100.5	100.6
99.9	100.0	100.0	99.6	99.9	100.0	100.0
100.0	100.0	100.0	100.4	106.3	100.0	102.2
99.3	98.3	99.0	100.3	101.9	115.9	100.7
101.3	100.0	101.2	100.1	100.0	100.0	100.0
100.0	100.0	100.0	100.0	100.9	129.0	100.0
97.9	96.0	97.2	100.7	103.9	111.9	101.6
100.0	100.0	100.0	100.0	100.0	100.0	100.0

2011年广西全区居民消费价格各月环比指数

以上月价格为100

类　别	1月	2月	3月	4月	5月
居民消费价格总指数	**101.5**	**101.4**	**99.6**	**101.2**	**99.4**
一、食　　品	**104.1**	**104.1**	**99.4**	**101.9**	**99.1**
1. 粮　　食	102.3	101.6	103.1	102.2	100.8
大　　米	102.4	101.6	103.7	102.3	100.9
2. 淀粉及制品	100.8	100.7	100.2	100.2	100.2
3. 干豆类及豆制品	102.5	103.9	98.2	101.0	99.4
4. 油　　脂	100.7	100.4	99.9	100.4	100.7
食用植物油	101.0	100.4	99.9	100.6	101.1
5. 肉禽及其制品	102.1	105.0	98.1	101.2	100.8
(1) 食用畜肉及副产品	102.2	107.0	97.9	101.0	100.5
猪　　肉	102.0	107.5	98.3	101.5	100.9
牛　　肉	101.2	103.1	96.5	99.6	99.3
羊　　肉	106.5	109.5	96.5	98.3	97.3
(2) 禽	102.1	102.4	98.0	101.7	101.5
鸡	102.5	103.1	97.2	100.7	101.4
鸭	101.3	100.9	100.1	104.0	101.5
(3) 加工肉禽	101.4	101.4	99.3	101.3	100.8
6. 蛋	101.6	102.4	97.2	98.8	100.9
鲜　　蛋	101.7	102.4	97.0	98.7	101.0
7. 水 产 品	105.8	111.1	99.3	101.0	97.8
(1) 鱼	103.6	107.6	100.4	103.2	100.5
淡 水 鱼	103.1	109.4	101.7	103.2	100.7
海 水 鱼	104.4	104.6	98.2	103.1	100.0
(2) 其他水产品	112.3	120.6	96.6	95.3	90.5
虾 蟹 类	112.5	120.9	96.6	95.2	90.3
8. 菜	119.3	103.8	97.1	103.1	90.4
鲜　　菜	122.7	104.1	96.7	103.5	88.9
9. 调 味 品	101.0	100.7	100.3	100.3	100.6
食 用 盐	100.2	100.0	100.1	99.9	100.0
酱　　油	101.6	101.5	100.1	100.5	101.2
10. 糖	100.5	100.5	100.7	101.4	101.0
食　　糖	100.2	101.3	100.8	102.0	101.2
11. 茶及饮料	100.2	100.2	100.1	101.1	101.0
(1) 茶　　叶	100.2	99.7	100.0	99.9	100.1
(2) 饮　　料	100.2	100.3	100.1	101.5	101.3
12. 干鲜瓜果	109.2	108.5	99.3	105.6	97.2

6 月	7 月	8 月	9 月	10 月	11 月	12 月
99.7	**100.5**	**99.7**	**99.8**	**100.6**	**99.0**	**99.8**
99.9	**102.0**	**99.5**	**99.7**	**100.5**	**98.1**	**99.8**
100.3	100.4	98.9	99.0	99.7	99.3	100.5
100.3	100.5	98.6	98.7	99.6	99.2	100.5
100.3	100.3	100.1	100.6	100.2	99.9	100.0
99.5	99.5	98.9	99.3	100.7	99.7	100.2
101.8	102.1	100.6	97.6	99.9	98.4	99.5
102.4	103.0	100.6	96.7	99.6	98.4	99.5
104.1	105.0	99.5	97.7	99.0	96.3	97.9
105.8	107.4	99.0	96.2	98.3	94.3	96.5
107.0	108.8	98.7	95.5	97.2	92.5	94.4
100.2	102.3	101.7	100.5	102.9	101.6	103.7
100.3	100.7	100.4	101.6	105.6	103.5	105.3
101.6	100.4	99.8	99.9	99.8	99.0	99.5
102.4	100.8	99.9	100.7	99.7	98.5	99.2
99.8	99.3	99.4	98.1	100.1	100.2	100.1
101.7	103.5	101.3	100.6	101.3	100.0	100.4
102.4	102.7	102.7	99.9	99.8	97.8	98.2
102.5	102.8	102.6	99.8	99.8	97.6	98.1
100.1	99.6	99.1	100.4	99.5	99.1	100.3
101.6	100.8	99.8	99.9	98.9	98.0	98.6
100.9	100.6	99.6	99.8	98.0	96.8	97.7
102.9	101.1	100.3	100.1	100.5	100.1	99.9
95.7	95.7	96.6	102.3	101.6	102.9	105.7
95.6	95.6	96.5	102.3	101.7	103.0	105.8
95.3	107.9	99.0	103.7	105.0	92.7	102.6
94.5	109.3	98.8	104.4	105.8	91.8	103.1
100.6	100.3	100.2	99.9	99.9	99.9	100.1
100.0	100.0	100.0	100.0	100.0	100.0	100.0
101.1	100.7	100.5	99.8	99.7	99.8	100.1
101.3	100.5	101.6	101.3	100.6	99.9	100.3
101.9	101.0	101.9	102.1	100.4	99.8	100.5
100.4	100.5	100.0	100.1	99.9	100.3	100.2
99.8	100.8	100.0	100.5	99.5	100.4	100.0
100.6	100.4	100.0	100.0	100.0	100.3	100.3
87.5	92.5	95.6	100.4	103.7	103.7	102.2

2011年广西全区居民消费价格各月环比指数（续表1）

以上月价格为100

类　别	1月	2月	3月	4月	5月
鲜瓜果	110.7	109.8	99.2	106.1	96.4
13. 糕点饼干面包	100.8	100.5	100.4	101.8	101.2
14. 液体乳及乳制品	100.4	100.7	100.6	101.0	99.4
15. 在外用膳食品	100.5	101.3	101.3	102.1	101.2
16. 其他食品	100.5	100.2	102.2	99.9	99.9
二、烟　酒	**100.3**	**100.3**	**100.2**	**100.4**	**100.7**
1. 烟　草	100.0	100.0	99.9	100.2	100.1
2. 酒	100.6	100.6	100.5	100.6	101.2
三、衣　着	**98.6**	**98.0**	**98.9**	**101.8**	**100.8**
1. 服　装	98.6	97.6	98.5	101.8	100.8
(1) 男式服装	98.8	96.9	98.7	101.9	100.5
(2) 女式服装	98.6	98.4	98.3	101.7	101.0
(3) 儿童服装	97.9	97.0	98.9	101.9	100.9
2. 衣着材料	100.4	99.9	101.4	101.8	101.0
3. 鞋袜帽	98.4	98.9	99.6	101.9	100.9
(1) 鞋	98.2	98.7	99.6	102.3	101.1
(2) 袜　子	99.7	100.0	100.2	99.7	99.7
(3) 帽　子	100.5	99.0	100.5	100.3	100.1
4. 衣着加工服务费	102.4	101.1	101.1	102.5	101.5
四、家庭设备用品及维修服务	**100.1**	**100.0**	**100.1**	**100.4**	**100.4**
1. 耐用消费品	99.9	99.7	100.3	100.2	100.3
(1) 家　具	100.3	99.9	100.2	100.6	100.3
(2) 家庭设备	99.7	99.6	100.3	100.0	100.4
2. 室内装饰品	100.0	100.3	100.5	100.7	101.3
3. 床上用品	100.0	100.6	100.1	100.5	99.8
4. 家庭日用杂品	100.0	100.1	99.8	100.6	100.6
5. 家庭服务及加工维修服务	102.4	100.6	99.8	100.6	100.7
五、医疗保健和个人用品	**100.2**	**100.2**	**100.3**	**100.4**	**100.7**
1. 医疗保健	100.1	100.1	100.5	100.3	100.9
(1) 医疗器具及用品	100.4	100.1	99.9	100.0	101.2
(2) 中药材及中成药	100.3	100.6	101.9	101.3	103.1
(3) 西　药	100.0	99.9	100.1	99.7	100.2
(4) 保健器具及用品	100.2	100.0	98.9	100.4	100.0
(5) 医疗保健服务	100.0	100.0	100.0	100.1	100.0
2. 个人用品及服务	100.4	100.3	99.9	100.6	100.4

6 月	7 月	8 月	9 月	10 月	11 月	12 月
84.8	90.5	94.7	100.9	104.6	104.9	102.8
100.5	99.9	101.0	100.2	100.2	100.2	99.9
101.1	100.2	99.6	100.2	101.4	100.0	100.0
100.6	101.3	101.1	101.0	100.2	100.1	100.3
101.6	100.5	100.1	99.6	100.8	100.2	99.9
100.3	**100.3**	**100.0**	**100.7**	**101.0**	**100.3**	**100.1**
100.0	100.0	100.1	100.0	100.0	100.0	100.0
100.6	100.6	99.9	101.4	101.9	100.6	100.2
98.7	**98.6**	**97.6**	**99.5**	**104.4**	**101.5**	**100.2**
98.6	98.5	97.4	99.5	105.2	101.6	100.3
98.9	98.7	98.2	99.2	105.5	101.7	100.6
99.1	98.5	96.9	99.8	105.1	101.4	100.2
96.5	97.9	97.0	99.8	104.2	102.0	99.5
101.1	100.2	100.1	100.5	102.2	101.3	100.1
98.5	98.8	97.7	99.1	102.5	101.4	100.1
98.3	98.7	97.6	99.0	103.0	101.6	100.1
100.0	99.8	99.1	99.8	99.3	100.1	100.2
100.1	99.6	96.1	100.2	101.1	100.6	100.2
99.8	100.8	100.0	100.0	101.0	100.0	100.6
100.4	**100.0**	**100.0**	**100.1**	**100.0**	**100.1**	**99.8**
100.3	99.9	99.8	100.0	99.9	99.8	99.7
100.7	100.2	100.3	100.3	100.1	99.7	99.7
100.0	99.7	99.5	99.8	99.9	99.9	99.7
100.8	100.2	100.2	100.1	100.1	100.0	100.0
100.7	100.2	99.8	100.1	100.5	100.4	99.2
100.4	100.2	100.3	100.1	99.9	100.1	100.1
100.2	100.2	100.3	100.8	100.2	101.3	100.3
100.2	**100.2**	**100.4**	**100.3**	**100.0**	**99.6**	**99.9**
100.3	100.3	100.3	100.3	100.1	99.2	99.8
101.2	100.2	100.3	100.0	100.0	99.9	100.0
101.0	101.0	100.9	101.2	100.2	99.9	99.4
99.9	100.0	100.0	100.0	100.0	100.1	100.2
100.2	100.1	100.1	99.9	99.9	100.1	100.0
100.0	100.0	100.0	100.0	100.0	96.9	99.7
100.2	100.1	100.7	100.2	99.7	100.5	100.0

2011年广西全区居民消费价格各月环比指数（续表2）

以上月价格为100

类　别	1月	2月	3月	4月	5月
(1) 化妆美容用品	99.9	100.1	100.1	100.0	100.0
(2) 清洁类化妆品	100.2	99.8	100.3	100.4	100.4
(3) 个人饰品	99.5	99.8	100.5	101.2	100.8
(4) 个人服务	102.5	102.1	98.2	101.7	100.3
六、交通和通信	**101.1**	**101.0**	**99.2**	**100.6**	**100.0**
1. 交　通	102.3	102.1	98.4	101.3	100.2
(1) 交通工具	100.3	100.2	100.7	100.4	100.3
(2) 车用燃料及零配件	100.1	103.1	100.2	104.2	100.1
汽　油	100.0	104.0	100.0	105.6	100.0
柴　油	100.0	104.5	100.0	104.8	100.0
(3) 车辆使用及维修费	100.2	100.0	101.6	100.0	101.2
(4) 市区公共交通费	100.4	99.7	99.8	100.1	100.4
(5) 城市间交通费	111.3	107.2	90.5	101.0	99.3
2. 通　信	100.0	99.9	100.0	99.9	99.8
(1) 通信工具	99.7	99.5	99.5	99.1	99.1
(2) 通信服务	100.0	100.0	100.1	100.1	100.0
七、娱乐教育文化用品及服务	**100.0**	**100.3**	**99.7**	**100.2**	**100.0**
1. 文娱用耐用消费品及服务	99.4	99.3	99.7	99.4	99.2
2. 教　育	100.0	100.6	100.0	100.0	100.0
(1) 教材及参考书	100.0	101.1	99.9	100.0	100.2
(2) 教育服务	100.0	100.5	100.0	100.0	100.0
3. 文化娱乐类	100.1	100.0	100.2	100.0	100.2
(1) 文化娱乐用品	99.9	100.0	100.4	100.1	100.1
(2) 书报杂志	100.4	100.0	100.0	100.0	100.0
(3) 文 娱 费	100.0	100.1	100.1	100.0	100.4
4. 旅　游	101.2	100.9	98.0	101.8	100.6
八、居　住	**100.4**	**100.0**	**100.0**	**101.3**	**97.2**
1. 建房及装修材料	100.4	99.7	100.0	101.0	100.8
2. 住房租金	100.0	100.2	100.0	101.9	100.2
3. 自有住房	100.3	100.2	99.9	100.6	100.2
4. 水、电、燃料	100.7	99.8	100.0	102.1	89.3
水	100.0	100.0	101.0	100.0	100.0
电	100.0	100.0	100.0	100.0	76.8
液化石油气	102.0	99.3	99.4	106.2	100.9
管道燃气	100.0	100.0	100.0	100.0	100.0

6 月	7 月	8 月	9 月	10 月	11 月	12 月
99.8	100.0	100.0	100.2	100.5	100.1	100.1
100.4	100.4	100.4	100.1	100.4	100.5	100.4
100.2	100.0	102.9	100.7	97.2	101.5	98.4
100.2	100.0	100.0	100.0	100.1	100.0	101.0
99.9	**99.9**	**100.1**	**99.9**	**99.7**	**99.8**	**99.9**
100.0	100.0	100.2	100.0	99.7	99.8	100.0
100.2	100.0	100.5	100.1	100.2	99.7	100.0
100.0	100.1	99.9	100.0	97.8	99.8	100.1
100.0	100.0	100.0	100.0	96.8	100.0	100.0
100.0	100.0	100.0	100.0	96.6	100.0	100.0
100.0	100.5	100.0	100.0	100.0	100.0	100.0
100.0	100.0	100.0	100.0	101.1	100.0	100.0
99.8	99.2	100.4	100.0	100.3	99.6	99.8
99.7	99.8	99.9	99.8	99.7	99.7	99.8
98.7	98.8	99.4	99.7	98.6	98.6	98.8
100.0	100.0	100.0	99.9	100.0	100.0	100.0
99.7	**99.3**	**99.9**	**98.6**	**100.7**	**98.9**	**99.8**
99.4	99.3	99.1	99.0	99.6	99.9	99.9
100.1	100.2	100.1	98.1	100.1	100.1	100.0
100.0	100.0	100.1	99.2	99.6	100.0	100.0
100.1	100.2	100.0	98.0	100.1	100.1	100.0
100.3	94.7	99.3	99.7	104.6	94.2	99.9
100.2	100.0	99.5	100.0	100.1	99.9	100.3
100.0	100.0	100.0	100.0	100.0	100.0	100.0
100.5	87.9	98.6	99.2	111.5	86.4	99.6
98.2	101.6	101.3	98.7	100.4	98.5	98.8
98.9	**99.6**	**99.9**	**100.2**	**100.0**	**98.1**	**99.6**
99.8	100.2	100.2	100.7	99.7	100.0	100.1
100.2	98.1	99.4	100.0	100.0	99.4	100.0
100.2	100.1	100.0	100.0	100.1	100.1	100.0
95.8	99.0	99.9	100.1	100.0	92.8	98.4
97.8	100.0	100.0	100.0	100.0	63.2	100.0
100.0	100.0	100.0	100.0	100.0	100.0	100.0
90.5	97.4	99.8	100.1	99.9	96.7	95.8
98.6	99.9	99.9	100.0	100.0	100.0	100.0

2012年广西全区居民消费价格各月环比指数

以上月价格为100

类　别	1月	2月	3月	4月	5月
居民消费价格总指数	**103.2**	**100.3**	**100.4**	**100.4**	**99.8**
一、食　　品	**105.7**	**100.0**	**100.5**	**100.2**	**99.1**
1. 粮　　食	102.2	100.6	100.3	100.6	100.0
大　　米	102.7	100.6	100.4	100.7	100.0
2. 淀粉及制品	100.0	100.0	99.6	100.3	100.8
3. 干豆类及豆制品	104.1	98.5	98.9	100.2	100.2
4. 油　　脂	103.1	100.9	99.9	101.7	102.3
食用植物油	102.9	101.0	100.0	102.4	103.1
5. 肉禽及其制品	108.8	100.6	98.3	97.9	98.1
(1) 食用畜肉及副产品	113.2	101.6	96.8	96.1	97.4
猪　　肉	112.6	100.7	96.5	95.2	96.7
牛　　肉	115.8	104.6	98.7	101.0	101.0
羊　　肉	112.0	103.7	98.0	97.7	98.6
(2) 禽	103.3	98.8	100.8	101.1	99.0
鸡	104.0	98.9	99.9	100.0	99.4
鸭	101.5	98.4	103.0	103.6	98.0
(3) 加工肉禽	101.5	99.6	100.1	100.1	99.4
6. 蛋	98.8	95.4	98.6	99.5	98.3
鲜　　蛋	98.8	95.1	98.6	99.4	98.1
7. 水 产 品	108.8	101.7	100.0	97.3	97.7
(1) 鱼	103.6	101.4	100.6	99.6	99.2
淡 水 鱼	104.1	101.1	101.9	100.0	99.1
海 水 鱼	102.9	102.0	98.6	99.0	99.3
(2) 其他水产品	124.3	102.2	98.6	91.6	93.5
虾 蟹 类	124.9	102.2	98.6	91.4	93.4
8. 菜	114.0	94.8	109.2	104.7	98.5
鲜　　菜	116.0	94.0	110.7	105.2	98.2
9. 调 味 品	100.0	100.0	100.0	100.3	100.4
食 用 盐	99.9	100.0	100.0	100.0	100.0
酱　　油	100.0	100.1	100.1	100.3	100.5
10. 糖	99.4	99.5	100.3	100.1	100.7
食　　糖	98.4	99.6	101.3	99.8	99.9
11. 茶及饮料	100.1	99.9	100.1	100.7	101.3
(1) 茶　　叶	100.1	99.8	100.5	100.3	100.0
(2) 饮　　料	100.2	99.9	100.1	100.8	101.7

6 月	7 月	8 月	9 月	10 月	11月	12 月
99.7	**100.1**	**100.4**	**100.3**	**99.5**	**100.0**	**100.1**
99.4	**100.0**	**101.2**	**100.1**	**98.8**	**100.3**	**100.9**
100.0	100.1	100.1	100.1	99.9	100.0	100.1
100.0	100.1	100.1	100.1	99.7	100.0	100.0
100.6	100.3	100.1	100.1	100.0	100.0	100.2
100.0	100.2	100.5	100.5	100.4	100.1	100.7
100.6	100.7	102.5	101.1	100.8	99.7	99.6
100.6	101.0	103.1	101.1	101.3	99.7	99.6
100.1	100.7	100.7	101.2	100.0	99.9	101.5
100.5	101.0	100.7	101.4	100.4	99.7	101.8
100.4	101.0	100.6	101.7	99.5	99.0	101.7
102.3	101.4	101.3	101.0	103.7	101.7	102.0
100.0	100.1	99.9	99.9	101.6	101.2	102.5
99.5	100.5	100.8	101.2	99.3	100.2	101.4
99.9	100.2	100.8	101.7	99.8	100.0	101.0
98.7	101.3	100.7	100.3	98.0	100.7	102.2
99.4	100.2	100.4	100.1	100.0	99.9	100.2
104.5	99.8	103.8	105.0	98.8	100.2	101.8
104.9	99.8	104.0	105.2	98.7	100.2	101.9
99.2	99.3	100.1	100.7	98.9	100.1	101.0
101.4	100.5	99.8	99.9	98.7	99.2	99.8
101.4	100.0	99.7	99.2	98.6	98.6	99.4
101.3	101.4	100.0	101.0	98.9	100.3	100.4
92.9	95.7	101.2	103.6	99.5	102.6	104.5
92.8	95.5	101.3	103.7	99.5	102.7	104.6
93.9	100.8	108.7	95.0	89.8	104.1	104.1
93.0	100.9	109.9	94.4	88.5	104.8	104.7
100.5	100.0	100.1	100.1	100.1	100.4	100.1
100.0	100.0	100.0	100.0	100.0	100.0	100.0
100.9	100.0	100.1	100.2	100.3	100.5	100.1
100.1	99.9	99.9	100.3	100.2	99.8	99.9
99.8	100.0	99.3	99.3	99.5	100.0	100.1
100.5	100.3	100.3	100.1	100.1	100.3	99.8
100.1	100.3	100.0	99.9	100.0	100.2	100.0
100.6	100.3	100.3	100.1	100.2	100.3	99.7

2012年广西全区居民消费价格各月环比指数（续表1）

以上月价格为100

类 别	1月	2月	3月	4月	5月
12. 干鲜瓜果	103.7	101.8	101.1	103.3	97.3
鲜 瓜 果	104.3	102.1	101.1	104.0	96.8
13. 糕点饼干面包	100.4	100.4	100.5	100.5	100.7
14. 液体乳及乳制品	100.4	100.8	99.0	100.6	101.0
15. 在外用膳食品	101.1	100.7	100.0	100.5	100.9
16. 其他食品	100.4	100.2	100.1	101.9	100.9
二、烟 酒	**100.2**	**100.3**	**100.0**	**100.0**	**100.2**
1. 烟 草	100.1	99.9	100.1	100.0	100.0
2. 酒	100.3	100.6	100.0	99.9	100.3
三、衣 着	**99.7**	**99.3**	**101.4**	**102.1**	**101.0**
1. 服 装	99.8	99.0	101.5	102.7	101.1
(1) 男式服装	99.6	98.7	101.9	102.7	100.6
(2) 女式服装	99.9	99.3	101.5	103.0	101.3
(3) 儿童服装	100.4	98.8	100.5	101.8	101.6
2. 衣着材料	100.0	101.1	100.0	100.0	100.2
3. 鞋 袜 帽	99.1	100.1	101.1	100.4	100.8
(1) 鞋	98.9	100.1	101.3	100.4	100.8
(2) 袜 子	100.4	100.0	99.7	100.9	100.4
(3) 帽 子	99.7	99.8	99.9	99.7	101.9
4. 衣着加工服务费	103.4	100.4	100.7	100.0	100.0
四、家庭设备用品及维修服务	**100.1**	**100.0**	**100.2**	**100.3**	**100.2**
1. 耐用消费品	99.7	100.1	100.2	100.8	100.4
(1) 家 具	99.9	100.2	100.2	101.7	100.1
(2) 家庭设备	99.6	100.0	100.2	100.2	100.5
2. 室内装饰品	99.9	99.7	99.7	99.9	100.0
3. 床上用品	99.8	99.8	100.6	99.1	99.6
4. 家庭日用杂品	100.2	99.9	100.1	100.0	100.2
5. 家庭服务及加工维修服务	103.0	100.2	99.9	100.0	100.1
五、医疗保健和个人用品	**101.1**	**99.9**	**99.9**	**100.1**	**100.1**
1. 医疗保健	101.0	100.1	100.0	100.1	100.2
(1) 医疗器具及用品	99.7	100.0	100.1	101.6	100.0
(2) 中药材及中成药	100.2	100.2	100.0	100.1	100.3
(3) 西 药	100.0	100.2	100.0	100.1	100.1
(4) 保健器具及用品	100.0	100.0	100.0	100.2	100.3
(5) 医疗保健服务	103.7	100.0	100.0	100.0	100.0
2. 个人用品及服务	101.4	99.6	99.6	100.3	100.1

6 月	7 月	8 月	9 月	10 月	11 月	12 月
98.5	94.6	97.4	100.1	100.6	100.0	99.9
98.2	93.6	96.9	100.2	100.8	99.9	99.9
99.9	100.0	100.2	100.0	100.0	100.1	100.0
100.1	100.1	99.7	100.4	100.6	100.0	100.4
101.1	100.9	100.4	100.2	99.9	99.7	99.6
99.6	100.6	101.0	99.7	99.5	100.5	99.8
100.1	**100.1**	**100.1**	**100.0**	**99.9**	**100.0**	**99.7**
100.0	100.0	100.0	100.0	100.0	100.0	100.0
100.1	100.2	100.3	99.9	99.9	100.0	99.5
99.4	**98.9**	**99.1**	**100.4**	**100.9**	**100.2**	**99.2**
99.4	99.0	99.3	100.5	101.5	100.2	99.0
99.4	98.6	99.3	100.6	102.2	100.6	98.6
99.5	99.1	99.2	100.4	101.0	99.9	99.1
99.0	99.2	99.4	100.4	100.8	100.8	100.0
100.1	100.0	100.0	100.2	100.2	100.2	100.1
99.4	98.4	98.6	100.1	99.3	100.1	99.4
99.3	98.2	98.4	100.1	99.2	100.2	99.4
100.1	100.0	100.1	100.0	100.0	99.6	99.7
100.0	98.6	98.3	99.6	99.9	99.2	99.9
101.4	101.5	100.2	100.0	100.0	100.1	100.9
100.2	**100.2**	**99.9**	**100.0**	**99.9**	**100.1**	**99.7**
100.4	100.3	99.6	100.1	99.6	100.1	99.3
100.3	100.1	100.0	100.2	100.0	99.9	99.2
100.4	100.4	99.3	99.9	99.3	100.2	99.4
100.1	100.0	99.9	99.9	100.1	100.0	100.1
99.9	100.2	100.0	99.5	100.4	99.8	100.1
100.1	100.0	100.2	100.3	100.0	100.2	100.1
100.0	100.6	100.8	100.0	100.4	100.0	100.0
100.1	**100.2**	**100.1**	**100.1**	**99.9**	**99.9**	**99.8**
100.0	100.1	100.0	100.0	99.8	100.0	99.9
100.2	100.0	100.0	100.3	100.3	100.0	100.0
99.5	99.9	99.9	99.9	99.0	99.9	99.5
100.4	100.3	100.0	100.0	100.1	100.0	100.0
100.2	100.1	99.9	99.8	100.2	99.9	100.1
100.0	100.2	100.0	100.0	100.0	100.0	100.0
100.2	100.5	100.3	100.4	100.2	99.8	99.8

2012年广西全区居民消费价格各月环比指数（续表2）

以上月价格为100

类　别	1月	2月	3月	4月	5月
(1) 化妆美容用品	99.9	100.0	100.0	100.2	100.1
(2) 清洁类化妆品	100.2	100.2	100.1	100.5	100.5
(3) 个人饰品	99.0	102.2	99.1	99.9	99.4
(4) 个人服务	109.0	95.0	98.6	100.4	100.1
六、交通和通信	**101.2**	**100.0**	**100.0**	**100.2**	**99.5**
1. 交　　通	102.4	99.9	100.0	100.4	99.4
(1) 交通工具	99.8	100.0	100.0	99.8	99.7
(2) 车用燃料及零配件	100.0	102.5	104.6	100.4	97.8
汽　　油	100.0	103.1	105.9	100.6	96.9
柴　　油	100.0	103.4	106.7	100.4	96.8
(3) 车辆使用及维修费	100.5	99.7	100.0	100.0	100.1
(4) 市区公共交通费	100.0	100.0	100.0	101.1	100.0
(5) 城市间交通费	112.6	97.1	95.1	101.2	99.8
2. 通　　信	99.8	100.1	100.0	100.0	99.7
(1) 通信工具	99.1	99.7	99.9	99.9	98.6
(2) 通信服务	100.0	100.1	100.0	100.0	100.0
七、娱乐教育文化用品及服务	**101.8**	**101.3**	**100.0**	**100.5**	**100.1**
1. 文娱用耐用消费品及服务	99.5	99.5	99.7	99.7	99.5
2. 教　　育	100.0	103.7	100.0	100.1	100.1
(1) 教材及参考书	100.0	101.2	100.2	100.0	100.0
(2) 教育服务	100.0	104.0	100.0	100.1	100.1
3. 文化娱乐类	108.4	100.2	100.1	100.1	100.0
(1) 文化娱乐用品	99.9	100.6	100.2	99.9	99.7
(2) 书报杂志	100.0	100.2	100.0	100.0	100.0
(3) 文 娱 费	121.8	100.0	100.0	100.2	100.1
4. 旅　　游	103.8	97.0	100.4	103.4	101.0
八、居　　住	**104.7**	**101.1**	**100.8**	**100.2**	**100.0**
1. 建房及装修材料	100.0	100.0	99.8	100.2	100.2
2. 住房租金	104.0	100.3	100.4	100.0	100.0
3. 自有住房	100.3	100.1	100.1	100.1	100.8
4. 水、电、燃料	117.1	103.9	102.8	100.5	98.9
水	156.8	110.0	101.0	100.1	100.0
电	114.7	100.0	100.0	100.0	100.0
液化石油气	110.0	106.8	107.4	101.1	97.0
管道燃气	101.7	100.0	100.0	100.0	100.1

6 月	7 月	8 月	9 月	10 月	11 月	12 月
100.3	100.1	100.0	100.0	100.2	100.0	100.0
100.6	100.3	100.2	100.3	100.2	100.0	99.9
99.5	100.2	100.8	101.5	100.5	99.2	98.9
100.0	101.6	100.3	100.1	100.0	100.0	100.0
99.6	**99.6**	**100.2**	**100.5**	**100.0**	**99.5**	**99.6**
99.2	99.3	100.6	101.1	100.0	99.3	99.6
100.1	100.0	99.9	99.8	99.8	99.9	99.2
95.9	96.8	102.9	104.4	100.3	97.6	99.7
94.5	95.8	103.6	105.9	100.4	97.0	99.7
94.2	95.4	104.2	106.3	100.3	96.8	99.8
100.0	100.5	100.5	101.0	100.3	100.0	99.9
99.8	99.8	100.0	100.0	100.0	100.0	100.0
100.7	99.9	99.7	100.1	100.0	99.4	99.4
99.9	99.9	99.9	100.0	99.9	99.8	99.6
99.3	99.7	99.4	99.4	99.4	98.7	97.6
100.1	100.0	100.0	100.1	100.0	100.0	100.0
99.8	**100.9**	**99.9**	**100.7**	**98.9**	**99.2**	**99.3**
99.7	99.4	99.6	99.8	99.2	99.7	98.6
100.1	100.1	100.0	101.1	100.0	100.0	100.0
100.0	100.0	100.0	99.1	100.0	100.0	100.0
100.1	100.1	100.0	101.4	100.0	100.0	100.0
100.4	100.0	99.9	100.4	99.3	99.2	99.8
99.8	99.9	99.6	100.0	99.8	100.0	99.7
100.0	100.0	100.0	100.1	100.0	100.0	100.0
101.2	100.1	100.1	100.8	98.6	98.2	99.9
98.2	106.4	100.2	101.1	94.3	95.7	97.0
100.0	**100.3**	**100.2**	**100.4**	**100.1**	**100.1**	**99.9**
100.1	100.0	99.8	100.0	101.0	100.7	100.1
99.9	99.9	99.8	100.3	99.2	99.9	99.8
101.4	100.1	99.9	100.1	99.4	99.9	100.0
97.8	101.0	101.1	101.1	101.0	100.0	99.7
103.4	100.0	100.1	100.0	100.0	100.0	100.0
100.0	104.9	100.0	100.0	101.5	100.0	100.0
92.8	96.7	103.0	103.2	101.0	99.9	99.1
101.1	100.1	100.0	100.0	100.0	100.0	100.0

2013年广西全区居民消费价格各月环比指数

以上月价格为100

类　别	1 月	2 月	3 月	4 月	5 月
居民消费价格总指数	**100.8**	**100.9**	**99.3**	**100.4**	**99.7**
一、食　　品	**102.3**	**101.9**	**98.0**	**100.7**	**98.2**
1. 粮　　食	100.3	100.4	100.1	100.1	100.2
大　　米	100.0	100.1	99.9	100.0	100.1
2. 淀粉及制品	99.9	100.2	100.0	101.2	100.0
3. 干豆类及豆制品	102.1	102.9	97.8	99.8	100.0
4. 油　　脂	100.3	100.0	100.0	99.8	98.8
食用植物油	100.4	100.1	100.2	99.7	99.0
5. 肉禽及其制品	103.7	103.4	94.6	95.7	97.6
(1) 食用畜肉及副产品	105.5	103.4	92.6	96.7	98.5
猪　　肉	106.1	102.3	91.2	95.9	97.8
牛　　肉	103.5	106.3	95.7	99.7	100.7
羊　　肉	105.7	105.3	95.9	99.9	99.7
(2) 禽	101.3	104.0	97.1	92.1	95.2
鸡	101.9	102.2	97.0	92.4	95.6
鸭	100.0	108.3	97.2	91.3	94.1
(3) 加工肉禽	100.8	101.9	99.0	98.9	98.9
6. 蛋	101.8	99.9	97.6	99.5	99.5
鲜　　蛋	101.9	99.9	97.4	99.5	99.5
7. 水 产 品	102.8	107.6	93.9	99.3	99.9
(1) 鱼	101.4	104.9	96.8	99.9	99.7
淡 水 鱼	101.0	106.6	97.1	100.0	99.5
海 水 鱼	102.0	102.4	96.3	99.8	100.1
(2) 其他水产品	107.1	114.9	86.6	97.7	100.4
虾 蟹 类	107.2	115.2	86.3	97.6	100.5
8. 菜	104.9	92.1	99.7	118.8	91.7
鲜　　菜	105.5	90.9	99.6	121.5	90.6
9. 调 味 品	100.5	100.3	99.9	100.0	100.1
食 用 盐	100.0	100.0	100.0	99.8	100.2
酱　　油	100.4	100.3	100.0	100.1	100.3
10. 糖	99.5	99.2	100.3	99.3	100.0
食　　糖	98.6	99.4	100.3	99.4	99.8
11. 茶及饮料	99.8	100.1	100.1	100.2	100.2
(1) 茶　　叶	100.1	100.1	100.0	100.3	100.6
(2) 饮　　料	99.8	100.1	100.2	100.2	100.1
12. 干鲜瓜果	103.2	110.3	103.4	100.1	97.1

6月	7月	8月	9月	10月	11月	12月
100.3	**100.2**	**101.0**	**101.0**	**99.8**	**99.8**	**100.1**
100.3	**100.0**	**102.7**	**102.3**	**98.8**	**99.1**	**100.3**
100.1	100.0	99.8	100.1	100.1	100.2	100.2
100.0	99.9	99.7	100.0	100.0	100.1	100.1
100.0	100.4	100.0	100.0	99.9	100.0	99.8
100.2	100.1	100.3	100.0	100.6	100.5	100.5
99.3	99.7	99.3	98.1	99.7	99.0	98.7
98.9	99.8	99.2	97.7	99.8	98.8	97.8
101.7	101.5	103.6	100.9	100.4	100.2	100.4
100.5	101.1	104.5	101.5	100.5	100.2	100.5
100.7	101.5	106.0	101.5	100.2	100.0	100.2
101.2	100.6	101.2	101.8	101.6	100.8	101.1
100.1	99.8	100.6	101.5	101.0	100.6	101.8
105.0	103.0	103.0	99.9	100.2	100.2	100.4
104.8	102.2	102.7	100.2	100.5	100.4	100.5
105.5	104.7	103.7	99.2	99.5	99.8	100.2
100.2	100.4	100.7	100.1	100.1	100.0	100.0
100.0	100.2	103.1	102.2	99.2	99.6	99.9
100.0	100.2	103.2	102.3	99.1	99.6	99.9
100.9	99.9	100.4	102.2	99.9	100.2	100.8
101.1	100.2	99.9	100.6	99.6	99.4	100.1
100.3	100.3	100.2	100.5	99.1	99.1	100.3
102.3	100.1	99.4	100.7	100.3	99.8	99.8
100.6	98.9	101.9	106.7	100.9	102.3	102.4
100.6	98.9	101.9	106.8	100.9	102.3	102.4
97.6	98.5	114.0	111.9	90.1	92.3	98.9
97.2	98.3	116.0	113.3	89.0	91.4	98.7
100.2	99.9	99.8	100.9	100.3	100.0	100.0
100.0	100.0	99.9	100.1	100.0	100.0	100.0
100.1	99.9	99.9	101.3	100.6	100.1	99.8
99.8	100.1	99.9	99.9	99.6	100.0	100.2
99.3	100.2	99.7	99.4	99.9	99.7	100.2
100.1	100.1	100.1	99.9	100.1	99.8	100.2
100.1	100.0	100.0	100.0	100.0	99.9	100.1
100.2	100.2	100.1	99.9	100.1	99.8	100.3
99.4	96.3	98.7	103.8	99.4	98.9	103.0

2013年广西全区居民消费价格各月环比指数（续表1）

以上月价格为100

类　别	1月	2月	3月	4月	5月
鲜瓜果	103.9	112.4	104.1	100.2	96.6
13. 糕点饼干面包	100.1	99.9	100.4	100.1	100.7
14. 液体乳及乳制品	99.3	100.7	100.1	100.9	101.1
15. 在外用膳食品	100.2	101.0	100.0	100.3	100.9
16. 其他食品	100.6	100.1	102.4	99.6	100.4
二、烟　酒	**100.1**	**100.0**	**100.2**	**100.0**	**99.9**
1. 烟　草	100.0	100.0	100.0	100.0	99.8
2. 酒	100.1	100.1	100.3	100.0	100.0
三、衣　着	**99.5**	**99.0**	**100.0**	**101.7**	**101.9**
1. 服　装	99.4	98.7	100.1	101.6	102.3
(1) 男式服装	99.5	98.6	99.9	101.5	101.8
(2) 女式服装	99.5	98.9	100.3	101.2	102.3
(3) 儿童服装	99.0	98.6	100.1	103.1	103.5
2. 衣着材料	100.1	100.0	100.5	99.4	100.0
3. 鞋袜帽	99.8	99.4	99.9	102.5	101.0
(1) 鞋	99.9	99.3	99.9	102.9	101.0
(2) 袜　子	99.8	99.8	99.9	100.3	99.9
(3) 帽　子	99.6	99.3	99.7	100.4	103.2
4. 衣着加工服务费	100.3	103.3	96.8	100.3	100.1
四、家庭设备用品及维修服务	**100.1**	**100.2**	**100.3**	**100.2**	**100.2**
1. 耐用消费品	99.9	99.9	100.4	100.0	100.3
(1) 家　具	99.7	100.0	100.4	99.9	100.0
(2) 家庭设备	100.0	99.9	100.4	100.1	100.4
2. 室内装饰品	100.0	100.3	100.4	100.2	99.8
3. 床上用品	100.2	101.2	100.5	100.9	100.1
4. 家庭日用杂品	100.1	100.0	99.9	100.1	100.0
5. 家庭服务及加工维修服务	101.0	100.3	100.5	100.6	100.1
五、医疗保健和个人用品	**100.1**	**100.6**	**99.6**	**100.1**	**100.2**
1. 医疗保健	100.0	100.1	100.3	100.3	100.3
(1) 医疗器具及用品	100.0	100.1	99.9	100.0	100.0
(2) 中药材及中成药	100.1	100.2	100.0	101.1	100.7
(3) 西　药	99.9	100.1	99.9	100.1	100.2
(4) 保健器具及用品	100.0	100.2	100.2	100.1	100.0
(5) 医疗保健服务	100.1	100.0	101.4	100.0	100.3
2. 个人用品及服务	100.3	101.7	98.2	99.5	99.9

6 月	7 月	8 月	9 月	10 月	11 月	12 月
99.4	95.7	98.4	104.4	99.3	98.7	103.5
99.9	100.1	100.4	100.5	100.1	100.1	100.1
101.2	100.6	100.4	101.8	100.8	100.6	100.8
100.4	100.3	100.5	100.0	100.6	100.3	100.1
100.2	100.1	100.1	100.0	100.2	100.6	100.4
99.8	**100.1**	**99.9**	**99.7**	**99.7**	**100.1**	**100.0**
100.0	100.0	100.0	100.0	100.0	100.0	100.0
99.7	100.2	99.7	99.4	99.4	100.2	100.0
101.0	**99.8**	**99.5**	**100.7**	**101.5**	**101.1**	**99.7**
101.1	99.6	99.4	100.5	101.6	101.3	99.7
101.0	99.4	99.3	100.5	101.9	101.4	99.5
101.4	99.5	99.5	100.5	101.5	101.2	99.9
100.8	100.5	99.4	100.2	101.3	101.1	99.2
99.8	100.0	99.9	100.0	100.1	100.1	100.0
100.7	100.1	99.6	101.4	101.4	100.8	99.7
100.7	100.1	99.6	101.6	101.5	100.8	99.7
100.1	100.2	100.0	100.2	100.2	100.3	100.0
104.8	100.2	100.0	100.0	100.1	100.0	100.1
100.6	100.0	100.2	100.0	100.0	100.2	100.7
100.5	**100.2**	**100.0**	**99.8**	**100.3**	**99.8**	**100.0**
101.0	100.1	100.0	99.6	100.4	99.5	100.0
100.1	100.0	100.1	99.8	100.6	98.9	100.2
101.5	100.1	100.0	99.4	100.2	99.9	99.9
100.4	100.2	99.9	99.8	100.2	100.0	100.1
99.8	100.1	100.1	99.9	100.6	100.3	100.3
100.0	100.2	100.0	100.0	100.0	100.1	100.0
99.8	100.9	100.0	100.2	99.9	100.0	100.0
100.0	**100.1**	**100.1**	**100.3**	**99.9**	**100.0**	**99.9**
100.1	100.3	100.1	100.3	99.9	100.0	100.0
100.2	100.0	100.0	100.0	100.0	100.0	100.1
100.3	100.4	100.2	101.1	100.2	100.2	100.0
99.9	100.0	100.0	100.0	99.7	99.9	100.0
100.1	100.0	100.1	99.9	99.9	100.2	99.9
100.0	100.5	100.0	100.0	100.0	100.0	100.0
99.8	99.8	100.1	100.3	99.7	100.1	99.6

2013年广西全区居民消费价格各月环比指数（续表2）

以上月价格为100

类 别	1月	2月	3月	4月	5月
(1) 化妆美容用品	99.8	100.2	100.0	99.7	100.0
(2) 清洁类化妆品	100.0	99.9	99.9	100.3	100.3
(3) 个人饰品	100.6	98.9	99.3	97.9	98.6
(4) 个人服务	101.0	110.5	91.3	99.4	100.3
六、交通和通信	**99.9**	**101.6**	**99.2**	**99.8**	**99.7**
1. 交　通	100.0	102.8	98.6	99.8	99.4
(1) 交通工具	99.8	100.1	99.9	100.0	100.0
(2) 车用燃料及零配件	100.0	100.4	101.7	97.3	97.9
汽　油	100.0	100.5	102.3	96.5	97.4
柴　油	100.0	100.5	102.3	96.4	97.0
(3) 车辆使用及维修费	100.1	101.7	99.3	101.2	100.9
(4) 市区公共交通费	100.3	100.0	100.2	99.8	100.0
(5) 城市间交通费	100.1	112.5	92.3	101.2	98.7
2. 通　信	99.8	100.2	99.9	99.9	100.0
(1) 通信工具	99.0	100.6	99.8	99.5	99.9
(2) 通信服务	100.0	100.1	99.9	100.0	100.0
七、娱乐教育文化用品及服务	**100.1**	**100.2**	**100.2**	**100.4**	**100.3**
1. 文娱用耐用消费品及服务	99.5	99.4	99.9	99.5	100.3
2. 教　育	100.1	100.2	100.6	100.3	100.1
(1) 教材及参考书	100.0	100.0	100.0	100.2	100.0
(2) 教育服务	100.1	100.2	100.7	100.3	100.1
3. 文化娱乐类	101.3	100.1	100.7	100.1	100.0
(1) 文化娱乐用品	100.0	99.9	100.2	99.7	100.1
(2) 书报杂志	100.0	100.0	99.8	100.2	100.0
(3) 文 娱 费	102.9	100.2	101.6	100.4	100.0
4. 旅　游	100.0	101.8	98.7	101.9	101.8
八、居　住	**100.1**	**100.2**	**100.4**	**100.2**	**100.8**
1. 建房及装修材料	100.5	99.8	99.6	100.2	99.6
2. 住房租金	100.0	100.0	100.0	100.6	101.8
3. 自有住房	100.2	100.3	99.9	100.5	101.7
4. 水、电、燃料	99.8	100.4	102.0	99.7	99.9
水	100.0	100.0	104.7	100.7	100.7
电	97.2	100.0	102.8	100.0	100.0
液化石油气	103.1	101.1	99.9	98.9	99.2
管道燃气	100.0	100.0	100.5	100.0	100.0

6 月	7 月	8 月	9 月	10 月	11 月	12 月
100.1	100.0	100.0	100.1	99.7	100.2	99.8
100.0	99.8	100.0	100.5	99.9	100.2	100.0
98.8	97.6	100.2	100.5	99.1	99.6	98.2
99.8	101.8	100.1	100.0	100.1	100.3	100.1
100.2	**100.2**	**100.2**	**100.3**	**99.8**	**99.7**	**100.1**
100.1	100.3	100.5	100.6	99.8	99.5	100.3
100.0	99.9	100.6	99.8	99.8	100.0	100.0
99.8	100.8	101.3	102.1	98.5	98.9	101.3
99.9	101.2	101.9	102.7	98.3	98.6	102.0
99.7	101.5	102.0	102.9	98.1	98.2	101.2
100.7	100.0	100.1	100.0	100.4	100.0	100.0
100.3	100.4	100.0	101.0	100.0	99.6	100.0
99.9	100.4	100.1	100.5	100.5	99.2	100.0
100.3	100.0	99.9	99.9	99.8	99.9	99.9
101.6	100.2	99.6	99.6	99.4	99.4	99.7
100.0	100.0	100.0	100.0	99.9	100.0	100.0
100.4	**100.6**	**100.1**	**100.8**	**100.4**	**99.8**	**99.8**
100.4	99.5	99.7	99.7	99.9	99.9	99.7
100.1	99.9	100.0	102.0	100.0	100.0	100.0
100.2	100.0	100.0	100.0	100.0	100.0	100.0
100.1	99.9	100.0	102.2	100.0	100.0	100.0
100.1	100.5	100.0	99.9	100.0	100.1	100.0
100.1	100.0	100.0	99.9	99.9	99.9	100.0
100.0	100.0	100.0	100.0	100.0	100.0	100.0
100.1	101.2	100.0	100.0	100.0	100.3	99.9
101.8	104.4	100.8	99.1	102.6	99.0	99.3
99.9	**100.4**	**100.3**	**100.3**	**100.4**	**100.2**	**99.9**
100.0	100.1	100.2	100.6	100.5	100.7	100.2
101.2	101.5	100.3	100.1	100.0	100.0	98.5
100.4	100.3	100.4	100.2	100.0	100.0	99.3
98.3	100.2	100.1	100.5	101.1	100.3	101.2
100.0	103.5	100.3	100.3	100.5	100.0	100.0
98.5	100.0	100.0	100.0	101.5	100.0	100.0
97.3	99.0	100.3	101.2	100.8	100.9	103.5
95.6	100.0	100.0	100.0	100.0	100.0	100.0

1996年广西城市居民消费价格各月环比指数

以上月价格为100

注：5月、7月数据缺失

类别	1月	2月	3月	4月	5月
居民消费价格总指数	**100.9**	**101.6**	**100.1**	**102.0**	
一、食　　品	**99.6**	**103.4**	**99.9**	**103.2**	
1. 粮　　食	99.3	102.2	98.3	99.6	
(1) 细　　粮	99.3	102.2	98.3	99.6	
大　　米	99.1	102.9	97.9	99.5	
(2) 粗　　粮	100.0	100.0	100.0	106.7	
2. 淀粉及薯类	102.2	106.5	101.2	108.3	
3. 干豆类及豆制品	101.5	105.0	102.8	102.6	
4. 油 脂 类	98.9	101.0	98.3	100.3	
5. 肉禽及其制品	100.7	105.7	98.1	99.3	
猪　　肉	98.7	102.0	97.2	98.0	
牛　　肉	100.1	112.1	99.0	98.9	
羊　　肉	99.8	101.8	92.8	100.8	
鸡	103.6	112.1	99.2	101.0	
鸭	105.6	109.8	99.7	103.5	
6. 蛋　　类	101.3	108.4	101.0	93.3	
鲜　　蛋	101.5	109.4	101.0	92.4	
7. 水产品类	101.5	108.5	102.8	103.3	
8. 菜　　类	86.0	94.2	98.8	126.4	
(1) 鲜　　菜	84.1	92.6	99.0	130.4	
(2) 干　　菜	99.8	104.2	99.3	100.6	
(3) 菜 制 品	95.4	103.0	96.6	103.8	
9. 调 味 品	100.8	100.9	102.0	99.8	
盐	103.7	104.1	99.5	100.0	
酱　　油	100.0	100.0	100.0	101.5	
10. 糖　　类	100.3	99.8	99.9	100.0	
(1) 食　　糖	99.3	99.6	99.4	100.0	
(2) 糖　　果	101.0	100.0	100.2	100.0	
11. 烟 草 类	100.0	102.0	101.3	99.9	
12. 酒和饮料	99.3	99.6	100.3	100.4	
13. 干鲜瓜果类	107.5	108.7	105.4	112.9	
(1) 鲜　　果	108.0	110.0	106.1	115.4	
(2) 干　　果	105.2	102.1	101.8	100.7	

6月	7月	8月	9月	10月	11月	12月
98.1		**101.8**	**100.3**	**100.0**	**99.5**	**99.9**
95.7		**102.7**	**99.9**	**99.3**	**98.0**	**99.4**
101.8		100.2	99.7	100.0	99.4	98.6
101.8		100.2	99.7	100.0	99.4	98.6
101.9		100.3	99.5	100.1	99.3	98.1
92.0		100.0	105.0	108.0	108.5	101.6
104.2		101.3	100.6	94.5	95.6	100.5
106.2		100.8	100.2	98.0	99.3	99.9
99.5		100.2	100.6	100.1	101.6	101.2
100.4		101.8	100.2	99.3	100.3	99.1
103.9		101.6	101.6	100.4	101.0	98.7
100.5		101.6	99.2	98.8	96.5	97.2
100.3		100.0	69.5	135.9	100.3	95.1
95.0		101.9	98.8	97.2	102.0	98.3
93.3		103.4	95.6	94.6	95.8	105.6
101.5		103.0	102.7	97.0	97.5	96.0
101.5		103.0	103.3	96.5	97.2	96.1
96.1		101.2	99.3	95.8	101.5	97.2
70.9		109.7	98.5	95.3	80.0	103.8
66.1		111.0	98.2	93.5	77.4	104.8
100.6		100.6	100.3	101.7	100.5	99.2
98.6		103.6	99.9	109.0	92.0	96.9
100.1		101.8	100.0	100.0	100.7	100.0
100.3		101.1	100.0	100.0	100.0	100.0
100.0		100.0	100.0	100.0	100.0	100.0
101.2		100.7	101.0	101.1	102.1	100.0
94.2		101.7	102.5	102.7	101.6	100.0
106.1		100.0	100.0	100.0	102.5	100.0
100.0		101.3	101.2	102.4	99.6	99.3
100.1		102.6	101.7	99.9	100.6	99.3
72.7		110.9	97.6	103.7	95.2	98.0
67.1		112.6	97.4	104.5	94.1	97.6
100.3		102.8	98.8	99.8	100.8	99.9

1996年广西城市居民消费价格各月环比指数（续表1）

以上月价格为100

注：5月、7月数据缺失

类　别	1月	2月	3月	4月	5月
14. 糕 点 类	100.9	98.0	100.0	100.2	
15. 奶及奶制品	99.0	98.8	100.0	104.6	
16. 其他食品	100.0	100.4	99.6	100.6	
17. 饮 食 业	101.1	101.2	102.0	98.2	
⑴主　　食	100.0	100.1	100.3	101.4	
⑵炒　　菜	101.3	101.9	101.9	96.6	
⑶地方小吃	102.0	99.9	105.3	100.0	
二、衣 着 类	**100.6**	**98.9**	**99.4**	**100.0**	
1. 服　　装	100.0	98.6	99.1	100.0	
2. 衣着材料	100.5	97.4	100.0	100.0	
(1) 棉　　布	107.4	101.5	100.0	99.1	
(2) 棉花化纤混纺布	102.3	100.2	100.0	98.8	
(3) 化 纤 布	100.0	96.2	100.0	100.0	
(4) 呢　　绒	100.2	101.5	100.0	100.8	
(5) 绸　　缎	100.2	101.8	100.0	100.0	
(6) 毛　　线	100.1	97.0	100.0	100.0	
3. 鞋袜帽及其他衣着	102.3	100.6	100.0	99.8	
(1) 鞋　　类	102.6	100.6	100.0	99.8	
(2) 袜　　子	100.0	100.0	100.0	100.0	
(3) 帽　　子	100.0	100.0	100.0	100.0	
(4) 其他衣着	100.6	101.1	100.0	99.2	
三、家庭设备及用品	**100.5**	**99.8**	**99.8**	**100.1**	
1. 耐用消费品	100.1	99.6	99.5	100.1	
(1) 家　　具	100.2	99.9	100.0	100.0	
(2) 家庭设备	100.1	99.4	99.1	100.1	
2. 室内装饰品	100.0	100.1	100.0	100.0	
3. 床上用品	101.1	100.4	100.0	100.0	
4. 家庭日用杂品	101.6	100.1	100.2	100.4	
5. 其他日用品	100.5	100.0	100.3	99.7	
四、医疗保健	**100.6**	**100.3**	**101.2**	**99.9**	
1. 医疗器具及保健用品	101.0	100.4	100.6	100.3	
2. 中药材及中成药	98.0	100.4	101.1	100.3	
3. 西　　药	103.1	100.1	101.4	99.4	

6月	7月	8月	9月	10月	11月	12月
100.4		101.2	101.3	100.0	100.0	100.0
100.0		100.0	100.3	102.7	100.3	100.1
100.0		98.5	100.0	100.0	100.8	100.7
100.5		101.1	100.0	101.1	99.9	99.9
101.9		100.5	100.0	100.6	100.0	99.4
100.0		101.6	100.0	100.8	100.0	100.0
100.4		100.0	100.0	103.0	99.5	100.0
101.3		**100.4**	**100.0**	**102.7**	**101.4**	**100.4**
101.7		100.6	99.6	103.2	102.0	100.5
101.4		99.9	102.2	100.3	100.4	100.0
100.0		100.0	100.0	102.6	102.5	100.0
100.0		100.0	102.1	102.0	100.0	100.0
102.2		100.0	103.0	100.0	100.0	100.0
100.0		100.0	100.6	101.1	100.2	100.0
100.0		100.0	100.0	101.0	100.1	100.0
100.0		99.2	100.3	99.5	101.9	100.0
100.1		99.9	100.2	102.3	100.3	100.4
99.8		99.9	100.1	102.2	100.2	100.5
102.1		100.0	100.0	100.9	101.9	100.2
101.9		100.0	100.0	100.0	100.0	100.0
101.6		100.4	101.5	105.1	99.9	100.1
100.1		**100.8**	**100.0**	**100.4**	**100.3**	**99.9**
100.0		100.3	99.9	100.0	100.0	99.9
100.0		100.0	100.0	100.0	100.0	100.0
100.0		100.5	99.9	100.0	100.0	99.9
100.0		99.4	100.0	100.0	99.9	100.0
100.4		100.2	100.0	100.2	102.3	100.0
100.0		102.1	100.1	101.5	100.8	99.8
100.2		101.7	100.1	100.3	100.0	100.0
101.6		**104.5**	**102.8**	**101.7**	**100.1**	**99.0**
100.7		101.3	101.6	101.0	99.3	99.1
100.8		108.0	103.4	103.8	100.3	97.8
102.5		101.5	102.3	99.7	100.0	100.1

1996年广西城市居民消费价格各月环比指数（续表2）

以上月价格为100

注：5月、7月数据缺失

类　别	1月	2月	3月	4月	5月
五、交通和通讯工具	**99.1**	**99.6**	**98.5**	**100.0**	
1. 交通工具	98.3	99.5	100.0	100.0	
2. 通讯工具	101.5	100.0	94.1	99.9	
六、娱乐教育文化用品	**109.8**	**98.7**	**101.9**	**99.8**	
1. 文娱用耐用消费品	100.0	97.5	100.0	99.5	
2. 教材及参考书	112.1	100.0	115.3	100.0	
3. 文化娱乐用品	121.6	99.9	100.1	100.0	
(1) 文娱用品	101.0	99.9	100.1	100.0	
(2) 报纸杂志	146.7	100.0	100.0	100.0	
七、居　　住	**101.3**	**100.3**	**100.0**	**105.0**	
1. 住　　房	100.2	100.0	100.1	106.2	
(1) 建筑材料	100.4	99.9	100.2	99.2	
(2) 房　　租	100.0	100.0	100.0	113.1	
2. 水、电、燃料	102.2	100.5	100.0	104.0	
水	102.5	100.0	100.0	102.8	
电	106.4	100.0	100.0	110.8	
液化石油气	98.4	101.1	100.0	99.1	
管道煤气	100.0	100.0	100.0	100.0	
八、服务项目	**100.8**	**101.7**	**100.6**	**101.0**	
1. 电 讯 费	100.0	100.0	100.0	100.0	
2. 邮　　费	100.0	100.0	100.0	100.0	
3. 交 通 费	100.3	112.4	94.6	99.9	
4. 洗理美容费	102.6	100.0	101.2	106.4	
5. 文 娱 费	101.5	99.9	100.5	103.1	
6. 学杂保育费	100.1	100.0	102.4	100.5	
7. 修理及其他服务费	102.2	99.5	101.8	101.2	
8. 医疗保健服务	101.3	100.0	100.0	100.0	

6月	7月	8月	9月	10月	11月	12月
100.0		**99.8**	**98.4**	**99.5**	**100.0**	**99.3**
100.0		100.0	97.7	99.4	100.0	99.1
100.0		99.1	100.4	100.0	100.0	100.0
99.5		**99.9**	**100.9**	**100.6**	**100.1**	**99.9**
98.4		99.2	99.7	101.2	100.0	99.8
100.8		100.0	109.3	100.0	100.0	100.0
100.5		100.7	99.6	100.1	100.3	100.1
101.0		101.3	99.2	100.2	100.5	100.1
100.0		100.0	100.0	100.0	100.0	100.0
100.2		**102.4**	**99.7**	**100.4**	**104.6**	**102.6**
100.0		101.2	99.6	100.0	100.0	100.0
100.0		102.5	99.2	100.0	100.0	100.0
100.0		100.0	100.0	100.0	100.0	100.0
100.4		103.3	99.8	100.7	108.3	104.7
120.5		103.9	100.0	100.0	100.0	100.5
94.0		100.0	100.0	100.0	121.6	100.3
100.0		106.9	99.5	101.8	100.9	110.8
100.0		100.0	100.0	100.0	100.0	100.0
101.3		**101.4**	**102.8**	**100.1**	**100.2**	**100.3**
100.0		100.0	100.0	100.0	100.0	96.3
100.0		100.0	100.0	100.0	100.0	217.2
100.3		100.4	100.3	100.0	100.3	100.0
107.5		100.0	100.0	100.6	104.4	102.3
111.6		101.6	98.2	100.9	99.2	97.7
100.0		100.0	107.3	100.0	100.0	100.0
100.0		101.1	100.0	99.4	100.0	100.0
100.0		123.6	100.7	102.4	100.0	100.0

1997年广西城市居民消费价格各月环比指数

以上月价格为100

类　别	1月	2月	3月	4月	5月
居民消费价格总指数	**99.4**	**101.2**	**98.2**	**100.6**	**99.0**
一、食　　品	**98.4**	**102.8**	**96.8**	**101.1**	**99.1**
1. 粮　　食	98.9	100.3	98.5	99.8	97.8
(1) 细　　粮	99.0	100.3	98.5	99.8	97.8
大　　米	98.8	100.4	97.9	99.7	97.2
(2) 粗　　粮	80.0	100.0	100.0	100.0	100.0
2. 淀粉及薯类	97.5	106.9	96.0	98.2	103.9
3. 干豆类及豆制品	103.2	100.9	99.3	99.5	100.4
4. 油 脂 类	99.9	100.2	99.7	100.8	100.6
5. 肉禽及其制品	97.9	101.2	96.3	100.6	99.0
猪　　肉	99.6	102.0	96.0	99.7	99.3
牛　　肉	97.1	107.3	94.9	96.7	97.6
羊　　肉	98.0	110.1	94.1	98.9	95.2
鸡	93.9	99.7	95.3	102.6	99.2
鸭	99.7	93.0	99.5	104.8	94.6
6. 蛋　　类	97.0	100.0	89.1	96.3	95.7
鲜　　蛋	96.2	100.3	88.2	96.2	95.4
7. 水产品类	98.7	106.8	97.3	100.8	98.6
8. 菜　　类	90.0	109.1	91.9	105.9	93.4
(1) 鲜　　菜	88.4	109.2	91.0	106.8	92.4
(2) 干　　菜	100.8	103.1	97.5	99.8	100.0
(3) 菜 制 品	101.4	113.0	99.0	98.7	101.2
9. 调 味 品	100.3	100.0	100.0	100.0	99.9
盐	101.1	99.9	100.0	100.0	100.0
酱　　油	100.0	100.0	100.0	100.0	99.9
10. 糖　　类	99.6	100.2	99.7	99.4	98.3
(1) 食　　糖	99.0	102.1	99.2	98.4	99.8
(2) 糖　　果	100.0	99.1	100.0	100.0	97.4
11. 烟 草 类	100.4	99.2	100.0	100.5	99.0
12. 酒和饮料	99.8	100.7	100.0	101.0	98.3
13. 干鲜瓜果类	104.3	114.1	94.5	105.6	107.8

6月	7月	8月	9月	10月	11月	12月
98.3	**100.7**	**99.6**	**100.4**	**99.6**	**99.6**	**98.9**
96.4	**101.7**	**99.3**	**100.7**	**97.9**	**98.3**	**98.0**
98.7	99.9	98.8	98.0	97.5	99.3	100.6
98.7	99.9	98.8	98.0	97.5	99.3	100.6
98.6	99.9	98.3	97.6	96.9	99.1	101.0
100.0	100.0	100.0	100.0	100.0	100.0	100.0
99.2	104.5	104.5	97.9	94.7	98.3	97.2
99.0	100.0	99.7	99.0	99.9	98.7	100.3
101.8	99.5	100.2	98.9	99.7	99.8	99.5
100.1	98.8	96.4	101.8	99.7	99.0	97.3
99.4	99.2	100.2	99.0	97.9	99.4	99.3
97.7	98.1	99.0	98.4	96.0	97.1	98.8
100.0	97.4	100.0	103.5	95.5	92.8	96.3
101.5	98.0	90.5	107.5	103.4	98.0	93.8
102.9	98.5	84.5	106.2	101.0	102.6	91.9
97.6	97.7	101.3	103.9	96.6	95.6	99.1
97.6	97.7	101.6	104.2	96.4	95.2	99.0
98.6	99.4	98.3	98.6	93.8	98.1	99.1
77.4	115.7	104.0	104.6	93.9	94.9	89.1
73.9	118.0	104.9	105.1	93.1	94.5	88.1
98.0	100.2	98.8	99.8	100.5	99.6	97.3
105.3	98.5	97.0	103.0	98.2	95.7	94.8
100.0	100.2	100.0	100.0	100.6	100.0	98.4
100.0	100.0	100.0	100.0	100.9	100.0	100.0
100.0	100.0	100.0	100.0	101.2	100.0	98.0
102.6	100.0	100.2	100.0	100.1	99.9	97.9
100.0	100.0	99.6	99.9	100.2	100.0	98.3
104.1	100.0	100.6	100.0	100.0	99.8	97.6
100.0	100.0	99.1	99.7	100.0	100.0	98.6
100.5	100.6	100.2	100.0	99.2	100.1	100.0
79.9	109.7	104.4	100.3	91.8	93.3	99.5

1997年广西城市居民消费价格各月环比指数（续表1）

以上月价格为100

类别	1月	2月	3月	4月	5月
(1) 鲜　　果	105.3	116.9	93.2	106.4	109.0
(2) 干　　果	99.5	100.7	100.4	101.9	101.9
14. 糕 点 类	100.0	100.3	99.3	100.0	101.3
15. 奶及奶制品	103.4	100.0	100.1	100.0	100.2
16. 其他食品	100.0	100.0	100.0	100.0	101.2
17. 饮 食 业	100.0	99.9	99.4	100.3	100.1
(1) 主　　食	100.1	99.8	100.0	100.5	100.5
(2) 炒　　菜	100.0	99.9	99.1	100.0	100.0
(3) 地方小吃	100.0	100.0	100.0	101.3	100.0
二、衣 着 类	**99.8**	**96.7**	**98.3**	**101.3**	**97.9**
1. 服　　装	99.7	95.3	97.6	101.7	97.0
2. 衣着材料	100.0	99.6	99.4	100.0	98.9
(1) 棉　　布	102.8	100.0	100.0	100.1	99.1
(2) 棉花化纤混纺布	100.0	99.9	100.0	100.0	98.4
(3) 化 纤 布	100.0	100.0	100.0	100.0	98.2
(4) 呢　　绒	98.0	100.0	100.0	100.0	100.0
(5) 绸　　缎	100.0	99.9	100.0	100.0	100.5
(6) 毛　　线	100.0	97.5	96.6	100.0	100.5
3. 鞋袜帽及其他衣着	100.0	99.3	99.8	100.6	100.2
(1) 鞋　　类	100.0	99.2	99.7	100.4	100.2
(2) 袜　　子	100.0	100.0	100.0	100.0	100.0
(3) 帽　　子	100.0	100.0	100.4	100.5	100.4
(4) 其他衣着	100.0	99.8	100.0	103.0	100.0
三、家庭设备及用品	**100.3**	**100.0**	**99.8**	**99.8**	**100.1**
1. 耐用消费品	100.0	99.9	99.4	99.5	100.0
(1) 家　　具	99.9	100.0	100.0	99.2	100.0
(2) 家庭设备	100.0	99.9	99.0	99.6	100.0
2. 室内装饰品	100.0	100.0	100.0	100.0	100.0
3. 床上用品	100.0	100.0	100.0	100.1	99.9
4. 家庭日用杂品	101.6	100.4	100.4	100.0	100.5
5. 其他日用品	100.2	99.8	100.0	100.1	100.0

6月	7月	8月	9月	10月	11月	12月
75.9	111.9	105.8	100.2	90.8	93.2	100.0
99.0	99.4	98.0	100.7	96.4	93.7	97.0
100.0	100.0	100.0	100.0	100.4	100.0	100.0
100.0	100.0	100.0	100.0	100.0	100.0	104.4
99.6	100.9	99.5	100.8	100.0	100.0	100.0
101.1	100.0	100.0	100.1	100.1	99.7	100.0
100.0	100.0	100.0	100.4	100.4	99.0	100.0
101.7	100.0	100.0	100.0	100.0	100.0	100.0
100.0	100.0	100.0	100.0	100.0	99.4	100.0
99.8	**99.2**	**98.4**	**101.4**	**105.2**	**100.8**	**100.7**
99.7	98.8	98.6	102.3	107.9	100.9	101.0
100.0	100.0	100.1	100.6	99.4	101.4	100.0
100.1	100.0	100.0	99.2	100.0	100.0	100.0
100.0	100.0	100.0	100.0	100.0	98.9	100.0
100.0	100.0	100.1	100.0	100.0	103.7	100.0
100.0	100.0	100.0	100.0	100.0	95.4	100.0
100.0	100.0	100.0	99.8	100.0	100.0	100.0
100.0	100.0	100.0	103.9	96.7	98.9	100.0
100.0	100.0	96.9	99.4	100.1	100.1	100.0
100.0	100.0	96.3	99.3	100.1	100.1	100.0
100.0	100.0	100.0	99.4	100.6	100.0	100.0
100.0	100.0	100.0	101.1	100.0	100.0	100.0
100.0	100.0	100.0	100.5	100.0	100.0	99.9
99.6	**99.7**	**99.9**	**99.9**	**100.0**	**99.8**	**99.9**
99.5	99.3	99.9	99.9	100.0	99.9	99.9
100.0	100.0	100.0	100.0	100.0	100.0	100.0
99.3	98.9	99.8	99.8	100.0	99.9	99.8
100.0	100.1	100.0	100.0	100.0	100.0	100.0
100.0	100.0	99.8	99.1	100.0	100.0	100.0
99.5	100.2	99.9	100.3	100.0	100.0	99.7
99.6	100.1	99.6	99.9	100.2	98.8	99.8

1997年广西城市居民消费价格各月环比指数（续表2）

以上月价格为100

类　别	1月	2月	3月	4月	5月
四、医疗保健	**100.2**	**100.3**	**99.9**	**99.9**	**100.4**
1. 医疗器具及保健用品	100.0	100.8	100.1	99.6	100.2
2. 中药材及中成药	100.4	100.4	99.7	100.7	100.7
3. 西　　药	100.0	100.2	100.1	99.1	100.0
五、交通和通讯工具	**99.8**	**100.1**	**100.0**	**99.0**	**98.4**
1. 交通工具	100.4	100.2	100.0	98.5	100.0
2. 通讯工具	98.6	99.9	100.0	100.0	94.8
六、娱乐教育文化用品	**102.1**	**100.3**	**100.1**	**99.7**	**100.0**
1. 文娱用耐用消费品	96.8	99.7	99.9	99.2	99.9
2. 教材及参考书	106.5	102.3	100.4	100.0	100.0
3. 文化娱乐用品	106.9	100.0	100.3	100.1	100.0
(1) 文娱用品	99.5	100.0	100.0	100.1	100.0
(2) 报纸杂志	115.4	100.0	100.7	100.0	100.0
七、居　　住	**100.3**	**99.9**	**99.5**	**99.6**	**96.0**
1. 住　　房	100.1	100.0	99.9	100.4	100.1
(1) 建筑材料	100.2	100.0	99.8	99.8	100.0
(2) 房　　租	100.0	100.0	100.0	101.0	100.2
2. 水、电、燃料	100.4	99.8	99.2	98.9	92.4
水	100.0	100.0	100.0	102.0	100.0
电	100.0	100.0	100.0	100.0	86.7
液化石油气	100.9	99.6	98.2	96.8	93.8
管道煤气	100.0	100.0	100.0	100.0	100.0
八、服务项目	**100.4**	**100.1**	**100.0**	**100.7**	**99.8**
1. 电 讯 费	100.0	100.0	100.0	100.0	100.0
2. 邮　　费	100.0	100.0	100.0	100.0	100.0
3. 交 通 费	101.9	101.8	98.2	102.5	100.3
4. 洗理美容费	100.0	98.2	100.0	98.4	100.0
5. 文 娱 费	101.5	100.0	100.5	100.0	99.1
6. 学杂保育费	100.0	100.0	100.3	100.0	100.0
7. 修理及其他服务费	100.2	99.8	100.0	102.9	98.8
8. 医疗保健服务	100.0	100.2	101.5	100.0	100.5

6月	7月	8月	9月	10月	11月	12月
100.9	**100.2**	**100.3**	**98.7**	**100.5**	**100.2**	**99.6**
100.6	100.0	100.2	99.5	99.7	99.9	100.2
101.6	100.3	100.7	101.4	100.2	100.6	99.2
100.2	100.1	99.9	95.7	101.0	99.9	99.9
98.5	**100.0**	**99.8**	**99.6**	**99.8**	**98.8**	**98.4**
99.7	100.0	100.0	99.4	100.0	100.0	98.4
95.8	100.0	99.2	100.0	99.2	96.2	98.5
98.0	**99.3**	**99.5**	**99.3**	**99.9**	**100.3**	**100.0**
95.8	98.5	98.9	99.9	99.7	99.9	99.9
100.0	100.0	100.0	98.3	100.2	100.0	100.0
100.0	100.0	100.0	99.2	100.0	101.0	100.0
100.0	100.0	100.0	98.6	100.0	101.8	100.0
100.0	100.0	100.0	100.0	100.0	100.0	100.0
105.5	**100.1**	**100.0**	**100.9**	**101.1**	**105.2**	**100.2**
113.6	100.1	99.9	102.6	100.1	100.9	99.8
99.3	100.0	99.6	100.0	100.2	100.0	99.6
125.9	100.2	100.2	104.8	100.0	101.6	100.0
98.4	100.1	100.1	99.5	101.9	109.0	100.6
100.0	101.1	103.2	101.9	109.5	103.8	101.4
100.0	101.2	100.0	100.0	100.0	122.7	100.0
96.3	98.9	99.4	98.4	101.6	100.0	101.0
100.0	100.0	100.0	100.0	100.0	100.0	100.0
100.1	**100.0**	**101.3**	**100.2**	**100.9**	**100.2**	**99.8**
100.0	100.0	100.0	100.0	100.0	100.0	100.0
100.0	100.0	100.0	100.0	100.0	100.0	100.0
99.7	100.4	108.1	100.0	100.0	100.0	100.4
100.0	100.0	100.0	100.0	100.4	100.0	100.0
100.6	99.2	103.1	99.0	110.3	100.2	100.0
100.2	100.0	100.0	100.3	100.0	100.5	100.0
100.0	100.0	100.0	100.7	100.9	100.0	98.5
100.0	100.0	100.0	100.0	99.7	100.0	100.0

1998年广西城市居民消费价格各月环比指数

以上月价格为100

类　别	1月	2月	3月	4月	5月
居民消费价格总指数	**99.2**	**101.5**	**99.6**	**100.1**	**97.9**
一、食　品	**98.3**	**102.8**	**99.6**	**99.9**	**96.6**
1. 粮　食	98.3	99.7	99.2	99.0	99.2
(1) 细　粮	98.2	99.6	99.3	99.1	99.2
大　米	98.2	99.2	99.2	98.6	98.8
(2) 粗　粮	108.3	115.4	92.7	91.7	94.1
2. 淀粉及薯类	100.0	104.6	98.7	103.0	104.2
3. 干豆类及豆制品	98.5	101.2	99.8	98.8	99.7
4. 油 脂 类	100.5	99.5	99.2	100.1	100.3
5. 肉禽及其制品	95.0	105.7	99.1	99.2	96.6
猪　肉	96.6	101.3	98.1	97.9	94.4
牛　肉	96.3	107.8	94.8	98.8	98.5
羊　肉	98.6	101.8	95.9	97.7	90.3
鸡	89.0	114.4	100.8	103.1	99.5
鸭	97.3	110.6	107.2	93.4	95.8
6. 蛋　类	99.3	100.9	97.4	102.1	98.8
鲜　蛋	99.5	101.1	97.2	102.4	99.0
7. 水产品类	98.3	103.0	99.5	97.7	101.4
8. 菜　类	97.6	100.0	97.5	93.1	78.9
(1) 鲜　菜	97.4	99.7	97.2	92.2	76.4
(2) 干　菜	101.6	99.5	99.9	99.3	99.3
(3) 菜 制 品	96.8	104.5	99.2	99.8	96.8
9. 调 味 品	99.3	99.6	100.0	99.5	100.0
盐	100.0	100.0	100.0	100.0	100.0
酱　油	100.0	99.1	100.0	100.0	100.0
10. 糖　类	101.2	100.4	99.9	98.3	98.0
(1) 食　糖	97.4	100.3	99.1	100.0	97.3
(2) 糖　果	103.4	100.4	100.4	97.3	98.4
11. 烟 草 类	101.4	101.6	100.4	100.0	100.9
12. 酒和饮料	99.5	100.3	99.1	99.6	100.7
13. 干鲜瓜果类	107.0	109.8	105.2	115.5	95.3

6月	7月	8月	9月	10月	11月	12月
98.5	**102.5**	**98.9**	**99.6**	**99.8**	**99.2**	**99.7**
97.3	**105.1**	**98.0**	**99.6**	**99.1**	**97.4**	**99.2**
101.7	103.9	100.7	100.0	100.5	98.6	97.9
101.7	103.9	100.7	100.0	100.5	98.7	98.0
102.2	105.1	100.9	100.0	100.8	98.5	97.3
100.6	99.5	100.0	100.0	100.0	91.3	90.4
101.9	101.1	97.1	99.5	96.7	99.4	95.2
99.6	99.0	98.2	99.5	98.3	98.5	99.2
99.8	100.1	100.3	100.7	100.6	98.2	96.5
98.0	99.2	99.4	102.4	100.4	97.2	100.8
99.7	99.3	98.1	101.3	99.7	99.3	100.7
97.6	98.1	98.4	98.1	99.7	98.4	103.6
104.3	103.3	100.0	99.6	91.5	100.8	101.8
94.1	98.0	101.2	108.8	102.2	94.3	99.5
97.9	104.1	102.9	103.7	102.1	85.0	105.6
104.3	100.8	105.9	103.8	96.7	95.2	101.4
104.9	100.8	106.4	103.7	96.3	94.7	101.4
98.5	103.0	97.0	100.0	97.8	97.2	98.9
90.6	134.5	89.8	92.5	92.6	90.9	93.9
89.2	138.2	88.6	91.7	91.8	90.1	93.3
100.6	100.7	98.7	99.9	101.3	99.6	101.0
101.1	111.8	99.4	96.4	96.4	94.1	96.5
100.0	100.0	100.1	100.0	100.2	100.0	100.0
100.0	100.0	100.0	100.0	100.6	100.0	100.0
100.0	100.0	100.0	100.0	100.0	100.0	100.0
99.1	99.4	100.7	98.4	99.1	99.8	99.8
97.5	98.4	101.8	95.5	97.5	99.4	99.4
100.0	100.0	100.0	100.0	100.0	100.0	100.0
100.0	100.0	98.8	100.4	100.4	100.0	100.0
100.5	100.0	100.0	99.4	99.9	99.8	101.3
79.8	119.9	88.0	92.5	98.3	96.4	98.8

1998 年广西城市居民消费价格各月环比指数（续表 1）

以上月价格为 100

类　别	1 月	2 月	3 月	4 月	5 月
(1) 鲜　　果	108.6	111.1	106.5	118.5	94.8
(2) 干　　果	97.9	102.4	97.8	98.7	98.0
14. 糕 点 类	100.5	100.0	102.3	98.2	98.4
15. 奶及奶制品	99.6	100.0	100.0	103.4	100.3
16. 其他食品	100.0	100.0	100.0	100.5	100.2
17. 饮 食 业	100.4	99.9	100.0	100.2	100.4
(1) 主　　食	100.0	100.0	100.0	101.2	100.5
(2) 炒　　菜	100.5	99.8	100.0	100.0	100.2
(3) 地方小吃	100.0	100.0	100.0	100.0	101.2
二、衣 着 类	**98.5**	**99.1**	**98.8**	**102.8**	**99.8**
1. 服　　装	97.9	96.1	98.3	104.2	100.0
2. 衣着材料	99.9	100.0	100.0	100.0	99.7
(1) 棉　　布	100.0	100.0	100.0	100.0	100.0
(2) 棉花化纤混纺布	100.0	100.0	100.0	100.0	100.0
(3) 化 纤 布	100.0	100.0	100.0	100.0	100.0
(4) 呢　　绒	99.2	100.0	100.0	100.0	97.4
(5) 绸　　缎	100.0	100.0	100.0	100.0	99.1
(6) 毛　　线	100.0	100.0	100.0	100.0	100.0
3. 鞋袜帽及其他衣着	99.8	107.3	99.9	100.1	99.2
(1) 鞋　　类	99.8	108.6	100.0	100.1	99.0
(2) 袜　　子	100.0	100.0	99.1	100.0	100.0
(3) 帽　　子	100.0	100.0	96.9	100.0	100.0
(4) 其他衣着	99.9	100.0	100.0	100.0	100.0
三、家庭设备及用品	**99.9**	**100.1**	**100.0**	**99.7**	**100.1**
1. 耐用消费品	99.5	100.2	99.7	99.5	99.9
(1) 家　　具	100.0	99.9	99.4	100.0	100.0
(2) 家庭设备	99.2	100.3	99.8	99.2	99.9
2. 室内装饰品	100.0	100.0	100.0	100.0	100.6
3. 床上用品	99.4	100.2	100.0	100.0	100.3
4. 家庭日用杂品	100.5	100.0	100.6	99.8	99.7
5. 其他日用品	100.3	99.8	99.9	99.9	100.9

6月	7月	8月	9月	10月	11月	12月
76.1	123.7	85.9	91.4	98.3	96.5	98.9
100.3	99.8	99.9	98.6	98.3	95.8	98.4
99.3	100.0	100.0	100.0	100.0	100.0	100.0
100.0	100.6	99.5	99.3	100.0	100.0	100.8
100.0	100.7	99.8	99.2	100.0	100.0	100.3
100.0	100.3	100.0	100.0	100.0	100.0	100.0
100.0	100.0	100.0	100.0	100.0	100.0	100.0
100.0	100.4	100.0	100.0	100.0	100.0	100.0
100.0	100.0	100.0	100.0	100.0	100.0	100.0
100.6	**100.0**	**99.9**	**99.4**	**100.7**	**101.1**	**100.4**
100.9	100.0	99.9	99.7	101.2	101.7	100.6
100.0	100.0	100.0	96.8	100.0	100.0	100.0
100.0	100.0	100.0	100.0	100.1	100.0	100.0
100.0	100.0	100.0	100.0	100.0	100.0	100.0
100.0	100.0	100.0	93.6	100.0	100.0	100.0
100.0	100.0	100.0	107.3	100.0	100.0	100.0
100.0	100.0	100.0	100.0	100.0	100.0	100.0
100.0	100.0	100.0	98.5	100.1	100.0	100.0
100.1	100.0	100.0	99.7	99.6	100.0	100.0
100.1	100.0	100.0	99.7	99.5	100.0	100.0
101.0	100.0	100.0	100.0	100.0	100.0	100.0
100.0	100.0	100.0	100.0	100.0	100.0	100.0
100.0	100.2	100.0	100.0	100.1	100.0	100.0
99.5	**100.2**	**99.9**	**99.9**	**99.5**	**100.0**	**100.0**
99.3	100.3	99.8	99.8	99.0	99.9	100.0
100.0	100.0	100.0	100.0	100.6	100.0	100.0
98.9	100.4	99.7	99.7	98.2	99.9	100.0
100.0	100.0	100.0	100.0	100.0	100.0	100.0
100.0	100.0	100.0	98.9	100.3	100.0	100.0
100.0	100.0	100.1	100.5	99.8	100.1	100.1
99.1	100.0	100.0	100.1	100.1	100.1	100.1

1998年广西城市居民消费价格各月环比指数（续表2）

以上月价格为100

类　别	1月	2月	3月	4月	5月
四、医疗保健	**100.7**	**101.6**	**101.0**	**100.7**	**100.6**
1. 医疗器具及保健用品	100.9	100.3	101.5	98.7	100.6
2. 中药材及中成药	100.3	104.1	100.8	101.2	101.7
3. 西　药	101.2	98.9	101.2	100.3	99.2
五、交通和通讯工具	**99.6**	**99.4**	**100.0**	**99.3**	**100.0**
1. 交通工具	99.8	99.0	100.0	99.1	100.0
2. 通讯工具	99.3	100.0	100.0	99.7	100.0
六、娱乐教育文化用品	**100.3**	**100.0**	**99.9**	**99.8**	**100.0**
1. 文娱用耐用消费品	99.3	98.8	99.9	100.0	100.0
2. 教材及参考书	102.5	102.8	100.0	100.0	100.0
3. 文化娱乐用品	100.3	100.0	99.7	99.3	100.0
(1) 文娱用品	99.9	100.0	99.5	98.9	100.0
(2) 报纸杂志	100.9	100.0	100.0	100.0	100.0
七、居　住	**100.2**	**99.7**	**99.5**	**99.5**	**94.9**
1. 住　房	99.9	99.3	99.9	99.8	99.7
(1) 建筑材料	100.1	98.2	99.8	99.7	99.4
(2) 房　租	99.7	100.0	100.0	99.9	99.9
2. 水、电、燃料	100.4	100.0	99.2	99.3	90.3
水	100.0	100.0	100.0	100.0	107.5
电	101.5	100.0	101.9	100.0	82.4
液化石油气	99.6	100.0	96.5	98.5	91.0
管道煤气	100.0	100.0	100.0	100.0	100.0
八、服务项目	**101.1**	**101.8**	**98.9**	**100.0**	**100.1**
1. 电 讯 费	100.0	100.0	100.0	100.0	100.0
2. 邮　费	100.0	100.0	100.0	100.0	100.0
3. 交 通 费	109.4	102.7	92.4	100.1	100.6
4. 洗理美容费	100.0	100.6	100.0	100.0	100.5
5. 文 娱 费	98.5	99.9	100.0	100.0	100.0
6. 学杂保育费	99.4	103.3	100.0	100.0	100.0
7. 修理及其他服务费	100.3	100.0	100.0	100.0	100.0
8. 医疗保健服务	100.0	100.0	100.0	100.0	100.0

6月	7月	8月	9月	10月	11月	12月
99.4	**100.1**	**101.1**	**100.5**	**99.5**	**100.2**	**100.5**
100.0	100.3	100.1	100.3	100.1	99.7	105.0
99.8	100.0	101.7	101.0	98.4	100.3	100.1
98.9	100.2	100.6	99.9	100.8	100.1	100.3
99.8	**97.1**	**98.5**	**98.7**	**99.6**	**99.6**	**100.0**
100.0	96.6	99.8	97.9	98.8	100.0	100.0
99.4	97.9	96.5	100.0	100.7	98.9	100.0
100.0	**100.0**	**100.0**	**99.6**	**100.0**	**99.7**	**100.1**
100.0	100.0	100.0	100.0	100.0	99.4	100.0
100.0	100.0	100.0	97.9	100.0	100.0	100.0
99.9	100.0	100.0	100.2	100.0	100.0	100.2
99.8	100.0	100.0	100.4	100.0	100.0	100.4
100.0	100.0	100.0	100.0	100.0	100.0	100.0
98.4	**100.1**	**99.9**	**100.0**	**103.1**	**104.3**	**101.4**
100.0	100.0	100.3	100.7	99.7	100.0	100.0
100.0	100.0	100.7	99.1	99.3	100.0	100.0
100.0	100.0	100.0	101.7	100.0	100.0	100.0
96.9	100.2	99.5	99.3	106.3	108.3	102.7
100.0	100.0	99.2	100.0	101.9	100.0	100.5
100.0	100.0	100.0	100.0	100.0	117.1	105.8
92.7	100.4	99.0	98.4	114.2	104.1	100.9
100.0	100.0	100.0	100.0	100.0	100.0	100.0
100.3	**100.6**	**100.3**	**99.6**	**99.8**	**101.0**	**99.5**
100.0	100.0	100.0	100.0	100.0	100.0	100.0
100.0	100.0	100.0	100.0	100.0	100.0	100.0
101.3	100.9	100.0	99.9	100.0	100.0	100.0
100.0	100.0	100.0	100.0	100.0	100.0	100.0
101.3	106.0	102.9	100.2	98.3	112.5	93.0
100.0	100.0	100.0	100.0	100.0	100.0	100.0
99.8	100.0	100.2	97.5	99.6	100.0	100.0
100.0	100.0	100.0	100.0	100.0	100.0	100.0

1999 年广西城市居民消费价格各月环比指数

以上月价格为 100

类 别	1 月	2 月	3 月	4 月	5 月
居民消费价格总指数	**100.5**	**100.7**	**99.2**	**99.5**	**97.3**
一、食 品	**101.0**	**101.6**	**99.0**	**99.4**	**95.7**
1. 粮 食	102.1	99.7	98.7	101.9	99.2
(1) 细 粮	102.0	99.6	98.7	101.9	99.2
大 米	103.0	99.2	98.8	102.6	99.0
(2) 粗 粮	112.9	110.9	94.3	102.6	97.8
2. 淀粉及薯类	99.0	105.3	99.1	103.8	97.7
3. 干豆类及豆制品	97.8	98.9	98.1	100.9	97.7
4. 油 脂 类	99.1	101.5	96.7	100.0	98.5
5. 肉禽及其制品	101.6	101.6	95.2	97.4	95.7
猪 肉	99.4	100.8	96.6	96.2	92.6
牛 肉	101.8	109.7	96.4	97.6	94.9
羊 肉	98.9	100.7	97.5	96.1	95.5
鸡	105.3	101.5	90.9	96.7	101.5
鸭	107.4	101.2	93.8	105.2	88.3
6. 蛋 类	102.6	100.6	95.9	94.6	96.6
鲜 蛋	102.6	100.7	95.5	94.1	96.4
7. 水产品类	100.8	107.4	99.9	96.4	102.4
8. 菜 类	98.3	91.1	106.2	104.4	83.2
(1) 鲜 菜	98.2	89.3	106.9	104.8	80.8
(2) 干 菜	99.5	101.8	97.4	100.7	100.6
(3) 菜 制 品	97.9	105.3	104.1	102.7	99.1
9. 调 味 品	100.0	100.1	99.6	99.5	100.0
盐	100.0	100.0	100.0	100.0	100.0
酱 油	100.0	100.4	100.0	98.4	100.0
10. 糖 类	98.6	100.2	99.6	100.0	98.2
(1) 食 糖	96.5	99.8	100.0	100.0	96.4
(2) 糖 果	100.0	100.4	99.4	100.0	99.3
11. 烟 草 类	99.5	99.9	100.3	97.3	99.9
12. 酒和饮料	98.8	99.4	100.0	99.3	99.6
13. 干鲜瓜果类	106.4	117.7	105.9	101.9	83.2

6月	7月	8月	9月	10月	11月	12月
98.6	**99.8**	**100.5**	**101.3**	**99.8**	**100.1**	**99.9**
97.7	**100.3**	**100.2**	**102.5**	**99.5**	**98.6**	**98.9**
99.9	99.0	99.9	99.2	99.6	99.4	98.8
99.9	99.0	99.9	99.2	99.6	99.4	98.8
99.7	98.8	99.7	98.9	99.7	99.3	98.6
97.5	100.2	95.5	94.6	99.6	94.4	99.0
100.2	96.3	101.3	98.9	98.2	97.3	96.9
97.3	98.7	99.2	98.3	99.7	100.7	100.9
101.4	99.2	100.1	100.3	99.4	100.0	97.6
100.4	101.0	99.3	104.0	101.0	98.6	99.9
101.3	102.4	98.8	105.1	101.6	100.5	100.1
97.9	100.0	97.5	101.1	99.2	100.3	100.8
98.9	98.3	111.0	92.8	102.1	104.8	103.9
99.9	99.0	101.8	104.1	101.3	95.0	98.2
104.0	103.1	92.9	106.4	98.3	91.5	106.5
98.8	99.9	101.1	101.9	97.2	96.7	97.4
99.0	99.9	101.3	101.8	97.0	96.5	97.4
103.6	97.0	98.8	100.2	97.7	99.9	101.6
84.0	105.2	103.2	116.2	98.8	97.9	91.1
81.9	106.0	103.6	118.1	98.4	97.8	90.2
99.2	100.3	99.8	98.3	100.9	99.4	100.0
98.6	99.5	100.2	107.3	101.8	98.0	95.2
100.0	99.5	100.0	100.5	100.0	100.2	100.3
100.0	100.0	100.0	102.3	100.0	102.2	101.4
100.0	100.0	100.0	100.0	100.0	100.0	100.0
100.9	99.8	100.0	99.1	98.0	99.5	100.1
102.3	98.4	100.0	97.6	94.9	99.6	100.3
100.0	100.7	100.0	100.0	100.0	99.5	100.0
100.4	100.0	98.3	100.0	103.5	94.3	98.9
99.9	100.0	100.9	100.0	99.8	100.2	99.9
83.6	100.0	103.4	95.8	96.8	93.2	99.5

1999年广西城市居民消费价格各月环比指数（续表1）

以上月价格为100

类　别	1月	2月	3月	4月	5月
(1) 鲜　　果	108.6	120.7	107.2	102.2	80.1
(2) 干　　果	94.9	102.1	99.1	100.3	99.7
14. 糕 点 类	101.1	100.0	100.0	100.0	100.0
15. 奶及奶制品	100.4	100.0	100.0	100.0	100.0
16. 其他食品	100.0	100.1	100.0	99.2	101.4
17. 饮 食 业	100.0	100.0	100.0	100.0	100.0
(1) 主　　食	100.0	100.0	100.0	100.0	100.0
(2) 炒　　菜	100.0	100.0	100.0	100.0	100.0
(3) 地方小吃	100.0	100.0	100.0	100.0	100.0
二、衣 着 类	**99.8**	**96.5**	**97.6**	**102.4**	**100.0**
1. 服　　装	99.5	94.8	96.4	103.8	100.0
2. 衣着材料	99.4	99.4	100.8	99.7	100.0
(1) 棉　　布	101.5	100.6	100.1	99.9	100.0
(2) 棉花化纤混纺布	100.0	100.5	100.0	100.0	100.0
(3) 化 纤 布	100.0	100.0	100.0	100.0	100.0
(4) 呢　　绒	93.1	100.0	100.1	100.0	100.0
(5) 绸　　缎	100.1	100.3	101.1	100.0	100.0
(6) 毛　　线	100.0	96.6	104.0	98.3	100.0
3. 鞋袜帽及其他衣着	100.7	100.1	100.0	99.3	99.9
(1) 鞋　　类	100.5	100.0	100.0	99.2	100.0
(2) 袜　　子	103.7	100.0	100.0	100.0	100.0
(3) 帽　　子	100.0	100.0	100.0	94.9	100.0
(4) 其他衣着	100.4	101.0	100.0	100.5	98.5
三、家庭设备及用品	**100.2**	**99.5**	**100.1**	**100.0**	**100.0**
1. 耐用消费品	100.6	99.1	100.3	100.2	100.1
(1) 家　　具	100.0	100.0	100.0	100.0	100.3
(2) 家庭设备	101.0	98.6	100.5	100.3	100.0
2. 室内装饰品	100.0	100.0	99.6	100.0	100.0
3. 床上用品	100.0	100.5	99.4	100.0	100.0
4. 家庭日用杂品	99.5	99.5	100.2	99.5	99.8
5. 其他日用品	100.0	99.9	99.9	100.0	99.9

6月	7月	8月	9月	10月	11月	12月
80.4	99.9	104.2	94.2	96.7	92.2	99.7
100.5	100.8	99.3	104.1	97.5	98.7	98.4
100.0	100.0	100.0	100.0	98.6	100.0	100.0
99.6	100.0	99.2	100.0	100.0	100.0	98.8
100.0	100.0	99.3	100.0	99.8	98.9	99.4
99.8	99.3	100.0	100.0	99.1	100.0	100.0
100.0	100.0	100.0	100.0	99.5	100.0	100.0
99.7	99.2	100.0	100.0	99.0	100.0	100.0
100.0	98.5	100.0	100.0	99.1	100.0	100.0
99.7	**99.7**	**100.0**	**100.0**	**101.1**	**104.8**	**100.8**
99.2	99.5	99.9	100.0	102.4	107.4	101.2
99.9	100.1	100.0	99.9	99.5	99.9	99.9
100.0	98.4	100.0	100.0	100.0	100.0	99.1
99.2	100.0	100.0	100.0	96.9	100.0	100.0
100.0	100.0	100.0	100.0	100.0	100.1	100.0
100.0	101.9	100.0	99.4	97.3	99.4	100.0
99.9	100.0	100.0	98.6	100.0	100.0	100.0
100.0	100.0	100.0	100.0	99.7	99.5	100.0
101.0	100.0	100.1	100.0	98.0	99.2	100.0
101.2	100.0	100.2	100.0	97.9	99.1	100.0
100.0	100.0	100.0	100.0	100.0	100.0	100.0
100.0	100.0	106.2	100.0	100.0	100.0	100.0
100.0	100.0	97.9	100.0	97.0	99.8	99.9
99.7	**100.1**	**99.7**	**100.1**	**100.0**	**101.0**	**100.0**
99.4	100.1	100.0	100.0	99.8	99.5	100.0
100.0	99.7	100.0	100.0	100.3	100.0	100.0
99.1	100.4	100.0	100.0	99.5	99.2	100.0
99.8	100.0	100.0	100.0	99.9	100.0	100.0
100.0	100.1	99.8	99.9	99.8	98.3	100.0
99.9	100.3	100.1	100.5	99.8	105.3	100.0
99.9	100.0	98.2	99.8	101.0	101.4	100.0

1999年广西城市居民消费价格各月环比指数（续表2）

以上月价格为100

类　别	1月	2月	3月	4月	5月
四、医疗保健	**101.4**	**100.1**	**101.0**	**99.7**	**99.3**
1. 医疗器具及保健用品	100.0	100.0	100.0	100.0	100.1
2. 中药材及中成药	102.4	99.7	101.2	99.2	98.6
3. 西　　药	100.3	100.6	100.8	100.2	100.1
五、交通和通讯工具	**97.1**	**99.2**	**99.4**	**97.8**	**98.5**
1. 交通工具	95.2	100.0	100.0	99.4	99.9
2. 通讯工具	99.8	98.1	98.6	95.5	96.5
六、娱乐教育文化用品	**100.5**	**99.7**	**100.7**	**98.6**	**97.9**
1. 文娱用耐用消费品	99.0	98.8	101.2	97.3	95.7
2. 教材及参考书	104.2	101.8	100.7	100.0	100.0
3. 文化娱乐用品	100.7	99.9	100.0	99.9	100.0
(1) 文娱用品	99.4	99.9	100.0	99.8	100.0
(2) 报纸杂志	102.2	100.0	100.0	100.0	100.0
七、居　　住	**100.7**	**100.6**	**98.9**	**98.7**	**96.0**
1. 住　　房	101.1	101.6	100.7	99.6	100.0
(1) 建筑材料	100.0	100.0	101.8	99.0	100.0
(2) 房　　租	101.8	102.7	100.0	100.0	100.0
2. 水、电、燃料	100.4	99.7	97.3	97.8	92.4
水	101.9	100.0	99.7	100.0	100.0
电	99.4	100.4	100.0	98.9	85.4
液化石油气	101.0	98.7	93.3	95.6	97.0
管道煤气	100.0	100.0	100.0	100.0	100.0
八、服务项目	**100.5**	**102.0**	**99.7**	**99.9**	**100.9**
1. 电 讯 费	100.0	100.0	99.9	100.0	100.0
2. 邮　　费	100.0	100.0	147.8	100.0	100.0
3. 交 通 费	99.2	114.8	94.1	99.5	102.2
4. 洗理美容费	104.0	100.0	100.0	100.0	100.0
5. 文 娱 费	105.0	97.5	101.7	98.9	108.2
6. 学杂保育费	100.0	101.3	100.0	100.0	100.0
7. 修理及其他服务费	100.2	100.0	100.1	100.0	100.0
8. 医疗保健服务	100.0	100.0	100.0	100.0	100.0

6月	7月	8月	9月	10月	11月	12月
99.5	**98.0**	**100.2**	**100.4**	**97.5**	**100.4**	**100.6**
99.7	99.6	100.1	100.2	99.7	100.0	100.0
99.4	97.7	101.2	100.6	97.1	100.9	100.9
99.6	98.2	99.1	100.2	97.8	99.9	100.4
98.4	**98.4**	**100.0**	**98.3**	**99.3**	**99.8**	**100.0**
100.0	99.8	100.0	98.3	98.3	99.6	100.0
96.2	96.5	100.0	98.4	100.7	100.0	100.0
100.0	**98.2**	**100.0**	**99.6**	**101.3**	**100.0**	**100.0**
100.0	96.1	100.0	100.0	102.5	100.0	100.0
100.0	100.0	99.6	97.7	100.0	100.0	100.0
100.1	100.4	100.2	100.1	100.2	100.0	100.0
100.0	100.8	100.3	100.2	100.3	100.0	100.0
100.3	100.0	100.0	100.0	100.0	100.0	100.0
98.3	**99.3**	**104.2**	**101.2**	**99.7**	**103.7**	**103.5**
99.6	99.4	99.1	100.0	100.0	100.0	100.0
99.0	98.4	97.6	100.0	100.0	100.0	100.0
100.0	100.0	100.0	100.0	100.0	100.0	100.0
97.1	99.3	108.9	102.3	99.5	107.0	106.7
100.0	102.1	100.0	100.0	100.0	100.0	100.0
95.7	96.2	100.0	100.0	100.0	116.3	105.1
97.3	101.7	123.2	105.8	98.8	100.0	111.7
100.0	100.0	100.0	100.0	100.0	100.0	100.0
99.9	**99.7**	**100.1**	**100.2**	**100.0**	**99.9**	**100.1**
100.0	100.0	100.0	100.0	100.0	100.0	100.0
100.0	100.0	100.0	100.0	100.0	100.0	100.0
100.0	99.8	100.3	100.0	99.7	99.3	100.0
100.0	100.6	100.0	100.0	100.0	100.0	100.0
98.4	96.7	98.2	103.2	100.0	100.0	100.7
100.0	100.0	100.4	100.0	100.2	100.0	100.0
100.0	99.4	100.0	100.0	100.0	100.0	100.0
100.0	100.9	100.0	100.0	100.0	100.0	100.0

2000年广西城市居民消费价格各月环比指数

以上月价格为100

类　别	1月	2月	3月	4月	5月
居民消费价格总指数	**99.6**	**102.2**	**98.3**	**99.3**	**98.5**
一、食　品	**99.1**	**104.8**	**96.7**	**98.7**	**98.0**
1. 粮　食	99.4	101.0	99.6	98.7	98.7
(1) 细　粮	99.5	101.0	99.6	98.7	98.7
大　米	99.6	101.2	99.7	98.4	98.2
(2) 粗　粮	97.3	102.5	99.6	98.1	98.6
2. 淀粉及薯类	101.0	106.6	101.5	99.1	98.2
3. 干豆类及豆制品	103.4	102.1	99.0	100.8	100.4
4. 油脂类	101.4	100.8	100.6	99.8	99.2
5. 肉禽及其制品	98.6	103.2	95.9	98.7	99.5
猪　肉	98.4	104.4	95.3	99.7	98.8
牛　肉	99.1	110.9	95.1	97.3	98.5
羊　肉	98.8	111.4	95.5	97.8	94.6
鸡	99.5	99.6	96.8	97.0	101.7
鸭	93.8	98.9	97.3	96.9	99.8
6. 蛋　类	101.2	100.7	93.3	97.8	100.0
鲜　蛋	101.3	101.1	92.7	96.8	100.2
7. 水产品类	100.4	115.0	94.8	98.0	97.9
8. 菜　类	90.9	114.5	93.0	89.5	83.9
(1) 鲜　菜	90.0	116.5	92.4	87.9	81.7
(2) 干　菜	98.1	101.2	98.8	99.2	100.8
(3) 菜制品	95.9	99.2	96.0	101.9	97.7
9. 调味品	101.7	98.7	100.0	100.0	100.0
盐	107.0	100.0	100.0	100.0	100.0
酱　油	100.0	100.0	100.0	100.0	100.0
10. 糖　类	99.2	100.6	100.8	101.1	101.6
(1) 食　糖	97.8	99.8	103.0	102.9	104.4
(2) 糖　果	100.0	101.1	99.4	100.0	99.9
11. 烟草类	101.0	99.6	100.4	99.1	101.1
12. 酒和饮料	100.4	100.0	101.5	100.0	100.9
13. 干鲜瓜果类	104.5	111.7	90.0	106.4	99.0

6月	7月	8月	9月	10月	11月	12月
98.4	**100.3**	**100.4**	**104.2**	**100.7**	**100.2**	**99.4**
97.1	**100.7**	**100.4**	**99.7**	**99.7**	**99.3**	**98.5**
99.1	99.6	98.2	99.5	97.6	98.4	99.2
99.0	99.6	98.1	99.5	97.3	98.3	99.5
98.7	99.4	97.6	99.5	96.9	98.4	99.4
100.8	98.6	100.3	98.4	105.4	100.9	90.5
99.1	100.1	102.1	100.4	98.2	98.5	95.7
100.8	100.4	100.3	98.9	100.0	99.9	99.5
100.0	101.6	99.5	100.2	98.7	98.4	95.3
99.2	99.2	99.9	100.9	100.9	99.8	100.5
99.6	98.8	100.0	100.2	101.9	99.6	100.9
98.6	98.4	99.8	100.6	101.7	98.0	100.2
97.8	99.2	94.4	100.1	113.7	105.6	97.8
97.5	101.6	100.3	102.5	99.2	98.2	100.1
103.0	91.3	98.1	98.1	98.3	107.8	101.5
99.9	99.8	108.9	102.2	96.5	96.2	98.7
100.1	100.0	109.9	102.2	96.4	95.8	98.7
100.1	106.3	96.3	102.8	95.7	98.1	106.0
85.9	103.1	104.2	99.6	108.0	102.5	82.2
84.0	103.7	104.7	99.5	109.0	102.7	79.7
98.5	99.1	100.0	99.8	97.3	99.2	100.4
99.8	98.9	102.0	100.1	103.7	103.4	98.9
100.0	100.0	99.6	100.0	100.0	100.0	99.7
100.0	100.0	98.1	100.0	100.0	100.0	98.7
100.0	100.0	100.0	100.0	100.0	100.0	100.0
100.1	100.5	106.4	99.8	99.6	100.2	99.4
100.2	101.2	116.5	99.5	98.4	100.6	98.0
100.0	100.0	100.0	100.0	100.4	100.0	100.2
99.9	100.0	98.9	100.2	99.6	100.0	99.9
100.0	100.0	99.8	100.1	99.9	100.0	100.0
82.9	101.8	104.2	97.2	92.0	94.6	97.6

2000年广西城市居民消费价格各月环比指数（续表1）

以上月价格为100

类 别	1月	2月	3月	4月	5月
(1)鲜　　果	105.9	113.9	88.0	107.4	98.5
(2)干　　果	97.3	100.1	100.7	100.9	101.7
14. 糕 点 类	99.7	100.0	100.0	100.0	101.0
15. 奶及奶制品	100.1	101.2	101.1	100.6	100.6
16. 其他食品	100.8	100.0	100.2	100.0	99.3
17. 饮 食 业	99.5	100.0	100.0	100.0	100.3
(1)主　　食	98.6	100.0	100.0	100.0	100.0
(2)炒　　菜	99.7	100.0	100.0	100.0	100.4
(3)地方小吃	100.0	100.0	100.0	100.0	100.0
二、衣 着 类	**99.3**	**98.0**	**98.4**	**100.0**	**101.1**
1. 服　　装	99.0	97.1	96.7	100.0	101.7
2. 衣着材料	99.9	100.1	100.2	100.2	99.7
(1)棉　　布	99.6	99.7	100.6	99.9	100.0
(2)棉花化纤混纺布	100.0	102.4	100.0	100.0	100.0
(3)化 纤 布	100.0	100.0	100.0	100.0	100.0
(4)呢　　绒	100.0	100.2	101.2	100.0	96.6
(5)绸　　缎	99.7	100.0	104.7	100.0	100.4
(6)毛　　线	99.8	100.0	100.0	101.1	100.0
3. 鞋袜帽及其他衣着	100.1	100.0	102.5	100.0	100.0
(1)鞋　　类	100.1	100.0	102.5	100.0	100.0
(2)袜　　子	100.0	100.0	100.0	100.0	100.0
(3)帽　　子	100.0	100.0	100.0	100.0	100.2
(4)其他衣着	100.5	99.4	104.6	100.0	100.2
三、家庭设备及用品	**99.9**	**99.8**	**100.0**	**99.9**	**99.9**
1. 耐用消费品	99.8	99.8	100.0	99.7	99.8
(1)家　　具	99.4	100.0	100.0	100.0	100.0
(2)家庭设备	100.0	99.7	100.0	99.6	99.7
2. 室内装饰品	100.0	100.0	100.0	100.0	100.0
3. 床上用品	100.0	100.0	100.0	99.9	99.9
4. 家庭日用杂品	100.3	99.8	100.0	99.9	100.0
5. 其他日用品	99.9	99.8	100.3	100.4	100.0

6月	7月	8月	9月	10月	11月	12月
79.6	101.8	104.9	96.3	91.4	94.5	97.2
100.5	101.7	100.7	101.8	95.0	95.4	99.5
100.5	100.0	100.0	100.0	100.0	100.0	100.0
100.0	100.0	99.6	99.7	99.8	100.0	100.0
100.0	100.0	100.0	98.6	99.4	99.4	100.0
100.0	100.0	100.0	95.3	100.1	100.0	100.0
100.0	100.0	99.8	100.0	100.0	100.0	100.0
100.0	100.0	100.0	93.0	100.0	100.0	100.0
100.0	100.0	100.0	101.5	101.2	100.0	100.0
99.9	**99.9**	**98.4**	**100.0**	**103.2**	**100.5**	**100.7**
99.8	99.9	98.0	100.0	105.3	100.7	101.0
100.5	100.0	99.7	100.0	99.7	100.0	100.0
100.0	100.0	100.0	100.0	100.1	100.0	100.0
100.0	100.0	100.0	100.0	98.8	100.0	100.0
100.9	100.0	100.0	100.0	100.0	100.0	100.0
100.0	100.0	96.9	100.0	97.3	100.0	99.9
100.0	99.6	98.9	99.8	100.0	100.0	100.0
100.0	100.0	100.0	100.0	100.0	100.0	100.0
99.9	100.0	99.3	100.1	98.3	100.1	100.0
99.9	100.0	99.2	100.1	97.9	100.0	100.0
100.0	100.0	100.0	100.0	101.0	100.9	100.0
100.0	100.0	100.0	100.0	100.0	100.0	100.0
99.8	100.0	100.0	100.0	100.0	100.1	100.0
99.6	**99.8**	**99.7**	**99.3**	**99.8**	**99.6**	**100.6**
99.4	99.4	99.9	99.0	99.9	99.2	101.2
99.9	100.0	100.0	99.2	100.0	100.0	99.9
99.2	99.1	99.8	98.9	99.8	98.8	101.9
100.0	100.0	100.0	100.0	99.7	100.0	100.0
100.5	100.8	100.0	100.2	98.7	100.1	100.0
99.8	100.2	100.0	99.7	100.0	100.0	100.0
99.7	100.0	98.7	99.2	99.7	99.9	99.7

2000年广西城市居民消费价格各月环比指数（续表2）

以上月价格为100

类　别	1月	2月	3月	4月	5月
四、医疗保健	**100.3**	**98.2**	**100.2**	**99.5**	**98.2**
1. 医疗器具及保健用品	100.1	99.1	99.5	99.6	99.6
2. 中药材及中成药	99.9	98.3	101.0	99.5	96.3
3. 西　　药	100.8	97.9	99.4	99.5	100.3
五、交通和通讯工具	**100.0**	**99.8**	**99.8**	**99.4**	**94.0**
1. 交通工具	100.0	99.6	99.7	99.7	98.6
2. 通讯工具	100.0	100.0	100.0	99.1	88.3
六、娱乐教育文化用品	**99.6**	**98.4**	**99.7**	**100.1**	**100.1**
1. 文娱用耐用消费品	99.1	95.9	99.5	100.1	100.1
2. 教材及参考书	100.0	102.6	100.0	100.0	100.0
3. 文化娱乐用品	100.1	100.0	100.0	100.0	100.0
(1) 文娱用品	100.2	100.0	100.0	100.0	100.0
(2) 报纸杂志	100.0	100.0	100.0	100.0	100.0
七、居　　住	**101.0**	**100.2**	**100.9**	**99.8**	**96.5**
1. 住　　房	100.5	99.8	100.0	100.0	99.8
(1) 建筑材料	101.4	99.0	100.0	100.0	99.5
(2) 房　　租	100.0	100.3	100.0	100.0	100.0
2. 水、电、燃料	101.4	100.6	101.7	99.6	93.7
水	101.8	101.4	110.6	100.0	100.0
电	100.0	100.0	100.0	101.6	84.0
液化石油气	103.0	101.1	100.6	97.1	101.5
管道煤气	100.0	100.0	100.0	100.0	100.0
八、服务项目	**100.2**	**101.8**	**99.7**	**99.9**	**100.7**
1. 电 讯 费	100.0	100.0	100.0	100.0	100.0
2. 邮　　费	100.0	100.0	100.0	100.0	100.0
3. 交 通 费	102.0	109.7	93.4	99.1	101.4
4. 洗理美容费	100.0	100.0	100.0	100.3	100.0
5. 文 娱 费	98.7	101.1	99.2	100.0	107.3
6. 学杂保育费	100.0	101.5	101.2	100.0	100.0
7. 修理及其他服务费	100.2	100.0	100.0	100.0	100.0
8. 医疗保健服务	100.0	100.0	100.0	100.0	100.0

6月	7月	8月	9月	10月	11月	12月
100.6	**100.0**	**98.8**	**101.3**	**98.6**	**100.7**	**100.0**
100.0	99.9	100.0	99.6	100.4	100.1	100.0
101.5	99.8	98.2	102.7	97.5	100.1	100.0
99.7	100.2	99.4	99.9	99.8	101.4	100.0
97.8	**100.3**	**99.5**	**99.8**	**100.3**	**100.0**	**100.0**
99.3	100.0	99.7	99.9	100.5	100.0	100.0
95.9	100.6	99.2	99.7	100.1	100.0	100.0
100.0	**100.0**	**99.2**	**103.7**	**100.0**	**100.0**	**99.9**
100.0	100.0	98.4	100.0	100.0	100.0	99.9
100.0	100.0	100.1	120.7	100.0	100.0	100.0
99.9	100.1	100.0	99.9	99.9	99.9	100.0
99.8	100.2	100.0	99.9	99.8	99.9	100.0
100.0	100.0	100.0	100.0	100.0	100.0	100.0
99.3	**99.6**	**101.5**	**101.2**	**101.8**	**105.3**	**100.2**
100.0	100.2	100.2	100.3	100.0	99.9	100.2
99.9	100.5	100.5	100.8	99.9	99.7	100.6
100.0	100.0	100.0	100.0	100.0	100.0	100.0
98.6	99.1	102.6	101.9	103.3	110.0	100.2
100.0	100.0	100.0	100.0	100.0	102.0	100.0
100.0	100.0	105.8	100.0	104.1	118.4	100.0
96.4	97.5	100.0	105.0	103.9	104.7	100.4
100.0	100.0	100.0	100.0	100.0	100.0	100.0
100.0	**100.1**	**102.7**	**136.4**	**104.7**	**99.7**	**100.0**
100.0	100.0	100.0	100.0	100.0	100.0	100.0
100.0	100.0	100.0	100.0	100.0	100.0	100.0
100.0	100.3	100.0	100.0	100.0	100.3	100.0
100.0	99.6	100.0	100.0	100.0	98.4	100.0
100.0	100.0	100.0	111.6	103.1	96.6	100.6
100.0	100.0	106.5	185.5	110.8	100.0	100.0
99.8	100.3	100.0	100.0	100.0	100.0	100.0
100.0	100.0	100.0	100.0	100.0	100.0	100.0

2001 年广西城市居民消费价格各月环比指数

以上月价格为 100

类　别	1 月	2 月	3 月	4 月	5 月
居民消费价格总指数	**100.3**	**99.7**	**100.0**	**101.0**	**99.2**
一、食　品	**99.9**	**100.6**	**101.1**	**102.6**	**99.6**
1. 粮　食	98.1	100.4	99.1	100.2	98.2
大　米	97.8	100.6	98.8	100.1	97.6
2. 淀粉及薯类	99.2	101.2	103.1	104.1	100.2
3. 干豆类及豆制品	103.7	99.4	98.9	99.8	98.6
4. 油　脂	98.5	99.7	98.9	98.9	98.2
5. 肉禽及其制品	101.5	99.4	99.7	99.6	99.6
(1) 食用畜肉及副产品	102.4	100.2	97.7	97.6	98.9
猪　肉	101.1	99.3	98.4	98.1	99.3
牛　肉	107.7	106.1	94.7	97.4	101.3
羊　肉	114.3	105.7	95.5	100.7	97.6
(2) 禽	99.9	97.7	102.8	103.3	100.7
鸡	100.1	98.1	102.1	103.0	101.6
鸭	97.6	95.7	113.3	107.3	94.6
(3) 肉禽加工制品	100.1	99.2	102.7	100.9	100.0
6. 蛋	97.7	98.9	97.6	102.6	101.8
鲜　蛋	97.3	99.1	97.6	102.8	101.9
7. 水 产 品	103.4	103.4	98.7	98.1	97.2
(1) 鱼	102.6	103.4	99.2	99.5	100.4
淡 水 鱼	104.3	102.7	99.3	101.7	99.8
海 水 鱼	99.4	104.8	98.8	95.0	101.5
(2) 其它水产品	104.6	103.3	97.8	95.8	91.7
8. 菜	93.3	104.1	113.4	114.3	99.3
鲜　菜	93.1	104.3	114.9	115.2	99.1
9. 调 味 品	106.7	100.4	99.9	100.0	99.6
盐	128.8	101.2	100.0	100.0	99.2
酱　油	99.9	99.9	99.8	100.0	100.0
10. 糖	99.0	100.6	98.3	103.7	100.3
食　糖	100.9	101.1	99.8	105.0	100.7
11. 茶及饮料	101.7	100.1	100.2	100.0	99.7
(1) 茶　叶	103.9	100.0	100.0	100.0	100.0
(2) 饮　料	100.7	100.1	100.3	100.0	99.6
12. 干鲜瓜果	100.7	102.7	102.6	113.4	101.9
鲜　果	101.7	103.3	103.5	116.1	102.0

6月	7月	8月	9月	10月	11月	12月
98.6	**100.0**	**99.6**	**100.3**	**100.8**	**100.4**	**99.4**
96.3	**101.2**	**99.6**	**100.4**	**101.1**	**99.4**	**98.1**
98.6	100.3	99.5	100.0	99.9	99.7	101.2
98.5	100.5	99.4	99.8	99.5	99.8	102.0
98.1	100.9	97.8	101.8	101.5	98.7	100.2
100.1	99.8	100.2	99.1	100.1	99.5	101.2
100.5	100.4	99.4	99.6	100.0	99.7	99.6
98.5	100.0	99.7	101.2	101.1	99.0	100.2
98.4	99.7	99.2	100.8	100.7	99.5	101.3
98.8	100.3	99.1	100.5	100.1	99.4	99.6
98.6	102.1	100.0	99.4	99.8	102.1	105.4
96.3	88.3	95.7	105.6	112.3	104.9	102.3
99.3	101.1	100.7	100.8	101.4	97.5	98.3
100.5	100.7	100.3	100.2	100.7	98.6	98.7
91.2	104.0	106.1	107.5	106.7	88.7	95.3
96.7	98.3	99.3	103.8	101.8	100.1	99.4
100.2	104.2	102.1	106.7	97.4	97.5	98.3
100.2	104.3	101.8	106.9	97.2	97.4	98.2
100.8	97.6	98.8	98.9	98.2	99.4	100.1
102.0	96.5	98.1	98.7	97.3	97.6	99.3
102.9	94.5	97.8	100.0	96.2	97.9	98.9
99.9	100.8	98.8	95.9	99.5	96.9	100.1
98.5	99.8	100.0	99.3	99.9	102.8	101.5
96.8	107.3	99.2	95.6	106.4	101.1	85.6
96.6	107.7	98.9	95.2	106.9	101.4	84.6
100.0	98.9	100.0	100.0	100.5	99.7	100.1
100.0	96.8	100.0	100.0	101.6	100.0	100.0
100.0	100.0	100.1	100.1	100.0	99.7	100.6
101.2	99.1	100.2	100.3	100.2	99.5	99.2
103.1	98.0	98.6	101.6	99.8	98.8	97.9
99.9	100.1	100.0	99.9	100.5	100.0	100.0
100.0	100.0	100.0	100.0	101.1	100.0	100.0
99.8	100.2	100.0	99.8	100.2	100.0	100.0
71.5	103.9	98.9	105.4	102.7	96.6	97.4
67.3	104.6	98.4	106.4	103.7	95.9	97.1

2001年广西城市居民消费价格各月环比指数（续表1）

以上月价格为100

类　别	1月	2月	3月	4月	5月
13. 糕点饼干面包	100.5	100.0	100.0	100.0	100.0
14. 奶及奶制品	100.9	99.9	100.0	99.9	100.0
15. 在外用膳食品	100.5	100.1	100.0	99.7	100.0
16. 其它食品及食品加工服务	99.0	100.0	100.8	99.6	100.1
二、烟酒及用品	**100.4**	**100.3**	**99.3**	**99.1**	**100.1**
1. 烟　　草	99.8	100.8	99.0	99.7	100.0
2. 酒	100.9	99.8	99.6	99.1	100.2
3. 吸烟饮酒用品	101.5	99.9	100.0	96.3	100.0
三、衣　　着	**99.0**	**95.7**	**99.8**	**100.9**	**99.5**
1. 服　　装	99.5	94.2	98.3	100.4	99.1
(1) 男式服装	100.7	94.7	97.5	100.0	97.7
(2) 女式服装	98.4	92.7	98.9	101.0	100.0
(3) 儿童服装	100.8	99.3	98.9	99.0	100.0
2. 衣着材料	100.4	100.2	99.5	100.0	100.0
3. 鞋 袜 帽	97.3	99.4	103.9	102.6	100.4
(1) 鞋	97.0	99.4	104.3	102.9	100.4
(2) 袜　　子	100.2	100.0	100.0	100.0	100.0
(3) 帽　　子	98.9	100.0	100.0	100.0	100.0
4. 衣着加工服务	98.2	96.2	103.4	99.1	100.8
四、家庭设备用品及维修服务	**100.2**	**99.4**	**98.2**	**99.7**	**99.6**
1. 耐用消费品	99.7	99.4	96.9	100.1	99.4
(1) 家　　具	99.6	99.6	96.0	99.8	99.1
(2) 家庭设备	99.7	99.2	97.6	100.2	99.5
2. 室内装饰品	102.2	98.8	99.7	100.0	99.3
3. 床上用品	98.9	99.9	100.0	99.9	100.0
4. 家庭日用杂品	101.3	99.3	98.8	98.5	99.9
5. 家庭服务及加工维修服务	100.0	100.0	100.0	100.0	100.0
五、医疗保健和个人用品	**98.1**	**99.7**	**100.5**	**100.8**	**99.3**
1. 医疗保健	97.5	99.5	101.1	101.2	99.2
(1) 医疗器具及用品	97.9	100.0	99.5	100.0	99.9
(2) 中药材及中成药	98.5	99.1	98.4	100.3	98.3
(3) 西　　药	94.9	99.5	99.7	99.8	99.5
(4) 保健器具及用品	98.6	99.7	99.9	99.7	99.4
(5) 医疗保健服务	102.1	100.0	109.4	106.1	100.0
2. 个人用品及服务	99.5	100.2	99.4	99.7	99.6

6月	7月	8月	9月	10月	11月	12月
100.0	100.0	99.8	99.9	100.0	99.2	100.0
100.0	100.0	100.0	100.0	99.8	100.2	100.0
100.0	100.0	99.8	99.9	100.0	100.0	100.0
99.1	100.0	100.4	100.3	100.5	100.0	100.0
99.9	**99.9**	**99.9**	**100.1**	**100.1**	**99.9**	**99.7**
100.0	100.0	99.7	99.7	99.3	99.9	99.4
99.7	99.8	100.0	100.8	101.3	99.6	100.0
100.0	99.0	100.0	100.0	100.0	100.4	100.0
99.9	**99.3**	**98.7**	**98.6**	**104.1**	**100.3**	**102.3**
100.2	99.6	99.0	98.3	106.2	100.5	102.7
100.6	99.3	99.5	98.7	109.4	100.3	101.2
100.0	99.7	98.7	98.1	105.0	100.7	104.1
100.0	100.0	98.1	97.4	101.0	100.0	101.7
99.7	100.0	99.7	100.0	100.4	98.7	101.2
99.2	98.5	97.8	98.9	99.4	100.2	101.7
99.2	98.3	97.5	98.9	99.3	100.3	101.5
100.0	100.0	100.0	99.3	100.0	100.0	100.0
100.0	100.0	100.0	100.0	100.0	100.0	119.0
100.0	100.0	100.0	100.0	100.0	100.0	100.0
100.4	**99.4**	**99.9**	**99.8**	**99.8**	**100.1**	**99.9**
100.0	99.3	100.0	99.6	99.8	100.1	100.0
99.9	100.0	99.9	100.0	100.0	100.0	100.0
100.1	98.8	100.0	99.3	99.7	100.2	99.9
100.0	100.0	99.9	100.0	100.0	100.0	100.0
100.0	100.0	99.9	100.0	100.0	100.0	99.3
100.1	99.1	99.8	100.0	99.7	100.0	99.9
102.9	100.0	100.0	100.0	100.0	100.0	100.0
99.8	**100.1**	**99.8**	**99.9**	**99.9**	**100.1**	**99.8**
99.6	100.3	99.9	99.7	99.6	100.1	99.0
99.8	100.0	100.0	95.4	99.8	100.0	99.0
99.6	100.7	100.1	100.1	98.7	99.8	97.0
99.5	100.2	99.7	99.4	100.0	100.2	99.7
99.5	100.1	99.6	99.8	98.8	100.1	100.1
100.0	100.0	100.0	100.0	100.0	100.0	100.0
100.2	99.7	99.6	100.3	100.8	100.2	101.7

2001 年广西城市居民消费价格各月环比指数（续表 2）

以上月价格为 100

类　别	1 月	2 月	3 月	4 月	5 月
(1) 化妆美容用品	103.3	99.6	99.4	99.4	99.5
(2) 卫生用品	95.5	100.5	99.7	100.0	98.9
(3) 个人饰品	98.9	99.7	98.4	100.3	100.1
(4) 个人服务	101.3	100.8	100.0	99.2	100.0
六、交通和通讯	**102.6**	**98.6**	**100.0**	**101.0**	**99.9**
1. 交　　通	104.6	97.8	98.1	99.6	100.6
(1) 交通工具	99.6	98.3	99.8	100.1	98.4
(2) 车用燃料及零配件	98.1	96.3	101.7	97.6	101.6
汽　　油	97.7	95.4	104.7	96.7	101.7
柴　　油	94.7	92.6	98.1	93.9	105.3
(3) 车辆使用及维修	99.9	99.2	97.7	100.0	100.0
(4) 市区公共交通	105.0	100.0	100.0	100.0	103.1
(5) 城市间交通	117.3	94.7	92.8	99.4	100.0
2. 通　　信	100.8	99.3	101.7	102.2	99.4
(1) 通信工具	99.0	97.9	97.9	97.5	97.6
(2) 通信服务	101.2	99.7	102.5	103.1	99.8
七、娱乐教育文化用品及服务	**99.9**	**100.3**	**99.7**	**100.3**	**99.2**
1. 文娱用耐用消费品及服务	97.8	99.6	98.5	99.3	96.7
2. 教　　育	100.0	100.9	100.0	100.0	100.0
(1) 教材及参考书	100.0	101.8	100.4	100.0	100.0
(2) 学杂托幼费	100.0	100.9	100.0	100.0	100.0
3. 文化娱乐用品	99.5	100.9	99.8	101.0	100.2
(1) 文化娱乐	101.4	100.0	99.5	99.9	99.2
(2) 书报杂志	100.0	100.0	100.0	100.0	100.0
(3) 文 娱 费	97.6	102.2	99.8	102.6	101.2
4. 旅游及外出	103.5	97.2	99.9	103.1	97.5
八、居　　住	**103.1**	**99.4**	**98.9**	**98.8**	**96.5**
1. 建房及装修材料	99.3	96.9	99.1	98.9	99.6
2. 租　　房	102.6	100.0	100.0	100.0	100.0
3. 自有住房	100.6	100.0	100.0	100.0	100.0
4. 水、电、燃料	106.5	100.3	98.2	98.0	92.5
水	100.6	100.0	100.0	100.0	100.0
电	111.1	100.0	100.0	102.4	83.4
液化石油气	106.3	98.1	92.7	87.3	100.6
管道燃气	102.5	100.0	100.0	100.0	100.0

6月	7月	8月	9月	10月	11月	12月
100.0	99.9	99.8	101.4	100.0	100.5	100.0
100.4	99.6	99.9	100.3	99.4	99.8	100.2
100.2	99.5	98.8	99.4	100.4	100.5	100.1
100.0	100.0	100.0	100.0	104.0	100.0	107.2
98.8	**98.5**	**99.4**	**99.9**	**100.0**	**99.5**	**99.3**
100.2	99.4	99.0	99.9	100.1	99.5	98.9
99.7	100.0	98.9	99.9	99.0	97.7	98.7
102.8	93.3	99.1	99.0	103.0	100.8	92.3
104.3	89.0	96.8	97.4	105.9	102.6	87.4
104.1	93.8	103.9	101.2	101.9	97.8	89.6
100.0	100.0	100.0	100.0	100.0	100.0	100.0
100.0	100.0	100.0	100.0	100.2	100.0	100.0
100.0	100.6	97.1	100.0	100.1	100.0	100.0
97.6	97.6	99.9	99.8	99.9	99.5	99.6
97.4	97.6	99.1	98.9	99.4	97.1	97.4
97.6	97.6	100.0	100.0	100.0	99.9	100.0
99.8	**100.0**	**99.6**	**101.9**	**100.1**	**100.0**	**99.8**
98.8	99.3	97.7	98.3	99.1	100.4	99.1
100.0	100.0	99.9	103.6	100.0	100.0	100.0
100.0	100.0	98.6	97.4	100.3	100.0	100.0
100.0	100.0	100.0	104.1	100.0	100.0	100.0
100.9	101.2	100.3	100.0	100.0	99.9	99.8
100.0	99.8	100.2	100.0	99.8	100.0	99.7
100.0	100.0	100.0	99.8	100.2	100.0	100.0
102.2	102.9	100.5	100.2	100.0	99.8	99.8
98.9	98.7	100.2	99.8	102.4	99.4	99.4
100.4	**98.5**	**99.9**	**100.2**	**100.3**	**105.2**	**100.3**
100.2	99.9	100.0	100.0	99.4	100.1	99.7
106.0	100.0	100.0	100.0	100.0	100.0	100.0
100.0	100.2	100.0	100.0	100.0	100.0	100.0
99.4	96.5	99.6	100.4	101.1	111.8	100.8
100.0	100.0	100.0	100.0	106.0	100.0	100.0
100.0	92.1	100.0	100.0	100.0	130.2	100.0
97.5	98.1	98.4	101.7	100.9	97.5	98.8
100.0	100.0	100.0	100.0	100.0	100.0	100.0

2002年广西城市居民消费价格各月环比指数

以上月价格为100

类 别	1月	2月	3月	4月	5月
居民消费价格总指数	**99.8**	**100.6**	**99.5**	**99.8**	**98.6**
一、食 品	**99.6**	**103.2**	**100.4**	**99.8**	**97.7**
1. 粮 食	98.8	102.4	99.5	99.3	99.9
大 米	99.2	103.2	99.2	99.1	100.0
2. 淀粉及薯类	97.1	105.7	100.3	100.1	101.7
3. 干豆类及豆制品	98.6	101.7	93.0	99.3	99.2
4. 油 脂	99.4	99.0	97.1	100.7	101.3
5. 肉禽及其制品	100.5	104.8	96.9	98.4	99.0
(1) 食用畜肉及副产品	100.9	105.4	95.6	97.8	98.0
猪 肉	101.0	104.2	96.3	99.0	98.6
牛 肉	100.8	113.4	95.5	96.1	101.0
羊 肉	102.5	98.7	97.7	98.0	93.6
(2) 禽	99.5	105.2	98.5	99.3	100.7
鸡	98.9	105.5	98.7	99.3	100.5
鸭	101.6	104.0	100.4	98.0	102.2
(3) 肉禽加工制品	100.3	101.2	99.4	99.7	99.7
6. 蛋	103.6	104.5	97.1	97.8	100.6
鲜 蛋	103.8	104.8	96.9	97.7	100.6
7. 水 产 品	102.7	107.7	96.4	97.1	100.4
(1) 鱼	101.4	107.8	98.1	98.3	101.7
淡 水 鱼	101.5	107.3	97.8	98.1	100.3
海 水 鱼	101.3	108.9	98.9	98.6	104.5
(2) 其它水产品	105.0	107.6	93.5	95.0	97.7
8. 菜	92.8	96.3	111.0	100.3	90.9
鲜 菜	92.2	95.8	112.2	100.2	90.0
9. 调 味 品	100.2	99.9	100.1	100.0	100.5
盐	100.2	99.8	101.3	100.0	100.0
酱 油	100.9	100.0	100.5	100.0	101.7
10. 糖	99.3	99.1	100.6	99.5	96.7
食 糖	98.7	95.6	99.6	97.4	94.9
11. 茶及饮料	100.5	100.0	99.6	100.1	99.1
(1) 茶 叶	100.8	100.0	100.0	100.0	98.2
(1) 饮 料	100.4	100.0	99.4	100.1	99.5
12. 干鲜瓜果	102.3	116.6	109.3	104.8	89.1
鲜 果	102.3	119.6	111.2	105.8	87.1

6月	7月	8月	9月	10月	11月	12月
99.6	**99.5**	**100.2**	**101.7**	**100.5**	**100.4**	**99.6**
99.7	**99.8**	**100.7**	**101.8**	**100.0**	**99.3**	**99.0**
99.9	100.3	100.0	101.1	99.5	100.1	100.6
99.7	100.4	100.2	101.4	99.3	100.1	100.8
102.6	101.0	103.1	95.5	94.9	98.9	100.3
98.9	100.7	100.0	101.1	100.5	99.7	100.1
99.2	101.0	100.7	100.4	99.9	99.7	99.7
99.5	98.6	99.6	101.0	100.4	100.6	100.0
99.5	99.2	99.6	101.3	100.8	101.6	100.2
99.4	98.9	99.8	101.2	99.9	101.8	99.4
100.3	99.6	102.0	99.8	101.2	102.0	104.1
98.2	94.6	102.9	105.0	100.3	99.9	97.3
99.4	97.5	99.3	100.6	99.2	99.1	99.9
99.1	98.1	99.6	99.8	99.4	100.0	99.3
102.0	92.2	97.8	106.9	98.3	91.0	104.4
100.2	98.3	100.0	100.2	101.2	99.2	99.7
100.6	98.5	102.9	102.1	99.9	94.8	99.0
100.6	98.4	103.1	102.2	99.9	94.5	99.0
99.8	100.5	100.5	97.3	100.7	97.9	99.9
99.5	100.9	99.1	97.1	100.6	96.9	99.2
101.2	99.1	99.2	100.4	98.2	97.7	99.3
96.3	104.4	98.8	90.9	105.4	95.5	99.0
100.5	99.8	103.1	97.8	101.0	99.8	101.3
107.0	110.2	106.2	100.0	102.4	94.4	89.3
107.8	111.0	106.7	100.2	102.5	94.0	88.5
100.0	99.1	100.3	99.3	99.7	100.3	100.0
100.0	100.0	100.0	100.0	100.0	101.0	100.0
100.3	96.0	102.0	98.4	100.0	100.0	99.8
99.9	100.8	98.4	101.1	100.5	99.5	100.0
99.9	100.1	95.3	98.8	101.2	98.6	100.0
98.4	100.8	99.7	99.9	100.2	99.9	99.9
100.0	102.0	100.0	100.0	100.0	100.0	100.0
97.5	100.1	99.6	99.8	100.2	99.8	99.9
91.9	88.7	99.5	119.1	97.1	102.4	102.0
89.7	86.0	98.7	124.7	96.7	103.2	102.4

2002年广西城市居民消费价格各月环比指数（续表1）

以上月价格为100

类　别	1月	2月	3月	4月	5月
13. 糕点饼干面包	99.6	99.9	99.8	100.0	99.6
14. 奶及奶制品	100.0	100.0	100.2	100.0	100.0
15. 在外用膳食品	100.3	100.0	100.0	100.0	100.0
16. 其它食品及食品加工服务	99.9	100.1	99.5	99.7	100.0
二、烟酒及用品	**100.8**	**100.4**	**99.7**	**100.5**	**100.3**
1. 烟　　草	100.4	100.1	99.6	101.1	100.5
2. 酒	101.8	101.0	99.5	99.6	100.0
3. 吸烟饮酒用品	100.1	100.4	100.6	100.1	100.0
三、衣　　着	**98.9**	**94.4**	**97.4**	**99.7**	**100.1**
1. 服　　装	98.6	94.4	96.4	99.9	100.2
(1) 男式服装	98.3	91.9	96.6	99.1	100.4
(2) 女式服装	98.5	95.6	95.5	100.2	100.1
(3) 儿童服装	100.0	97.4	99.6	101.1	100.1
2. 衣着材料	100.0	96.8	99.3	102.4	99.3
3. 鞋 袜 帽	99.4	93.7	99.8	98.5	99.7
(1) 鞋	99.3	93.0	99.7	98.2	99.7
(2) 袜　　子	100.0	100.0	100.0	100.0	100.0
(3) 帽　　子	100.0	100.0	100.0	103.7	100.0
4. 衣着加工服务	100.2	100.0	100.0	100.0	100.0
四、家庭设备用品及维修服务	**99.4**	**99.9**	**99.7**	**99.6**	**99.7**
1. 耐用消费品	99.4	99.4	99.3	99.8	99.3
(1) 家　　具	98.7	99.6	100.0	99.8	97.7
(2) 家庭设备	99.9	99.2	98.9	99.8	100.4
2. 室内装饰品	100.0	100.0	99.8	100.1	100.0
3. 床上用品	97.5	100.6	100.0	100.0	99.6
4. 家庭日用杂品	99.6	99.5	100.2	100.0	100.0
5. 家庭服务及加工维修服务	100.0	102.1	100.0	98.0	100.0
五、医疗保健和个人用品	**99.8**	**100.3**	**100.0**	**100.0**	**99.8**
1. 医疗保健	100.0	100.1	100.2	100.1	99.7
(1) 医疗器具及用品	98.7	100.7	99.9	100.0	99.7
(2) 中药材及中成药	100.6	100.4	99.6	100.4	99.8
(3) 西　　药	99.7	100.3	100.4	100.0	99.6
(4) 保健器具及用品	99.6	96.5	103.2	100.0	100.0
(5) 医疗保健服务	100.0	100.0	100.0	100.0	100.0
2. 个人用品及服务	99.2	100.7	99.6	99.9	99.8

6月	7月	8月	9月	10月	11月	12月
99.5	100.0	100.0	100.0	99.9	100.0	99.9
100.2	100.0	99.7	100.2	100.5	100.0	100.0
100.0	100.0	100.0	100.0	99.7	100.0	100.0
100.0	99.9	100.0	99.7	98.7	100.5	100.0
100.4	**100.2**	**100.0**	**100.1**	**100.2**	**100.2**	**99.6**
100.0	100.2	99.9	99.9	100.1	100.7	99.2
101.2	100.2	100.1	100.5	100.4	99.4	100.0
100.0	100.0	100.0	100.0	100.0	100.0	100.2
99.5	**98.2**	**99.4**	**101.1**	**103.1**	**102.8**	**100.4**
100.5	98.2	98.5	100.8	102.5	103.3	101.7
102.3	98.6	97.2	101.7	102.0	103.3	100.0
99.4	97.5	99.3	100.9	103.4	103.3	103.0
100.0	99.7	99.0	97.3	100.0	103.1	101.1
100.0	99.9	99.1	98.6	100.5	101.1	99.6
96.6	97.8	102.1	102.7	105.4	101.8	97.3
96.2	97.5	102.4	103.0	106.0	102.0	97.0
100.0	100.0	100.0	100.0	100.0	100.0	100.0
100.0	100.0	100.0	100.0	100.0	100.0	100.0
100.0	100.0	100.0	100.0	100.0	100.0	100.0
99.3	**99.4**	**99.4**	**99.4**	**99.5**	**98.7**	**100.2**
99.2	99.6	98.4	99.5	99.2	98.2	99.8
98.2	98.7	97.3	100.0	100.0	100.0	100.0
99.8	100.2	99.2	99.3	98.7	97.1	99.6
100.0	97.4	100.0	100.0	100.0	97.3	102.0
100.0	100.4	100.7	100.0	100.0	100.0	99.6
98.7	99.0	100.5	98.4	99.7	99.2	100.7
100.0	100.0	100.0	100.0	100.0	100.0	100.0
99.8	**99.8**	**99.7**	**99.8**	**100.0**	**99.3**	**100.2**
99.8	100.0	100.3	100.1	100.1	99.3	100.0
99.3	100.0	100.0	102.6	98.2	100.0	100.0
99.3	100.0	101.0	100.0	100.0	98.7	100.0
100.2	100.0	100.0	100.1	100.1	99.3	99.9
99.5	99.7	100.0	100.2	100.4	99.8	100.0
100.0	100.0	100.0	100.0	100.0	100.0	100.0
99.8	99.5	98.4	99.2	100.0	99.4	100.6

2002年广西城市居民消费价格各月环比指数（续表2）

以上月价格为100

类　别	1月	2月	3月	4月	5月
(1) 化妆美容用品	96.5	98.8	101.4	100.1	100.0
(2) 卫生用品	100.2	99.6	100.4	98.7	100.0
(3) 个人饰品	99.8	100.7	100.2	100.8	99.2
(4) 个人服务	100.0	104.0	96.1	100.0	100.0
六、交通和通讯	**99.5**	**101.0**	**99.0**	**100.0**	**99.4**
1. 交　　通	99.4	102.4	98.3	100.2	99.2
(1) 交通工具	99.2	98.9	99.6	99.2	96.7
(2) 车用燃料及零配件	96.0	101.0	103.3	105.8	104.6
汽　　油	93.7	101.8	105.7	109.3	107.4
柴　　油	92.8	101.5	104.7	109.5	106.9
(3) 车辆使用及维修	99.7	100.0	100.0	99.9	100.0
(4) 市区公共交通	100.0	100.5	99.5	100.0	100.0
(5) 城市间交通	100.2	111.4	92.5	99.3	98.2
2. 通　　信	99.5	99.8	99.5	99.8	99.6
(1) 通信工具	97.6	99.2	97.6	99.2	97.9
(2) 通信服务	100.0	100.0	100.0	100.0	100.0
七、娱乐教育文化用品及服务	**100.0**	**100.3**	**99.7**	**99.4**	**100.2**
1. 文娱用耐用消费品及服务	99.9	99.7	99.4	97.2	98.9
2. 教　　育	100.0	100.0	100.0	100.0	100.0
(1) 教材及参考书	100.2	99.9	100.0	100.0	100.0
(2) 学杂托幼费	100.0	100.0	100.0	100.0	100.0
3. 文化娱乐用品	100.1	100.7	99.9	100.1	100.6
(1) 文化娱乐	99.6	99.8	100.0	100.3	100.0
(2) 书报杂志	100.2	100.0	100.0	100.0	100.0
(3) 文 娱 费	100.4	101.7	99.7	100.0	101.4
4. 旅游及外出	99.8	102.1	98.5	99.8	102.6
八、居　　住	**101.0**	**98.8**	**98.2**	**100.0**	**95.9**
1. 建房及装修材料	100.9	99.7	99.6	100.0	98.4
2. 租　　房	98.2	100.0	100.0	100.0	100.0
3. 自有住房	101.3	96.8	96.7	100.0	100.0
4. 水、电、燃料	101.4	99.2	97.8	100.1	91.6
水	100.0	100.0	100.0	100.0	100.0
电	100.0	100.0	100.0	100.0	82.5
液化石油气	106.2	96.5	90.5	100.2	97.4
管道燃气	100.0	100.4	100.0	100.0	100.0

6月	7月	8月	9月	10月	11月	12月
100.0	99.8	100.0	100.0	99.7	99.7	100.1
99.5	98.7	100.9	97.1	100.8	98.4	100.8
99.8	99.6	100.5	100.2	99.4	99.8	101.4
100.0	100.0	91.4	100.0	100.0	100.0	100.0
99.2	**99.7**	**99.7**	**99.7**	**100.7**	**99.7**	**99.6**
98.6	100.1	100.0	99.9	101.5	100.0	99.3
95.1	100.0	99.8	99.5	103.9	99.9	98.8
99.7	99.9	100.0	100.1	104.2	100.0	100.0
100.0	100.0	100.0	100.0	105.2	100.0	100.0
98.8	99.4	100.0	100.7	109.6	99.9	99.7
99.3	100.7	100.0	100.0	100.0	100.0	100.0
100.0	100.0	100.0	100.0	100.0	100.0	100.0
100.0	100.0	100.0	100.0	100.4	100.3	98.3
99.7	99.4	99.5	99.6	100.0	99.4	99.9
98.3	97.0	97.2	97.6	99.8	98.8	99.3
100.0	100.0	100.0	100.0	100.0	99.5	100.0
99.4	**99.8**	**99.8**	**106.2**	**100.1**	**99.4**	**99.2**
98.8	97.6	98.4	99.1	98.5	98.7	99.9
100.0	100.0	100.0	112.9	100.2	100.0	98.3
100.0	100.0	99.8	95.3	102.7	100.0	100.0
100.0	100.0	100.0	114.3	100.0	100.0	98.2
99.6	101.6	100.8	99.6	100.0	99.8	100.8
99.3	99.9	99.9	99.9	99.9	100.1	100.0
100.0	100.0	100.0	100.0	100.0	100.4	100.0
99.5	103.9	101.8	99.1	100.1	99.2	101.9
97.6	99.7	100.0	99.8	102.7	97.0	99.7
99.8	**99.1**	**100.8**	**101.0**	**101.5**	**105.1**	**100.5**
99.6	99.8	100.0	99.8	100.0	100.3	99.9
100.0	100.0	100.0	100.0	100.0	100.0	100.0
100.0	100.0	100.0	100.0	100.0	100.0	100.0
99.8	98.1	101.8	102.3	103.4	111.3	101.2
100.0	101.5	104.8	103.1	100.0	100.0	100.0
100.0	93.1	100.0	99.2	100.0	130.4	100.0
99.3	102.4	103.6	108.9	112.5	104.0	104.5
100.0	100.0	100.0	100.0	100.0	100.0	100.0

2003年广西城市居民消费价格各月环比指数

以上月价格为100

类　别	1月	2月	3月	4月	5月
居民消费价格总指数	**101.2**	**99.2**	**100.2**	**100.5**	**98.3**
一、食　品	**102.9**	**98.8**	**100.9**	**100.7**	**96.9**
1. 粮　食	101.0	100.4	99.6	101.3	100.8
大　米	100.7	100.1	99.8	101.6	101.1
2. 淀粉及薯类	103.0	95.5	103.6	100.1	99.2
3. 干豆类及豆制品	107.7	98.2	97.0	100.9	102.0
4. 油　脂	101.4	100.1	100.6	102.0	100.7
5. 肉禽及其制品	101.5	102.2	95.9	99.0	96.0
(1) 食用畜肉及副产品	102.1	102.4	95.2	99.0	97.1
猪　肉	100.8	101.7	96.9	99.1	97.1
牛　肉	103.4	108.9	89.9	100.4	101.3
羊　肉	106.9	98.3	96.4	103.2	98.8
(2) 禽	100.7	101.7	96.3	98.8	92.8
鸡	100.2	100.2	96.9	99.6	93.2
鸭	105.0	113.2	88.9	92.7	88.1
(3) 肉禽加工制品	100.1	102.2	98.7	99.5	97.8
6. 蛋	100.6	100.3	96.7	98.3	98.7
鲜　蛋	100.7	100.3	96.5	98.2	98.6
7. 水 产 品	103.7	104.0	95.4	98.7	97.3
(1) 鱼	103.7	105.5	96.5	100.1	98.4
淡 水 鱼	101.4	106.8	97.0	101.4	98.2
海 水 鱼	108.4	103.0	95.6	97.6	98.9
(2) 其它水产品	103.6	101.3	93.4	96.0	95.2
8. 菜	122.1	82.8	122.2	101.4	83.7
鲜　菜	124.1	81.9	124.1	101.4	82.5
9. 调 味 品	101.6	100.4	100.0	99.8	100.2
盐	100.0	100.0	100.0	100.0	100.6
酱　油	101.5	100.0	99.9	100.0	100.1
10. 糖	100.6	99.9	99.5	98.9	101.0
食　糖	99.4	99.7	100.0	97.1	102.7
11. 茶及饮料	98.4	100.1	99.4	100.0	99.6
(1) 茶　叶	103.3	100.0	100.0	100.0	98.8
(1) 饮　料	96.1	100.1	99.1	100.0	100.0
12. 干鲜瓜果	99.4	100.8	102.3	108.4	100.2
鲜　果	98.5	100.5	103.4	110.6	100.2

6月	7月	8月	9月	10月	11月	12月
99.3	**99.7**	**100.5**	**101.6**	**100.5**	**101.1**	**100.3**
98.4	**101.1**	**101.7**	**103.7**	**100.2**	**101.1**	**100.9**
100.6	99.9	100.1	100.0	101.0	104.7	101.5
100.8	99.8	100.2	100.0	100.4	104.4	101.5
99.5	95.7	102.8	103.1	100.0	97.9	104.2
100.3	100.2	99.8	100.4	100.5	107.6	103.5
100.6	100.0	100.1	100.8	105.1	108.0	100.3
102.8	101.7	101.2	105.3	100.7	102.8	100.4
101.2	101.4	101.5	106.8	101.4	103.8	100.0
102.0	102.5	101.6	107.0	101.0	103.7	100.2
98.4	102.2	98.9	102.9	100.6	100.4	101.2
97.5	98.0	100.8	97.9	100.6	100.0	101.8
107.5	102.3	101.0	103.4	99.3	100.9	101.3
106.1	101.8	101.1	103.3	100.9	100.8	99.9
123.8	107.1	99.9	105.6	87.9	100.9	111.2
101.1	101.9	100.7	102.3	100.3	102.0	100.6
98.6	99.2	108.7	107.6	98.6	104.3	101.0
98.6	99.2	109.2	107.9	98.5	104.6	101.0
100.3	102.9	99.8	99.7	99.2	100.6	100.8
100.2	101.9	99.9	99.6	99.0	98.8	100.4
99.6	101.1	100.1	99.8	99.5	97.8	99.4
101.2	103.6	99.4	99.1	98.1	101.0	102.3
100.5	104.8	99.6	99.9	99.6	104.2	101.5
94.0	101.0	109.3	116.3	99.1	93.1	102.6
93.4	101.3	110.1	117.5	99.1	92.3	102.8
100.1	100.0	100.3	100.1	99.8	100.1	101.0
100.0	100.0	100.0	100.0	100.0	100.0	100.0
100.0	100.0	100.0	100.3	99.7	100.5	99.9
100.2	100.1	100.0	100.0	100.2	100.4	100.5
100.5	100.2	100.0	100.0	100.6	100.9	100.3
99.4	100.0	99.9	99.5	100.4	100.2	99.7
100.0	100.0	100.0	100.0	100.0	100.0	100.0
99.1	100.0	99.9	99.3	100.6	100.4	99.5
81.6	105.9	101.3	101.4	97.9	100.0	101.2
77.8	107.9	101.5	102.4	97.2	98.0	101.4

2003年广西城市居民消费价格各月环比指数（续表1）

以上月价格为100

类　别	1月	2月	3月	4月	5月
13. 糕点饼干面包	99.9	100.1	100.0	100.0	100.0
14. 奶及奶制品	93.3	99.9	98.8	100.8	100.0
15. 在外用膳食品	99.3	100.1	99.9	100.0	100.0
16. 其它食品及食品加工服务	101.0	100.1	99.9	99.7	100.1
二、烟酒及用品	**99.3**	**100.0**	**99.8**	**99.9**	**99.3**
1. 烟　　草	99.2	99.9	99.7	98.8	99.6
2. 酒	99.2	100.1	100.0	101.5	99.9
3. 吸烟饮酒用品	100.0	100.0	100.0	100.0	96.2
三、衣　　着	**97.9**	**96.6**	**101.0**	**101.0**	**99.9**
1. 服　　装	97.3	95.8	99.1	101.5	100.3
(1) 男式服装	97.5	94.1	100.0	102.6	101.4
(2) 女式服装	96.4	96.0	98.5	101.5	99.6
(3) 儿童服装	100.8	100.1	99.2	98.8	100.1
2. 衣着材料	98.6	100.0	99.6	100.0	99.9
3. 鞋 袜 帽	99.3	97.8	106.6	100.0	98.8
(1) 鞋	99.2	97.5	107.3	100.0	98.7
(2) 袜　　子	100.0	100.0	100.0	100.0	100.0
(3) 帽　　子	100.0	100.0	100.0	100.0	100.0
4. 衣着加工服务	100.0	100.0	100.0	100.0	100.0
四、家庭设备用品及维修服务	**100.5**	**99.4**	**100.2**	**99.9**	**100.0**
1. 耐用消费品	99.5	99.8	99.5	99.0	99.9
(1) 家　　具	100.5	100.0	100.0	99.7	100.0
(2) 家庭设备	98.8	99.7	99.2	98.5	99.8
2. 室内装饰品	99.5	99.8	98.9	100.1	100.1
3. 床上用品	98.6	93.3	108.4	99.9	100.0
4. 家庭日用杂品	100.1	100.0	100.0	100.0	100.0
5. 家庭服务及加工维修服务	106.9	100.0	100.0	103.0	100.0
五、医疗保健和个人用品	**100.7**	**100.6**	**99.8**	**104.1**	**101.6**
1. 医疗保健	100.6	100.4	100.0	105.9	102.3
(1) 医疗器具及用品	100.4	100.0	100.0	100.0	100.3
(2) 中药材及中成药	99.6	101.4	99.9	113.3	103.7
(3) 西　　药	100.0	99.9	100.0	99.5	99.0
(4) 保健器具及用品	99.9	100.0	100.0	99.9	101.9
(5) 医疗保健服务	104.1	100.0	100.0	111.8	107.5
2. 个人用品及服务	101.0	101.1	99.4	99.7	99.9

6月	7月	8月	9月	10月	11月	12月
100.4	100.4	99.8	100.1	100.0	100.0	100.4
100.0	100.0	100.0	100.0	100.2	100.0	99.7
100.0	100.0	100.2	100.0	100.0	100.3	100.4
99.6	99.5	98.7	100.3	100.0	97.0	102.8
99.6	**99.7**	**100.1**	**100.1**	**100.0**	**98.8**	**103.0**
99.0	100.0	100.2	100.0	100.0	100.0	100.1
100.4	99.3	100.1	100.2	100.0	96.6	108.4
100.0	100.0	100.0	100.0	100.0	100.0	100.0
99.8	**99.6**	**98.8**	**100.6**	**103.3**	**100.4**	**99.4**
99.9	98.6	98.9	99.9	102.8	100.1	99.5
99.4	99.7	99.4	100.2	102.1	99.0	98.7
100.2	98.5	98.2	99.7	103.2	100.9	100.0
99.7	95.7	100.5	100.0	103.5	100.6	100.0
100.1	100.5	99.9	100.1	101.4	99.7	100.0
99.8	102.1	98.0	102.3	105.0	101.2	99.0
99.8	102.3	97.8	102.5	105.5	101.3	98.9
100.0	100.0	100.0	100.0	100.0	100.0	100.0
100.0	100.0	100.0	100.0	100.0	100.0	100.0
98.3	100.0	100.0	100.0	100.0	100.0	100.0
99.5	**99.5**	**99.8**	**99.9**	**100.0**	**100.1**	**99.6**
99.6	99.3	99.8	99.7	100.2	99.8	100.3
99.9	100.0	99.6	99.9	98.6	98.6	101.6
99.3	98.8	99.9	99.6	101.4	100.7	99.5
100.0	100.0	100.0	99.9	100.1	99.7	94.3
101.7	97.8	100.2	100.0	100.3	99.5	100.5
99.3	100.0	99.3	100.0	99.4	101.0	99.1
98.3	100.0	100.0	100.0	100.0	100.0	100.0
100.1	**95.9**	**100.7**	**100.1**	**99.8**	**100.2**	**100.2**
100.7	94.2	101.1	100.0	99.7	100.2	100.1
100.2	100.4	102.0	100.0	100.4	100.0	99.9
101.2	88.8	99.0	99.9	99.1	99.0	99.9
100.6	96.0	100.0	100.0	100.0	100.5	100.2
100.1	91.9	100.0	100.0	100.0	103.0	100.0
100.0	100.0	106.9	100.0	100.0	100.6	100.0
98.7	100.5	99.7	100.3	100.1	100.2	100.4

2003年广西城市居民消费价格各月环比指数（续表2）

以上月价格为100

类　别	1月	2月	3月	4月	5月
(1) 化妆美容用品	102.5	100.0	100.0	100.0	100.0
(2) 卫生用品	98.8	101.0	99.2	99.7	100.1
(3) 个人饰品	100.3	101.4	100.1	99.2	99.7
(4) 个人服务	103.2	102.1	98.0	100.0	100.0
六、交通和通讯	**99.3**	**101.1**	**98.5**	**99.4**	**99.2**
1. 交　　通	100.1	102.7	97.4	99.5	98.5
(1) 交通工具	97.8	102.2	100.0	97.3	96.4
(2) 车用燃料及零配件	99.5	103.7	100.0	100.0	93.4
汽　　油	100.0	105.7	100.0	100.0	92.1
柴　　油	100.4	104.9	100.0	100.0	92.8
(3) 车辆使用及维修	98.6	99.5	99.8	100.4	100.0
(4) 市区公共交通	100.0	100.1	99.9	100.0	100.0
(5) 城市间交通	104.5	107.8	88.9	100.7	101.1
2. 通　　信	98.6	99.8	99.6	99.4	99.8
(1) 通信工具	97.0	98.8	97.7	96.5	99.1
(2) 通信服务	99.0	100.0	100.0	100.0	100.0
七、娱乐教育文化用品及服务	**99.9**	**99.9**	**99.6**	**99.7**	**99.7**
1. 文娱用耐用消费品及服务	98.7	99.6	99.5	98.3	98.9
2. 教　　育	100.0	100.0	100.0	100.0	100.0
(1) 教材及参考书	100.0	100.1	100.1	100.0	100.0
(2) 学杂托幼费	100.0	100.0	100.0	100.0	100.0
3. 文化娱乐用品	100.2	99.4	99.3	100.0	99.9
(1) 文化娱乐	99.6	100.1	99.9	100.0	100.0
(2) 书报杂志	103.0	100.0	100.0	100.0	100.0
(3) 文 娱 费	98.9	98.5	98.4	100.0	99.9
4. 旅游及外出	101.3	100.7	98.1	100.7	99.0
八、居　　住	**102.6**	**99.1**	**99.6**	**99.0**	**95.4**
1. 建房及装修材料	100.2	99.0	100.1	99.9	100.4
2. 租　　房	105.1	100.0	100.0	100.0	100.0
3. 自有住房	100.0	100.0	100.0	100.0	100.0
4. 水、电、燃料	104.6	98.5	99.2	97.8	89.9
水	100.0	100.0	105.5	101.0	100.0
电	100.0	100.0	100.0	100.0	79.8
液化石油气	115.6	95.1	93.9	92.2	93.0
管道燃气	100.1	100.0	106.8	100.0	100.0

6月	7月	8月	9月	10月	11月	12月
98.9	100.9	100.0	100.0	100.0	100.0	100.0
96.5	100.3	99.1	99.6	100.0	100.1	100.4
100.0	100.7	99.6	101.6	100.5	100.8	101.3
100.0	100.0	100.0	100.0	100.0	100.0	100.0
99.0	**99.9**	**99.9**	**99.9**	**99.9**	**99.4**	**99.8**
100.1	100.2	99.9	100.1	99.9	98.6	100.4
100.7	99.8	100.0	99.7	99.5	95.0	100.0
99.5	101.9	99.3	99.8	99.9	100.4	103.8
99.4	103.2	99.1	100.0	100.0	100.9	106.2
99.1	101.8	100.0	100.1	100.1	100.1	104.5
100.0	100.0	100.0	100.0	100.0	101.0	100.0
100.0	100.0	100.0	100.0	100.0	100.0	100.0
99.7	100.0	100.0	100.9	100.0	98.8	100.2
98.1	99.7	99.9	99.8	99.9	100.1	99.2
95.4	98.5	99.7	98.7	99.2	100.5	98.5
98.7	100.0	100.0	100.0	100.0	100.0	99.4
99.9	**99.3**	**99.7**	**99.8**	**100.4**	**99.7**	**99.3**
98.8	98.4	98.6	99.4	99.1	99.8	97.4
100.0	100.0	100.0	99.7	100.0	100.0	100.0
100.0	100.0	99.8	94.4	100.0	100.0	100.0
100.0	100.0	100.0	100.1	100.0	100.0	100.0
100.4	99.6	99.8	100.1	102.7	99.4	100.0
100.4	100.0	100.0	100.0	100.1	100.1	99.9
100.3	100.0	100.0	100.4	100.4	100.0	100.0
100.4	98.9	99.6	100.0	106.3	98.5	100.0
100.9	97.4	99.7	100.7	100.6	98.8	98.1
100.4	**98.9**	**99.8**	**101.9**	**101.0**	**105.9**	**100.3**
99.6	100.0	99.9	100.1	103.5	102.0	100.6
100.0	100.0	100.0	114.3	100.0	100.0	100.0
100.0	100.0	100.0	100.0	100.0	100.0	100.0
101.0	97.5	99.7	101.2	100.4	112.6	100.4
100.0	100.0	100.0	100.0	100.0	100.0	100.0
100.0	95.9	100.0	100.0	100.7	129.8	100.0
103.7	96.4	98.7	104.1	100.4	108.4	101.3
100.0	100.0	100.0	100.0	100.0	100.0	100.0

2004年广西城市居民消费价格各月环比指数

以上月价格为100

类　别	1月	2月	3月	4月	5月
居民消费价格总指数	**100.3**	**99.7**	**101.3**	**100.5**	**99.6**
一、食　品	**100.7**	**99.8**	**103.5**	**101.3**	**100.3**
1. 粮　食	101.8	102.6	118.2	104.3	98.5
大　米	101.6	103.0	120.8	104.4	98.1
2. 淀粉及薯类	100.9	102.1	111.4	103.4	111.5
3. 干豆类及豆制品	111.5	100.7	98.1	102.2	101.1
4. 油　脂	98.9	98.3	102.0	102.6	99.1
5. 肉禽及其制品	102.4	97.9	103.0	98.9	102.1
(1) 食用畜肉及副产品	104.1	103.8	97.9	99.0	100.6
猪　肉	102.7	100.8	100.6	99.7	100.6
牛　肉	109.0	109.7	91.6	98.8	100.5
羊　肉	113.3	110.9	92.1	96.0	98.9
(2) 禽	98.8	83.9	117.9	97.1	105.8
鸡	101.4	91.4	99.9	101.6	101.8
鸭	95.4	73.5	146.2	92.2	110.7
(3) 肉禽加工制品	102.0	97.1	104.1	100.0	102.4
6. 蛋	100.7	99.2	99.3	101.5	100.1
鲜　蛋	100.7	98.8	97.9	101.5	99.9
7. 水产品	103.4	104.4	99.8	101.7	103.9
(1) 鱼	102.3	104.1	101.1	102.8	104.2
淡水鱼	103.4	106.6	102.5	102.7	105.1
海水鱼	100.5	100.0	98.6	103.0	102.6
(2) 其它水产品	107.7	105.2	95.2	97.4	102.4
8. 菜	90.9	103.8	106.5	102.6	94.2
鲜　菜	85.7	106.7	109.7	105.4	90.3
9. 调味品	99.4	100.0	100.2	100.4	100.0
盐	100.0	100.0	100.0	100.0	100.0
酱　油	98.4	100.0	100.0	100.0	99.9
10. 糖	98.2	99.8	101.2	99.4	100.5
食　糖	95.9	99.4	99.9	100.0	100.0
11. 茶及饮料	99.5	99.6	100.6	100.3	99.7
(1) 茶　叶	100.0	100.0	100.0	100.0	100.0
(1) 饮　料	99.2	99.4	100.9	100.4	99.5
12. 干鲜瓜果	100.4	101.5	110.9	112.6	100.9
鲜　果	98.4	102.3	114.5	115.7	100.9

6月	7月	8月	9月	10月	11月	12月
100.3	**101.1**	**99.8**	**100.4**	**99.7**	**100.4**	**100.1**
100.7	**103.2**	**100.0**	**101.4**	**98.8**	**99.3**	**100.0**
98.6	99.4	99.9	100.9	100.6	99.7	98.9
98.5	99.4	99.9	101.1	100.6	99.6	98.8
92.0	98.4	91.0	105.0	95.9	97.9	104.4
101.3	99.8	100.5	100.6	100.3	100.5	99.1
101.9	105.3	101.7	100.8	101.0	99.4	99.0
107.3	104.6	98.9	101.5	98.1	99.8	100.9
107.7	104.6	99.8	102.3	98.4	99.5	98.8
110.4	105.9	101.3	103.0	97.5	99.4	97.4
102.0	103.2	96.6	99.6	101.2	99.3	102.4
100.5	99.2	99.3	98.3	101.5	100.5	102.0
111.3	105.0	94.6	98.6	93.9	101.6	106.1
108.1	104.8	100.8	102.2	99.1	97.7	100.5
115.6	105.6	88.3	94.7	87.1	106.4	113.2
104.0	104.3	100.3	102.1	100.2	99.5	101.4
105.9	102.1	103.9	105.1	96.7	96.1	102.4
107.4	102.4	103.2	103.7	96.3	95.6	102.9
101.9	100.1	98.9	99.2	99.7	99.6	99.2
103.5	100.6	98.6	98.9	96.6	98.6	98.2
104.4	98.9	98.5	98.4	96.5	96.6	98.4
101.9	103.7	98.9	99.9	96.7	102.4	97.9
95.2	97.9	100.0	100.5	113.8	103.1	102.9
95.8	113.5	99.3	104.6	94.7	94.2	97.8
93.4	123.1	97.8	106.9	90.1	91.7	98.0
100.0	100.0	100.0	101.3	100.0	100.0	99.3
100.0	100.0	100.0	100.0	100.0	100.0	100.0
100.1	100.0	100.0	100.1	100.0	100.0	97.9
99.2	100.0	100.2	100.2	100.4	99.8	102.3
98.2	100.0	100.1	100.4	100.1	100.1	100.0
100.0	100.6	100.3	98.1	99.5	100.1	102.1
100.0	100.0	100.0	100.0	100.0	100.0	100.0
100.0	101.0	100.5	96.9	99.1	100.2	103.5
68.8	106.6	104.7	107.6	95.1	100.8	98.8
61.3	109.8	106.7	109.2	93.7	101.7	98.7

2004年广西城市居民消费价格各月环比指数（续表1）

以上月价格为100

类　别	1月	2月	3月	4月	5月
13. 糕点饼干面包	100.6	100.0	99.9	100.1	99.7
14. 奶及奶制品	102.5	101.1	101.4	100.3	100.5
15. 在外用膳食品	100.0	100.0	101.4	100.4	100.0
16. 其它食品及食品加工服务	105.6	95.1	100.1	99.6	100.3
二、烟酒及用品	**99.5**	**100.2**	**99.3**	**99.1**	**99.7**
1. 烟　　草	99.9	100.0	99.6	100.0	100.0
2. 酒	98.9	100.4	98.8	97.9	99.2
3. 吸烟饮酒用品	99.9	100.0	100.0	99.4	100.0
三、衣　　着	**97.6**	**99.4**	**99.7**	**101.2**	**102.1**
1. 服　　装	96.0	98.8	99.7	101.3	103.1
(1) 男式服装	94.7	96.1	95.7	102.8	100.4
(2) 女式服装	94.8	100.2	102.2	100.3	102.9
(3) 儿童服装	98.9	99.8	100.4	101.3	105.8
2. 衣着材料	100.0	99.9	100.2	100.0	100.1
3. 鞋 袜 帽	99.9	100.3	99.6	101.4	101.1
(1) 鞋	100.0	100.4	99.5	101.8	101.4
(2) 袜　　子	100.0	100.0	100.0	100.0	100.0
(3) 帽　　子	98.6	100.0	100.0	100.0	100.0
4. 衣着加工服务	99.9	100.0	99.9	100.0	100.0
四、家庭设备用品及维修服务	**100.0**	**100.7**	**100.1**	**100.0**	**99.7**
1. 耐用消费品	99.8	99.3	100.5	100.8	99.1
(1) 家　　具	100.0	100.0	100.1	100.0	99.8
(2) 家庭设备	99.5	98.5	101.0	101.8	98.3
2. 室内装饰品	98.8	110.6	99.3	100.0	100.0
3. 床上用品	98.3	100.1	100.3	100.0	100.0
4. 家庭日用杂品	99.9	101.2	99.8	99.2	100.1
5. 家庭服务及加工维修服务	105.3	100.0	100.0	100.1	100.0
五、医疗保健和个人用品	**99.9**	**99.8**	**100.4**	**99.9**	**100.2**
1. 医疗保健	99.8	100.1	100.5	99.9	100.3
(1) 医疗器具及用品	102.4	100.1	100.0	100.4	100.2
(2) 中药材及中成药	98.3	100.0	102.5	99.5	101.4
(3) 西　　药	100.1	100.0	99.7	100.1	100.0
(4) 保健器具及用品	99.8	100.0	101.1	99.9	100.1
(5) 医疗保健服务	100.0	100.2	100.0	100.0	100.0
2. 个人用品及服务	99.9	99.3	100.2	99.8	100.1

6月	7月	8月	9月	10月	11月	12月
100.8	100.0	99.9	100.0	100.0	100.0	100.0
98.5	103.5	100.2	100.0	100.0	99.7	100.0
100.0	100.0	100.0	100.0	100.0	100.0	100.0
100.2	99.6	100.5	98.8	100.2	100.1	100.0
100.0	**100.3**	**99.5**	**100.0**	**100.0**	**99.7**	**100.3**
100.0	100.0	100.1	100.1	100.0	100.0	100.0
100.0	100.9	98.7	100.0	100.0	99.3	100.8
100.0	100.0	100.0	100.0	100.0	100.0	100.0
100.2	**98.3**	**97.2**	**98.6**	**101.4**	**100.8**	**100.7**
100.4	99.3	96.2	99.3	101.0	101.5	99.7
102.3	99.0	101.0	99.9	100.9	103.7	97.6
99.5	99.9	94.8	98.9	101.8	100.9	100.4
99.9	98.8	93.8	99.2	100.0	100.1	101.1
100.0	100.0	100.2	100.0	100.0	100.0	100.1
99.9	95.8	98.1	96.7	102.7	99.8	102.7
99.8	94.5	97.5	95.6	103.6	99.7	103.6
100.0	100.1	99.7	99.8	100.0	100.0	99.9
100.0	100.0	100.0	100.0	100.0	100.0	100.0
100.0	100.0	100.0	100.0	100.0	100.0	100.0
99.8	**100.3**	**99.7**	**99.8**	**98.8**	**100.8**	**99.6**
99.6	100.7	99.2	99.5	100.1	99.9	100.0
100.0	100.5	99.5	100.0	100.0	100.0	100.0
99.2	100.9	98.8	98.9	100.3	99.7	100.0
100.0	100.0	100.0	100.0	100.0	100.0	92.4
99.8	100.0	99.8	100.0	100.0	100.0	99.7
100.0	100.0	100.0	100.0	96.7	102.4	100.0
100.0	100.0	100.0	100.0	100.0	100.0	100.0
99.5	**99.4**	**100.3**	**102.0**	**100.7**	**99.6**	**99.6**
99.5	99.9	100.4	103.4	100.5	99.5	98.9
100.0	100.0	101.4	100.0	100.0	98.2	96.4
98.1	99.9	101.6	103.3	102.5	97.7	95.6
99.6	99.7	100.0	100.2	100.0	100.2	100.2
100.0	100.8	99.9	98.1	100.0	100.0	99.9
100.0	100.0	100.0	107.3	100.0	100.0	100.0
99.6	98.7	100.2	99.9	101.1	99.8	100.6

2004 年广西城市居民消费价格各月环比指数（续表 2）

以上月价格为 100

类　别	1 月	2 月	3 月	4 月	5 月
(1) 化妆美容用品	99.8	100.1	99.9	100.0	99.8
(2) 卫生用品	96.8	100.1	99.5	99.8	100.4
(3) 个人饰品	101.2	99.1	101.0	99.6	100.2
(4) 个人服务	101.3	98.7	100.0	100.0	99.8
六、交通和通讯	**103.0**	**96.3**	**100.9**	**100.5**	**99.8**
1. 交　　通	104.3	95.2	101.2	100.7	99.7
(1) 交通工具	100.0	99.8	100.1	100.0	100.0
(2) 车用燃料及零配件	99.1	100.0	99.8	102.4	100.5
汽　　油	98.6	100.0	100.0	107.6	99.3
柴　　油	98.0	100.0	100.0	100.0	104.5
(3) 车辆使用及维修	99.9	100.0	100.0	100.4	100.0
(4) 市区公共交通	100.0	100.0	100.0	100.0	100.0
(5) 城市间交通	115.0	85.4	104.1	101.6	99.0
2. 通　　信	99.0	99.9	100.0	99.9	99.9
(1) 通信工具	96.4	100.0	99.9	99.7	99.8
(2) 通信服务	100.0	99.9	100.0	100.0	100.0
七、娱乐教育文化用品及服务	**99.9**	**100.3**	**100.1**	**99.9**	**99.2**
1. 文娱用耐用消费品及服务	99.1	99.5	99.7	99.7	97.3
2. 教　　育	100.0	100.5	100.0	100.0	100.0
(1) 教材及参考书	100.0	107.6	100.1	100.0	100.0
(2) 学杂托幼费	100.0	100.1	100.0	100.0	100.0
3. 文化娱乐用品	101.2	100.0	102.6	99.5	95.1
(1) 文化娱乐	99.7	100.5	100.2	100.0	100.1
(2) 书报杂志	101.8	100.2	100.0	100.0	100.0
(3) 文 娱 费	104.5	98.4	112.7	97.5	76.2
4. 旅游及外出	102.8	100.0	94.5	98.9	100.3
八、居　　住	**100.8**	**99.7**	**100.4**	**99.9**	**96.6**
1. 建房及装修材料	101.3	99.5	100.7	99.7	99.7
2. 租　　房	100.0	100.0	100.0	100.0	100.0
3. 自有住房	100.0	100.0	100.0	100.0	100.0
4. 水、电、燃料	100.1	100.0	100.0	100.2	88.3
水	100.0	100.0	100.0	100.0	118.7
电	100.0	100.0	100.0	100.1	76.3
液化石油气	102.2	100.0	99.6	103.8	100.0
管道燃气	100.0	100.0	99.8	100.2	99.8

6月	7月	8月	9月	10月	11月	12月
100.0	100.0	100.0	100.0	100.0	100.0	100.0
99.3	95.6	100.8	100.4	104.0	99.6	99.8
99.4	99.7	100.0	99.5	100.1	99.9	101.8
100.0	100.0	100.0	100.0	100.0	99.9	100.0
100.1	**100.1**	**100.0**	**99.9**	**99.7**	**99.8**	**99.2**
100.2	100.1	100.0	99.9	100.2	99.7	99.7
99.9	99.9	100.0	99.7	99.9	99.1	99.1
100.7	100.2	100.5	102.8	100.0	100.1	100.1
100.2	100.5	101.4	105.1	100.0	100.0	100.0
103.3	100.0	100.7	105.3	100.0	100.0	100.0
100.0	100.0	100.0	100.0	100.5	100.0	100.0
100.0	100.0	100.0	100.0	100.0	100.0	100.0
100.5	100.5	99.9	99.2	100.8	100.3	100.2
100.0	100.0	100.0	100.0	98.1	100.0	97.7
99.8	100.0	100.0	99.8	92.8	100.1	90.8
100.0	100.0	100.0	100.0	100.0	100.0	100.0
100.4	**100.1**	**99.9**	**99.4**	**100.0**	**99.7**	**100.2**
100.5	99.2	99.4	99.9	100.5	98.9	100.0
100.0	100.0	100.0	99.1	100.0	100.0	100.0
100.0	100.0	100.0	93.7	100.0	100.0	100.0
100.0	100.0	100.0	99.4	100.0	100.0	100.0
104.0	102.9	99.5	101.9	98.2	98.2	102.7
100.0	100.0	100.0	100.0	100.0	100.0	100.0
100.0	100.0	100.0	100.0	100.0	100.0	100.0
123.8	114.6	97.9	108.4	92.2	91.6	113.1
99.5	101.7	101.2	99.9	101.9	101.8	94.5
100.5	**101.1**	**100.4**	**100.0**	**100.5**	**104.7**	**100.8**
100.7	100.8	100.5	100.1	100.5	100.3	100.7
100.0	100.0	100.0	100.0	100.0	100.0	100.0
100.0	100.0	100.0	100.0	100.0	100.0	100.0
100.4	102.6	100.4	100.0	100.8	118.1	101.2
100.0	100.0	100.0	100.0	100.0	100.0	100.0
100.0	100.0	100.0	100.0	100.0	131.1	100.0
100.3	99.5	110.3	97.1	113.2	104.6	94.4
100.2	99.9	110.9	100.2	100.2	102.4	102.3

2005年广西城市居民消费价格各月环比指数

以上月价格为100

类　别	1月	2月	3月	4月	5月
居民消费价格总指数	**102.1**	**100.9**	**99.1**	**100.1**	**99.3**
一、食　　品	**100.4**	**103.1**	**98.4**	**100.3**	**98.8**
1. 粮　　食	99.7	100.2	100.6	100.0	100.2
大　　米	99.7	100.2	100.5	100.1	100.1
2. 淀粉及薯类	102.6	100.9	98.3	96.9	97.5
3. 干豆类及豆制品	103.2	102.9	95.7	99.1	100.0
4. 油　　脂	96.0	97.2	98.2	98.1	99.1
5. 肉禽及其制品	99.6	103.8	98.3	99.8	98.7
(1) 食用畜肉及副产品	101.6	103.1	95.6	97.1	98.7
猪　　肉	97.7	100.6	97.0	97.7	98.1
牛　　肉	106.3	108.6	95.0	97.1	100.9
羊　　肉	112.2	108.7	93.4	94.8	95.9
(2) 禽	94.9	108.3	102.9	103.9	98.2
鸡	102.2	107.6	96.4	103.0	98.4
鸭	86.7	109.4	111.5	105.3	97.8
(3) 肉禽加工制品	99.6	102.0	99.6	101.3	99.3
6. 蛋	102.6	101.2	93.8	97.0	103.0
鲜　　蛋	103.6	101.5	92.3	96.4	103.6
7. 水 产 品	103.1	109.0	100.1	100.0	96.8
(1) 鱼	103.6	109.2	100.7	100.8	97.5
淡 水 鱼	103.8	110.4	99.4	100.8	98.3
海 水 鱼	103.2	107.3	102.9	100.7	96.2
(2) 其它水产品	101.5	108.3	98.1	97.2	93.9
8. 菜	101.8	103.4	97.8	103.7	98.0
鲜　　菜	104.7	104.3	94.8	107.4	97.5
9. 调 味 品	99.2	100.0	100.0	100.1	100.0
盐	100.0	100.0	100.0	100.0	100.0
酱　　油	98.7	100.0	100.1	100.0	100.0
10. 糖	98.7	100.5	101.4	98.0	101.0
食　　糖	99.1	100.4	100.8	101.0	99.0
11. 茶及饮料	99.9	99.9	100.1	100.2	100.0
(1) 茶　　叶	100.0	100.0	100.0	100.5	100.0
(1) 饮　　料	99.8	99.9	100.1	100.0	99.9
12. 干鲜瓜果	106.7	113.3	97.2	104.5	92.1
鲜　　果	108.3	116.5	96.5	105.5	90.3

6月	7月	8月	9月	10月	11月	12月
99.7	**100.1**	**99.5**	**100.4**	**100.4**	**100.5**	**100.6**
99.1	**100.7**	**98.7**	**101.1**	**100.8**	**99.0**	**99.5**
100.6	99.5	99.7	100.0	99.9	99.6	99.7
100.7	99.5	99.7	100.0	99.9	99.6	99.6
103.6	98.4	102.9	99.4	99.8	99.0	104.3
99.7	99.7	100.4	100.2	100.5	98.5	100.8
97.0	98.2	99.2	102.4	98.3	98.8	100.4
97.6	98.6	99.1	99.0	99.2	98.4	97.8
98.6	99.6	99.6	100.9	99.9	98.8	100.5
98.0	99.6	99.7	100.8	98.3	97.4	98.6
99.7	99.6	99.3	101.7	102.5	100.1	104.5
98.7	99.9	100.0	99.7	104.1	102.5	107.8
93.9	95.9	97.8	94.1	96.6	95.8	90.3
99.7	96.0	97.1	99.5	96.5	87.2	93.2
87.1	95.4	98.4	86.5	96.2	107.3	85.3
98.8	99.0	99.2	99.1	99.8	99.2	97.7
103.9	97.9	102.1	101.5	97.4	96.0	97.8
104.4	97.7	102.5	101.5	97.6	95.1	97.7
98.8	102.5	99.1	98.9	99.8	98.8	100.3
99.1	103.4	98.3	99.0	97.4	99.9	100.5
99.2	99.6	97.5	100.1	96.2	98.5	101.7
99.0	109.7	99.5	97.4	99.2	101.9	98.8
97.4	98.8	102.5	98.7	110.0	94.8	99.5
109.3	105.7	89.0	104.9	107.3	97.6	100.6
114.7	107.7	82.1	107.5	111.5	96.2	101.9
100.0	100.3	100.0	100.5	100.8	98.5	101.2
100.0	100.3	100.0	100.0	100.0	100.0	100.0
100.0	100.0	100.0	101.1	101.7	95.7	102.1
101.4	100.8	101.5	103.1	105.0	99.5	102.0
100.2	101.7	104.2	106.5	111.4	100.3	101.7
101.4	99.9	100.4	100.1	99.6	99.8	100.2
102.5	100.0	100.0	100.0	100.0	100.0	100.0
100.6	99.8	100.6	100.2	99.3	99.7	100.3
79.6	115.5	101.8	117.4	103.1	100.3	98.9
74.6	119.5	102.1	121.6	103.6	100.3	97.6

2005年广西城市居民消费价格各月环比指数（续表1）

以上月价格为100

类　别	1月	2月	3月	4月	5月
13. 糕点饼干面包	99.5	100.0	100.2	100.0	100.0
14. 奶及奶制品	100.0	100.5	100.9	101.1	99.8
15. 在外用膳食品	100.7	100.2	99.8	100.3	100.0
16. 其它食品及食品加工服务	100.2	107.9	92.5	100.9	99.7
二、烟酒及用品	**99.8**	**99.9**	**100.0**	**100.0**	**100.3**
1. 烟　　草	100.4	100.1	100.1	100.0	100.0
2. 酒	99.0	99.5	100.0	100.0	100.8
3. 吸烟饮酒用品	100.3	100.0	100.0	100.0	100.0
三、衣　　着	**101.2**	**96.2**	**96.7**	**100.3**	**103.1**
1. 服　　装	101.0	94.7	94.7	98.6	105.7
(1) 男式服装	99.9	92.7	92.3	97.8	101.6
(2) 女式服装	100.7	92.6	95.8	100.5	107.5
(3) 儿童服装	102.7	99.3	95.6	97.1	107.1
2. 衣着材料	100.2	100.5	100.0	100.0	100.0
3. 鞋 袜 帽	102.1	98.1	99.6	103.5	99.3
(1) 鞋	102.8	97.4	99.5	104.7	99.1
(2) 袜　　子	100.0	100.0	100.0	100.0	100.0
(3) 帽　　子	99.1	100.0	100.0	100.0	100.0
4. 衣着加工服务	100.0	100.5	99.5	100.0	99.9
四、家庭设备用品及维修服务	**99.8**	**100.4**	**100.1**	**99.9**	**99.8**
1. 耐用消费品	100.5	100.5	100.6	99.8	99.6
(1) 家　　具	100.0	100.0	100.0	99.9	99.5
(2) 家庭设备	101.1	101.2	101.4	99.6	99.9
2. 室内装饰品	100.0	100.0	100.0	100.0	100.0
3. 床上用品	101.2	100.0	100.0	100.0	99.4
4. 家庭日用杂品	98.1	100.0	100.0	100.0	100.0
5. 家庭服务及加工维修服务	102.3	102.4	97.6	100.0	100.0
五、医疗保健和个人用品	**99.9**	**100.1**	**100.1**	**99.9**	**100.4**
1. 医疗保健	99.4	100.0	100.2	99.4	100.5
(1) 医疗器具及用品	99.9	100.0	100.5	99.0	102.6
(2) 中药材及中成药	100.6	100.1	99.9	94.8	100.0
(3) 西　　药	97.7	99.8	100.4	101.7	100.9
(4) 保健器具及用品	99.7	100.2	100.3	99.7	102.9
(5) 医疗保健服务	100.3	100.0	100.0	100.0	99.9
2. 个人用品及服务	100.6	100.2	99.9	100.5	100.1

6月	7月	8月	9月	10月	11月	12月
100.0	100.0	100.3	100.7	100.0	98.9	104.6
100.2	99.5	103.7	97.6	98.0	101.4	98.1
100.0	100.0	100.0	100.0	100.0	100.5	100.0
99.9	100.0	99.9	100.0	105.8	100.3	100.1
100.2	**100.0**	**100.4**	**100.1**	**99.5**	**99.9**	**100.5**
100.0	100.0	100.2	100.0	100.0	100.0	101.1
100.3	100.0	100.8	100.1	98.8	99.8	99.8
101.1	100.0	100.0	100.0	100.0	100.0	100.0
100.4	**98.2**	**97.6**	**99.8**	**101.8**	**103.4**	**102.8**
99.6	98.4	96.9	100.6	103.0	104.7	103.1
98.5	98.4	97.7	102.8	106.7	104.3	100.0
100.3	98.1	95.1	99.2	102.7	106.8	107.0
99.6	98.7	98.6	100.5	100.0	102.4	101.0
101.4	100.0	100.0	99.8	100.1	100.0	100.0
101.6	97.3	97.9	98.1	100.0	102.0	103.3
101.8	95.8	97.2	97.4	100.0	102.8	104.7
100.9	102.3	100.0	100.0	100.0	100.0	98.9
101.6	100.0	100.0	100.0	100.0	100.0	100.0
100.0	100.0	100.0	100.0	100.0	100.0	100.0
100.4	**100.0**	**99.9**	**100.0**	**100.2**	**100.2**	**99.9**
100.2	99.8	100.3	99.7	100.1	100.6	99.7
100.2	99.9	100.0	100.0	101.0	100.0	100.0
100.2	99.6	100.7	99.3	98.9	101.4	99.4
100.0	100.0	100.0	100.0	100.0	99.3	100.0
100.5	100.1	100.0	99.3	101.9	100.0	99.9
100.8	100.2	99.5	100.3	100.0	100.0	100.0
100.0	100.3	100.0	101.0	100.0	100.0	100.3
100.0	**100.0**	**99.8**	**100.3**	**99.4**	**99.3**	**105.7**
99.9	100.0	100.0	99.9	98.8	98.8	109.5
100.0	99.3	100.0	100.0	100.0	100.0	100.0
99.5	100.4	99.8	99.4	99.9	99.3	100.2
100.0	100.0	100.1	100.0	97.0	96.9	100.1
100.5	100.0	100.0	100.0	97.7	100.0	100.0
100.0	100.0	100.0	100.0	100.0	100.0	126.0
100.1	100.0	99.5	100.8	100.1	100.0	100.7

2005 年广西城市居民消费价格各月环比指数（续表 2）

以上月价格为 100

类　别	1 月	2 月	3 月	4 月	5 月
(1) 化妆美容用品	99.9	100.1	100.0	100.1	100.0
(2) 卫生用品	100.7	99.8	99.2	101.0	100.1
(3) 个人饰品	100.3	98.9	101.1	100.3	100.4
(4) 个人服务	101.1	101.9	99.5	100.4	100.0
六、交通和通讯	**99.8**	**102.6**	**98.3**	**100.8**	**99.7**
1. 交　　通	99.7	103.5	97.8	101.2	100.0
(1) 交通工具	99.1	99.1	101.8	101.4	100.0
(2) 车用燃料及零配件	100.0	100.0	100.8	100.8	100.0
汽　　油	100.0	100.0	102.7	102.6	98.5
柴　　油	100.0	100.0	100.0	100.0	102.2
(3) 车辆使用及维修	100.0	100.0	100.0	103.6	101.2
(4) 市区公共交通	100.0	100.0	100.0	100.0	100.0
(5) 城市间交通	100.1	112.9	90.7	100.7	99.7
2. 通　　信	100.1	100.0	99.9	99.8	98.8
(1) 通信工具	100.2	99.9	99.7	99.1	95.1
(2) 通信服务	100.0	100.0	100.0	100.0	100.0
七、娱乐教育文化用品及服务	**110.2**	**100.0**	**100.0**	**99.9**	**99.7**
1. 文娱用耐用消费品及服务	99.5	98.6	99.9	99.2	98.1
2. 教　　育	113.9	100.3	100.0	100.0	100.0
(1) 教材及参考书	100.1	105.5	100.1	100.2	100.0
(2) 学杂托幼费	114.8	100.0	100.0	100.0	100.0
3. 文化娱乐用品	99.5	100.0	100.2	100.0	100.1
(1) 文化娱乐	100.2	100.0	100.3	100.1	100.1
(2) 书报杂志	101.2	100.0	100.0	100.0	100.0
(3) 文 娱 费	95.2	100.0	100.4	99.6	100.4
4. 旅游及外出	103.5	101.6	97.3	99.0	100.9
八、居　　住	**100.4**	**100.0**	**100.0**	**100.2**	**96.1**
1. 建房及装修材料	100.0	99.4	100.1	100.3	99.6
2. 租　　房	100.0	100.0	100.0	100.0	100.0
3. 自有住房	101.3	100.0	100.0	100.0	100.0
4. 水、电、燃料	101.0	101.0	99.9	100.1	87.7
水	100.4	100.0	99.8	100.0	100.0
电	100.0	100.0	100.0	100.0	78.8
液化石油气	101.1	100.0	96.0	100.0	96.0
管道燃气	100.0	100.0	100.0	100.0	100.0

6月	7月	8月	9月	10月	11月	12月
100.0	100.0	100.0	100.0	100.0	100.0	99.9
100.2	100.1	99.3	101.9	99.6	100.0	100.8
100.1	100.0	99.3	100.8	100.6	99.9	101.3
100.0	100.0	100.0	100.0	100.0	100.0	100.0
99.8	**100.3**	**100.9**	**100.0**	**100.1**	**100.3**	**100.1**
99.9	100.6	101.3	100.0	100.1	100.5	100.1
99.7	99.9	99.9	99.4	99.9	101.1	99.1
101.6	103.7	101.8	100.1	100.3	100.0	100.1
100.2	105.5	103.4	100.2	100.6	100.0	100.0
103.7	105.7	103.2	100.3	100.5	100.0	100.0
100.0	100.0	100.3	100.0	103.6	100.0	100.0
100.0	100.0	100.0	100.0	100.0	102.8	100.0
99.7	101.3	103.7	100.8	99.4	99.1	101.5
99.4	99.5	99.6	100.0	100.0	100.0	100.1
97.7	97.7	98.5	99.9	99.9	99.9	100.4
100.0	100.0	100.0	100.0	100.0	100.0	100.0
99.9	**99.8**	**99.6**	**99.6**	**99.9**	**99.8**	**100.0**
99.3	98.9	97.3	99.4	99.0	98.9	99.7
100.0	100.0	100.0	99.6	100.0	100.0	100.0
100.0	100.0	100.0	93.1	100.3	100.0	100.0
100.0	100.0	100.0	100.0	100.0	100.0	100.0
99.8	98.8	100.4	100.3	99.8	99.8	100.5
100.0	99.9	99.9	100.1	100.0	100.2	99.9
100.0	100.0	100.0	100.0	100.1	100.0	100.0
99.1	93.6	102.7	101.2	98.7	98.3	103.2
94.9	100.6	101.4	98.5	106.1	96.3	98.8
99.8	**100.0**	**100.7**	**100.7**	**100.9**	**104.5**	**100.5**
99.7	99.9	101.1	101.1	101.0	100.1	100.7
100.0	100.0	100.0	100.0	100.0	100.0	100.0
100.0	100.0	100.0	100.0	100.0	100.0	100.5
99.9	100.1	100.2	100.0	101.1	116.6	100.2
100.0	100.0	100.0	102.0	100.0	111.1	102.0
100.0	100.0	100.0	100.0	100.0	131.2	100.0
101.2	102.9	102.6	108.1	107.2	101.8	100.1
100.0	100.0	102.8	100.0	108.3	100.0	100.0

2006年广西城市居民消费价格各月环比指数

以上月价格为100

类　别	1月	2月	3月	4月	5月
居民消费价格总指数	**100.6**	**100.8**	**99.2**	**100.2**	**99.6**
一、食　品	**101.2**	**104.0**	**98.9**	**99.5**	**100.0**
1. 粮　食	100.6	100.7	99.8	99.4	99.9
大　米	101.0	101.0	99.8	99.2	99.9
2. 淀　粉	112.3	99.9	97.6	100.7	102.4
3. 干豆类及豆制品	101.1	105.3	98.0	97.1	101.2
4. 油　脂	100.4	100.2	100.2	99.8	100.2
食用植物油	100.4	100.3	100.5	100.0	100.0
5. 肉禽及其制品	103.7	107.1	94.3	96.8	99.8
(1) 食用畜肉及副产品	101.7	105.1	94.3	95.1	98.5
猪　肉	100.1	104.3	94.8	94.3	97.6
牛　肉	101.8	100.2	98.3	97.1	100.0
羊　肉	107.7	107.4	96.6	94.6	101.2
(2) 禽	109.1	114.6	92.0	99.1	102.0
鸡	106.2	115.7	89.2	100.1	105.8
鸭	114.8	112.6	97.1	97.4	95.3
(3) 加工肉禽	102.4	102.0	98.6	98.3	100.4
6. 蛋	105.0	100.3	96.9	99.6	99.2
鲜　蛋	105.9	100.4	96.6	99.6	99.1
7. 水产品	104.9	107.5	93.5	99.5	100.1
(1) 鱼	103.1	104.1	94.6	98.5	97.8
淡水鱼	104.5	106.9	94.7	99.1	98.1
海水鱼	101.1	99.8	94.5	97.4	97.1
(2) 其他水产品	108.6	114.5	91.6	101.4	104.5
虾蟹类	108.6	114.5	91.6	101.4	104.5
8. 菜	96.2	102.4	103.9	98.0	100.6
鲜　菜	94.3	103.2	104.8	97.7	100.5
9. 调味品	100.3	100.1	99.9	100.2	100.1
盐	100.0	100.0	100.0	100.0	100.0
酱　油	100.5	100.0	100.0	100.6	100.0
10. 糖	101.1	104.6	102.1	100.9	99.9
食　糖	103.2	111.8	104.7	101.4	99.6
11. 茶及饮料	99.4	100.2	100.6	100.7	99.8
(1) 茶　叶	100.0	100.0	100.0	100.8	100.0
(2) 饮　料	99.1	100.3	100.9	100.6	99.8
12. 干鲜瓜果	98.6	110.1	108.8	107.7	98.3

6 月	7 月	8 月	9 月	10 月	11 月	12 月
100.1	**99.8**	**100.2**	**100.4**	**100.0**	**100.7**	**101.3**
100.6	**99.7**	**100.3**	**100.3**	**98.9**	**100.2**	**102.9**
100.8	100.9	99.4	101.8	100.4	100.5	101.6
101.0	101.1	99.5	102.0	100.4	100.3	101.4
103.3	103.7	99.1	98.6	96.4	98.8	100.2
100.4	100.3	100.1	100.1	99.9	98.9	100.8
100.1	100.0	99.9	100.4	100.1	101.6	105.7
100.0	100.8	99.4	100.7	100.1	100.9	105.3
100.9	100.2	103.1	102.4	102.5	99.7	105.6
99.4	100.7	102.3	104.6	103.5	99.4	106.9
100.3	101.2	103.5	107.1	104.1	99.3	109.1
97.9	101.3	100.4	99.0	101.3	100.6	100.7
98.7	98.7	98.7	100.1	104.0	102.4	103.9
103.7	99.3	106.1	99.7	101.6	100.1	105.0
102.0	96.2	107.2	100.7	99.5	101.5	106.6
106.9	105.0	104.4	98.2	105.3	97.7	102.3
101.0	100.2	100.2	100.6	101.2	99.7	102.1
98.8	100.1	108.9	104.2	99.8	99.5	103.8
98.8	100.0	110.0	104.3	99.9	99.2	104.2
100.6	99.2	97.6	98.0	98.7	100.3	100.0
105.0	100.4	98.4	97.9	98.1	99.7	97.6
98.7	101.3	99.4	98.7	99.0	99.7	99.3
115.8	99.2	96.9	96.7	96.6	99.7	94.9
93.1	96.7	96.0	98.3	99.9	101.6	104.8
93.1	96.7	96.0	98.3	99.9	101.6	104.8
104.0	101.1	106.7	97.4	88.6	100.3	104.0
105.0	101.2	107.9	97.1	86.4	100.2	104.4
100.0	100.4	99.7	104.2	100.8	100.2	99.8
100.0	100.0	100.0	115.0	103.9	100.0	101.4
100.3	99.5	100.0	100.0	99.4	100.0	100.5
100.5	100.2	96.6	100.0	100.4	100.1	99.4
102.3	100.8	94.2	99.5	100.2	100.5	98.7
99.5	99.7	100.7	100.0	100.3	99.8	100.1
100.0	100.0	100.0	100.0	100.0	100.0	100.0
99.3	99.5	101.1	100.0	100.5	99.8	100.2
98.1	95.2	87.4	97.2	95.8	102.5	102.7

2006年广西城市居民消费价格各月环比指数（续表1）

以上月价格为100

类 别	1月	2月	3月	4月	5月
鲜瓜果	98.2	112.3	110.5	109.1	97.9
13. 糕点饼干	99.4	100.3	100.5	100.1	100.3
14. 液体乳及乳制品	100.5	100.4	100.6	100.5	100.0
15. 在外用膳食品	100.4	100.4	99.8	100.0	100.7
16. 其他食品	100.0	99.7	99.9	98.3	100.4
二、烟酒及用品	**99.3**	**100.6**	**100.1**	**99.9**	**100.1**
1. 烟 草	99.6	100.3	100.0	100.0	100.0
2. 酒	98.4	100.8	100.2	99.8	100.4
3. 吸烟、饮酒用品	100.5	101.1	100.0	100.0	100.0
三、衣 着	**99.3**	**94.6**	**97.2**	**103.6**	**100.8**
1. 服 装	99.6	92.2	96.7	104.4	101.2
(1) 男式服装	98.7	95.9	95.9	103.4	100.7
(2) 女式服装	101.8	89.3	97.2	105.4	101.5
(3) 儿童服装	94.2	93.2	97.0	103.8	101.4
2. 衣着材料	100.2	100.9	99.2	100.0	100.0
3. 鞋袜帽	98.6	100.2	98.1	102.1	99.8
(1) 鞋	98.3	100.1	97.8	102.3	99.8
(2) 袜 子	100.0	100.5	100.0	101.8	100.0
(3) 帽 子	101.2	102.5	97.4	100.0	101.1
4. 衣着加工服务费	100.0	100.5	100.0	100.0	100.0
四、家庭设备用品及维修服务	**100.1**	**99.8**	**99.6**	**100.0**	**100.1**
1. 耐用消费品	99.1	99.8	100.1	99.8	100.2
(1) 家 具	100.4	100.0	100.0	99.9	100.0
(2) 家庭设备	98.4	99.7	100.2	99.7	100.4
2. 室内装饰品	97.3	100.0	99.6	100.4	100.0
3. 床上用品	103.9	99.7	95.9	100.9	99.9
4. 家庭日用杂品	100.6	100.0	99.9	100.0	100.0
5. 家庭服务及加工维修服务	101.6	99.5	100.0	100.0	100.0
五、医疗保健和个人用品	**100.6**	**100.4**	**100.7**	**100.3**	**100.5**
1. 医疗保健	100.1	100.6	100.6	100.0	100.1
(1) 医疗器具及用品	100.0	100.0	105.8	100.0	100.0
(2) 中药材及中成药	100.0	102.9	100.5	99.4	99.8
(3) 西 药	100.3	99.9	100.7	100.6	100.3
(4) 保健器具及用品	100.9	98.0	100.4	99.6	100.6
(5) 医疗保健服务	100.0	100.0	100.0	100.0	100.0
2. 个人用品及服务	101.5	100.1	101.0	100.8	101.2

6 月	7 月	8 月	9 月	10 月	11 月	12 月
97.5	93.9	84.7	95.8	94.1	103.4	103.8
100.4	100.2	100.0	99.6	100.3	100.0	100.0
99.9	99.6	99.9	100.5	99.8	99.8	99.4
100.0	99.9	100.0	100.1	100.0	100.2	101.5
99.7	102.7	98.6	100.0	100.0	100.0	100.0
100.0	**100.1**	**100.2**	**100.0**	**100.2**	**99.9**	**100.3**
100.0	99.9	100.1	100.0	100.0	100.0	100.0
100.0	100.4	100.4	99.9	100.6	99.7	100.8
100.0	100.3	100.0	100.2	100.0	100.0	100.0
98.7	**97.3**	**99.7**	**101.4**	**104.5**	**101.7**	**101.7**
99.3	97.8	97.4	102.0	105.8	102.2	102.5
99.6	96.8	98.1	100.9	105.6	102.1	100.6
99.8	97.7	96.8	101.8	107.4	101.8	105.0
96.5	101.0	97.2	105.5	101.0	104.2	98.8
100.0	99.3	100.0	100.2	99.9	100.0	100.0
97.0	95.6	106.1	100.3	101.9	100.6	99.6
96.4	94.5	106.6	100.3	102.6	100.7	99.3
100.0	101.0	104.9	100.0	98.2	100.0	100.3
100.0	100.0	99.8	100.0	100.0	100.0	103.7
100.0	99.4	98.7	100.0	100.0	100.0	100.0
100.4	**99.9**	**100.4**	**100.2**	**100.0**	**100.7**	**100.1**
100.7	100.2	99.8	100.5	100.2	100.5	100.1
99.4	99.9	100.0	100.2	100.0	100.4	99.9
101.5	100.4	99.7	100.7	100.3	100.6	100.2
100.0	100.4	98.9	99.2	100.0	100.0	100.0
98.4	96.3	106.3	99.7	98.9	99.9	101.2
100.6	100.4	100.1	100.1	100.0	101.8	99.9
100.0	100.0	100.0	100.0	100.0	100.0	100.0
99.6	**99.8**	**100.1**	**99.5**	**100.1**	**100.4**	**100.3**
100.0	100.2	100.3	99.5	100.0	100.3	100.0
99.4	99.3	100.0	100.0	103.7	100.0	100.0
100.4	100.2	101.6	100.7	99.6	100.3	100.3
99.7	100.4	99.9	98.1	100.0	100.7	99.6
99.6	100.2	99.5	100.0	100.5	99.4	99.9
100.0	100.0	100.0	100.0	100.0	100.0	100.0
99.1	99.1	99.6	99.6	100.1	100.4	100.9

2006年广西城市居民消费价格各月环比指数（续表2）

以上月价格为100

类　别	1月	2月	3月	4月	5月
(1) 化妆美容用品	104.3	99.3	101.1	99.9	100.0
(2) 清洁化妆用品	99.7	100.1	101.9	100.2	100.6
(3) 个人饰品	101.9	101.0	100.5	103.4	104.3
(4) 个人服务	101.2	99.8	100.2	100.0	100.0
六、交通和通信	**100.2**	**99.9**	**99.8**	**99.9**	**100.1**
1. 交　通	100.6	100.1	99.9	100.2	100.6
(1) 交通工具	100.0	99.2	100.7	99.9	99.8
(2) 车用燃料及零配件	100.0	100.0	101.1	102.0	103.4
汽　油	100.0	100.0	101.3	102.8	104.9
柴　油	100.0	100.0	100.9	101.5	104.7
(3) 车辆使用及维修费	100.2	100.0	100.0	100.0	100.0
(4) 市区公共交通费	100.0	100.6	100.8	99.9	100.2
(5) 城市间交通费	102.9	100.8	97.2	99.4	100.3
2. 通　信	99.8	99.6	99.8	99.7	99.6
(1) 通信工具	99.2	98.4	98.9	98.5	98.2
(2) 通信服务	100.0	100.0	100.0	100.0	100.0
七、娱乐教育文化用品及服务	**99.9**	**99.6**	**99.7**	**100.0**	**100.7**
1. 文娱用耐用消费品及服务	98.5	99.5	99.6	99.3	99.8
2. 教　育	100.0	100.5	100.0	100.0	100.0
(1) 教材及参考书	100.0	102.7	100.0	100.0	100.0
(2) 学杂托幼费	100.0	100.1	100.0	100.0	100.0
3. 文化娱乐类	100.8	100.7	99.4	99.8	100.1
(1) 文化娱乐用品	99.2	99.5	99.8	99.8	99.7
(2) 书报杂志	100.0	100.0	100.0	100.0	100.0
(3) 文 娱 费	102.9	102.3	98.5	99.6	100.4
4. 旅　游	100.4	94.6	98.8	101.9	107.1
八、居　住	**101.6**	**99.4**	**98.5**	**100.7**	**95.4**
1. 建房及装修材料	100.0	98.8	100.0	101.1	100.4
2. 租　房	100.0	100.0	100.0	104.8	100.0
3. 自有住房	100.0	100.0	100.0	100.0	102.6
4. 水、电、燃料	103.5	99.4	96.9	99.7	89.3
水	100.0	100.0	100.0	100.0	100.8
电	100.0	100.0	100.0	100.0	76.2
液化石油气	109.3	98.3	92.0	99.2	98.8
管道燃气	100.6	100.6	98.9	100.0	100.0

6 月	7 月	8 月	9 月	10 月	11 月	12 月
99.3	98.5	100.8	98.7	101.4	101.8	99.9
99.1	97.4	100.1	99.4	99.6	99.5	101.2
98.1	101.4	97.6	100.5	99.8	100.5	101.6
100.0	100.0	100.0	100.0	100.0	100.4	100.5
99.9	**101.3**	**99.5**	**100.1**	**99.9**	**100.1**	**99.9**
100.7	103.2	99.6	100.2	99.9	99.9	99.8
99.4	99.6	100.1	99.9	99.8	99.9	99.6
103.3	100.0	100.0	100.0	99.9	100.0	99.8
104.7	100.0	100.0	100.0	99.9	100.0	99.7
104.5	100.0	100.0	100.0	99.9	100.0	99.8
100.0	112.4	100.0	100.0	100.0	100.0	99.7
101.2	102.2	100.0	100.0	100.0	100.0	100.0
100.3	103.8	97.9	100.9	100.0	99.6	99.8
99.0	99.3	99.5	100.0	99.8	100.3	100.1
95.5	96.5	97.2	99.8	98.7	98.9	98.7
100.0	100.0	100.0	100.0	100.0	100.6	100.4
100.3	**100.1**	**99.6**	**100.6**	**100.1**	**99.2**	**99.9**
99.0	99.4	99.2	99.5	99.6	99.6	99.4
100.0	100.0	99.9	100.8	100.1	100.0	100.0
100.0	99.9	98.9	95.2	101.0	100.0	100.0
100.0	100.0	100.0	101.7	100.0	100.0	100.0
106.1	99.7	99.6	100.6	99.8	99.5	100.5
99.7	99.3	99.1	100.0	100.0	99.8	100.6
100.0	100.0	100.0	100.0	100.0	100.0	100.0
116.5	100.0	99.8	101.5	99.5	99.0	100.8
94.6	102.6	99.0	101.6	101.5	94.4	99.2
99.7	**99.8**	**101.5**	**100.7**	**100.0**	**104.5**	**101.3**
99.8	99.4	100.1	100.1	101.6	100.2	100.8
100.8	100.0	100.0	100.0	100.4	100.4	100.0
100.0	100.0	100.8	100.0	100.0	100.0	100.0
99.1	99.9	103.0	101.5	98.9	109.9	102.2
100.0	100.0	100.0	100.0	100.0	100.0	100.3
100.0	102.2	100.0	100.0	100.0	129.6	100.0
97.9	97.7	107.6	103.7	97.4	97.2	105.9
99.7	99.2	100.8	100.3	100.0	100.0	101.1

2007年广西城市居民消费价格各月环比指数

以上月价格为100

类别	1月	2月	3月	4月	5月
居民消费价格总指数	**100.7**	**101.0**	**99.8**	**100.4**	**99.6**
一、食品	**101.8**	**103.0**	**100.5**	**100.6**	**99.8**
1. 粮食	102.5	99.5	100.3	99.5	99.7
大米	102.5	99.4	99.8	99.4	99.7
2. 淀粉	99.8	99.8	102.2	98.6	99.0
3. 干豆类及豆制品	100.7	101.0	99.3	100.0	99.5
4. 油脂	102.5	100.5	99.9	103.2	101.4
食用植物油	101.3	101.1	99.7	101.7	102.5
5. 肉禽及其制品	103.5	105.8	96.0	98.1	106.0
(1) 食用畜肉及副产品	104.0	106.3	94.7	96.4	106.5
猪肉	105.5	107.4	93.6	95.0	109.7
牛肉	100.7	100.8	99.2	99.3	99.0
羊肉	100.6	104.0	96.9	102.0	101.6
(2) 禽	103.0	106.6	97.3	100.0	105.8
鸡	103.4	107.5	97.1	99.9	103.3
鸭	102.1	105.0	97.8	100.3	110.7
(3) 加工肉禽	102.8	101.9	98.5	100.5	104.6
6. 蛋	102.1	101.7	99.1	101.2	103.7
鲜蛋	102.1	101.7	99.0	101.4	103.6
7. 水产品	103.4	111.5	99.2	97.1	99.7
(1) 鱼	103.4	108.5	98.9	98.9	100.0
淡水鱼	102.3	106.7	98.6	101.2	100.1
海水鱼	105.1	111.3	99.4	95.2	99.9
(2) 其他水产品	103.6	117.8	99.9	93.8	99.1
虾蟹类	103.6	117.8	99.9	93.8	99.1
8. 菜	96.5	92.5	121.5	112.5	83.4
鲜菜	95.4	89.9	127.0	115.3	80.2
9. 调味品	103.6	99.5	99.9	100.2	100.2
盐	102.0	100.1	100.0	100.0	100.0
酱油	104.8	99.8	99.9	100.0	100.2
10. 糖	99.6	98.7	99.8	99.8	101.1
食糖	98.5	94.9	99.4	99.1	102.0
11. 茶及饮料	100.7	100.8	100.8	99.5	101.6
(1) 茶叶	102.0	101.0	101.2	100.3	100.3
(2) 饮料	100.1	100.7	100.6	99.0	102.3
12. 干鲜瓜果	104.7	110.5	101.0	97.3	96.9

6 月	7 月	8 月	9 月	10 月	11月	12月
100.2	**102.0**	**100.9**	**100.7**	**100.2**	**101.4**	**100.9**
100.6	**105.2**	**102.9**	**101.5**	**98.7**	**100.0**	**102.4**
100.6	101.8	100.8	100.8	101.6	100.5	100.3
101.4	100.9	100.9	99.8	102.1	100.6	99.8
100.1	102.4	100.1	107.4	104.5	101.5	105.6
101.2	104.2	101.9	103.1	101.7	103.5	104.9
103.3	102.2	102.0	101.3	102.1	105.1	108.5
102.9	102.2	101.2	103.0	103.1	105.1	106.9
103.7	112.9	104.0	99.8	97.1	100.2	107.1
104.8	118.1	106.9	100.6	96.1	101.8	109.3
106.8	124.4	108.4	100.1	94.1	100.9	109.2
100.6	101.4	100.8	101.5	100.7	104.7	115.6
100.2	101.9	102.8	105.2	105.5	101.4	98.6
102.4	106.4	98.7	97.6	97.0	96.7	104.6
101.3	106.4	98.6	98.6	97.7	94.1	105.3
104.2	106.4	98.9	95.9	95.8	101.3	103.4
102.5	106.8	102.7	100.8	101.9	100.1	102.6
104.2	105.0	104.6	100.2	94.6	97.5	100.6
104.2	104.8	104.8	99.7	94.1	97.3	100.4
99.4	99.2	98.8	100.4	100.6	98.7	101.1
101.6	102.4	101.7	100.9	99.9	98.1	100.1
100.6	105.8	102.0	100.4	100.0	96.7	100.7
103.3	96.9	101.1	101.8	99.7	100.6	99.2
94.7	92.2	91.9	99.3	102.4	100.5	103.6
94.7	92.2	91.9	99.3	102.4	100.5	103.6
100.3	103.3	107.0	109.9	93.0	96.0	90.0
100.6	103.9	108.2	110.8	91.1	95.3	87.2
100.3	99.0	100.1	100.1	100.2	101.1	100.0
100.0	100.0	100.0	100.0	100.0	100.0	100.0
100.3	98.6	100.0	99.7	100.0	102.1	100.0
100.8	100.0	102.8	101.2	100.1	99.4	100.5
102.5	99.5	105.2	100.9	99.0	98.0	100.7
102.3	100.5	99.7	100.5	100.4	99.6	100.1
100.0	101.4	100.0	100.0	100.0	99.7	100.0
103.5	100.1	99.6	100.8	100.6	99.5	100.2
89.2	102.9	104.0	102.6	103.9	100.4	101.8

2007年广西城市居民消费价格各月环比指数（续表1）

以上月价格为100

类 别	1月	2月	3月	4月	5月
鲜瓜果	105.8	112.9	101.5	96.8	95.5
13. 糕点饼干	100.0	100.0	100.0	100.2	99.9
14. 液体乳及乳制品	100.5	99.6	100.1	101.6	100.5
15. 在外用膳食品	100.3	100.6	99.4	101.2	100.6
16. 其他食品	100.0	100.4	100.9	100.2	99.6
二、烟酒及用品	**100.9**	**100.2**	**100.5**	**99.9**	**99.9**
1. 烟草	100.6	99.7	100.4	99.8	99.9
2. 酒	101.3	100.6	100.7	99.9	99.8
3. 吸烟、饮酒用品	100.0	101.0	100.0	100.3	100.0
三、衣着	**100.4**	**97.0**	**96.7**	**100.7**	**101.0**
1. 服装	100.2	95.5	94.7	100.3	101.3
(1) 男式服装	99.2	96.9	94.6	102.0	100.9
(2) 女式服装	100.6	94.6	94.0	97.6	101.7
(3) 儿童服装	101.1	95.1	96.9	104.9	100.6
2. 衣着材料	102.6	100.0	100.0	100.9	99.7
3. 鞋袜帽	100.7	100.8	101.7	101.8	100.4
(1) 鞋	100.8	101.0	102.1	102.1	100.4
(2) 袜子	100.0	100.0	99.3	100.0	100.5
(3) 帽子	101.0	100.0	100.0	101.1	99.1
4. 衣着加工服务费	100.9	100.0	100.8	100.5	100.0
四、家庭设备用品及维修服务	**100.5**	**99.9**	**100.1**	**100.3**	**99.8**
1. 耐用消费品	100.4	99.7	100.3	100.1	100.3
(1) 家具	100.2	99.4	100.3	99.8	99.7
(2) 家庭设备	100.5	99.9	100.2	100.2	100.7
2. 室内装饰品	99.0	100.0	100.0	101.5	100.0
3. 床上用品	101.0	98.8	97.5	102.5	96.2
4. 家庭日用杂品	100.0	100.0	100.7	100.1	99.7
5. 家庭服务及加工维修服务	102.8	101.7	100.0	99.1	100.6
五、医疗保健和个人用品	**99.5**	**100.4**	**99.8**	**100.8**	**101.1**
1. 医疗保健	99.2	100.0	100.0	100.8	101.5
(1) 医疗器具及用品	98.8	100.0	100.0	99.8	99.7
(2) 中药材及中成药	100.0	100.3	100.0	103.1	105.2
(3) 西药	98.2	99.7	100.0	99.6	99.9
(4) 保健器具及用品	99.9	100.0	100.5	99.7	99.0
(5) 医疗保健服务	100.0	100.0	100.0	100.0	100.0

6 月	7 月	8 月	9 月	10 月	11 月	12 月
86.5	103.2	104.7	103.0	104.9	99.4	101.5
100.3	99.7	102.5	102.2	100.6	100.1	100.6
99.7	99.4	102.9	100.6	99.5	101.4	102.5
100.0	100.8	101.2	100.3	100.1	100.8	100.6
100.1	102.9	101.8	100.4	96.0	101.4	99.7
99.9	**100.2**	**99.3**	**100.1**	**99.9**	**100.4**	**100.0**
100.0	100.0	98.9	99.9	100.0	100.0	100.0
99.9	100.4	99.6	100.3	99.9	101.0	99.9
100.0	100.0	100.0	100.0	100.0	100.0	100.0
98.9	**98.5**	**97.4**	**100.6**	**107.2**	**103.9**	**102.0**
99.4	98.3	96.8	101.5	108.2	104.6	103.8
98.9	99.1	98.0	99.8	109.4	102.7	102.1
100.4	97.8	96.3	100.7	108.7	106.8	104.8
97.1	98.0	95.6	108.2	104.3	102.1	104.3
100.0	100.0	100.0	100.0	100.0	100.0	100.0
97.8	99.0	98.4	98.4	105.6	102.6	97.7
97.4	97.8	98.1	98.0	106.8	103.2	97.6
100.0	106.1	100.0	100.0	100.0	100.0	98.6
100.0	100.0	100.0	100.0	100.0	100.0	99.5
99.1	100.0	100.0	100.0	100.0	100.0	100.0
100.3	**99.6**	**100.0**	**100.1**	**100.3**	**99.9**	**100.1**
100.0	100.1	100.1	99.7	100.0	99.8	100.1
100.0	100.3	100.1	99.8	100.0	100.0	100.4
100.0	100.0	100.2	99.6	100.1	99.7	99.9
100.0	97.9	100.1	100.0	100.0	100.0	100.0
103.7	96.2	97.7	103.3	102.6	100.8	99.4
100.0	99.9	100.3	100.0	100.0	99.5	100.4
100.0	100.9	100.4	100.0	100.0	100.4	100.0
100.5	**100.2**	**100.2**	**100.7**	**100.0**	**100.1**	**100.0**
100.8	100.3	100.3	100.9	99.9	100.0	99.9
100.0	100.0	100.0	100.0	100.3	100.0	100.3
102.5	100.6	100.3	102.5	99.4	99.7	100.0
99.9	100.2	100.6	100.1	100.2	100.2	99.8
100.7	99.8	100.0	100.0	99.8	100.3	99.8
100.0	100.0	100.0	100.0	100.0	100.0	100.0

2007年广西城市居民消费价格各月环比指数（续表2）

以上月价格为100

类　别	1月	2月	3月	4月	5月
2. 个人用品及服务	100.2	101.3	99.3	100.8	100.2
(1) 化妆美容用品	99.5	100.2	99.1	101.3	99.6
(2) 清洁化妆用品	100.0	99.9	100.2	100.2	100.6
(3) 个人饰品	101.1	98.3	100.2	101.9	101.4
(4) 个人服务	101.4	108.5	97.4	100.2	99.6
六、交通和通信	**100.3**	**100.1**	**99.6**	**99.9**	**99.4**
1. 交　通	99.8	100.8	99.2	99.8	99.6
(1) 交通工具	99.8	99.9	99.8	98.8	99.2
(2) 车用燃料及零配件	98.9	98.9	100.0	99.4	100.0
汽　油	97.8	97.8	100.0	99.8	100.0
柴　油	100.1	100.1	99.8	100.0	100.0
(3) 车辆使用及维修费	100.0	99.9	99.8	101.4	100.2
(4) 市区公共交通费	100.0	100.8	100.0	99.5	99.6
(5) 城市间交通费	100.2	104.7	96.3	100.1	99.1
2. 通　信	100.8	99.4	100.1	100.0	99.2
(1) 通信工具	98.9	97.3	98.5	99.8	95.7
(2) 通信服务	101.3	100.0	100.5	100.0	100.1
七、娱乐教育文化用品及服务	**99.5**	**101.7**	**99.2**	**100.2**	**101.0**
1. 文娱用耐用消费品及服务	98.8	99.4	99.1	99.4	99.6
2. 教　育	100.0	100.0	100.0	100.0	101.0
(1) 教材及参考书	100.0	100.0	97.9	100.0	100.0
(2) 学杂托幼费	100.0	100.0	100.3	100.0	101.1
3. 文化娱乐类	100.5	100.4	101.2	100.5	100.3
(1) 文化娱乐用品	100.4	100.1	99.8	99.5	100.1
(2) 书报杂志	100.7	100.0	100.0	100.0	100.0
(3) 文 娱 费	100.6	101.0	103.4	101.6	100.6
4. 旅　游	97.3	113.5	94.1	101.4	104.1
八、居　住	**100.6**	**98.9**	**99.7**	**100.5**	**95.2**
1. 建房及装修材料	101.6	100.1	101.7	100.5	100.9
2. 租　房	101.0	100.0	100.2	100.0	100.0
3. 自有住房	100.0	100.0	101.9	100.0	101.2
4. 水、电、燃料	100.4	97.9	98.1	100.8	89.7
水	103.7	100.0	100.0	100.0	100.0
电	100.0	100.0	100.0	100.0	77.1
液化石油气	99.7	94.0	94.5	102.6	102.2
管道燃气	100.0	98.7	99.6	100.0	100.0

6 月	7 月	8 月	9 月	10 月	11 月	12 月
100.0	100.0	100.0	100.3	100.4	100.5	100.1
100.0	100.0	100.0	100.0	99.9	100.0	100.0
100.0	100.3	100.0	100.1	100.1	100.2	100.5
100.0	99.4	99.8	101.6	102.4	102.8	99.7
100.0	100.0	100.0	100.0	100.0	100.0	100.0
100.0	**99.7**	**99.7**	**100.0**	**99.9**	**100.8**	**99.8**
100.3	99.9	100.0	100.1	99.7	101.8	100.1
99.9	99.4	99.6	100.1	99.8	99.9	99.9
101.1	100.0	100.0	100.1	100.1	106.9	100.0
100.8	100.0	100.0	100.2	100.1	108.9	100.0
100.0	100.0	100.2	100.0	100.0	108.8	100.0
101.5	100.1	100.0	100.0	100.0	100.0	101.0
100.0	100.0	100.0	100.0	100.0	100.0	100.0
99.5	100.2	100.2	100.2	98.9	103.7	99.4
99.6	99.5	99.4	99.9	100.0	99.8	99.6
98.1	97.6	96.7	99.6	99.8	99.0	97.9
100.0	100.0	100.0	100.0	100.0	100.0	100.0
99.3	**101.0**	**99.8**	**99.6**	**100.1**	**99.4**	**99.6**
99.4	99.3	99.0	99.5	100.0	99.5	99.0
100.0	100.0	100.0	99.4	100.0	100.0	100.0
100.0	100.0	99.9	95.0	100.0	100.0	100.0
100.0	100.0	100.0	100.0	100.0	100.0	100.0
100.2	100.3	99.8	99.9	100.1	100.0	100.4
100.2	100.3	99.5	99.8	100.2	99.9	99.5
100.0	100.0	100.0	100.0	100.0	100.0	100.0
100.3	100.4	99.9	99.8	100.2	100.2	101.5
95.0	107.7	99.8	99.9	100.5	96.4	98.2
101.0	**100.8**	**100.5**	**100.8**	**101.9**	**108.8**	**100.0**
100.9	101.0	99.9	102.4	103.0	102.3	100.1
100.0	100.0	100.9	100.0	100.0	100.0	100.0
100.1	101.2	101.4	101.7	100.0	100.0	100.1
101.7	100.9	100.3	100.1	102.9	117.5	99.9
100.0	100.0	100.0	100.0	100.0	100.0	100.0
100.0	100.0	100.0	100.0	100.0	129.7	100.0
104.3	102.3	100.8	100.3	107.4	114.4	99.3
102.0	100.0	100.0	100.0	100.0	101.3	101.9

2008年广西城市居民消费价格各月环比指数

以上月价格为100

类　别	1月	2月	3月	4月	5月
居民消费价格总指数	**101.5**	**103.8**	**98.4**	**101.0**	**98.8**
一、食　　品	**104.7**	**110.9**	**96.4**	**102.9**	**98.2**
1. 粮　　食	100.4	101.1	100.7	101.7	106.7
大　　米	100.3	101.1	100.5	102.1	108.4
2. 淀　　粉	105.0	104.5	100.4	101.1	100.5
3. 干豆类及豆制品	106.4	116.1	99.3	100.6	99.6
4. 油　　脂	100.8	102.2	102.1	99.0	99.5
食用植物油	100.2	102.4	103.1	99.1	99.2
5. 肉禽及其制品	103.8	107.6	97.6	101.1	98.9
(1) 食用畜肉及副产品	104.1	108.2	98.4	99.6	98.5
猪　　肉	101.6	103.9	99.6	99.9	98.0
牛　　肉	111.8	117.3	98.2	100.3	100.0
羊　　肉	105.5	121.1	89.8	96.6	98.9
(2) 禽	103.7	108.6	94.6	104.5	99.7
鸡	103.5	111.3	89.9	105.1	100.5
鸭	104.1	103.1	104.7	103.4	98.2
(3) 加工肉禽	103.1	103.6	99.9	100.8	99.3
6. 蛋	100.3	102.4	97.1	98.6	101.4
鲜　　蛋	100.6	102.7	96.7	98.4	101.6
7. 水 产 品	106.4	115.1	101.7	100.8	98.5
(1) 鱼	103.1	112.1	103.1	107.0	102.0
淡 水 鱼	103.7	114.9	106.1	107.1	102.8
海 水 鱼	102.1	107.3	97.7	106.8	100.7
(2) 其他水产品	113.3	121.0	99.3	89.3	90.5
虾 蟹 类	113.3	121.0	99.3	89.3	90.5
8. 菜	118.0	152.4	79.0	114.1	82.6
鲜　　菜	122.0	161.2	76.0	116.1	79.5
9. 调 味 品	100.2	100.1	102.3	101.8	101.0
盐	100.0	100.0	100.0	100.0	100.0
酱　　油	100.0	100.0	103.8	103.2	101.6
10. 糖	100.4	101.0	100.8	99.6	98.5
食　　糖	98.8	98.8	101.5	98.9	97.8
11. 茶及饮料	100.7	99.9	100.4	99.9	99.5
(1) 茶　　叶	100.0	100.0	100.0	100.0	100.0
(2) 饮　　料	101.1	99.8	100.6	99.8	99.3
12. 干鲜瓜果	102.1	113.0	96.1	106.7	94.2

6 月	7 月	8 月	9 月	10 月	11 月	12 月
100.0	**100.4**	**99.2**	**99.8**	**99.8**	**99.1**	**99.2**
99.8	**100.7**	**98.5**	**100.0**	**99.0**	**98.3**	**98.7**
100.6	100.0	100.3	100.2	99.9	99.8	99.8
100.7	100.1	100.4	100.2	100.0	99.8	99.7
98.6	100.1	98.8	96.8	102.5	98.1	98.1
99.8	99.3	99.2	99.6	99.7	98.4	99.6
100.1	100.2	98.8	97.9	98.5	95.8	94.5
100.2	100.2	98.9	98.5	98.2	96.9	95.9
99.2	98.7	98.9	99.2	96.6	96.3	101.2
99.2	98.9	98.9	98.1	94.5	94.9	101.8
99.1	98.3	98.3	96.8	91.6	92.3	102.6
100.2	100.3	100.4	100.7	100.1	99.7	100.6
99.1	101.1	100.2	101.2	99.9	97.7	98.8
98.7	97.4	98.3	100.4	99.5	98.1	100.8
98.6	97.1	98.3	99.7	99.3	98.3	101.7
98.8	98.0	98.4	101.7	99.9	97.7	99.1
100.4	100.3	99.7	101.0	99.4	98.3	100.1
100.8	100.9	100.9	100.4	98.0	98.0	99.3
100.9	101.0	101.0	100.4	97.7	97.8	99.2
98.7	100.6	98.1	97.2	98.6	95.9	99.8
100.8	99.9	97.1	96.7	96.8	95.3	97.6
99.9	99.2	97.3	98.0	95.7	94.7	95.2
102.4	101.2	96.8	94.3	99.0	96.5	101.9
93.6	102.3	100.8	98.4	102.9	97.1	105.1
93.6	102.3	100.8	98.4	102.9	97.1	105.1
103.3	111.4	92.4	102.8	102.7	99.1	89.3
104.0	113.5	91.1	103.3	103.8	99.3	87.6
101.0	100.1	101.3	100.1	99.8	99.8	100.7
100.0	100.0	100.0	100.0	100.0	100.0	100.0
100.5	100.0	101.0	100.0	99.7	99.7	101.2
101.6	100.0	101.3	99.8	100.7	100.3	99.7
101.6	99.2	100.6	99.1	101.5	100.4	98.8
100.3	99.5	101.0	100.2	99.9	100.7	100.1
100.0	100.0	100.0	100.0	100.0	101.5	100.0
100.5	99.3	101.4	100.2	99.9	100.4	100.1
92.6	96.3	97.7	104.4	99.3	100.0	98.1

2008 年广西城市居民消费价格各月环比指数（续表 1）

以上月价格为 100

类　别	1 月	2 月	3 月	4 月	5 月
鲜瓜果	102.5	115.0	95.3	108.3	93.0
13. 糕点饼干	101.9	100.1	100.9	100.2	98.4
14. 液体乳及乳制品	106.7	101.6	100.8	100.3	102.5
15. 在外用膳食品	103.5	101.6	100.3	101.8	105.9
16. 其他食品	103.4	100.2	100.0	100.0	100.0
二、烟酒及用品	**101.1**	**100.6**	**100.6**	**100.5**	**100.1**
1. 烟　草	99.3	100.0	100.0	100.0	100.0
2. 酒	103.4	101.4	101.3	101.0	100.3
3. 吸烟、饮酒用品	100.0	100.0	100.0	100.0	100.0
三、衣　着	**99.7**	**95.5**	**97.5**	**99.5**	**101.6**
1. 服　装	99.1	94.7	96.1	99.6	102.4
(1) 男式服装	100.3	93.8	100.7	100.0	99.3
(2) 女式服装	98.0	96.0	92.3	99.1	105.1
(3) 儿童服装	99.8	93.3	97.2	100.0	102.0
2. 衣着材料	100.2	100.2	98.4	100.0	100.8
3. 鞋袜帽	101.4	97.4	101.1	99.0	99.6
(1) 鞋	101.7	97.3	101.4	98.8	99.5
(2) 袜　子	100.0	97.4	100.0	100.0	100.0
(3) 帽　子	100.0	100.0	100.0	100.0	100.0
4. 衣着加工服务费	100.0	100.5	104.4	102.1	100.3
四、家庭设备用品及维修服务	**100.6**	**100.7**	**100.4**	**100.3**	**100.5**
1. 耐用消费品	100.2	101.2	100.3	100.5	99.7
(1) 家　具	99.9	99.9	99.6	99.2	99.9
(2) 家庭设备	100.4	102.0	100.6	101.2	99.5
2. 室内装饰品	100.8	100.0	100.0	100.5	100.0
3. 床上用品	100.4	94.9	101.8	96.9	102.6
4. 家庭日用杂品	100.6	102.2	99.3	101.1	101.4
5. 家庭服务及加工维修服务	103.3	100.0	102.7	100.0	100.0
五、医疗保健和个人用品	**100.1**	**101.5**	**100.0**	**99.6**	**100.2**
1. 医疗保健	100.3	101.1	100.1	99.7	100.2
(1) 医疗器具及用品	100.0	99.8	100.0	100.0	100.0
(2) 中药材及中成药	100.3	102.7	100.4	99.9	100.4
(3) 西　药	100.4	100.9	99.9	99.4	100.3
(4) 保健器具及用品	99.9	100.0	100.2	100.0	100.1
(5) 医疗保健服务	100.0	99.6	100.0	100.0	100.0
2. 个人用品及服务	99.9	102.3	99.9	99.4	100.2

6 月	7 月	8 月	9 月	10 月	11月	12 月
91.0	95.0	96.5	105.4	100.2	100.3	97.4
102.6	100.5	100.2	100.1	100.6	100.0	101.1
105.3	100.6	99.2	99.2	99.2	102.1	100.0
100.2	100.3	100.3	100.0	100.0	100.2	100.0
99.4	100.4	100.6	99.6	100.3	100.1	99.9
100.2	**100.2**	**100.1**	**100.3**	**100.1**	**100.0**	**99.9**
100.0	100.1	100.0	100.0	99.9	100.0	100.0
100.4	100.3	100.0	100.6	100.3	100.0	99.7
99.9	100.3	100.9	100.2	100.0	100.0	100.0
101.2	**98.6**	**97.4**	**99.9**	**102.5**	**101.1**	**100.8**
101.2	98.7	97.4	99.8	102.9	101.7	101.4
101.0	99.1	98.2	99.4	103.8	100.5	102.1
101.0	98.3	97.2	99.9	102.1	103.9	100.6
102.5	99.1	96.0	100.6	103.2	98.3	101.9
100.0	100.9	99.5	101.9	101.5	100.0	100.0
101.4	98.1	97.2	99.9	101.6	99.4	99.0
101.7	97.5	96.5	99.9	102.0	99.2	98.8
100.0	101.6	100.6	100.0	100.0	100.0	100.0
100.0	100.0	100.0	100.0	100.0	101.4	99.6
100.0	100.2	99.5	100.2	100.0	100.1	100.3
99.3	**100.6**	**100.1**	**100.0**	**100.3**	**99.9**	**99.8**
99.2	99.2	99.8	100.1	100.0	99.7	99.6
99.9	99.2	99.9	100.0	100.0	99.9	99.9
98.8	99.2	99.7	100.2	100.0	99.6	99.3
100.0	100.0	100.0	100.1	100.0	99.4	100.9
98.4	107.2	98.6	98.9	101.3	99.7	100.3
99.5	101.0	101.0	100.3	100.6	100.0	99.7
100.0	100.0	100.0	100.0	100.0	100.9	100.0
99.8	**100.5**	**99.9**	**99.6**	**100.0**	**99.7**	**100.1**
99.6	100.0	100.5	99.3	100.0	99.9	100.1
100.0	100.0	100.0	100.0	100.0	100.0	100.0
98.6	100.2	100.7	98.8	99.9	99.1	100.1
99.9	99.5	100.4	99.3	100.0	100.4	100.2
102.3	104.4	103.6	99.8	102.6	99.7	100.0
100.0	100.0	100.0	100.0	100.0	99.9	100.0
100.2	101.3	98.8	100.2	99.9	99.4	100.0

2008 年广西城市居民消费价格各月环比指数（续表 2）

以上月价格为 100

类　别	1 月	2 月	3 月	4 月	5 月
(1) 化妆美容用品	98.0	101.0	100.3	100.6	100.4
(2) 清洁化妆用品	100.8	100.9	99.5	99.9	100.1
(3) 个人饰品	101.4	104.7	102.3	95.5	100.2
(4) 个人服务	100.0	105.5	97.8	100.0	100.0
六、交通和通信	**98.8**	**100.5**	**99.1**	**99.8**	**100.2**
1. 交　　通	99.9	101.0	98.3	99.9	100.5
(1) 交通工具	99.5	100.1	99.9	100.0	100.3
(2) 车用燃料及零配件	100.0	100.0	100.0	100.0	100.0
汽　　油	100.0	100.0	100.0	100.0	100.0
柴　　油	100.0	100.0	100.0	100.0	100.0
(3) 车辆使用及维修费	99.8	99.6	95.5	100.0	102.0
(4) 市区公共交通费	100.0	100.0	100.0	100.0	100.0
(5) 城市间交通费	100.4	106.3	95.0	99.2	100.8
2. 通　　信	97.6	99.9	99.9	99.7	99.8
(1) 通信工具	95.3	99.6	99.6	98.2	99.0
(2) 通信服务	98.3	100.0	100.0	100.0	100.0
七、娱乐教育文化用品及服务	**100.4**	**100.1**	**99.8**	**100.4**	**99.7**
1. 文娱用耐用消费品及服务	99.1	99.7	99.9	99.5	98.7
2. 教　　育	100.6	100.0	100.6	100.0	100.0
(1) 教材及参考书	100.3	100.0	104.8	100.0	100.0
(2) 学杂托幼费	100.7	100.0	100.0	100.0	100.0
3. 文化娱乐类	100.5	100.1	100.2	100.0	100.0
(1) 文化娱乐用品	99.8	100.2	100.4	100.0	99.8
(2) 书报杂志	101.1	100.0	100.0	100.0	100.0
(3) 文 娱 费	100.6	100.1	100.0	100.0	100.2
4. 旅　　游	101.1	100.9	96.0	103.5	99.5
八、居　　住	**99.7**	**100.4**	**99.9**	**99.9**	**95.5**
1. 建房及装修材料	100.1	99.7	100.7	100.4	100.5
2. 租　　房	100.2	100.0	100.3	100.0	100.0
3. 自有住房	100.0	100.0	100.0	100.0	100.0
4. 水、电、燃料	99.3	100.9	99.5	99.6	90.1
水	100.0	100.0	100.0	100.0	100.0
电	100.0	100.0	100.0	100.0	77.1
液化石油气	98.2	102.1	98.6	98.9	100.6
管道燃气	100.0	100.1	100.0	100.0	100.0

6 月	7 月	8 月	9 月	10 月	11 月	12 月
100.0	100.3	98.3	100.9	99.6	99.8	100.2
100.1	100.7	100.2	100.0	101.4	100.7	99.4
99.6	103.6	95.9	99.2	97.4	95.7	100.0
101.6	102.5	100.0	100.3	100.0	99.1	101.1
100.3	**100.9**	**99.8**	**100.0**	**99.7**	**99.9**	**99.2**
100.8	101.8	100.2	100.1	99.6	99.9	98.5
99.9	100.2	99.6	100.0	99.5	99.8	99.7
105.7	105.4	100.0	100.0	100.0	99.9	94.1
108.1	107.5	100.0	100.0	100.0	99.9	92.0
108.8	108.1	100.0	100.0	100.0	99.7	91.0
100.3	100.0	100.2	100.6	99.8	100.0	100.0
100.0	100.0	100.0	100.0	100.0	100.0	100.0
98.6	104.6	102.0	100.3	98.8	99.5	98.7
99.6	99.9	99.4	99.8	99.7	99.9	99.9
98.1	99.7	96.7	99.0	98.2	99.2	99.3
100.0	100.0	100.0	100.0	100.0	100.0	100.0
99.7	**100.0**	**99.8**	**99.3**	**100.4**	**99.0**	**99.3**
98.9	99.3	99.2	99.2	99.2	98.9	99.1
100.0	100.0	100.0	99.1	100.0	100.0	100.0
100.0	100.0	100.0	96.0	100.0	100.0	100.0
100.0	100.0	100.0	99.6	100.0	100.0	100.0
100.0	100.1	100.0	100.2	100.0	100.0	100.0
100.0	100.0	100.0	100.1	100.1	99.9	99.9
100.0	100.0	101.2	100.5	100.0	100.0	100.0
100.0	100.1	99.2	100.0	99.9	100.0	100.0
99.6	100.8	99.7	99.3	104.1	94.4	95.9
100.7	**100.5**	**100.1**	**100.0**	**99.3**	**99.0**	**98.9**
100.5	101.2	100.1	100.1	100.1	99.9	100.1
100.0	100.0	101.7	100.0	103.0	100.0	99.9
100.0	100.0	99.8	99.0	97.0	81.3	97.5
101.4	100.6	99.8	100.4	99.0	106.9	98.6
100.0	100.0	100.0	106.5	113.8	100.0	100.0
100.0	100.0	100.0	100.0	100.0	129.7	100.0
103.3	101.3	99.2	98.6	92.9	89.2	96.1
100.0	100.0	100.0	100.1	100.0	100.0	100.0

2009年广西城市居民消费价格各月环比指数

以上月价格为100

类　别	1月	2月	3月	4月	5月
居民消费价格总指数	**100.4**	**99.4**	**100.0**	**100.0**	**98.7**
一、食　　品	**101.6**	**99.2**	**101.3**	**99.6**	**99.1**
1. 粮　　食	99.8	100.8	101.5	100.4	100.1
大　　米	99.6	100.8	101.8	100.4	100.0
2. 淀　　粉	100.0	99.4	99.6	99.5	99.6
3. 干豆类及豆制品	101.5	98.8	98.9	99.7	99.8
4. 油　　脂	96.9	97.9	98.3	97.8	98.4
食用植物油	95.6	96.6	97.7	98.1	99.0
5. 肉禽及其制品	103.9	98.4	97.3	98.1	96.2
(1) 食用畜肉及副产品	104.3	98.1	96.3	96.8	93.4
猪　　肉	105.6	96.4	95.1	95.6	91.1
牛　　肉	101.9	99.6	98.7	99.4	98.7
羊　　肉	102.6	100.3	97.5	99.4	98.2
(2) 禽	104.7	97.9	98.3	99.6	99.1
鸡	105.6	95.6	98.0	100.6	99.1
鸭	102.8	103.0	98.9	97.6	99.2
(3) 加工肉禽	101.0	100.5	98.7	99.4	99.3
6. 蛋	100.5	100.8	100.0	100.6	100.0
鲜　　蛋	100.5	100.9	100.0	100.6	100.1
7. 水 产 品	107.2	102.4	97.0	98.9	100.6
(1) 鱼	102.3	102.2	99.9	98.1	101.0
淡 水 鱼	99.7	103.1	100.7	96.7	99.6
海 水 鱼	106.6	100.7	98.6	100.2	103.3
(2) 其他水产品	119.0	102.9	91.1	100.9	99.5
虾 蟹 类	119.0	102.9	91.1	100.9	99.5
8. 菜	100.3	91.8	121.4	96.4	96.4
鲜　　菜	100.7	90.3	126.1	95.6	95.4
9. 调 味 品	100.3	99.9	100.6	99.6	99.5
盐	99.9	100.0	100.0	100.6	100.4
酱　　油	100.5	99.6	100.4	99.1	99.0
10. 糖	100.1	99.8	100.3	100.8	100.2
食　　糖	100.4	100.3	100.6	100.2	101.2
11. 茶及饮料	99.6	100.4	99.5	99.9	100.1
(1) 茶　　叶	98.3	102.0	99.5	100.0	100.5
(2) 饮　　料	100.1	99.8	99.6	99.9	100.0
12. 干鲜瓜果	98.4	104.5	104.6	105.1	105.5

6 月	7 月	8 月	9 月	10 月	11 月	12 月
99.8	**100.4**	**100.7**	**100.5**	**100.1**	**100.9**	**100.5**
99.5	**100.9**	**101.5**	**100.5**	**99.6**	**99.7**	**100.7**
100.4	100.3	100.1	100.0	100.1	100.1	100.3
100.4	100.3	100.0	100.0	100.0	99.9	100.4
99.5	99.9	100.4	100.1	100.2	100.0	100.1
100.0	99.6	100.5	100.3	101.0	101.7	102.2
101.1	100.6	98.5	97.7	99.6	100.4	102.8
100.6	99.8	99.0	97.6	99.6	101.2	104.6
98.1	99.6	102.6	102.9	99.9	99.4	101.1
97.4	98.7	104.1	103.3	100.2	99.8	102.0
96.5	98.1	106.2	104.7	100.2	98.8	102.2
100.2	99.9	100.2	100.1	100.6	100.6	100.3
96.7	99.3	100.5	100.0	99.1	102.2	103.7
98.9	101.1	101.4	102.8	99.5	98.9	100.3
99.1	100.9	101.0	101.9	99.8	99.7	100.2
98.5	101.4	102.2	104.7	98.9	97.1	100.7
98.7	99.4	100.5	101.6	100.1	99.6	100.2
100.1	100.3	102.3	103.0	99.1	98.9	99.7
100.0	100.3	102.5	103.1	99.0	98.7	99.6
98.3	100.6	97.6	98.1	101.7	99.7	102.1
100.8	100.4	98.4	98.5	99.7	99.2	99.7
99.0	100.3	99.7	98.8	99.4	98.9	99.1
103.4	100.6	96.5	97.9	100.2	99.7	100.6
92.8	100.9	95.9	97.2	106.6	100.9	107.6
92.8	100.9	95.9	97.2	106.6	100.9	107.6
101.3	106.0	105.5	100.5	98.7	101.2	100.6
101.2	107.2	106.4	100.7	98.4	101.4	100.1
99.9	99.6	100.2	100.2	100.0	100.1	100.1
99.8	96.4	100.4	100.2	99.8	101.0	99.6
99.9	100.3	100.3	100.2	100.1	100.0	100.0
100.3	100.4	101.3	100.3	100.1	100.3	100.2
100.5	103.4	101.2	100.4	100.4	101.0	100.8
99.8	99.7	100.7	99.8	99.9	100.1	100.0
100.0	99.7	100.5	100.1	99.9	100.0	100.0
99.7	99.7	100.8	99.7	99.9	100.1	100.1
98.8	103.3	100.9	96.1	96.5	96.5	100.7

2009 年广西城市居民消费价格各月环比指数（续表 1）

以上月价格为 100

类　别	1 月	2 月	3 月	4 月	5 月
鲜 瓜 果	98.5	105.6	105.6	105.7	106.1
13. 糕点饼干	99.6	99.8	100.6	99.9	100.0
14. 液体乳及乳制品	101.6	99.7	100.7	99.1	100.4
15. 在外用膳食品	100.3	99.8	99.6	101.3	100.2
16. 其他食品	100.0	97.7	100.3	100.0	100.4
二、烟酒及用品	**100.0**	**100.1**	**100.1**	**99.8**	**99.8**
1. 烟　草	99.4	100.0	100.1	100.0	99.9
2. 酒	100.6	100.2	100.2	99.8	99.8
3. 吸烟、饮酒用品	100.0	100.0	99.6	99.3	99.8
三、衣　着	**97.6**	**99.9**	**99.2**	**101.6**	**100.0**
1. 服　装	97.4	99.5	99.7	101.1	100.8
(1) 男式服装	98.0	100.4	100.3	100.5	100.5
(2) 女式服装	97.3	98.6	99.4	102.0	100.9
(3) 儿童服装	95.7	100.1	99.3	99.7	101.2
2. 衣着材料	100.1	100.0	100.3	100.8	100.1
3. 鞋 袜 帽	97.9	101.3	97.4	103.2	97.6
(1) 鞋	97.5	101.5	97.0	103.7	97.1
(2) 袜　子	100.0	100.2	100.0	100.0	100.2
(3) 帽　子	100.0	100.0	98.9	100.8	100.3
4. 衣着加工服务费	100.2	99.8	100.6	100.0	100.0
四、家庭设备用品及维修服务	**99.7**	**99.3**	**99.8**	**99.3**	**99.8**
1. 耐用消费品	100.1	99.2	99.6	99.0	99.5
(1) 家　具	100.2	99.5	99.8	99.3	100.7
(2) 家庭设备	100.0	99.0	99.6	98.9	98.8
2. 室内装饰品	100.2	98.3	99.1	99.8	99.4
3. 床上用品	98.3	98.7	99.4	99.7	98.9
4. 家庭日用杂品	99.1	100.1	100.3	99.2	100.9
5. 家庭服务及加工维修服务	101.3	98.6	100.2	100.0	100.0
五、医疗保健和个人用品	**100.3**	**99.9**	**99.9**	**100.1**	**100.2**
1. 医疗保健	100.2	99.6	99.9	100.1	100.1
(1) 医疗器具及用品	100.1	100.3	99.9	100.0	100.6
(2) 中药材及中成药	100.3	98.4	99.8	100.2	100.3
(3) 西　药	100.2	100.2	100.0	100.1	100.1
(4) 保健器具及用品	100.1	99.4	99.8	99.8	100.1
(5) 医疗保健服务	100.0	100.0	100.0	100.0	100.0
2. 个人用品及服务	100.4	100.7	99.9	100.0	100.4

6 月	7 月	8 月	9 月	10 月	11 月	12 月
98.3	103.8	100.8	95.3	95.8	95.6	100.3
100.2	99.9	100.1	100.0	100.0	100.0	99.7
99.5	100.4	99.3	101.4	100.0	99.5	100.0
100.4	100.0	101.8	100.8	100.0	100.0	100.0
99.6	101.8	101.4	100.1	100.4	100.0	100.0
100.4	**100.0**	**100.3**	**100.3**	**100.0**	**100.1**	**100.2**
100.4	100.0	100.2	100.0	100.0	100.0	100.0
100.6	99.8	100.4	100.7	100.1	100.1	100.4
99.9	100.5	100.3	100.0	100.0	100.3	100.0
99.3	**98.2**	**100.4**	**101.0**	**101.3**	**102.6**	**100.6**
99.0	98.4	100.3	100.9	101.0	103.4	100.8
98.5	98.6	100.2	100.8	101.0	103.3	101.7
98.9	98.8	100.3	100.6	100.8	103.4	100.2
100.9	96.0	100.8	102.6	101.3	103.5	100.2
101.8	100.0	100.0	100.0	100.0	99.9	100.0
99.9	97.6	100.5	101.4	102.3	100.7	99.9
99.8	97.2	100.7	101.7	102.8	100.7	99.9
100.0	100.0	99.8	100.0	99.8	100.2	100.0
100.0	100.0	100.0	100.0	100.0	101.7	100.0
100.1	100.4	100.0	100.0	100.0	100.0	100.0
99.9	**99.7**	**99.8**	**100.2**	**100.0**	**100.2**	**100.2**
99.5	99.0	99.5	100.2	100.1	100.2	100.2
99.8	98.7	100.3	100.1	99.7	100.1	100.2
99.4	99.2	99.0	100.4	100.3	100.3	100.2
100.4	100.4	100.0	100.0	100.0	100.1	100.0
101.3	100.2	99.8	100.2	99.8	100.3	100.8
99.8	100.3	100.3	100.2	99.9	100.2	99.9
100.0	100.8	100.0	100.0	100.0	100.0	100.0
100.1	**99.9**	**100.1**	**100.2**	**99.6**	**99.8**	**100.2**
100.0	99.9	100.0	100.1	99.3	99.6	100.3
100.3	100.0	100.0	100.3	100.0	101.0	100.0
99.9	99.9	100.1	100.1	98.3	99.3	100.7
100.1	99.9	99.9	100.2	99.5	99.6	100.2
100.6	99.8	99.8	99.9	99.9	99.8	100.3
100.0	100.0	100.0	100.0	100.0	100.0	100.0
100.4	99.7	100.3	100.4	100.3	100.3	100.0

2009 年广西城市居民消费价格各月环比指数（续表 2）

以上月价格为 100

类　别	1 月	2 月	3 月	4 月	5 月
(1) 化妆美容用品	100.1	101.9	100.0	100.1	100.0
(2) 清洁化妆用品	100.5	100.0	99.9	100.5	100.6
(3) 个人饰品	99.4	102.5	99.9	98.7	101.1
(4) 个人服务	102.4	97.2	100.0	100.0	99.9
六、交通和通信	**99.8**	**99.5**	**99.5**	**99.6**	**99.7**
1. 交　　通	99.6	99.4	99.1	99.7	99.8
(1) 交通工具	99.5	99.9	100.0	99.9	99.8
(2) 车用燃料及零配件	93.5	98.7	102.4	101.1	100.0
汽　　油	90.1	98.3	103.7	101.7	100.0
柴　　油	88.8	97.6	103.0	101.1	100.0
(3) 车辆使用及维修费	100.8	99.3	100.0	100.0	100.1
(4) 市区公共交通费	100.0	98.4	98.3	98.9	100.0
(5) 城市间交通费	104.5	100.4	94.5	98.7	98.9
2. 通　　信	100.0	99.6	99.8	99.6	99.5
(1) 通信工具	99.9	97.8	99.0	97.7	97.5
(2) 通信服务	100.0	100.0	100.0	100.0	100.0
七、娱乐教育文化用品及服务	**100.7**	**99.8**	**99.7**	**100.8**	**99.5**
1. 文娱用耐用消费品及服务	98.7	98.6	98.9	99.0	99.0
2. 教　　育	100.1	100.0	100.3	100.0	99.9
(1) 教材及参考书	100.8	100.0	103.5	100.0	99.5
(2) 学杂托幼费	100.0	100.0	99.9	100.0	100.0
3. 文化娱乐类	102.3	99.9	99.9	99.9	99.9
(1) 文化娱乐用品	99.9	100.1	99.6	99.7	100.0
(2) 书报杂志	108.1	100.0	100.0	100.0	99.9
(3) 文 娱 费	100.1	99.7	100.0	100.0	99.8
4. 旅　　游	103.8	100.9	98.7	106.9	98.2
八、居　　住	**99.5**	**98.9**	**98.2**	**99.5**	**93.4**
1. 建房及装修材料	99.8	99.2	99.0	99.6	99.2
2. 租　　房	100.0	100.4	100.5	100.0	100.0
3. 自有住房	100.0	96.1	95.0	100.1	100.0
4. 水、电、燃料	99.1	99.0	98.0	99.1	86.9
水	100.3	100.0	100.0	100.0	100.0
电	100.0	100.0	100.0	100.0	76.8
液化石油气	95.3	96.4	92.5	96.8	95.7
管道燃气	109.1	100.0	100.0	98.9	100.0

6 月	7 月	8 月	9 月	10 月	11 月	12 月
99.9	99.6	100.2	100.0	100.0	100.0	100.0
100.2	99.8	100.4	100.1	99.9	100.0	99.9
101.4	99.4	100.2	101.7	101.6	101.4	100.2
100.7	100.0	100.0	100.0	100.0	100.0	100.0
100.1	**100.5**	**99.7**	**100.2**	**99.9**	**100.3**	**100.1**
100.6	101.1	99.5	100.4	99.9	100.6	100.1
99.6	99.7	100.0	100.1	100.0	99.9	99.9
103.9	105.7	98.0	102.6	98.3	104.2	100.3
106.3	108.6	97.1	104.0	97.5	106.4	100.0
107.3	109.8	96.8	104.4	97.3	107.0	100.0
100.0	99.9	100.0	100.0	100.0	100.0	100.0
100.0	100.0	100.0	100.0	100.0	100.0	101.0
99.8	101.1	99.4	99.1	101.3	98.8	99.6
99.7	99.9	100.0	100.0	100.0	100.0	100.0
98.5	99.3	99.8	100.0	99.9	99.8	99.9
100.0	100.0	100.0	100.0	100.0	100.0	100.0
100.0	**101.2**	**99.9**	**100.4**	**100.4**	**98.8**	**99.7**
99.9	99.6	99.7	100.0	99.5	100.0	100.0
100.0	100.0	100.0	99.7	100.0	100.0	100.0
100.0	100.0	100.1	96.9	100.1	100.0	100.0
100.0	100.0	100.0	100.2	100.0	100.0	100.0
100.1	100.6	100.8	100.4	100.5	100.3	100.0
100.1	99.9	100.4	100.3	100.1	100.0	99.9
100.0	100.2	100.0	100.2	100.0	100.0	100.0
100.1	101.5	101.8	100.6	101.2	100.6	100.1
100.1	107.4	99.0	102.8	102.6	92.9	97.8
99.9	**99.8**	**101.4**	**101.3**	**100.6**	**107.6**	**101.4**
100.0	99.6	100.6	101.4	100.5	100.9	100.6
100.0	100.0	100.0	100.0	100.0	100.0	100.0
100.0	100.0	100.0	100.0	100.0	100.0	100.0
99.9	99.7	102.9	102.2	101.0	115.7	102.5
100.0	100.2	100.5	100.0	100.0	100.0	100.0
100.0	100.0	100.0	100.0	100.0	129.8	100.0
99.5	98.7	110.2	107.6	103.4	109.4	108.4
100.0	100.0	100.0	100.0	100.0	100.0	100.7

2010年广西城市居民消费价格各月环比指数

以上月价格为100

类 别	1月	2月	3月	4月	5月
居民消费价格总指数	**100.4**	**101.2**	**98.7**	**100.5**	**99.2**
一、食　品	**101.1**	**104.3**	**98.3**	**100.6**	**99.8**
1. 粮　食	100.7	100.5	100.9	101.9	100.8
大　米	100.5	100.3	101.2	102.7	101.1
2. 淀　粉	101.9	100.3	99.8	100.4	101.1
3. 干豆类及豆制品	100.9	103.6	97.3	101.7	103.8
4. 油　脂	101.5	100.5	100.2	99.3	99.8
食用植物油	101.3	100.3	99.9	99.8	100.2
5. 肉禽及其制品	100.7	103.6	95.3	98.5	98.1
(1) 食用畜肉及副产品	100.6	104.0	93.9	97.5	96.6
猪　肉	100.6	104.1	92.9	96.9	95.9
牛　肉	100.3	102.7	97.9	99.0	98.7
羊　肉	103.2	105.0	100.5	98.9	98.8
(2) 禽	101.1	103.3	96.7	99.6	99.9
鸡	100.7	102.0	97.3	99.2	99.3
鸭	101.9	106.0	95.4	100.2	100.9
(3) 加工肉禽	100.3	102.8	97.9	99.7	99.6
6. 蛋	100.6	101.4	98.7	98.8	99.3
鲜　蛋	100.7	101.5	98.5	98.7	99.2
7. 水产品	104.3	110.4	96.1	98.7	97.7
(1) 鱼	101.7	107.8	98.2	100.6	99.7
淡水鱼	101.2	108.9	97.6	100.2	99.7
海水鱼	102.5	105.9	99.2	101.2	99.6
(2) 其他水产品	111.1	116.6	91.6	94.4	93.0
虾蟹类	111.1	116.6	91.6	94.4	93.0
8. 菜	102.4	110.0	97.7	104.6	100.0
鲜　菜	102.4	110.9	97.1	104.9	99.7
9. 调味品	101.2	100.8	100.3	100.2	100.2
盐	100.0	100.0	100.0	100.0	100.0
酱　油	101.5	101.0	100.3	100.3	100.0
10. 糖	102.4	100.8	100.0	100.3	101.2
食　糖	106.1	102.0	100.4	101.0	101.7
11. 茶及饮料	100.8	99.6	99.7	100.5	100.5
(1) 茶　叶	100.5	99.5	100.0	100.2	100.2
(2) 饮　料	100.8	99.6	99.6	100.6	100.6
12. 干鲜瓜果	99.1	113.7	103.2	103.8	103.6

6 月	7 月	8 月	9 月	10 月	11 月	12 月
99.6	**100.7**	**100.4**	**100.5**	**101.3**	**101.4**	**100.5**
99.1	**101.9**	**101.6**	**100.3**	**102.3**	**100.1**	**100.6**
100.1	100.0	100.1	100.8	100.5	103.0	104.1
99.9	100.0	99.9	100.6	100.3	103.3	104.3
101.5	100.2	100.4	100.5	100.6	102.2	107.5
99.5	99.0	100.1	98.5	99.3	102.4	101.3
99.7	100.1	100.5	101.1	100.8	105.1	103.0
100.0	99.9	100.5	101.7	101.6	104.4	103.1
99.7	103.1	105.7	101.1	102.4	102.1	101.7
98.2	103.5	108.1	101.2	104.1	103.5	101.4
98.0	105.1	111.6	101.7	104.8	104.1	101.2
99.0	100.0	99.4	100.2	101.6	100.5	99.9
98.8	99.2	99.3	99.9	101.8	103.2	106.5
101.7	103.4	103.4	101.0	100.3	100.1	102.3
101.5	103.0	103.6	102.6	100.7	99.8	101.4
102.1	104.2	103.2	98.1	99.4	100.7	104.1
100.5	100.9	102.3	100.6	100.6	101.3	101.4
100.4	102.1	107.2	102.1	98.7	101.9	101.5
100.4	102.3	107.8	102.2	98.6	102.0	101.5
101.3	101.6	99.7	99.4	102.0	99.9	101.8
103.0	102.9	99.7	98.5	99.8	99.9	100.8
101.8	102.6	101.6	99.5	100.1	98.4	100.2
105.0	103.4	96.6	96.9	99.5	102.5	102.0
96.8	97.8	99.7	101.8	108.1	99.9	104.3
96.8	97.8	99.7	101.8	108.1	99.9	104.3
96.2	109.0	98.8	99.9	110.7	87.7	88.6
95.5	110.8	98.4	99.8	112.3	85.6	86.3
100.1	99.8	100.1	100.0	99.6	100.7	100.4
100.0	99.6	100.4	100.0	100.0	100.0	100.0
100.0	99.8	100.3	100.0	99.3	100.7	100.3
99.9	100.1	100.7	100.4	100.8	103.8	101.5
100.2	100.0	100.2	100.4	101.4	107.6	101.6
100.5	99.8	100.8	100.0	100.0	100.2	100.3
100.0	100.0	99.6	100.0	99.6	100.4	100.0
100.6	99.8	101.2	100.0	100.2	100.1	100.4
94.8	97.1	99.3	99.3	100.4	104.4	107.6

2010年广西城市居民消费价格各月环比指数（续表1）

以上月价格为100

类　别	1月	2月	3月	4月	5月
鲜瓜果	98.5	116.3	104.1	104.8	104.3
13. 糕点饼干	100.3	99.8	100.2	100.0	100.2
14. 液体乳及乳制品	100.4	98.9	100.7	100.6	100.4
15. 在外用膳食品	100.7	100.8	99.7	100.3	100.2
16. 其他食品	99.9	99.4	98.6	100.7	100.0
二、烟酒及用品	**100.2**	**100.0**	**100.0**	**100.1**	**100.1**
1. 烟　草	100.0	100.1	99.8	100.2	100.0
2. 酒	100.5	99.9	100.2	100.1	100.3
3. 吸烟、饮酒用品	100.0	100.0	100.0	100.0	100.0
三、衣　着	**98.9**	**96.4**	**99.0**	**100.8**	**100.1**
1. 服　装	99.0	95.8	98.8	100.7	99.8
(1) 男式服装	98.8	95.2	98.5	99.8	100.3
(2) 女式服装	99.2	96.2	99.3	100.8	99.6
(3) 儿童服装	99.0	96.3	98.0	103.0	99.5
2. 衣着材料	100.0	100.0	100.0	100.0	100.1
3. 鞋袜帽	98.2	97.7	99.4	101.2	100.8
(1) 鞋	97.9	97.5	99.3	101.3	100.9
(2) 袜　子	100.0	99.8	99.7	100.5	100.0
(3) 帽　子	99.3	97.3	101.9	101.5	99.9
4. 衣着加工服务费	100.1	100.0	100.0	100.0	100.0
四、家庭设备用品及维修服务	**99.9**	**99.5**	**99.5**	**100.0**	**99.8**
1. 耐用消费品	100.0	99.6	99.9	99.7	99.7
(1) 家　具	100.5	100.0	99.3	98.9	98.8
(2) 家庭设备	99.7	99.4	100.2	100.1	100.2
2. 室内装饰品	100.1	100.1	100.0	100.0	100.0
3. 床上用品	99.3	96.8	98.7	100.3	99.6
4. 家庭日用杂品	99.7	99.8	99.1	100.4	99.9
5. 家庭服务及加工维修服务	100.8	101.0	99.0	100.0	100.0
五、医疗保健和个人用品	**100.2**	**100.2**	**99.9**	**100.4**	**100.4**
1. 医疗保健	100.2	100.4	99.9	100.4	100.4
(1) 医疗器具及用品	106.3	101.1	100.0	100.0	100.0
(2) 中药材及中成药	100.2	101.1	99.7	100.9	100.5
(3) 西　药	100.1	100.1	99.9	100.4	100.6
(4) 保健器具及用品	99.8	100.0	100.0	100.9	100.5
(5) 医疗保健服务	100.0	100.0	100.0	100.0	100.0
2. 个人用品及服务	100.2	99.8	100.0	100.3	100.3

6 月	7 月	8 月	9 月	10 月	11 月	12 月
93.8	96.6	98.8	99.1	100.2	104.9	108.7
100.2	100.1	102.2	100.3	100.1	101.3	100.3
99.7	100.6	100.4	100.2	100.5	100.9	100.0
100.1	100.5	100.2	100.0	100.1	101.0	100.8
100.1	101.5	100.0	101.6	101.5	100.1	100.9
100.0	**100.0**	**100.2**	**100.1**	**100.1**	**100.2**	**100.4**
100.0	100.0	100.0	99.8	100.0	100.0	100.0
100.1	100.0	100.5	100.4	100.2	100.5	100.8
100.0	100.2	99.9	99.6	100.0	100.0	100.0
99.4	**99.8**	**99.0**	**100.0**	**102.6**	**103.8**	**102.5**
99.6	100.0	98.6	100.0	102.8	105.1	102.8
100.1	99.8	98.4	100.0	103.4	105.7	102.4
99.3	100.3	98.2	100.0	102.6	105.0	103.3
99.1	99.5	100.7	100.0	101.8	104.2	102.0
101.3	100.0	99.9	100.0	101.9	101.2	100.3
98.8	99.0	100.1	100.0	102.2	100.5	101.9
98.6	98.8	99.8	100.0	102.5	100.5	102.2
99.8	100.2	101.7	100.0	100.0	100.0	100.0
99.9	100.2	99.9	100.0	100.6	100.6	100.1
99.8	100.0	100.0	100.0	100.1	100.0	100.0
99.9	**100.0**	**100.1**	**99.8**	**100.0**	**100.4**	**100.2**
99.7	99.7	100.1	99.6	99.6	100.1	100.1
99.9	100.2	100.6	100.1	100.1	100.0	100.5
99.6	99.4	99.8	99.3	99.4	100.1	99.9
100.1	100.0	100.0	100.0	100.0	101.3	100.1
100.2	100.4	100.1	100.7	101.1	102.7	101.2
100.3	100.3	99.9	99.8	100.1	100.2	100.0
100.0	100.0	100.6	100.0	100.0	100.0	100.0
100.2	**100.0**	**100.3**	**100.2**	**100.3**	**101.0**	**100.1**
100.1	100.0	100.4	100.1	100.3	101.3	100.1
100.0	100.0	100.5	100.0	100.0	100.0	100.0
100.2	100.0	100.7	100.3	100.7	103.6	101.1
100.0	100.0	100.3	100.0	100.2	100.5	99.4
100.2	100.1	101.4	99.9	100.0	100.7	99.6
100.0	100.0	100.0	100.0	100.0	100.0	100.0
100.4	99.9	100.2	100.3	100.2	100.6	100.2

2010 年广西城市居民消费价格各月环比指数（续表 2）

以上月价格为 100

类　别	1 月	2 月	3 月	4 月	5 月
(1) 化妆美容用品	100.0	100.1	100.2	100.2	99.8
(2) 清洁化妆用品	100.0	99.1	100.4	99.7	99.8
(3) 个人饰品	101.2	98.6	100.0	101.5	101.9
(4) 个人服务	100.0	102.5	98.3	100.0	100.0
六、交通和通信	**100.1**	**100.7**	**99.4**	**100.0**	**100.0**
1. 交　　通	100.3	102.0	98.9	100.4	100.1
(1) 交通工具	99.9	99.9	100.0	99.9	99.6
(2) 车用燃料及零配件	100.0	99.8	100.0	102.6	100.1
汽　　油	100.0	100.0	100.0	103.7	100.1
柴　　油	99.8	100.3	100.0	104.1	100.3
(3) 车辆使用及维修费	100.2	102.3	99.8	100.0	100.1
(4) 市区公共交通费	100.0	100.8	99.2	100.0	100.0
(5) 城市间交通费	102.0	108.9	94.8	99.4	101.1
2. 通　　信	99.9	99.4	100.0	99.7	99.9
(1) 通信工具	99.5	97.2	99.2	98.5	99.6
(2) 通信服务	100.0	100.0	100.2	100.0	100.0
七、娱乐教育文化用品及服务	**99.9**	**100.2**	**96.6**	**100.6**	**99.8**
1. 文娱用耐用消费品及服务	99.8	98.9	99.7	99.5	99.6
2. 教　　育	100.0	99.9	94.6	100.0	100.0
(1) 教材及参考书	100.0	99.5	102.6	100.0	100.0
(2) 学杂托幼费	100.0	100.0	93.4	100.0	100.0
3. 文化娱乐类	100.1	100.0	100.0	100.1	99.9
(1) 文化娱乐用品	99.9	99.8	100.0	100.1	99.7
(2) 书报杂志	100.0	100.2	100.0	100.2	100.0
(3) 文 娱 费	100.4	99.9	100.1	100.0	100.1
4. 旅　　游	99.7	103.4	94.5	104.7	99.6
八、居　　住	**100.7**	**99.9**	**99.8**	**100.9**	**94.8**
1. 建房及装修材料	100.0	99.4	99.8	100.9	100.9
2. 租　　房	100.0	100.0	100.0	100.0	99.9
3. 自有住房	100.4	100.0	100.2	102.9	100.0
4. 水、电、燃料	101.2	100.0	99.6	100.5	89.5
水	105.7	100.0	100.0	100.0	100.0
电	100.0	100.0	100.0	100.0	76.9
液化石油气	101.1	100.0	98.9	101.3	98.9
管道燃气	100.0	100.0	100.0	99.7	99.7

6 月	7 月	8 月	9 月	10 月	11 月	12 月
100.3	100.0	100.0	100.0	100.2	100.2	100.3
100.3	100.1	100.1	99.8	99.6	100.8	100.0
101.0	99.3	100.6	101.7	101.5	101.2	100.5
100.0	100.2	100.1	100.0	100.0	100.0	100.0
99.7	**100.1**	**99.9**	**100.0**	**100.2**	**100.0**	**100.2**
99.6	100.2	99.9	100.2	100.6	100.2	100.5
100.1	100.1	99.7	99.9	99.9	100.5	100.0
98.0	99.9	100.1	100.3	101.9	100.3	102.7
97.2	99.8	100.1	100.2	102.8	100.1	103.7
95.9	100.2	100.2	100.7	103.2	100.1	103.9
100.0	100.7	100.0	100.0	100.0	100.0	100.3
100.0	100.0	100.0	100.0	100.0	100.0	100.0
99.8	100.5	100.0	101.0	101.6	99.9	99.5
99.8	100.0	99.9	99.8	99.8	99.9	99.9
99.1	99.8	99.3	99.0	99.1	99.5	99.7
100.0	100.0	100.0	100.0	100.0	100.0	100.0
100.2	**100.9**	**99.7**	**101.8**	**99.8**	**99.5**	**99.5**
99.8	99.5	100.3	99.4	99.4	99.7	99.4
100.0	100.0	100.0	103.9	100.0	100.0	100.0
100.0	100.0	100.0	98.7	100.0	100.0	100.0
100.0	100.0	100.0	104.8	100.0	100.0	100.0
100.1	100.0	99.6	100.1	99.9	100.0	100.0
100.4	99.7	99.4	100.2	99.9	100.1	100.1
100.0	100.0	100.0	100.0	100.0	100.0	100.0
99.8	100.4	99.3	100.0	99.7	100.0	100.0
101.3	106.1	98.2	101.1	99.6	97.3	97.8
99.9	**99.3**	**99.6**	**100.5**	**102.5**	**107.4**	**100.8**
100.9	100.0	100.4	102.0	101.2	100.3	100.8
99.9	100.0	100.0	99.6	99.9	100.0	100.0
100.0	100.0	100.0	100.0	107.5	100.0	102.0
99.4	98.5	99.1	100.4	102.0	115.4	100.7
101.5	100.0	101.4	100.2	100.0	100.0	100.0
100.0	100.0	100.0	100.0	101.0	128.7	100.0
98.0	96.3	97.2	101.1	104.1	111.1	101.7
100.0	100.0	100.0	100.0	100.0	100.0	100.0

2011 年广西城市居民消费价格各月环比指数

以上月价格为 100

类　别	1 月	2 月	3 月	4 月	5 月
居民消费价格总指数	**101.5**	**101.2**	**99.7**	**101.1**	**99.4**
一、食　品	**104.3**	**103.7**	**99.3**	**101.8**	**99.0**
1. 粮　食	102.4	101.3	103.0	102.4	100.5
大　米	102.5	101.5	103.8	102.6	100.8
2. 淀粉及制品	100.9	100.5	100.2	100.4	100.2
3. 干豆类及豆制品	102.2	102.6	98.7	100.2	100.0
4. 油　脂	100.6	100.4	99.8	100.4	100.3
食用植物油	101.0	100.4	99.8	100.5	100.7
5. 肉禽及其制品	102.5	104.2	98.2	101.0	100.8
(1) 食用畜肉及副产品	102.8	106.0	97.8	101.1	100.5
猪　肉	102.8	106.1	98.1	101.7	101.0
牛　肉	100.6	103.7	96.6	99.6	99.2
羊　肉	106.4	108.9	96.8	97.9	97.2
(2) 禽	102.4	102.2	98.7	100.9	101.3
鸡	103.3	102.9	98.1	100.0	101.3
鸭	100.7	100.7	100.2	103.1	101.2
(3) 加工肉禽	101.3	101.4	99.0	101.0	100.8
6. 蛋	101.5	102.8	96.9	98.8	101.2
鲜　蛋	101.5	102.9	96.8	98.7	101.2
7. 水 产 品	106.4	111.0	98.3	100.7	97.1
(1) 鱼	103.5	106.8	99.5	103.1	100.0
淡 水 鱼	102.7	108.5	101.3	103.1	100.6
海 水 鱼	104.6	104.3	97.0	103.1	98.9
(2) 其他水产品	114.3	121.3	95.6	95.3	90.2
虾 蟹 类	114.5	121.6	95.6	95.2	90.0
8. 菜	118.5	103.9	96.7	102.0	90.5
鲜　菜	122.0	104.4	96.2	102.3	88.9
9. 调 味 品	100.9	100.6	100.4	100.0	100.8
食 用 盐	100.0	100.0	100.0	99.8	100.0
酱　油	101.3	101.2	100.4	100.2	101.6
10. 糖	100.3	100.1	101.0	102.1	100.7
食　糖	100.2	100.2	100.7	102.9	100.4
11. 茶及饮料	100.1	99.9	100.2	101.6	101.3
(1) 茶　叶	100.0	99.8	100.0	100.0	100.1
(2) 饮　料	100.2	99.9	100.2	102.1	101.7
12. 干鲜瓜果	109.9	107.4	100.1	104.9	97.7

6 月	7 月	8 月	9 月	10 月	11 月	12 月
99.7	**100.3**	**99.7**	**99.9**	**100.6**	**99.1**	**99.8**
99.9	**101.9**	**99.7**	**100.3**	**100.5**	**98.6**	**99.8**
100.4	100.6	99.2	99.2	100.0	99.7	100.2
100.5	100.7	99.0	98.9	99.9	99.6	100.0
100.4	100.3	100.0	100.3	100.2	100.0	100.0
99.7	99.6	99.4	99.8	100.2	99.6	100.2
101.4	101.6	101.5	98.0	100.0	98.5	99.7
102.0	102.6	101.6	97.3	99.5	98.5	99.7
103.8	104.6	99.3	98.8	99.3	97.2	98.4
105.5	106.9	98.6	97.7	98.5	95.4	97.2
107.1	108.5	98.0	96.9	97.2	93.1	94.9
99.9	101.7	100.7	100.7	102.9	102.4	103.8
100.4	100.8	100.5	101.7	105.6	103.9	105.5
101.4	100.5	99.9	100.1	99.8	99.3	99.8
102.0	100.9	99.9	101.2	99.8	98.6	99.9
100.3	99.8	100.0	97.7	99.7	101.0	99.8
101.9	103.5	101.1	100.7	101.2	100.4	100.2
102.3	102.9	103.2	99.8	99.7	98.0	98.9
102.4	103.0	103.2	99.7	99.6	97.8	98.8
99.9	99.4	99.2	101.0	99.1	99.4	100.3
101.9	100.7	100.0	100.4	98.5	98.2	98.3
101.4	100.8	99.9	100.3	97.8	96.9	97.3
102.5	100.5	100.2	100.4	99.6	100.0	99.8
94.8	95.7	96.7	102.7	100.9	103.2	105.8
94.7	95.5	96.6	102.8	100.9	103.3	105.9
97.1	109.1	100.1	104.1	102.9	93.6	101.5
96.5	110.9	100.0	104.8	103.5	92.6	101.7
100.8	100.3	100.2	99.9	100.0	99.7	100.0
100.0	100.0	100.0	100.0	100.0	100.0	100.0
101.6	100.7	100.5	99.6	99.8	99.4	100.1
101.3	100.9	101.8	101.1	100.2	100.2	100.5
102.0	102.2	101.7	101.3	100.5	100.3	101.0
100.4	100.4	100.2	100.1	99.9	100.4	100.2
99.7	100.9	100.0	100.1	99.5	100.4	100.0
100.7	100.2	100.3	100.1	100.1	100.4	100.3
87.4	91.9	97.2	101.5	105.0	104.2	100.7

2011 年广西城市居民消费价格各月环比指数（续表 1）

以上月价格为 100

类　别	1 月	2 月	3 月	4 月	5 月
鲜 瓜 果	111.5	108.5	100.2	105.3	97.0
13. 糕点饼干面包	100.7	100.5	100.4	102.4	101.9
14. 液体乳及乳制品	100.4	100.4	100.5	101.3	99.4
15. 在外用膳食品	100.5	100.8	101.1	102.4	100.9
16. 其他食品	100.3	100.1	103.2	99.8	99.9
二、烟　　酒	**100.2**	**100.4**	**100.3**	**100.4**	**100.8**
1. 烟　　草	100.0	100.0	99.9	100.0	100.1
2. 酒	100.4	100.8	100.6	100.7	101.3
三、衣　　着	**98.5**	**98.1**	**99.2**	**102.4**	**101.1**
1. 服　　装	98.7	97.8	98.8	102.3	100.9
(1) 男式服装	98.9	97.3	99.4	102.3	100.6
(2) 女式服装	98.7	98.5	98.5	102.3	101.1
(3) 儿童服装	98.4	96.9	98.4	102.5	101.4
2. 衣着材料	100.4	100.1	102.3	102.3	101.0
3. 鞋 袜 帽	97.6	98.8	99.9	102.7	101.5
(1) 鞋	97.3	98.7	99.9	103.1	101.7
(2) 袜　　子	99.4	99.9	100.2	100.0	100.0
(3) 帽　　子	99.7	99.2	99.7	100.6	100.0
4. 衣着加工服务费	101.1	100.9	102.9	103.3	101.0
四、家庭设备用品及维修服务	**100.1**	**100.0**	**100.2**	**100.4**	**100.5**
1. 耐用消费品	99.9	99.8	100.5	100.3	100.5
(1) 家　　具	100.3	100.0	100.3	100.6	100.3
(2) 家庭设备	99.6	99.6	100.6	100.1	100.6
2. 室内装饰品	99.7	100.4	100.2	100.1	101.5
3. 床上用品	99.4	100.7	99.7	100.5	99.8
4. 家庭日用杂品	100.1	100.0	99.9	100.4	100.8
5. 家庭服务及加工维修服务	103.4	100.6	99.4	100.8	100.5
五、医疗保健和个人用品	**100.3**	**100.1**	**100.4**	**100.3**	**100.7**
1. 医疗保健	100.2	100.1	100.6	100.2	100.9
(1) 医疗器具及用品	100.4	100.2	99.9	100.1	101.4
(2) 中药材及中成药	100.5	100.4	102.4	100.6	103.2
(3) 西　　药	100.0	100.1	99.9	100.0	100.1
(4) 保健器具及用品	100.3	100.0	98.8	100.3	99.9
(5) 医疗保健服务	100.0	100.0	100.0	100.2	100.0
2. 个人用品及服务	100.5	100.1	100.2	100.4	100.4

6月	7月	8月	9月	10月	11月	12月
84.8	89.9	96.6	102.0	106.2	105.3	100.9
100.3	99.8	101.3	100.3	100.2	100.0	99.9
101.2	100.1	99.6	100.1	101.6	99.7	100.2
100.3	101.2	100.6	101.0	100.2	100.1	100.3
101.1	100.8	100.2	99.3	100.9	100.3	100.0
100.3	**100.4**	**99.9**	**101.0**	**100.8**	**100.2**	**100.0**
100.0	100.0	100.0	100.0	100.0	100.0	100.0
100.5	100.8	99.8	101.8	101.5	100.3	100.1
98.9	**98.3**	**97.5**	**99.3**	**104.7**	**101.2**	**100.5**
98.8	98.2	97.3	99.5	105.6	101.5	100.6
98.8	98.5	98.2	99.4	105.7	101.0	101.1
99.1	98.5	96.8	99.7	105.5	101.4	100.5
98.0	96.5	96.3	99.1	105.3	102.9	99.6
100.5	100.2	100.0	100.1	101.7	101.8	100.2
98.8	98.3	97.9	98.5	102.4	100.6	100.1
98.6	98.1	97.9	98.3	102.9	100.6	100.1
100.0	99.7	98.8	99.8	98.9	100.1	100.3
100.3	99.4	95.4	100.4	100.7	100.7	101.1
100.0	101.2	100.0	100.0	100.3	100.0	100.0
100.4	**100.0**	**99.9**	**100.1**	**100.1**	**100.1**	**99.9**
100.4	99.9	99.7	99.9	100.0	99.7	99.7
100.9	100.4	100.3	100.3	100.0	99.6	99.6
100.0	99.6	99.3	99.7	100.0	99.7	99.7
101.0	100.0	100.3	100.2	100.1	100.1	100.0
100.8	100.2	99.7	100.1	100.8	101.0	99.6
100.5	100.2	100.2	100.2	100.1	100.0	100.2
100.0	100.2	100.3	101.1	100.2	101.9	100.4
100.2	**100.2**	**100.5**	**100.3**	**99.9**	**99.6**	**99.8**
100.2	100.2	100.4	100.3	100.1	99.1	99.7
101.5	100.2	100.1	100.1	100.0	100.1	100.0
100.8	100.5	101.4	101.1	100.4	99.9	99.2
100.0	100.0	100.0	100.0	100.0	100.0	100.1
100.2	100.0	100.1	99.8	99.8	100.1	100.0
100.0	100.0	100.0	100.0	100.0	96.5	99.7
100.2	100.2	100.8	100.1	99.6	100.6	99.8

2011年广西城市居民消费价格各月环比指数（续表2）

以上月价格为100

类　别	1月	2月	3月	4月	5月
(1) 化妆美容用品	100.0	100.0	100.1	100.1	100.0
(2) 清洁类化妆品	100.3	100.0	100.3	100.5	100.6
(3) 个人饰品	99.3	99.9	100.7	101.2	100.6
(4) 个人服务	103.5	100.8	99.2	100.0	100.0
六、交通和通信	**101.1**	**100.6**	**99.6**	**100.6**	**100.0**
1. 交　通	102.3	101.3	99.1	101.2	100.2
(1) 交通工具	100.3	100.1	100.5	100.2	100.2
(2) 车用燃料及零配件	100.1	102.8	100.2	103.9	100.2
汽　油	100.0	104.0	100.0	105.6	100.0
柴　油	100.0	104.5	100.0	104.8	100.0
(3) 车辆使用及维修费	100.1	99.9	100.6	100.1	100.9
(4) 市区公共交通费	100.0	99.2	100.0	100.2	100.6
(5) 城市间交通费	111.9	103.8	94.1	101.3	99.4
2. 通　信	100.0	99.9	100.1	99.9	99.8
(1) 通信工具	99.8	99.6	99.8	99.3	99.1
(2) 通信服务	100.0	100.0	100.1	100.1	100.0
七、娱乐教育文化用品及服务	**99.9**	**100.2**	**99.6**	**100.0**	**100.2**
1. 文娱用耐用消费品及服务	99.0	99.0	99.9	99.3	99.1
2. 教　育	100.0	100.2	100.0	100.0	100.0
(1) 教材及参考书	100.0	100.3	99.9	100.0	100.0
(2) 教育服务	100.0	100.1	100.1	100.0	100.0
3. 文化娱乐类	100.0	100.0	100.1	100.0	100.3
(1) 文化娱乐用品	99.9	100.0	100.1	100.0	100.0
(2) 书报杂志	100.2	100.0	100.0	100.1	100.0
(3) 文 娱 费	100.0	100.1	100.1	100.0	100.6
4. 旅　游	100.7	101.8	97.5	101.2	101.9
八、居　住	**100.3**	**100.1**	**100.0**	**101.0**	**97.0**
1. 建房及装修材料	100.3	99.9	100.2	100.9	100.8
2. 住房租金	100.0	100.3	100.0	100.5	100.0
3. 自有住房	100.0	100.3	100.0	100.3	100.2
4. 水、电、燃料	100.6	99.9	100.0	102.1	89.5
水	100.0	100.0	101.4	100.0	100.0
电	100.0	100.0	100.0	100.0	76.8
液化石油气	101.8	99.6	99.4	106.2	100.8
管道燃气	100.0	100.0	100.0	100.0	100.0

6 月	7 月	8 月	9 月	10 月	11 月	12 月
100.0	99.9	100.1	100.3	100.2	100.1	100.3
100.3	100.6	100.2	100.0	100.8	100.4	100.2
100.3	100.2	103.5	100.2	96.5	102.1	98.0
100.1	100.0	100.0	100.0	100.1	100.0	100.4
99.9	**99.8**	**100.1**	**99.9**	**99.7**	**99.8**	**99.9**
99.9	99.8	100.3	100.1	99.6	99.8	100.0
99.9	99.9	100.8	100.3	100.1	99.7	100.0
100.0	100.0	99.7	99.9	97.8	99.9	100.2
100.0	100.0	100.0	100.0	96.8	100.0	100.0
100.0	100.0	100.0	100.0	96.6	100.0	100.0
100.0	101.1	100.0	100.0	100.0	100.0	100.0
100.0	100.0	100.0	100.0	100.0	100.0	100.0
99.7	98.5	101.0	100.0	100.5	99.5	99.6
99.9	99.8	99.9	99.8	99.8	99.8	99.8
99.3	98.9	99.5	99.8	98.9	99.1	98.8
100.0	100.0	100.0	99.8	100.0	100.0	100.0
99.7	**99.2**	**99.6**	**98.8**	**100.7**	**98.9**	**99.8**
99.1	99.3	99.0	98.7	99.5	99.7	99.8
100.1	100.2	100.0	98.1	100.0	100.0	100.0
100.0	100.1	100.1	99.6	100.0	100.0	100.0
100.1	100.2	100.0	97.9	100.0	100.0	100.0
100.3	95.5	99.0	99.7	103.9	94.8	99.7
100.2	100.1	100.0	99.9	100.0	100.2	100.4
100.0	100.0	100.0	100.0	100.0	100.0	100.0
100.6	90.0	97.8	99.4	109.3	87.9	99.0
98.8	100.1	99.9	100.1	100.8	98.7	99.0
99.0	**99.4**	**99.9**	**100.1**	**100.0**	**98.0**	**99.5**
100.2	100.2	100.1	100.3	100.2	100.0	100.0
100.0	98.3	99.3	100.0	100.0	99.2	100.0
100.4	99.8	100.0	100.0	100.0	100.0	100.0
96.0	98.8	100.1	100.0	99.8	93.1	98.1
97.8	100.0	100.0	100.0	100.0	63.2	100.0
100.0	100.0	100.0	100.0	100.0	100.0	100.0
91.0	96.8	100.2	99.9	99.4	97.5	95.2
98.8	99.9	99.9	100.0	100.0	100.0	100.0

2012年广西城市居民消费价格各月环比指数

以上月价格为100

类别	1月	2月	3月	4月	5月
居民消费价格总指数	**102.9**	**100.2**	**100.5**	**100.4**	**99.9**
一、食　　品	**105.1**	**99.8**	**100.4**	**100.2**	**99.4**
1. 粮　　食	101.6	100.6	100.3	100.2	100.1
大　　米	101.9	100.6	100.4	100.2	100.1
2. 淀粉及制品	100.0	100.0	99.7	100.2	100.8
3. 干豆类及豆制品	102.9	98.9	99.3	100.2	100.4
4. 油　　脂	102.9	100.8	99.9	101.9	102.0
食用植物油	102.8	101.2	100.1	103.0	102.8
5. 肉禽及其制品	107.3	99.8	98.8	98.4	98.2
(1) 食用畜肉及副产品	111.4	100.4	97.5	96.4	97.7
猪　　肉	111.1	99.3	97.2	95.1	96.8
牛　　肉	115.4	104.6	98.8	101.3	101.5
羊　　肉	112.1	102.4	97.9	97.8	98.4
(2) 禽	102.4	98.8	101.0	101.5	98.8
鸡	102.7	99.0	100.0	100.4	99.0
鸭	101.7	98.3	103.4	103.8	98.2
(3) 加工肉禽	101.2	99.6	99.9	100.3	99.3
6. 蛋	98.3	95.1	98.2	99.5	98.2
鲜　　蛋	98.2	94.8	98.2	99.5	98.0
7. 水 产 品	109.7	101.4	99.9	97.1	97.6
(1) 鱼	103.7	100.9	100.5	99.5	99.6
淡 水 鱼	104.0	100.6	101.4	99.7	99.8
海 水 鱼	103.3	101.3	99.2	99.1	99.2
(2) 其他水产品	125.6	102.6	98.8	92.0	92.9
虾 蟹 类	126.1	102.6	98.8	91.9	92.7
8. 菜	112.6	95.7	107.6	104.9	99.6
鲜　　菜	114.6	95.0	109.0	105.5	99.5
9. 调 味 品	100.0	100.1	100.0	100.6	100.4
食 用 盐	99.8	100.0	100.0	100.0	100.0
酱　　油	100.0	100.2	100.0	100.4	100.6
10. 糖	99.9	99.8	100.9	100.6	100.7
食　　糖	99.6	100.0	102.6	99.9	99.8
11. 茶及饮料	100.2	99.9	100.2	100.9	101.8
(1) 茶　　叶	100.2	99.7	100.6	100.4	100.0
(2) 饮　　料	100.2	100.0	100.1	101.1	102.4
12. 干鲜瓜果	103.5	101.7	99.9	102.5	98.7

6月	7月	8月	9月	10月	11月	12月
99.6	**100.0**	**100.4**	**100.3**	**99.5**	**100.0**	**100.2**
99.3	**99.9**	**101.3**	**100.2**	**98.8**	**100.4**	**101.2**
100.0	100.0	100.1	100.1	99.7	100.0	100.1
99.9	100.1	100.1	100.1	99.5	100.0	100.1
100.7	100.1	100.2	100.1	100.0	100.0	100.2
100.0	100.3	100.1	100.3	100.5	100.3	100.5
100.9	101.1	102.4	101.1	101.0	99.3	99.7
101.0	101.5	102.9	101.2	101.6	99.1	99.9
99.9	100.9	101.0	101.3	100.0	100.1	101.8
100.3	101.4	101.2	101.7	100.3	99.9	102.2
100.0	101.5	101.2	102.2	99.3	99.2	102.2
102.2	101.7	101.3	100.8	103.2	102.1	101.9
100.1	100.0	100.2	99.9	101.7	101.3	103.1
99.5	100.3	100.7	101.0	99.5	100.7	101.7
100.0	99.8	100.8	101.5	100.3	100.6	101.2
98.4	101.4	100.4	100.2	97.8	100.8	102.8
99.5	100.2	100.5	100.1	100.2	99.9	100.3
104.8	99.9	103.9	105.1	98.6	100.2	102.0
105.2	99.9	104.2	105.2	98.5	100.2	102.1
99.2	99.3	100.1	100.7	99.3	100.2	101.3
101.8	100.8	99.8	99.6	99.2	99.2	99.9
101.7	99.9	99.5	98.6	99.6	98.6	99.7
101.9	101.9	100.1	101.1	98.6	100.2	100.3
92.6	95.1	100.9	103.8	99.5	102.9	104.9
92.4	95.0	100.9	103.9	99.5	103.0	105.0
94.1	99.9	108.9	95.7	88.5	104.9	105.5
93.1	99.9	110.2	95.1	86.9	105.9	106.4
100.4	100.1	100.1	100.1	100.1	100.6	100.2
100.0	100.0	100.0	100.0	100.0	100.0	100.0
100.7	100.0	100.1	100.2	100.4	100.7	100.2
100.3	100.2	100.0	100.2	99.7	100.0	100.1
99.8	100.1	99.6	99.5	98.9	99.9	100.3
100.6	100.4	100.5	100.3	100.3	100.1	99.8
100.0	100.2	100.0	99.9	100.0	100.0	100.0
100.8	100.4	100.6	100.4	100.4	100.1	99.8
97.6	95.6	97.5	100.3	101.9	99.0	100.4

2012年广西城市居民消费价格各月环比指数（续表1）

以上月价格为100

类　别	1月	2月	3月	4月	5月
鲜瓜果	104.2	102.1	99.7	103.0	98.5
13. 糕点饼干面包	100.5	100.5	100.6	100.8	101.0
14. 液体乳及乳制品	100.4	100.9	98.5	100.6	101.3
15. 在外用膳食品	101.3	100.4	100.0	100.3	100.8
16. 其他食品	100.7	99.9	99.9	99.1	101.5
二、烟　酒	**100.3**	**100.5**	**100.0**	**100.1**	**100.3**
1. 烟　草	100.1	100.0	100.1	100.0	100.0
2. 酒	100.5	100.9	99.9	100.2	100.5
三、衣　着	**99.4**	**98.9**	**101.6**	**101.7**	**101.1**
1. 服　装	99.3	98.5	101.8	102.0	101.2
(1) 男式服装	99.2	98.2	102.2	102.1	100.8
(2) 女式服装	99.3	98.8	102.0	102.0	101.5
(3) 儿童服装	99.6	98.4	100.2	101.7	101.5
2. 衣着材料	100.0	100.4	100.0	100.0	100.3
3. 鞋袜帽	99.3	100.0	101.0	101.0	100.9
(1) 鞋	99.2	100.0	101.2	100.9	101.0
(2) 袜　子	100.6	100.1	99.6	101.3	100.6
(3) 帽　子	99.5	98.9	99.8	99.9	100.2
4. 衣着加工服务费	101.7	101.1	100.0	100.0	100.0
四、家庭设备用品及维修服务	**100.1**	**100.0**	**100.2**	**100.4**	**100.3**
1. 耐用消费品	99.6	100.1	100.3	101.0	100.4
(1) 家　具	99.8	100.2	100.1	102.1	100.0
(2) 家庭设备	99.5	100.1	100.3	100.2	100.7
2. 室内装饰品	99.8	99.7	99.6	99.8	100.0
3. 床上用品	99.7	99.6	100.5	98.9	99.6
4. 家庭日用杂品	100.2	99.8	100.2	100.0	100.3
5. 家庭服务及加工维修服务	103.2	101.0	99.8	100.0	100.1
五、医疗保健和个人用品	**100.9**	**100.1**	**99.9**	**100.1**	**100.1**
1. 医疗保健	101.1	100.1	100.0	100.1	100.1
(1) 医疗器具及用品	99.9	100.0	100.1	102.0	100.0
(2) 中药材及中成药	100.3	100.5	100.1	100.1	100.2
(3) 西　药	100.0	100.0	99.9	100.1	100.2
(4) 保健器具及用品	100.0	100.1	100.0	100.2	100.4
(5) 医疗保健服务	104.2	100.0	100.0	100.0	100.0
2. 个人用品及服务	100.5	100.0	99.8	100.2	100.0

6 月	7 月	8 月	9 月	10 月	11 月	12 月
97.1	94.7	97.0	100.4	102.3	98.9	100.5
99.8	100.1	100.2	100.0	100.0	100.2	100.0
100.1	99.7	100.6	100.4	100.0	99.8	100.0
101.2	100.4	100.2	100.2	100.0	99.5	99.4
99.1	101.0	101.9	99.5	99.6	99.9	99.9
100.1	**100.1**	**100.1**	**100.0**	**99.8**	**100.0**	**99.6**
100.0	100.0	100.0	100.0	100.0	100.0	100.0
100.2	100.2	100.1	100.1	99.7	100.0	99.2
99.1	**98.7**	**99.1**	**100.3**	**100.7**	**100.2**	**99.5**
99.1	98.7	99.3	100.5	101.0	100.5	99.5
99.2	98.1	99.4	100.6	101.3	100.8	99.1
99.3	99.0	99.2	100.5	100.8	100.1	99.4
98.4	99.0	99.5	99.9	100.5	101.3	100.5
100.0	100.1	100.0	100.0	100.1	100.1	100.1
99.0	98.6	98.4	99.9	100.0	99.2	99.5
98.9	98.3	98.2	99.9	100.0	99.2	99.5
100.1	100.0	100.1	100.0	100.0	99.4	99.6
100.0	99.6	99.2	100.3	99.8	98.5	99.9
100.8	100.6	100.1	100.0	100.0	100.1	101.3
100.3	**100.2**	**99.9**	**100.0**	**99.9**	**99.9**	**99.7**
100.5	100.3	99.7	100.1	99.7	99.8	99.4
100.4	100.3	100.0	100.2	99.9	99.9	99.5
100.5	100.4	99.5	100.1	99.5	99.8	99.4
100.2	100.0	99.7	99.8	100.2	100.0	100.2
99.9	100.1	100.0	99.6	100.4	99.8	100.3
100.2	100.0	100.2	100.1	100.1	100.1	100.1
100.0	100.0	100.7	100.0	100.6	100.0	100.0
100.0	**100.2**	**100.1**	**100.1**	**100.0**	**99.9**	**99.8**
99.9	100.2	99.9	99.9	100.0	100.0	99.9
100.1	100.0	100.0	100.3	100.4	100.0	99.9
99.4	100.3	99.8	99.7	99.2	99.8	99.3
100.2	100.3	100.0	99.9	100.4	100.1	100.1
100.1	100.1	99.8	99.8	100.1	99.8	100.0
100.0	100.0	99.9	100.0	100.0	100.0	100.0
100.3	100.2	100.5	100.5	100.2	99.8	99.7

2012年广西城市居民消费价格各月环比指数（续表2）

以上月价格为100

类 别	1月	2月	3月	4月	5月
(1) 化妆美容用品	99.8	100.0	100.1	100.2	100.0
(2) 清洁类化妆品	100.1	100.2	100.0	100.5	100.5
(3) 个人饰品	98.9	102.8	98.7	99.8	99.1
(4) 个人服务	104.8	96.1	100.0	100.0	100.1
六、交通和通信	**101.2**	**99.6**	**100.3**	**100.3**	**99.7**
1. 交　通	102.3	99.1	100.6	100.7	99.4
(1) 交通工具	99.7	100.0	100.1	99.9	99.9
(2) 车用燃料及零配件	100.0	102.1	104.0	100.7	98.1
汽　油	100.0	103.0	105.7	100.9	97.0
柴　油	100.0	103.3	106.1	101.0	97.1
(3) 车辆使用及维修费	100.4	99.7	100.1	100.0	100.1
(4) 市区公共交通费	100.0	100.0	100.0	101.4	100.0
(5) 城市间交通费	112.4	93.5	98.6	101.9	99.4
2. 通　信	100.0	100.1	100.0	99.9	99.9
(1) 通信工具	99.7	99.6	99.8	99.8	99.4
(2) 通信服务	100.0	100.2	100.0	100.0	100.0
七、娱乐教育文化用品及服务	**101.5**	**101.4**	**100.3**	**100.5**	**100.0**
1. 文娱用耐用消费品及服务	99.6	99.5	99.7	99.6	99.2
2. 教　育	100.0	104.0	100.0	100.0	100.0
(1) 教材及参考书	100.0	101.4	100.0	100.0	100.0
(2) 教育服务	100.0	104.4	100.0	100.0	100.0
3. 文化娱乐类	108.1	100.4	100.1	100.1	100.0
(1) 文化娱乐用品	99.8	100.9	100.3	99.9	99.8
(2) 书报杂志	100.0	100.3	100.0	100.0	100.0
(3) 文 娱 费	120.5	100.0	100.0	100.3	100.2
4. 旅　游	102.2	97.0	102.3	103.8	100.9
八、居　住	**104.7**	**101.4**	**100.9**	**100.3**	**100.2**
1. 建房及装修材料	100.1	100.2	99.9	100.4	100.2
2. 住房租金	103.4	100.5	100.2	100.0	100.0
3. 自有住房	100.1	100.1	100.2	100.1	101.2
4. 水、电、燃料	116.5	104.4	102.9	100.5	98.9
水	154.9	112.6	101.1	100.1	100.0
电	114.6	100.0	100.0	100.0	100.0
液化石油气	109.4	107.1	107.3	101.2	97.0
管道燃气	101.5	100.0	100.0	100.0	100.1

6 月	7 月	8 月	9 月	10 月	11 月	12 月
100.5	100.0	100.1	100.0	100.1	99.9	100.1
100.6	100.1	100.6	100.1	100.3	100.1	99.8
99.5	100.5	100.9	102.5	100.4	98.9	98.8
100.0	100.3	100.4	100.1	100.0	100.0	100.0
99.4	**99.8**	**100.2**	**100.6**	**99.9**	**99.5**	**99.4**
99.1	99.7	100.5	101.0	100.0	99.3	99.4
100.2	99.9	99.9	99.9	99.5	99.9	98.9
96.2	97.2	102.4	104.0	100.5	97.9	99.6
94.5	95.9	103.1	105.8	100.6	97.2	99.6
94.3	95.6	103.4	106.1	100.7	97.0	99.6
100.0	100.7	100.7	100.8	100.3	100.0	99.9
99.8	99.7	100.0	100.0	100.0	100.0	100.0
99.4	101.6	99.5	100.1	100.1	99.1	99.1
99.9	99.9	99.8	100.1	99.8	99.6	99.5
99.1	99.2	99.1	99.9	99.0	98.0	96.9
100.0	100.0	100.0	100.1	100.0	100.0	100.0
99.8	**100.8**	**99.9**	**101.0**	**98.8**	**99.3**	**99.1**
99.5	99.6	99.3	99.4	99.6	99.6	98.3
100.2	100.2	100.0	101.0	100.0	99.9	100.0
100.0	100.0	100.0	98.9	100.0	100.0	100.0
100.2	100.2	100.0	101.3	100.0	99.9	100.0
100.7	99.9	100.0	100.5	99.4	99.3	99.8
99.7	100.0	99.7	99.9	99.9	100.1	99.7
100.0	100.0	100.0	100.0	100.0	100.0	100.0
101.8	99.8	100.1	101.2	98.8	98.4	99.8
98.1	105.0	100.4	103.4	93.9	97.4	96.5
99.9	**100.2**	**100.2**	**100.3**	**100.3**	**100.0**	**99.9**
100.2	99.9	99.8	99.9	100.8	100.5	100.2
99.9	99.9	99.8	100.4	99.9	99.9	99.7
101.1	99.9	99.9	100.1	99.8	99.8	100.0
98.2	101.0	101.1	100.7	100.9	100.0	99.7
104.7	100.0	100.1	100.0	100.0	100.0	100.0
100.0	105.0	100.0	100.0	101.7	100.0	100.0
93.1	96.7	103.0	102.1	100.6	99.9	99.2
101.2	100.1	100.0	100.0	100.0	100.0	100.0

2013年广西城市居民消费价格各月环比指数

以上月价格为100

类　别	1月	2月	3月	4月	5月
居民消费价格总指数	**100.7**	**100.8**	**99.2**	**100.5**	**99.8**
一、食　品	**102.1**	**101.9**	**97.7**	**100.8**	**98.6**
1. 粮　食	100.2	100.3	100.2	100.0	100.1
大　米	100.0	100.1	100.0	100.0	100.0
2. 淀粉及制品	99.8	100.2	100.4	101.5	100.0
3. 干豆类及豆制品	101.2	103.5	98.7	99.8	100.4
4. 油　脂	100.0	99.9	100.0	99.9	98.8
食用植物油	100.1	99.9	100.1	99.9	98.9
5. 肉禽及其制品	103.1	103.8	94.6	95.6	98.0
(1) 食用畜肉及副产品	104.8	103.5	92.9	96.9	99.0
猪　肉	105.3	102.4	91.2	96.0	98.5
牛　肉	103.5	106.2	95.6	100.2	100.8
羊　肉	105.8	103.8	96.0	99.4	99.6
(2) 禽	100.8	105.5	96.2	91.5	95.5
鸡	101.3	103.2	96.6	92.1	96.3
鸭	99.7	110.9	95.5	90.2	94.0
(3) 加工肉禽	100.8	101.8	98.6	98.7	98.6
6. 蛋	101.4	100.2	97.5	99.7	99.5
鲜　蛋	101.5	100.2	97.4	99.6	99.4
7. 水产品	103.3	108.4	93.0	99.1	99.9
(1) 鱼	101.8	105.2	96.1	99.9	99.6
淡水鱼	101.3	107.1	96.2	100.0	99.2
海水鱼	102.6	102.5	96.0	99.9	100.1
(2) 其他水产品	107.1	116.2	86.2	97.0	100.7
虾蟹类	107.3	116.5	85.9	97.0	100.8
8. 菜	104.4	91.2	98.3	119.2	93.0
鲜　菜	104.9	89.8	97.9	122.3	91.9
9. 调味品	100.1	100.0	100.1	99.9	100.4
食用盐	100.0	100.0	100.0	99.7	100.3
酱　油	100.2	100.0	100.1	100.0	100.6
10. 糖	99.6	99.8	99.9	99.3	100.0
食　糖	99.5	100.1	100.2	99.1	100.0
11. 茶及饮料	99.9	100.0	100.1	100.2	100.2
(1) 茶　叶	100.1	100.0	100.0	100.0	100.3
(2) 饮　料	99.8	100.0	100.2	100.2	100.2
12. 干鲜瓜果	103.1	110.1	103.2	101.2	98.6

6 月	7 月	8 月	9 月	10 月	11 月	12 月
100.2	**100.0**	**100.9**	**101.1**	**99.8**	**99.7**	**100.2**
100.2	**99.9**	**102.5**	**102.4**	**98.9**	**99.1**	**100.3**
99.9	100.0	100.1	100.1	100.3	100.1	100.2
99.8	99.9	100.0	100.1	100.3	99.9	100.1
99.9	99.9	100.0	100.0	99.8	100.0	99.7
100.1	100.2	100.0	100.2	100.3	100.6	100.3
99.4	99.9	99.0	97.7	99.8	99.4	98.5
99.0	100.3	98.8	97.5	99.9	99.1	97.8
101.8	101.4	103.2	101.0	100.3	100.2	100.5
100.5	101.1	104.0	101.7	100.2	100.4	100.7
100.5	101.5	105.3	101.7	99.8	100.1	100.4
101.2	100.7	101.1	101.9	101.5	100.9	101.2
100.2	99.7	100.7	102.0	100.8	101.0	101.9
105.4	102.4	102.6	100.0	100.5	99.8	100.4
105.2	101.6	102.0	100.1	101.0	100.1	100.6
106.1	104.3	104.0	99.7	99.3	99.3	99.9
100.3	100.5	100.9	100.4	100.0	100.1	100.0
100.4	100.4	103.0	102.5	99.1	99.6	99.9
100.3	100.4	103.1	102.6	99.0	99.5	99.9
101.2	100.0	100.3	102.7	100.1	100.2	100.9
101.5	100.4	99.8	101.0	99.6	99.4	100.1
100.7	100.4	100.2	101.1	99.3	99.1	100.3
102.7	100.4	99.3	100.8	100.0	99.8	99.8
100.5	98.9	101.5	107.0	101.2	102.3	102.6
100.5	98.9	101.6	107.1	101.2	102.3	102.6
98.5	98.4	113.4	111.6	89.6	91.4	98.4
98.2	98.1	115.5	113.2	88.4	90.3	98.2
100.2	100.1	100.1	101.0	100.4	100.1	100.0
100.0	100.0	99.8	100.2	100.0	100.0	100.0
100.3	100.1	100.4	101.3	100.8	100.3	99.8
99.7	100.2	100.0	99.9	100.0	100.4	100.1
99.0	100.4	99.7	99.3	100.5	100.8	100.2
100.1	100.1	100.0	99.9	100.1	99.8	100.3
100.1	100.1	100.1	100.0	100.0	100.0	100.1
100.1	100.1	100.0	99.9	100.1	99.7	100.4
96.8	96.1	98.9	104.1	100.5	99.4	102.6

2013年广西城市居民消费价格各月环比指数（续表1）

以上月价格为100

类　别	1月	2月	3月	4月	5月
鲜瓜果	103.8	112.0	103.8	101.4	98.3
13. 糕点饼干面包	100.1	100.1	100.2	100.1	101.0
14. 液体乳及乳制品	99.8	100.7	99.9	100.6	100.4
15. 在外用膳食品	100.2	100.6	100.1	100.5	100.9
16. 其他食品	100.9	100.2	100.0	99.5	100.6
二、烟　酒	**100.1**	**100.1**	**100.0**	**99.9**	**99.9**
1. 烟　草	100.0	100.0	100.0	100.0	100.0
2. 酒	100.2	100.1	100.1	99.9	99.9
三、衣　着	**99.7**	**98.9**	**99.6**	**101.7**	**102.4**
1. 服　装	99.8	98.7	99.6	101.5	102.9
(1) 男式服装	99.7	98.5	99.7	101.2	102.4
(2) 女式服装	100.0	98.8	99.4	101.0	103.1
(3) 儿童服装	99.4	98.7	99.6	104.2	103.7
2. 衣着材料	100.0	100.1	100.0	98.8	100.0
3. 鞋袜帽	99.5	99.3	99.8	102.6	101.3
(1) 鞋	99.5	99.2	99.8	102.9	101.4
(2) 袜　子	99.7	99.7	100.1	100.3	99.8
(3) 帽　子	99.8	99.3	100.3	100.6	104.0
4. 衣着加工服务费	100.5	103.4	96.7	100.4	100.2
四、家庭设备用品及维修服务	**100.0**	**100.1**	**100.2**	**100.3**	**100.1**
1. 耐用消费品	99.9	100.0	100.1	100.1	100.2
(1) 家　具	99.8	100.0	100.0	99.8	100.0
(2) 家庭设备	99.9	100.0	100.2	100.3	100.4
2. 室内装饰品	100.0	100.0	100.3	100.2	100.0
3. 床上用品	99.6	100.4	100.7	101.3	100.1
4. 家庭日用杂品	100.0	100.1	100.0	100.0	100.0
5. 家庭服务及加工维修服务	101.1	100.5	100.4	100.7	100.1
五、医疗保健和个人用品	**100.0**	**100.3**	**99.7**	**99.9**	**100.0**
1. 医疗保健	100.0	100.0	100.0	100.2	100.1
(1) 医疗器具及用品	100.0	100.1	100.0	100.0	100.0
(2) 中药材及中成药	100.0	100.0	100.2	100.4	100.0
(3) 西　药	99.9	100.0	99.9	100.1	100.0
(4) 保健器具及用品	100.0	100.2	100.1	100.1	99.9
(5) 医疗保健服务	100.0	100.0	100.0	100.0	100.5
2. 个人用品及服务	100.2	100.9	99.0	99.5	99.8

6 月	7 月	8 月	9 月	10 月	11月	12月
96.4	95.5	98.6	104.8	100.5	99.3	103.0
100.1	100.2	100.6	100.2	100.0	100.1	100.2
101.2	100.4	100.5	101.9	100.8	100.6	101.1
100.3	100.2	100.4	100.0	101.0	100.3	100.1
100.2	100.2	100.3	100.1	100.2	100.4	100.3
99.9	**100.1**	**99.9**	**99.6**	**99.8**	**100.2**	**100.0**
100.0	100.0	100.0	100.0	100.0	100.0	100.0
99.8	100.2	99.8	99.3	99.7	100.3	100.0
100.9	**99.4**	**99.5**	**100.7**	**101.6**	**101.3**	**100.1**
101.1	99.4	99.5	100.4	101.5	101.5	100.1
101.0	99.4	99.4	100.6	101.5	101.6	100.0
101.3	99.3	99.4	100.3	101.5	101.3	100.4
100.4	99.6	99.8	100.4	101.4	101.6	99.5
99.7	100.0	99.8	100.0	100.0	100.0	100.0
100.5	99.3	99.5	101.6	102.1	101.1	100.0
100.4	99.2	99.4	101.8	102.3	101.2	100.0
100.1	100.3	100.0	100.2	100.3	100.3	100.0
105.6	100.0	100.0	100.0	100.2	100.0	100.2
100.0	100.0	100.3	100.0	100.0	100.3	101.0
100.3	**100.2**	**100.1**	**99.9**	**100.1**	**99.6**	**100.0**
100.6	100.2	100.1	99.9	100.1	99.2	100.0
100.2	100.1	100.1	100.2	100.3	98.6	100.1
100.9	100.2	100.0	99.7	100.1	99.6	99.9
100.1	100.2	99.9	99.8	100.3	100.0	100.1
99.7	100.1	100.2	100.0	100.5	100.4	100.5
100.1	100.0	100.1	99.9	100.0	100.0	99.9
99.7	101.3	100.0	100.3	99.8	100.0	100.1
100.0	**100.0**	**100.1**	**100.4**	**100.0**	**100.0**	**99.8**
100.1	100.1	100.0	100.3	100.1	100.0	100.0
100.0	100.0	100.0	100.0	100.0	100.0	100.1
100.3	100.3	100.3	101.3	100.2	99.9	99.9
100.0	100.1	99.9	100.0	100.0	99.9	100.0
100.1	100.0	100.1	99.9	100.0	100.2	99.9
100.0	100.0	100.0	100.0	100.0	100.0	100.0
99.7	99.9	100.2	100.4	99.7	100.0	99.5

2013年广西城市居民消费价格各月环比指数（续表2）

以上月价格为100

类　别	1月	2月	3月	4月	5月
(1) 化妆美容用品	99.8	100.3	100.1	99.5	99.9
(2) 清洁类化妆品	100.0	99.9	100.0	100.2	100.3
(3) 个人饰品	100.6	98.9	99.0	97.8	98.4
(4) 个人服务	101.1	106.8	94.8	100.1	100.1
六、交通和通信	**100.0**	**101.4**	**99.4**	**99.8**	**99.8**
1. 交　通	100.0	102.7	98.8	99.7	99.5
(1) 交通工具	100.0	100.2	100.0	99.9	100.0
(2) 车用燃料及零配件	100.0	100.4	101.6	97.5	98.2
汽　油	100.0	100.5	102.3	96.5	97.4
柴　油	100.0	100.5	102.4	96.3	97.0
(3) 车辆使用及维修费	100.1	102.4	99.1	101.4	101.4
(4) 市区公共交通费	100.0	100.0	100.3	99.7	100.0
(5) 城市间交通费	99.7	111.5	93.3	100.5	98.5
2. 通　信	99.9	100.0	100.0	99.9	100.0
(1) 通信工具	99.7	99.9	99.7	99.8	100.2
(2) 通信服务	100.0	100.1	100.0	99.9	100.0
七、娱乐教育文化用品及服务	**100.1**	**100.1**	**100.0**	**100.2**	**100.2**
1. 文娱用耐用消费品及服务	99.3	99.0	100.1	99.8	100.1
2. 教　育	100.0	100.3	100.3	100.0	100.0
(1) 教材及参考书	100.1	100.0	99.8	100.3	100.0
(2) 教育服务	100.0	100.3	100.4	100.0	100.0
3. 文化娱乐类	101.1	100.1	100.9	100.3	100.0
(1) 文化娱乐用品	100.0	99.9	100.0	99.7	100.1
(2) 书报杂志	100.1	100.0	99.7	100.2	100.0
(3) 文 娱 费	102.4	100.3	102.0	100.8	99.9
4. 旅　游	100.3	100.5	98.3	101.5	101.2
八、居　住	**99.9**	**100.1**	**100.6**	**100.3**	**100.9**
1. 建房及装修材料	100.2	99.9	99.8	100.1	100.1
2. 住房租金	100.0	100.0	100.0	100.7	101.1
3. 自有住房	100.0	100.0	100.1	100.5	101.8
4. 水、电、燃料	99.6	100.4	102.0	99.9	99.9
水	100.0	100.0	103.7	100.7	101.0
电	96.8	100.0	103.2	100.0	100.0
液化石油气	103.0	101.1	99.9	99.3	99.3
管道燃气	100.0	100.0	100.6	100.0	100.0

6 月	7 月	8 月	9 月	10 月	11 月	12 月
100.1	100.0	100.2	100.1	99.6	100.2	99.7
100.0	99.8	100.0	100.8	99.9	100.1	100.0
98.4	97.4	100.8	100.5	99.1	99.5	97.7
100.0	103.0	100.2	100.0	100.1	100.3	100.1
100.0	**100.2**	**100.3**	**100.3**	**99.9**	**99.7**	**100.1**
100.0	100.3	100.6	100.6	99.9	99.5	100.3
100.0	100.0	101.0	100.0	99.7	100.0	100.1
99.8	100.7	101.1	101.7	98.9	98.8	101.0
99.8	101.4	101.9	102.4	98.5	98.4	101.7
99.8	101.4	102.0	102.6	98.4	98.2	101.2
100.0	100.0	100.2	100.0	100.6	100.0	100.0
100.4	100.5	100.0	100.5	100.0	99.5	100.0
99.9	100.6	100.1	100.5	100.7	98.9	100.2
100.0	99.9	99.9	99.9	99.8	100.0	100.0
99.8	99.7	99.7	99.6	99.6	99.5	99.8
100.0	100.0	100.0	100.0	99.9	100.1	100.0
100.5	**100.5**	**99.9**	**101.2**	**100.4**	**99.9**	**99.9**
100.4	99.5	99.7	99.8	99.9	99.7	99.8
100.1	100.0	100.0	102.6	100.0	100.0	100.0
100.1	100.0	100.0	100.0	100.0	100.0	100.0
100.1	100.0	100.0	103.0	100.0	100.0	100.0
100.1	100.6	100.0	99.9	100.0	100.1	100.0
100.1	100.0	100.0	99.8	100.0	99.9	100.0
100.0	100.0	100.0	100.0	100.0	100.0	100.0
100.1	101.3	100.1	100.0	100.0	100.4	100.0
102.3	102.9	99.6	99.4	102.8	99.7	99.9
99.6	**100.1**	**100.1**	**100.4**	**100.4**	**100.1**	**100.2**
100.0	99.9	100.0	100.5	100.4	100.5	100.0
100.0	100.2	100.1	100.1	100.0	100.0	99.9
100.1	100.2	100.2	100.2	100.0	100.0	99.9
98.3	99.9	100.0	100.6	101.1	100.2	100.9
100.0	100.0	100.5	100.4	100.0	100.0	100.0
98.4	100.0	100.0	100.0	101.7	100.0	100.0
97.6	99.7	99.8	101.5	101.1	100.5	102.6
96.1	100.0	100.0	100.0	100.0	100.0	100.0

1996年广西农村居民消费价格各月环比指数

以上月价格为100

类　别	1月	2月	3月	4月	5月
居民消费价格总指数	**101.1**	**101.2**	**100.8**	**101.3**	
一、食　　品	**100.2**	**101.8**	**99.8**	**103.0**	
1. 粮　　食	100.4	100.3	100.9	101.0	
(1) 细　　粮	100.4	100.3	100.9	101.0	
大　　米	99.9	100.6	101.4	101.0	
(2) 粗　　粮	99.9	103.5	100.0	100.0	
2. 淀粉及薯类	101.6	99.8	98.1	103.5	
3. 干豆类及豆制品	100.2	102.4	101.7	106.7	
4. 油 脂 类	96.2	101.1	95.8	99.0	
5. 肉禽及其制品	98.8	103.0	100.0	100.8	
猪　　肉	95.8	102.4	97.9	100.7	
牛　　肉	98.8	107.0	100.5	98.2	
羊　　肉	104.2	95.9	103.3	97.0	
鸡	105.4	103.9	102.4	102.5	
鸭	108.9	102.8	105.1	103.9	
6. 蛋　　类	104.1	104.1	104.9	97.2	
鲜　　蛋	104.5	104.2	105.1	97.0	
7. 水产品类	101.0	105.8	105.8	106.9	
8. 菜　　类	89.9	91.1	91.2	120.7	
(1) 鲜　　菜	86.9	86.7	89.7	124.7	
(2) 干　　菜	101.7	105.1	100.0	105.6	
(3) 菜 制 品	99.0	108.7	92.6	107.3	
9. 调 味 品	102.7	101.1	100.7	100.9	
盐	105.3	101.5	101.3	100.2	
酱　　油	99.3	100.0	100.0	102.0	
10. 糖　　类	99.5	101.5	100.1	98.3	
(1) 食　　糖	98.6	99.8	100.2	98.3	
(2) 糖　　果	100.8	103.9	100.0	98.4	
11. 烟 草 类	107.3	104.9	101.6	99.6	
12. 酒和饮料	101.1	99.8	100.3	100.4	
13. 干鲜瓜果类	117.2	110.0	103.8	112.4	
(1) 鲜　　果	119.0	110.3	105.0	114.5	

6月	7月	8月	9月	10月	11月	12月
98.6		**100.7**	**101.4**	**100.1**	**99.3**	**100.7**
96.9		**101.6**	**100.9**	**100.1**	**98.4**	**99.7**
100.0		99.3	99.6	98.9	99.8	99.4
100.0		99.3	99.6	98.9	99.8	99.4
99.6		98.9	97.5	98.5	100.3	98.5
100.0		106.7	107.1	91.7	90.9	100.0
100.2		99.7	102.1	98.0	100.2	100.7
101.6		99.7	103.1	95.8	103.2	103.3
101.6		102.9	101.6	100.4	98.1	100.2
101.6		100.6	101.2	102.0	99.6	98.2
102.4		100.4	102.3	102.3	99.9	98.4
103.4		99.1	100.8	101.6	98.7	98.9
97.9		98.4	98.1	97.3	98.1	105.0
100.7		100.6	96.3	100.6	100.1	96.7
95.9		105.6	100.7	100.5	95.9	97.3
101.7		98.5	104.9	95.0	97.1	96.3
100.7		98.3	105.3	94.8	97.1	96.2
96.7		103.0	97.3	98.7	93.0	95.6
68.3		113.4	104.1	92.2	87.8	105.0
60.9		114.2	100.5	90.9	86.2	106.3
99.8		100.5	101.1	100.4	99.5	100.6
88.4		123.1	136.5	92.2	85.9	99.8
101.3		99.9	100.1	102.1	100.1	100.0
102.6		100.0	100.0	104.5	100.0	100.0
100.0		100.0	100.0	100.0	100.0	100.0
98.1		100.5	100.6	101.2	101.3	100.8
96.6		100.9	100.9	102.0	102.6	101.3
100.2		100.0	100.1	100.0	99.5	100.0
100.3		99.9	100.8	101.4	100.7	101.3
100.4		100.1	100.4	100.1	99.7	100.0
71.9		103.0	97.1	100.3	100.4	103.1
65.8		103.9	96.6	100.3	100.7	103.6

1996年广西农村居民消费价格各月环比指数（续表1）

以上月价格为100

类　别	1月	2月	3月	4月	5月
(2) 干　　果	107.3	108.2	97.5	101.2	
14. 糕 点 类	102.0	101.0	98.7	100.6	
15. 奶及奶制品	101.9	102.3	100.2	100.3	
16. 其他食品	103.4	99.6	100.0	99.9	
17. 饮 食 业	102.7	101.9	100.0	100.9	
(1) 主　　食	100.4	100.0	100.7	102.5	
(2) 炒　　菜	104.0	102.3	99.4	100.0	
(3) 地方小吃	100.0	103.6	102.0	102.7	
二、衣 着 类	**101.8**	**100.4**	**99.7**	**99.4**	
1. 服　　装	102.4	100.7	99.5	99.3	
2. 衣着材料	100.6	100.2	99.9	100.3	
(1) 棉　　布	101.8	100.0	100.0	101.8	
(2) 棉花化纤混纺布	102.6	99.4	98.5	100.0	
(3) 化 纤 布	100.0	100.0	100.0	100.0	
(4) 呢　　绒	99.7	100.9	100.0	100.1	
(5) 绸　　缎	100.5	100.3	100.0	101.2	
(6) 毛　　线	100.9	101.1	100.0	100.1	
3. 鞋袜帽及其他衣着	101.4	100.1	100.0	98.8	
(1) 鞋　　类	101.7	100.0	100.0	98.3	
(2) 袜　　子	100.0	100.0	100.0	100.0	
(3) 帽　　子	100.0	100.0	100.2	100.0	
(4) 其他衣着	100.6	100.8	100.0	101.3	
三、家庭设备及用品	**100.5**	**99.9**	**100.4**	**100.1**	
1. 耐用消费品	100.5	99.7	99.9	99.8	
(1) 家　　具	100.5	99.9	99.8	99.5	
(2) 家庭设备	100.5	99.6	100.0	99.9	
2. 室内装饰品	100.7	100.0	100.6	100.1	
3. 床上用品	100.5	101.0	103.0	99.9	
4. 家庭日用杂品	100.4	99.8	100.2	100.7	
5. 其他日用品	100.3	100.1	99.9	100.1	

6月	7月	8月	9月	10月	11月	12月
104.8		98.3	100.0	100.1	98.5	100.1
100.1		100.6	101.2	100.0	100.0	100.0
100.0		99.6	100.4	98.8	97.9	107.1
100.2		100.1	104.1	100.0	100.0	100.0
100.2		100.3	100.4	101.8	99.9	100.2
100.9		100.0	100.0	100.0	100.0	101.0
100.2		100.5	100.0	102.8	99.8	100.0
98.9		100.0	103.6	100.0	100.0	100.0
99.9		**99.9**	**101.9**	**100.3**	**100.5**	**102.7**
99.8		99.8	101.4	100.3	100.5	104.7
99.9		99.9	102.5	99.7	100.5	100.8
99.9		100.1	112.6	100.1	100.5	100.1
99.6		100.0	104.4	100.0	100.6	100.0
100.0		100.0	100.0	99.8	100.0	101.2
100.0		100.0	103.4	100.2	100.0	100.0
100.0		100.0	100.0	98.1	100.0	100.1
99.9		99.5	102.8	99.4	101.7	100.8
100.2		100.0	102.7	100.6	100.4	99.8
100.2		100.0	103.3	100.7	100.3	99.6
100.0		100.0	100.0	100.0	100.0	100.0
100.0		100.0	100.0	100.0	100.0	100.0
100.0		100.0	100.0	100.0	101.4	101.4
100.1		**99.9**	**100.2**	**100.1**	**100.2**	**100.3**
99.9		99.6	100.3	100.1	100.0	99.7
99.8		99.5	101.2	99.9	100.0	100.0
100.0		99.6	99.8	100.2	100.0	99.6
100.5		99.4	100.5	100.1	100.0	100.4
100.0		100.0	100.0	100.0	100.3	100.1
100.6		100.4	100.1	100.1	100.2	101.0
100.1		100.0	100.5	100.0	100.8	101.3

1996 年广西农村居民消费价格各月环比指数（续表 2）

以上月价格为 100

类 别	1 月	2 月	3 月	4 月	5 月
四、医疗保健	**100.5**	**99.7**	**100.3**	**101.2**	
1. 医疗器具及保健用品	100.3	100.0	100.2	100.0	
2. 中药材及中成药	100.7	100.1	100.7	101.8	
3. 西　　药	100.3	99.3	99.9	100.8	
五、交通和通讯工具	**99.5**	**99.6**	**100.1**	**99.8**	
1. 交通工具	99.5	99.8	100.0	99.6	
2. 通讯工具	99.8	98.6	100.4	100.8	
六、娱乐教育文化用品	**105.9**	**100.0**	**105.3**	**99.8**	
1. 文娱用耐用消费品	98.5	99.8	100.0	99.6	
2. 教材及参考书	106.1	100.0	127.3	100.0	
3. 文化娱乐用品	117.9	100.2	100.1	100.0	
(1) 文娱用品	100.4	100.4	100.2	100.0	
(2) 报纸杂志	139.8	100.0	100.0	100.0	
七、居　　住	**100.6**	**100.7**	**99.8**	**102.1**	
1. 住　　房	101.1	100.0	99.8	100.3	
(1) 建筑材料	100.5	100.0	99.7	100.4	
(2) 房　　租	103.1	100.0	100.0	100.0	
2.水、电、燃料	100.1	101.4	99.9	104.1	
水	100.5	100.0	100.0	100.0	
电	100.0	102.8	100.0	110.1	
液化石油气	100.0	100.5	99.8	98.8	
管道煤气	0.0	0.0	0.0	0.0	
八、服务项目	**100.5**	**103.7**	**102.0**	**98.9**	
1. 电 讯 费	102.5	100.0	100.0	100.0	
2. 邮　　费	100.0	100.0	100.0	100.0	
3. 交 通 费	100.0	138.9	92.5	87.1	
4. 洗理美容费	104.2	105.5	100.0	100.0	
5. 文 娱 费	103.2	101.5	100.0	100.0	
6. 学杂保育费	99.8	100.2	104.3	100.0	
7. 修理及其他服务费	101.6	101.2	99.6	100.0	
8. 医疗保健服务	100.8	100.0	100.0	100.0	

注：5 月、7 月数据缺失

6月	7月	8月	9月	10月	11月	12月
99.9		**101.6**	**100.0**	**100.2**	**100.5**	**100.1**
100.1		100.3	100.3	100.0	100.0	100.0
100.6		100.1	99.9	100.8	100.7	100.7
99.2		103.3	100.0	99.6	100.4	99.4
99.8		**100.1**	**99.6**	**99.7**	**100.1**	**99.8**
99.8		100.0	99.9	99.6	100.2	99.8
99.5		101.0	97.5	100.0	99.8	100.0
99.8		**99.7**	**102.6**	**99.1**	**99.2**	**100.2**
99.6		98.6	100.5	98.1	98.4	100.2
100.0		101.8	112.3	100.0	100.0	100.0
100.1		100.2	100.0	100.1	100.1	100.2
100.1		100.4	100.0	100.1	100.1	100.3
100.0		100.0	100.0	100.0	100.0	100.0
99.3		**98.8**	**101.3**	**100.6**	**99.6**	**104.5**
99.5		99.6	99.8	99.9	100.3	99.2
99.4		99.5	99.8	99.9	100.0	99.0
100.0		100.0	100.0	100.0	101.4	100.0
99.1		98.0	103.0	101.3	98.8	110.4
101.1		101.6	102.7	100.0	100.0	100.8
98.5		95.9	107.9	97.9	97.1	111.4
98.3		98.4	96.4	108.6	100.2	120.2
0.0		0.0	0.0	0.0	0.0	
100.3		**101.1**	**104.4**	**100.7**	**99.9**	**101.1**
100.0		100.0	100.0	100.0	100.0	97.6
100.0		100.0	100.0	100.0	100.0	217.6
100.0		100.0	101.5	101.4	97.5	100.0
101.6		99.7	98.6	100.0	100.0	103.2
100.0		100.0	100.0	100.0	100.0	102.5
100.2		100.4	106.5	100.0	100.0	100.0
101.2		100.0	100.0	100.3	100.9	100.0
100.0		110.2	103.7	106.4	100.0	100.0

1997 年广西农村居民消费价格各月环比指数

以上月价格为 100

类 别	1月	2月	3月	4月	5月
居民消费价格总指数	**100.1**	**100.1**	**99.4**	**99.9**	**99.2**
一、食 品	**98.6**	**101.3**	**98.8**	**100.6**	**98.4**
1. 粮 食	98.8	99.3	98.8	100.4	98.7
(1) 细 粮	98.8	99.3	98.8	100.4	98.7
大 米	98.4	98.9	98.4	100.5	98.3
(2) 粗 粮	100.0	98.3	100.0	100.0	99.8
2. 淀粉及薯类	99.0	100.1	97.2	97.8	98.1
3. 干豆类及豆制品	97.5	106.3	97.3	101.6	100.3
4. 油 脂 类	99.1	98.5	103.0	100.8	97.6
5. 肉禽及其制品	98.5	102.2	97.4	100.0	99.2
猪 肉	97.9	101.6	97.7	100.0	99.1
牛 肉	96.8	105.9	95.5	98.2	97.6
羊 肉	97.3	105.9	91.6	98.0	97.3
鸡	98.9	102.6	97.1	100.7	101.3
鸭	101.8	104.3	96.2	100.8	98.7
6. 蛋 类	96.7	97.1	95.3	98.6	92.7
鲜 蛋	96.6	97.1	94.8	98.7	92.6
7. 水产品类	101.5	103.8	99.4	99.9	101.8
8. 菜 类	90.9	99.2	100.3	107.0	84.1
(1) 鲜 菜	87.3	99.2	101.0	109.6	79.7
(2) 干 菜	104.8	99.1	95.3	100.0	96.4
(3) 菜 制 品	100.6	99.7	101.3	96.6	102.2
9. 调 味 品	100.2	101.2	99.9	99.8	100.7
盐	100.0	101.1	100.0	100.0	100.0
酱 油	100.0	101.0	100.0	100.0	103.9
10. 糖 类	99.3	99.4	99.6	99.5	98.8
(1) 食 糖	99.3	98.7	99.3	99.9	98.0
(2) 糖 果	99.2	100.2	100.0	99.0	99.9
11. 烟 草 类	99.8	100.1	100.2	98.4	99.7
12. 酒和饮料	100.1	99.6	100.3	99.4	100.1
13. 干鲜瓜果类	99.8	109.4	97.0	102.1	110.2
(1) 鲜 果	100.0	111.1	95.7	102.2	112.2
(2) 干 果	98.8	100.7	103.8	101.5	100.0

6月	7月	8月	9月	10月	11月	12月
98.4	**100.4**	**99.9**	**100.2**	**99.6**	**99.9**	**99.0**
96.2	**101.2**	**99.9**	**99.7**	**99.1**	**99.4**	**98.0**
93.0	99.5	99.8	95.6	101.4	101.1	99.7
93.0	99.5	99.8	95.6	101.4	101.1	99.7
90.5	99.1	99.9	94.2	101.6	101.3	99.8
100.2	100.0	100.0	100.0	100.0	100.0	98.3
98.6	102.7	100.9	100.5	96.3	100.7	97.2
100.3	98.2	98.7	98.2	101.4	100.2	100.1
98.2	99.4	99.1	98.0	100.7	100.9	99.4
98.7	100.3	98.3	100.3	99.8	100.1	97.1
98.6	101.1	99.3	99.5	99.3	99.2	96.6
98.3	101.4	101.0	97.5	98.2	97.6	97.7
100.5	94.3	98.6	106.6	96.7	94.8	98.7
99.9	97.6	94.0	104.4	102.9	103.8	96.7
98.3	96.6	93.8	102.3	100.6	105.7	97.6
97.5	101.4	100.1	105.1	96.6	97.4	101.1
97.5	101.6	100.1	105.6	96.4	97.3	101.2
96.8	101.1	99.2	95.5	99.6	98.0	95.9
80.5	111.1	109.0	105.4	93.8	94.3	92.5
75.3	114.8	110.9	105.2	92.2	92.6	90.4
99.3	98.2	102.0	100.0	98.5	101.6	100.0
95.7	100.0	103.7	114.2	99.5	98.0	98.4
99.6	100.0	100.0	100.0	100.0	100.0	100.6
100.0	100.0	100.0	100.0	100.0	100.0	100.0
98.4	100.0	100.0	100.0	100.0	100.0	100.0
99.4	101.5	100.1	100.0	100.6	99.9	99.7
98.9	102.1	100.2	100.0	101.3	99.8	99.1
100.0	100.7	100.0	100.0	99.8	100.0	100.4
99.9	98.5	100.0	100.6	100.5	99.5	99.7
99.8	99.9	100.0	99.8	99.6	100.0	99.9
81.9	104.8	99.2	92.6	88.4	92.1	97.6
78.4	106.3	99.0	92.1	86.3	90.7	98.4
100.1	97.0	100.3	95.2	99.6	99.7	93.5

1997年广西农村居民消费价格各月环比指数（续表1）

以上月价格为100

类　别	1月	2月	3月	4月	5月
14. 糕点类	101.6	100.0	100.0	98.7	100.0
15. 奶及奶制品	101.0	100.6	100.0	99.1	98.0
16. 其他食品	100.0	99.0	100.5	99.6	100.0
17. 饮食业	101.5	101.2	100.0	100.0	100.0
(1) 主　食	101.9	100.0	100.0	100.0	100.0
(2) 炒　菜	101.7	101.9	100.0	100.0	100.0
(3) 地方小吃	100.0	100.0	100.0	100.0	100.0
二、衣着类	**100.5**	**98.0**	**99.4**	**99.7**	**100.1**
1. 服　装	100.2	96.4	99.0	99.5	98.8
2. 衣着材料	102.9	100.0	99.8	99.8	100.2
(1) 棉　布	99.9	99.8	100.4	99.2	100.3
(2) 棉花化纤混纺布	102.1	100.0	100.0	98.8	100.0
(3) 化纤布	105.0	100.0	99.5	100.0	100.5
(4) 呢　绒	100.6	100.0	100.0	100.1	100.0
(5) 绸　缎	99.2	100.0	100.0	100.0	100.0
(6) 毛　线	101.1	100.0	100.0	100.0	99.7
3. 鞋袜帽及其他衣着	99.8	100.1	100.0	100.1	102.5
(1) 鞋　类	99.8	100.1	100.0	100.0	103.2
(2) 袜　子	99.3	100.8	99.3	100.8	98.0
(3) 帽　子	99.6	100.0	100.0	100.0	100.0
(4) 其他衣着	100.0	99.2	100.6	100.0	100.2
三、家庭设备及用品	**100.3**	**99.9**	**100.1**	**99.7**	**99.9**
1. 耐用消费品	100.2	100.2	100.0	99.8	99.3
(1) 家　具	100.9	100.1	99.7	98.9	99.4
(2) 家庭设备	99.9	100.3	100.2	100.2	99.2
2. 室内装饰品	100.8	99.6	99.9	100.0	99.4
3. 床上用品	100.0	99.4	100.0	100.0	102.2
4. 家庭日用杂品	100.4	100.0	100.4	99.7	100.3
5. 其他日用品	100.3	99.1	100.1	99.3	99.7
四、医疗保健	**101.5**	**100.3**	**100.6**	**100.4**	**100.5**
1. 医疗器具及保健用品	101.7	99.8	100.0	100.0	101.1

6月	7月	8月	9月	10月	11月	12月
100.3	99.4	100.0	100.6	99.6	100.0	103.5
100.0	100.0	100.1	102.8	100.0	100.0	100.0
100.8	100.0	100.0	100.0	100.0	100.0	103.2
100.0	100.0	100.0	100.5	100.0	101.3	100.1
100.0	100.0	100.0	100.0	100.0	100.0	100.0
100.0	100.0	100.0	100.8	100.0	101.4	100.0
100.0	100.0	100.0	100.1	100.0	103.2	100.6
100.2	**99.2**	**99.7**	**99.9**	**100.2**	**100.7**	**99.4**
100.0	98.9	99.2	99.7	100.2	101.6	99.2
100.0	99.8	100.1	100.4	100.0	99.1	100.9
102.2	99.0	98.4	102.4	100.2	99.8	99.7
97.0	99.2	101.0	100.8	100.0	100.4	99.0
100.0	100.0	100.0	100.0	100.0	98.3	102.0
100.0	100.0	100.0	100.8	99.9	99.5	100.0
100.0	98.1	100.0	101.2	98.9	99.7	100.0
100.0	100.0	100.7	99.8	100.0	100.0	100.3
100.6	99.3	100.5	100.0	100.2	100.0	98.8
100.5	99.2	100.9	99.5	100.2	100.0	98.6
102.3	99.3	97.4	104.1	100.5	98.8	98.7
100.0	100.0	100.0	100.0	100.0	100.0	100.0
100.0	100.0	99.9	101.4	100.4	100.6	100.0
100.0	**99.8**	**99.6**	**99.5**	**100.5**	**100.3**	**100.3**
100.0	99.9	99.5	99.8	100.3	99.6	100.0
100.3	99.7	99.4	100.2	101.2	100.0	100.5
99.9	100.0	99.6	99.6	99.9	99.4	99.7
100.0	99.7	99.7	100.0	100.0	100.0	100.1
100.4	99.6	99.8	99.9	100.0	100.2	100.3
100.0	99.9	99.5	98.7	100.9	100.7	100.6
100.0	99.7	99.7	100.0	101.0	102.7	100.6
102.0	**100.0**	**100.3**	**100.4**	**100.3**	**99.7**	**100.2**
99.5	100.0	99.9	100.0	99.4	101.4	99.9

1997年广西农村居民消费价格各月环比指数（续表2）

以上月价格为100

类　别	1月	2月	3月	4月	5月
2. 中药材及中成药	100.1	100.7	100.8	99.4	100.6
3. 西　　药	102.8	100.1	100.5	101.4	100.3
五、交通和通讯工具	**100.4**	**99.7**	**100.2**	**99.9**	**99.2**
1. 交通工具	100.6	99.7	100.2	100.0	99.3
2. 通讯工具	99.5	99.8	100.0	99.4	98.8
六、娱乐教育文化用品	**102.1**	**98.4**	**100.4**	**99.8**	**100.7**
1. 文娱用耐用消费品	98.9	97.6	99.9	99.8	101.6
2. 教材及参考书	102.7	99.2	101.5	100.0	100.0
3. 文化娱乐用品	106.7	99.2	100.4	99.8	99.9
(1) 文娱用品	99.9	98.5	99.9	99.7	99.9
(2) 报纸杂志	114.6	100.0	100.9	100.0	100.0
七、居　　住	**101.1**	**100.6**	**99.4**	**98.2**	**98.7**
1. 住　　房	100.4	101.2	100.0	99.0	99.3
(1) 建筑材料	100.4	100.2	100.0	98.8	99.1
(2) 房　　租	100.2	105.6	100.0	100.0	100.0
2. 水、电、燃料	102.0	99.9	98.6	97.1	97.9
水	100.0	101.4	100.9	100.0	100.0
电	101.3	100.4	100.0	100.0	99.6
液化石油气	103.9	98.3	94.8	89.3	93.4
管道煤气					
八、服务项目	**102.1**	**98.5**	**99.3**	**99.0**	**99.9**
1. 电 讯 费	98.8	98.6	100.0	100.0	100.0
2. 邮　　费	102.6	99.7	100.0	100.0	100.0
3. 交 通 费	121.2	108.4	88.6	89.2	98.5
4. 洗理美容费	101.2	111.5	102.4	100.0	100.0
5. 文 娱 费	100.0	100.7	104.2	100.0	99.4
6. 学杂保育费	100.0	95.4	100.0	100.0	100.0
7. 修理及其他服务费	101.0	102.1	100.9	100.0	100.3
8. 医疗保健服务	100.8	100.0	100.0	100.0	100.0

6月	7月	8月	9月	10月	11月	12月
103.6	100.1	100.7	100.2	100.0	99.9	100.9
101.0	100.0	100.1	100.6	100.8	99.3	99.6
101.0	**100.8**	**98.6**	**99.0**	**98.9**	**100.2**	**98.8**
101.2	101.2	98.4	99.6	99.7	100.3	99.1
100.2	99.3	99.5	97.0	96.2	99.9	97.6
99.7	**99.7**	**99.2**	**99.6**	**99.7**	**99.8**	**99.1**
99.4	99.2	99.5	98.0	99.9	99.6	97.8
100.0	100.0	98.5	102.5	100.0	100.0	100.0
100.0	100.2	99.4	99.9	99.2	99.9	100.4
100.0	100.4	98.9	99.8	98.5	99.8	100.7
100.0	100.0	100.0	100.0	100.0	100.0	100.0
99.4	**100.0**	**100.0**	**100.6**	**99.8**	**101.0**	**100.1**
100.0	100.2	100.4	99.7	99.0	99.8	99.9
100.0	100.3	100.0	99.6	98.8	99.7	99.9
100.0	100.0	102.2	100.0	100.0	100.0	100.0
98.6	99.7	99.4	101.8	100.9	102.6	100.4
100.0	101.5	100.4	102.6	100.0	100.0	100.9
101.4	101.3	99.1	101.3	100.0	105.3	99.5
93.1	95.5	99.3	102.8	102.9	100.6	101.6
100.1	**100.1**	**102.0**	**103.9**	**100.0**	**100.0**	**100.1**
100.0	100.1	100.0	100.0	100.0	100.0	100.0
100.0	100.0	100.0	100.0	100.0	100.0	100.0
100.0	100.7	100.0	100.0	100.0	100.0	100.0
100.0	102.0	100.0	100.0	100.0	100.0	100.0
103.3	100.0	100.0	100.0	100.2	100.0	100.9
100.0	100.0	103.4	106.3	100.0	100.0	100.0
100.0	100.0	99.5	100.0	100.0	99.8	100.2
100.0	100.0	100.0	100.0	100.0	100.0	100.0

1998年广西农村居民消费价格各月环比指数

以上月价格为100

类别	1月	2月	3月	4月	5月
居民消费价格总指数	**99.6**	**101.1**	**99.5**	**99.8**	**98.6**
一、食　品	**98.8**	**101.8**	**99.6**	**99.6**	**97.5**
1. 粮　食	101.5	100.3	100.1	98.3	99.2
(1) 细　粮	101.5	100.3	100.1	98.3	99.2
大　米	102.2	100.9	100.3	97.5	99.3
(2) 粗　粮	100.3	98.3	96.7	101.3	100.0
2. 淀粉及薯类	98.4	102.0	100.3	100.2	98.9
3. 干豆类及豆制品	97.6	102.6	98.9	100.6	100.7
4. 油 脂 类	100.0	98.5	100.1	98.6	96.4
5. 肉禽及其制品	96.2	102.1	98.2	98.6	98.4
猪　肉	97.2	100.4	97.6	97.4	97.6
牛　肉	97.7	105.3	92.0	99.8	99.1
羊　肉	97.6	102.3	96.5	97.2	97.8
鸡	90.1	107.7	101.1	101.1	101.5
鸭	93.6	106.2	102.8	101.1	97.7
6. 蛋　类	102.3	100.6	100.5	100.0	96.1
鲜　蛋	102.4	100.8	100.6	100.1	95.7
7. 水产品类	96.0	104.9	98.2	102.8	100.9
8. 菜　类	101.0	103.4	94.5	92.6	81.5
(1) 鲜　菜	98.8	104.2	93.3	91.2	73.9
(2) 干　菜	102.5	98.9	98.5	98.7	100.6
(3) 菜 制 品	112.2	104.8	95.8	92.0	99.9
9. 调 味 品	99.9	100.0	102.3	100.0	99.4
盐	100.0	100.0	102.0	100.0	98.2
酱　油	100.0	101.6	104.8	100.0	102.1
10. 糖　类	100.5	99.7	102.4	99.7	99.5
(1) 食　糖	99.7	99.5	96.7	100.0	99.4
(2) 糖　果	101.5	100.0	109.6	99.3	99.7
11. 烟 草 类	100.0	99.5	99.8	100.0	99.6
12. 酒和饮料	99.8	100.2	101.9	99.8	100.4
13. 干鲜瓜果类	104.2	113.2	116.6	121.9	101.1
(1) 鲜　果	105.5	115.6	119.6	126.2	101.3

6月	7月	8月	9月	10月	11月	12月
99.3	**101.6**	**98.8**	**99.6**	**100.9**	**99.8**	**99.8**
98.8	**104.0**	**97.2**	**99.7**	**100.7**	**99.0**	**99.4**
104.4	102.2	94.7	102.2	102.6	99.0	98.3
104.4	102.2	94.7	102.2	102.6	99.0	98.3
106.4	102.6	93.2	99.9	103.6	98.3	97.9
100.0	100.5	99.5	99.2	100.0	98.2	100.0
100.1	105.0	99.9	100.3	98.9	99.0	99.9
100.3	99.2	98.5	98.6	99.4	100.1	97.5
98.3	101.9	97.2	103.9	104.2	100.6	98.7
99.6	101.6	97.7	100.3	102.1	99.7	99.2
101.7	101.9	95.6	99.9	101.9	100.8	98.9
97.4	100.2	100.1	99.4	98.7	102.2	99.1
100.6	99.3	99.0	98.6	99.5	103.7	101.4
94.1	102.1	102.8	102.5	104.9	95.4	99.1
94.6	102.6	102.1	104.9	102.0	94.8	101.4
107.2	98.9	104.2	103.1	97.9	97.0	104.0
107.8	98.8	104.3	103.2	97.8	96.8	104.3
99.9	98.9	95.4	100.4	98.7	98.7	100.0
90.9	126.0	93.5	95.3	93.6	92.6	97.3
86.1	134.3	91.1	92.8	91.5	90.5	95.8
102.1	98.9	98.7	100.5	100.1	99.7	100.5
104.1	115.6	100.4	103.4	97.3	94.9	102.2
99.8	99.6	99.9	100.0	99.7	101.4	100.0
100.0	100.0	100.0	100.0	100.0	100.0	100.0
100.0	100.0	100.0	100.0	100.0	100.0	100.0
97.7	97.3	100.8	100.4	101.0	101.0	99.6
96.4	96.6	101.2	100.0	101.2	100.6	98.7
99.3	98.1	100.3	100.8	100.7	101.6	100.7
99.9	99.7	100.0	100.0	100.0	99.7	101.1
101.3	99.9	99.1	99.8	99.7	100.0	100.3
79.9	123.6	88.5	87.6	101.2	99.4	102.5
76.4	128.5	86.3	85.1	101.9	99.3	103.3

1998年广西农村居民消费价格各月环比指数（续表1）

以上月价格为100

类　别	1月	2月	3月	4月	5月
(2) 干　　果	97.4	101.0	101.5	100.1	100.1
14. 糕 点 类	98.8	100.6	100.0	99.4	100.0
15. 奶及奶制品	100.0	100.0	99.1	97.7	100.0
16. 其他食品	101.7	98.5	100.6	100.0	100.0
17. 饮 食 业	100.0	99.8	100.0	100.2	99.7
(1) 主　　食	100.0	100.0	100.0	100.7	100.0
(2) 炒　　菜	100.0	99.5	100.0	100.0	99.6
(3) 地方小吃	100.0	100.8	100.0	100.0	100.0
二、衣 着 类	**100.4**	**98.9**	**99.8**	**100.7**	**100.2**
1. 服　　装	100.6	98.4	97.5	101.2	100.4
2. 衣着材料	100.0	99.6	100.1	100.3	99.6
(1) 棉　　布	100.1	99.7	101.0	100.8	98.7
(2) 棉花化纤混纺布	100.0	101.0	100.0	98.6	104.9
(3) 化 纤 布	100.0	100.0	100.0	100.0	98.9
(4) 呢　　绒	100.0	98.9	100.0	100.0	100.0
(5) 绸　　缎	100.0	100.0	99.7	100.0	98.9
(6) 毛　　线	99.9	98.2	100.0	101.4	99.6
3. 鞋袜帽及其他衣着	100.1	99.4	104.7	100.0	100.2
(1) 鞋　　类	100.0	99.3	105.1	100.0	100.3
(2) 袜　　子	102.9	100.0	99.7	100.0	100.0
(3) 帽　　子	100.0	100.0	96.7	100.0	99.4
(4) 其他衣着	99.1	100.1	106.5	100.0	99.4
三、家庭设备及用品	**99.5**	**99.7**	**99.7**	**99.8**	**99.6**
1. 耐用消费品	99.2	99.6	99.4	99.8	99.0
(1) 家　　具	98.8	99.9	99.6	99.5	99.7
(2) 家庭设备	99.5	99.5	99.3	100.0	98.6
2. 室内装饰品	100.4	99.1	100.9	100.0	99.8
3. 床上用品	100.0	100.0	100.4	100.6	99.6
4. 家庭日用杂品	99.6	100.0	100.0	99.4	100.5
5. 其他日用品	99.5	99.2	98.8	99.6	100.0
四、医疗保健	**99.4**	**100.7**	**102.7**	**100.9**	**100.9**
1. 医疗器具及保健用品	100.0	100.0	100.2	99.5	100.0

6月	7月	8月	9月	10月	11月	12月
97.8	98.6	100.1	100.6	97.6	99.7	98.5
100.4	99.7	100.3	99.4	100.4	100.0	99.7
100.3	100.1	100.0	98.2	100.0	100.1	99.7
100.0	101.9	100.0	100.0	100.0	99.8	100.9
100.0	99.7	100.0	100.0	100.0	100.0	100.0
100.0	100.0	100.0	100.0	100.0	100.0	100.0
100.0	99.5	100.0	100.0	100.0	100.0	100.0
100.0	100.0	100.0	100.0	100.0	100.0	100.0
99.7	**99.8**	**99.8**	**99.9**	**102.0**	**100.4**	**101.3**
100.0	99.6	99.6	99.7	103.4	100.5	102.2
98.3	100.0	99.9	100.1	100.1	100.2	100.0
100.0	100.1	100.0	100.3	100.0	101.5	99.9
100.4	100.0	99.8	100.0	100.0	100.0	99.7
96.5	100.0	100.0	100.0	100.0	100.0	100.0
100.0	100.0	100.0	100.0	100.0	100.0	99.9
100.0	99.9	100.0	100.0	100.0	100.0	100.0
100.0	100.0	99.4	100.5	100.3	100.0	100.0
100.1	100.1	100.0	100.2	100.0	100.3	100.0
100.2	100.1	100.0	100.2	100.0	100.3	100.0
100.0	100.0	100.0	100.0	100.0	100.0	100.0
99.0	102.9	100.0	100.0	100.0	100.0	100.0
100.0	100.0	99.9	100.0	100.0	100.6	100.0
100.0	**99.9**	**99.8**	**99.4**	**100.0**	**100.1**	**100.1**
99.9	99.9	99.8	99.7	100.0	100.0	100.3
99.5	100.0	99.8	100.0	100.0	100.0	99.9
100.2	99.9	99.8	99.5	100.0	100.0	100.6
99.4	100.0	100.0	99.8	100.0	100.5	100.0
100.0	99.9	100.0	99.5	100.0	100.0	100.0
100.3	100.1	99.6	98.8	100.0	100.2	99.8
99.6	99.8	100.2	99.3	100.0	100.3	100.0
101.4	**100.8**	**100.5**	**100.2**	**100.2**	**99.8**	**99.9**
101.5	99.7	100.0	100.0	101.9	100.5	100.0

1998年广西农村居民消费价格各月环比指数（续表2）

以上月价格为100

类别	1月	2月	3月	4月	5月
2. 中药材及中成药	99.7	102.5	100.1	103.1	102.2
3. 西　药	99.1	99.1	105.5	99.1	99.8
五、交通和通讯工具	**98.5**	**99.5**	**98.8**	**100.0**	**99.0**
1. 交通工具	98.1	99.7	99.0	100.0	99.4
2. 通讯工具	100.0	98.7	97.8	100.0	97.4
六、娱乐教育文化用品	**99.5**	**101.1**	**98.8**	**100.4**	**99.6**
1. 文娱用耐用消费品	98.9	100.0	97.5	100.9	98.8
2. 教材及参考书	100.0	104.8	100.0	100.0	100.0
3. 文化娱乐用品	100.1	99.6	100.0	99.8	100.6
(1) 文娱用品	100.7	99.2	100.0	99.7	101.1
(2) 报纸杂志	99.5	100.0	100.0	100.0	100.0
七、居　住	**99.8**	**99.2**	**99.7**	**99.2**	**97.3**
1. 住　房	99.8	99.8	100.0	99.5	98.5
(1) 建筑材料	99.5	99.7	100.0	99.4	98.2
(2) 房　租	101.3	100.0	100.0	100.0	100.0
2. 水、电、燃料	99.8	98.4	99.2	98.8	95.8
水	103.3	100.0	100.8	103.8	99.6
电	99.3	98.5	100.6	101.0	96.9
液化石油气	98.9	96.9	96.1	92.7	91.2
管道煤气					
八、服务项目	**102.4**	**104.8**	**98.4**	**99.7**	**100.0**
1. 电讯费	100.0	100.0	100.0	100.0	100.0
2. 邮　费	100.0	100.0	100.0	100.0	100.0
3. 交通费	126.2	110.9	81.4	97.4	97.2
4. 洗理美容费	100.0	100.0	100.0	100.0	100.0
5. 文娱费	100.0	100.8	103.6	100.0	101.2
6. 学杂保育费	100.0	106.0	100.0	100.0	100.0
7. 修理及其他服务费	99.7	100.6	99.9	99.2	100.9
8. 医疗保健服务	100.0	100.0	100.0	100.0	101.6

6月	7月	8月	9月	10月	11月	12月
101.7	100.0	100.8	100.7	100.0	99.7	99.8
101.2	101.8	100.3	99.8	100.1	99.8	100.0
100.0	**101.3**	**99.6**	**100.0**	**99.6**	**98.8**	**100.2**
100.0	101.5	100.0	99.6	100.0	98.7	100.2
100.0	100.4	98.0	101.7	98.0	99.4	100.0
99.6	**99.6**	**99.9**	**98.8**	**100.0**	**100.0**	**99.5**
99.1	99.2	100.0	100.0	99.9	100.0	99.0
100.0	100.0	99.3	95.1	100.0	100.0	100.0
100.0	99.9	100.2	100.0	100.3	100.1	100.0
100.0	99.9	100.3	100.0	100.3	100.1	100.0
100.0	100.0	100.0	100.0	100.2	100.0	100.0
98.7	**99.3**	**99.8**	**99.8**	**103.0**	**101.6**	**100.1**
99.6	99.8	100.1	99.2	99.7	99.9	100.1
99.5	99.8	100.1	99.0	99.6	99.9	100.1
100.0	100.0	100.0	100.0	100.0	100.0	100.0
97.6	98.6	99.3	100.7	107.5	103.8	100.2
100.0	100.0	100.0	100.0	100.0	100.0	100.0
100.2	100.0	100.2	100.5	100.0	103.7	100.0
92.1	96.1	98.1	101.0	124.0	107.0	100.1
99.9	**100.0**	**100.4**	**99.3**	**100.3**	**100.1**	**100.0**
100.0	100.0	100.0	100.0	100.0	100.0	100.0
100.0	100.0	100.0	100.0	100.0	100.0	100.0
98.7	100.0	100.7	100.0	102.7	99.4	100.0
100.0	98.9	100.0	100.0	100.0	100.0	100.0
100.0	97.8	100.0	100.0	100.0	103.0	99.1
100.0	100.2	100.6	98.9	100.0	100.0	100.0
100.0	100.3	100.0	100.0	100.2	100.1	100.0
100.0	100.0	100.0	100.0	100.0	100.0	100.0

1999 年广西农村居民消费价格各月环比指数

以上月价格为 100

类　别	1 月	2 月	3 月	4 月	5 月
居民消费价格总指数	**100.4**	**101.0**	**99.6**	**99.0**	**97.8**
一、食　　品	**100.4**	**100.9**	**99.5**	**98.6**	**96.0**
1. 粮　　食	99.5	101.9	101.3	100.4	100.2
(1) 细　　粮	99.5	101.9	101.3	100.4	100.2
大　　米	99.4	102.5	101.9	100.5	100.4
(2) 粗　　粮	99.5	100.6	100.0	100.6	100.5
2. 淀粉及薯类	101.4	100.2	101.5	99.3	97.7
3. 干豆类及豆制品	100.0	99.8	98.1	100.8	97.8
4. 油 脂 类	97.7	98.8	100.1	98.6	99.7
5. 肉禽及其制品	100.4	99.9	97.9	96.0	94.7
猪　　肉	99.2	98.9	98.5	95.4	93.4
牛　　肉	103.0	107.5	95.1	98.2	93.9
羊　　肉	98.7	107.1	97.9	91.7	97.9
鸡	104.3	99.9	94.8	97.1	99.0
鸭	102.2	99.0	97.4	96.5	93.8
6. 蛋　　类	99.8	102.4	92.6	95.4	97.5
鲜　　蛋	99.8	102.4	92.2	95.3	97.4
7. 水产品类	99.5	107.5	96.7	100.6	102.2
8. 菜　　类	102.1	97.3	102.3	102.6	82.9
(1) 鲜　　菜	102.0	93.5	105.3	103.3	75.9
(2) 干　　菜	102.2	106.4	96.0	100.3	99.9
(3) 菜 制 品	102.6	104.5	95.3	102.0	96.2
9. 调 味 品	100.1	99.8	99.5	99.8	100.1
盐	100.0	100.0	100.0	100.0	100.0
酱　　油	100.0	100.0	100.0	100.0	99.7
10. 糖　　类	99.6	97.0	97.6	99.2	98.3
(1) 食　　糖	99.6	96.9	97.4	98.5	97.5
(2) 糖　　果	99.7	97.1	97.8	100.0	99.4
11. 烟 草 类	99.9	100.1	100.0	99.4	99.2
12. 酒和饮料	99.9	100.3	100.2	99.9	99.7
13. 干鲜瓜果类	105.5	116.3	106.8	102.0	90.2
(1) 鲜　　果	106.9	119.2	107.5	102.3	88.4

6月	7月	8月	9月	10月	11月	12月
100.0	**100.1**	**99.8**	**100.9**	**99.8**	**99.7**	**100.2**
100.3	**100.1**	**99.3**	**103.0**	**99.5**	**99.0**	**99.6**
98.8	98.4	96.8	99.9	99.4	100.6	100.2
98.8	98.4	96.8	99.9	99.4	100.6	100.2
98.2	97.8	95.6	100.0	99.3	100.7	100.6
99.3	97.6	96.7	100.0	100.0	100.0	100.0
99.2	102.7	99.4	100.3	98.3	99.0	100.1
99.3	98.4	98.3	99.6	100.4	100.1	101.4
101.5	101.3	99.5	99.9	100.6	98.6	100.4
105.1	99.4	99.2	104.3	100.2	99.4	99.4
106.8	98.7	99.1	105.6	100.5	100.9	98.5
101.0	98.8	99.1	106.9	100.0	98.0	103.8
99.1	100.3	101.9	101.8	103.6	103.1	97.3
103.8	100.1	100.0	102.7	98.6	93.1	101.6
102.9	103.7	98.8	97.3	97.6	96.7	100.4
98.6	100.1	99.4	103.8	96.8	96.9	96.7
98.4	100.2	99.3	104.0	96.7	96.8	96.6
102.1	98.7	96.7	100.0	95.8	99.1	96.8
87.5	106.1	101.8	117.5	98.3	97.3	93.6
81.4	109.6	102.2	121.6	97.6	96.7	91.3
100.7	99.2	100.8	100.1	100.1	100.8	100.3
101.4	96.9	101.1	120.5	99.1	95.1	96.1
99.4	99.3	99.9	100.4	100.6	100.9	100.5
100.0	100.0	100.0	100.0	100.0	102.0	101.0
100.0	100.0	100.0	101.8	102.4	100.0	100.0
98.2	99.0	99.7	99.7	99.1	98.8	98.9
96.9	98.5	99.7	100.4	96.8	97.9	98.2
100.0	99.7	99.7	98.7	102.1	100.0	99.9
100.0	99.5	100.0	100.5	100.0	100.0	99.8
100.1	100.1	100.0	99.6	100.0	99.9	99.9
88.1	98.6	98.7	94.1	96.5	92.7	112.6
86.0	98.7	98.1	93.0	96.4	91.5	115.0

1999年广西农村居民消费价格各月环比指数（续表1）

以上月价格为100

类　别	1月	2月	3月	4月	5月
(2) 干　　果	97.7	100.5	102.7	100.5	100.3
14. 糕 点 类	98.9	100.3	100.3	99.7	100.0
15. 奶及奶制品	97.7	100.0	100.0	100.0	100.4
16. 其他食品	100.0	100.0	100.7	100.0	99.0
17. 饮 食 业	100.8	100.0	100.5	100.0	100.0
(1) 主　　食	100.0	100.0	100.0	100.0	100.0
(2) 炒　　菜	101.2	100.0	100.8	100.0	100.0
(3) 地方小吃	100.0	100.0	100.0	100.0	100.0
二、衣 着 类	**100.3**	**99.6**	**99.9**	**100.0**	**97.5**
1. 服　　装	100.4	99.9	99.8	100.7	97.2
2. 衣着材料	100.0	99.9	99.9	100.0	98.2
(1) 棉　　布	100.0	100.0	100.0	99.6	97.9
(2) 棉花化纤混纺布	100.0	100.0	96.8	100.0	97.5
(3) 化 纤 布	100.0	100.0	100.0	100.0	97.8
(4) 呢　　绒	100.0	100.0	100.0	100.0	97.8
(5) 绸　　缎	100.0	100.0	101.5	100.0	97.3
(6) 毛　　线	100.0	99.6	100.4	100.0	100.0
3. 鞋袜帽及其他衣着	100.1	98.7	100.0	98.5	97.7
(1) 鞋　　类	100.2	98.3	99.9	98.2	97.2
(2) 袜　　子	100.0	101.2	100.0	100.0	100.0
(3) 帽　　子	100.0	100.0	100.0	97.1	100.0
(4) 其他衣着	99.4	99.8	100.3	100.0	100.0
三、家庭设备及用品	**99.8**	**99.8**	**99.8**	**99.5**	**99.7**
1. 耐用消费品	99.5	99.8	99.9	99.3	99.5
(1) 家　　具	98.7	100.0	99.8	98.4	100.0
(2) 家庭设备	99.9	99.7	99.9	99.8	99.2
2. 室内装饰品	100.0	100.0	100.0	100.0	100.0
3. 床上用品	100.2	99.6	98.9	100.0	99.4
4. 家庭日用杂品	100.1	100.0	99.8	99.8	100.1
5. 其他日用品	100.1	99.8	100.1	99.1	99.9
四、医疗保健	**100.0**	**99.8**	**99.3**	**99.7**	**100.0**
1. 医疗器具及保健用品	99.1	100.0	100.6	99.4	100.0

6月	7月	8月	9月	10月	11月	12月
99.8	98.3	101.9	99.8	96.8	99.5	99.4
99.7	100.4	100.0	100.0	100.0	99.6	100.0
100.0	102.7	100.0	100.0	99.0	100.0	99.2
100.9	100.0	100.0	100.0	99.6	97.2	100.0
100.2	100.4	100.0	100.0	100.0	100.0	100.0
100.0	100.3	100.0	100.0	100.0	100.0	100.0
100.0	100.0	100.0	100.0	100.0	100.0	100.0
101.7	102.6	100.0	100.0	100.0	100.0	100.0
100.0	**99.5**	**100.0**	**99.8**	**100.4**	**100.8**	**100.1**
100.0	99.4	100.0	99.6	100.5	101.8	100.2
100.1	98.9	100.0	100.1	100.0	99.6	100.1
100.0	100.1	100.0	100.0	100.3	100.3	100.5
101.0	100.0	100.0	100.6	99.1	100.0	100.3
100.0	97.8	100.0	100.0	100.0	100.0	100.0
100.0	100.0	100.0	100.0	100.0	100.0	100.0
100.0	99.8	99.9	100.1	100.0	100.0	100.0
100.0	100.0	100.0	100.4	100.3	97.9	100.0
99.9	100.0	100.0	100.1	100.5	99.6	99.8
100.0	100.0	100.0	100.1	100.6	99.5	99.7
98.9	100.0	100.0	100.0	100.0	100.0	100.0
100.0	100.0	100.0	103.6	100.0	100.0	100.0
100.0	100.0	100.0	100.0	100.0	100.0	100.0
99.5	**99.9**	**99.8**	**99.7**	**100.0**	**100.0**	**100.2**
99.1	99.9	99.9	99.5	99.7	100.1	100.4
98.5	100.2	100.0	98.7	99.5	99.8	101.2
99.4	99.8	99.9	99.9	99.8	100.2	100.0
100.0	100.0	100.0	98.1	99.7	100.0	100.0
99.5	99.8	99.4	100.0	100.0	99.7	99.9
100.0	99.9	100.0	100.0	99.9	99.8	100.1
100.0	100.2	98.8	99.7	101.5	100.4	100.0
100.5	**100.3**	**99.5**	**99.7**	**100.7**	**100.3**	**99.8**
100.7	99.7	100.0	100.0	100.0	99.9	100.3

1999年广西农村居民消费价格各月环比指数（续表2）

以上月价格为100

类　别	1月	2月	3月	4月	5月
2. 中药材及中成药	100.0	99.2	98.8	101.1	100.0
3. 西　　药	100.1	100.3	99.5	98.5	100.1
五、交通和通讯工具	**100.2**	**99.5**	**98.9**	**100.3**	**97.6**
1. 交通工具	100.4	99.7	99.3	99.7	98.4
2. 通讯工具	99.6	98.9	97.5	102.3	94.8
六、娱乐教育文化用品	**101.0**	**100.3**	**100.9**	**99.3**	**99.5**
1. 文娱用耐用消费品	100.1	99.7	98.8	98.5	98.4
2. 教材及参考书	102.9	100.8	105.7	100.0	100.8
3. 文化娱乐用品	100.8	100.7	99.9	100.0	100.0
(1) 文娱用品	100.6	101.3	99.9	100.0	100.0
(2) 报纸杂志	101.0	100.0	100.0	100.0	100.0
七、居　　住	**100.7**	**99.1**	**98.7**	**98.5**	**98.4**
1. 住　　房	100.7	99.6	100.1	99.7	99.4
(1) 建筑材料	99.9	99.5	100.1	99.6	99.3
(2) 房　　租	104.1	100.0	100.0	100.0	100.0
2. 水、电、燃料	100.8	98.4	96.8	97.0	97.0
水	101.7	100.0	100.0	100.0	100.0
电	100.0	99.5	99.7	100.0	96.8
液化石油气	101.4	95.3	89.8	90.3	94.9
管道煤气	0.0	0.0	0.0	0.0	0.0
八、服务项目	**100.0**	**108.7**	**99.8**	**99.2**	**100.4**
1. 电 讯 费	100.0	100.0	100.0	100.0	100.0
2. 邮　　费	100.0	100.0	142.2	100.0	100.0
3. 交 通 费	100.0	141.2	85.4	90.5	98.7
4. 洗理美容费	100.0	101.5	100.0	101.5	100.0
5. 文 娱 费	98.5	105.8	100.2	100.0	100.0
6. 学杂保育费	100.0	107.4	101.2	100.0	100.0
7. 修理及其他服务费	100.6	100.4	100.0	100.0	100.0
8. 医疗保健服务	100.0	100.0	100.0	100.0	106.6

6月	7月	8月	9月	10月	11月	12月
100.8	101.9	99.2	100.3	101.1	101.2	99.8
100.3	98.9	99.6	99.2	100.4	99.5	99.8
99.7	**98.6**	**98.5**	**100.0**	**98.0**	**99.0**	**99.8**
100.0	98.2	98.9	100.0	97.6	99.9	100.0
98.6	100.0	97.2	99.9	99.2	96.1	99.0
99.5	**99.7**	**99.0**	**99.0**	**100.1**	**100.1**	**100.1**
99.0	99.8	97.8	100.3	100.1	100.0	100.0
100.0	100.0	100.0	95.7	100.0	100.0	100.4
100.0	99.3	100.1	100.0	100.3	100.2	100.0
100.0	98.7	100.1	100.0	100.6	100.4	100.0
100.0	100.0	100.0	100.0	100.0	100.0	100.0
100.0	**101.6**	**102.6**	**100.7**	**100.2**	**100.1**	**102.3**
99.8	99.3	99.8	99.8	100.6	99.9	100.3
99.7	99.1	99.8	99.7	100.8	99.9	100.3
100.0	100.0	100.0	100.0	100.0	100.0	100.4
100.3	104.7	106.4	101.8	99.7	100.4	104.9
100.6	100.7	100.0	100.0	100.0	100.0	100.0
98.6	100.0	100.0	100.3	101.0	104.2	100.0
102.1	114.6	120.6	105.2	97.6	95.2	115.5
0.0	0.0	0.0	0.0	0.0	0.0	0.0
100.1	**100.0**	**100.1**	**97.4**	**100.1**	**99.9**	**100.5**
100.0	100.0	100.0	100.0	100.0	100.0	100.0
100.0	100.0	100.0	100.0	100.0	100.0	100.0
100.0	99.9	100.0	100.0	100.7	99.3	100.0
100.0	100.0	100.0	100.0	100.0	100.0	100.0
101.3	100.0	100.0	100.0	100.0	100.0	100.0
100.0	100.1	100.1	95.6	100.0	100.0	100.1
100.0	99.7	100.0	100.0	99.8	100.0	100.0
100.0	100.0	100.0	100.0	100.0	100.0	105.2

2000年广西农村居民消费价格各月环比指数

以上月价格为100

类　别	1月	2月	3月	4月	5月
居民消费价格总指数	**99.9**	**101.1**	**99.3**	**100.0**	**98.6**
一、食　品	**99.2**	**101.8**	**97.5**	**100.0**	**97.3**
1. 粮　食	97.5	99.8	99.0	99.9	97.6
(1) 细　粮	97.5	99.8	99.0	99.9	97.7
大　米	96.5	99.7	98.6	99.7	96.7
(2) 粗　粮	100.0	100.0	102.4	101.6	93.1
2. 淀粉及薯类	98.4	103.5	102.2	96.7	95.1
3. 干豆类及豆制品	103.6	101.8	95.4	105.7	100.6
4. 油 脂 类	99.2	98.4	100.2	99.0	99.1
5. 肉禽及其制品	98.2	101.7	96.4	99.3	97.9
猪　肉	96.9	101.5	96.4	99.6	98.4
牛　肉	99.0	105.2	97.9	96.6	97.1
羊　肉	103.3	111.7	95.1	94.3	95.4
鸡	101.8	101.6	94.3	98.7	95.4
鸭	100.8	100.8	93.6	100.6	97.9
6. 蛋　类	98.5	99.1	96.4	94.7	94.9
鲜　蛋	98.3	99.1	96.4	94.4	94.7
7. 水产品类	96.2	107.4	99.0	100.0	103.2
8. 菜　类	92.0	106.7	93.4	100.1	82.0
(1) 鲜　菜	89.9	109.8	90.9	100.5	74.6
(2) 干　菜	100.7	100.0	97.5	98.6	99.2
(3) 菜 制 品	90.1	99.9	100.4	100.6	96.0
9. 调 味 品	103.2	100.3	100.0	100.0	99.3
盐	106.6	100.0	100.0	100.0	100.0
酱　油	100.0	103.5	100.0	100.0	99.7
10. 糖　类	102.4	98.8	103.1	102.2	101.0
(1) 食　糖	102.7	98.9	105.5	102.6	101.7
(2) 糖　果	101.9	98.6	100.0	101.7	100.0
11. 烟 草 类	99.8	99.9	100.2	99.7	100.0
12. 酒和饮料	101.9	97.8	100.0	99.8	99.8
13. 干鲜瓜果类	116.5	109.2	93.2	107.4	97.9
(1) 鲜　果	119.4	110.5	92.0	108.7	97.4

6月	7月	8月	9月	10月	11月	12月
99.3	**100.0**	**100.5**	**103.3**	**100.4**	**100.8**	**99.3**
98.1	**100.3**	**101.5**	**100.1**	**100.5**	**101.0**	**98.4**
99.6	98.0	97.2	99.8	100.3	102.3	99.0
99.5	98.0	97.2	99.8	100.3	102.3	99.0
99.6	97.1	96.1	100.0	101.3	103.5	98.5
107.5	96.8	99.4	97.5	103.8	99.7	100.9
101.9	102.8	101.5	99.5	100.0	98.5	98.5
97.5	100.5	97.2	102.4	99.5	103.1	97.2
99.5	99.2	100.2	99.5	99.1	98.6	99.0
100.3	100.5	102.5	100.2	100.2	101.6	100.3
99.7	101.8	103.0	99.8	100.7	101.9	100.1
99.9	97.4	103.6	98.9	101.6	102.9	99.2
101.0	98.4	101.4	104.7	100.3	97.8	99.7
103.4	98.6	104.1	102.3	98.2	98.9	100.9
100.5	96.7	98.2	100.6	98.0	104.2	101.0
101.0	99.9	111.5	99.6	96.7	98.1	99.0
101.3	100.0	112.0	99.6	96.5	98.1	98.7
101.8	97.6	95.5	98.8	100.0	99.2	99.3
84.6	104.4	103.8	98.5	108.2	103.7	84.3
77.6	104.9	105.5	97.8	111.7	105.1	78.0
97.3	99.9	99.5	98.9	99.5	99.5	99.8
102.8	108.2	101.4	101.2	102.7	102.5	94.5
100.0	99.7	100.0	100.0	100.1	100.2	100.0
100.0	100.0	100.0	100.0	101.0	100.0	100.0
100.0	100.0	100.0	100.0	100.0	100.0	100.0
101.8	106.4	104.6	100.0	100.2	101.5	97.0
103.1	111.3	108.1	100.0	100.4	101.0	94.7
100.0	100.0	100.0	100.0	100.0	102.1	100.0
100.0	100.0	100.0	100.0	100.3	100.0	100.0
99.8	100.2	100.5	100.0	99.9	99.5	100.0
83.7	99.6	106.7	103.4	95.9	98.4	98.1
80.8	99.3	107.8	104.3	95.6	98.2	98.0

2000年广西农村居民消费价格各月环比指数（续表1）

以上月价格为100

类　别	1月	2月	3月	4月	5月
(2) 干　果	100.1	101.7	99.7	100.1	100.6
14. 糕点类	100.2	100.2	100.0	100.0	100.0
15. 奶及奶制品	100.0	101.7	98.5	100.0	100.0
16. 其他食品	100.8	100.0	98.5	100.0	99.6
17. 饮食业	100.0	100.0	100.0	100.0	99.9
(1) 主　食	100.0	100.0	100.0	100.0	100.0
(2) 炒　菜	100.0	100.0	100.0	100.0	100.0
(3) 地方小吃	100.0	100.0	100.0	100.0	98.2
二、衣着类	**100.1**	**99.0**	**98.9**	**101.0**	**98.7**
1. 服　装	100.0	98.4	98.5	101.7	98.7
2. 衣着材料	99.7	99.7	100.0	100.0	99.0
(1) 棉　布	100.0	99.4	100.0	100.0	99.6
(2) 棉花化纤混纺布	100.0	100.0	100.0	100.0	99.1
(3) 化纤布	100.0.	100.0	100.0	100.0	98.3
(4) 呢　绒	100.0	100.0	100.0	100.0	100.0
(5) 绸　缎	100.0	100.0	100.0	100.0	100.0
(6) 毛　线	98.5	98.9	100.0	100.0	99.8
3. 鞋袜帽及其他衣着	100.5	100.0	99.2	100.0	98.7
(1) 鞋　类	100.7	100.0	99.7	100.0	98.5
(2) 袜　子	99.2	100.0	92.9	100.0	100.0
(3) 帽　子	100.0	100.0	100.0	100.0	100.0
(4) 其他衣着	99.9	100.0	99.9	99.7	99.4
三、家庭设备及用品	**99.9**	**99.7**	**100.3**	**99.9**	**100.0**
1. 耐用消费品	100.5	99.7	99.8	99.9	99.9
(1) 家　具	100.8	99.7	100.0	100.0	100.0
(2) 家庭设备	100.3	99.7	99.7	99.9	99.9
2. 室内装饰品	100.6	99.5	97.4	100.1	98.8
3. 床上用品	98.4	99.8	102.8	99.4	100.3
4. 家庭日用杂品	99.6	99.5	99.9	100.0	100.1
5. 其他日用品	99.1	100.1	102.3	99.7	100.0
四、医疗保健	**100.0**	**109.2**	**99.7**	**100.3**	**100.3**
1. 医疗器具及保健用品	99.3	99.1	100.2	100.0	100.0

6月	7月	8月	9月	10月	11月	12月
100.0	101.0	100.8	98.6	97.4	99.3	98.6
100.0	100.0	100.5	100.0	100.0	100.0	100.0
100.0	100.5	100.0	100.4	100.0	100.0	100.0
99.0	100.3	100.0	100.0	100.3	100.0	100.0
100.0	99.7	100.0	100.1	100.0	100.0	99.5
100.0	100.0	100.0	100.0	100.0	100.0	100.0
100.0	100.0	100.0	100.0	100.0	100.0	99.3
100.0	97.6	100.0	100.8	100.0	100.0	100.0
99.9	**100.0**	**100.0**	**100.5**	**101.5**	**100.3**	**99.5**
99.8	100.0	100.0	100.7	102.3	100.2	99.2
100.1	99.9	99.8	100.7	100.3	99.9	100.0
101.0	100.0	98.5	99.4	102.0	99.5	99.9
100.0	100.0	99.3	101.2	100.0	100.0	100.0
100.0	100.0	100.0	100.9	100.0	100.0	100.0
100.0	100.0	100.0	100.0	100.0	100.0	100.0
100.0	99.4	100.0	100.0	100.0	100.0	100.0
100.0	99.7	100.3	100.8	100.4	100.0	100.0
100.0	100.0	100.1	100.0	100.5	100.9	100.0
100.0	100.0	100.2	100.0	100.5	100.6	100.0
100.0	100.0	100.0	100.0	100.0	104.8	100.0
100.0	100.0	100.0	100.0	100.0	100.0	100.0
100.0	100.0	99.8	99.9	100.6	100.9	100.0
100.1	**100.0**	**99.8**	**99.8**	**99.9**	**100.0**	**99.9**
100.6	100.0	99.8	99.5	100.4	99.9	100.0
99.9	99.8	100.0	100.0	101.3	100.0	100.0
101.0	100.1	99.7	99.2	99.9	99.9	100.0
99.3	100.0	100.0	100.0	100.0	100.0	100.0
100.0	100.0	100.2	99.7	100.2	100.0	100.0
99.7	99.9	99.7	100.1	99.6	100.4	99.6
99.5	99.9	100.0	100.1	98.3	99.4	100.0
100.1	**99.3**	**100.5**	**99.7**	**99.6**	**100.3**	**99.8**
100.0	100.0	100.1	99.5	100.0	100.0	99.8

2000年广西农村居民消费价格各月环比指数（续表2）

以上月价格为100

类　　别	1月	2月	3月	4月	5月
2. 中药材及中成药	99.5	100.2	98.2	101.3	100.6
3. 西　　药	100.6	118.8	100.9	99.5	100.0
五、交通和通讯工具	**99.8**	**99.4**	**100.2**	**97.8**	**98.9**
1. 交通工具	99.9	99.6	101.1	98.8	98.9
2. 通讯工具	99.5	98.6	97.4	94.7	98.7
六、娱乐教育文化用品	**99.6**	**100.3**	**100.4**	**99.6**	**99.9**
1. 文娱用耐用消费品	99.0	98.9	99.5	99.0	99.7
2. 教材及参考书	100.0	103.1	102.3	100.0	100.0
3. 文化娱乐用品	100.0	99.6	100.0	100.1	100.0
(1) 文娱用品	100.0	99.3	100.0	100.2	100.0
(2) 报纸杂志	100.0	100.0	100.0	100.0	100.0
七、居　　住	**101.1**	**99.8**	**99.3**	**100.1**	**99.2**
1. 住　　房	100.2	99.4	100.3	99.8	99.8
(1) 建筑材料	100.3	99.3	100.1	99.8	99.7
(2) 房　　租	100.0	100.0	100.9	100.0	100.0
2. 水、电、燃料	102.2	100.3	98.1	100.5	98.5
水	100.0	100.0	100.0	100.0	100.0
电	100.0	100.0	99.8	100.0	95.4
液化石油气	106.9	100.7	94.5	101.5	101.7
管道煤气					
八、服务项目	**101.3**	**100.3**	**104.6**	**100.0**	**99.9**
1. 电 讯 费	100.0	100.0	100.0	100.0	100.0
2. 邮　　费	100.0	100.0	100.0	100.0	100.0
3. 交 通 费	111.5	115.2	83.8	100.8	97.6
4. 洗理美容费	107.2	101.1	98.9	100.0	102.5
5. 文 娱 费	98.7	98.7	101.9	100.0	100.0
6. 学杂保育费	100.0	98.2	110.1	100.0	100.0
7. 修理及其他服务费	100.3	100.1	100.0	99.1	100.0
8. 医疗保健服务	100.0	100.0	100.0	100.0	100.0

6月	7月	8月	9月	10月	11月	12月
100.6	99.4	102.0	99.5	98.5	100.7	99.8
99.7	99.0	99.2	100.0	100.5	100.0	99.9
99.4	**99.1**	**100.0**	**99.7**	**99.9**	**98.5**	**99.6**
100.0	99.3	100.0	99.8	100.0	97.8	99.5
97.7	98.6	100.0	99.4	99.6	100.5	100.0
99.8	**100.4**	**97.9**	**107.6**	**99.9**	**100.4**	**100.0**
99.6	100.4	95.4	99.4	99.5	101.0	99.9
100.0	101.1	100.0	127.9	100.0	100.0	100.0
99.8	99.8	99.9	99.8	100.4	100.0	100.1
99.7	99.7	99.9	99.7	100.7	100.0	100.2
100.0	100.0	100.0	100.0	100.0	100.0	100.0
100.6	**99.5**	**100.8**	**100.0**	**100.9**	**102.1**	**100.3**
102.0	99.7	100.7	99.7	99.6	99.6	100.2
102.1	99.6	100.9	99.6	99.5	99.5	100.2
101.8	100.0	100.0	100.0	100.0	100.0	100.0
98.7	99.2	101.0	100.5	102.6	105.3	100.4
100.0	100.0	100.0	100.0	100.0	100.0	100.0
100.0	100.1	102.2	97.0	100.5	109.1	100.0
95.4	97.1	99.2	105.1	107.3	103.9	101.3
100.1	**100.0**	**100.2**	**125.0**	**100.0**	**100.6**	**100.0**
100.0	100.0	100.0	100.0	100.0	100.0	100.0
100.0	100.0	100.0	100.0	100.0	100.0	100.0
100.0	100.0	100.0	100.0	100.0	100.0	100.0
100.0	100.0	101.0	100.0	100.0	100.0	100.0
101.0	100.0	102.4	100.0	100.0	102.4	100.4
100.0	100.0	100.1	141.3	100.0	100.8	100.0
100.0	100.0	100.0	100.0	100.0	98.6	100.0
101.0	100.0	100.5	100.0	100.0	101.2	100.0

2001年广西农村居民消费价格各月环比指数

以上月价格为100

类　别	1月	2月	3月	4月	5月
居民消费价格总指数	**99.9**	**100.2**	**99.7**	**100.1**	**99.3**
一、食　品	**99.6**	**101.5**	**100.1**	**100.6**	**99.0**
1. 粮　食	98.5	100.3	99.9	100.7	99.9
大　米	98.4	99.8	99.6	102.0	99.6
2. 淀粉及薯类	99.0	102.3	98.2	97.4	99.8
3. 干豆类及豆制品	100.4	101.4	98.3	97.5	100.6
4. 油　脂	98.9	99.1	96.3	98.4	98.6
5. 肉禽及其制品	100.9	103.3	97.6	98.1	98.2
(1) 食用畜肉及副产品	101.9	105.2	94.6	96.0	98.7
猪　肉	102.2	99.6	98.2	98.7	99.1
牛　肉	104.9	106.5	93.9	96.3	100.7
羊　肉	90.1	129.9	87.4	93.3	100.2
(2) 禽	101.3	102.0	103.5	100.8	96.8
鸡	101.7	101.9	101.4	98.5	103.9
鸭	101.7	96.4	111.3	106.5	91.1
(3) 肉禽加工制品	99.2	101.1	98.8	99.5	98.2
6. 蛋	99.7	101.1	100.4	96.2	101.7
鲜　蛋	100.9	102.2	101.1	95.5	102.0
7. 水产品	99.8	103.6	100.9	98.8	99.2
(1) 鱼	98.0	104.5	100.7	98.6	100.0
淡水鱼	97.7	106.5	102.4	97.9	100.6
海水鱼	98.5	101.6	98.3	99.6	99.0
(2) 其它水产品	107.0	100.4	101.5	99.7	96.4
8. 菜	87.9	104.2	110.8	111.4	99.7
鲜　菜	78.9	107.9	120.7	122.1	99.2
9. 调味品	105.3	103.1	100.2	99.8	100.0
盐	115.7	108.1	100.0	100.0	100.0
酱　油	100.0	100.0	101.0	98.9	100.0
10. 糖	101.6	102.3	99.8	104.4	99.3
食　糖	103.2	104.9	99.2	108.4	99.3
11. 茶及饮料	101.0	99.4	101.2	99.6	100.0
(1) 茶　叶	100.0	100.0	103.1	100.0	100.0
(2) 饮　料	101.6	99.1	100.0	99.4	100.0
12. 干鲜瓜果	106.4	95.9	103.7	108.7	95.1

6月	7月	8月	9月	10月	11月	12月
99.4	**99.9**	**100.0**	**100.7**	**100.2**	**100.2**	**99.8**
97.9	**100.2**	**100.0**	**101.0**	**100.3**	**99.4**	**99.3**
99.7	99.4	100.1	101.2	99.4	99.8	99.9
99.4	98.0	100.7	100.5	100.2	100.1	99.6
100.6	103.4	98.0	93.7	99.5	102.6	100.7
99.1	102.9	97.4	98.9	99.9	98.8	100.8
94.5	99.1	98.8	100.7	98.6	101.4	99.5
99.1	99.2	100.7	100.7	101.1	100.5	100.2
100.7	99.2	99.8	100.2	100.7	102.6	100.9
100.2	98.7	100.0	99.3	99.7	101.0	100.2
100.9	101.9	99.5	99.4	101.3	101.4	102.9
98.9	97.0	99.6	101.6	103.7	108.9	99.8
94.7	98.1	102.8	102.0	102.1	98.0	98.7
96.5	95.6	98.7	101.9	101.2	97.5	99.0
90.7	100.0	108.4	102.8	103.0	98.3	96.9
99.7	99.8	100.7	100.7	101.0	98.9	99.9
100.8	106.2	104.1	106.6	98.1	96.2	97.5
100.7	108.0	104.6	106.7	97.2	95.9	97.1
100.2	99.5	97.5	98.4	101.2	98.2	100.1
99.7	99.6	96.8	98.7	100.9	98.9	99.6
101.3	99.9	93.9	98.0	98.2	98.0	99.6
97.2	99.1	101.5	99.8	105.0	100.2	99.7
102.3	98.9	100.4	97.2	102.3	95.6	101.9
92.9	105.6	99.6	101.9	100.4	100.4	94.5
88.2	109.2	97.6	100.0	100.3	102.3	91.1
100.0	99.8	100.5	100.0	100.2	99.9	100.2
100.0	100.0	100.0	100.0	100.0	100.0	100.0
100.0	100.0	102.3	100.0	101.0	100.0	100.0
101.4	99.5	99.9	100.0	100.1	98.6	97.5
102.8	99.0	100.0	100.0	100.0	96.1	94.9
98.6	100.1	99.8	100.0	100.2	100.0	100.0
97.0	100.0	100.0	100.0	100.8	100.0	100.0
99.8	100.1	99.7	100.0	99.9	100.0	100.0
86.3	97.0	99.7	107.8	100.5	90.3	99.4

2001年广西农村居民消费价格各月环比指数（续表1）

以上月价格为100

类　　别	1月	2月	3月	4月	5月
鲜　　果	107.9	94.9	104.7	109.4	94.2
13. 糕点饼干面包	100.0	99.5	100.0	99.9	100.0
14. 奶及奶制品	100.0	100.2	100.0	99.1	99.8
15. 在外用膳食品	100.0	100.0	100.2	100.0	99.8
16. 其它食品及食品加工服务	100.0	100.0	100.0	100.0	100.0
二、烟酒及用品	**100.0**	**99.8**	**100.2**	**100.1**	**100.1**
1. 烟　　草	99.9	100.0	100.0	100.0	100.1
2. 酒	100.0	99.4	100.6	100.1	100.0
3. 吸烟饮酒用品	100.0	100.2	100.0	100.0	100.0
三、衣　　着	**97.6**	**98.6**	**101.1**	**100.4**	**100.1**
1. 服　　装	95.8	98.4	102.4	100.4	99.2
(1) 男式服装	93.9	98.3	105.9	99.0	99.7
(2) 女式服装	96.3	98.2	103.0	101.7	98.5
(3) 儿童服装	96.9	98.6	98.1	99.9	99.6
2. 衣着材料	100.0	100.0	100.0	100.0	100.0
3. 鞋 袜 帽	100.3	98.7	99.1	100.6	101.9
(1) 鞋	100.0	98.8	98.7	100.7	101.1
(2) 袜　　子	101.4	98.3	100.0	100.4	104.0
(3) 帽　　子	100.0	100.0	100.0	100.0	105.8
4. 衣着加工服务	104.5	100.0	98.8	100.0	100.0
四、家庭设备用品及维修服务	**99.7**	**99.6**	**99.7**	**100.5**	**99.3**
1. 耐用消费品	99.4	99.9	99.4	99.7	98.6
(1) 家　　具	99.8	99.9	99.3	100.0	97.9
(2) 家庭设备	98.9	99.9	99.6	99.4	99.5
2. 室内装饰品	99.7	93.7	99.8	100.0	100.0
3. 床上用品	99.5	100.0	99.8	99.9	98.5
4. 家庭日用杂品	100.1	100.0	100.0	101.5	99.9
5. 家庭服务及加工维修服务	100.0	100.0	100.0	100.0	100.0
五、医疗保健和个人用品	**100.5**	**99.7**	**99.9**	**100.2**	**99.8**
1. 医疗保健	99.7	100.2	99.8	100.4	99.8
(1) 医疗器具及用品	100.0	100.0	100.0	100.0	100.0
(2) 中药材及中成药	99.5	100.6	98.7	100.5	100.3
(3) 西　　药	99.6	100.1	99.6	99.1	99.5
(4) 保健器具及用品	100.0	99.8	100.0	99.1	101.9
(5) 医疗保健服务	100.0	100.0	100.8	101.9	99.6
2. 个人用品及服务	101.5	99.1	100.0	100.0	99.8

6月	7月	8月	9月	10月	11月	12月
83.2	96.1	98.8	111.0	100.7	87.7	100.6
100.0	100.0	100.0	100.0	100.0	100.0	100.0
100.0	100.4	100.1	100.0	99.8	99.9	100.0
100.0	100.0	100.2	100.0	99.8	100.0	100.0
100.0	100.1	99.9	100.0	100.0	100.0	100.0
99.9	**100.0**	**99.8**	**100.1**	**99.7**	**100.0**	**99.6**
100.0	100.0	99.9	100.0	99.4	100.0	99.3
99.7	100.0	99.7	100.3	100.1	100.0	100.0
100.0	100.0	100.0	100.0	100.0	100.0	99.4
99.6	**99.8**	**99.1**	**98.0**	**101.4**	**101.1**	**102.3**
99.3	99.7	98.5	97.5	102.3	101.8	104.1
99.2	100.0	98.9	96.9	103.9	101.6	101.6
99.4	99.3	97.2	96.2	103.2	103.3	105.5
99.2	100.0	100.0	100.0	99.5	100.0	104.7
100.0	100.0	100.0	99.9	99.8	100.6	100.0
100.1	100.0	100.0	98.3	100.4	99.9	99.7
99.8	100.0	100.0	97.7	99.6	100.6	100.3
100.0	100.0	100.0	100.0	103.4	97.7	100.0
105.5	100.0	100.0	100.0	100.0	100.0	89.6
100.0	100.0	100.0	100.0	100.0	100.0	99.3
99.9	**100.2**	**99.7**	**100.0**	**99.5**	**100.1**	**99.9**
99.8	99.9	99.3	100.0	99.8	100.0	99.9
99.8	100.0	98.7	100.0	100.0	100.0	100.0
99.8	99.9	100.0	100.0	99.5	100.0	99.7
100.0	100.0	100.0	100.0	100.0	100.0	100.0
100.2	100.0	100.0	100.0	100.0	102.3	99.2
99.9	100.2	100.0	100.0	98.9	99.8	100.0
100.0	102.3	100.0	100.0	100.0	100.0	100.0
99.6	**99.2**	**102.1**	**100.2**	**99.9**	**100.1**	**99.6**
99.4	98.8	104.0	100.1	100.0	100.1	99.3
100.0	99.8	100.0	100.0	99.5	100.0	100.0
99.7	94.5	100.0	100.0	100.1	100.0	97.4
98.4	100.1	100.1	100.4	99.9	100.4	99.5
100.0	100.0	100.0	100.0	100.0	100.0	100.0
100.0	100.0	111.2	100.0	100.0	100.0	100.0
99.9	99.9	99.5	100.2	99.9	100.0	100.0

2001年广西农村居民消费价格各月环比指数（续表2）

以上月价格为100

类　　别	1月	2月	3月	4月	5月
(1) 化妆美容用品	100.0	100.0	100.0	98.8	98.5
(2) 卫生用品	99.8	100.1	99.7	99.2	100.0
(3) 个人饰品	99.8	99.3	100.4	100.8	99.6
(4) 个人服务	105.0	97.7	100.0	100.0	100.0
六、交通和通讯	**105.6**	**96.9**	**95.9**	**100.1**	**99.7**
1. 交　　通	107.5	96.5	95.1	99.9	100.0
(1) 交通工具	100.2	98.7	99.5	99.6	99.7
(2) 车用燃料及零配件	98.3	96.3	100.4	98.5	101.2
汽　　油	97.6	94.9	103.1	98.4	101.6
柴　　油	95.3	93.6	97.3	95.9	103.9
(3) 车辆使用及维修	100.2	100.0	100.0	100.0	100.0
(4) 市区公共交通	100.3	99.6	99.7	100.1	100.0
(5) 城市间交通	125.9	92.2	85.4	100.7	100.0
2. 通　　信	99.7	98.1	98.7	100.8	99.1
(1) 通信工具	98.8	99.9	99.6	98.3	96.6
(2) 通信服务	100.0	97.4	98.4	101.7	100.0
七、娱乐教育文化用品及服务	**99.6**	**100.7**	**100.0**	**99.8**	**99.8**
1. 文娱用耐用消费品及服务	97.8	98.6	99.6	98.6	98.7
2. 教　　育	100.0	101.3	100.0	100.0	100.0
(1) 教材及参考书	100.0	103.1	100.0	100.0	100.0
(2) 学杂托幼费	100.0	101.2	100.0	100.0	100.0
3. 文化娱乐用品	99.8	99.8	101.5	100.0	100.1
(1) 文化娱乐	99.8	99.8	100.4	100.0	100.0
(2) 书报杂志	100.0	100.0	100.0	100.1	100.0
(3) 文 娱 费	99.8	99.7	107.3	100.0	100.4
4. 旅游及外出	101.8	96.7	100.2	99.2	100.5
八、居　　住	**100.0**	**99.7**	**98.9**	**99.2**	**98.3**
1. 建房及装修材料	99.9	99.5	98.2	98.8	99.5
2. 租　　房	100.0	100.0	100.0	100.0	100.4
3. 自有住房	100.0	100.0	100.0	100.0	100.0
4. 水、电、燃料	100.2	99.8	99.7	99.7	95.1
水	100.0	100.0	100.0	100.0	100.0
电	100.0	100.0	100.0	100.0	91.9
液化石油气	105.2	94.5	92.8	91.0	97.6
管道燃气	100.0	100.0	100.0	100.0	100.0

6月	7月	8月	9月	10月	11月	12月
100.0	100.0	101.6	100.0	100.1	99.9	100.0
100.0	100.0	99.9	100.0	99.8	100.0	100.0
99.7	100.0	99.9	100.1	99.9	100.0	100.1
100.0	99.6	98.5	100.6	100.0	100.0	100.0
99.6	**99.2**	**99.7**	**99.8**	**100.2**	**100.0**	**99.5**
99.6	99.3	99.6	99.8	100.3	100.0	99.6
99.3	99.0	98.9	99.7	100.0	100.0	99.9
101.4	95.8	99.4	99.3	101.7	102.0	94.8
103.9	90.7	95.6	96.2	105.3	105.8	91.3
100.8	94.9	104.0	103.3	100.7	101.5	87.4
100.0	100.0	100.0	100.0	100.0	100.0	100.0
99.9	100.0	100.0	100.0	100.0	100.0	100.0
99.4	100.0	100.3	100.0	100.5	99.5	100.0
99.4	99.0	100.0	99.9	100.0	99.8	99.4
99.9	99.7	99.8	100.1	100.0	100.0	97.5
99.2	98.7	100.0	99.8	100.0	99.8	100.0
99.9	**100.0**	**99.8**	**102.5**	**100.0**	**100.0**	**99.7**
100.0	99.6	98.5	97.9	99.8	99.9	98.4
100.0	100.0	100.0	103.8	100.0	100.0	100.0
100.0	100.1	100.0	98.0	100.0	100.0	100.0
100.0	100.0	100.0	104.1	100.0	100.0	100.0
99.3	100.4	100.2	98.8	100.1	100.2	99.7
99.8	100.4	100.4	100.1	100.0	100.3	99.5
100.0	100.0	100.0	100.0	100.0	100.0	100.0
96.9	101.0	100.0	93.4	100.3	100.0	100.0
99.9	100.7	99.8	100.1	99.5	99.9	94.1
101.3	**99.8**	**99.7**	**100.4**	**100.3**	**101.8**	**99.6**
102.2	99.8	99.6	99.9	100.0	100.7	99.4
100.0	100.0	100.0	116.4	100.0	100.0	100.0
100.0	100.0	100.0	100.0	100.0	100.0	100.0
100.0	99.9	99.9	100.2	100.9	104.9	100.0
100.0	100.0	100.0	100.0	100.0	100.0	100.0
100.0	100.0	100.0	100.0	101.5	108.8	100.0
99.9	96.6	95.2	107.9	100.9	92.8	98.9
100.0	100.0	100.0	100.0	100.0	100.0	100.0

2002年广西农村居民消费价格各月环比指数

以上月价格为100

类　　别	1月	2月	3月	4月	5月
居民消费价格总指数	**99.9**	**100.8**	**99.0**	**99.9**	**99.0**
一、食　　品	**99.9**	**102.3**	**99.1**	**100.0**	**98.8**
1. 粮　　食	102.3	98.7	99.3	100.2	100.1
大　　米	102.8	98.4	99.1	100.2	100.2
2. 淀粉及薯类	100.5	111.6	95.0	96.3	95.5
3. 干豆类及豆制品	99.7	102.0	99.2	100.6	96.6
4. 油　　脂	101.0	100.5	97.0	97.9	103.2
5. 肉禽及其制品	100.4	105.2	97.1	99.5	98.2
(1) 食用畜肉及副产品	100.5	107.5	95.1	99.0	97.5
猪　　肉	99.4	104.6	95.8	101.1	99.5
牛　　肉	103.8	116.1	94.3	96.1	94.3
羊　　肉	102.2	108.1	91.1	98.0	99.1
(2) 禽	100.9	103.9	99.6	99.3	98.7
鸡	103.9	104.1	97.4	99.4	98.5
鸭	98.1	102.8	102.7	98.6	99.1
(3) 肉禽加工制品	100.0	102.0	98.9	100.5	99.0
6. 蛋	105.3	101.8	95.4	98.6	102.6
鲜　　蛋	106.7	102.3	94.5	98.0	103.8
7. 水 产 品	100.4	103.9	97.0	100.5	101.4
(1) 鱼	100.6	103.6	97.4	100.8	99.1
淡 水 鱼	100.4	104.8	96.6	100.5	97.6
海 水 鱼	100.7	101.8	98.7	101.1	101.3
(2) 其它水产品	99.9	105.1	95.6	99.7	110.7
8. 菜	90.5	98.2	102.3	106.9	91.4
鲜　　菜	85.9	95.1	108.4	112.6	86.0
9. 调 味 品	99.9	100.0	100.0	100.0	100.1
盐	100.0	100.0	100.0	100.0	100.0
酱　　油	100.0	100.0	100.0	100.0	100.0
10. 糖	97.9	99.2	98.4	98.9	100.4
食　　糖	93.0	98.3	96.0	99.1	101.0
11. 茶及饮料	99.2	100.0	100.0	100.0	100.0
(1) 茶　　叶	100.0	100.0	100.0	100.0	100.0
(2) 饮　　料	98.7	100.0	100.0	100.0	100.0
12. 干鲜瓜果	106.9	111.6	112.7	96.1	94.4
鲜　　果	107.6	115.5	115.4	95.3	92.8

6月	7月	8月	9月	10月	11月	12月
99.8	**99.9**	**100.3**	**100.9**	**100.0**	**100.2**	**100.3**
99.4	**100.0**	**101.2**	**101.8**	**99.7**	**99.6**	**100.6**
100.5	100.7	100.3	99.1	99.1	102.2	104.4
100.7	100.9	100.4	98.9	99.0	102.7	105.1
105.6	103.2	100.4	100.0	99.7	94.1	99.0
101.1	99.5	100.9	99.4	99.6	99.4	99.4
106.8	100.8	100.2	106.8	97.9	102.2	100.3
100.2	99.4	100.2	100.5	100.4	99.4	100.8
100.6	99.9	100.8	100.3	100.6	99.7	100.7
100.3	99.7	100.0	100.0	99.5	99.5	99.3
102.1	100.7	102.6	100.3	101.2	100.1	102.6
99.1	100.3	103.3	102.9	101.2	103.5	99.7
99.8	97.7	98.9	100.9	101.0	98.3	99.5
101.2	98.4	98.2	101.4	100.4	96.8	101.1
99.2	98.0	99.3	100.9	101.3	98.4	97.8
99.8	99.7	100.0	100.5	99.6	99.7	101.9
100.0	99.2	104.4	104.5	98.3	97.8	98.0
100.2	98.6	105.3	105.5	97.9	97.2	97.5
100.9	97.9	101.3	99.0	100.1	98.7	101.2
100.3	98.5	101.8	99.4	100.7	98.6	99.9
100.5	98.7	102.0	98.7	101.7	98.2	100.2
100.0	98.1	101.6	100.4	99.2	99.2	99.5
103.2	96.0	99.4	97.7	98.1	99.0	105.9
98.1	105.2	110.3	102.6	99.4	95.4	97.0
96.3	108.4	115.0	102.9	100.1	93.1	94.9
100.0	100.0	99.9	100.0	100.0	99.7	100.0
100.0	100.0	100.0	100.0	100.0	100.0	100.0
100.0	100.0	100.0	100.0	100.0	100.0	100.0
98.6	99.2	99.5	100.0	99.7	99.9	102.2
96.4	98.0	98.8	100.0	97.7	99.8	100.0
100.0	100.0	100.0	100.0	100.1	100.0	100.0
100.0	100.0	100.0	100.0	100.0	100.0	100.0
100.0	100.0	100.0	100.0	100.1	100.0	100.0
78.0	96.0	99.8	123.8	98.5	101.0	103.0
71.9	94.3	99.8	132.1	97.7	101.4	102.8

2002年广西农村居民消费价格各月环比指数（续表1）

以上月价格为100

类　别	1月	2月	3月	4月	5月
13. 糕点饼干面包	100.0	100.0	100.0	100.0	99.1
14. 奶及奶制品	97.9	100.0	97.9	100.0	100.0
15. 在外用膳食品	100.0	100.4	99.6	100.0	100.0
16. 其它食品及食品加工服务	99.7	100.0	99.5	100.0	99.4
二、烟酒及用品	**99.9**	**100.0**	**99.9**	**99.9**	**100.1**
1. 烟　草	99.8	100.1	100.0	99.7	100.0
2. 酒	100.0	100.0	99.9	100.0	100.4
3. 吸烟饮酒用品	100.0	99.4	99.4	100.0	100.0
三、衣　着	**101.2**	**96.2**	**97.1**	**99.5**	**100.2**
1. 服　装	101.8	94.1	95.0	99.0	99.9
(1) 男式服装	100.0	93.8	96.0	97.6	100.6
(2) 女式服装	105.1	92.5	93.2	99.3	98.7
(3) 儿童服装	99.1	97.0	96.6	100.0	100.9
2. 衣着材料	99.6	100.0	100.0	98.4	100.0
3. 鞋 袜 帽	100.5	99.5	100.5	101.0	100.7
(1) 鞋	100.0	99.3	99.2	100.8	100.5
(2) 袜　子	102.4	100.0	105.2	100.0	100.0
(3) 帽　子	100.0	100.0	100.0	107.2	106.7
4. 衣着加工服务	100.0	100.0	100.0	100.0	100.0
四、家庭设备用品及维修服务	**99.4**	**99.9**	**100.0**	**99.9**	**98.9**
1. 耐用消费品	99.6	99.9	100.0	99.6	99.1
(1) 家　具	99.8	100.0	100.2	99.8	98.5
(2) 家庭设备	99.2	99.8	99.7	99.4	99.7
2. 室内装饰品	98.0	99.6	99.6	100.0	99.3
3. 床上用品	99.4	100.0	100.0	100.0	97.0
4. 家庭日用杂品	99.3	99.9	100.0	100.0	98.9
5. 家庭服务及加工维修服务	100.0	100.0	100.0	100.0	100.0
五、医疗保健和个人用品	**99.7**	**99.8**	**99.7**	**99.7**	**98.6**
1. 医疗保健	100.0	99.1	100.0	99.6	97.6
(1) 医疗器具及用品	100.0	99.5	100.0	99.7	100.0
(2) 中药材及中成药	99.8	99.3	100.0	99.0	96.2
(3) 西　药	100.0	97.9	100.0	99.5	95.4
(4) 保健器具及用品	100.0	100.1	100.0	99.6	98.9
(5) 医疗保健服务	100.0	100.0	100.0	100.0	100.0
2. 个人用品及服务	99.3	100.8	99.2	99.9	100.0

6月	7月	8月	9月	10月	11月	12月
100.0	100.0	98.7	100.0	100.0	100.0	101.3
100.0	100.0	100.0	98.7	102.5	100.0	100.0
100.0	100.0	100.0	100.0	99.8	100.0	100.4
100.0	100.7	100.0	100.1	100.0	100.0	100.0
100.0	**99.5**	**100.0**	**100.0**	**100.0**	**100.0**	**100.5**
100.0	98.6	100.0	100.0	100.0	100.0	100.0
100.0	100.7	100.0	100.0	100.1	100.0	101.1
100.0	100.0	100.0	99.6	100.0	100.0	101.0
99.9	**99.5**	**99.6**	**99.9**	**102.8**	**101.7**	**100.8**
99.9	99.9	99.3	99.9	104.6	102.3	101.3
100.0	99.7	100.0	100.0	101.6	102.4	100.7
99.8	100.1	99.1	99.7	106.4	103.9	101.4
100.0	100.0	98.8	100.0	105.1	100.0	101.8
100.0	100.0	100.0	100.0	101.0	100.0	100.0
100.0	98.4	100.0	100.0	100.0	101.1	100.0
100.0	97.9	100.0	100.0	100.4	100.4	100.0
100.0	100.0	100.0	100.0	98.7	103.8	100.0
100.0	100.0	100.0	100.0	100.0	100.0	100.0
100.0	100.0	100.0	100.0	100.0	100.0	100.0
100.0	**99.8**	**100.1**	**99.9**	**100.0**	**100.1**	**100.0**
100.0	99.6	99.9	100.0	99.1	101.7	100.0
100.0	100.0	99.8	100.0	99.3	103.4	100.0
99.9	99.2	99.9	100.0	98.9	99.7	100.0
100.0	100.0	100.0	97.9	101.4	100.0	100.0
100.0	100.0	100.0	100.0	103.2	100.0	100.4
100.0	99.8	100.3	100.0	100.0	98.4	100.0
100.0	100.0	100.0	100.0	100.0	100.0	100.0
100.0	**99.5**	**100.0**	**99.1**	**99.7**	**99.8**	**100.6**
100.0	99.1	100.0	98.6	99.9	99.5	100.0
100.0	100.0	100.0	100.0	100.0	100.0	100.0
100.0	97.6	99.9	93.4	100.0	97.0	100.0
100.0	99.0	99.6	99.9	99.8	100.2	100.0
100.0	97.1	100.0	100.0	100.0	100.0	100.0
100.0	100.0	100.5	100.0	100.0	100.0	100.0
100.1	100.0	100.0	99.7	99.4	100.2	101.4

2002年广西农村居民消费价格各月环比指数（续表2）

以上月价格为100

类　　别	1月	2月	3月	4月	5月
(1) 化妆美容用品	100.0	100.0	100.0	97.2	100.0
(2) 卫生用品	99.9	99.6	100.0	99.9	99.7
(3) 个人饰品	99.9	100.0	100.2	100.1	100.3
(4) 个人服务	98.1	102.8	97.3	100.0	100.0
六、交通和通讯	**99.4**	**107.5**	**94.4**	**98.9**	**99.1**
1. 交　　通	99.3	109.9	92.7	98.6	98.8
(1) 交通工具	97.8	100.0	100.0	98.7	98.4
(2) 车用燃料及零配件	95.4	98.4	102.1	104.6	102.6
汽　　油	92.2	98.3	104.2	109.1	106.1
柴　　油	92.5	99.6	104.7	110.2	105.3
(3) 车辆使用及维修	100.0	100.0	100.0	100.0	100.0
(4) 市区公共交通	105.5	100.4	99.6	100.1	99.9
(5) 城市间交通	100.0	134.0	79.4	96.1	97.8
2. 通　　信	99.9	100.0	100.0	99.9	99.8
(1) 通信工具	99.6	100.1	99.8	99.6	99.4
(2) 通信服务	100.0	100.0	100.0	100.0	100.0
七、娱乐教育文化用品及服务	**99.6**	**99.9**	**99.9**	**100.0**	**99.9**
1. 文娱用耐用消费品及服务	97.6	99.1	99.8	99.7	99.6
2. 教　　育	100.0	100.0	100.0	100.0	100.0
(1) 教材及参考书	100.0	100.0	100.0	100.0	100.0
(2) 学杂托幼费	100.0	100.0	100.0	100.0	100.0
3. 文化娱乐用品	100.1	100.7	99.5	100.4	100.1
(1) 文化娱乐	99.9	100.3	100.0	100.7	100.0
(2) 书报杂志	100.0	100.0	100.0	100.0	100.0
(3) 文 娱 费	100.9	103.1	97.0	100.0	100.4
4. 旅游及外出	100.0	99.7	99.4	100.2	100.1
八、居　　住	**99.9**	**99.8**	**99.7**	**100.0**	**97.0**
1. 建房及装修材料	99.4	99.4	99.6	99.9	98.3
2. 租　　房	100.0	100.0	100.0	100.0	100.0
3. 自有住房	100.0	100.0	100.0	100.0	100.0
4. 水、电、燃料	101.1	100.7	99.9	100.0	92.9
水	100.0	100.0	100.0	100.0	100.0
电	100.0	100.0	100.0	100.0	88.1
液化石油气	108.4	94.8	95.5	101.1	98.3
管道燃气	100.0	100.0	100.0	100.0	100.0

6月	7月	8月	9月	10月	11月	12月
100.0	100.0	100.0	100.0	100.0	100.0	100.0
100.0	100.0	100.0	98.8	98.9	99.5	100.0
100.3	100.1	99.9	100.0	99.1	101.0	100.0
100.0	100.0	100.0	100.0	100.0	100.0	104.4
99.9	**100.1**	**99.9**	**100.2**	**99.8**	**99.8**	**99.6**
100.1	100.1	99.9	100.3	99.7	99.9	99.6
100.0	99.9	100.0	99.5	98.8	100.0	98.9
100.8	99.3	99.3	100.2	103.3	98.4	100.2
102.0	100.0	100.0	100.0	104.9	100.4	99.7
100.8	96.9	99.9	101.1	108.0	101.5	101.5
100.0	100.0	100.0	100.0	100.0	100.0	100.0
100.0	100.0	100.0	100.0	100.0	100.0	100.0
100.0	100.7	100.0	101.7	100.0	100.0	100.0
99.3	99.9	99.6	100.0	100.0	99.6	99.7
97.3	99.9	98.4	99.8	99.9	98.3	98.6
100.0	100.0	100.0	100.0	100.0	100.0	100.0
100.0	**99.8**	**99.9**	**101.9**	**99.8**	**99.9**	**100.0**
99.9	98.7	99.5	99.2	99.2	98.9	100.0
100.0	100.0	100.0	102.7	100.0	100.0	100.0
100.0	100.0	99.4	88.3	100.0	100.0	100.0
100.0	100.0	100.0	103.6	100.0	100.0	100.0
99.8	100.1	100.3	99.3	99.1	100.7	100.0
99.7	100.0	99.4	100.0	98.6	100.0	100.0
100.0	100.3	100.0	100.0	100.0	100.0	100.0
100.0	100.0	104.1	95.8	99.6	104.4	100.0
99.8	100.0	101.3	99.9	99.8	100.0	99.7
99.7	**100.3**	**100.2**	**100.2**	**100.0**	**101.8**	**100.1**
99.5	100.0	100.3	100.2	99.5	99.9	100.1
100.0	100.0	100.0	100.0	100.0	100.0	100.0
100.0	100.0	100.0	100.0	100.0	100.0	100.0
100.0	101.2	100.1	100.4	101.0	106.8	100.0
100.0	100.0	100.0	100.0	100.0	100.0	100.0
100.0	102.0	100.0	100.0	101.3	111.8	100.0
98.9	102.2	102.0	113.3	107.1	103.4	100.5
100.0	100.0	100.0	100.0	100.0	100.0	100.0

2003年广西农村居民消费价格各月环比指数

以上月价格为100

类　　别	1月	2月	3月	4月	5月
居民消费价格总指数	**100.8**	**99.8**	**99.4**	**100.8**	**99.1**
一、食　　品	**101.8**	**99.8**	**99.9**	**101.5**	**98.3**
1. 粮　　食	104.7	97.9	103.1	100.8	100.6
大　　米	105.8	97.2	103.7	101.0	100.7
2. 淀粉及薯类	106.5	99.8	103.1	103.7	94.7
3. 干豆类及豆制品	106.0	102.1	95.3	100.8	99.7
4. 油　　脂	107.2	97.0	96.8	103.9	98.7
5. 肉禽及其制品	100.9	101.7	97.1	100.3	98.5
(1) 食用畜肉及副产品	102.8	99.8	96.6	100.3	98.8
猪　　肉	101.2	101.9	96.0	100.9	99.0
牛　　肉	109.3	96.1	96.1	100.7	100.2
羊　　肉	94.3	96.5	106.2	90.9	94.7
(2) 禽	99.4	105.2	98.2	100.6	97.6
鸡	98.6	102.0	96.9	101.8	99.5
鸭	101.3	109.6	99.4	99.0	95.6
(3) 肉禽加工制品	98.7	102.7	97.1	100.2	98.6
6. 蛋	99.1	98.2	99.3	99.9	99.4
鲜　　蛋	98.7	97.8	99.1	99.9	99.4
7. 水 产 品	95.7	102.8	98.9	101.1	100.0
(1) 鱼	97.5	101.7	99.7	101.3	99.8
淡 水 鱼	96.0	102.2	99.1	102.2	100.3
海 水 鱼	100.2	101.0	100.8	99.7	99.1
(2) 其它水产品	88.5	107.4	95.4	100.3	100.6
8. 菜	108.3	91.2	113.7	107.2	88.1
鲜　　菜	112.8	85.1	125.2	110.3	83.4
9. 调 味 品	100.0	100.5	99.9	100.0	100.0
盐	100.0	100.0	100.0	100.0	100.0
酱　　油	100.0	100.0	97.7	100.0	100.0
10. 糖	100.0	99.0	98.4	99.8	99.7
食　　糖	100.0	96.9	99.0	100.0	99.2
11. 茶及饮料	100.0	100.0	100.0	100.0	100.0
(1) 茶　　叶	100.0	100.0	100.0	100.0	100.0
(2) 饮　　料	100.0	100.0	100.0	99.9	100.0
12. 干鲜瓜果	103.1	106.8	99.7	104.8	99.2
鲜　　果	104.3	108.5	99.2	105.8	99.0

6月	7月	8月	9月	10月	11月	12月
99.7	**99.8**	**100.0**	**101.0**	**101.0**	**101.6**	**100.8**
99.1	**100.2**	**101.4**	**101.6**	**100.7**	**102.5**	**101.5**
99.5	99.5	98.8	100.1	101.0	103.3	101.7
99.4	99.4	98.5	100.1	101.1	102.8	101.9
103.2	102.2	101.1	99.2	98.0	101.4	96.0
98.9	99.4	103.8	98.7	102.9	105.0	106.0
99.4	99.7	99.9	100.9	107.1	111.2	110.5
100.3	101.4	103.0	102.1	100.5	102.4	100.5
100.9	100.6	102.9	102.1	104.1	104.5	98.4
100.5	102.5	101.8	102.2	104.9	107.2	96.6
101.9	98.0	105.9	100.0	100.8	101.8	103.9
102.1	98.6	100.9	104.1	103.8	111.0	94.2
99.8	103.7	104.6	103.9	93.4	99.0	108.3
99.0	99.7	103.5	106.1	99.8	97.7	105.5
98.8	108.6	107.8	102.2	86.4	99.5	110.1
99.8	101.2	102.0	100.8	99.4	101.0	99.2
98.6	101.0	105.6	109.3	97.6	106.1	101.8
98.6	101.3	106.9	111.1	96.7	106.2	100.6
99.8	98.1	101.5	98.7	100.6	100.2	96.7
99.4	99.0	101.8	98.4	100.8	100.4	97.3
98.3	98.9	101.6	98.6	100.6	101.0	99.1
101.2	99.0	102.2	98.1	101.2	99.6	94.2
101.6	94.4	100.2	100.0	99.5	99.2	94.1
92.5	105.8	105.1	102.8	100.4	100.3	98.4
86.6	107.7	109.9	104.6	99.7	101.2	94.3
100.0	100.0	100.0	100.0	99.9	101.7	98.1
100.0	100.0	100.0	100.0	100.0	100.0	100.0
100.0	100.0	100.0	100.0	100.0	100.0	98.1
98.2	100.0	98.6	100.4	101.1	102.6	103.3
95.5	100.0	96.6	100.9	100.8	104.2	106.6
100.0	100.0	100.0	100.0	100.0	99.9	98.0
100.0	100.0	100.0	100.0	100.0	100.0	95.6
100.0	100.0	100.0	100.0	100.0	99.9	100.0
98.0	90.3	97.4	110.7	96.2	98.8	108.5
97.6	88.3	96.1	113.9	95.0	97.9	110.5

2003 年广西农村居民消费价格各月环比指数（续表 1）

以上月价格为 100

类　　别	1 月	2 月	3 月	4 月	5 月
13. 糕点饼干面包	98.5	101.5	100.0	100.0	100.1
14. 奶及奶制品	101.8	102.7	100.0	100.0	99.3
15. 在外用膳食品	100.0	99.7	100.0	100.0	100.0
16. 其它食品及食品加工服务	100.5	100.1	100.5	100.0	99.3
二、烟酒及用品	**100.0**	**100.4**	**100.0**	**100.1**	**99.4**
1. 烟　　草	100.0	100.0	100.0	100.2	98.9
2. 酒	99.8	101.0	100.1	100.0	99.8
3. 吸烟饮酒用品	101.4	100.0	100.0	100.0	100.0
三、衣　　着	**100.3**	**93.0**	**99.5**	**101.7**	**100.2**
1. 服　　装	100.6	89.3	98.1	102.1	100.4
(1) 男式服装	100.9	87.5	96.9	100.8	101.3
(2) 女式服装	100.7	86.1	97.9	103.3	100.0
(3) 儿童服装	100.0	95.6	99.4	101.9	100.0
2. 衣着材料	99.8	99.6	99.3	100.0	100.0
3. 鞋 袜 帽	100.0	99.0	102.3	101.3	100.0
(1) 鞋	100.0	98.5	103.0	100.7	100.0
(2) 袜　　子	100.0	100.7	100.8	100.0	100.0
(3) 帽　　子	100.0	100.0	100.0	112.0	100.0
4. 衣着加工服务	100.0	100.0	100.0	100.0	100.0
四、家庭设备用品及维修服务	**100.1**	**100.0**	**99.8**	**99.9**	**100.1**
1. 耐用消费品	99.9	99.9	100.1	99.3	100.7
(1) 家　　具	99.8	99.9	100.0	99.4	101.3
(2) 家庭设备	99.9	99.9	100.1	99.3	99.9
2. 室内装饰品	99.6	100.0	100.0	100.0	100.0
3. 床上用品	100.5	99.2	99.3	100.0	100.0
4. 家庭日用杂品	100.3	100.3	99.6	100.4	99.7
5. 家庭服务及加工维修服务	100.0	100.0	99.7	100.0	100.0
五、医疗保健和个人用品	**100.5**	**101.1**	**99.9**	**102.3**	**101.1**
1. 医疗保健	100.2	101.1	100.1	102.9	102.2
(1) 医疗器具及用品	100.0	100.0	99.1	100.0	102.3
(2) 中药材及中成药	100.0	105.3	100.0	108.0	110.1
(3) 西　　药	100.0	100.0	99.5	100.0	99.3
(4) 保健器具及用品	100.0	100.0	101.1	100.0	100.0
(5) 医疗保健服务	100.5	100.0	100.9	103.2	100.0
2. 个人用品及服务	101.0	101.0	99.7	101.5	99.7

6月	7月	8月	9月	10月	11月	12月
99.5	100.0	100.0	100.1	100.0	100.5	100.9
100.6	100.3	99.0	97.1	101.9	101.2	100.0
100.0	100.2	100.0	100.0	100.0	100.7	100.5
99.1	100.0	100.0	101.0	100.2	100.2	100.5
100.1	**99.1**	**101.8**	**100.6**	**100.2**	**100.1**	**101.2**
100.0	100.0	101.3	100.0	99.9	100.0	100.0
100.2	97.7	103.3	101.4	100.1	100.3	101.4
100.0	100.0	96.5	100.0	103.0	100.0	108.2
99.6	**99.2**	**96.7**	**99.9**	**102.8**	**101.1**	**102.6**
99.4	99.3	98.0	100.0	102.8	101.7	104.2
100.0	99.7	99.5	100.0	105.9	103.8	101.8
98.4	99.6	97.9	100.0	105.1	101.3	104.7
100.2	98.4	96.7	100.0	97.0	100.0	106.0
100.0	96.4	100.0	100.0	101.3	100.4	100.0
100.0	100.0	93.1	99.8	103.4	100.0	100.2
100.0	100.0	90.6	99.9	106.6	99.9	100.1
100.0	100.0	100.0	99.7	96.9	100.5	100.8
100.0	100.0	100.0	99.5	91.5	100.0	100.0
100.0	100.0	100.0	100.0	100.0	100.0	103.8
99.8	**99.6**	**99.5**	**100.2**	**100.8**	**100.8**	**99.7**
99.8	98.6	99.2	101.3	101.4	99.7	97.6
100.0	97.7	100.0	102.9	102.4	99.7	95.9
99.6	99.9	98.1	99.2	99.9	99.7	100.0
100.0	100.0	100.0	100.0	103.5	99.2	106.4
100.0	100.0	100.0	100.6	101.8	99.9	107.0
99.6	100.4	99.6	99.1	99.7	102.7	99.0
100.0	100.0	100.0	100.1	100.0	100.0	100.0
100.6	**99.7**	**99.9**	**99.6**	**101.1**	**100.1**	**101.7**
101.0	99.5	100.5	99.6	102.0	99.8	102.2
97.8	104.4	100.0	99.6	101.5	99.4	104.6
102.6	96.9	100.3	98.5	98.7	100.1	102.6
101.4	100.5	100.3	100.3	97.9	99.5	104.2
100.0	98.3	100.0	100.1	100.0	100.0	102.7
100.0	100.0	100.8	99.7	108.3	100.0	100.0
100.0	99.8	99.2	99.7	99.9	100.5	100.9

2003年广西农村居民消费价格各月环比指数（续表2）

以上月价格为100

类　　别	1月	2月	3月	4月	5月
(1) 化妆美容用品	102.2	100.8	99.9	100.0	100.0
(2) 卫生用品	100.0	100.0	102.7	100.0	99.3
(3) 个人饰品	101.0	100.0	100.0	100.0	100.5
(4) 个人服务	101.7	102.8	96.9	104.6	99.1
六、交通和通讯	**101.2**	**106.2**	**92.1**	**100.4**	**99.5**
1. 交　　通	102.3	108.4	89.8	100.6	99.5
(1) 交通工具	99.6	100.0	98.6	99.0	100.0
(2) 车用燃料及零配件	100.1	102.1	102.4	99.9	98.8
汽　　油	100.0	104.1	101.9	99.7	95.8
柴　　油	100.5	103.6	100.9	100.0	96.0
(3) 车辆使用及维修	100.0	100.0	98.0	100.0	100.0
(4) 市区公共交通	100.0	100.5	100.0	100.0	100.0
(5) 城市间交通	108.3	126.4	73.1	103.7	98.6
2. 通　　信	98.0	99.4	100.0	99.8	99.4
(1) 通信工具	99.1	98.3	100.0	99.4	97.8
(2) 通信服务	97.6	99.7	100.0	100.0	100.0
七、娱乐教育文化用品及服务	**99.7**	**100.2**	**99.7**	**99.8**	**99.9**
1. 文娱用耐用消费品及服务	98.3	99.7	98.6	98.7	99.3
2. 教　　育	100.0	100.3	100.0	100.0	100.0
(1) 教材及参考书	100.0	101.3	100.0	100.0	100.0
(2) 学杂托幼费	100.0	100.2	100.0	100.0	100.0
3. 文化娱乐用品	100.8	100.2	99.8	100.0	99.6
(1) 文化娱乐	100.0	100.2	100.0	100.0	99.6
(2) 书报杂志	102.8	100.3	100.0	100.0	100.0
(3) 文 娱 费	100.0	100.3	98.9	100.0	99.1
4. 旅游及外出	100.0	101.3	98.3	101.0	98.6
八、居　　住	**100.8**	**99.7**	**99.8**	**100.0**	**97.3**
1. 建房及装修材料	100.2	99.6	99.8	100.1	100.0
2. 租　　房	100.0	100.0	100.0	100.0	100.0
3. 自有住房	100.0	100.0	100.0	100.0	100.0
4. 水、电、燃料	102.4	99.8	99.8	99.7	90.6
水	100.0	100.0	100.0	100.0	100.0
电	100.0	100.0	100.0	100.0	84.7
液化石油气	116.1	98.0	96.5	93.5	90.6
管道燃气	100.0	100.0	100.0	100.0	100.0

6月	7月	8月	9月	10月	11月	12月
100.0	100.0	100.0	100.0	100.0	100.0	101.0
100.0	99.9	100.0	98.9	100.5	100.7	99.5
100.0	100.0	97.6	100.0	99.3	100.8	103.9
100.0	99.5	100.0	100.0	100.0	100.0	99.1
99.8	**99.5**	**97.3**	**100.0**	**100.0**	**99.9**	**99.6**
99.7	99.5	96.9	100.0	100.1	100.0	99.5
99.9	98.5	97.6	99.9	100.1	100.0	98.6
96.8	101.1	99.6	100.2	100.1	99.9	102.0
96.2	102.1	100.4	100.0	100.0	100.0	104.3
95.9	98.7	101.4	100.8	100.4	100.6	104.1
100.0	100.6	100.0	100.0	100.0	100.0	100.0
100.0	100.0	100.0	100.0	100.0	100.0	100.0
100.0	100.0	93.2	100.0	100.0	100.0	100.0
100.0	99.6	98.3	100.0	99.9	99.5	99.9
100.0	98.3	93.2	100.0	99.7	97.8	100.0
100.0	100.0	100.0	100.0	100.0	100.0	99.9
100.0	**99.8**	**99.0**	**102.3**	**99.9**	**100.3**	**99.4**
100.0	99.0	93.8	97.7	99.3	101.7	96.1
100.0	100.0	100.1	103.5	100.0	100.0	100.0
100.0	100.0	102.2	100.1	100.0	100.1	100.0
100.0	100.0	100.0	103.7	100.0	100.0	100.0
100.0	100.0	99.6	99.8	100.0	99.8	99.5
100.0	100.0	99.6	99.6	100.0	99.8	99.9
100.0	100.0	99.5	100.0	100.0	100.0	100.0
100.1	99.9	100.1	100.0	100.1	99.4	98.0
98.5	97.6	95.4	101.5	101.0	98.0	101.0
99.6	**99.9**	**100.1**	**100.2**	**103.2**	**104.1**	**100.2**
99.8	100.0	99.7	100.2	105.1	100.6	100.2
100.0	100.0	100.0	100.0	100.0	100.0	102.7
100.0	100.0	100.0	100.0	100.0	100.0	100.0
99.0	99.8	101.2	100.2	100.5	114.2	100.1
100.0	100.0	100.0	100.0	100.0	100.0	100.0
98.0	100.0	100.0	100.0	100.7	125.2	100.0
103.4	95.8	98.6	105.1	102.1	108.2	103.2
100.0	100.0					

2004年广西农村居民消费价格各月环比指数

以上月价格为100

类　　别	1月	2月	3月	4月	5月
居民消费价格总指数	**100.7**	**98.8**	**101.3**	**101.7**	**99.2**
一、食　　品	**101.0**	**100.2**	**104.1**	**103.5**	**98.6**
1. 粮　　食	100.9	101.2	114.0	103.1	96.7
大　　米	100.9	101.5	116.4	102.9	96.2
2. 淀粉及薯类	101.3	104.5	103.0	107.4	94.9
3. 干豆类及豆制品	107.6	102.1	97.7	102.6	101.7
4. 油　　脂	100.2	95.6	105.1	102.2	97.9
5. 肉禽及其制品	103.5	101.2	101.2	100.1	99.8
(1) 食用畜肉及副产品	102.4	104.6	101.6	98.8	97.4
猪　　肉	100.5	102.0	105.9	101.1	96.1
牛　　肉	107.9	104.7	98.0	98.4	95.9
羊　　肉	101.7	98.2	100.7	96.4	93.4
(2) 禽	103.1	93.1	101.7	103.1	105.7
鸡	102.6	92.4	100.2	102.9	105.7
鸭	103.3	94.8	108.4	104.7	108.6
(3) 肉禽加工制品	107.5	101.4	99.6	100.3	100.2
6. 蛋	100.6	99.7	99.1	100.2	100.1
鲜　　蛋	100.4	99.7	99.2	100.1	100.2
7. 水 产 品	103.7	103.7	106.4	103.6	102.0
(1) 鱼	102.8	105.3	105.4	104.5	103.1
淡 水 鱼	104.0	108.2	108.1	106.7	102.9
海 水 鱼	100.5	99.8	99.8	99.7	103.5
(2) 其它水产品	106.2	99.7	109.3	101.2	99.1
8. 菜	92.3	94.4	109.9	117.8	89.1
鲜　　菜	90.4	93.7	112.0	121.9	87.2
9. 调 味 品	99.9	101.1	101.0	99.1	100.0
盐	100.0	100.0	100.0	100.0	100.0
酱　　油	99.7	103.6	103.2	100.0	100.1
10. 糖	100.8	100.0	100.5	97.8	101.9
食　　糖	100.0	99.7	100.3	96.8	104.5
11. 茶及饮料	99.7	100.0	100.2	100.0	100.6
(1) 茶　　叶	99.1	100.0	100.0	100.0	100.0
(2) 饮　　料	100.0	100.0	100.2	100.0	100.9
12. 干鲜瓜果	103.6	103.4	103.3	113.6	100.5
鲜　　果	104.8	104.9	103.1	115.9	100.7

6月	7月	8月	9月	10月	11月	12月
98.9	**100.5**	**100.4**	**101.9**	**100.3**	**99.8**	**99.7**
97.5	**101.9**	**101.2**	**103.8**	**99.4**	**98.1**	**99.3**
100.1	99.8	100.4	100.7	100.0	99.5	99.2
100.2	99.8	100.5	101.0	100.0	99.4	98.8
97.2	103.5	101.8	98.6	97.5	100.3	97.8
101.1	101.2	101.2	99.1	100.0	100.3	101.8
100.4	105.3	99.9	102.0	97.2	97.9	99.5
104.7	103.8	100.4	103.2	100.5	97.9	101.0
104.7	105.0	100.2	105.1	101.2	96.0	100.5
106.0	104.8	100.8	107.9	100.9	94.5	100.2
100.3	102.0	99.6	101.3	103.3	100.3	100.3
100.0	100.2	99.7	99.9	115.9	97.6	97.1
106.5	103.0	100.0	100.2	98.8	101.4	102.8
109.0	103.2	100.7	100.7	99.6	101.9	101.3
102.8	101.9	95.8	95.3	95.7	100.0	109.5
102.3	101.5	101.5	101.4	100.5	99.8	100.2
105.4	101.8	103.4	106.7	100.2	95.3	99.1
106.0	101.8	103.5	105.9	100.2	95.4	99.0
103.3	99.9	98.3	98.4	99.7	97.7	101.5
104.6	98.3	98.7	97.7	98.3	97.2	101.6
103.3	97.6	98.3	95.6	96.5	96.1	102.2
107.5	99.9	99.7	102.4	102.1	99.3	100.3
99.7	104.6	97.0	100.3	103.4	98.9	101.3
83.6	115.6	100.1	108.4	94.1	95.4	99.9
80.2	119.6	99.3	110.3	93.4	94.7	99.6
98.1	100.0	99.6	101.2	100.0	99.9	100.5
100.0	100.0	100.0	100.0	100.0	100.0	100.0
93.5	99.8	100.0	103.1	100.0	99.7	103.2
101.0	100.1	101.2	101.0	99.9	98.2	96.7
102.2	100.2	102.7	102.3	99.9	92.1	94.8
100.0	99.2	99.7	100.9	100.0	100.7	98.5
100.0	96.8	100.0	100.9	100.0	100.0	98.7
100.0	100.5	99.5	100.8	100.0	101.0	98.4
69.5	85.2	120.1	113.6	100.1	96.9	93.7
65.1	81.9	126.0	117.0	100.8	95.7	92.2

2004年广西农村居民消费价格各月环比指数（续表1）

以上月价格为100

类　别	1月	2月	3月	4月	5月
13. 糕点饼干面包	100.2	104.4	100.8	99.9	100.2
14. 奶及奶制品	98.5	102.8	99.7	100.3	98.6
15. 在外用膳食品	99.7	100.3	103.0	100.0	101.0
16. 其它食品及食品加工服务	105.0	95.1	100.0	100.7	100.0
二、烟酒及用品	**99.6**	**99.6**	**100.0**	**100.0**	**99.6**
1. 烟　草	100.0	99.2	100.0	100.0	100.0
2. 酒	99.1	100.2	99.9	100.0	98.8
3. 吸烟饮酒用品	100.0	100.0	100.0	100.0	100.9
三、衣　着	**100.1**	**91.9**	**99.4**	**101.9**	**101.1**
1. 服　装	100.3	89.3	99.3	102.0	101.7
(1) 男式服装	99.7	92.2	97.9	100.9	100.3
(2) 女式服装	100.7	87.3	100.0	100.4	101.9
(3) 儿童服装	100.5	88.9	100.3	108.8	104.1
2. 衣着材料	99.9	96.6	100.1	99.8	100.0
3. 鞋 袜 帽	99.7	96.1	98.8	102.7	100.0
(1) 鞋	99.7	95.3	98.6	103.2	100.0
(2) 袜　子	100.0	100.0	100.0	100.0	100.0
(3) 帽　子	100.0	100.0	100.0	100.0	100.0
4. 衣着加工服务	96.6	114.8	106.3	96.8	100.0
四、家庭设备用品及维修服务	**99.7**	**100.8**	**99.9**	**99.9**	**99.9**
1. 耐用消费品	99.8	100.1	99.7	99.5	100.0
(1) 家　具	99.8	100.0	100.0	99.3	99.9
(2) 家庭设备	99.8	100.3	99.4	99.7	100.1
2. 室内装饰品	100.5	101.5	100.7	100.4	97.9
3. 床上用品	96.4	98.7	100.2	100.0	100.0
4. 家庭日用杂品	100.2	102.5	100.0	100.3	100.0
5. 家庭服务及加工维修服务	100.0	100.0	100.0	100.0	100.0
五、医疗保健和个人用品	**101.3**	**99.0**	**99.8**	**99.2**	**99.5**
1. 医疗保健	100.2	100.1	100.0	98.6	99.7
(1) 医疗器具及用品	99.2	100.8	100.0	100.0	99.2
(2) 中药材及中成药	100.9	100.1	99.9	96.7	100.0
(3) 西　药	99.8	100.1	99.7	98.9	99.3
(4) 保健器具及用品	100.0	100.0	100.3	99.8	99.4
(5) 医疗保健服务	100.1	100.0	100.4	100.0	100.0
2. 个人用品及服务	103.6	96.9	99.6	100.5	99.1

6月	7月	8月	9月	10月	11月	12月
100.0	99.8	100.0	104.7	100.7	100.8	99.3
99.0	100.5	98.0	101.1	102.4	99.5	98.6
99.8	100.0	100.1	104.2	100.0	100.0	97.5
100.4	99.9	100.2	106.2	100.0	95.2	98.3
99.9	**99.9**	**100.1**	**100.0**	**100.0**	**99.9**	**99.2**
100.0	100.0	100.0	100.0	100.0	100.0	100.0
100.0	99.7	100.4	100.1	100.0	99.8	98.3
99.2	100.0	100.0	100.0	100.0	100.0	98.2
100.1	**99.2**	**97.5**	**100.3**	**103.8**	**102.2**	**101.1**
100.2	98.9	96.8	100.4	105.7	103.1	102.1
99.6	98.6	98.8	100.6	103.4	101.5	101.5
100.7	99.6	96.9	101.5	106.5	104.5	103.0
100.3	97.7	93.0	97.1	108.4	102.7	101.0
100.0	100.0	98.8	100.0	100.2	101.5	100.7
99.8	99.7	98.6	100.1	100.5	100.1	98.8
100.0	99.5	98.3	100.1	100.6	100.3	99.2
98.5	101.4	100.0	100.0	100.0	98.5	95.9
100.0	100.0	100.0	100.0	100.0	100.0	100.0
100.0	100.0	98.9	100.0	98.1	100.0	100.0
99.9	**99.7**	**100.0**	**100.0**	**100.6**	**100.3**	**99.7**
99.8	99.3	100.1	100.0	100.1	100.0	100.4
99.7	99.2	100.0	100.5	100.2	100.3	101.0
99.9	99.5	100.2	99.7	100.0	99.8	99.8
99.6	101.0	99.1	99.6	103.0	100.0	96.5
100.0	99.6	100.0	100.5	102.7	100.0	99.7
100.0	100.0	100.0	100.0	100.5	100.9	98.8
100.0	100.0	100.0	100.0	100.0	100.0	101.5
100.1	**98.9**	**100.1**	**99.9**	**100.0**	**99.8**	**100.1**
100.1	98.5	100.3	99.8	100.0	99.7	100.2
95.8	100.0	100.0	99.5	100.0	100.0	100.0
99.9	97.7	99.6	100.3	100.1	100.0	101.8
100.0	99.0	100.7	99.3	100.0	99.4	99.5
99.8	100.0	100.0	100.2	100.0	99.8	97.5
100.9	98.1	100.7	100.0	100.0	100.0	100.0
100.1	99.8	99.8	100.2	100.0	99.9	99.8

2004年广西农村居民消费价格各月环比指数（续表2）

以上月价格为100

类　　别	1月	2月	3月	4月	5月
(1) 化妆美容用品	100.0	100.0	100.0	100.0	100.0
(2) 卫生用品	99.4	100.5	99.4	100.8	99.6
(3) 个人饰品	101.9	99.3	99.3	100.8	99.5
(4) 个人服务	111.9	89.3	100.0	100.0	97.8
六、交通和通讯	**102.0**	**98.4**	**99.3**	**100.5**	**99.9**
1. 交　　通	103.8	97.3	98.8	101.1	100.2
(1) 交通工具	100.0	100.2	99.6	102.3	99.7
(2) 车用燃料及零配件	100.3	100.0	99.8	103.0	101.8
汽　　油	100.5	100.0	100.0	106.8	100.3
柴　　油	100.3	100.0	99.1	100.9	103.8
(3) 车辆使用及维修	98.1	100.0	99.6	100.0	100.9
(4) 市区公共交通	100.0	100.0	100.0	100.0	100.0
(5) 城市间交通	116.0	90.0	96.2	100.0	100.0
2. 通　　信	99.7	99.9	100.0	99.8	99.6
(1) 通信工具	98.5	99.6	100.0	98.8	98.0
(2) 通信服务	100.0	100.0	100.0	100.0	100.0
七、娱乐教育文化用品及服务	**100.5**	**97.0**	**100.0**	**101.5**	**100.0**
1. 文娱用耐用消费品及服务	100.5	98.5	99.9	99.7	98.6
2. 教　　育	100.0	98.0	100.0	100.0	100.0
(1) 教材及参考书	100.0	101.3	100.0	100.0	100.0
(2) 学杂托幼费	100.0	97.8	100.0	100.0	100.0
3. 文化娱乐用品	100.3	99.8	100.0	101.4	100.3
(1) 文化娱乐	99.2	99.5	100.0	100.4	100.7
(2) 书报杂志	102.2	100.0	100.0	100.0	100.0
(3) 文 娱 费	100.0	100.0	100.0	103.6	100.0
4. 旅游及外出	106.0	77.1	99.8	127.4	104.1
八、居　　住	**100.4**	**100.1**	**99.8**	**100.4**	**97.5**
1. 建房及装修材料	100.5	100.5	99.5	99.8	98.3
2. 租　　房	100.0	100.0	100.0	100.0	100.0
3. 自有住房	100.0	100.0	100.0	100.0	100.0
4. 水、电、燃料	100.5	99.7	100.0	101.4	95.1
水	100.0	100.0	100.0	100.0	100.0
电	100.0	100.0	100.0	101.2	88.8
液化石油气	102.3	98.6	100.1	103.7	100.2
管道燃气					

6月	7月	8月	9月	10月	11月	12月
100.0	100.0	100.0	100.0	100.0	100.0	98.4
100.4	100.1	98.9	100.2	100.0	98.8	98.3
100.0	99.3	100.3	100.1	99.9	101.0	101.8
100.0	99.8	100.0	100.6	100.0	100.0	100.0
99.9	**99.5**	**99.7**	**99.8**	**99.9**	**99.9**	**99.8**
99.9	99.1	99.6	99.7	99.9	99.8	99.9
99.4	97.4	98.5	98.3	100.0	100.0	99.8
100.8	99.9	101.0	103.1	100.1	99.9	100.0
100.0	100.0	101.3	105.1	100.0	100.0	100.0
104.1	100.0	101.0	104.9	100.0	100.0	100.0
100.0	100.0	100.0	100.0	100.0	100.0	100.0
100.0	100.0	100.0	100.0	100.0	100.0	100.0
100.0	100.0	100.0	100.0	99.6	99.3	100.0
99.9	100.0	99.8	99.9	100.0	99.9	99.7
99.6	100.0	98.9	99.5	99.9	99.6	98.6
100.0	100.0	100.0	100.0	100.0	100.0	100.0
98.6	**100.3**	**99.7**	**102.5**	**99.9**	**99.7**	**100.1**
99.7	100.0	99.5	98.8	98.7	100.1	100.5
100.0	100.0	99.6	104.9	100.0	100.0	100.0
100.0	100.0	94.3	98.3	100.0	100.0	100.0
100.0	100.0	100.0	105.4	100.0	100.0	100.0
100.0	100.0	99.4	100.0	99.9	99.9	99.5
100.0	99.9	100.0	100.1	100.0	99.8	98.7
100.0	100.0	97.7	100.0	99.7	100.0	100.0
100.0	100.0	100.0	100.0	100.0	100.0	100.0
80.1	106.2	102.3	94.4	103.0	95.0	101.9
100.8	**99.3**	**101.5**	**100.3**	**101.3**	**102.7**	**99.1**
101.7	99.4	100.3	101.2	101.8	100.3	99.1
100.0	100.0	100.0	100.0	100.0	100.0	97.3
100.0	100.0	100.0	100.0	100.0	101.6	100.0
100.4	98.8	103.8	99.6	101.5	106.2	99.1
100.0	100.0	100.0	100.0	100.0	100.0	100.0
100.0	97.6	100.0	100.0	101.9	113.4	100.0
99.6	98.5	110.8	98.3	100.3	99.7	95.9

2005年广西农村居民消费价格各月环比指数

以上月价格为100

类　　别	1月	2月	3月	4月	5月
居民消费价格总指数	**100.3**	**100.7**	**99.3**	**100.5**	**99.4**
一、食　品	**100.0**	**101.5**	**99.8**	**101.6**	**98.6**
1. 粮　食	100.2	100.1	100.5	99.9	98.4
大　米	100.0	100.1	100.6	99.9	98.4
2. 淀粉及薯类	103.0	100.2	103.6	98.7	97.7
3. 干豆类及豆制品	102.3	106.4	95.1	100.6	99.1
4. 油　脂	100.3	95.1	100.3	98.8	95.7
5. 肉禽及其制品	101.8	103.2	98.8	98.8	96.2
(1) 食用畜肉及副产品	101.7	104.1	95.6	97.8	95.3
猪　肉	98.5	100.1	96.5	100.0	94.1
牛　肉	109.5	105.8	99.0	96.0	99.4
羊　肉	103.0	112.4	100.1	97.7	93.3
(2) 禽	101.3	102.4	105.9	99.5	96.5
鸡	103.6	102.6	103.7	98.0	96.9
鸭	93.6	102.3	116.1	108.4	94.4
(3) 肉禽加工制品	102.7	101.4	98.8	100.5	98.6
6. 蛋	100.1	100.4	97.9	98.0	99.1
鲜　蛋	100.2	100.3	97.6	97.8	99.3
7. 水 产 品	101.7	105.1	100.3	99.3	102.3
(1) 鱼	100.5	107.0	99.3	99.9	103.5
淡 水 鱼	105.0	110.3	99.0	99.2	105.4
海 水 鱼	93.1	100.9	99.9	101.5	99.8
(2) 其它水产品	104.8	100.5	102.8	97.6	99.2
8. 菜	97.4	98.6	104.2	119.1	91.8
鲜　菜	96.4	98.3	105.1	123.1	90.6
9. 调 味 品	101.5	100.8	101.1	99.5	102.3
盐	98.7	101.3	100.0	100.0	105.9
酱　油	104.7	101.1	102.7	100.0	100.7
10. 糖	99.6	101.9	100.9	99.9	99.9
食　糖	96.1	104.9	106.2	101.3	97.8
11. 茶及饮料	101.8	100.0	99.3	98.2	101.2
(1) 茶　叶	102.6	100.0	100.0	95.5	101.5
(2) 饮　料	101.4	100.0	98.9	99.6	101.0
12. 干鲜瓜果	91.9	105.4	98.7	105.1	111.6
鲜　果	89.6	106.2	99.1	107.0	113.5

6月	7月	8月	9月	10月	11月	12月
99.5	**100.4**	**99.0**	**101.0**	**100.4**	**99.9**	**101.5**
99.2	**101.1**	**97.2**	**100.8**	**100.6**	**98.7**	**100.6**
100.1	99.9	100.0	100.0	99.5	99.5	100.2
100.1	99.9	100.0	100.0	99.4	99.4	100.3
105.7	98.8	104.0	96.7	99.2	99.6	100.0
101.0	100.5	101.4	100.1	96.8	98.6	101.3
100.6	100.2	99.5	100.8	99.6	100.6	98.2
99.2	99.4	99.7	98.2	99.4	96.8	100.1
99.8	100.5	99.3	98.3	101.2	95.6	103.2
100.9	100.5	100.3	98.2	99.7	95.9	100.3
99.2	99.2	96.5	99.2	99.5	100.0	100.0
99.3	100.3	100.4	100.1	100.8	97.3	104.9
96.6	95.7	98.6	97.3	95.4	97.8	93.7
98.1	95.9	98.6	97.7	95.2	98.5	93.9
90.2	89.9	99.6	94.9	94.9	96.7	90.8
101.2	101.5	101.9	99.2	99.8	98.8	99.6
103.7	99.4	100.5	102.6	97.2	98.0	96.5
103.8	99.3	100.5	103.0	96.9	97.7	96.1
101.0	98.3	97.8	99.2	95.4	97.5	100.4
100.0	96.9	96.9	99.5	94.0	97.6	100.4
98.7	96.0	95.6	99.0	91.0	98.9	99.3
102.7	98.6	99.5	100.5	99.4	95.5	102.4
103.5	102.0	99.9	98.5	98.8	97.2	100.5
97.7	115.9	82.4	97.3	113.1	99.0	109.4
97.3	118.6	79.5	96.9	115.2	98.6	110.5
99.6	100.4	100.0	100.0	100.0	100.0	99.2
100.0	100.0	100.0	100.0	100.0	100.0	100.0
98.4	100.9	100.0	100.0	100.0	100.0	97.4
102.7	101.1	102.3	101.2	101.8	98.8	103.0
102.2	104.1	105.2	102.6	105.3	97.4	106.5
102.0	100.6	100.1	100.0	100.2	100.0	100.0
103.1	101.5	100.0	100.0	100.0	100.0	100.0
101.4	100.1	100.1	100.0	100.3	100.0	100.0
89.9	95.1	90.3	126.1	100.0	99.6	93.8
87.4	94.0	87.6	134.3	100.9	99.0	92.4

2005 年广西农村居民消费价格各月环比指数（续表 1）

以上月价格为 100

类　　别	1 月	2 月	3 月	4 月	5 月
13. 糕点饼干面包	101.0	100.0	100.0	99.6	100.3
14. 奶及奶制品	102.1	100.1	102.3	98.8	100.8
15. 在外用膳食品	100.0	100.1	99.9	100.0	100.3
16. 其它食品及食品加工服务	102.0	105.3	94.5	98.0	101.5
二、烟酒及用品	**101.0**	**100.7**	**100.1**	**99.5**	**99.0**
1. 烟　　草	99.4	100.2	100.2	99.7	99.1
2. 酒	103.7	100.9	100.1	100.2	98.6
3. 吸烟饮酒用品	100.9	103.2	100.0	95.0	100.3
三、衣　　着	**99.6**	**97.2**	**95.4**	**100.8**	**99.3**
1. 服　　装	100.0	96.0	94.8	101.1	100.1
(1) 男式服装	101.8	95.2	96.3	99.9	99.8
(2) 女式服装	98.7	95.7	97.5	99.9	99.9
(3) 儿童服装	100.3	98.8	84.7	107.1	101.5
2. 衣着材料	100.0	99.3	99.3	99.3	100.0
3. 鞋 袜 帽	98.4	99.6	95.6	100.0	97.0
(1) 鞋	98.1	99.5	94.8	100.0	96.4
(2) 袜　　子	100.3	100.0	99.3	100.0	100.0
(3) 帽　　子	100.0	100.0	100.0	100.0	100.0
4. 衣着加工服务	100.0	102.1	100.0	108.7	100.0
四、家庭设备用品及维修服务	**100.6**	**100.9**	**99.5**	**98.7**	**100.6**
1. 耐用消费品	100.7	99.9	99.9	97.6	101.7
(1) 家　　具	101.4	99.8	99.7	96.2	103.8
(2) 家庭设备	100.1	99.9	100.0	98.7	100.0
2. 室内装饰品	99.1	99.4	99.5	100.0	100.0
3. 床上用品	100.0	100.2	95.3	99.5	99.3
4. 家庭日用杂品	99.6	101.7	100.0	99.4	99.3
5. 家庭服务及加工维修服务	104.4	104.2	100.0	100.0	100.5
五、医疗保健和个人用品	**99.2**	**100.7**	**99.9**	**99.3**	**99.1**
1. 医疗保健	98.0	100.1	100.4	99.9	98.2
(1) 医疗器具及用品	97.1	100.0	97.7	100.0	100.0
(2) 中药材及中成药	92.9	99.5	100.5	99.9	94.1
(3) 西　　药	100.1	100.5	98.5	99.9	99.4
(4) 保健器具及用品	100.4	99.8	97.6	99.7	100.2
(5) 医疗保健服务	100.0	100.0	104.8	100.0	100.0
2. 个人用品及服务	101.4	101.9	99.0	98.2	100.7

6月	7月	8月	9月	10月	11月	12月
100.1	100.0	100.0	100.0	99.5	100.5	100.0
101.2	101.2	100.2	100.0	98.8	101.1	99.8
100.0	100.0	100.3	100.0	99.4	99.9	100.6
101.6	99.9	105.4	94.9	100.1	100.0	100.4
100.8	**100.1**	**100.0**	**100.0**	**100.0**	**100.0**	**100.0**
100.0	100.0	100.0	100.0	100.0	100.0	100.0
102.1	100.5	100.1	100.0	100.0	100.0	100.0
101.1	98.7	100.0	100.0	100.0	100.0	100.0
100.6	**99.2**	**99.3**	**102.9**	**100.8**	**100.1**	**101.4**
100.4	99.2	99.3	102.5	100.9	100.1	102.1
101.0	97.5	99.8	102.7	100.3	99.9	101.2
100.0	99.9	99.6	101.1	100.8	99.9	101.5
100.6	100.5	97.7	106.3	102.0	100.8	105.0
98.5	100.0	100.0	100.0	103.2	100.0	100.0
101.7	98.8	98.8	104.8	100.0	100.1	100.0
102.0	98.6	98.5	105.8	100.0	100.1	100.0
100.0	100.0	100.0	100.0	100.0	100.0	100.0
100.0	100.0	100.0	100.0	100.0	100.0	101.2
100.0	100.0	101.8	101.7	100.0	100.0	100.0
99.8	**99.9**	**100.1**	**99.9**	**100.0**	**99.9**	**99.9**
99.2	99.7	100.0	99.9	99.9	100.1	99.8
98.4	99.3	100.0	100.0	100.0	100.0	100.0
99.9	100.1	100.0	99.8	99.8	100.1	99.7
100.2	100.0	99.5	99.4	100.0	99.8	100.0
95.4	100.0	100.9	99.4	100.0	99.7	100.0
101.9	100.0	100.3	100.0	100.0	99.6	100.0
100.0	100.0	100.0	100.0	100.0	100.0	100.0
99.9	**99.8**	**99.9**	**99.9**	**100.1**	**100.1**	**111.7**
100.1	99.9	99.4	100.0	100.1	100.2	118.0
100.0	100.0	97.5	99.5	99.5	100.0	100.0
101.6	99.7	98.1	99.0	101.3	100.0	100.0
99.3	100.0	100.0	100.6	99.5	100.4	99.2
100.0	100.0	100.0	100.0	100.0	100.0	100.0
100.0	100.0	100.0	100.0	100.0	100.0	173.1
99.6	99.7	100.7	99.9	100.0	100.1	100.1

2005年广西农村居民消费价格各月环比指数（续表2）

以上月价格为100

类　　别	1月	2月	3月	4月	5月
(1) 化妆美容用品	101.4	100.0	100.0	97.1	100.1
(2) 卫生用品	103.5	100.8	100.0	96.8	99.6
(3) 个人饰品	100.8	99.8	100.3	99.0	99.7
(4) 个人服务	100.0	106.4	96.0	99.4	103.4
六、交通和通讯	**101.9**	**103.0**	**97.1**	**100.6**	**99.6**
1. 交　　通	103.3	105.2	95.3	101.0	99.6
(1) 交通工具	99.8	100.0	99.4	100.1	100.5
(2) 车用燃料及零配件	100.2	100.0	101.1	101.7	100.1
汽　　油	100.0	100.0	102.8	104.1	98.5
柴　　油	100.0	100.0	100.0	100.0	103.9
(3) 车辆使用及维修	101.4	100.0	100.1	100.0	100.0
(4) 市区公共交通	118.2	100.4	99.6	100.0	100.0
(5) 城市间交通	100.0	118.0	85.7	102.8	98.0
2. 通　　信	100.0	99.8	99.6	100.0	99.6
(1) 通信工具	99.8	99.2	98.2	100.2	98.1
(2) 通信服务	100.0	100.0	100.0	100.0	100.0
七、娱乐教育文化用品及服务	**99.9**	**100.8**	**100.0**	**100.1**	**102.0**
1. 文娱用耐用消费品及服务	100.1	99.7	99.8	100.2	96.7
2. 教　　育	100.0	100.3	100.4	100.0	103.7
(1) 教材及参考书	100.1	106.7	105.0	100.0	100.0
(2) 学杂托幼费	100.0	99.9	100.1	100.0	104.0
3. 文化娱乐用品	100.3	101.8	100.8	100.2	100.0
(1) 文化娱乐	100.2	100.1	100.0	100.4	99.9
(2) 书报杂志	101.0	102.4	100.0	100.0	100.0
(3) 文 娱 费	100.0	103.1	102.2	100.0	100.0
4. 旅游及外出	97.2	106.5	95.3	100.8	105.7
八、居　　住	**101.3**	**99.8**	**100.2**	**100.1**	**97.7**
1. 建房及装修材料	100.1	100.3	99.5	99.6	99.6
2. 租　　房	100.0	100.0	100.0	100.0	100.0
3. 自有住房	100.0	101.1	102.7	100.7	100.0
4. 水、电、燃料	103.3	98.8	99.7	100.4	94.4
水	100.0	100.0	100.0	100.0	100.0
电	100.0	98.5	100.0	100.0	86.5
液化石油气	109.6	96.2	98.6	101.7	100.6
管道燃气					

6月	7月	8月	9月	10月	11月	12月
100.8	99.3	100.8	100.0	100.0	100.0	100.0
103.2	99.1	101.7	100.0	100.2	100.0	100.0
95.4	100.2	100.2	99.6	100.0	100.2	100.5
100.0	100.0	100.0	100.0	100.0	100.0	100.0
99.8	**100.0**	**100.6**	**102.3**	**100.1**	**99.9**	**100.0**
99.9	100.0	101.2	104.0	100.2	99.9	100.0
99.4	99.2	100.4	100.1	100.0	100.0	100.0
101.1	103.3	102.8	100.3	100.0	100.0	100.0
99.2	105.6	104.7	100.7	100.0	100.0	100.0
102.0	105.1	104.2	100.7	100.0	100.0	100.0
100.0	100.0	100.0	100.0	100.6	100.0	100.0
100.0	100.0	100.0	119.1	100.6	99.4	100.0
100.0	100.0	102.8	100.7	100.0	100.0	100.0
99.6	100.0	99.8	99.8	99.9	100.0	100.0
97.8	100.0	99.0	99.2	99.7	100.0	99.9
100.0	100.0	100.0	100.0	100.0	100.0	100.0
100.0	**99.6**	**99.8**	**101.0**	**99.9**	**99.9**	**99.8**
98.9	99.4	99.2	99.2	100.0	100.6	99.8
100.8	99.7	100.0	102.3	100.0	100.0	100.0
100.0	95.1	100.0	94.4	100.0	100.0	100.0
100.9	100.0	100.0	102.9	100.0	100.0	100.0
99.8	98.7	100.6	100.0	100.8	100.0	101.3
99.8	98.6	101.6	100.0	99.9	100.0	100.0
99.6	98.4	100.0	100.0	100.0	100.0	100.0
100.0	98.9	100.0	100.0	102.2	100.0	103.4
95.7	101.7	97.5	94.7	96.3	96.7	93.9
98.2	**101.2**	**100.1**	**101.1**	**101.3**	**103.0**	**101.5**
100.0	103.1	100.0	101.5	101.3	99.7	101.7
100.0	100.0	100.0	100.0	100.0	100.0	104.8
100.0	100.0	100.0	100.0	100.0	100.0	100.0
95.1	100.0	100.4	101.4	102.3	108.6	101.4
100.0	100.0	100.0	100.0	100.0	100.0	104.9
88.0	100.0	100.0	100.0	100.0	119.8	100.0
100.0	99.8	101.4	105.5	108.8	103.0	102.5

2006年广西农村居民消费价格各月环比指数

以上月价格为100

类　　别	1月	2月	3月	4月	5月
居民消费价格总指数	**100.7**	**99.8**	**99.5**	**100.3**	**99.1**
一、食　品	**101.1**	**101.4**	**100.9**	**99.6**	**99.4**
1. 粮　食	100.5	100.2	100.0	100.3	99.1
大　米	100.8	100.0	100.0	100.0	98.6
2. 淀　粉	100.6	91.1	109.7	100.0	99.6
3. 干豆类及豆制品	98.3	100.6	99.2	101.2	99.0
4. 油　脂	100.4	98.4	101.8	99.3	105.3
食用植物油	100.6	97.9	102.4	99.0	107.1
5. 肉禽及其制品	101.3	102.6	98.1	93.1	99.6
(1) 食用畜肉及副产品	101.3	102.0	97.4	91.5	101.4
猪　肉	101.4	101.6	97.1	91.8	101.3
牛　肉	102.9	103.0	98.8	101.6	102.8
羊　肉	105.6	107.7	111.3	84.9	91.8
(2) 禽	104.6	104.8	98.9	92.4	95.4
鸡	101.4	104.0	98.0	89.4	97.5
鸭	113.8	106.8	101.1	99.3	90.8
(3) 加工肉禽	95.3	101.1	99.7	101.7	99.5
6. 蛋	103.8	96.9	96.2	98.0	100.0
鲜　蛋	104.3	96.7	96.1	97.8	100.0
7. 水产品	105.6	105.7	97.5	100.3	99.1
(1) 鱼	105.0	101.9	98.9	98.1	97.3
淡水鱼	105.1	102.9	99.4	98.8	96.6
海水鱼	104.6	97.6	96.7	95.3	100.4
(2) 其他水产品	106.9	114.1	94.8	104.9	102.7
虾蟹类	110.3	114.3	93.6	106.0	103.0
8. 菜	96.3	99.2	112.7	102.1	93.4
鲜　菜	94.5	97.3	116.4	103.5	92.1
9. 调味品	100.0	97.4	100.3	103.7	99.2
盐	100.0	100.0	100.0	100.0	100.0
酱　油	100.3	97.7	100.0	105.9	97.2
10. 糖	103.1	99.3	103.5	107.2	99.7
食　糖	106.8	102.7	110.5	108.8	97.1
11. 茶及饮料	99.9	95.8	102.7	101.6	101.4
(1) 茶　叶	100.0	90.5	103.9	102.5	106.9
(2) 饮　料	99.8	97.8	102.3	101.2	99.4

6 月	7 月	8 月	9 月	10 月	11 月	12 月
100.2	**100.0**	**100.6**	**100.2**	**100.1**	**101.2**	**101.3**
99.8	**100.3**	**101.5**	**100.0**	**99.6**	**100.6**	**102.1**
100.5	101.3	101.7	100.8	99.9	97.3	99.6
100.8	101.8	102.3	101.1	99.8	96.1	98.5
100.0	100.0	107.5	93.0	100.0	100.0	100.0
100.5	97.6	103.1	98.7	100.0	99.3	101.1
98.8	101.1	100.6	99.7	95.0	102.1	108.7
101.2	101.3	101.1	99.5	94.7	101.3	108.7
101.8	99.4	100.4	106.2	102.1	100.1	104.5
102.1	98.8	99.3	106.8	103.0	100.1	104.6
101.8	99.2	100.1	109.0	102.6	99.0	104.1
99.3	100.0	100.4	100.3	100.4	100.4	100.1
96.4	97.9	100.1	96.3	112.1	113.8	118.1
101.0	101.0	103.8	107.3	100.2	100.1	106.4
101.0	96.3	103.2	109.5	100.2	100.7	108.8
101.0	111.9	104.8	103.0	100.1	98.8	101.3
101.9	99.1	99.2	102.1	101.6	100.0	100.3
100.5	100.0	110.3	103.4	101.5	101.4	105.9
100.5	100.1	110.8	103.5	101.9	100.9	106.3
98.2	99.9	99.6	95.9	102.1	100.3	103.1
104.4	101.8	100.4	94.6	101.0	100.0	101.1
105.5	101.8	100.6	93.3	101.2	100.0	101.4
99.6	102.2	99.6	100.9	99.9	100.0	99.9
86.7	95.4	97.7	99.1	104.7	101.0	107.4
87.7	95.0	97.5	96.0	106.1	100.4	108.1
102.9	105.1	110.5	87.7	86.6	108.0	99.8
102.9	106.3	112.2	85.5	83.9	110.7	99.7
99.9	101.7	102.2	105.8	100.0	100.0	100.0
100.0	103.3	106.6	118.1	100.0	100.0	100.0
99.6	101.7	100.0	100.0	100.0	100.0	100.0
100.0	96.8	99.0	99.9	102.0	98.4	100.0
102.3	93.9	97.9	99.6	103.9	96.9	99.8
101.7	98.5	100.0	99.9	100.0	100.6	100.1
102.9	94.3	100.0	100.0	100.0	100.0	100.0
101.2	100.1	100.0	99.9	100.0	100.8	100.2

2006年广西农村居民消费价格各月环比指数（续表1）

以上月价格为100

类　别	1月	2月	3月	4月	5月
12. 干鲜瓜果	106.2	110.5	105.3	111.0	99.0
鲜瓜果	107.7	112.9	106.3	113.5	98.5
13. 糕点饼干	102.8	96.3	101.4	102.5	100.0
14. 液体乳及乳制品	99.7	99.8	98.6	109.6	97.9
15. 在外用膳食品	100.0	100.0	100.2	100.0	100.9
16. 其他食品	100.0	98.3	100.0	101.8	100.3
二、烟酒及用品	**100.0**	**98.5**	**99.8**	**101.8**	**97.2**
1. 烟　草	100.0	100.0	99.7	100.2	96.6
2. 酒	99.9	97.4	99.6	103.6	97.6
3. 吸烟、饮酒用品	100.0	91.6	102.0	107.0	100.0
三、衣　着	**99.1**	**97.1**	**96.7**	**100.7**	**99.3**
1. 服　装	99.0	95.6	95.6	101.8	99.2
(1) 男式服装	100.1	95.1	99.0	100.4	99.7
(2) 女式服装	97.8	95.2	92.5	100.9	99.9
(3) 儿童服装	100.0	97.8	97.2	106.8	96.4
2. 衣着材料	100.0	97.5	95.9	98.8	98.7
3. 鞋袜帽	99.3	100.8	99.6	97.5	99.5
(1) 鞋	99.2	100.0	100.0	96.6	99.5
(2) 袜　子	100.0	106.6	96.7	103.7	100.0
(3) 帽　子	100.4	100.0	100.0	100.0	99.3
4. 衣着加工服务费	100.0	112.0	100.0	106.8	100.0
四、家庭设备用品及维修服务	**100.6**	**99.0**	**98.6**	**103.0**	**100.0**
1. 耐用消费品	100.7	100.1	100.0	99.8	101.0
(1) 家　具	101.7	100.0	100.0	99.6	100.0
(2) 家庭设备	100.1	100.2	100.0	99.9	101.6
2. 室内装饰品	100.0	100.0	100.0	100.0	100.9
3. 床上用品	103.1	98.2	90.2	110.1	100.1
4. 家庭日用杂品	100.0	97.1	98.6	107.5	96.5
5. 家庭服务及加工维修服务	100.0	100.0	100.0	100.0	105.2
五、医疗保健和个人用品	**100.4**	**100.3**	**100.7**	**99.8**	**100.5**
1. 医疗保健	100.0	100.0	101.1	99.4	100.5
(1) 医疗器具及用品	100.0	100.0	100.0	99.1	100.0
(2) 中药材及中成药	100.0	100.0	102.9	98.1	100.4
(3) 西　药	100.1	100.0	100.5	99.8	101.1
(4) 保健器具及用品	99.7	100.0	104.3	100.0	99.7
(5) 医疗保健服务	100.0	100.0	100.0	100.0	100.0

6 月	7 月	8 月	9 月	10 月	11 月	12 月
90.6	99.2	95.1	94.7	102.6	98.2	99.6
88.2	98.0	93.2	93.2	104.7	98.1	99.1
100.0	100.0	100.4	100.0	100.0	100.4	100.0
101.6	101.8	99.9	99.9	100.3	99.7	100.2
100.0	100.0	101.9	100.0	100.4	100.7	100.0
100.0	100.0	101.2	102.2	103.6	100.0	100.0
100.1	**99.6**	**99.8**	**99.7**	**100.5**	**100.0**	**100.0**
100.0	100.0	100.0	100.0	100.0	100.0	100.0
100.0	98.8	99.6	99.1	101.3	100.0	100.0
101.4	100.0	100.0	100.0	100.0	100.0	100.0
98.8	**97.9**	**100.5**	**103.1**	**104.8**	**103.6**	**103.5**
99.1	97.0	100.9	103.4	105.4	103.4	103.7
100.2	97.5	100.8	103.7	102.6	102.1	102.8
100.5	97.6	101.5	102.1	107.0	105.8	105.2
93.4	94.1	99.4	106.3	107.1	99.6	101.3
100.2	99.6	100.0	100.0	100.6	103.4	102.5
97.5	100.3	99.2	102.8	104.1	104.4	103.2
97.5	100.0	99.1	103.5	105.0	104.3	103.7
96.8	102.4	98.8	100.0	99.0	106.2	100.1
100.0	100.0	103.2	96.4	100.0	100.0	100.0
100.0	100.0	100.0	101.7	100.0	101.6	100.0
100.4	**99.7**	**100.4**	**100.4**	**99.2**	**101.3**	**100.1**
98.1	99.4	100.0	100.9	100.3	100.1	100.3
96.7	101.2	100.0	101.8	100.6	100.5	100.2
98.8	98.4	100.0	100.4	100.1	99.9	100.3
100.8	98.2	100.0	100.0	100.0	100.0	101.0
100.0	100.0	98.7	100.0	103.2	100.0	98.8
103.1	100.2	100.5	100.0	95.7	104.4	100.3
104.2	100.0	103.5	100.0	100.0	100.0	100.0
100.4	**99.9**	**99.8**	**99.7**	**100.0**	**100.2**	**100.3**
100.5	99.9	99.7	99.7	99.7	100.2	100.2
100.0	97.8	100.0	100.0	100.0	100.0	100.0
102.0	99.9	100.5	100.0	100.4	100.0	102.2
100.1	99.8	98.9	99.1	99.8	100.6	98.9
100.0	100.0	100.0	100.0	98.3	100.0	101.3
100.0	100.0	100.0	100.0	99.3	100.0	100.0

2006年广西农村居民消费价格各月环比指数（续表2）

以上月价格为100

类　别	1月	2月	3月	4月	5月
2. 个人用品及服务	101.3	101.0	100.1	100.4	100.4
(1) 化妆美容用品	100.0	100.0	100.0	100.3	100.0
(2) 清洁化妆用品	100.0	99.4	99.0	102.1	100.2
(3) 个人饰品	102.1	104.9	103.9	99.0	101.5
(4) 个人服务	102.9	100.0	98.0	100.0	100.0
六、交通和通信	**100.1**	**101.5**	**98.2**	**99.9**	**99.8**
1. 交　通	100.3	102.6	97.1	100.1	99.7
(1) 交通工具	99.9	100.0	99.2	98.5	100.0
(2) 车用燃料及零配件	100.0	100.0	100.6	101.7	98.8
汽　油	100.0	100.0	101.1	102.9	102.5
柴　油	100.0	100.0	100.6	101.8	102.8
(3) 车辆使用及维修费	100.0	100.3	100.0	100.0	99.7
(4) 市区公共交通费	100.0	102.3	97.8	101.6	100.0
(5) 城市间交通费	101.6	110.6	89.2	100.4	100.0
2. 通　信	99.9	99.9	99.6	99.5	99.9
(1) 通信工具	99.3	99.5	98.3	97.9	99.4
(2) 通信服务	100.0	100.0	100.0	100.0	100.0
七、娱乐教育文化用品及服务	**100.3**	**99.2**	**100.2**	**101.1**	**100.2**
1. 文娱用耐用消费品及服务	99.4	100.0	100.5	97.0	99.7
2. 教　育	100.0	100.1	100.0	101.6	100.3
(1) 教材及参考书	100.3	101.1	100.0	100.3	100.0
(2) 学杂托幼费	100.0	100.0	100.0	101.8	100.4
3. 文化娱乐类	99.8	99.9	99.4	100.3	100.1
(1) 文化娱乐用品	99.3	99.8	98.3	102.0	100.2
(2) 书报杂志	100.1	100.0	100.0	100.0	100.0
(3) 文 娱 费	100.0	100.0	100.0	99.0	100.0
4. 旅　游	104.0	92.8	101.5	107.6	100.5
八、居　住	**102.1**	**97.7**	**97.6**	**99.9**	**95.8**
1. 建房及装修材料	100.0	96.5	99.3	98.6	100.0
2. 租　房	100.0	100.0	100.0	105.7	100.0
3. 自有住房	100.0	100.0	100.0	100.0	104.4
4. 水、电、燃料	105.1	97.6	95.0	99.4	88.2
水	100.0	100.0	100.0	100.0	100.0
电	100.0	100.0	100.0	100.0	76.1
液化石油气	111.7	94.8	88.8	98.6	98.2
管道燃气					

6 月	7 月	8 月	9 月	10 月	11 月	12 月
100.3	99.9	99.8	99.9	100.5	100.2	100.5
100.0	100.0	99.2	100.0	100.0	101.3	100.0
100.5	101.3	100.0	99.8	100.4	99.7	101.3
100.5	98.0	100.0	99.7	99.9	100.2	100.3
100.0	100.0	100.0	100.0	101.3	100.0	100.0
101.1	**100.5**	**99.9**	**99.5**	**100.0**	**100.9**	**100.1**
102.0	101.2	100.4	99.3	99.9	100.1	100.0
99.8	100.0	99.7	99.5	99.1	99.7	100.1
105.3	102.5	100.0	100.0	100.3	100.0	100.0
106.8	100.0	100.0	100.0	99.8	100.0	100.0
107.5	100.0	100.0	100.0	99.8	100.0	100.0
100.0	104.3	100.0	100.0	100.9	100.0	100.0
106.4	100.7	100.0	95.8	100.0	100.0	100.0
101.1	100.1	102.3	100.0	100.0	100.8	100.0
99.9	99.3	99.3	99.9	100.2	102.0	100.3
99.4	96.8	96.6	99.4	101.0	100.0	96.1
100.0	100.0	100.0	100.0	100.0	102.5	101.3
100.9	**100.2**	**100.4**	**100.4**	**99.3**	**99.1**	**99.8**
100.0	98.6	100.1	99.2	98.4	100.0	100.1
100.0	100.0	100.0	101.4	100.0	100.3	100.0
100.0	100.0	100.0	98.8	100.0	100.0	100.0
100.0	100.0	100.0	101.8	100.0	100.3	100.0
106.0	100.0	100.1	100.0	99.9	100.0	100.0
98.7	100.1	100.3	99.9	99.6	100.0	100.0
100.0	100.0	100.0	100.0	100.0	100.0	100.0
117.6	100.0	100.0	100.0	100.0	100.0	100.0
99.8	103.7	102.7	98.8	97.3	91.3	98.5
100.2	**100.3**	**100.3**	**100.1**	**100.2**	**105.3**	**102.0**
101.8	99.8	99.9	99.4	100.7	101.5	101.1
100.0	100.0	100.0	100.0	100.0	100.0	100.0
100.0	100.0	102.2	100.0	100.0	100.0	100.0
98.7	100.9	100.2	100.7	99.8	112.7	104.0
100.0	100.0	100.0	100.0	100.0	100.0	100.0
100.0	102.2	100.0	100.0	100.0	130.4	100.0
97.2	99.9	100.5	101.6	99.5	100.9	109.9

2007年广西农村居民消费价格各月环比指数

以上月价格为100

类　　别	1月	2月	3月	4月	5月
居民消费价格总指数	**100.1**	**101.5**	**100.3**	**100.6**	**99.4**
一、食　　品	**100.8**	**102.9**	**102.2**	**100.9**	**99.8**
1. 粮　　食	102.2	100.7	100.2	100.1	100.1
大　　米	102.2	100.3	100.0	100.0	100.1
2. 淀　　粉	104.3	99.6	103.8	92.4	100.2
3. 干豆类及豆制品	100.9	104.4	100.3	101.4	102.9
4. 油　　脂	101.5	100.2	100.5	104.3	105.4
食用植物油	101.7	100.2	100.5	105.0	104.0
5. 肉禽及其制品	103.7	105.8	97.6	98.5	107.6
(1) 食用畜肉及副产品	105.5	107.5	96.1	96.8	103.9
猪　　肉	105.2	107.2	95.8	98.4	106.5
牛　　肉	104.6	102.1	101.2	95.1	96.8
羊　　肉	112.4	102.1	90.4	90.9	84.0
(2) 禽	101.1	103.5	99.5	101.3	116.0
鸡	103.1	102.7	99.4	101.2	116.6
鸭	95.1	105.9	99.8	101.8	114.0
(3) 加工肉禽	101.2	102.8	101.1	101.4	106.7
6. 蛋	101.0	99.9	100.1	101.2	104.8
鲜　　蛋	101.1	100.0	100.0	101.1	104.9
7. 水 产 品	100.7	105.9	100.4	98.8	98.7
(1) 鱼	98.9	101.6	102.3	98.9	100.3
淡 水 鱼	98.8	101.8	102.7	98.7	99.8
海 水 鱼	99.9	99.8	100.3	100.1	103.8
(2) 其他水产品	105.6	116.8	96.1	98.4	95.0
虾 蟹 类	105.6	116.8	96.1	98.4	95.0
8. 菜	91.1	97.9	128.9	113.5	76.4
鲜　　菜	88.5	96.3	136.4	116.4	72.9
9. 调 味 品	100.1	100.3	100.0	100.1	100.0
盐	100.0	100.0	100.0	100.0	100.0
酱　　油	100.0	100.0	100.0	100.0	100.0
10. 糖	99.5	98.9	100.3	99.8	99.4
食　　糖	98.9	96.9	100.6	99.5	98.6
11. 茶及饮料	100.0	99.9	99.8	101.2	100.3
(1) 茶　　叶	100.4	100.0	100.0	100.0	100.6
(2) 饮　　料	99.8	99.9	99.7	101.7	100.1
12. 干鲜瓜果	101.2	108.4	104.6	95.0	97.7

6 月	7 月	8 月	9 月	10 月	11 月	12 月
100.7	**102.8**	**100.6**	**100.2**	**99.7**	**100.9**	**101.4**
102.0	**107.1**	**102.5**	**99.4**	**98.7**	**100.0**	**103.2**
100.0	100.0	101.7	102.5	100.1	100.5	99.1
100.0	100.0	101.7	102.7	100.1	100.6	98.6
100.2	100.0	100.4	103.2	103.2	103.6	113.3
100.0	99.5	103.3	102.3	100.6	104.7	107.1
102.4	100.9	102.4	99.1	101.3	104.5	106.9
103.1	101.1	102.9	100.1	101.8	103.9	105.6
105.5	117.6	100.7	96.3	98.2	100.3	107.1
107.0	124.7	101.3	94.4	96.9	101.9	111.1
107.5	129.3	102.2	93.4	95.8	101.2	112.1
113.2	111.2	98.3	101.1	97.1	100.7	110.4
110.8	102.4	96.3	101.0	111.1	112.5	99.8
103.5	105.7	98.2	99.3	100.2	97.1	100.1
103.6	105.9	99.5	100.0	99.7	96.0	99.8
103.0	105.2	93.8	96.9	101.8	101.2	101.1
102.9	111.5	102.7	99.7	100.7	99.7	101.6
104.8	104.7	102.0	97.1	98.1	94.2	98.3
104.8	104.6	101.8	96.9	98.0	93.8	98.4
101.2	101.4	101.7	98.4	97.3	96.8	102.5
103.2	106.3	103.3	98.7	96.6	96.6	101.0
103.5	107.5	103.4	98.4	96.5	96.0	100.5
100.9	97.9	102.5	100.9	97.6	101.0	104.7
96.3	88.1	96.7	97.6	99.8	97.1	107.4
96.3	88.1	96.7	97.5	99.8	97.1	107.4
101.7	102.4	112.7	106.5	95.0	95.3	92.1
102.2	103.3	113.9	106.8	93.1	93.3	90.5
100.2	100.0	101.8	100.0	99.7	102.5	101.8
100.0	100.0	100.0	100.0	100.0	100.0	100.0
100.0	100.0	103.0	100.0	99.4	104.2	100.0
99.7	99.9	100.9	99.9	99.6	101.9	104.0
99.2	99.8	101.7	99.6	99.2	100.5	99.6
100.1	99.7	101.1	99.8	100.0	100.0	100.9
100.0	100.0	100.0	100.4	100.0	100.0	100.0
100.1	99.5	101.5	99.5	100.0	100.0	101.2
94.0	100.2	105.6	100.0	100.2	98.8	99.3

2007年广西农村居民消费价格各月环比指数（续表1）

以上月价格为100

类　　别	1月	2月	3月	4月	5月
鲜瓜果	100.8	110.7	105.9	93.8	97.7
13. 糕点饼干	100.0	102.0	100.6	99.7	100.4
14. 液体乳及乳制品	98.6	99.1	101.2	99.8	100.5
15. 在外用膳食品	100.3	100.0	100.2	101.0	99.9
16. 其他食品	100.0	100.0	100.0	100.0	100.0
二、烟酒及用品	**100.6**	**99.4**	**99.9**	**101.4**	**100.0**
1. 烟　　草	100.0	100.0	100.0	100.0	100.0
2. 酒	101.4	98.6	99.7	103.2	100.0
3. 吸烟、饮酒用品	100.0	100.0	100.0	100.0	100.0
三、衣　　着	**98.2**	**98.0**	**97.1**	**105.0**	**98.8**
1. 服　　装	98.6	96.8	96.3	105.6	98.4
(1) 男式服装	98.2	96.6	99.2	100.5	98.1
(2) 女式服装	98.4	95.9	94.8	111.5	98.2
(3) 儿童服装	100.0	100.0	94.6	99.5	99.7
2. 衣着材料	100.4	96.4	100.3	97.1	99.5
3. 鞋 袜 帽	96.7	101.7	98.9	104.5	99.7
(1) 鞋	96.5	101.9	98.2	105.2	99.7
(2) 袜　　子	97.5	100.9	105.1	100.0	100.0
(3) 帽　　子	100.0	100.0	94.8	100.0	100.0
4. 衣着加工服务费	100.0	100.0	100.0	99.4	100.0
四、家庭设备用品及维修服务	**98.7**	**100.7**	**100.3**	**99.6**	**100.0**
1. 耐用消费品	100.3	100.3	100.0	99.8	99.8
(1) 家　　具	100.7	101.1	100.0	99.3	99.2
(2) 家庭设备	100.0	99.9	100.0	100.2	100.2
2. 室内装饰品	97.0	101.3	101.8	100.3	100.0
3. 床上用品	97.7	101.4	93.7	95.3	107.6
4. 家庭日用杂品	95.7	101.2	102.9	100.3	98.1
5. 家庭服务及加工维修服务	101.8	100.0	100.0	100.4	100.0
五、医疗保健和个人用品	**100.0**	**100.2**	**100.0**	**101.6**	**102.8**
1. 医疗保健	100.0	100.0	100.2	103.1	104.0
(1) 医疗器具及用品	100.0	100.0	100.4	99.7	100.0
(2) 中药材及中成药	100.0	100.0	101.3	109.3	108.4
(3) 西　　药	100.0	100.0	99.6	100.8	98.9
(4) 保健器具及用品	100.0	100.0	98.8	100.4	100.0
(5) 医疗保健服务	100.0	100.0	100.0	100.0	107.1
2. 个人用品及服务	100.1	100.6	99.8	98.3	99.9

6 月	7 月	8 月	9 月	10 月	11月	12月
92.5	100.1	107.1	99.7	99.4	97.8	98.7
102.0	100.0	100.0	100.0	100.4	100.5	110.5
100.2	99.7	99.7	100.7	100.0	104.6	101.5
100.6	102.7	100.9	101.1	100.0	101.6	103.8
100.0	100.3	102.9	100.0	100.0	100.0	96.7
100.0	**99.7**	**100.0**	**100.0**	**100.0**	**100.0**	**101.2**
100.0	99.4	100.0	100.0	100.0	100.0	100.0
100.0	100.0	100.0	100.0	100.0	100.0	103.9
100.0	100.0	100.0	99.6	100.4	100.0	92.4
99.3	**98.5**	**97.6**	**101.6**	**100.8**	**100.0**	**101.6**
99.6	98.2	96.7	102.6	100.6	99.9	102.9
99.4	98.4	98.8	103.1	100.8	100.1	101.0
99.3	98.1	97.1	99.7	100.5	98.1	101.2
100.8	97.8	90.7	111.4	100.0	105.0	111.5
100.0	96.8	98.3	103.1	102.4	100.7	100.0
98.4	99.6	100.1	98.8	101.6	100.0	98.3
98.2	99.5	100.1	98.6	101.9	100.0	98.7
99.7	100.0	100.0	100.0	100.0	100.0	95.4
100.0	100.0	99.7	100.0	100.0	100.0	100.0
100.0	100.0	100.0	100.0	100.0	100.0	100.0
99.8	**100.1**	**100.3**	**100.5**	**100.0**	**100.0**	**100.2**
99.4	99.6	100.0	100.2	100.2	100.1	99.9
99.2	98.6	100.1	100.8	101.2	100.1	100.0
99.6	100.1	99.9	99.8	99.7	100.1	99.8
100.0	100.0	100.0	100.0	100.0	100.0	100.0
100.0	100.8	99.2	102.2	99.0	97.7	92.3
100.2	100.7	101.2	100.6	100.0	100.0	103.3
100.0	100.0	100.0	100.0	100.0	102.1	100.0
100.4	**102.9**	**97.5**	**99.0**	**100.3**	**99.9**	**100.1**
100.6	104.1	96.7	98.5	100.5	99.8	99.8
100.0	100.0	100.0	100.0	100.0	100.1	100.0
102.0	110.5	90.7	95.4	101.1	99.1	99.4
99.9	101.5	99.9	100.0	100.5	100.0	100.0
100.0	101.7	100.0	100.0	100.0	101.4	100.0
100.0	100.0	100.0	100.0	100.0	100.0	100.0
100.0	99.9	99.7	100.3	99.9	100.4	100.9

2007年广西农村居民消费价格各月环比指数（续表2）

以上月价格为100

类　　别	1月	2月	3月	4月	5月
(1) 化妆美容用品	99.9	100.0	100.2	100.0	100.0
(2) 清洁化妆用品	100.0	100.0	100.2	100.0	100.0
(3) 个人饰品	100.4	98.5	101.8	99.7	99.6
(4) 个人服务	100.1	103.5	97.5	92.6	100.0
六、交通和通信	**99.8**	**101.7**	**100.5**	**97.0**	**99.3**
1. 交　　通	99.8	103.0	101.0	95.8	99.4
(1) 交通工具	99.9	100.0	100.0	98.9	99.9
(2) 车用燃料及零配件	99.1	99.3	100.0	100.0	100.0
汽　　油	97.8	98.5	100.0	99.9	100.0
柴　　油	100.0	100.0	100.0	100.0	100.0
(3) 车辆使用及维修费	100.0	101.5	98.5	100.0	100.0
(4) 市区公共交通费	100.0	100.0	99.6	100.0	98.8
(5) 城市间交通费	100.2	113.5	105.3	84.8	98.3
2. 通　　信	99.9	99.9	99.7	98.6	99.1
(1) 通信工具	99.4	99.5	99.0	94.4	96.5
(2) 通信服务	100.0	100.0	100.0	100.0	100.0
七、娱乐教育文化用品及服务	**99.9**	**100.7**	**98.7**	**100.0**	**100.3**
1. 文娱用耐用消费品及服务	99.7	96.4	100.0	96.7	100.6
2. 教　　育	100.0	100.0	99.2	100.0	100.1
(1) 教材及参考书	100.0	100.0	99.7	100.0	100.7
(2) 学杂托幼费	100.0	100.0	99.1	100.0	100.0
3. 文化娱乐类	100.0	100.5	99.7	100.2	100.2
(1) 文化娱乐用品	99.9	101.0	99.9	100.6	99.9
(2) 书报杂志	100.3	100.0	100.0	100.0	99.8
(3) 文 娱 费	100.0	100.2	99.4	100.0	100.8
4. 旅　　游	99.6	111.9	93.7	105.0	101.0
八、居　　住	**100.3**	**102.6**	**99.4**	**100.2**	**95.3**
1. 建房及装修材料	100.6	99.0	99.7	100.0	99.9
2. 租　　房	100.0	120.4	100.0	100.7	100.0
3. 自有住房	100.0	100.0	102.7	100.0	101.7
4. 水、电、燃料	100.4	99.2	97.9	100.2	89.1
水	100.0	104.9	100.0	100.0	100.0
电	100.0	100.0	100.0	100.0	76.7
液化石油气	101.1	95.7	94.1	100.6	102.0
管道燃气					

6 月	7 月	8 月	9 月	10 月	11月	12月
100.3	99.6	99.7	100.2	99.8	99.4	100.5
99.8	100.0	99.8	100.3	99.8	100.5	102.1
99.8	100.0	99.4	101.0	100.1	103.1	99.9
100.0	100.0	100.0	100.0	100.0	100.0	100.0
99.7	**99.7**	**99.8**	**102.6**	**99.4**	**100.3**	**100.0**
100.1	100.2	99.7	99.6	99.6	100.9	100.2
99.8	100.0	98.8	98.8	98.6	99.1	100.0
100.2	100.0	100.7	100.0	100.0	106.3	100.8
100.1	100.0	100.0	100.0	100.0	107.9	101.0
100.0	100.0	100.0	100.0	100.0	108.9	101.0
100.0	100.0	100.0	100.0	100.0	100.0	100.0
100.0	100.0	100.0	100.0	100.0	100.0	100.5
100.6	101.1	100.0	100.0	100.0	100.0	100.0
99.1	99.0	100.0	106.9	99.3	99.5	99.8
96.2	95.7	100.0	98.4	96.3	97.5	98.8
100.0	100.0	100.0	109.3	100.0	100.0	100.0
99.5	**100.2**	**100.1**	**100.2**	**99.2**	**99.0**	**99.1**
99.0	99.3	99.4	99.5	96.0	98.0	97.0
99.9	100.0	99.9	101.2	100.0	99.9	100.0
99.5	100.0	99.2	93.5	100.0	99.9	100.0
100.0	100.0	100.0	102.3	100.0	99.9	100.0
100.0	100.0	100.0	100.1	100.0	100.0	100.0
99.9	100.0	99.9	100.2	99.9	100.1	100.0
100.0	100.0	100.0	100.0	100.0	100.0	100.0
100.0	100.0	100.0	100.0	100.0	100.0	100.0
97.7	102.8	102.3	96.9	99.8	95.5	96.8
101.4	**101.0**	**100.7**	**100.7**	**102.1**	**107.8**	**101.2**
100.5	101.3	101.1	101.4	101.4	99.5	103.6
100.0	100.0	100.0	100.0	100.0	100.0	100.0
100.0	101.8	101.4	102.0	100.0	100.0	100.0
103.0	101.0	100.6	100.1	104.2	117.9	101.1
118.5	100.0	100.0	100.0	100.0	100.0	100.0
100.0	100.0	100.0	100.0	100.0	130.4	100.0
101.6	102.4	102.3	100.2	109.5	114.1	102.7

2008年广西农村居民消费价格各月环比指数

以上月价格为100

类　　别	1月	2月	3月	4月	5月
居民消费价格总指数	**101.7**	**103.8**	**99.3**	**100.7**	**98.8**
一、食　　品	**104.8**	**111.0**	**97.9**	**101.3**	**98.6**
1. 粮　　食	100.4	101.7	102.0	101.1	103.8
大　　米	100.3	101.9	102.2	101.3	104.6
2. 淀　　粉	98.5	93.8	113.2	94.1	87.6
3. 干豆类及豆制品	103.0	121.0	102.7	99.8	99.4
4. 油　　脂	109.8	102.4	101.8	98.5	98.1
食用植物油	112.0	102.4	102.5	98.1	97.5
5. 肉禽及其制品	103.8	106.1	97.4	100.9	99.7
(1) 食用畜肉及副产品	104.2	106.7	97.7	100.1	98.5
猪　　肉	101.8	103.7	98.2	100.9	98.3
牛　　肉	109.8	118.0	94.8	97.3	102.2
羊　　肉	109.5	114.6	91.6	94.2	96.3
(2) 禽	103.0	106.7	95.4	101.6	101.6
鸡	102.4	107.7	93.4	101.9	102.1
鸭	104.9	104.0	101.5	100.5	100.0
(3) 加工肉禽	103.5	101.9	99.9	103.5	101.7
6. 蛋	106.3	108.8	96.3	97.8	99.9
鲜　　蛋	106.5	109.4	96.2	97.7	99.9
7. 水 产 品	105.0	118.5	105.7	99.4	99.2
(1) 鱼	104.1	117.9	104.4	102.0	101.7
淡 水 鱼	103.6	120.1	105.7	102.1	101.6
海 水 鱼	107.7	104.7	94.9	101.4	102.7
(2) 其他水产品	107.8	120.4	109.7	91.7	91.1
虾 蟹 类	107.8	120.4	109.7	91.7	91.1
8. 菜	115.3	148.3	87.9	103.1	88.9
鲜　　菜	118.2	156.6	86.4	103.7	86.7
9. 调 味 品	99.7	100.1	103.0	101.8	100.1
盐	100.0	100.5	100.0	100.0	100.0
酱　　油	102.4	100.0	104.8	100.4	100.0
10. 糖	100.5	101.2	98.9	99.8	99.4
食　　糖	99.2	101.0	99.4	99.5	98.1
11. 茶及饮料	102.4	97.2	100.0	102.2	101.4
(1) 茶　　叶	107.5	89.2	98.1	105.9	100.0
(2) 饮　　料	100.6	100.3	100.7	101.0	101.9
12. 干鲜瓜果	106.2	120.1	93.6	105.8	99.1

6 月	7 月	8 月	9 月	10 月	11 月	12 月
99.9	**100.3**	**99.9**	**100.2**	**99.8**	**99.5**	**98.8**
98.9	**100.4**	**99.4**	**100.1**	**99.0**	**98.7**	**98.3**
100.4	100.8	100.7	99.5	99.9	99.8	98.3
100.2	101.0	100.8	98.9	99.9	99.5	97.7
100.4	100.4	100.0	100.4	103.6	100.0	99.7
98.1	101.6	100.1	99.5	98.2	95.4	99.1
99.6	100.0	97.8	97.5	94.8	96.2	93.7
99.4	99.9	98.2	97.9	95.3	95.5	92.6
98.6	98.5	99.9	99.7	96.2	95.8	101.1
99.3	98.8	100.2	98.9	93.9	94.4	101.7
99.2	97.7	99.7	98.6	91.7	92.5	102.7
100.4	103.2	103.0	100.6	100.4	100.9	99.0
99.3	99.8	101.5	98.9	111.5	104.1	101.2
96.2	97.0	99.2	101.8	100.0	97.8	100.5
96.8	97.5	98.3	100.5	100.2	98.4	101.4
94.6	95.6	102.0	105.3	99.7	95.8	97.8
100.1	100.0	99.6	100.0	100.3	98.4	99.2
101.6	100.7	102.9	100.1	99.5	97.4	98.7
101.7	100.8	103.1	100.0	99.4	97.2	98.6
95.8	99.2	102.2	99.3	97.4	94.6	99.4
99.2	99.4	101.4	97.8	96.5	94.4	98.7
98.7	99.1	102.2	97.0	96.0	94.0	98.5
102.9	102.1	96.0	103.3	100.2	97.3	99.9
83.7	98.1	105.7	105.6	100.5	95.5	101.7
83.7	98.1	105.7	105.6	100.5	95.5	101.7
97.9	110.9	95.2	102.6	107.3	102.4	91.0
97.5	112.9	94.2	102.9	108.2	103.1	89.0
100.6	100.1	98.5	98.7	101.0	100.0	99.8
100.0	100.0	100.0	99.5	100.0	100.0	100.0
100.3	100.0	96.8	100.0	100.0	100.0	100.0
101.1	101.3	100.0	100.4	103.4	100.9	100.3
98.9	98.9	100.0	100.0	100.0	100.0	100.0
100.1	101.1	101.0	99.1	98.8	100.0	100.1
100.0	108.2	100.0	100.0	100.0	100.0	100.0
100.2	98.6	101.4	98.8	98.3	100.0	100.1
96.8	95.3	100.4	101.8	98.7	99.2	96.7

2008 年广西农村居民消费价格各月环比指数（续表 1）

以上月价格为 100

类　　别	1 月	2 月	3 月	4 月	5 月
鲜 瓜 果	106.1	125.4	91.9	106.7	98.7
13. 糕点饼干	100.0	104.8	101.8	99.3	99.8
14. 液体乳及乳制品	109.7	102.0	100.4	100.6	101.4
15. 在外用膳食品	101.2	101.2	102.8	101.2	100.5
16. 其他食品	102.8	107.8	96.8	104.7	101.3
二、烟酒及用品	**100.7**	**99.2**	**100.9**	**101.2**	**99.9**
1. 烟　　草	100.0	100.0	100.0	100.0	100.0
2. 酒	101.5	98.2	102.0	102.6	100.2
3. 吸烟、饮酒用品	100.0	100.0	100.0	100.0	97.0
三、衣　　着	**96.8**	**98.6**	**101.1**	**100.8**	**100.5**
1. 服　　装	96.1	98.2	101.1	99.2	101.8
(1) 男式服装	97.9	95.7	100.8	98.8	99.9
(2) 女式服装	94.1	99.9	103.1	98.5	102.4
(3) 儿童服装	97.6	99.2	97.0	101.4	103.8
2. 衣着材料	100.0	99.8	100.2	100.8	100.0
3. 鞋 袜 帽	98.4	99.7	101.3	105.8	97.0
(1) 鞋	97.9	99.7	101.5	106.8	96.7
(2) 袜　　子	101.7	99.7	100.0	99.8	99.0
(3) 帽　　子	102.9	100.0	100.0	100.0	100.0
4. 衣着加工服务费	100.0	100.0	100.0	100.0	100.0
四、家庭设备用品及维修服务	**101.8**	**100.7**	**100.6**	**100.5**	**100.9**
1. 耐用消费品	100.6	99.8	100.6	99.3	100.1
(1) 家　　具	101.5	99.5	100.3	100.0	99.9
(2) 家庭设备	100.1	100.0	100.8	98.9	100.3
2. 室内装饰品	100.0	108.4	98.6	100.5	100.8
3. 床上用品	115.1	99.1	102.2	103.9	108.0
4. 家庭日用杂品	100.4	101.6	100.6	101.3	99.4
5. 家庭服务及加工维修服务	100.0	101.4	100.0	100.0	101.3
五、医疗保健和个人用品	**101.1**	**100.3**	**101.3**	**100.5**	**100.5**
1. 医疗保健	100.7	99.9	100.5	100.5	100.7
(1) 医疗器具及用品	100.0	100.0	100.0	100.0	100.0
(2) 中药材及中成药	100.3	100.0	100.0	101.7	102.2
(3) 西　　药	101.5	99.8	101.3	100.0	100.1
(4) 保健器具及用品	100.0	100.3	98.9	99.8	99.8
(5) 医疗保健服务	100.0	100.0	100.0	100.0	100.1
2. 个人用品及服务	102.1	101.1	102.9	100.4	100.1

6 月	7 月	8 月	9 月	10 月	11 月	12 月
95.6	93.9	100.3	102.8	97.7	99.1	96.6
100.0	100.0	98.8	100.4	100.5	100.0	99.0
102.4	99.8	99.9	94.2	92.6	104.0	100.2
100.5	100.0	100.1	100.0	100.3	100.0	100.1
100.0	100.6	93.9	107.9	96.4	125.0	100.0
100.9	**99.9**	**100.1**	**100.3**	**99.9**	**100.2**	**100.0**
100.0	99.1	100.0	100.1	100.0	100.0	100.0
102.4	100.7	100.1	100.1	99.8	100.4	100.0
95.9	99.6	100.5	103.3	100.0	100.0	100.0
99.6	**99.1**	**99.6**	**101.0**	**102.5**	**100.1**	**96.5**
99.7	99.6	99.7	99.9	102.7	100.6	95.5
100.4	99.7	99.3	101.5	102.4	100.2	92.7
99.5	99.9	100.9	99.3	101.6	101.5	96.0
99.0	98.6	97.5	98.4	106.1	99.0	99.7
100.0	101.4	100.6	100.2	100.8	94.7	97.9
98.3	97.3	98.9	104.4	102.3	99.4	99.2
98.1	96.4	98.8	105.2	102.7	99.3	99.5
100.0	103.8	100.0	100.0	97.9	100.0	97.5
100.0	100.0	100.0	100.0	107.9	100.1	96.7
110.9	100.0	99.7	100.9	100.7	100.0	100.0
100.6	**100.3**	**100.0**	**101.4**	**99.8**	**99.4**	**99.8**
99.7	100.0	99.8	98.6	99.2	98.4	99.7
100.3	100.3	100.2	98.0	99.8	100.0	100.5
99.4	99.8	99.6	99.1	98.9	97.4	99.2
100.0	98.5	100.1	100.0	101.2	100.0	100.0
102.9	100.0	94.6	105.5	101.3	99.6	99.5
101.2	101.3	102.2	104.2	99.9	100.0	99.9
100.0	100.0	100.0	101.2	100.0	101.1	100.0
100.3	**100.1**	**100.4**	**100.4**	**99.6**	**99.9**	**100.2**
100.1	100.0	100.5	99.9	99.8	100.3	100.0
100.0	100.0	99.9	100.0	100.1	100.0	100.0
100.7	100.0	100.0	99.9	99.2	100.1	100.0
99.8	100.1	100.2	100.0	100.1	100.0	100.0
103.4	100.4	121.6	99.2	98.9	109.1	99.6
99.7	100.0	99.8	100.0	100.0	100.0	100.0
100.7	100.3	100.1	101.4	99.3	99.1	100.6

2008 年广西农村居民消费价格各月环比指数（续表 2）

以上月价格为 100

类　　别	1 月	2 月	3 月	4 月	5 月
(1) 化妆美容用品	100.1	100.0	99.8	100.0	100.0
(2) 清洁化妆用品	104.2	100.4	100.1	100.0	101.4
(3) 个人饰品	103.9	101.4	102.3	102.9	96.7
(4) 个人服务	100.0	103.5	112.1	100.0	100.0
六、交通和通信	**100.5**	**100.4**	**98.5**	**99.8**	**99.6**
1. 交　　通	100.6	100.9	98.3	100.0	100.2
(1) 交通工具	100.9	100.0	100.1	100.0	101.1
(2) 车用燃料及零配件	99.8	100.0	100.1	100.0	99.0
汽　　油	100.0	100.0	100.0	100.0	100.0
柴　　油	100.0	100.0	100.0	100.0	100.0
(3) 车辆使用及维修费	100.0	95.1	99.6	100.0	100.0
(4) 市区公共交通费	100.0	100.2	100.0	100.0	100.0
(5) 城市间交通费	101.5	107.5	92.7	99.8	100.0
2. 通　　信	100.3	99.6	98.7	99.6	98.9
(1) 通信工具	101.4	98.4	94.5	98.3	95.0
(2) 通信服务	100.0	100.0	100.0	100.0	100.0
七、娱乐教育文化用品及服务	**99.9**	**100.2**	**100.5**	**100.2**	**99.5**
1. 文娱用耐用消费品及服务	98.0	100.3	99.7	99.8	96.2
2. 教　　育	100.1	99.9	100.7	99.9	100.0
(1) 教材及参考书	100.5	100.5	106.1	99.1	100.0
(2) 学杂托幼费	100.0	99.9	100.0	100.0	100.0
3. 文化娱乐类	99.4	100.1	99.7	100.2	99.8
(1) 文化娱乐用品	99.6	100.0	99.6	100.5	99.7
(2) 书报杂志	100.6	100.0	100.0	100.0	99.6
(3) 文 娱 费	98.4	100.4	99.6	100.0	100.0
4. 旅　　游	102.9	101.1	101.6	102.2	102.4
八、居　　住	**100.1**	**100.3**	**99.5**	**99.9**	**94.9**
1. 建房及装修材料	99.1	100.8	99.1	99.7	100.5
2. 租　　房	100.0	100.0	100.0	100.0	100.9
3. 自有住房	100.0	100.2	100.0	100.3	100.5
4. 水、电、燃料	100.6	100.2	99.3	99.8	89.1
水	100.0	100.0	100.0	100.0	100.0
电	100.0	100.0	100.0	100.0	76.7
液化石油气	100.6	100.4	98.3	97.9	98.7
管道燃气					

6 月	7 月	8 月	9 月	10 月	11 月	12 月
100.0	99.5	100.8	100.5	99.8	98.9	101.2
100.2	100.2	99.8	100.6	98.5	99.3	101.2
99.5	103.0	97.6	97.8	99.5	97.4	99.0
102.9	100.0	101.1	105.7	100.0	100.0	100.0
100.8	**101.4**	**100.3**	**100.3**	**99.9**	**100.3**	**99.2**
101.7	102.3	100.2	100.7	99.8	100.0	99.0
100.4	100.3	100.1	102.1	100.2	100.1	100.2
105.6	106.2	100.0	100.0	101.6	99.9	94.9
108.1	107.5	100.0	100.0	100.0	100.0	94.0
108.8	108.1	100.0	100.0	100.0	100.0	93.3
101.5	100.0	99.8	100.0	100.0	100.0	100.0
100.0	106.1	100.0	100.0	94.3	100.0	100.0
101.4	101.0	101.1	100.2	100.8	99.9	100.0
99.7	100.2	100.3	99.8	100.1	100.7	99.4
98.6	100.8	101.3	99.0	100.4	103.1	97.3
100.0	100.0	100.0	100.0	100.0	100.0	100.0
99.5	**100.5**	**101.1**	**98.9**	**99.6**	**99.4**	**99.3**
98.4	100.0	100.4	98.1	95.9	97.4	98.0
100.0	100.3	100.2	100.4	100.0	99.9	100.0
99.9	100.0	101.4	95.0	100.0	100.0	100.3
100.0	100.3	100.0	101.2	100.0	99.9	100.0
100.6	100.4	100.4	99.7	100.4	99.2	100.1
100.1	101.0	100.7	99.3	99.6	97.8	100.2
100.0	100.0	100.0	100.0	102.2	100.0	100.0
101.5	100.0	100.5	100.0	100.0	100.0	100.0
97.8	101.9	106.5	93.4	102.1	100.3	97.1
101.6	**100.2**	**99.1**	**100.3**	**100.6**	**100.4**	**98.8**
101.7	101.8	100.3	100.2	101.4	99.5	101.1
100.0	100.0	100.0	100.0	100.0	100.0	100.0
101.0	100.0	102.0	99.1	97.2	85.7	97.7
102.4	99.5	97.2	100.9	101.7	106.1	97.7
105.7	100.0	100.0	100.0	115.7	100.0	100.0
100.0	100.0	100.0	100.0	100.0	130.4	100.0
102.9	99.7	93.7	102.2	98.6	87.6	93.5

2009 年广西农村居民消费价格各月环比指数

以上月价格为 100

类　别	1 月	2 月	3 月	4 月	5 月
居民消费价格总指数	**99.8**	**98.9**	**100.5**	**100.2**	**98.7**
一、食　　品	**100.1**	**99.1**	**101.2**	**100.4**	**98.4**
1. 粮　　食	100.1	100.2	101.4	100.8	100.0
大　　米	100.1	100.3	101.4	100.7	100.2
2. 淀　　粉	100.0	98.6	99.7	100.0	105.2
3. 干豆类及豆制品	102.1	99.5	96.8	100.0	98.2
4. 油　　脂	92.7	97.2	96.1	97.9	100.9
食用植物油	91.2	96.9	95.1	98.9	101.6
5. 肉禽及其制品	102.4	99.6	96.3	97.9	95.7
(1) 食用畜肉及副产品	102.8	98.1	95.1	97.2	92.9
猪　　肉	103.2	97.3	94.5	97.2	91.6
牛　　肉	100.3	99.2	97.6	98.7	98.9
羊　　肉	100.2	100.5	97.6	101.0	98.6
(2) 禽	102.3	102.5	97.5	98.6	99.3
鸡	102.8	101.6	97.0	100.0	98.8
鸭	101.3	104.9	98.5	95.2	100.4
(3) 加工肉禽	101.1	99.8	98.5	98.8	99.2
6. 蛋	99.6	98.4	100.3	101.8	100.7
鲜　　蛋	99.6	98.2	100.3	101.9	100.8
7. 水 产 品	104.7	102.1	97.2	99.8	99.1
(1) 鱼	102.3	101.0	98.1	100.0	99.6
淡 水 鱼	102.3	101.1	97.4	99.2	98.8
海 水 鱼	102.3	100.9	99.6	101.4	101.0
(2) 其他水产品	115.7	106.6	93.7	98.9	97.1
虾 蟹 类	115.7	106.6	93.7	98.9	97.1
8. 菜	96.8	91.1	123.8	101.8	91.5
鲜　　菜	96.2	89.6	129.0	102.0	90.4
9. 调 味 品	100.7	100.0	100.4	100.3	100.2
盐	99.7	100.0	100.0	100.0	100.0
酱　　油	101.4	100.1	99.6	100.5	99.8
10. 糖	99.5	99.5	99.4	99.4	104.3
食　　糖	99.2	100.4	101.1	103.0	102.7
11. 茶及饮料	100.1	99.2	99.8	100.4	100.3
(1) 茶　　叶	99.4	99.4	100.0	100.1	100.4
(2) 饮　　料	100.3	99.2	99.7	100.5	100.2
12. 干鲜瓜果	96.1	101.1	104.0	107.5	105.7

6月	7月	8月	9月	10月	11月	12月
99.9	**100.1**	**100.5**	**100.5**	**100.3**	**101.0**	**100.5**
99.8	**100.1**	**101.4**	**100.4**	**99.7**	**99.6**	**100.7**
100.2	100.4	100.1	101.0	100.3	99.5	100.6
100.3	100.6	99.7	101.2	100.3	99.6	100.6
99.7	99.6	100.3	100.7	100.2	100.0	101.7
99.6	99.8	100.0	101.4	100.9	101.1	102.6
102.7	100.7	98.9	98.7	100.7	104.1	103.2
100.7	101.3	98.8	99.6	100.8	106.5	103.8
98.4	98.2	103.9	102.8	100.1	99.3	100.5
97.5	97.7	105.5	103.2	100.3	99.9	101.1
97.1	97.3	107.1	103.9	100.5	99.4	100.9
98.6	98.9	100.4	99.9	100.1	102.6	100.8
100.1	100.3	100.0	100.6	99.7	100.3	101.9
99.5	98.7	102.7	102.8	99.5	98.0	99.8
99.9	98.4	102.5	102.0	99.8	98.4	99.9
98.6	99.5	103.3	104.9	98.8	96.9	99.4
99.4	99.1	100.5	101.5	100.3	99.7	99.7
98.7	99.6	102.1	103.0	100.5	99.1	100.2
98.6	99.5	102.2	103.2	100.3	99.0	100.2
100.1	99.0	97.3	98.8	99.8	99.4	102.5
101.1	98.3	98.6	99.0	98.5	99.5	101.1
100.3	96.8	99.5	99.4	98.1	99.9	99.8
102.5	100.9	96.9	98.4	99.3	98.9	103.4
96.2	102.1	91.7	97.9	105.6	98.7	108.8
96.2	102.1	91.7	97.9	105.6	98.7	108.8
97.9	103.4	107.2	99.9	100.0	100.4	101.2
97.5	103.9	108.3	99.8	99.9	100.4	100.5
100.0	100.0	100.0	100.6	100.2	100.1	100.3
100.0	100.0	100.0	100.0	100.0	100.0	100.0
99.8	100.0	100.0	100.2	100.0	100.1	100.0
100.7	100.2	100.0	100.9	100.8	99.7	101.5
101.6	100.5	101.9	100.6	101.2	99.2	103.7
99.9	99.4	100.5	99.6	100.0	100.2	100.1
100.0	100.0	100.0	99.8	99.3	100.8	99.7
99.9	99.2	100.6	99.5	100.2	100.0	100.2
103.9	102.8	97.3	94.9	95.1	96.7	98.7

2009年广西农村居民消费价格各月环比指数（续表1）

以上月价格为100

类　别	1月	2月	3月	4月	5月
鲜瓜果	95.7	101.7	104.5	108.8	106.5
13. 糕点饼干	99.4	99.7	98.4	100.4	101.7
14. 液体乳及乳制品	97.1	100.3	103.3	101.1	99.2
15. 在外用膳食品	100.6	100.2	100.1	100.2	99.7
16. 其他食品	100.0	100.0	97.7	101.9	102.3
二、烟酒及用品	**99.9**	**100.2**	**99.8**	**100.1**	**100.1**
1. 烟　草	100.0	99.9	99.5	100.1	100.0
2. 酒	99.9	100.7	100.1	100.2	100.1
3. 吸烟、饮酒用品	100.0	98.8	99.5	99.5	100.5
三、衣　着	**98.4**	**96.9**	**99.3**	**100.6**	**100.3**
1. 服　装	97.9	96.6	99.1	101.0	100.0
(1) 男式服装	99.2	95.5	98.6	100.8	101.4
(2) 女式服装	97.5	98.1	99.3	101.0	99.1
(3) 儿童服装	96.3	93.8	99.5	101.7	99.8
2. 衣着材料	100.0	98.3	99.2	99.7	100.2
3. 鞋 袜 帽	99.8	97.6	100.0	99.6	101.2
(1) 鞋	100.0	97.0	100.1	99.8	101.2
(2) 袜　子	100.7	99.7	100.2	97.9	101.5
(3) 帽　子	93.7	104.4	98.4	101.6	100.1
4. 衣着加工服务费	100.1	100.1	100.1	100.0	100.0
四、家庭设备用品及维修服务	**98.8**	**100.2**	**100.1**	**99.6**	**99.6**
1. 耐用消费品	98.1	100.7	99.5	99.5	99.1
(1) 家　具	98.3	99.7	99.6	99.2	98.7
(2) 家庭设备	98.0	101.1	99.5	99.6	99.3
2. 室内装饰品	99.9	96.5	100.6	99.6	100.6
3. 床上用品	98.2	101.7	99.9	100.1	98.8
4. 家庭日用杂品	99.4	99.5	100.8	99.5	100.3
5. 家庭服务及加工维修服务	100.9	100.0	100.3	100.0	100.0
五、医疗保健和个人用品	**100.2**	**100.0**	**100.0**	**100.1**	**99.9**
1. 医疗保健	99.6	100.2	100.1	100.1	99.9
(1) 医疗器具及用品	102.0	99.9	100.0	100.3	99.0
(2) 中药材及中成药	99.7	100.2	100.3	99.8	100.1
(3) 西　药	99.2	100.4	100.1	100.4	99.8
(4) 保健器具及用品	100.7	100.0	99.9	100.3	99.9
(5) 医疗保健服务	100.0	100.0	99.9	100.0	100.1
2. 个人用品及服务	101.6	99.7	99.8	99.9	99.8

6 月	7 月	8 月	9 月	10 月	11 月	12 月
104.4	103.0	96.7	93.8	93.9	95.4	97.9
100.2	100.1	100.0	99.7	99.8	99.8	100.1
100.9	98.7	100.4	100.0	101.3	96.2	103.5
100.0	100.0	100.2	100.2	100.0	100.8	100.2
99.8	99.7	100.3	99.8	99.8	100.3	100.4
100.1	**99.5**	**100.1**	**100.7**	**100.9**	**100.0**	**100.1**
100.1	99.8	100.0	100.5	100.0	100.0	100.0
100.2	99.2	100.2	100.8	101.8	100.1	100.1
100.1	99.4	99.4	100.4	100.0	100.0	100.0
98.6	**98.7**	**99.0**	**101.3**	**104.8**	**102.8**	**100.7**
98.6	98.7	98.4	102.1	106.5	102.4	100.9
99.4	98.5	98.5	102.2	104.7	103.8	100.6
98.2	98.2	97.4	102.4	108.7	101.7	101.3
97.8	101.3	101.6	100.4	103.8	101.5	100.5
100.4	100.0	100.2	100.1	100.8	101.3	100.7
98.6	98.6	100.6	99.0	100.1	104.6	100.1
98.3	98.2	100.7	98.8	100.0	105.3	100.1
99.8	100.3	100.0	100.0	99.7	101.0	100.0
100.0	100.0	99.8	98.1	102.5	101.6	100.0
100.3	100.0	100.0	101.5	100.0	100.0	100.0
100.1	**99.9**	**99.7**	**100.1**	**100.0**	**100.3**	**100.0**
100.0	99.7	100.0	99.7	99.8	100.4	100.1
100.1	99.0	101.3	99.3	100.0	101.1	100.3
100.0	100.0	99.5	99.8	99.7	100.1	100.0
100.1	100.8	101.1	99.5	99.7	100.0	100.0
101.9	100.0	98.8	101.9	101.1	99.7	100.1
99.6	99.6	99.2	99.9	99.9	100.4	99.9
100.0	100.9	100.3	100.8	100.0	100.0	100.0
100.3	**99.9**	**100.0**	**100.0**	**100.5**	**100.0**	**100.4**
100.3	100.0	100.1	99.7	100.1	99.9	100.4
100.1	100.2	100.1	97.7	100.0	100.9	103.2
100.4	99.8	100.1	99.9	100.6	100.2	101.6
100.5	100.1	100.1	99.4	100.0	99.7	100.0
99.8	100.0	100.5	100.2	99.2	100.1	100.0
100.0	100.0	100.0	100.0	100.0	99.9	100.0
100.1	99.8	99.7	100.4	101.2	100.2	100.3

2009年广西农村居民消费价格各月环比指数（续表2）

以上月价格为100

类　别	1月	2月	3月	4月	5月
(1) 化妆美容用品	99.6	100.4	100.3	99.9	99.6
(2) 清洁化妆用品	100.2	99.5	100.2	100.1	99.4
(3) 个人饰品	98.6	100.7	97.6	99.8	101.6
(4) 个人服务	110.9	98.1	100.2	99.5	99.5
六、交通和通信	**99.4**	**100.0**	**99.4**	**100.0**	**99.6**
1. 交　通	99.2	100.0	99.3	100.0	99.8
(1) 交通工具	99.8	99.7	99.5	100.2	99.9
(2) 车用燃料及零配件	91.8	99.3	101.6	102.1	100.1
汽　油	90.3	98.6	102.6	102.4	100.1
柴　油	88.9	98.2	101.3	102.3	100.4
(3) 车辆使用及维修费	103.3	99.3	99.9	100.1	100.0
(4) 市区公共交通费	100.2	99.6	99.8	100.0	100.0
(5) 城市间交通费	101.8	101.5	96.9	98.0	99.4
2. 通　信	99.6	100.0	99.4	100.0	99.3
(1) 通信工具	98.3	100.1	97.7	100.1	96.9
(2) 通信服务	100.0	100.0	100.0	100.0	100.0
七、娱乐教育文化用品及服务	**100.3**	**99.5**	**101.6**	**100.0**	**100.1**
1. 文娱用耐用消费品及服务	98.3	99.2	99.4	98.4	99.6
2. 教　育	100.0	100.1	104.1	100.0	100.0
(1) 教材及参考书	100.1	100.8	103.8	100.1	100.2
(2) 学杂托幼费	100.0	100.0	104.1	100.0	100.0
3. 文化娱乐类	101.7	99.6	99.6	100.0	100.0
(1) 文化娱乐用品	100.2	98.7	98.9	100.0	100.0
(2) 书报杂志	106.6	100.1	100.0	100.0	99.9
(3) 文 娱 费	100.0	100.0	99.8	100.0	100.0
4. 旅　游	102.6	97.0	96.4	102.0	102.0
八、居　住	**99.5**	**96.0**	**99.8**	**100.5**	**94.7**
1. 建房及装修材料	98.6	98.2	98.1	100.8	100.1
2. 租　房	102.7	93.6	100.0	100.0	100.0
3. 自有住房	100.0	92.0	102.3	100.0	100.0
4. 水、电、燃料	98.9	97.2	99.8	100.7	87.8
水	104.2	104.8	101.8	101.4	100.1
电	100.0	100.0	100.0	100.0	76.9
液化石油气	94.3	87.6	98.0	101.6	98.9
管道燃气					

6 月	7 月	8 月	9 月	10 月	11 月	12 月
100.1	100.1	99.7	100.4	101.7	100.0	100.0
99.9	99.7	99.7	100.6	100.0	100.0	99.5
100.7	98.7	99.6	100.2	100.5	100.9	100.3
100.0	100.4	99.9	100.3	103.8	100.3	102.6
100.4	**100.8**	**99.6**	**100.3**	**99.4**	**100.3**	**100.1**
100.8	101.5	99.4	100.7	99.2	100.8	100.2
99.9	99.9	99.7	99.7	99.5	100.1	99.7
104.6	107.4	97.6	103.2	98.1	104.1	101.1
105.7	108.9	97.1	103.8	97.7	105.0	101.2
106.3	109.6	97.1	104.3	97.5	105.1	101.7
99.9	100.1	100.3	100.6	100.0	99.6	100.0
99.1	100.0	100.0	100.0	100.0	100.0	100.0
100.0	100.0	99.8	100.1	99.0	99.7	100.0
100.0	99.9	99.9	99.8	99.7	99.7	100.0
97.5	99.6	99.4	99.4	98.8	99.5	99.9
100.7	100.0	100.0	100.0	100.0	99.7	100.0
99.7	**100.7**	**99.9**	**100.1**	**100.1**	**99.7**	**99.8**
99.7	99.7	99.7	100.0	99.9	99.9	99.6
100.0	100.1	99.8	100.5	100.0	100.0	100.0
100.0	100.0	100.9	97.2	100.1	100.0	100.0
99.9	100.1	99.7	101.0	100.0	100.0	100.0
100.0	100.4	100.2	100.0	100.0	100.0	100.0
100.1	100.3	100.2	100.1	100.0	100.0	100.0
100.0	100.0	100.0	100.0	100.0	100.0	100.0
100.0	100.7	100.4	100.0	100.0	100.0	100.0
97.9	105.8	99.7	98.5	101.2	97.7	98.7
100.1	**100.3**	**101.5**	**101.6**	**100.5**	**106.6**	**101.2**
100.3	99.7	101.5	101.1	100.9	100.1	100.8
100.0	100.0	100.0	100.0	100.0	100.0	100.0
100.3	100.0	100.0	101.6	100.0	99.5	100.0
99.9	100.9	102.8	102.3	100.7	116.1	102.3
101.0	103.6	100.0	100.0	100.0	100.0	100.0
100.0	100.0	100.0	100.0	100.0	130.2	100.0
99.2	100.2	109.4	107.4	102.3	109.9	107.3

2010年广西农村居民消费价格各月环比指数

以上月价格为100

类　别	1月	2月	3月	4月	5月
居民消费价格总指数	**100.2**	**101.6**	**98.5**	**100.7**	**99.0**
一、食　品	**100.5**	**104.0**	**98.2**	**101.7**	**99.0**
1. 粮　食	100.9	101.3	100.6	101.3	100.9
大　米	100.9	101.4	100.7	101.3	101.1
2. 淀　粉	104.1	100.6	100.0	100.5	100.0
3. 干豆类及豆制品	101.6	103.4	97.2	101.6	103.1
4. 油　脂	102.3	100.2	100.5	98.9	99.2
食用植物油	103.2	100.1	101.0	98.8	98.9
5. 肉禽及其制品	100.6	102.6	94.6	99.0	97.3
(1) 食用畜肉及副产品	100.7	102.1	92.8	98.2	95.4
猪　肉	100.7	101.6	92.4	98.1	95.0
牛　肉	101.8	101.0	96.6	99.5	98.0
羊　肉	99.6	104.9	95.1	100.6	98.5
(2) 禽	100.8	104.4	96.1	100.5	99.9
鸡	100.1	102.5	96.2	100.8	99.7
鸭	102.4	109.2	96.0	99.9	100.3
(3) 加工肉禽	99.9	101.4	99.3	99.1	100.0
6. 蛋	100.8	100.3	98.7	99.5	99.0
鲜　蛋	100.9	100.3	98.6	99.5	98.9
7. 水产品	102.2	108.7	96.9	100.9	98.8
(1) 鱼	100.3	108.4	97.5	101.7	99.6
淡水鱼	100.2	110.4	97.0	101.5	99.1
海水鱼	100.5	104.3	98.5	102.3	100.6
(2) 其他水产品	110.2	109.9	94.5	97.7	95.7
虾蟹类	110.2	109.9	94.5	97.7	95.7
8. 菜	100.1	109.3	100.1	108.2	98.2
鲜　菜	99.6	110.4	100.4	108.8	97.7
9. 调味品	100.8	100.0	100.8	100.1	99.6
盐	101.4	100.2	103.3	99.6	98.3
酱　油	100.3	99.5	99.9	100.1	100.2
10. 糖	102.3	101.7	100.3	100.9	100.0
食　糖	104.3	103.2	101.4	101.0	100.4
11. 茶及饮料	100.1	99.7	100.2	100.7	100.6
(1) 茶　叶	100.4	100.4	100.0	99.7	101.0
(2) 饮　料	100.0	99.5	100.3	101.0	100.5
12. 干鲜瓜果	98.1	116.1	99.6	108.3	100.0

6 月	7 月	8 月	9 月	10 月	11 月	12 月
99.6	**100.7**	**100.5**	**100.7**	**101.4**	**101.8**	**100.6**
99.1	**102.5**	**101.7**	**100.7**	**102.4**	**100.6**	**100.9**
100.0	99.8	100.1	100.7	101.1	102.3	104.8
99.9	99.8	100.1	100.8	101.0	102.3	105.1
100.6	101.2	99.6	100.3	100.3	104.3	101.6
98.8	100.4	99.3	99.3	100.1	101.2	101.5
100.4	99.9	100.6	102.2	100.4	105.5	103.3
100.5	99.8	101.1	103.0	100.8	104.9	103.9
99.6	106.0	106.7	101.4	102.5	102.9	101.4
97.8	107.6	109.3	102.1	104.3	104.5	101.2
97.8	109.4	111.5	102.2	104.5	104.8	101.0
98.5	100.2	100.1	101.0	101.2	101.9	100.5
100.1	100.0	100.1	100.2	101.6	101.7	104.9
102.9	105.3	104.0	100.3	100.1	100.7	101.8
102.9	104.6	104.5	102.1	101.3	99.4	101.0
102.6	106.8	102.7	96.0	96.9	104.2	103.7
100.1	101.7	102.7	101.1	100.3	100.7	101.6
99.7	101.8	108.7	101.5	99.7	101.8	102.0
99.6	102.0	109.1	101.3	99.6	101.7	101.8
102.1	102.1	99.8	99.8	100.6	99.4	101.4
103.4	102.5	99.7	99.4	99.4	99.4	100.6
103.7	102.9	100.6	99.3	99.0	98.6	100.2
102.8	101.6	97.6	99.4	100.2	101.2	101.5
96.9	100.1	100.6	101.9	105.8	99.4	104.8
96.9	100.1	100.6	101.9	105.8	99.4	104.8
95.0	109.2	96.8	99.4	111.8	89.4	88.5
94.2	110.7	96.3	99.4	113.2	87.8	86.7
99.8	100.1	100.2	99.9	100.1	100.4	100.5
100.0	100.0	101.0	100.0	100.0	100.0	100.0
100.0	99.9	99.9	99.8	100.2	100.2	100.6
100.3	100.5	101.0	101.1	102.5	107.8	100.7
101.3	100.6	100.7	102.3	105.5	112.2	100.0
100.0	100.1	99.6	99.9	100.4	100.3	100.6
100.9	99.7	99.7	100.1	101.6	100.4	100.4
99.8	100.2	99.5	99.8	100.0	100.3	100.6
96.8	94.8	97.9	101.4	99.5	104.3	107.8

2010年广西农村居民消费价格各月环比指数（续表1）

以上月价格为100

类　别	1月	2月	3月	4月	5月
鲜瓜果	97.0	119.7	99.7	110.1	100.1
13. 糕点饼干	100.0	100.0	100.1	100.0	100.2
14. 液体乳及乳制品	101.1	100.0	100.2	99.3	100.0
15. 在外用膳食品	100.1	100.5	100.2	100.5	100.1
16. 其他食品	99.6	100.3	99.5	99.9	98.9
二、烟酒及用品	**100.6**	**100.1**	**100.1**	**99.8**	**100.3**
1. 烟　草	100.0	100.0	100.0	100.0	100.0
2. 酒	101.2	100.1	100.2	99.8	100.6
3. 吸烟、饮酒用品	100.0	100.0	100.0	99.0	100.5
三、衣　着	**99.2**	**96.8**	**98.7**	**100.7**	**99.9**
1. 服　装	99.3	95.9	99.6	101.0	100.2
(1) 男式服装	98.5	95.5	99.3	102.0	100.0
(2) 女式服装	99.6	96.4	99.1	100.5	100.4
(3) 儿童服装	100.2	95.6	101.7	100.6	100.0
2. 衣着材料	100.4	99.8	99.3	99.3	101.1
3. 鞋袜帽	98.7	99.2	95.9	99.9	98.9
(1) 鞋	98.4	99.1	95.0	99.9	98.6
(2) 袜　子	100.2	100.0	100.3	100.0	100.0
(3) 帽　子	100.1	96.9	100.5	100.0	100.0
4. 衣着加工服务费	100.0	104.9	98.5	100.6	100.0
四、家庭设备用品及维修服务	**100.5**	**99.7**	**99.7**	**99.8**	**99.8**
1. 耐用消费品	99.8	99.7	99.9	99.8	99.6
(1) 家　具	100.3	100.2	99.6	99.9	99.2
(2) 家庭设备	99.6	99.4	100.1	99.7	99.7
2. 室内装饰品	102.8	99.6	100.1	100.0	99.7
3. 床上用品	101.2	98.2	97.7	99.1	100.0
4. 家庭日用杂品	100.1	99.9	100.0	100.0	100.1
5. 家庭服务及加工维修服务	104.1	101.1	100.0	100.0	100.2
五、医疗保健和个人用品	**100.2**	**100.5**	**99.9**	**100.0**	**100.1**
1. 医疗保健	100.1	100.4	100.1	100.2	99.9
(1) 医疗器具及用品	100.6	100.0	100.0	100.4	100.1
(2) 中药材及中成药	99.7	101.5	100.5	101.1	99.8
(3) 西　药	100.4	100.0	100.1	99.8	99.9
(4) 保健器具及用品	99.7	99.8	99.9	99.9	100.2
(5) 医疗保健服务	100.0	100.0	100.0	100.0	100.0
2. 个人用品及服务	100.3	100.7	99.3	99.7	100.5

6 月	7 月	8 月	9 月	10 月	11 月	12 月
96.3	93.5	97.3	101.2	99.4	104.9	109.1
100.1	100.4	100.2	100.0	100.6	100.2	101.4
99.2	100.1	101.0	100.6	99.7	101.0	100.5
100.1	100.1	100.2	100.1	100.2	101.1	101.6
101.4	99.4	101.2	100.2	100.0	100.1	101.8
100.0	**100.0**	**100.1**	**100.3**	**100.1**	**100.2**	**100.2**
99.9	100.0	100.0	100.0	99.9	100.2	99.8
100.1	100.0	100.1	100.7	100.2	100.2	100.7
100.1	100.1	100.0	100.0	100.2	99.8	100.0
99.8	**99.1**	**98.3**	**99.9**	**103.5**	**104.3**	**100.8**
100.2	99.3	98.5	99.5	103.9	104.8	101.2
100.2	99.7	98.6	100.8	103.0	104.0	100.3
100.3	99.6	98.6	99.9	102.1	104.5	101.4
100.1	97.1	98.3	95.1	112.6	107.8	102.5
101.3	100.5	100.2	104.2	103.7	108.0	101.7
98.2	98.3	97.3	101.0	102.5	102.3	99.5
97.9	98.0	96.7	101.2	103.1	102.8	99.4
99.6	100.0	100.0	100.0	100.1	100.0	100.0
100.0	100.0	100.0	100.0	100.0	100.0	100.0
100.0	100.0	100.0	100.0	100.0	100.0	101.0
100.3	**100.1**	**99.9**	**99.5**	**100.7**	**100.9**	**100.5**
99.8	99.8	99.6	99.5	100.2	100.5	100.4
100.2	99.6	98.5	99.0	101.2	101.0	101.5
99.6	99.9	100.1	99.7	99.8	100.3	99.9
100.4	100.0	100.2	100.2	100.0	103.9	101.2
100.9	101.5	100.2	97.4	103.3	102.8	102.1
100.1	100.0	100.2	100.2	100.2	100.3	100.1
103.6	101.1	100.0	100.0	102.1	100.8	100.1
100.3	**100.0**	**100.3**	**100.5**	**100.5**	**100.9**	**100.6**
100.5	99.9	100.3	100.9	100.5	101.2	100.7
99.9	98.2	101.3	98.5	99.2	100.0	99.0
101.9	100.1	101.2	103.3	101.8	104.5	101.5
100.0	99.7	100.1	100.1	100.2	100.0	100.4
100.0	100.0	100.0	100.4	99.6	99.9	100.1
100.0	100.0	99.8	100.0	100.0	100.0	100.4
99.9	100.2	100.2	99.8	100.6	100.3	100.3

2010 年广西农村居民消费价格各月环比指数（续表 2）

以上月价格为 100

类　别	1 月	2 月	3 月	4 月	5 月
(1) 化妆美容用品	100.1	99.4	100.4	100.0	100.5
(2) 清洁化妆用品	100.5	99.3	100.4	99.1	100.7
(3) 个人饰品	101.0	98.7	98.2	100.2	100.6
(4) 个人服务	99.5	107.7	96.2	99.9	100.0
六、交通和通信	**99.2**	**103.8**	**97.7**	**99.7**	**100.0**
1. 交　通	98.8	107.2	95.8	99.6	100.1
(1) 交通工具	100.0	100.0	100.4	100.2	99.9
(2) 车用燃料及零配件	99.8	100.2	100.0	102.2	100.8
汽　油	100.1	100.0	100.0	102.6	101.2
柴　油	98.9	100.9	100.1	102.9	100.5
(3) 车辆使用及维修费	100.0	100.8	99.2	100.0	100.1
(4) 市区公共交通费	100.0	102.9	100.0	97.2	100.0
(5) 城市间交通费	95.1	129.8	84.7	97.3	99.8
2. 通　信	99.7	99.8	100.0	99.7	99.8
(1) 通信工具	98.8	99.4	99.9	98.7	99.1
(2) 通信服务	100.1	100.0	100.0	100.1	100.0
七、娱乐教育文化用品及服务	**100.0**	**100.3**	**97.1**	**100.1**	**100.2**
1. 文娱用耐用消费品及服务	99.6	99.8	99.2	99.6	99.8
2. 教　育	100.0	100.0	95.5	100.0	100.1
(1) 教材及参考书	100.0	99.8	102.4	99.9	100.2
(2) 学杂托幼费	100.1	100.0	94.6	100.0	100.1
3. 文化娱乐类	100.0	100.0	100.1	99.9	100.5
(1) 文化娱乐用品	100.1	100.0	100.0	99.6	99.9
(2) 书报杂志	100.0	100.0	100.0	100.0	100.0
(3) 文 娱 费	100.0	99.9	100.2	100.0	101.4
4. 旅　游	100.5	103.1	96.6	101.7	100.4
八、居　住	**100.7**	**100.4**	**99.1**	**101.0**	**95.8**
1. 建房及装修材料	100.3	100.1	100.1	100.1	101.0
2. 租　房	101.7	100.0	100.0	100.0	100.0
3. 自有住房	100.2	101.2	100.0	102.7	100.0
4. 水、电、燃料	100.8	100.2	97.9	100.9	89.9
水	100.0	100.0	100.6	100.0	100.0
电	100.0	100.0	100.0	100.0	76.7
液化石油气	101.6	100.4	94.9	102.2	100.4
管道燃气					

6月	7月	8月	9月	10月	11月	12月
100.5	100.4	100.0	100.2	100.0	99.9	100.5
99.4	100.2	100.5	99.3	100.6	100.3	99.9
100.0	100.3	100.2	100.3	101.5	101.2	101.2
99.9	99.8	100.3	99.4	100.6	100.0	100.0
99.5	**99.9**	**99.9**	**100.1**	**100.1**	**100.0**	**100.3**
99.3	100.3	100.0	100.3	100.4	100.0	100.5
100.1	100.0	100.2	100.7	100.1	100.2	100.0
98.0	99.9	100.1	100.1	101.4	101.1	102.2
97.5	99.9	100.0	100.0	101.5	101.3	102.6
98.0	100.1	100.3	100.0	101.7	101.3	102.8
100.2	99.9	100.3	100.0	100.0	100.5	100.2
100.5	100.0	100.0	100.0	100.8	99.2	100.0
98.7	101.3	99.6	100.1	100.0	99.0	100.0
99.6	99.5	99.7	99.8	99.7	100.0	99.9
98.5	99.3	98.9	99.1	98.9	99.8	99.6
100.0	99.6	100.0	100.0	100.0	100.0	100.0
100.0	**100.7**	**100.4**	**102.2**	**99.8**	**99.8**	**99.6**
100.1	99.8	100.0	99.9	99.9	100.4	99.8
100.1	100.0	100.1	104.0	100.0	100.0	100.0
100.0	100.0	100.0	98.3	100.0	100.0	100.0
100.1	100.0	100.1	104.8	100.0	100.0	100.0
100.1	100.6	100.0	99.7	100.0	100.0	100.1
100.2	100.1	100.0	99.2	100.0	100.0	100.3
100.0	100.0	100.0	99.9	100.0	100.0	100.0
100.0	101.4	100.0	100.0	100.0	100.0	100.0
99.7	105.2	102.8	101.3	98.4	98.3	96.7
99.5	**99.0**	**99.6**	**101.0**	**101.4**	**107.8**	**101.0**
100.1	100.2	100.4	102.8	101.2	101.3	100.1
100.1	100.0	100.0	100.0	100.0	100.0	100.0
100.0	100.1	100.0	101.8	102.4	100.0	103.1
98.7	97.5	98.8	99.5	101.4	118.9	100.6
100.0	100.0	100.0	100.0	100.0	100.0	100.0
100.0	100.0	100.0	100.0	100.0	130.4	100.0
97.3	94.7	97.5	98.9	103.2	115.3	101.4

2011年广西农村居民消费价格各月环比指数

以上月价格为100

类　　别	1月	2月	3月	4月	5月
居民消费价格总指数	**101.5**	**101.7**	**99.5**	**101.4**	**99.4**
一、食　　品	**103.8**	**105.0**	**99.5**	**102.3**	**99.2**
1. 粮　　食	102.1	102.0	103.1	101.7	101.2
大　　米	102.3	101.7	103.6	101.8	101.2
2. 淀粉及制品	100.4	101.2	100.1	99.2	100.3
3. 干豆类及豆制品	103.1	106.1	97.6	102.1	98.4
4. 油　　脂	100.8	100.2	100.1	100.4	101.3
食用植物油	101.0	100.4	100.1	100.7	101.6
5. 肉禽及其制品	101.3	106.4	97.9	101.6	100.8
(1) 食用畜肉及副产品	101.2	108.7	98.0	101.0	100.4
猪　　肉	101.0	109.5	98.6	101.2	100.7
牛　　肉	102.9	101.6	96.2	99.3	99.3
羊　　肉	106.8	111.2	95.6	99.4	97.4
(2) 禽	101.5	102.9	96.7	103.2	101.8
鸡	101.1	103.5	95.4	102.1	101.7
鸭	102.6	101.3	100.1	106.0	102.2
(3) 加工肉禽	101.6	101.3	100.0	101.8	100.9
6. 蛋	101.9	101.5	97.7	98.9	100.5
鲜　　蛋	102.2	101.5	97.5	98.8	100.5
7. 水 产 品	103.8	111.2	102.4	101.8	99.9
(1) 鱼	103.7	109.8	102.6	103.3	101.7
淡 水 鱼	103.8	111.2	102.4	103.4	100.9
海 水 鱼	103.5	105.8	103.0	103.0	104.0
(2) 其他水产品	104.2	117.2	101.4	95.6	91.9
虾 蟹 类	104.1	117.6	101.4	95.5	91.7
8. 菜	121.0	103.7	97.9	105.2	90.0
鲜　　菜	124.1	103.7	97.7	105.9	88.8
9. 调 味 品	101.3	101.0	99.9	100.7	100.2
食 用 盐	100.6	100.0	100.1	100.0	100.0
酱　　油	102.4	102.1	99.7	101.2	100.5
10. 糖	100.8	101.2	100.4	100.4	101.5
食　　糖	100.1	102.6	101.1	101.0	102.2
11. 茶及饮料	100.3	100.9	99.8	100.0	100.4
(1) 茶　　叶	100.6	99.6	100.1	99.4	100.1
(2) 饮　　料	100.2	101.3	99.8	100.2	100.5
12. 干鲜瓜果	107.7	110.7	97.7	107.0	96.2

6 月	7 月	8 月	9 月	10 月	11 月	12 月
99.6	**100.7**	**99.6**	**99.4**	**100.6**	**98.7**	**99.9**
100.0	**102.3**	**99.1**	**98.5**	**100.6**	**97.2**	**99.9**
100.1	100.2	98.3	98.8	99.2	98.7	101.0
100.1	100.2	97.9	98.5	98.9	98.4	101.2
100.0	100.5	100.6	101.8	100.0	99.4	100.0
99.1	99.5	98.0	98.6	101.4	100.0	100.3
102.3	102.9	99.3	96.9	99.8	98.3	99.3
103.0	103.6	99.1	95.8	99.7	98.3	99.3
104.6	105.7	99.9	95.8	98.7	94.7	96.9
106.2	108.2	99.7	93.8	97.8	92.5	95.4
106.9	109.2	99.6	93.5	97.1	91.6	93.6
101.3	103.8	104.5	99.9	103.0	99.8	103.2
100.0	100.2	100.2	101.2	105.4	102.2	104.9
101.9	100.1	99.5	99.5	99.8	98.4	98.7
103.2	100.8	99.9	99.8	99.4	98.4	97.8
98.7	98.4	98.3	99.0	101.0	98.3	101.0
101.2	103.5	101.9	100.5	101.4	99.3	100.8
102.7	102.2	101.7	100.1	100.2	97.5	96.6
102.8	102.3	101.2	99.9	100.1	97.2	96.7
100.6	100.2	98.9	99.0	100.7	98.3	100.2
100.9	101.0	99.4	98.8	99.9	97.7	99.2
99.7	100.2	99.0	98.7	98.5	96.6	98.7
104.1	103.3	100.6	98.8	103.5	100.5	100.1
99.3	95.8	96.3	100.3	104.8	101.6	105.1
99.4	95.7	96.2	100.3	104.9	101.6	105.2
92.0	105.4	96.8	103.0	109.6	91.0	104.9
90.9	106.3	96.4	103.5	110.8	90.1	105.8
100.2	100.4	100.1	100.0	99.7	100.3	100.2
100.0	100.0	100.0	100.0	100.0	100.0	100.0
100.1	100.7	100.3	100.0	99.4	100.6	100.0
101.3	99.9	101.2	101.6	101.2	99.6	99.9
101.7	99.6	102.2	103.0	100.2	99.1	99.8
100.4	100.9	99.6	100.2	99.8	100.1	100.3
100.1	100.5	100.0	101.6	99.6	100.4	100.0
100.5	101.0	99.5	99.8	99.9	100.0	100.3
87.8	93.6	92.5	98.3	100.9	102.6	105.4

2011年广西农村居民消费价格各月环比指数（续表1）

以上月价格为100

类　别	1月	2月	3月	4月	5月
鲜瓜果	109.1	112.4	97.2	107.7	95.2
13. 糕点饼干面包	101.0	100.5	100.6	100.5	99.8
14. 液体乳及乳制品	100.5	101.4	100.8	100.2	99.6
15. 在外用膳食品	100.6	102.6	101.7	101.3	101.9
16. 其他食品	100.8	100.3	100.8	100.1	100.0
二、烟　酒	**100.5**	**100.1**	**100.1**	**100.4**	**100.5**
1. 烟　草	100.0	100.0	99.9	100.5	100.0
2. 酒	101.1	100.2	100.3	100.4	101.0
三、衣　着	**98.8**	**97.7**	**98.2**	**100.6**	**100.4**
1. 服　装	98.3	97.2	97.8	100.6	100.5
(1) 男式服装	98.6	95.9	97.1	100.9	100.3
(2) 女式服装	98.4	98.2	97.8	100.4	100.9
(3) 儿童服装	96.9	97.2	99.8	101.0	100.0
2. 衣着材料	100.6	99.7	100.0	101.1	101.0
3. 鞋袜帽	100.2	98.9	99.1	100.4	99.6
(1) 鞋	100.2	98.8	98.9	100.6	99.6
(2) 袜　子	100.4	100.0	100.2	99.0	99.0
(3) 帽　子	101.4	98.8	101.6	100.0	100.2
4. 衣着加工服务费	105.3	101.4	97.0	100.6	102.8
四、家庭设备用品及维修服务	**100.2**	**100.0**	**100.0**	**100.5**	**100.2**
1. 耐用消费品	100.0	99.7	99.7	100.2	100.0
(1) 家　具	100.3	99.8	99.7	100.6	100.0
(2) 家庭设备	99.8	99.6	99.7	100.0	99.9
2. 室内装饰品	100.5	100.1	101.1	102.1	100.9
3. 床上用品	101.3	100.2	100.9	100.6	100.0
4. 家庭日用杂品	100.0	100.2	99.7	100.9	100.3
5. 家庭服务及加工维修服务	100.6	100.6	100.6	100.4	101.0
五、医疗保健和个人用品	**100.0**	**100.3**	**100.0**	**100.6**	**100.7**
1. 医疗保健	99.9	100.2	100.3	100.4	100.9
(1) 医疗器具及用品	100.7	100.0	100.0	99.6	100.5
(2) 中药材及中成药	100.0	101.1	100.8	102.6	102.9
(3) 西　药	99.8	99.7	100.3	99.3	100.2
(4) 保健器具及用品	99.6	99.9	99.6	100.7	100.5
(5) 医疗保健服务	100.0	100.0	100.0	100.0	100.0
2. 个人用品及服务	100.1	100.6	99.3	101.2	100.4
(1) 化妆美容用品	99.7	100.3	100.0	99.9	100.1

6 月	7 月	8 月	9 月	10 月	11 月	12 月
84.7	91.8	91.2	98.6	101.3	103.9	107.0
100.8	100.1	100.3	100.0	100.4	100.6	100.0
100.7	100.3	99.4	100.3	100.7	100.8	99.3
101.3	101.6	102.1	101.1	100.2	100.2	100.5
102.3	100.1	100.0	100.0	100.5	100.0	99.8
100.3	**100.1**	**100.2**	**100.3**	**101.4**	**100.6**	**100.2**
100.0	99.9	100.2	100.0	100.0	100.0	100.0
100.6	100.3	100.2	100.6	102.8	101.2	100.4
98.2	**99.3**	**97.7**	**99.9**	**103.9**	**102.1**	**99.7**
98.2	99.0	97.8	99.7	104.3	101.8	99.6
99.1	99.0	98.4	98.7	105.2	103.0	99.6
99.1	98.5	97.1	99.9	104.4	101.3	99.6
93.7	100.5	98.5	101.1	102.2	100.4	99.4
101.9	100.3	100.3	101.2	102.9	100.6	100.0
97.9	100.1	97.4	100.5	102.7	103.3	100.0
97.5	100.1	97.0	100.6	103.1	103.9	100.0
100.0	100.0	100.0	100.0	100.0	100.0	100.0
99.7	100.0	97.0	100.0	101.6	100.5	99.0
99.4	100.0	100.0	100.0	102.5	100.0	101.9
100.2	**100.0**	**100.2**	**100.1**	**99.7**	**100.0**	**99.7**
100.1	99.8	100.1	100.1	99.8	100.0	99.8
100.1	99.7	100.5	100.4	100.3	99.8	99.8
100.1	99.8	99.9	100.0	99.6	100.1	99.7
100.3	100.6	100.0	100.0	100.0	100.0	100.1
100.4	100.0	100.0	100.0	100.0	99.2	98.2
100.0	100.3	100.5	100.0	99.4	100.3	100.0
100.6	100.2	100.2	100.1	100.0	100.0	100.0
100.3	**100.3**	**100.2**	**100.4**	**100.0**	**99.7**	**100.1**
100.3	100.5	100.0	100.4	100.0	99.4	100.0
100.0	100.1	101.2	100.0	100.0	98.9	100.0
101.5	101.8	99.9	101.4	99.9	99.8	99.8
99.8	100.1	100.1	99.9	100.0	100.3	100.3
99.9	100.6	100.0	100.2	100.0	99.8	100.0
100.0	100.0	100.0	100.0	100.0	97.6	99.7
100.1	99.9	100.6	100.4	100.0	100.3	100.4
99.2	100.1	99.9	100.0	101.4	99.9	99.7

2011年广西农村居民消费价格各月环比指数（续表2）

以上月价格为100

类　别	1月	2月	3月	4月	5月
(2) 清洁类化妆品	99.9	99.4	100.2	100.2	100.0
(3) 个人饰品	100.1	99.7	100.0	101.2	101.3
(4) 个人服务	100.9	104.3	96.4	104.6	100.7
六、交通和通信	**101.2**	**101.9**	**98.4**	**100.7**	**100.1**
1. 交　通	102.3	103.7	97.3	101.5	100.3
(1) 交通工具	100.4	100.4	100.9	100.7	100.5
(2) 车用燃料及零配件	100.0	103.5	100.3	104.7	100.0
汽　油	100.1	104.0	100.0	105.6	100.0
柴　油	100.1	104.5	100.0	104.8	100.0
(3) 车辆使用及维修费	100.3	100.1	103.7	100.0	101.9
(4) 市区公共交通费	101.4	101.1	99.3	100.0	100.0
(5) 城市间交通费	110.4	113.2	84.6	100.7	99.2
2. 通　信	100.0	99.8	99.8	99.8	99.8
(1) 通信工具	99.5	99.2	99.0	98.6	99.2
(2) 通信服务	100.1	100.0	100.0	100.1	100.0
七、娱乐教育文化用品及服务	**100.3**	**100.6**	**99.8**	**100.4**	**99.7**
1. 文娱用耐用消费品及服务	100.1	99.8	99.3	99.7	99.6
2. 教　育	100.0	101.4	100.0	100.1	100.1
(1) 教材及参考书	100.0	102.7	100.0	100.2	100.6
(2) 教育服务	100.0	101.3	100.0	100.1	100.0
3. 文化娱乐类	100.2	100.0	100.3	100.1	100.2
(1) 文化娱乐用品	100.0	100.1	100.9	100.1	100.5
(2) 书报杂志	100.7	100.0	100.0	100.0	100.0
(3) 文 娱 费	100.0	100.0	100.0	100.1	100.0
4. 旅　游	102.3	98.8	99.4	103.4	97.4
八、居　住	**100.6**	**99.7**	**99.8**	**101.9**	**97.4**
1. 建房及装修材料	100.4	99.4	99.7	101.0	100.7
2. 住房租金	100.0	100.0	100.0	105.6	100.6
3. 自有住房	100.8	100.0	99.8	101.2	100.0
4. 水、电、燃料	100.9	99.5	99.9	102.1	88.9
水	100.1	100.0	100.0	100.0	100.0
电	100.0	100.0	100.0	100.0	76.7
液化石油气	102.3	98.4	99.5	106.2	100.9
管道燃气	100.0	100.0	100.0	100.0	100.0

6 月	7 月	8 月	9 月	10 月	11 月	12 月
100.6	99.9	100.9	100.3	99.5	100.8	100.6
100.0	99.5	101.6	101.7	98.8	100.2	99.4
100.3	100.0	100.0	100.0	100.0	100.0	101.9
99.9	**100.0**	**99.9**	**99.9**	**99.8**	**99.7**	**99.9**
100.2	100.2	100.0	100.0	99.9	99.9	100.0
100.6	100.3	100.2	99.8	100.3	99.9	99.9
100.0	100.2	100.3	100.1	97.7	99.7	100.0
100.0	100.0	100.0	100.0	96.8	100.0	100.0
100.0	100.0	100.0	100.0	96.6	100.0	100.0
100.0	99.4	100.0	100.0	100.0	100.0	100.0
100.0	100.0	100.0	100.0	104.4	100.0	100.0
100.1	100.6	99.3	100.0	99.8	99.8	100.0
99.4	99.7	99.8	99.9	99.6	99.5	99.8
97.4	98.7	99.0	99.6	98.0	97.6	98.8
100.0	100.0	100.0	100.0	100.0	100.0	100.0
99.6	**99.5**	**100.5**	**98.3**	**100.9**	**98.8**	**99.8**
100.0	99.3	99.4	99.6	99.9	100.2	100.0
100.1	100.1	100.1	98.1	100.1	100.2	100.0
100.0	100.0	100.2	98.4	98.6	100.0	100.0
100.1	100.1	100.1	98.1	100.3	100.2	100.0
100.2	93.0	99.8	99.6	106.2	92.9	100.4
100.0	99.9	98.6	100.2	100.3	99.3	100.2
100.0	100.0	100.0	100.0	100.0	100.0	100.0
100.4	83.1	100.8	98.8	116.7	82.9	100.8
96.7	105.7	104.8	95.4	99.3	98.1	98.1
98.7	**99.9**	**100.0**	**100.4**	**99.9**	**98.3**	**99.8**
99.2	100.2	100.4	101.3	99.0	99.9	100.1
100.5	97.8	99.6	100.0	100.0	100.0	100.0
99.7	100.6	100.0	100.0	100.2	100.2	100.0
95.4	99.7	99.5	100.3	100.4	92.1	99.0
97.7	100.0	100.0	100.0	100.0	63.2	100.0
100.0	100.0	100.0	100.0	100.0	100.0	100.0
89.3	99.1	98.7	100.7	101.1	94.7	97.4
95.0	100.0	100.0	100.0	100.0	100.0	100.0

2012年广西农村居民消费价格各月环比指数

以上月价格为100

类　　别	1月	2月	3月	4月	5月
居民消费价格总指数	**103.8**	**100.4**	**100.3**	**100.3**	**99.5**
一、食　　品	**106.9**	**100.4**	**100.7**	**100.2**	**98.6**
1. 粮　　食	103.4	100.5	100.3	101.2	100.0
大　　米	104.1	100.7	100.4	101.5	99.8
2. 淀粉及制品	100.0	100.0	99.6	100.8	100.4
3. 干豆类及豆制品	106.1	97.8	98.2	100.2	99.9
4. 油　　脂	103.3	101.2	99.9	101.3	102.8
食用植物油	103.1	100.9	100.0	101.7	103.6
5. 肉禽及其制品	111.6	102.0	97.3	97.2	97.9
(1) 食用畜肉及副产品	116.2	103.6	95.7	95.6	97.0
猪　　肉	114.9	102.8	95.6	95.2	96.4
牛　　肉	116.7	104.3	98.7	100.0	99.7
羊　　肉	111.8	107.2	98.3	97.4	99.2
(2) 禽	105.2	98.8	100.3	100.3	99.4
鸡	106.7	98.8	99.7	99.3	100.1
鸭	101.1	98.7	102.0	102.9	97.7
(3) 加工肉禽	102.4	99.7	100.4	99.5	99.5
6. 蛋	100.0	96.2	99.6	99.4	98.5
鲜　　蛋	100.2	95.8	99.6	99.3	98.4
7. 水产品	106.3	102.3	100.3	98.0	97.9
(1) 鱼	103.5	102.8	100.9	100.0	98.2
淡 水 鱼	104.3	102.1	102.8	100.6	97.7
海 水 鱼	101.5	104.3	96.5	98.7	99.5
(2) 其他水产品	119.2	100.6	97.9	89.7	96.4
虾 蟹 类	119.7	100.6	97.8	89.5	96.3
8. 菜	117.1	92.9	112.5	104.2	96.3
鲜　　菜	118.9	92.1	114.1	104.7	95.6
9. 调 味 品	100.0	99.9	100.1	99.9	100.5
食 用 盐	100.0	100.0	100.0	100.0	100.0
酱　　油	100.0	99.8	100.2	100.1	100.1
10. 糖	98.7	99.0	99.3	99.3	100.8
食　　糖	97.0	99.1	99.7	99.6	99.9
11. 茶及饮料	100.0	99.8	100.0	100.2	100.2
(1) 茶　　叶	100.0	100.0	100.0	100.0	100.0
(2) 饮　　料	100.1	99.7	100.0	100.3	100.2

6月	7月	8月	9月	10月	11月	12月
99.8	**100.2**	**100.4**	**100.1**	**99.5**	**100.0**	**99.9**
99.6	**100.1**	**101.1**	**99.9**	**98.9**	**100.2**	**100.4**
100.2	100.1	100.0	100.1	100.0	100.0	100.0
100.2	100.1	100.0	100.1	100.0	100.0	100.0
100.2	101.3	100.0	100.0	100.0	100.0	100.0
99.9	100.0	101.2	101.0	100.4	99.6	100.9
100.0	99.9	102.7	101.2	100.5	100.3	99.3
100.0	100.3	103.3	100.8	100.7	100.5	99.2
100.3	100.5	100.3	101.1	100.1	99.3	100.9
100.9	100.3	100.0	101.0	100.7	99.3	101.1
101.0	100.4	99.7	100.9	99.8	98.7	100.9
102.6	100.5	101.4	101.4	104.9	100.5	102.1
99.6	100.4	99.2	100.0	101.3	100.9	100.8
99.5	100.9	101.0	101.6	98.7	99.3	100.7
99.7	100.9	100.8	102.1	98.8	98.8	100.6
99.2	101.0	101.4	100.5	98.5	100.6	100.9
99.2	100.2	100.2	100.1	99.4	99.9	100.2
103.9	99.4	103.5	104.8	99.3	100.2	101.4
104.3	99.4	103.8	105.3	99.3	100.2	101.5
99.4	99.6	100.3	100.9	97.9	99.7	100.1
100.4	99.9	99.8	100.5	97.5	99.3	99.5
101.0	100.0	99.9	100.3	96.5	98.7	99.0
99.0	99.5	99.5	100.9	100.0	100.8	100.8
94.5	98.0	102.7	102.9	99.5	101.6	102.8
94.4	98.0	102.8	103.0	99.5	101.6	102.9
93.6	102.6	108.2	93.7	92.6	102.6	101.2
92.7	102.8	109.3	93.0	91.7	102.9	101.4
100.8	99.9	100.0	100.1	100.0	100.0	100.0
100.0	100.0	100.0	100.0	100.0	100.0	100.0
101.3	99.9	100.1	100.2	100.2	100.0	100.0
99.9	99.6	99.8	100.4	101.0	99.4	99.6
99.8	99.8	99.1	99.1	100.2	100.2	99.8
100.3	100.2	99.8	99.6	99.8	100.8	99.8
100.3	100.3	100.0	100.0	100.0	100.8	100.0
100.2	100.2	99.7	99.4	99.7	100.9	99.7

2012年广西农村居民消费价格各月环比指数（续表1）

以上月价格为100

类　　别	1月	2月	3月	4月	5月
12. 干鲜瓜果	103.9	102.0	103.5	105.0	94.7
鲜 瓜 果	104.4	102.2	104.0	106.0	93.6
13. 糕点饼干面包	100.0	100.1	100.2	100.0	100.0
14. 液体乳及乳制品	100.6	100.5	100.3	100.5	100.1
15. 在外用膳食品	100.6	101.4	100.0	100.9	101.3
16. 其他食品	100.0	100.7	100.4	105.5	100.0
二、烟　　酒	**100.0**	**100.0**	**100.1**	**99.7**	**100.0**
1. 烟　　草	100.3	99.8	100.0	99.9	100.1
2. 酒	99.8	100.2	100.1	99.5	100.0
三、衣　　着	**100.5**	**100.1**	**101.0**	**102.9**	**100.8**
1. 服　　装	101.0	100.0	100.8	104.2	100.9
(1) 男式服装	100.6	99.8	101.4	104.2	100.3
(2) 女式服装	101.0	100.2	100.3	105.0	101.0
(3) 儿童服装	101.9	99.6	101.0	102.1	101.9
2. 衣着材料	100.1	102.2	100.0	100.0	100.0
3. 鞋 袜 帽	98.5	100.4	101.4	99.2	100.6
(1) 鞋	98.2	100.4	101.6	99.1	100.5
(2) 袜　　子	100.0	100.0	100.0	100.0	100.0
(3) 帽　　子	100.0	100.8	100.0	99.4	103.9
4. 衣着加工服务费	107.4	98.8	102.5	100.0	100.0
四、家庭设备用品及维修服务	**100.2**	**99.9**	**100.1**	**100.2**	**100.1**
1. 耐用消费品	99.9	99.9	100.1	100.4	100.2
(1) 家　　具	100.0	100.1	100.5	100.6	100.7
(2) 家庭设备	99.8	99.9	99.9	100.2	99.9
2. 室内装饰品	100.0	99.7	100.0	100.0	100.0
3. 床上用品	100.0	100.4	100.7	99.5	99.8
4. 家庭日用杂品	100.3	100.1	100.1	100.2	100.0
5. 家庭服务及加工维修服务	102.4	98.6	100.0	100.0	100.0
五、医疗保健和个人用品	**101.6**	**99.6**	**99.8**	**100.2**	**100.2**
1. 医疗保健	100.8	100.1	100.1	100.1	100.2
(1) 医疗器具及用品	98.9	100.0	100.0	100.0	100.0
(2) 中药材及中成药	100.0	99.6	100.0	100.0	100.5
(3) 西　　药	100.1	100.5	100.1	100.2	100.0
(4) 保健器具及用品	100.0	99.8	100.0	100.0	100.0
(5) 医疗保健服务	102.8	100.0	100.1	99.9	100.0
2. 个人用品及服务	103.2	98.7	99.2	100.4	100.2

6 月	7 月	8 月	9 月	10 月	11 月	12 月
100.4	92.8	97.2	99.7	98.1	102.1	99.0
100.3	91.2	96.6	99.7	97.7	102.3	98.7
100.1	99.9	100.1	99.7	100.2	100.0	100.1
100.0	101.0	97.3	100.5	102.0	100.6	101.3
100.9	101.9	100.8	100.3	99.5	100.0	100.0
100.1	100.1	100.0	100.0	99.5	101.2	99.7
100.0	**100.1**	**100.3**	**99.8**	**100.2**	**100.0**	**100.0**
100.0	99.9	100.0	100.0	100.0	100.0	100.0
100.0	100.4	100.6	99.6	100.3	100.0	100.1
100.0	**99.3**	**99.1**	**100.4**	**101.3**	**100.2**	**98.5**
99.9	99.5	99.1	100.4	102.4	99.7	98.2
99.8	99.7	99.1	100.4	104.2	100.0	97.6
100.0	99.4	99.1	100.2	101.5	99.5	98.4
100.0	99.6	99.4	101.1	101.2	99.9	99.2
100.3	100.0	100.0	100.4	100.3	100.5	100.0
100.1	98.1	99.0	100.5	97.6	102.0	99.1
100.1	97.9	99.0	100.6	97.2	102.3	99.0
100.0	100.0	99.9	100.0	100.0	100.0	100.0
100.0	97.4	97.2	98.8	100.0	100.0	99.8
102.8	103.6	100.2	100.1	100.0	100.0	100.0
100.1	**100.3**	**99.8**	**100.1**	**99.7**	**100.4**	**99.5**
100.1	100.3	99.3	99.9	99.3	100.6	99.1
100.1	99.7	100.0	100.4	100.1	100.1	98.6
100.2	100.6	98.9	99.6	98.9	100.9	99.3
100.0	100.0	100.3	100.1	100.0	100.0	100.0
100.0	100.3	100.0	99.2	100.5	99.9	99.8
100.0	100.0	100.1	100.7	100.0	100.4	100.0
100.0	101.9	100.8	100.0	100.0	100.0	100.0
100.2	**100.3**	**100.0**	**100.1**	**99.7**	**100.0**	**99.9**
100.3	100.0	100.0	100.1	99.4	100.0	99.9
100.7	100.0	100.0	100.0	100.0	100.0	100.0
99.7	99.2	100.2	100.2	98.4	100.0	99.8
100.8	100.3	100.0	100.1	99.6	99.9	99.9
100.4	100.2	100.0	100.0	100.3	100.3	100.5
100.0	100.5	100.0	100.0	100.0	100.0	100.0
100.0	101.0	99.9	100.2	100.2	100.0	99.9

2012年广西农村居民消费价格各月环比指数（续表2）

以上月价格为100

类　　别	1月	2月	3月	4月	5月
(1) 化妆美容用品	100.1	100.0	99.7	100.1	100.2
(2) 清洁类化妆品	100.4	100.1	100.1	100.6	100.5
(3) 个人饰品	99.3	100.9	100.2	100.0	100.0
(4) 个人服务	115.5	93.5	96.5	101.0	100.1
六、交通和通信	**101.2**	**100.8**	**99.4**	**99.9**	**99.3**
1. 交　　通	102.5	101.4	99.0	99.9	99.2
(1) 交通工具	99.8	100.0	100.0	99.6	99.3
(2) 车用燃料及零配件	100.1	103.2	105.6	100.0	97.2
汽　　油	100.0	103.3	106.3	100.0	96.7
柴　　油	100.0	103.5	107.1	100.0	96.6
(3) 车辆使用及维修费	100.6	99.5	100.0	100.0	100.0
(4) 市区公共交通费	100.1	100.0	100.0	100.0	100.0
(5) 城市间交通费	113.0	103.6	89.4	100.0	100.6
2. 通　　信	99.6	100.0	100.0	100.0	99.4
(1) 通信工具	97.9	100.0	100.1	100.0	97.0
(2) 通信服务	100.0	100.0	100.0	100.0	100.0
七、娱乐教育文化用品及服务	**102.2**	**101.1**	**99.4**	**100.3**	**100.3**
1. 文娱用耐用消费品及服务	99.3	99.6	99.7	99.8	100.0
2. 教　　育	100.0	103.2	100.1	100.2	100.3
(1) 教材及参考书	100.0	100.8	100.6	100.0	100.0
(2) 教育服务	100.0	103.4	100.0	100.2	100.3
3. 文化娱乐类	109.0	100.0	100.0	99.9	99.8
(1) 文化娱乐用品	100.0	99.9	100.0	99.8	99.5
(2) 书报杂志	100.0	100.0	100.0	100.0	100.0
(3) 文 娱 费	125.1	100.0	100.0	100.0	100.0
4. 旅　　游	107.7	96.8	95.9	102.2	101.3
八、居　　住	**104.7**	**100.6**	**100.6**	**100.1**	**99.8**
1. 建房及装修材料	99.9	99.7	99.6	100.0	100.2
2. 住房租金	105.5	100.0	100.7	100.0	100.0
3. 自有住房	100.8	100.0	100.0	100.0	100.0
4. 水、电、燃料	118.5	102.7	102.8	100.3	98.9
水	161.5	103.8	100.7	100.0	100.0
电	114.8	100.0	100.0	100.0	100.0
液化石油气	111.6	106.0	107.4	100.9	97.1
管道燃气	105.3	100.0	100.0	100.0	100.0

6 月	7 月	8 月	9 月	10 月	11 月	12 月
99.8	100.2	100.0	100.0	100.2	100.1	100.0
100.5	100.9	99.4	100.8	100.0	99.9	100.1
99.5	99.5	100.4	99.4	100.7	100.1	99.1
100.0	103.6	100.0	100.0	99.9	100.0	100.0
99.8	**99.3**	**100.4**	**100.5**	**100.1**	**99.6**	**99.8**
99.5	98.6	100.7	101.2	100.1	99.3	99.9
100.0	100.2	99.7	99.6	100.2	99.9	99.7
95.3	96.0	103.7	105.1	100.0	97.0	99.8
94.5	95.6	104.4	106.0	100.0	96.7	100.0
94.2	95.3	104.7	106.4	100.0	96.7	100.0
100.0	100.0	100.0	101.3	100.3	100.0	100.0
100.0	100.0	100.0	100.0	100.0	100.0	100.0
103.0	97.1	100.0	100.0	100.0	100.0	100.0
100.1	100.1	99.9	99.7	100.1	100.0	99.8
99.8	100.7	100.1	98.6	100.3	100.0	99.0
100.2	100.0	99.9	100.0	100.0	100.0	100.0
99.8	**101.1**	**100.0**	**100.2**	**99.0**	**98.8**	**99.7**
100.0	99.0	100.2	100.4	98.4	99.9	99.2
100.0	100.0	100.0	101.3	100.0	100.1	100.0
100.0	100.0	100.1	99.5	100.0	100.0	100.0
100.0	100.0	100.0	101.5	100.0	100.1	100.0
100.0	100.2	99.8	100.2	99.2	99.1	99.9
99.9	99.6	99.3	100.2	99.6	99.9	99.8
100.0	100.0	100.0	100.5	100.0	100.0	100.0
100.0	100.8	100.0	100.0	98.4	97.9	100.0
98.7	110.1	99.8	95.4	95.4	91.4	98.4
100.1	**100.5**	**100.2**	**100.5**	**99.7**	**100.2**	**99.9**
100.1	100.1	99.7	100.0	101.4	101.1	99.9
100.0	100.0	100.0	100.0	97.4	100.0	100.0
102.0	100.5	100.0	100.0	98.5	100.0	100.0
96.9	101.0	101.0	102.1	101.2	99.9	99.6
100.0	100.0	100.0	100.0	100.0	100.0	100.0
100.0	104.6	100.0	100.0	101.1	100.0	100.0
91.8	96.8	103.0	106.2	102.0	99.7	99.0
100.0	100.0	100.0	100.0	100.0	100.0	100.0

2013年广西农村居民消费价格各月环比指数

以上月价格为100

类　　别	1月	2月	3月	4月	5月
居民消费价格总指数	**101.1**	**101.0**	**99.5**	**100.4**	**99.3**
一、食　　品	**102.8**	**101.7**	**98.5**	**100.4**	**97.4**
1. 粮　　食	100.4	100.5	99.9	100.2	100.3
大　　米	100.0	100.1	99.8	100.0	100.3
2. 淀粉及制品	100.0	100.0	98.4	100.0	100.0
3. 干豆类及豆制品	103.6	102.0	96.4	99.9	99.4
4. 油　　脂	100.6	100.2	100.1	99.5	98.9
食用植物油	100.8	100.4	100.3	99.4	99.1
5. 肉禽及其制品	104.9	102.6	94.6	95.9	97.0
(1) 食用畜肉及副产品	106.7	103.3	92.2	96.4	97.6
猪　　肉	107.4	102.1	91.3	95.8	96.8
牛　　肉	103.4	106.5	95.9	98.2	100.5
羊　　肉	105.2	109.8	95.5	101.4	99.9
(2) 禽	102.4	100.9	98.9	93.4	94.4
鸡	103.1	100.4	97.9	93.1	94.3
鸭	100.7	102.3	101.4	94.1	94.3
(3) 加工肉禽	100.7	102.1	99.7	99.5	99.5
6. 蛋	102.6	99.3	97.7	99.2	99.7
鲜　　蛋	102.8	99.2	97.5	99.2	99.7
7. 水 产 品	101.4	105.3	96.5	100.1	99.8
(1) 鱼	100.2	104.4	98.5	99.9	99.9
淡 水 鱼	100.4	105.4	99.0	100.0	99.9
海 水 鱼	99.9	101.8	97.3	99.8	100.0
(2) 其他水产品	106.8	109.3	88.5	100.7	99.2
虾 蟹 类	106.9	109.5	88.2	100.7	99.1
8. 菜	106.0	93.9	102.5	118.0	89.2
鲜　　菜	106.7	93.2	102.8	120.0	88.1
9. 调 味 品	101.1	100.8	99.7	100.3	99.6
食 用 盐	100.0	100.0	100.0	100.0	100.0
酱　　油	101.0	100.9	99.7	100.4	99.6
10. 糖	99.3	98.2	101.1	99.3	100.0
食　　糖	97.4	98.6	100.4	99.7	99.6
11. 茶及饮料	99.7	100.1	100.2	100.3	100.1
(1) 茶　　叶	100.0	100.1	100.1	101.1	101.3
(2) 饮　　料	99.7	100.2	100.2	100.1	99.7
12. 干鲜瓜果	103.3	110.6	103.9	97.9	93.9

6 月	7 月	8 月	9 月	10 月	11 月	12 月
100.5	**100.5**	**101.2**	**100.8**	**99.7**	**99.8**	**99.9**
100.5	**100.2**	**103.0**	**102.0**	**98.7**	**99.2**	**100.4**
100.4	100.0	99.4	99.9	99.7	100.2	100.1
100.3	100.0	99.3	99.7	99.6	100.3	100.1
100.0	102.4	100.0	100.0	100.0	100.0	100.4
100.2	100.1	100.9	99.6	101.1	100.4	100.8
99.1	99.4	99.7	98.8	99.4	98.2	99.2
98.7	99.2	99.7	98.1	99.5	98.5	97.9
101.4	101.8	104.4	100.6	100.6	100.2	100.3
100.7	101.2	105.3	101.2	101.0	100.0	100.2
101.0	101.6	107.0	101.3	100.6	100.0	99.9
100.9	100.4	101.2	101.3	102.1	100.6	100.9
99.8	100.0	100.2	100.2	101.2	99.4	101.4
104.2	104.1	103.9	99.7	99.7	100.9	100.5
104.1	103.5	104.3	100.4	99.6	100.9	100.4
104.3	105.6	103.0	98.1	99.9	100.8	100.8
100.0	100.0	100.3	99.5	100.2	99.9	100.1
99.2	99.9	103.2	101.5	99.5	99.7	99.8
99.2	99.9	103.4	101.5	99.4	99.7	99.8
100.2	99.5	100.8	100.6	99.5	99.9	100.5
100.0	99.7	100.2	99.5	99.6	99.4	100.2
99.6	99.9	100.4	99.1	98.9	99.2	100.3
100.9	99.3	99.8	100.2	101.3	99.7	100.0
100.9	98.8	103.4	105.4	99.4	102.3	101.4
100.9	98.8	103.5	105.5	99.4	102.3	101.4
95.8	98.9	115.2	112.5	91.1	94.1	99.8
95.3	98.8	117.0	113.7	90.2	93.4	99.7
100.1	99.7	99.3	100.6	100.0	99.8	100.0
100.0	100.0	100.0	100.0	100.0	100.0	100.0
99.6	99.5	98.8	101.2	100.0	99.7	100.0
99.9	100.0	99.7	99.9	98.9	99.4	100.5
99.7	99.9	99.7	99.4	99.0	98.2	100.2
100.2	100.3	100.5	100.0	100.0	99.9	100.1
100.0	100.0	100.0	100.0	100.0	99.8	100.0
100.3	100.4	100.6	100.0	100.0	99.9	100.1
105.2	96.8	98.3	103.1	97.1	97.8	103.7

2013 年广西农村居民消费价格各月环比指数（续表 1）

以上月价格为 100

类　　别	1 月	2 月	3 月	4 月	5 月
鲜 瓜 果	104.2	113.1	104.9	97.6	92.7
13. 糕点饼干面包	100.1	99.4	100.7	100.0	100.1
14. 液体乳及乳制品	98.1	100.8	100.6	101.7	102.7
15. 在外用膳食品	100.2	102.0	99.9	99.9	100.8
16. 其他食品	100.3	100.0	105.4	99.7	100.1
二、烟　　酒	**100.0**	**100.0**	**100.4**	**100.0**	**99.9**
1. 烟　　草	100.0	100.0	100.0	100.0	99.5
2. 酒	100.1	100.0	100.7	100.1	100.2
三、衣　　着	**99.2**	**99.0**	**100.9**	**101.9**	**100.9**
1. 服　　装	98.7	98.8	101.3	101.8	101.1
(1) 男式服装	99.0	98.8	100.4	102.3	100.6
(2) 女式服装	98.6	99.0	102.0	101.5	100.8
(3) 儿童服装	98.4	98.4	100.8	101.3	103.1
2. 衣着材料	100.2	99.8	101.2	100.4	100.0
3. 鞋 袜 帽	100.6	99.5	99.9	102.4	100.2
(1) 鞋	100.7	99.4	100.0	102.8	100.1
(2) 袜　　子	100.0	100.0	99.6	100.4	100.0
(3) 帽　　子	99.3	99.2	98.9	100.2	102.2
4. 衣着加工服务费	100.0	103.2	97.0	100.0	100.0
四、家庭设备用品及维修服务	**100.2**	**100.3**	**100.6**	**100.0**	**100.2**
1. 耐用消费品	99.9	99.8	101.2	99.8	100.4
(1) 家　　具	99.5	100.0	101.5	100.2	100.0
(2) 家庭设备	100.1	99.7	101.0	99.6	100.5
2. 室内装饰品	100.0	100.8	100.6	100.3	99.5
3. 床上用品	101.7	103.1	100.0	100.0	100.0
4. 家庭日用杂品	100.1	100.0	99.8	100.3	100.1
5. 家庭服务及加工维修服务	100.8	100.0	100.8	100.5	100.0
五、医疗保健和个人用品	**100.2**	**101.3**	**99.5**	**100.3**	**100.5**
1. 医疗保健	100.1	100.3	100.9	100.7	100.8
(1) 医疗器具及用品	100.0	100.0	99.7	100.0	100.0
(2) 中药材及中成药	100.2	100.5	99.6	102.5	102.1
(3) 西　　药	100.0	100.3	99.8	100.1	100.4
(4) 保健器具及用品	100.0	100.0	100.6	100.0	100.0
(5) 医疗保健服务	100.3	100.0	103.9	100.0	100.1
2. 个人用品及服务	100.4	103.4	96.5	99.5	100.0

6 月	7 月	8 月	9 月	10 月	11 月	12 月
106.5	96.3	98.0	103.7	96.6	97.3	104.6
99.5	99.9	99.9	101.2	100.2	100.1	99.9
101.2	101.1	100.0	101.6	101.0	100.6	100.1
100.5	100.6	100.6	99.9	99.7	100.2	100.1
100.2	100.0	99.9	99.9	100.2	100.8	100.6
99.7	**100.1**	**99.8**	**99.9**	**99.4**	**100.0**	**100.0**
100.0	100.0	100.0	100.0	100.0	100.0	100.0
99.5	100.2	99.6	99.8	98.9	99.9	100.0
101.3	**100.5**	**99.5**	**100.6**	**101.4**	**100.7**	**98.9**
101.3	100.2	99.3	100.5	101.9	100.9	98.8
100.8	99.6	99.2	100.2	102.7	101.1	98.5
101.6	100.0	99.7	101.0	101.5	100.9	99.0
101.4	102.0	98.8	99.8	101.3	100.2	98.7
100.0	100.0	100.0	100.0	100.2	100.2	100.0
101.3	101.9	100.0	101.0	99.9	100.1	99.3
101.4	102.2	100.0	101.1	99.9	100.0	99.1
100.0	100.0	100.0	100.0	100.0	100.5	100.0
103.8	100.4	100.0	100.0	100.0	100.0	100.0
102.0	100.0	100.0	100.0	100.0	100.0	100.0
100.9	**100.1**	**99.9**	**99.5**	**100.5**	**100.1**	**100.1**
102.0	99.8	99.9	98.9	100.9	100.2	100.1
100.0	99.9	100.0	99.0	101.5	99.9	100.5
103.0	99.8	99.8	98.9	100.6	100.3	99.9
101.0	100.0	100.0	100.0	100.0	100.0	100.0
100.0	100.0	99.8	99.8	100.7	100.0	100.0
99.7	100.6	99.9	100.1	100.0	100.2	100.1
100.0	100.0	100.0	100.0	100.0	100.0	100.0
99.9	**100.3**	**100.0**	**100.2**	**99.7**	**100.2**	**100.0**
100.0	100.6	100.1	100.2	99.6	100.1	100.0
101.1	100.0	100.4	100.0	100.0	100.0	100.0
100.4	100.7	99.9	100.7	100.0	100.7	100.1
99.7	99.9	100.2	100.0	99.1	99.8	100.0
99.8	100.1	99.8	99.9	99.9	100.1	99.8
100.0	101.4	100.0	100.0	100.0	100.0	100.0
99.9	99.6	99.7	100.1	99.7	100.2	99.9

2013年广西农村居民消费价格各月环比指数（续表2）

以上月价格为100

类　别	1月	2月	3月	4月	5月
(1) 化妆美容用品	100.0	100.0	99.9	100.1	100.0
(2) 清洁类化妆品	100.1	100.0	99.5	100.5	100.1
(3) 个人饰品	100.8	99.0	99.8	98.2	99.0
(4) 个人服务	101.0	116.1	86.7	98.3	100.7
六、交通和通信	**99.9**	**101.9**	**98.9**	**99.9**	**99.6**
1. 交　通	100.1	103.0	98.3	99.9	99.3
(1) 交通工具	99.5	100.0	99.8	100.1	100.0
(2) 车用燃料及零配件	100.0	100.3	101.9	97.0	97.5
汽　油	100.0	100.5	102.3	96.4	97.4
柴　油	100.0	100.5	102.2	96.4	97.1
(3) 车辆使用及维修费	100.0	100.2	99.9	100.7	100.0
(4) 市区公共交通费	101.3	100.0	100.0	100.0	100.0
(5) 城市间交通费	100.7	114.4	90.7	102.3	99.2
2. 通　信	99.6	100.5	99.8	99.8	99.9
(1) 通信工具	97.8	101.7	99.9	99.2	99.4
(2) 通信服务	100.0	100.2	99.8	100.0	100.0
七、娱乐教育文化用品及服务	**100.2**	**100.6**	**100.6**	**100.6**	**100.6**
1. 文娱用耐用消费品及服务	99.7	100.1	99.3	99.1	100.7
2. 教　育	100.1	100.0	101.2	100.8	100.2
(1) 教材及参考书	100.0	100.0	100.3	100.0	100.0
(2) 教育服务	100.1	100.0	101.3	100.9	100.2
3. 文化娱乐类	101.6	100.0	100.4	99.8	100.1
(1) 文化娱乐用品	100.0	100.0	100.6	99.8	100.0
(2) 书报杂志	100.0	100.0	100.0	100.0	100.0
(3) 文 娱 费	103.9	100.1	100.5	99.6	100.2
4. 旅　游	99.3	105.2	99.8	102.9	103.2
八、居　住	**100.6**	**100.3**	**100.1**	**100.1**	**100.6**
1. 建房及装修材料	100.9	99.7	99.3	100.4	99.0
2. 住房租金	100.0	100.0	100.0	100.5	103.6
3. 自有住房	100.6	100.7	99.6	100.3	101.5
4. 水、电、燃料	100.3	100.4	102.0	99.4	99.6
水	100.0	100.0	107.6	100.6	100.0
电	98.2	100.0	101.8	100.0	100.0
液化石油气	103.3	101.0	100.0	98.1	99.0
管道燃气	100.0	100.0	100.0	100.0	100.0

6 月	7 月	8 月	9 月	10 月	11 月	12 月
100.0	100.0	99.7	100.2	99.9	100.0	100.0
100.0	99.9	100.1	100.0	99.8	100.4	100.0
99.7	97.9	98.7	100.4	99.2	99.8	99.4
99.6	100.0	100.0	100.0	100.0	100.4	100.0
100.6	**100.2**	**100.2**	**100.4**	**99.7**	**99.8**	**100.1**
100.3	100.1	100.4	100.8	99.5	99.7	100.4
100.0	99.7	100.0	99.6	100.1	100.0	99.9
99.8	101.0	101.6	102.8	97.8	99.0	101.9
99.9	101.0	101.9	103.1	98.0	99.1	102.7
99.7	101.6	102.0	103.1	97.9	98.2	101.2
102.3	100.0	100.0	100.0	100.0	100.0	100.0
100.0	100.0	100.0	102.2	100.0	100.0	100.0
100.0	100.0	100.0	100.5	100.0	99.6	99.7
100.9	100.2	99.9	99.9	99.8	99.9	99.9
105.0	101.1	99.4	99.6	99.1	99.3	99.4
100.0	100.0	100.0	100.0	100.0	100.0	100.0
100.1	**100.9**	**100.5**	**100.1**	**100.3**	**99.7**	**99.6**
100.2	99.7	99.7	99.4	100.0	100.1	99.7
100.0	99.7	100.0	100.8	100.0	100.0	100.0
100.3	100.0	100.0	100.0	100.0	100.1	100.0
100.0	99.7	100.0	100.9	100.0	100.0	100.0
100.0	100.3	100.0	100.0	99.9	100.0	99.8
100.0	100.0	100.0	100.0	99.7	100.0	100.0
100.0	100.0	100.0	100.0	100.0	100.0	100.0
100.0	100.8	100.0	99.9	100.0	99.9	99.6
100.3	108.2	103.9	98.3	102.2	97.3	97.9
100.5	**101.1**	**100.6**	**100.2**	**100.4**	**100.4**	**99.3**
100.1	100.3	100.4	100.7	100.6	101.1	100.6
103.8	104.5	100.7	100.0	100.0	100.0	95.4
101.1	100.6	100.9	100.0	100.0	100.0	98.1
98.2	101.1	100.5	100.2	100.9	100.7	101.9
100.0	113.3	100.0	100.0	101.9	100.0	100.0
98.9	100.0	100.0	100.0	101.1	100.0	100.0
96.6	97.1	101.4	100.5	100.2	102.0	105.7
86.1	100.0	100.0	100.0	100.0	100.0	100.0

1996年广西全区商品零售价格各月环比指数

以上月价格为100

类　　别	1月	2月	3月	4月	5月
商品零售价格总指数	**100.9**	**101.0**	**100.3**	**101.1**	**99.5**
一、食　　品	**100.4**	**102.9**	**100.1**	**103.1**	**98.3**
1. 粮　　食	100.5	101.5	99.9	101.2	100.3
(1) 细　　粮	100.1	101.3	99.6	100.5	100.2
大　　米	99.7	101.9	99.6	100.4	100.2
(2) 粗　　粮	104.2	102.9	102.1	107.2	101.3
2. 油 脂 类	97.4	101.1	97.3	99.6	98.6
3. 肉 禽 蛋	100.3	104.8	99.4	99.6	97.7
猪　　肉	97.4	102.7	97.0	99.4	98.8
牛　　肉	99.3	109.5	100.3	98.6	98.0
羊　　肉	101.6	101.0	97.0	99.5	101.3
鸡	104.6	108.3	100.7	101.8	91.3
鸭	107.3	106.7	101.8	103.9	95.3
鲜　　蛋	103.1	107.5	102.6	94.6	101.8
4. 水产品类	101.0	107.7	104.3	104.8	99.4
5. 鲜　　菜	86.0	91.0	95.2	125.2	81.3
6. 干　　菜	100.7	104.4	99.1	104.7	101.2
7. 鲜　　果	115.0	109.8	107.9	112.9	105.6
8. 干　　果	104.6	104.5	99.6	101.0	101.7
9. 其他食品类	100.7	100.5	100.0	100.1	100.4
(1) 调味品	101.7	101.0	100.9	100.8	101.5
盐	105.0	101.8	101.1	100.2	101.6
酱　　油	99.5	100.0	100.0	101.9	101.8
(2) 食　　糖	98.5	99.8	99.7	98.8	98.4
(3) 糖　　果	101.2	102.5	100.1	99.0	100.5
(4) 糕　　点	101.5	99.5	99.3	100.4	100.3
(5) 奶及奶制品	100.0	99.8	100.1	102.0	101.3
(6) 罐　　头	102.0	100.1	99.7	100.2	100.3
10. 饮 食 业	101.8	101.5	101.2	99.9	101.0
(1) 主　　食	100.2	100.1	100.4	101.6	100.4
(2) 炒　　菜	102.6	102.1	100.9	98.9	101.1
(3) 地方小吃	100.9	101.7	104.6	101.3	102.0

6月	7月	8月	9月	10月	11月	12月
98.6	**101.2**	**101.1**	**100.5**	**100.1**	**99.5**	**100.2**
96.2	**103.1**	**102.0**	**100.1**	**99.6**	**98.3**	**99.5**
101.1	102.2	99.7	99.2	99.3	100.0	99.5
100.8	102.0	99.5	99.3	99.3	99.8	99.0
100.7		99.4	98.3	99.2	100.0	98.3
104.0	104.0	101.7	98.8	98.9	101.8	104.2
100.4	106.0	101.8	101.3	100.1	99.8	100.7
101.1	105.3	101.2	100.8	100.1	99.8	98.3
103.2		101.1	102.1	101.2	100.8	98.4
102.1		100.2	100.1	100.2	97.9	97.9
99.6		99.5	78.8	123.3	97.1	100.2
97.3		101.4	97.7	98.6	101.1	97.7
94.3		104.6	97.9	97.1	96.0	101.7
101.2		100.5	104.4	95.3	97.1	96.2
97.6	99.3	101.7	98.4	97.6	96.8	96.8
66.0	120.5	111.4	99.6	92.5	82.0	105.4
99.6	101.6	101.7	103.5	99.3	100.5	101.3
68.9	84.4	106.7	97.6	102.7	97.8	99.4
102.8	101.2	100.5	99.5	100.1	99.9	100.0
100.1	100.1	100.5	100.7	101.0	100.7	100.6
100.7	100.2	100.4	100.1	101.1	100.3	100.0
102.3		100.2	100.0	103.8	100.0	100.0
100.0		100.0	100.0	100.0	100.0	100.0
96.1	99.5	101.3	101.6	102.5	102.9	100.6
103.6	99.8	100.0	100.1	100.0	100.6	100.0
100.3	100.5	101.0	101.2	100.0	100.0	100.0
100.0	100.5	99.8	100.4	101.6	99.4	102.9
100.1	100.2	99.6	102.3	100.0	100.6	100.6
100.5	100.5	100.6	100.2	101.5	99.9	100.0
101.6	101.0	100.3	100.0	100.9	100.1	99.9
100.2	100.1	100.8	100.0	101.9	99.9	100.0
99.7	102.0	100.0	101.7	100.8	99.7	100.0

1996年广西全区商品零售价格各月环比指数（续表）

以上月价格为100

类　　别	1月	2月	3月	4月	5月
二、饮料、烟酒类	**102.0**	**100.9**	**100.7**	**100.2**	**100.3**
1. 饮　　料	100.4	100.3	100.3	101.0	100.1
2. 烟　　酒	102.4	101.0	100.8	100.0	100.3
三、服装、鞋帽类	**101.3**	**100.7**	**99.7**	**99.8**	**100.7**
1. 服　　装	101.1	99.7	99.4	99.8	100.7
2. 鞋	101.9	103.1	100.1	99.2	100.1
3. 其他衣着	100.8	100.6	100.0	101.3	101.7
四、纺织品类	**101.1**	**99.9**	**100.0**	**100.2**	**99.9**
1. 棉　　布	103.0	100.7	100.0	101.1	99.8
2. 棉花化纤混纺布	101.4	99.7	99.1	99.6	100.7
3. 化 纤 布	100.0	98.7	100.0	100.0	99.7
4. 呢　　绒	100.2	102.1	100.0	100.4	100.0
5. 绸　　缎	100.3	100.6	100.0	100.5	98.6
6. 其他纺织品	101.3	100.1	101.2	100.0	100.0
五、中、西药品类	**100.4**	**99.7**	**100.5**	**100.6**	**101.1**
1. 中　　药	98.8	99.7	100.9	101.1	101.1
2. 西　　药	101.8	99.6	100.2	100.2	101.3
3. 医疗用品	101.1	100.2	100.2	100.1	100.0
六、化妆品类	**102.2**	**99.8**	**100.4**	**99.8**	**100.3**
七、书报、杂志类	**120.6**	**100.0**	**114.4**	**100.0**	**100.0**
八、文化体育用品类	**100.9**	**100.0**	**100.7**	**100.0**	**99.8**
1. 文化用品	100.7	100.0	101.0	99.9	99.8
2. 体育用品	101.2	100.1	100.3	100.1	99.9
九、日用品类	**100.2**	**100.0**	**100.1**	**100.2**	**100.3**
1. 一般日用品	100.2	100.0	100.1	100.4	100.5
2. 家 具 类	100.2	100.1	99.9	99.8	99.7
3. 日用杂品	100.3	99.9	100.2	100.4	100.4
十、家用电器类	**99.9**	**98.9**	**99.7**	**99.6**	**99.5**
十一、首 饰 类	**99.5**	**100.2**	**99.9**	**100.0**	**100.0**
十二、燃 料 类	**99.9**	**100.4**	**100.0**	**99.6**	**100.1**
汽　　油	100.3	100.1	100.1	100.0	100.0
煤　　油	100.9	100.0	99.4	100.0	99.9
液化石油气	99.2	100.7	99.9	99.0	99.6
十三、建筑装潢材料类	**102.4**	**99.0**	**99.8**	**99.0**	**100.3**
十四、机电产品类	**99.4**	**99.7**	**99.0**	**99.4**	**99.7**

注：7月缺失基本分类数据

6月	7月	8月	9月	10月	11月	12月
100.3	**100.3**	**100.8**	**101.4**	**100.7**	**100.0**	**99.9**
100.1	100.1	101.2	100.0	100.0	99.9	99.7
100.3	100.3	100.7	101.7	100.8	100.0	100.0
100.4	**100.2**	**100.3**	**100.8**	**101.4**	**100.8**	**101.3**
100.5	100.0	100.5	100.8	101.6	101.1	102.0
100.0	100.5	100.0	101.3	101.3	100.3	100.2
100.7	100.6	100.1	100.0	100.6	100.4	100.4
100.3	**100.1**	**100.0**	**102.8**	**100.2**	**100.6**	**100.2**
100.0	100.4	100.1	108.0	100.8	101.3	100.0
99.8	100.0	100.0	102.8	100.7	100.3	100.0
100.9	100.0	100.0	101.0	99.9	100.0	100.4
100.0	100.1	100.0	101.6	100.3	100.2	100.0
100.0	100.0	100.0	100.0	99.3	101.1	100.0
100.2	100.1	99.8	100.7	100.0	101.4	100.6
100.6	**100.4**	**103.9**	**102.0**	**101.2**	**100.2**	**99.6**
100.5	100.8	105.9	102.4	102.9	100.3	99.3
100.7	100.0	102.4	101.9	99.6	100.3	99.8
100.8	100.3	101.3	100.4	100.2	99.3	100.0
100.5	**98.9**	**100.2**	**100.4**	**100.0**	**100.2**	**99.3**
100.2	**100.0**	**100.7**	**106.9**	**100.0**	**100.0**	**100.0**
100.9	**100.0**	**101.4**	**99.6**	**100.1**	**100.5**	**99.9**
101.3	100.3	101.5	99.7	100.1	100.1	100.3
100.1	99.6	101.1	99.4	100.2	101.2	99.3
100.1	**100.3**	**100.4**	**100.2**	**100.3**	**100.4**	**100.1**
100.2	100.2	100.5	100.2	100.4	100.4	100.1
99.9	100.6	100.2	100.3	100.0	100.1	100.0
100.2	100.1	100.5	100.3	100.2	100.6	100.0
99.4	**100.2**	**99.5**	**100.2**	**99.4**	**99.5**	**100.0**
100.1	**100.0**	**100.1**	**99.9**	**100.0**	**100.0**	**100.0**
99.4	**99.1**	**101.4**	**99.2**	**102.2**	**100.7**	**109.1**
99.5		99.7	100.0	100.4	101.4	105.3
100.0		99.7	100.0	100.0	100.0	100.0
99.1		103.8	97.9	105.0	100.2	116.7
98.8	**99.6**	**99.8**	**99.3**	**100.5**	**99.8**	**99.5**
99.5	**100.5**	**99.4**	**99.0**	**99.1**	**99.9**	**99.7**

1997年广西全区商品零售价格各月环比指数

以上月价格为100

类　别	1月	2月	3月	4月	5月
商品零售价格总指数	**99.9**	**100.4**	**99.1**	**100.2**	**99.2**
一、食　品	**98.7**	**102.3**	**97.8**	**100.8**	**98.7**
1. 粮　食	99.2	99.8	99.1	100.2	98.6
(1) 细　粮	99.2	99.6	98.8	100.0	98.6
大　米	98.8	99.5	98.3	100.1	98.2
(2) 粗　粮	99.3	101.1	101.8	101.8	98.4
2. 油脂类	99.6	99.3	101.2	100.6	99.1
3. 肉禽蛋	98.4	101.8	96.4	100.0	98.7
猪　肉	98.8	102.0	96.8	99.8	99.2
牛　肉	97.1	106.3	95.5	97.5	97.6
羊　肉	97.9	107.4	92.7	98.3	96.3
鸡	96.6	101.3	96.0	102.0	100.2
鸭	100.5	99.6	97.5	102.6	97.0
鲜　蛋	97.1	98.1	92.2	97.2	94.6
4. 水产品类	99.9	105.6	98.2	100.4	100.0
5. 鲜　菜	88.3	104.5	95.9	107.1	86.6
6. 干　菜	101.6	103.4	97.0	99.9	99.5
7. 鲜　果	102.8	115.6	95.6	103.0	108.9
8. 干　果	99.5	100.7	102.6	101.9	100.6
9. 其他食品类	100.5	100.1	99.8	99.5	99.6
(1) 调味品	100.3	100.9	99.9	99.8	100.6
盐	100.1	100.9	100.0	100.0	100.0
酱　油	100.0	100.7	100.0	100.0	102.9
(2) 食　糖	99.6	99.6	99.4	99.5	98.3
(3) 糖　果	99.8	99.8	100.0	99.4	99.0
(4) 糕　点	100.8	100.2	99.7	99.3	100.7
(5) 奶及奶制品	102.0	100.2	100.1	99.6	99.3
(6) 罐　头	101.7	99.5	100.3	99.7	100.7
10. 饮食业	101.1	100.4	99.8	100.1	100.1
(1) 主　食	101.7	99.7	100.0	100.3	100.3
(2) 炒　菜	101.0	100.8	99.7	100.0	100.1
(3) 地方小吃	100.5	100.0	100.0	100.4	100.0

6月	7月	8月	9月	10月	11月	12月
98.3	**100.2**	**99.6**	**100.0**	**99.6**	**99.6**	**99.2**
96.0	**101.4**	**99.7**	**99.9**	**98.4**	**98.7**	**98.1**
95.8	99.7	99.3	96.9	100.1	100.5	99.9
95.3	99.5	99.5	96.7	100.0	100.4	100.0
93.9	99.3	99.3	95.7	99.9	100.5	100.2
99.7	101.2	97.8	98.9	100.9	101.1	99.4
99.9	99.6	99.7	98.4	100.1	100.3	99.5
99.3	99.5	97.7	101.3	99.6	99.4	97.6
99.1	100.2	99.7	99.2	98.8	99.3	97.6
98.4	100.0	100.2	97.8	97.7	97.5	98.3
100.2	94.5	99.2	105.0	97.1	94.5	97.6
101.1	97.8	91.8	106.3	103.4	100.8	95.1
100.3	97.6	89.5	103.9	100.7	104.2	95.4
97.8	99.7	100.9	105.2	96.3	96.0	100.2
97.8	100.1	98.7	97.2	96.3	97.8	97.8
77.9	116.2	108.3	104.9	92.9	93.5	89.7
99.7	98.1	99.8	101.1	100.1	100.1	99.5
78.2	108.4	103.1	96.0	87.9	90.4	101.1
99.6	98.2	99.2	97.9	98.3	97.1	95.9
100.1	100.3	100.0	100.2	100.2	100.0	100.2
99.6	100.1	100.0	100.0	100.2	100.0	100.1
100.0	100.0	100.0	100.0	100.3	100.0	100.0
98.8	100.0	100.0	100.0	100.5	100.0	99.5
99.3	101.4	99.9	99.9	101.0	99.8	98.4
101.4	100.5	100.2	100.0	99.9	100.0	99.4
100.2	99.7	100.0	100.3	100.0	100.0	101.8
100.0	100.0	100.0	101.2	100.0	100.0	101.5
100.5	100.2	99.7	100.1	100.0	100.0	101.5
100.7	100.0	100.0	100.2	100.0	100.5	100.0
100.0	100.0	100.0	100.4	100.2	99.6	100.0
101.2	100.0	100.0	100.2	100.0	100.7	100.0
100.0	100.0	100.0	100.2	100.0	101.1	100.2

1997年广西全区商品零售价格各月环比指数（续表）

以上月价格为100

类　　别	1月	2月	3月	4月	5月
二、饮料、烟酒类	**100.1**	**99.8**	**100.2**	**99.7**	**99.5**
1. 饮　　料	99.7	99.5	100.2	100.2	100.4
2. 烟　　酒	100.2	99.9	100.2	99.6	99.3
三、服装、鞋帽类	**100.0**	**97.3**	**98.9**	**100.7**	**99.2**
1. 服　　装	99.9	95.8	98.1	100.8	98.2
2. 鞋	100.0	99.7	99.9	100.2	101.4
3. 其他衣着	100.1	99.3	100.2	101.3	99.2
四、纺织品类	**101.1**	**99.7**	**99.8**	**99.7**	**100.1**
1. 棉　　布	100.5	99.8	100.4	99.4	100.1
2. 棉花化纤混纺布	101.4	99.7	100.0	99.1	99.8
3. 化 纤 布	102.8	100.0	99.8	100.0	99.8
4. 呢　　绒	99.3	100.0	100.0	100.0	100.0
5. 绸　　缎	99.9	99.9	100.0	100.0	99.8
6. 其他纺织品	100.9	99.2	98.9	99.9	100.7
五、中、西药品类	**100.9**	**100.5**	**100.4**	**100.1**	**100.3**
1. 中　　药	100.4	100.8	100.3	99.8	100.5
2. 西　　药	101.5	100.2	100.4	100.4	100.1
3. 医疗用品	100.3	101.1	101.1	99.6	99.9
六、化妆品类	**100.1**	**100.1**	**100.1**	**100.7**	**99.8**
七、书报、杂志类	**111.7**	**100.0**	**101.4**	**100.0**	**100.0**
八、文化体育用品类	**99.3**	**100.3**	**100.6**	**99.9**	**100.7**
1. 文化用品	98.6	100.4	100.9	99.7	101.2
2. 体育用品	100.4	100.1	100.0	100.2	99.8
九、日用品类	**100.5**	**100.0**	**100.2**	**99.7**	**99.9**
1. 一般日用品	100.5	99.9	100.2	99.7	100.0
2. 家 具 类	100.3	100.0	100.0	99.5	99.6
3. 日用杂品	100.5	100.3	100.5	100.0	100.0
十、家用电器类	**99.3**	**99.4**	**99.8**	**99.8**	**99.4**
十一、首 饰 类	**100.1**	**99.4**	**100.0**	**100.0**	**99.7**
十二、燃 料 类	**101.8**	**98.8**	**98.4**	**97.1**	**97.0**
汽　　油	100.6	98.4	99.9	100.6	99.3
煤　　油	103.4	99.8	100.0	102.3	102.4
液化石油气	102.9	98.8	96.5	92.8	93.8
十三、建筑装潢材料类	**100.4**	**97.7**	**100.2**	**99.8**	**99.2**
十四、机电产品类	**99.3**	**99.9**	**100.0**	**99.8**	**98.3**

6月	7月	8月	9月	10月	11月	12月
100.0	**99.7**	**99.8**	**100.2**	**99.8**	**99.9**	**99.7**
100.3	99.7	100.0	100.0	99.9	100.0	100.0
99.9	99.7	99.8	100.2	99.8	99.9	99.6
100.0	**98.9**	**98.9**	**101.0**	**102.2**	**100.8**	**100.0**
99.9	98.8	98.9	101.5	103.5	101.2	100.2
100.2	99.7	98.6	99.4	100.1	100.1	99.4
99.9	97.7	99.8	102.4	100.5	100.2	100.1
100.1	**99.7**	**99.9**	**100.8**	**99.8**	**100.3**	**100.1**
101.7	99.2	98.6	101.9	100.1	99.9	99.7
97.9	99.5	100.7	100.6	100.0	100.1	99.3
100.0	100.0	100.1	100.0	100.0	102.1	101.0
100.0	100.0	100.0	100.3	100.0	98.8	100.0
100.0	99.2	100.0	100.2	99.5	99.9	100.0
100.2	100.0	100.1	101.5	99.0	99.5	100.2
101.5	**100.1**	**100.4**	**99.9**	**100.4**	**100.1**	**99.9**
102.5	100.2	100.9	100.7	100.1	100.4	99.9
100.6	100.0	100.0	99.0	100.7	99.6	99.7
100.8	100.1	100.1	100.0	99.8	101.0	100.9
99.9	**100.1**	**99.0**	**100.1**	**100.5**	**99.8**	**100.6**
100.0	**100.0**	**99.4**	**100.7**	**100.0**	**100.0**	**100.0**
99.7	**100.1**	**99.6**	**100.1**	**99.7**	**100.0**	**100.6**
99.6	100.1	99.7	100.1	100.0	99.8	101.0
99.9	100.2	99.5	100.0	99.3	100.4	99.9
100.2	**100.1**	**99.7**	**99.6**	**100.3**	**100.7**	**99.9**
100.3	100.3	99.3	99.3	100.5	101.1	99.7
100.1	100.0	100.0	99.9	100.4	100.2	100.1
100.1	99.6	100.4	100.1	99.5	100.2	100.1
98.8	**99.0**	**99.3**	**99.2**	**99.9**	**99.6**	**99.0**
99.9	**99.9**	**100.3**	**99.7**	**99.6**	**97.4**	**100.0**
97.7	**98.8**	**99.4**	**100.4**	**101.0**	**99.9**	**100.5**
100.2	99.9	99.3	100.1	100.3	99.4	100.0
100.0	100.0	99.2	99.3	100.7	100.0	100.0
94.8	97.1	99.3	100.9	102.0	100.4	101.0
98.9	**99.8**	**99.8**	**100.2**	**100.5**	**100.4**	**100.2**
99.4	**99.8**	**99.6**	**99.5**	**99.2**	**98.9**	**98.8**

1998年广西全区商品零售价格各月环比指数

以上月价格为100

类别	1月	2月	3月	4月	5月
商品零售价格总指数	**99.2**	**100.9**	**100.0**	**99.8**	**98.6**
一、食　品	**98.4**	**102.6**	**100.1**	**100.1**	**96.9**
1. 粮　食	100.0	99.9	100.0	98.5	99.2
(1) 细　粮	100.2	100.1	99.7	98.5	99.2
大　米	100.5	100.3	99.8	98.0	99.1
(2) 粗　粮	98.7	98.5	102.2	98.3	99.4
2. 油脂类	100.3	98.9	99.8	99.2	98.1
3. 肉禽蛋	96.0	103.7	98.7	99.2	97.7
猪　肉	96.9	100.8	97.8	97.8	96.3
牛　肉	97.3	106.2	93.1	99.3	99.0
羊　肉	98.5	105.3	97.5	96.4	93.7
鸡	89.2	111.6	101.3	102.3	100.4
鸭	95.2	107.9	104.8	97.5	96.8
鲜　蛋	101.3	101.2	98.7	101.2	97.1
4. 水产品类	96.7	104.7	98.9	100.4	100.5
5. 鲜　菜	97.5	102.4	96.2	91.7	75.9
6. 干　菜	100.7	101.8	98.0	99.6	100.2
7. 鲜　果	103.7	113.1	114.5	121.6	98.8
8. 干　果	98.3	100.8	99.4	99.1	99.2
9. 其他食品类	100.2	100.0	101.1	99.7	99.4
(1) 调味品	99.6	100.0	101.8	99.8	99.7
盐	100.0	100.0	101.7	100.0	98.5
酱　油	100.0	100.9	103.4	100.0	101.5
(2) 食　糖	98.5	99.8	97.7	100.0	98.7
(3) 糖　果	103.6	100.1	105.4	98.5	99.1
(4) 糕　点	99.8	100.3	100.9	99.2	99.4
(5) 奶及奶制品	99.7	100.0	99.7	101.0	100.2
(6) 罐　头	101.1	99.2	100.4	100.2	100.1
10. 饮食业	100.2	99.7	100.0	100.2	100.1
(1) 主　食	100.0	100.0	100.0	100.9	100.2
(2) 炒　菜	100.3	99.5	100.0	100.0	100.0
(3) 地方小吃	100.0	100.4	100.0	100.0	100.3

6月	7月	8月	9月	10月	11月	12月
99.0	**101.8**	**98.9**	**99.8**	**100.4**	**99.4**	**99.9**
97.8	**105.0**	**97.3**	**99.7**	**100.0**	**98.0**	**99.4**
102.9	102.6	97.4	101.2	101.9	98.7	97.9
103.5	103.0	97.1	101.5	101.8	98.8	98.2
104.8	103.8	96.3	102.2	102.4	98.3	97.8
97.2	98.7	100.1	98.9	102.7	98.0	95.7
99.0	101.0	98.7	102.4	102.5	99.7	97.7
99.2	100.6	99.3	101.5	101.0	98.1	100.4
100.9	100.9	96.5	100.6	101.1	100.0	99.8
97.3	99.3	99.3	98.7	99.0	100.9	101.3
103.0	101.8	99.5	99.2	94.8	101.8	100.5
93.8	100.2	102.1	105.0	103.6	94.7	99.4
95.5	103.9	102.1	104.6	101.8	90.3	103.2
106.7	99.6	105.5	103.6	97.4	95.5	102.9
99.6	101.2	96.0	99.8	98.6	97.7	99.4
89.2	135.0	89.9	93.3	92.2	91.0	95.0
101.0	100.8	98.8	99.7	99.7	99.2	100.7
77.9	124.9	85.1	91.1	99.7	97.4	102.3
98.5	98.4	99.6	100.4	98.3	98.3	97.7
99.3	99.2	100.2	99.6	100.2	100.4	99.9
99.9	99.7	99.9	100.0	99.8	101.1	100.0
100.0	100.0	100.0	100.0	100.1	100.0	100.0
100.0	100.0	100.0	100.0	100.0	100.0	100.0
97.2	97.3	101.1	98.2	100.5	99.8	98.8
99.6	98.9	100.2	100.5	100.4	100.9	100.4
99.9	99.9	100.1	99.7	100.2	100.0	99.8
100.2	100.4	99.7	99.6	100.0	100.0	100.4
100.0	101.1	99.8	99.6	100.0	99.9	100.6
100.0	100.0	100.0	100.0	100.0	100.0	100.0
100.0	100.0	100.0	100.0	100.0	100.0	100.0
100.0	100.0	100.0	100.0	100.0	100.0	100.0
100.0	100.0	100.0	100.0	100.0	100.0	100.0

1998年广西全区商品零售价格各月环比指数（续表）

以上月价格为100

类　　别	1月	2月	3月	4月	5月
二、饮料、烟酒类	**100.0**	**101.1**	**100.5**	**100.0**	**100.5**
1. 饮　　料	99.8	101.6	100.7	101.0	99.9
2. 烟　　酒	100.1	101.0	100.4	99.8	100.6
三、服装、鞋帽类	**99.6**	**99.4**	**99.9**	**102.2**	**100.0**
1. 服　　装	99.2	97.3	98.2	103.0	100.2
2. 鞋	100.1	103.7	102.7	100.1	99.6
3. 其他衣着	100.1	99.9	101.9	102.9	100.0
四、纺织品类	**99.9**	**99.9**	**100.1**	**100.1**	**100.0**
1. 棉　　布	100.3	99.7	100.6	100.7	99.0
2. 棉花化纤混纺布	100.0	100.7	100.0	99.0	103.6
3. 化 纤 布	100.0	100.0	100.0	100.0	99.5
4. 呢　　绒	99.8	99.7	100.0	100.0	98.4
5. 绸　　缎	100.0	99.9	99.9	100.0	99.5
6. 其他纺织品	99.3	99.4	99.8	100.3	99.9
五、中、西药品类	**100.3**	**101.2**	**101.6**	**100.9**	**100.7**
1. 中　　药	100.5	103.4	100.1	102.4	101.9
2. 西　　药	100.0	99.1	103.5	99.7	99.5
3. 医疗用品	100.2	100.2	99.8	99.4	100.4
六、化妆品类	**100.1**	**99.7**	**99.5**	**99.8**	**101.7**
七、书报、杂志类	**101.8**	**102.5**	**100.0**	**100.0**	**100.0**
八、文化体育用品类	**100.1**	**100.0**	**99.2**	**99.9**	**100.4**
1. 文化用品	99.9	100.1	99.2	99.9	100.3
2. 体育用品	100.4	99.7	99.2	100.0	100.6
九、日用品类	**99.5**	**99.7**	**100.1**	**99.7**	**100.0**
1. 一般日用品	99.5	99.6	99.8	99.7	100.0
2. 家 具 类	99.5	99.9	99.7	99.8	99.9
3. 日用杂品	99.8	99.7	101.6	99.8	100.2
十、家用电器类	**99.0**	**99.6**	**99.4**	**99.8**	**99.2**
十一、首 饰 类	**99.2**	**98.9**	**98.9**	**99.2**	**98.7**
十二、燃 料 类	**99.2**	**99.2**	**99.3**	**92.8**	**95.3**
汽　　油	99.1	100.1	99.9	88.5	99.4
煤　　油	99.5	100.0	101.1	97.8	99.7
液化石油气	99.2	98.3	98.6	95.3	90.5
十三、建筑装潢材料类	**100.3**	**98.9**	**100.1**	**99.5**	**97.5**
十四、机电产品类	**98.9**	**99.2**	**98.7**	**99.2**	**99.7**

6月	7月	8月	9月	10月	11月	12月
100.3	**100.2**	**99.6**	**99.9**	**99.9**	**99.9**	**100.4**
100.1	101.8	100.4	99.3	99.9	100.0	100.6
100.4	99.8	99.4	100.0	99.9	99.9	100.4
100.3	**99.8**	**99.8**	**99.9**	**101.2**	**100.8**	**100.6**
100.6	99.8	99.7	99.6	102.3	101.1	101.1
100.2	99.8	100.0	100.3	99.5	100.2	99.9
99.0	99.9	100.2	100.5	100.0	100.3	100.0
99.6	**100.0**	**100.0**	**99.7**	**99.9**	**100.2**	**100.0**
100.0	100.1	100.0	100.2	100.0	101.1	100.0
100.3	100.0	99.9	100.0	100.0	100.0	99.8
98.4	100.0	100.0	98.1	100.0	100.0	100.0
100.0	100.0	100.0	103.0	100.0	100.0	100.0
100.0	100.0	100.0	100.0	100.3	100.0	100.0
100.0	100.0	99.9	99.3	99.4	100.0	99.9
100.5	**100.7**	**100.7**	**100.3**	**99.9**	**100.1**	**100.2**
100.7	100.4	101.0	100.8	99.4	100.1	100.0
100.2	101.1	100.6	99.9	100.2	99.9	100.3
100.5	100.1	99.7	99.9	101.0	100.6	100.7
100.0	**100.0**	**99.9**	**100.0**	**99.9**	**99.7**	**99.9**
100.0	**100.0**	**99.7**	**97.7**	**100.0**	**100.0**	**100.0**
99.9	**100.1**	**100.0**	**100.1**	**100.0**	**99.7**	**100.2**
99.9	100.0	100.1	100.1	100.0	99.6	100.2
99.9	100.3	99.9	100.0	100.0	100.0	100.1
100.2	**100.4**	**99.9**	**99.9**	**100.0**	**100.0**	**100.0**
100.2	100.5	99.7	99.8	100.1	100.0	100.0
99.9	99.9	99.9	100.1	100.1	99.9	100.0
100.4	100.6	100.5	99.9	99.4	100.0	99.7
98.9	**99.9**	**99.8**	**99.8**	**99.6**	**99.9**	**99.9**
97.2	**99.4**	**100.1**	**99.5**	**100.0**	**99.9**	**100.0**
97.1	**98.9**	**99.5**	**99.8**	**110.0**	**102.7**	**100.2**
101.4	99.7	100.7	99.8	101.4	100.0	99.6
100.0	97.2	99.7	102.3	100.8	100.1	102.7
92.5	98.0	98.4	99.7	120.1	105.8	100.6
100.3	**99.2**	**99.2**	**99.7**	**100.6**	**100.3**	**100.5**
100.0	**98.4**	**98.7**	**99.5**	**99.3**	**99.4**	**100.1**

1999年广西全区商品零售价格各月环比指数

以上月价格为100

类　　别	1月	2月	3月	4月	5月
商品零售价格总指数	**100.4**	**100.2**	**99.5**	**99.4**	**97.7**
一、食　　品	**100.9**	**101.6**	**99.3**	**99.2**	**95.4**
1.粮　　食	100.2	100.8	100.0	101.1	99.7
(1) 细　　粮	100.5	101.0	100.3	100.9	99.8
大　　米	100.9	101.3	100.7	101.2	99.9
(2) 粗　　粮	97.3	99.0	97.3	103.0	99.3
2. 油 脂 类	98.2	100.3	98.5	99.1	99.1
3. 肉 禽 蛋	101.2	101.0	96.2	96.7	95.4
猪　　肉	99.3	99.8	97.6	95.8	93.0
牛　　肉	102.3	108.8	95.3	98.0	94.4
羊　　肉	98.8	104.7	97.4	94.9	95.2
鸡	104.8	100.7	92.5	97.0	100.1
鸭	104.5	100.0	95.8	99.3	91.8
鲜　　蛋	101.1	101.5	93.5	94.5	97.0
4. 水产品类	100.4	107.6	98.7	98.6	101.3
5. 鲜　　菜	99.8	91.7	105.6	103.3	78.7
6. 干　　菜	100.9	101.5	98.3	103.2	99.6
7. 鲜　　果	108.1	119.5	107.0	101.9	83.1
8. 干　　果	95.6	101.7	101.1	100.5	98.0
9. 其他食品类	99.6	99.4	99.3	99.7	99.5
(1) 调 味 品	100.1	99.9	99.5	99.6	100.1
盐	100.0	100.0	100.0	100.0	100.0
酱　　油	100.0	100.1	100.0	99.5	99.8
(2) 食　　糖	98.6	98.0	98.3	99.0	97.8
(3) 糖　　果	99.8	98.5	98.6	100.0	99.5
(4) 糕　　点	100.0	100.2	100.1	99.9	100.0
(5) 奶及奶制品	99.5	100.0	100.0	100.0	100.2
(6) 罐　　头	100.0	100.3	100.4	99.8	100.2
10. 饮 食 业	100.3	100.0	100.2	100.0	100.0
(1) 主　　食	100.0	100.0	100.0	100.0	100.0
(2) 炒　　菜	100.5	100.0	100.3	100.0	100.0
(3) 地方小吃	100.0	100.0	100.0	100.0	100.0

6月	7月	8月	9月	10月	11月	12月
99.2	**100.0**	**100.1**	**101.0**	**99.8**	**99.8**	**100.2**
98.4	**100.2**	**99.7**	**102.7**	**99.2**	**98.6**	**99.6**
98.9	98.2	98.3	99.7	99.4	100.0	99.4
99.1	98.6	98.0	99.6	99.5	100.1	99.7
98.8	98.2	97.2	99.5	99.5	100.2	99.8
96.8	95.0	100.9	101.0	98.5	98.7	96.9
101.3	100.4	99.7	100.2	100.0	99.0	99.3
102.3	100.2	99.4	104.0	100.1	98.6	99.5
104.3	100.3	99.0	105.4	101.0	100.7	99.3
99.5	99.3	98.5	104.5	99.7	99.0	102.4
99.0	99.3	105.9	97.8	102.5	102.6	103.4
102.1	99.4	101.0	103.7	100.0	94.1	99.6
103.3	104.1	96.9	100.0	97.9	95.2	101.8
98.4	100.0	100.6	103.3	96.4	96.5	97.2
102.6	97.5	98.5	100.1	96.5	99.1	99.1
81.9	107.5	102.8	119.5	97.9	97.7	90.9
99.5	99.2	98.2	101.1	100.2	100.2	100.3
83.5	99.7	101.7	94.0	96.6	91.6	111.7
100.0	99.6	100.1	102.4	97.4	98.0	98.5
99.6	99.8	99.8	100.0	99.2	99.7	99.9
99.5	99.3	99.9	100.5	100.5	100.6	100.3
100.0	100.0	100.0	100.4	100.0	102.0	101.1
100.0	100.0	100.0	101.2	101.6	100.0	100.0
98.6	98.6	99.9	99.9	95.3	98.6	99.7
100.0	100.1	99.8	99.3	101.2	99.8	100.0
99.8	100.2	100.0	100.0	99.4	99.8	100.0
99.9	100.9	99.4	100.0	99.7	100.0	99.2
100.4	100.0	99.3	100.0	99.8	97.7	99.6
100.0	99.8	100.0	100.0	99.5	100.0	100.0
100.0	100.2	100.0	100.0	99.7	100.0	100.0
99.8	99.6	100.0	100.0	99.5	100.0	100.0
100.8	100.6	100.0	100.0	99.6	100.0	100.0

1999 年广西全区商品零售价格各月环比指数（续表）

以上月价格为 100

类　　别	1 月	2 月	3 月	4 月	5 月
二、饮料、烟酒类	**99.5**	**100.1**	**100.2**	**99.2**	**99.5**
1. 饮　　料	99.4	99.5	100.0	99.8	99.7
2. 烟　　酒	99.5	100.2	100.2	99.1	99.4
三、服装、鞋帽类	**100.1**	**97.9**	**98.8**	**100.9**	**98.9**
1. 服　　装	99.9	96.8	97.9	102.2	98.7
2. 鞋	100.4	99.3	100.0	98.5	98.7
3. 其他衣着	100.7	100.4	100.5	100.0	100.9
四、纺织品类	**99.9**	**99.9**	**99.9**	**99.9**	**99.0**
1. 棉　　布	100.8	100.5	100.0	99.7	98.4
2. 棉花化纤混纺布	100.0	100.6	97.4	100.0	98.0
3. 化 纤 布	100.0	100.0	100.0	100.0	98.9
4. 呢　　绒	97.4	100.0	100.1	100.0	99.3
5. 绸　　缎	100.0	100.1	100.7	100.0	99.1
6. 其他纺织品	100.1	98.5	100.7	99.7	99.9
五、中、西药品类	**100.5**	**100.0**	**100.2**	**99.8**	**99.6**
1. 中　　药	101.0	99.5	100.1	100.1	99.1
2. 西　　药	100.1	100.5	100.2	99.4	100.1
3. 医疗用品	100.1	100.0	100.3	99.7	100.3
六、化妆品类	**99.8**	**99.8**	**100.4**	**99.9**	**99.9**
七、书报、杂志类	**103.6**	**100.7**	**102.5**	**100.0**	**100.3**
八、文化体育用品类	**99.7**	**100.5**	**100.2**	**99.9**	**99.9**
1. 文化用品	100.1	100.4	100.3	99.9	99.9
2. 体育用品	98.9	100.7	99.9	99.9	100.0
九、日用品类	**99.8**	**100.0**	**99.9**	**99.8**	**99.9**
1. 一般日用品	99.9	100.0	99.9	99.8	99.9
2. 家 具 类	99.4	100.2	99.9	99.5	99.9
3. 日用杂品	100.2	99.9	100.1	100.1	100.0
十、家用电器类	**100.1**	**99.1**	**99.9**	**99.0**	**98.2**
十一、首 饰 类	**100.0**	**99.7**	**99.8**	**100.1**	**99.7**
十二、燃 料 类	**101.0**	**98.5**	**96.1**	**96.9**	**98.1**
汽　　油	101.0	99.6	100.0	100.4	99.8
煤　　油	100.5	102.0	101.6	100.0	100.0
液化石油气	101.2	97.0	91.5	92.8	96.5
十三、建筑装潢材料类	**100.9**	**99.7**	**99.0**	**99.0**	**99.0**
十四、机电产品类	**98.5**	**99.3**	**98.8**	**99.1**	**97.5**

6月	7月	8月	9月	10月	11月	12月
100.2	**100.0**	**99.9**	**99.8**	**100.4**	**99.2**	**99.7**
100.0	100.0	101.3	100.0	99.7	99.9	99.9
100.2	100.0	99.6	99.8	100.6	99.1	99.7
99.9	**99.7**	**100.0**	**99.9**	**100.8**	**103.1**	**100.5**
99.5	99.6	99.9	99.8	101.6	105.3	100.8
100.7	100.0	100.5	100.1	99.4	99.5	99.9
99.9	99.9	99.7	99.8	99.7	100.0	100.0
100.0	**99.8**	**100.0**	**100.0**	**99.8**	**99.8**	**100.0**
99.9	99.8	100.0	100.0	100.4	100.2	99.9
100.6	100.0	100.0	100.5	99.0	100.0	100.2
100.0	98.9	100.0	100.0	100.0	100.0	100.0
100.0	100.8	100.0	99.7	99.3	99.8	100.0
100.0	99.9	100.0	99.8	100.0	100.0	100.0
99.8	100.3	100.2	100.1	99.9	98.8	99.9
100.0	**99.3**	**99.8**	**100.1**	**99.5**	**100.2**	**100.2**
100.0	99.7	100.2	100.6	99.5	100.8	100.4
100.0	98.7	99.3	99.6	99.4	99.7	100.0
100.6	99.8	99.9	100.0	100.0	99.9	100.1
100.5	**101.0**	**100.0**	**100.1**	**100.5**	**99.2**	**99.7**
100.0	**100.0**	**99.9**	**97.8**	**100.0**	**100.0**	**100.1**
100.1	**99.9**	**100.0**	**100.0**	**100.1**	**99.9**	**100.0**
100.1	100.0	100.0	100.0	99.9	99.7	100.0
100.0	99.8	100.1	100.0	100.5	100.2	100.0
99.8	**99.8**	**99.8**	**100.1**	**99.5**	**100.8**	**100.1**
100.0	99.6	99.8	100.3	99.2	101.4	100.0
99.4	99.9	100.0	99.5	99.9	99.9	100.3
99.8	100.3	99.6	100.1	100.2	99.9	100.0
99.2	**99.0**	**99.3**	**100.1**	**100.4**	**100.0**	**100.0**
99.9	**99.8**	**93.5**	**99.3**	**103.9**	**103.6**	**100.4**
99.6	**103.8**	**110.4**	**103.9**	**100.2**	**100.5**	**107.4**
99.6	99.3	100.8	102.6	102.5	103.6	102.4
102.0	100.0	100.0	100.6	100.0	102.4	101.1
99.5	108.8	122.4	105.9	98.0	97.5	113.7
98.2	**99.4**	**99.7**	**99.2**	**100.2**	**100.1**	**100.9**
99.1	**99.8**	**99.5**	**98.9**	**99.8**	**99.2**	**99.8**